ENCYCLOPÉDIE MÉTHODIQUE,

OU

PAR ORDRE DE MATIÈRES:

PAR UNE SOCIÉTÉ DE GENS DE LETTRES, DE SAVANS ET D'ARTISTES;

Précédée d'un Vocabulaire universel, *servant de Table pour tout l'Ouvrage, ornée des Portraits de MM.* Diderot & d'Alembert, *premiers Editeurs de* l'Encyclopédie.

AUTEURS.

On n'a pu citer dans le Frontiſpice que les principaux Auteurs de ce Dictionnaire; mais voici une liſte de tous ceux qui y ont travaillé, avec les lettres par leſquelles ils ſont déſignés à la fin de chacun des articles qui leur appartiennent. Quelquefois on a écrit les noms en entier. M. de la Lande eſt ſeul Auteur de toute la Partie Aſtronomique.

M. d'Alembert .... (O).
M. l'Abbé Boſſut .... (L. B).
M. de la Lande .... (D. L.).
M. le Marquis de Condorcet .... (M. D. C.).
M. Charles .... (r).
M. Caſtillon, père .... (J. D. C.).
M. Caſtillon, fils .... (F. D. C.).
M. Jean Bernoulli .... (J. B.)
M. l'Abbé de la Chapelle .... (E).
M. Dargenville .... (K).
M. Diderot.
M. Rallier des Ourmes.

ENCYCLOPÉDIE MÉTHODIQUE.

MATHÉMATIQUES,

Par MM. D'ALEMBERT, *l'Abbé* BOSSUT, DE LA LANDE, *le Marquis de* CONDORCET, CHARLES, &c.

TOME TROISIÈME.

A PARIS,

Chez PANCKOUCKE, Libraire, Hôtel de Thou, rue des Poitevins;

A LIÈGE,

Chez PLOMTEUX, Imprimeur des Etats.

M. DCC. LXXXIX.

AVEC APPROBATION, ET PRIVILÈGE DU ROI.

REPRÉSENTATIONS

Du Sieur PANCKOUCKE, Entrepreneur de l'Encyclopédie Méthodique, à Messieurs les SOUSCRIPTEURS de cet Ouvrage.

L'ENCYCLOPÉDIE MÉTHODIQUE étant, de toutes les entreprises, la plus grande qu'on ait jamais exécutée dans la Librairie, & notre position, ainsi que celle des Souscripteurs, étant aujourd'hui très-différente de ce qu'elle étoit lors de la publication du Prospectus en 1782; nous nous trouvons forcés, si nous voulons aller en avant avec sécurité, d'entrer en explication avec eux, de leur mettre sous les yeux un apperçu du nombre des Volumes, soit de Discours, soit de Planches, que doit avoir l'Ouvrage: car, quoique déjà avancée, l'entreprise est de telle nature que nous ne pouvons, même encore aujourd'hui, que leur en donner un *apperçu.* (1) Il est de la dernière importance, dans une grande affaire, de prévenir des difficultés qui pourroient en suspendre l'exécution, & qui ne laisseroient à l'Entrepreneur que le regret d'y avoir inutilement sacrifié son tems, ses peines, & sa fortune.

Le Public a été si souvent trompé sur les souscriptions, qu'en publiant le Prospectus de l'Encyclopédie actuelle, nous avons senti la nécessité, pour lui inspirer de la confiance, de prendre les engagemens les plus rigoureux. Nous avons, jusqu'à présent, tenu strictement tous ceux qui dépendoient de nous. Le prix des deux Souscriptions a été maintenu (2); on a publié régulièrement cinq Livraisons chaque année, & l'Ouvrage, à quelques Volumes près, auroit été terminé dans le tems prescrit par le Prospectus, s'il eût été possible de le renfermer dans cinquante-trois Volumes de Discours, & sept de Planches. Mais l'Encyclopédie n'est plus aujourd'hui ce que nous présumions qu'elle devoit être en 1782. Car nous sommes maintenant assurés, sans avoir pu le prévoir dès le commencement, ni le prévenir depuis, qu'il y aura un nombre de Volumes de Discours & de Planches beaucoup plus considérable, que celui sur lequel nous avons dû compter, en publiant cette entreprise. Le nombre des Volumes de Discours, & nous nous hâtons d'en prévenir les Souscripteurs, sera de plus du double de ce que nous avions pu l'imaginer, si l'on veut que l'Ouvrage soit complet & atteigne la perfection dont il est susceptible. Or c'est cette position qui exige que nous entrions dans quelques détails, & que nous remettions, sous les yeux des Souscripteurs, la condition qui termine les engagemens de notre souscription.

Nous avons dit : « Nous ne mettrons » qu'une seule restriction aux conditions » auxquelles nous venons de nous soumettre, » en annonçant que cette Edition *in*-4.° » n'aura que 53 Volumes de Discours & » 7 Volumes de Planches; nous n'avons » pu faire cette estimation que d'après un » travail avec le Chef-Graveur, & d'après les » actes que nous avons passés avec les Gens-» de-Lettres & les Savans qui travaillent à » cette Edition: or il seroit possible qu'il » y eût trois à quatre Volumes de Discours, » & peut-être un Volume de Planches de » plus ou de moins; dans ce cas, on s'en

(1) *Cet apperçu*, que nous donnons à la suite des Représentations, ne diffère cependant de l'état véritable, que de trois à quatre Volumes de Discours en plus ou en moins, & d'un Volume de Planches.

(2) Celle à 672th n'a été ouverte que six semaines, du 15 Mars au 30 Avril 1782.

» tiendra compte réciproquement sur le pied » de la Souscription. Mais, si contre toute » attente, & pour la perfection de l'Ouvrage, nous étions nécessités à un plus » grand nombre de Volumes de Discours, » les Souscripteurs ne paieront ces derniers » Volumes que six livres, au lieu de onze » livres. On a cru cette dernière condition plus » honnête que de s'obliger à donner des » Volumes *gratis*, qui, en nuisant à l'Entrepreneur, auroient pu nuire à l'Ouvrage; » & en donnant ces Volumes beaucoup » au-dessous du prix de fabrique, nous ne » craignons pas qu'on nous accuse d'en » augmenter le nombre pour notre intérêt » particulier. »

Qu'on nous permette maintenant quelques réflexions. Nous observerons d'abord que nos représentations n'ont pas pour objet de revenir sur nos engagemens. *Nous les tiendrons, nous voulons même aller beaucoup au-delà*, pourvu qu'on veuille bien prendre avec nous le véritable esprit de notre Souscription; car, comme nous le prouverons dans l'instant, en publiant cette entreprise, nous n'avions compté que sur trois à quatre Volumes à six livres, & nous voulons en donner 46 à 48 aux Souscripteurs.

Dans une grande affaire, où il est impossible de tout prévoir, de tout calculer, où les Auteurs se sont mépris, ainsi que l'Entrepreneur, sur l'étendue de leurs travaux, on peut être forcé à mettre sous les yeux du Public sa situation, à lui représenter ce que l'on croit nécessaire pour la perfection & l'entière exécution de l'Ouvrage, & les Souscripteurs se prêteront, sans doute avec plaisir, à ce qu'on a à leur proposer, s'ils conservent tous les avantages de leur Souscription, si même ils en obtiennent de plus grands.

Un Libraire ne manque point à ses engagemens, lorsqu'ayant publié un Ouvrage par Souscription, il remet sous les yeux du Public la nature de l'entreprise, qu'il ne pouvoit connoître dès le commencement; lorsqu'il prouve la nécessité d'en augmenter le nombre des Volumes de Discours & de Planches, au-delà de celui qu'on avoit pu prévoir par le Prospectus, sur-tout s'il a l'attention d'en prévenir à tems les Souscripteurs, & qu'à chaque Livraison le Public ait pu s'appercevoir des changemens heureux, des accroissemens, des améliorations que chacune des parties de l'Ouvrage aura reçus pour la perfection totale de l'ensemble.

Plusieurs circonstances peuvent mettre un Libraire dans le cas de faire des représentations à ses Souscripteurs; une augmentation subite dans le prix des papiers, un surhaussement dans celui de la main-d'œuvre de l'impression. Quoique tous ces événemens aient eu lieu relativement à l'Encyclopédie Méthodique, nous ne prétendons pas nous en faire un titre, & nos représentations n'ont pas pour objet une multitude de frais extraordinaires & de pertes dans lesquelles nous avons été engagés, soit en surhaussement de prix d'impression (1), de papier, & en augmentation de copie, soit par le sacrifice de plusieurs parties que nous avons été obligés de recommencer, soit que les Auteurs ne fussent pas contens de leur travail, ou que, par d'autres motifs, nous ne pussions en faire usage.

Si, en général, les Souscriptions sont tombées dans une sorte de discrédit, c'est moins par les variations qu'elles ont subies, par une augmentation de dépenses dans laquelle les Souscripteurs ont pu se trouver engagés, & que la nature des entreprises pouvoit solliciter, que parce qu'il est arrivé nombre de fois qu'on n'a point donné ou achevé l'Ouvrage qu'on avoit proposé, & que quelquefois même, en ne l'exécutant pas, on n'a point remboursé l'argent dont les Souscripteurs avoient bien voulu faire les avances.

Le Public est, en général, juste & éclairé; l'essentiel est qu'on ne le trompe pas, & que, lorsqu'on a une demande à lui faire, on

(1) Les Compositeurs ont demandé une augmentation de prix d'impression. Il y a même eu, à ce sujet, un Mémoire imprimé chez M. Simon, Imprimeur de M.gr l'Archevêque. Voyez, sur notre situation, relativement à cet Ouvrage, la Lettre adressé à MM. les Auteurs, imprimée à la suite de ces Représentations. (page XIII)

lui en motive bien les raisons & la nécessité.

Quand nous avons entrepris cette Encyclopédie, nous étions dans la ferme persuasion, & le Prospectus en offre le témoignage, que cinquante-trois à cinquante-sept Volumes de Discours, & quelques Volumes à 6 liv. en contenant (1) le double des matières de la première Encyclopédie de Paris, seroient plus que suffisans pour renfermer la totalité des objets que cet Ouvrage doit embrasser. En effet, ayant dit : « qu'il » seroit possible qu'il y eût 3 à 4 Volumes » de plus ou de moins, dont on se tiendra » compte réciproquement sur le pied de » 11 liv.; » & ayant ensuite ajouté : « mais » si, contre toute attente, & pour la perfec- » tion de l'Ouvrage, nous étions nécessités » à *un plus grand nombre* de Volumes, les » Souscripteurs ne paieront ces derniers Vo- » lumes que six liv. au lieu de onze liv. » les Souscripteurs, ni nous, n'avons pu entendre par ces mots, *de plus grand nombre* que trois à quatre Volumes, un nombre enfin égal aux Tomes 54 à 57 que l'on doit nous payer onze liv. & non un nombre de 46 à 48 Volumes. Nous sommes donc fondés à leur faire des représentations sur cette clause très-onéreuse de notre Prospectus; mais nous ne croyons pas devoir insister sur cet objet, persuadés qu'en nous conduisant de cette manière, les Souscripteurs ne nous feront aucune difficulté pour deux demandes très-justes, que nous avons à leur faire, & sans l'obtention desquelles l'arrangement dont nous venons de parler, ne pourroit avoir lieu, & l'Encyclopédie actuelle ne pourroit même être continuée.

Il y a dans ces *Volumes excédens*, qui forment plus du double du nombre de ceux que nous avions annoncés, deux objets très-distincts à considérer les Volumes excédens, relatifs à chacune des parties dont il est fait mention dans le *Prospectus*, & que les Auteurs ont jugé nécessaires pour compléter leurs Dictionnaires, & les *Volumes excédens qui contiennent des Parties nouvelles & des Supplémens, dont on n'a point parlé dans le Prospectus*.

Or ces premiers Volumes, au nombre de 46 à 48, nous ne faisons aucune difficulté de les donner à six liv. Mais quant aux seconds qui contiennent des parties nouvelles, & des Supplémens, comme *l'Architecture, &c.* dont nous donnons le tableau à la fin de ce Mémoire, les Souscripteurs auront à nous en tenir compte sur le pied de 11 l. Nous ne présumons pas qu'aucun d'eux, surtout en nous comportant de la manière dont nous venons de le dire, pût se croire fondé à nous faire la moindre difficulté à cet égard (1); car il est certain pour toute personne qui ne voudra consulter que le droit & le titre de la souscription, que quand nous avons dit à la fin de notre Prospectus : « Mais, si contre toute attente & pour la » perfection de l'Ouvrage, nous étions né- » cessités à un plus grand nombre de Vo- » lumes de Discours, les Souscripteurs ne » paieront ces derniers Volumes que six liv. » au lieu de onze liv. » Il est certain, disons-nous, que cette condition n'a dû & pu s'entendre que des Volumes relatifs aux Dictionnaires dont le Prospectus a fait mention, & que nous n'avons pu prendre aucun engagement sur les matières que nous n'annonçions pas, que nous ne connoissions pas; & en effet, si nous avions eu l'idée de ces parties omises, en publiant le Prospectus, nous les eussions insérées, & les Souscripteurs n'auroient-ils pas été obligés de nous payer

(1) 53 volumes *in*-4.° de l'édition actuelle font, épreuve faite, l'équivalent de plus de 34 volumes *in-folio* de la première édition de Paris, en les supposant chacun de 240 feuilles, & c'est les porter au plus haut. Cent vingt-quatre volumes *in*-4.° seront l'équivalent de 80 volumes *in-folio*. Il est donc prouvé, que cette édition comprendra près du *quintuple* de Discours de la première édition *in-folio* en 17 volumes.

(1) On y seroit d'autant moins fondé que, dans le Prospectus de la 23ᵉ Livraison, nous avons prévenu les Souscripteurs que plusieurs grandes parties avoient été oubliées dans le Prospectus de l'Encyclopédie, qu'on en étoit occupé, & que l'on auroit à nous tenir compte séparément de ces *parties omises*.

chacun de ces Volumes au prix de 11 livres?

Quant à l'autre demande, elle concerne le *Vocabulaire universel*, qui doit terminer l'Ouvrage; nous l'avons annoncé en un Volume. Mais le nombre des Volumes de Discours, étant plus du double de ce que nous présumions qu'il devoit être, on conçoit que ce double de Volumes a considérablement multiplié la nomenclature. Nous n'avions annoncé que trente mille articles de plus que dans la première Edition, & nous sommes maintenant assurés que ce nombre d'articles excédens, montera à plus de cent mille. Le Vocabulaire doit les comprendre tous. Il y a plus, si l'on veut qu'il soit utile, il faut y mettre à chaque mot la définition de tous ceux où on l'a oubliée dans l'Encyclopédie. Des Souscripteurs le desirent, eux-mêmes l'ont indiqué & en ont donné l'idée. Ces définitions, qui seront très-courtes, ne formeront souvent qu'une seule ligne avec le mot. Cependant, quelques efforts qu'on fasse pour se resserrer, nous ne présumons pas que ce Vocabulaire puisse former moins de quatre à cinq Volumes; & comme nous ne l'avons annoncé qu'en un Volume, & que ce n'est que pour l'intérêt des Souscripteurs & de l'Ouvrage, que nous le mettrons en plus de Volumes, nous nous croyons fondés à demander que les Souscripteurs nous tiennent compte des Volumes excédens. Nous nous y croyons d'autant plus autorisés, que nous sommes déterminés à employer, pour ce Vocabulaire qui sera continuellement lu & feuilleté, un papier plus fort que celui des autres Volumes; c'est encore les Souscripteurs qui l'ont desiré, & nous nous empressons de les satisfaire.

Mais, nous objecteront quelques Souscripteurs, « c'étoit à vous à mieux calculer » votre entreprise, à obliger les Gens-de- » Lettres à se renfermer dans le nombre des » Volumes annoncés par le Prospectus; & les » Souscripteurs ayant voulu mettre à cet » Ouvrage une certaine somme, ils n'en- » tendent pas payer davantage. » Quant au plus grand nombre de Volumes que les circonstances & la nature de l'Ouvrage ont nécessité, nous l'avons traité en détail dans l'avis de la 22.e Livraison; nous avons fait voir & porté jusqu'à l'évidence, que nous avons été entraînés nécessairement *dans ce plus grand nombre de Volumes*; que nous n'avons pu prévoir ce qui réellement ne pouvoit être prévu, calculer ce qui étoit incalculable, puisqu'aujourd'hui même, quoique cette Encyclopédie soit environ à moitié, nous ne pouvons encore, à 5 ou 6 Volumes près, en déterminer le nombre exact, & que les Auteurs ne pourroient rien assurer de plus positif que nous sur cet objet. C'est l'imperfection de la première Edition qui ne pouvoit être alors ni connue, ni appréciée, qui l'a nécessité; & les Gens-de-Lettres avec qui, dans cette circonstance, nous faisons cause commune, ne pouvoient pas s'assujettir au nombre de Volumes fixés dans leurs actes; & cependant *ce fut cette fixation, le travail fait avec les Gens-de-Lettres & le Chef-Graveur*, qui nous égarerent lors de la publication du Prospectus, & qui nous firent croire que la totalité des Volumes ne pourroit, tout au plus, s'élever qu'à 60 ou 61 Vol.; & tout alors devoit nous le faire penser, puisque 53 Volumes de notre Edition contiennent plus du double des matières de la première Encyclopédie *in-fol.* de Paris.

A ce que nous avons déjà dit sur cette extension (1), nous ferons observer que cet Ouvrage dépend de cent Auteurs, & que quand chacun d'eux n'auroit augmenté sa copie que d'un demi-Volume, cela formeroit

(1) Pour justifier cette extension, nous avons cité, dans l'avis de la vingt-deuxième Livraison, un grand exemple qui prouve que la nature des entreprises, en Librairie, détermine le nombre des volumes d'un ouvrage, & que les engagemens d'un Auteur avec le Public & avec le Libraire, sont nécessairement subordonnés à l'état de plus ou de moins grande imperfection, où se trouve la science dans l'instant, où l'on entreprend de la traiter. M. de Buffon, en publiant, il y a plus de 40 ans, le Prospectus de son immortel Ouvrage, avoit annoncé qu'il renfermeroit toute l'Histoire naturelle en seize à dix-huit volumes *in-4.°* L'Ouvrage en a actuellement 35. Il comprend, à la vérité, l'Histoire du Ciel & la Théorie de la Terre, les vues & les époques de la Nature, un grand Traité sur la génération & la reproduction

cinquante Volumes d'augmentation ; eh! qui peut dans une composition quelconque, & sur-tout de la nature de l'Encyclopédie, fixer rigoureusement les bornes dans lesquelles il doit se renfermer ?

Si chaque partie n'eût pas été aussi complète que l'exige l'état actuel des connoissances humaines, si chaque Auteur (supposons-le), obligé de se renfermer dans les clauses strictes de ses actes, eût mutilé son Ouvrage, pour remplir les engagemens qu'il avoit faits avec nous, que seroit-il arrivé ? Chaque partie n'étant pas complète, chacune d'elles auroit formé la matière de plusieurs Volumes de Supplément. Nous aurions eu, sans doute, la liberté de les publier, & les Souscripteurs, qui les auroient acquis, n'auroient-ils pas été obligés de nous les payer au moins au prix de la Souscription ? Or des Supplémens sont toujours désagréables dans un Ouvrage, ils en coupent le fil, ils obligent d'avoir recours à différens Volumes; ils ne lient point les matières, ils ne forment pas un tout. Pourroit-on savoir mauvais gré aux Auteurs de les avoir épargnés ? & à nous, pourroit-on avoir des reproches à nous faire, d'un avantage dont le Public recueille le fruit ? Malgré tous les efforts que nous avons faits pour éviter ces Volumes de Supplémens, il y en aura cependant un dans la partie Militaire, dans celle des Finances (1), que nous sommes fondés à faire payer séparément aux deux ordres de Souscripteurs.

Il y a aussi des Sciences entières qui ont été oubliées dans le Prospectus, comme *l'Architecture, les Ponts & Chaussées, la Vénerie, la Police, les Municipalités, les Jeux, l'Histoire ancienne, &c. &c.* Falloit-il, parce que ces Dictionnaires avoient été oubliés dans le Prospectus, ne pas les mettre dans l'Ouvrage ? Nous pourrions ici, si nous ne craignions de fatiguer le Public par trop de détails, lui prouver que presque toutes les parties de cette Encyclopédie ont reçu des accroissemens d'objets auxquels l'immensité de l'entreprise n'avoit pas permis qu'on pensât d'abord, & qu'un Entrepreneur de mauvaise foi, qui n'auroit consulté que son intérêt plutôt que la perfection de l'Ouvrage, auroit négligés, s'il n'avoit eu en vue que de remplir les conditions du Prospectus, & qu'il y a des positions, comme la nôtre, où un Libraire, en voulant se renfermer rigoureusement dans les conditions qu'il a proposées, manqueroit plus au Public, aux Souscripteurs & à lui-même, en s'y conformant, qu'en ne les remplissant pas. Car enfin nous pourrions démontrer que, si nous eussions voulu nous borner à ne donner que 57 à 60 Volumes, comme nous le présumions dans le Prospectus, l'Encyclopédie eût été manquée une seconde fois; qu'elle n'auroit pas rempli tout ce que son titre promet, & qu'elle eût été aussi inutile entre les mains des Souscripteurs que l'est la première, puisque le plus grand défaut que puisse avoir un pareil Ouvrage, c'est qu'on n'y retrouve presque jamais ce qu'on y recherche, comme dans l'Edition *in-fol.* Si ces objets nouveaux complètent l'Ouvrage de manière à rendre cette Encyclopédie le plus utile de tous les livres, seroit-il juste que nous fussions victimes des efforts que nous avons faits & que nous faisons tous les jours pour donner la plus grande perfection au plus grand Ouvrage qu'on ait jamais publié en Librairie, & qu'il ne nous restât que le désespoir de l'avoir entrepris.

Quant à ceux qui se retrancheroient à dire qu'ayant voulu mettre à cet ouvrage une somme de 672 l. prix de la première Souscription, ou de 751 l. prix de la deuxième, ils ne

---

des êtres; l'Histoire de l'Homme, celle de tous les Animaux Quadrupèdes, celle des Oiseaux & des Minéraux, avec la Théorie-Physique de tous ces grands objets de la Nature; & cependant il reste encore à faire, pour compléter l'Histoire naturelle, celle des Serpens, des Poissons, des Insectes, des Vers, & enfin celle de tous les Végétaux. Or croit-on qu'on eût été fondé à lui faire le plus léger reproche sur cette extension, & qu'il eût dû mutiler ses Chefs-d'œuvre pour satisfaire ou le Libraire ou le Public ?

(1) Voyez les raisons que nous en avons données dans le Prospectus de la 22e Livraison.

veulent pas être entraînés dans une dépense excédente; nous pourrions d'abord leur faire observer qu'ils n'ont pas dû compter sur cette seule dépense en souscrivant; car, dans le Prospectus, on a prévu & annoncé des Volumes d'augmentation; &, quoique ces Volumes forment un nombre beaucoup plus considérable que celui sur lequel nous comptions, les Souscripteurs sont d'autant moins fondés à s'en plaindre, qu'on leur donne à 6 livres au lieu de 11, ces Volumes excédens relatifs aux Dictionnaires dont le Prospectus fait mention. Aucun Libraire, en Europe, ne pourroit faire, pour le Public, ce que nous faisons aujourd'hui pour les Souscripteurs. Aucun d'eux, & nous n'en exceptons pas même les Contrefacteurs, qui n'ont pas d'honoraires d'Auteurs à payer, & qui paient l'impression, le papier & la main-d'œuvre à 30 & 40 pour cent meilleur marché qu'à Paris; aucun d'eux ne pourroit donner à *six livres* des Volumes *in*-4.° de *petit romain*, tellement chargés de matière, qu'ils sont chacun la représentation d'un Volume *in-folio* de deux cens feuilles: notre position a pu seule nous permettre cette combinaison. D'ailleurs, si cette augmentation de dépense gêne quelques acquéreurs, ils peuvent aisément trouver à placer leurs exemplaires, en obligeant même ceux auxquels ils en feront cession. Car il est de notoriété publique que la première Souscription n'a été ouverte que six semaines, & que nous avons refusé & refusons journellement les personnes qui se présentent pour être admises à la deuxième. Nous offrons même aux Souscripteurs, que cette augmentation pourroit gêner, de faire placer leurs exemplaires, en leur indiquant les personnes qui desirent d'être admises à la seconde Souscription. Il y a plus; comme les deux Souscriptions ont été également fermées pour les Libraires de Province qui, tous les jours, en demandent & auxquels on les a refusées jusqu'à présent, il n'y a aucun d'eux qui ne s'empresse de rendre à leurs Souscripteurs le même service que nous leur offrons. Ce paiement excédent n'est pas d'ailleurs dans le cas de gêner personne, puisqu'il doit se faire par petites parties & dans le cours de 4 à 5 ans.

Cet Ouvrage (1) a beaucoup d'ennemis;

---

(1) Si l'on veut se former une idée de l'imperfection de la première Encyclopédie, & des travaux que les Gens-de-Lettres de l'édition actuelle ont eu à faire pour la porter au point de perfection où elle est, on doit lire le jugement que M. Diderot a lui-même porté de cette première, & que nous avons imprimé à la tête du volume des Beaux-Arts.

Ceux qui connoissent les tracasseries, les persécutions de toutes espèces que cette première édition a éprouvées, doivent s'étonner du courage dont les Auteurs & les Libraires ont dû s'armer pour la terminer. Lors de l'Arrêt du Parlement, qui en supprima le privilège, il n'y avoit que sept volumes imprimés, & ces sept volumes sont très-supérieurs aux dix autres. M. le Chevalier de Jaucourt fut seul alors chargé, avec M. Diderot, de la rédaction; & quoiqu'il joignît à beaucoup d'esprit des connoissances très-étendues, la rapidité avec laquelle il fut obligé de les composer, ne lui auroit point permis de faire mieux qu'il n'a fait. Il faut se rappeller que ces dix volumes furent imprimés furtivement, & que les Libraires, étant dans la crainte continuelle qu'on ne vînt les saisir, ne donnoient point de relâche aux Editeurs, & avoient un grand intérêt à ce qu'ils achevassent leurs travaux. La plupart des Gens-de-Lettres, qui avoient travaillé aux sept premiers volumes sans honoraires, par pur attachement pour les Editeurs, & par goût pour l'ouvrage, témoins de la persécution qu'ils essuyoient, ayant eux-mêmes à craindre de se compromettre, ne tardèrent pas à s'en détacher. M. le Chevalier de Jaucourt, Possesseur d'une Bibliothèque assez considérable, s'environna d'une douzaine de Copistes & de Secrétaires, auxquels il faisoit transcrire les différens articles des Livres qu'il leur indiquoit. Les dix derniers volumes, si l'on en excepte les articles d'Arts Mécaniques, de Philosophie & de Mathématiques, ont presque été en entier composés de cette manière. Toutes les parties des Sciences & des Arts étant confondues les unes avec les autres, & faisant partie d'une masse considérable, on pouvoit, dans une pareille compilation, y insérer tout ce qu'on vouloit, & quelques articles excellens, de main de Maîtres; le nom imposant de quelques Auteurs, répandu çà & là, en fixant l'attention des Lecteurs, ne leur permettoit pas de juger l'ensemble & de voir l'imperfection de chacune des parties qui le composent.

Dans l'Encyclopédie actuelle, chacun des Dictionnaires devant former un tout, il a fallu, pour chacun d'eux, un plan régulier & suivi, subor-

nous ne l'ignorons pas, on nous en a plusieurs fois prévenus. Nombre de personnes, dès le commencement, ont été détournées de souscrire. Il n'en avoit encore rien paru, & cependant on avoit imprimé, dans des Journaux étrangers, des Libelles contre l'Ouvrage & contre l'Entrepreneur. On y avançoit qu'on n'avoit pas même traité avec les Gens-de-Lettres qu'on nommoit & qu'on les citoit sans leur permission, peut-être même n'aurions-nous jamais pu l'avancer au point où il est actuellement, si l'Administration n'avoit pas eu la bonté de nous seconder dans les différentes demandes que nous lui avons faites.

Mais que le Public n'écoute pas de vaines clameurs, qu'il prenne la peine de juger lui-même, qu'il compare chacune des parties actuellement publiées, avec les matières correspondantes de la première Edition, & il verra, d'un coup-d'œil, & sans qu'on cherche à lui en imposer que sur les 43 grandes parties, qui doivent composer l'ensemble de l'Encyclopédie, presque toutes ont été refaites à neuf & qu'il n'existe, ni dans notre Langue, ni dans aucune autre des Dictionnaires aussi complets sur toutes les parties des Sciences & des Arts. La lecture du tableau, qui suit ces représentations, en convaincra les Souscripteurs, qui pourroient encore avoir quelques doutes à cet égard. Il y a telle de ces parties encyclopédiques, composées de trois Volumes seulement, qui peuvent remplacer plusieurs milliers de Volumes, comme, la Finance, la Littérature, la Marine, l'Architecture, &c. & si on rassembloit de la première Encyclopédie, ce qui se trouve sur ces matières, on ne pourroit pas en former un demi-volume, ou un quart de volume. La nomenclature, dans cette dernière, est si incomplette qu'il y manque plus de cent mille articles. On n'y trouve d'ailleurs ni plan ni méthode. Chacun des Dictionnaires de l'Encyclopédie actuelle, au contraire, est fait suivant un plan méthodique, & les tables de lecture, qui terminent chacun d'eux, en font autant de traités complets de la Science qu'ils embrassent.

Il est tems de dire un mot du nombre de volumes des Planches. Nous observerons d'abord qu'elles ne reviennent qu'à un sol six deniers. Elles ont une réduction si considérable sur celles de l'édition *in-folio*, qu'on est parvenu à en mettre six & quatre en une, souvent trois, & toujours deux. L'Art de l'Eperonnier contient quatorze Planches *in-folio*. On les a réduites à deux *in-4.*, sans sacrifier aucune vignette, aucune figure, aucun outil. Nous pourrions dire la même chose de cent autres Arts. Dans le Prospectus, nous avons annoncé sept volumes de Planches, & nous avons ajouté : « qu'il seroit possible » qu'il y en eût *un de plus ou de moins*, » dont on se tiendra compte réciproque- » ment. » Maintenant nous présumons, sans pouvoir l'assurer positivement, & les Auteurs n'en savent pas plus que nous, qu'au lieu de huit volumes, il pourra y en avoir dix à onze. Ces volumes de Planches qui restent à publier, étant relatifs à des parties de Sciences, comme la Médecine, la Chirurgie, l'Artillerie, l'Architecture, les Beaux-Arts, la Musique, l'Agriculture (1), &c. dont il n'a encore rien paru, ou dont on n'a publié que quelques volumes, il n'est pas possible de déterminer, même encore aujourd'hui, à un volume près,

donné au plan général de l'ouvrage. On conçoit d'ailleurs qu'un Dictionnaire, en quelques volumes *in-4.°*, peut être jugé & apprécié bien différemment que ce même Dictionnaire, s'il est disséminé dans 17 volumes *in-folio*. Aussi les Dictionnaires qui composent l'Encyclopédie actuelle, ne doivent point être confondus avec cette foule d'ouvrages qu'on a publiés dans ces derniers tems, sous toutes sortes de formes, & auxquels on a donné le nom de *Dictionnaire Portatif*. Ils sont la honte de la Littérature & de la Librairie. Presque tous, si l'on en excepte le Vogien, le Dictionnaire Historique de l'Avocat, le Macquer, le Bomare, *&c.* ne sont que d'informes compilations extraites mot à mot d'autres livres, faites sans plan, sans vue, sans méthode, par des Ecrivains obscurs & mercenaires, qui ne méritent aucune confiance.

(1) Voyez, à la suite de ces Représentations, l'état des volumes qui exigent nécessairement des Planches.

le nombre de Planches que chacun de ces objets fournira. Les Souscripteurs se croiroient-ils fondés, s'il falloit dix à onze volumes de Planches, au lieu de huit, à ne pas nous payer ces volumes excédens, parce que nous n'avons annoncé qu'un volume en *plus ou en moins ;* mais s'il y avoit eu deux volumes de moins, sans doute que nous n'eussions pas été fondés à en demander le paiement. N'est-il donc pas de toute justice que l'on nous tienne compte des volumes de *plus*. Si les Souscripteurs ne l'entendent point ainsi, s'ils prétendoient élever quelques difficultés à cet égard, nous n'en donnerions que huit. Mais alors qu'arrivera-t-il, si les Auteurs jugent que, pour l'intelligence de leur texte, il faille 30, 40, 50 Planches ? Sans doute qu'ils ne se refuseront pas, quand ils connoîtront l'intention des Acquéreurs de cet Ouvrage, à laisser leurs textes sans Planches; & alors entendra qui pourra les articles de discours qui en auroient un besoin absolu. Cependant nous prendrons la liberté de faire observer aux Souscripteurs qu'on a souvent été étonné du très-bas prix des volumes de Planches; qu'on a paru satisfait de leur exécution; & que, si ces Planches ne faisoient pas partie d'une masse aussi considérable que l'Encyclopédie, si on en eût fait un ouvrage à part, on auroit été obligé de les vendre le double de ce qu'elles coûtent. On conçoit qu'une augmentation de plus du double de discours nécessite quelques volumes de Planches de plus. La partie seule des Arts & Métiers mécaniques en comprend cinq (1); la Marine, à elle seule, en a fourni un volume. Mais, nous objectera-t-on encore, si vous ne limitez pas le nombre des volumes, au lieu de dix à onze, vous pouvez en donner 12, 15, 20. Ce n'est pas ce que nous prétendons faire; & on nous feroit une grande injustice, si l'on pensoit ainsi sur notre compte. Nous prenons l'engagement le plus formel de ne point passer onze volumes, peut-être même n'y en aura-t-il que dix. Les parties des Sciences ne sont point assez avancées, comme nous l'avons déjà dit, pour qu'on puisse savoir rien de plus positif là-dessus. Les Auteurs n'ont aucun intérêt à en indiquer un plus grand nombre que celui qu'exigera l'intelligence de leurs textes. Ces Planches leur causent beaucoup de peines & d'embarras; ils n'en reçoivent aucun honoraire; & nous, tout ce que nous pouvons promettre aux Souscripteurs, c'est de réduire ces figures dans le plus petit nombre de Planches possibles, ainsi que nous avons réduit celles des Arts & Métiers mécaniques.

Si nous consultions moins la perfection de cet ouvrage que nos propres intérêts, rien ne nous forçoit à donner un si grand nombre de Planches nouvelles qui nous constituent dans des frais considérables de dessins, que n'entraîne point la simple réduction des Planches anciennes ? Avons-nous pris quelqu'engagement positif sur cet objet dans le Prospectus ? La seule copie de cet Ouvrage nous revient à plus de six cens mille livres, quoique, dans nos premiers calculs, nous n'eussions pas cru qu'elle dût nous en coûter même deux cens. Qui pouvoit nous obliger à la porter si haut? Nous pouvons l'assurer : la perfec-

(1) Il n'y a aucun des Arts de l'ancienne Encyclopédie qui n'ait été revu, corrigé, augmenté d'un tiers ou de moitié. On y a joint cent Arts nouveaux, dont la description n'existe dans aucun livre; & cette partie des Arts mécaniques, qui en contient plus de trois cens, ne revient pas aux Souscripteurs, compris les cinq volumes de Planches, à deux cens livres, tandis que la collection des Arts de l'Académie, qui n'en comprend que 93, a coûté 1240tt, c'est-à-dire, presqu'autant que la totalité de l'Encyclopédie actuelle, en y comprenant l'augmentation que nous demandons. Le Dictionnaire des Manufactures, des Peaux & Cuirs est l'ouvrage de 30 ans de travaux, d'enquêtes, de recherches, de voyages. M. Roland de la Platriere y a consacré sa vie entière. Nous observerons que les douze volumes *in-folio* de Planches de la première édition de l'Encyclopédie sont revenus au Souscripteurs à plus de 700tt, & que la totalité de nos onze volumes, quoique augmentée de plus d'un tiers de Planches nouvelles, ne reviendra qu'à 264tt. Le volume de la Marine, qui forme le volume cinquième de notre édition, est presque en entier de Planches nouvelles.

tion

tion ou l'imperfection de l'Encyclopédie actuelle dépendoit en partie de nous. Le choix des Auteurs n'a-t-il pas été libre de notre part? Mais le Public a souscrit à cette grande entreprise, par la confiance qu'il a en nous, que nous croyons avoir méritée par trente années de travaux qui souvent lui ont été utiles; & nous avons cru ne devoir rien épargner. Lorsque les Auteurs l'ont exigé, nous leur avons accordé des Copistes, augmenté leurs honoraires, sans égard à leurs actes : tout ce qui étoit enfin en notre pouvoir, nous l'avons fait pour le bien de l'ouvrage; & nous ne pouvons pas croire (nous en avons même déjà l'assurance de nombre de Souscripteurs) que l'universalité ne veuille pas consentir à un arrangement juste, & que notre position rend nécessaire & indispensable.

Que l'on considere les circonstances dans lesquelles nous avons publié cette Encyclopédie. A l'instant de la publication de notre Prospectus, on venoit de donner des éditions contrefaites de l'Encyclopédie *in*-4. & *in*-8. à très-bas prix, & quelques Exemplaires de l'édition *in-folio* de Genève avoient été proposés au rabais. C'étoit un projet très-hasardeux que d'oser en proposer une nouvelle dans ces conjonctures; mais la liste des Auteurs célèbres qui voulurent bien y prendre part, dissipa nos craintes, & sous leurs auspices nous ne craignîmes pas de nous y engager. Les commencemens en furent très-orageux. Il fallut abandonner l'édition *in*-4. à trois colonnes, & celle *in*-8. à deux colonnes, dont il n'y eut qu'un très-petit nombre de souscriptions. Ce fut une heureuse combinaison, dont nous nous avisâmes alors, qui sauva l'entreprise & nous en permit l'exécution. Ce fut aussi le très-bas prix auquel elle fut proposée, qui en détermina la réussite. Une édition, imprimée dans le même format, avec les mêmes caractères & les mêmes Planches que la première, seroit devenue si chere, qu'elle ne nous auroit laissé que le regret de l'avoir entreprise. Pour satisfaire quelques personnes qui en desiroient une en plus gros caractères, on l'a proposée; & il n'y a pas eu 60 Souscripteurs. Toutes les autres combinaisons ont été tentées pour répondre aux vœux & aux desirs du Public. Quand on veut renfermer beaucoup de discours dans un petit espace, il faut nécessairement employer un petit caractère. Celui de l'Encyclopédie, d'ailleurs, est le même que celui dont on s'est servi pour l'impression de cent ouvrages, & récemment pour le Répertoire Universel de Jurisprudence, en 17 volumes *in*-4. Les plaintes de quelques Souscripteurs sur le papier ne sont pas mieux fondées : il est entièrement semblable à celui du Prospectus, il est de même qualité que celui qu'on a employé pour nombre d'ouvrages : il leur paroît inférieur, parce que, le caractère étant petit, les lignes longues, larges, & serrées, on conçoit que plus on met de noir sur du blanc, & moins le blanc doit paroître (1).

Cette entreprise a été calculée dans les limites du plus petit bénéfice. Etoit-il donc si aisé de trouver une combinaison, qui donnât au Public le quintuple des matières de la première Encyclopédie de Paris, & de matières neuves, plusieurs volumes de Planches nouvelles, & de ne faire payer tout cela qu'un peu plus des deux tiers du prix de cette première édition (2)? C'est cependant ce que nous avons fait, ce qui a lieu même dans l'arrangement actuel, & ce qui, ce semble, n'étoit pas si facile.

Si l'on veut même considérer que cette entreprise s'exécute vingt ans après la première, & que, depuis cette époque, le prix de la main-d'œuvre, du papier, de l'impression, des manuscrits, & de toutes les dépenses, est augmenté de plus d'un tiers;

(1) Chacun des Volumes *in*-4.° de l'Encyclopédie, étant d'environ huit cens pages, contient la matière de cinq volumes *in*-4.° comme le Velly, le Buffon, *&c. &c.* Ainsi, les 124 volumes seront la représentation de six cens vingt volumes *in*-4.° ordinaires.

(2) Tout le monde sait que la première Edition *in-folio* de l'Encyclopédie de Paris s'est élevée, dans les ventes, jusqu'à 1800 & 2000 livres.

on devroit s'étonner, bien loin de se plaindre, que nous eussions pu tenter & exécuter un pareil projet, en le donnant à un prix si modéré, dans des circonstances aussi difficiles.

Nous regarderions comme le plus grand des malheurs, d'être obligés d'avoir des difficultés avec quelques Souscripteurs : elles pourroient entraîner la destruction de cet Ouvrage. Mais quelle difficulté d'ailleurs pourroit-on nous faire ? Nos engagemens, nous les tenons; nous allons même beaucoup au-delà, comme nous l'avons déjà dit: nos demandes n'ont pour objet que des parties omises, ou des supplémens dont le Prospectus ne fait aucune mention. Quelques Souscripteurs ne veulent-ils pas du *Dictionnaire d'Architecture*, de celui des *Chasses*, des *Ponts & Chaussées*, de la *Police*, &c. ? ils sont libres de ne les pas prendre. Nombre de parties qui ne sont pas encore sous presse, ou dont il n'a paru que quelques volumes, seroient encore susceptibles d'être réduites au nombre de ceux annoncés dans le Prospectus. Les Souscripteurs veulent-ils qu'on les réduise ? on les satisfera. Mais est-ce bien leur intérêt de nous réduire à cette extrémité, sur-tout lorsque nous leur donnons à 6 livres un si grand nombre de volumes sur lesquels ils n'ont pas dû compter ? Il ne faut pas se le déguiser : réduire aujourd'hui le nombre des volumes que les Auteurs ont jugé nécessaires pour compléter ce grand Ouvrage, c'est le mutiler, en opérer la ruine, & prendre un parti destructif de l'intérêt même des Souscripteurs : il n'y auroit plus aucune proportion entre l'exécution de ces dernières parties & celles qui sont publiées; l'Encyclopédie deviendroit un monstre, que nous regretterions d'avoir produit. Un Entrepreneur, qui consulteroit moins la perfection de cet Ouvrage que ses intérêts, desireroit même la conversion en *Supplémens* d'une partie de ces volumes excédens relatifs aux Dictionnaires dont le Prospectus fait mention. Qu'est-ce que les Souscripteurs gagneroient donc à cette réduction ? Ils auroient moins de Volumes à 6 liv. & plus de Volumes de Supplémens à payer à douze. Ce ne peut pas être là le vœu du plus grand nombre des Souscripteurs; & dans notre position, ce seroit à l'universalité à prononcer. Plusieurs d'entr'eux, en nous témoignant leur satisfaction sur les Ouvrages qui ont déjà paru, nous ont portés à redoubler d'efforts pour engager les Auteurs à perfectionner cette Encyclopédie autant qu'il seroit possible. Plusieurs même n'ont pas craint de nous écrire qu'ils desiroient que l'Ouvrage eût 150, 200 Volumes, s'il le falloit pour le mieux; qu'ils sentoient que l'Encyclopédie, n'étant point un Ouvrage frivole ni de simple amusement, les matières devoient y être traitées à fond, & que les Auteurs, ainsi que nous, n'avions pu déterminer, dès le commencement, le nombre de Volumes qui devoient composer une pareille collection. Cependant ce n'est pas dans la vue de satisfaire ces Souscripteurs, que cette augmentation de Volumes de Discours & de Planches a lieu. Les Auteurs y ont été entraînés nécessairement par la très-grande imperfection de la première Encyclopédie & par la nécessité de compléter leurs parties, ainsi que nous l'avons déjà dit.

Toutes les difficultés qui naîtront de la nature de l'entreprise, il est de notre devoir de les supporter; &, pour cet objet, nous ne craignons pas que jamais le courage nous manque. Celles qui pourroient naître de l'impatience, de l'injustice, de la mauvaise humeur, de prétentions injustes, d'interprétations mal fondées, de conseils dangereux auxquels des Souscripteurs pourroient avoir le malheur de se livrer, ne pourroient que retarder la marche de l'entreprise, & ne servir qu'à nous décourager. Il faut qu'on nous laisse toute notre liberté, si l'on veut que l'Ouvrage s'achève promptement. Nous avons à peine assez de toutes nos forces pour suivre tous les mouvemens, tous les rapports de cette grande machine; pour vaincre les obstacles; pour solliciter, presser les Gens-de-Lettres, les Imprimeurs, les Graveurs; pour répondre enfin aux Souscripteurs, dont plusieurs ne sont pas même encore aujourd'hui au fait du titre de leur Souscription;

les uns croient, s'appuyant sur un premier titre (1) relatif à une Souscription proposée *in*-4.° à trois colonnes & *in*-8.° à deux colonnes, qui n'a point eu lieu, qu'ils doivent avoir pour 672 livres toute l'Encyclopédie, à quelque nombre qu'elle s'élève de Volumes de Discours & de Planches, quoique dans ce premier projet où le prix des Volumes étoit établi à 12 liv. les Volumes excédens, dont on avoit *imprudemment* fixé le nombre, dussent être payés le même prix. Publions-nous une nouvelle Livraison? ce sont cent lettres de plaintes: tantôt c'est un Souscripteur qui représente qu'on a donné trop d'étendue à certains articles, & point assez à d'autres; tantôt ce sont des omissions; d'autres, au contraire, se plaignent que ces mêmes articles, que ceux-ci trouvent trop étendus, ne le sont pas assez. Quand ce sont des articles omis, c'est un véritable service qu'on nous rend, en nous les indiquant; nous en prenons note à mesure, pour en composer des Supplémens à la fin de chacun des Dictionnaires (2). Il seroit même à desirer que les Souscripteurs se joignissent à nous, pour donner à la nomenclature toute sa perfection, de manière qu'aucun des mots des connoissances humaines ne fût oublié dans le Vocabulaire universel; car, malgré tous les soins que les Auteurs ont pris pour la compléter, nous craignons qu'il ne leur en soit échappé plusieurs, & peut-être même des articles importans.

Tout ce que nous avons dit ne suffit pas pour soutenir cette entreprise; il faut encore que les Souscripteurs aient l'attention de retirer leurs Livraisons à mesure qu'elles paroissent. Il y en a nombre d'entr'eux qui sont en retard. Sans y comprendre les trois cens trente Exemplaires qu'on avoit placés en Espagne, & dont on n'a retiré que les dix premières Livraisons, il en reste encore en magasin plus de 500 Exemplaires. Si ce nombre augmentoit, nous nous trouverions dans l'impossibilité absolue de continuer cet Ouvrage, & les Souscripteurs doivent y faire la plus sérieuse attention. « Il » est donc essentiel que chaque acquéreur » soit prévenu que, comme il est juste que » les Souscripteurs soient également en- » gagés envers les Libraires pour retirer » les Exemplaires par eux souscrits, le » Conseil a rendu plusieurs Arrêts pour » obliger les Souscripteurs à retirer leurs » Exemplaires dans le délai de six mois; » passé lequel tems toutes les souscriptions » demeureront nulles & de nul effet.

» Arrêt du Conseil, du 4 Février 1735, » concernant les Souscriptions pour les » trois Ouvrages du Pere Calmet & du » Pere Laffiteau, & pour le Dictionnaire » de la France, qui doivent être retirés » dans le terme de six mois, après lequel » tems elles sont déclarées nulles. »

Dans une Souscription, tous les risques, tous les périls sont à la charge du Libraire. On ne peut point la regarder comme un contrat synallagmatique. Le Libraire seul est engagé. Le Public ne l'est pas, il ne court le risque que de perdre la très-petite somme dont il a bien voulu faire les avances. Quelle action pourroit-on avoir contre les Souscripteurs? On n'a aucun écrit, aucune obligation de leur part. Sont-ils mécontens de l'Ouvrage? ils sont libres de n'en point retirer la suite. Combien n'avons-nous pas vu d'entreprises, en Librairie, commencer d'une manière brillante, & ne laisser à l'Entrepreneur que le regret de s'y être engagé? C'est sur-tout le sort de ces Ouvrages, où un Libraire cherche à en imposer par un Prospectus séduisant, & où n'étant point éclairé sur le choix de ses coopérateurs, & ne les ayant point fait connoître au Public, il finit par être lui-même la victime du piège qu'il vouloit lui tendre.

Si quelques Souscripteurs ne veulent point retirer la suite de cette Encyclopédie,

(1) Voyez, sur ce premier titre, les éclaircissemens que nous en avons donnés dans le Volume des Beaux-Arts (page LIX), & les nouveaux éclaircissemens que nous publions ici (p. XIX).

(2) Plusieurs Parties terminées ont déjà des Supplémens, comme *la Grammaire & la Littérature*, *la Géographie*, &c. Ces Supplémens ne pourront causer aucun embarras, parce que tous les mots en seront repris dans *le Vocabulaire universel*, & que ce sera toujours à ce Vocabulaire qu'il faudra recourir, quand on aura un article à chercher.

ils en sont les maîtres. Nous ne prétendons ni les contraindre, ni les y forcer. Mais alors il faut que ces Souscripteurs n'aient pas le droit de venir nous demander un jour les Livraisons qu'ils auront négligé de retirer dans le tems prescrit par les Ordonnances ; & quoique, jusqu'à présent, nous n'ayons point tenu rigueur sur cette clause, nous nous y trouverons forcés dorénavant, sur-tout en donnant aux Souscripteurs 46 à 48 Vol. à 6 liv. lorsque nous ne comptions leur en donner que 3 ou 4.

Faisons voir maintenant que cette augmentation de dépense, dans laquelle se trouvent engagés les Souscripteurs, sert leur intérêt, même en ne considérant pour un moment cette entreprise, que comme un objet de finances, un placement de fonds.

Si chacun des Volumes de l'Encyclopédie étoit vendu séparément, (& nous pouvons nous y trouver très-incessamment contraints, puisqu'on les annonce dans plusieurs endroits, & que nous ne laisserons pas faire à d'autres ce que nous avons le droit de faire nous-mêmes), on ne pourroit pas les donner à moins de douze livres. Les Volumes mêmes de Marine, de Mathématiques, du Vocabulaire universel, seroient vendus quinze livres ; & les Volumes de Planches 36 l. au lieu de 24. Les 53 Volumes de Discours & les 7 de Planches reviendroient donc, en ne supposant ces premiers qu'à 12 livres, à............... 888 ₶

Le bénéfice des Souscripteurs à 672 liv., qui forment plus des cinq sixièmes de la Souscription, est donc sur cette partie....... 216 ₶

Mais en supposant que l'Ouvrage ait 124 Volumes (voyez page iij) de Discours & 11 de Planches ; les 71 Volumes de Discours excédens, & les 5 de Planches ne leur coûteront que 671 liv. (1), & reviendroient à................ 1032

Ils auront donc sur cette dernière partie un bénéfice de... 361

Bénéfice de Souscription... 577 ₶

(1) Savoir, vingt-cinq vol. à 11 ₶, ci.. 275 ₶
Quarante-six vol. à 6 ₶, ci............ 276
Cinq volumes de Planches à 24 ₶, ci.... 120
Total............... 671

Nous ne croyons pas qu'on pût nous citer dans la Librairie de l'Europe un exemple d'une souscription plus avantageuse au Public, sur-tout si l'on veut faire attention aux circonstances dans lesquelles nous publions cette entreprise ; ainsi, la nouvelle dépense que les acquéreurs sont obligés de faire, non-seulement leur conserve tous les avantages de la souscription, mais elle triple leur bénéfice.

Nous avons cru ces représentations nécessaires pour prévenir toutes difficultés ; & sur-tout étant à la veille de publier des Volumes à 6 liv. dans une affaire de cette importance, nous ne pourrions même supporter l'idée du doute d'un procès dans l'avenir. Il est nécessaire que nous ne vivions pas dans la crainte de voir un jour renouveler les attaques que le défaut de prévoyance a suscitées aux premiers Entrepreneurs, & qui ont fait mourir de chagrin & de douleur les sieurs Briasson pere & fils, & abrégé les jours du sieur Lebreton (2).

L'Encyclopédie est comme un vaste Palais qu'on veut élever. On en fait d'abord le devis, on croit avoir tout prévu, tout calculé : & à mesure que l'édifice avance, on sent la nécessité de revenir sur ses pas, de doubler, de tripler la dépense ; sinon l'édifice reste imparfait, & toutes les parties manquent d'ensemble. C'est le sort de tous

Voyez, pour plus de détails, le dernier tableau de ce Mémoire, qui a pour titre : *Tableau général des paiemens qui restent à faire par les Souscripteurs, &c.* page 56.

Nous ne parlons ici que du bénéfice de la souscription de l'Encyclopédie ; & si l'on y joint celui de l'Atlas & des Planches d'Histoire naturelle, qui n'en font point partie, & qui donnent, pour ces deux articles, plus de 100 ₶ de bénéfice, le total du bénéfice sera donc un objet de plus de six cens livres pour les deux ordres des Souscripteurs.

(2) Ce procès qu'ils ont gagné au Parlement de Paris, a duré près de dix ans. Briasson le fils, qui a survécu à son pere, est mort le jour même du Jugement, & il n'a pas eu la consolation de savoir qu'il l'avoit gagné.

les Ouvrages de l'Art ; ce doit être, surtout, celui d'une Encyclopédie ; car qui pourroit calculer le développement dont toutes les parties des Sciences & des Arts sont susceptibles? Et comment n'aurions-nous pas nous-mêmes été trompés sur tant de parties différentes qu'embrasse ce grand Ouvrage, puisque chacun des Gens-de-Lettres, qui concourent à élever ce monument, l'a été sur la sienne? Dans une entreprise, pour ainsi dire nationale, & dont les Étrangers viennent de s'emparer (1), il faut que l'Entrepreneur soit soutenu par l'estime & la confiance des Souscripteurs. Nous sommes persuadés que, si nous l'achevons telle que nous l'avons présentée, nous aurons quelques droits à la reconnoissance du Public & des Souscripteurs ; & que l'Encyclopédie terminée deviendra, pour chacun d'eux, le plus utile de tous les livres, ou plutôt qu'elle sera à elle seule comme une vaste Bibliothèque qui renfermeroit toutes les Sciences, toutes les parties de la Littérature, des Arts, des Métiers mécaniques, & généralement enfin tout ce que les hommes ont conçu, imaginé, & créé depuis que l'Art d'écrire est inventé.

(1) Cette Encyclopédie Méthodique est actuellement traduite en Espagnol, & l'on en annonce cinq éditions à Padoue, à Venise, à Milan, à Nice, & à Liège. Les Gravures même de l'édition Espagnole se font à Paris ; & quoique nous eussions le droit de nous y opposer, nous n'avons pas cru devoir en faire usage, parce que nous regardons toute traduction, comme un hommage rendu à un Ouvrage original, & que les Gravures de cette édition espagnole devant avoir lieu, nous aimons mieux que les Artistes de Paris en profitent que les Etrangers. Il n'en est pas de même d'une Edition contrefaite. Nous regardons toute contrefaçon d'un Ouvrage dont le privilège subsiste, comme un vol ; & on ne pourra pas se permettre de l'envisager autrement, si l'on considère qu'un Libraire de Paris, qui entreprend un Ouvrage, est obligé d'en payer le manuscrit, d'en faire faire les desseins, & que le Contrefacteur n'a rien à débourser pour ces premiers frais, qui souvent forment un quart ou un tiers de la dépense. Il y a plus ; la gravure, l'impression, le tirage, les frais & faux frais de toutes espèces, sont de 30 à 40 pour cent plus chers à Paris qu'en Province & chez l'Etranger. Le Libraire de Paris a encore à payer un impôt sur le prix de chaque rame de papier, qui est un objet de plus de 40 sols ; & cet impôt n'a pas lieu chez l'Etranger. C'est cette position des Libraires de la Capitale qui rend la contrefaçon infiniment dangereuse pour eux ; & c'est leur publication qui nous oblige à rouvrir, dans ce moment-ci, la seconde Souscription au prix de 751 livres.

Lettre de M. Panckoucke, en date de Novembre 1788, écrite aux Auteurs de l'Encyclopédie.

MESSIEURS,

Je suis accablé de plaintes des Souscripteurs de l'Encyclopédie ; les choses en sont même aujourd'hui à un point que je ne dois plus vous cacher ce qui se passe.

La lenteur de la publication de quelques parties dont il n'a encore rien paru, le ralentissement de plusieurs autres dont on n'a publié que quelques Volumes, l'incertitude du tems où l'Ouvrage sera fini, ont rendu ma position extrêmement critique à l'égard de cette entreprise.

Plusieurs Souscripteurs, craignant que l'Ouvrage ne s'achève que dans un laps de tems trop considérable, ou même qu'il ne s'achève jamais, ont cessé de retirer leurs Livraisons ; d'autres veulent m'obliger à les reprendre, & ont voulu m'intenter un procès.

Il n'y a point de difficultés que je n'aie éprouvées, sur le plus grand nombre de Volumes de Discours & de Planches que doit avoir cet Ouvrage ; quoique ce plus grand nombre de Volumes soit nécessaire pour donner à cette Entreprise toute la perfection dont elle est susceptible, & soit très-avantageux aux Souscripteurs.

Je n'entreprendrai point ici, Messieurs, de vous faire le tableau de tout ce que j'ai souffert à ce sujet : mais ce que je ne dois pas vous laisser ignorer, c'est que je suis aujourd'hui en avance de plus de *cent cinquante mille livres* sur cet Ouvrage ; & que, bien loin de le faire sur les fonds de la Souscription, comme cela devroit être, je le fais sur mes propres fonds. Une perte de *trois cens exemplaires* en Espagne, & dont il n'y a rien à espérer; une somme de 79 livres formant celle de *trois cens dix-neuf mille trois cens dix-huit livres*, dont j'ai été obligé de tenir compte à 4042 Souscripteurs à 672 livres, que j'ai admis pour ce prix à la souscription de 751; une remise de plus de *quatre cens mille livres* aux Libraires, auxquels on a accordé de plus le 13.e exemplaire *gratis*; une redevance de deux cens quatre-vingt-dix mille livres aux anciens propriétaires; des pertes considérables en Province; des frais extraordinaires sur lesquels je n'ai jamais dû compter; une augmentation de prix sur l'impression, le papier, la gravure, &c.; des Souscripteurs au nombre de plus de 500 qui ont négligé de retirer leurs suites; des augmentations de manuscrits, des Secrétaires que j'ai alloués à plusieurs Auteurs, des Parties entières qu'il m'a fallu refaire, & mille événemens que je n'ai pu ni prévoir ni calculer, m'ont convaincu, qu'après m'être chargé de la plus grande & de la plus pénible tâche dont aucun Libraire se soit jamais avisé, il pouvoit ne me rester que le désespoir de l'avoir entreprise.

A ces événemens il faut joindre l'obligation que je me suis imposée de donner aux Souscripteurs 46 à 48 Volumes à *six livres*, quoiqu'en prenant le véritable esprit de ce Prospectus, ils n'aient dû compter que sur 3 à 4 Volumes à ce prix. Il y a une perte & un *déficit* de recette considérables sur ces Volumes à *six livres*, tellement que, si mes vues & mes moyens ne m'en permettoient pas l'exécution, il seroit de plus de *soixante mille livres* par an.

Quoi qu'il en soit, Messieurs, je ne suis point découragé, & j'aurai la patience d'aller jusqu'au bout, si les Souscripteurs ont le bon esprit de ne point me faire de mauvaises difficultés, & si vous daignez vous-mêmes, en considérant ma position actuelle, me seconder & remplir les engagemens que vous avez contractés avec moi.

C'est dans la position où je me trouve que j'ai cru très-nécessaire de présenter au Public *un Tableau de tous les Volumes de Discours & de Planches que doit avoir l'Encyclopédie actuelle, avec le détail des changemens, des accroissemens, des parties entières omises dans le premier Prospectus, & qu'on a jugé à propos de faire & d'ajouter pour compléter ce grand Ouvrage.*

Ce Tableau sera précédé de représentations que j'adresse aux Souscripteurs, & qui, j'espère, ramèneront ceux d'entr'eux qui n'ont pas rendu à l'étendue de vos travaux la justice que vous avez obtenue de presque tous.

Je dois tout attendre, Messieurs, de l'équité des Souscripteurs. Ce Tableau, en leur faisant connoître, sous tous les rapports, la grandeur de l'édifice que vous élevez à la gloire des Lettres & de la Nation, ne me permet pas de douter qu'ils ne sentent la nécessité d'accorder plus de tems qu'on n'en avoit pris pour le terminer, le nombre des Volumes plus que doublé l'exigeant absolument.

Le sort de l'Encyclopédie, Messieurs, dépend donc entièrement de vous. J'ai des engagemens, je desire de les remplir, j'y sacrifierai ma vie & ma fortune; mais, je ne puis rien sans vous, Messieurs. Il n'est plus question de faire de vaines promesses, c'est un engagement positif & solemnel de votre part que je réclame. Si en tout tems j'ai rempli exactement les engagemens que j'ai contractés avec vous, si vous avez été en droit de m'y contraindre: pourriez-vous, de votre côté, Messieurs, sans manquer aux Souscripteurs, sans exciter leurs plaintes, sans mériter même celles du Public; pourriez-vous enfin, sans me faire le tort de compromettre ma fortune & ma tranquillité, vous refuser à donner, dans un tems déterminé, la partie dont vous avez bien voulu vous charger, & qu'on avoit annoncée pour la fin de 1787, d'autant plus qu'il m'est démontré aujourd'hui que cet Ouvrage ne peut m'être utile que lorsqu'il sera terminé. Faites-y une sérieuse attention, Messieurs, je vous supplie; mes engagemens sont devenus les vôtres, puisque je n'en ai point pris dans le Prospectus, qui ne soient relatifs aux actes que j'ai eu l'honneur de passer avec vous.

Une seule partie en retard peut arrêter la publication du Vocabulaire universel qui doit couronner cet Ouvrage, & sans lequel il faut convenir que l'Encyclopédie ne peut être d'une grande utilité.

Si quelques Gens-de-Lettres ont pu se permettre, depuis six ans, de ne rien publier, le Public & les Souscripteurs alarmés, ne doivent-ils pas craindre avec raison qu'ils n'en agissent de même par la suite? Je ne puis pas croire cependant, Messieurs, que ce soit l'intention d'aucun de vous; je le dois d'autant moins penser, que plusieurs de vous m'honorent de leur estime & de leur amitié, & qu'aucun Homme-de-Lettres n'ayant eu à se plaindre de moi, je ne puis douter que tous les Auteurs de l'Encyclopédie, qui sont en retard, ne s'empressent à satisfaire les Souscripteurs: & je compte tellement, Messieurs, sur votre exactitude à remplir vos engagemens à cet égard, & que l'Encyclopédie actuelle sera terminée dans *trois à quatre* ans au plus tard. Que s'il y a, parmi vous, quelques personnes qui n'aient pas la plus grande certitude de finir pour ce tems les parties dont elles se sont chargées; elles doivent actuellement m'en prévenir, s'en désister, choisir elles-mêmes les Auteurs qui pourroient les remplacer, & me mettre à portée de remplir mes engagemens.

Je vous prie, Messieurs, de prendre lecture de la partie du tableau ci-joint qui vous concerne, d'y faire les changemens, additions & corrections que vous jugerez nécessaires, & sur-tout de me le renvoyer le plutôt possible, étant dans l'obligation de publier ce tableau avec la trentième Livraison qui paroîtra incessamment (1).

(1) *Cette Lettre a produit tout l'effet que nous devions en attendre; les Auteurs* en retard *ont bien voulu passer avec nous de nouveaux actes, dans lesquels ils ont promis & donné leur parole d'honneur de mettre leurs parties sous presse cette année, de les continuer sans interruption, de manière qu'elles puissent être finies pour la fin de 1791. Plusieurs même, sans que nous les en ayons pressés, ont ajouté, dans leurs actes, que, s'ils n'avoient pas fini pour ce tems, nous serions libres de les faire achever* à leurs frais. *Avec cette assurance, qui doit tranquilliser les Souscripteurs, nous avons aujourd'hui la plus grande certitude que cet Ouvrage, compris* le Vocabulaire Universel, *sera terminé dans* 3 *à* 4 *ans.*

SUR *les* prétendus *Bénéfices actuels de cet Ouvrage.*

En réfléchissant sur les difficultés de toutes espèces que nous avons éprouvées de la part de *quelques Souscripteurs*, nous croyons pouvoir assurer qu'elles partent toutes de la même source, des *prétendus* bénéfices qu'on suppose que nous avons sur cet Ouvrage; & ce qui ne nous permet pas d'en douter, c'est un Mémoire qui nous a été envoyé de Dijon par M. Mailly, Libraire de cette Ville, & reçu le 16 Novembre dernier. Nous y avons répondu par un Mémoire imprimé, & nous allons en détacher ce qui suit, parce que cet objet peut frapper l'universalité des Souscripteurs.

Voici comment on cherchoit à s'appuyer dans une demande qui n'étoit pas fondée.

« La délicatesse de ces premiers Souscripteurs est pleinement à couvert vis-à-vis de M. Panckoucke, attendu qu'ils se sont *assurés* que chacun des Volumes complets ne lui coûte pas plus de *quatre livres*, frais de paquets, prix de fabrique, droits, honoraires des Auteurs, &c. &c. tout compris; ainsi, lui ayant payé à-peu-près de la moitié de l'Ouvrage deux tiers en sus du prix qu'il a coûté, ils peuvent, *sans scrupule*, recevoir le reste *gratis*; c'est-à-dire, qu'il restera encore à l'Entrepreneur un *tiers* de profit sur la totalité. »

Le reste du Mémoire contient des demandes *en dédommagement de non-jouissance*, parce que l'Ouvrage n'est pas actuellement terminé, &c. &c. &c.

Comment l'Auteur de ce Mémoire a-t-il pu *s'assurer* que chaque Volume ne nous revient qu'à *quatre livres*? Si son calcul étoit vrai, il est certain que notre position feroit très-heureuse ; car, comme les Volumes sont annoncés au prix de onze livres, nous aurions sur chacun d'eux un *prétendu bénéfice* de sept livres, ou de près de deux cens pour cent.

Mais nous avons prié l'Auteur de ce Mémoire de faire une sérieuse attention à ce que nous allons exposer.

1.° Nous sommes en état de démontrer que chaque Volume nous revient à plus de six livres ; &, dans ce calcul, nous ne comprenons que les frais des honoraires des Auteurs, de l'impression, du papier, du magasinage, de l'assemblage, des frais de gestion, &c.

2.° Si l'on y joint les charges de l'Ouvrage, les pertes considérables que nous avons éprouvées, les frais & faux-frais de toutes espèces dont nous venons de parler dans la lettre circulaire aux Auteurs ; nous, nous sommes *assurés* que le Volume nous revient au moins à sept livres.

3.° Les Souscripteurs à 672 livres, qui forment plus des cinq sixièmes de la totalité des Souscripteurs, croient qu'ils paient chaque Volume de Discours *onze livres* ; mais ils sont dans l'erreur à cet égard, parce qu'en leur tenant compte des 79 livres, qui forment la différence de leur souscription à celle de 51 livres, chaque Volume ne leur revient qu'à 9 liv. 10 sols. En voici la preuve :

7 Volumes de Planches à 24 liv. font	168
53 Volumes de Discours à 9 liv. 10 sols font	503 10^{s}
	671 10

La différence n'est que de *dix sols* sur la totalité du prix de la souscription à 672 livres.

4.° Nous avons accordé une remise de cent livres aux Libraires, & le treizième exemplaire *gratis* ; ce qui revient à près de 150 livres par exemplaire. On observe que presque la totalité de la vente se fait par leurs mains. Nous ne nous écarterons donc pas de la vérité, en disant que la remise sur chaque Volume de Discours, est de 40 sols ; voilà donc d'abord le prétendu bénéfice de *sept livres* par volume, ou de *deux cens pour cent*, réduit à *dix sols* ; car si, à sept livres de dépense, on ajoute quarante sols de remise, & qu'on les ôte de 9 livres dix sols, il ne reste que *dix sols*.

5.° Ce bénéfice de *dix sols* par Volume n'est encore aujourd'hui pour nous qu'un bénéfice apparent, éventuel, un bénéfice en magasin ; parce que, sans y comprendre 330 Exemplaires placés en Espagne & que nous avons perdus, il nous reste encore plus de 500 Exemplaires de suites de Livraisons que les Souscripteurs ont negligé de retirer ; & que, si ce nombre augmentoit, nous nous trouverions dans l'impossibilité la plus absolue de continuer cet Ouvrage.

C'est cette négligence de ces Souscripteurs qui est particulièrement la cause que, bien loin d'avoir du bénéfice actuellement sur cette entreprise, nous sommes en avance de plus de 150 mille livres, & que nous la faisons sur nos propres fonds, au lieu de la faire sur ceux de la Souscription, comme cela devroit être.

A quoi ont abouti toutes les difficultés qu'on nous a faites ? à nous faire perdre près d'une année de notre temps, à nous décourager, à ralentir l'entreprise. Les Souscripteurs veulent-ils que l'Encyclopédie s'achève promptement ? il faut qu'on nous laisse toute notre liberté, toute notre tête. Ils nous ont honorés de leur confiance dans les commencemens de cette entreprise, qu'ils daignent nous la continuer. Jamais ils n'y ont eu un plus grand intérêt : puisqu'ils touchent au moment des plus grands bénéfices de la souscription. Un procès, dans notre position, nous paroîtroit une si suprême injustice, & le sort de deux de nos confrères, qui sont morts de chagrin & de désespoir des difficultés qu'ils ont éprouvées, a tellement frappé notre esprit, que, si l'on prétend les renouveler à notre égard, nous regardons l'Encylopédie comme détruite & anéantie ; ou plutôt si, forcés de l'abandonner, le Gouvernement en ordonnoit la continuation, (& nous ne présumons pas qu'on ne fasse pas achever cet Ouvrage, auquel l'Europe entière s'intéresse aujourd'hui, aujourd'hui), puisqu'il y en a actuellement cinq éditions différentes. Les Souscripteurs pourroient être obligés de payer 12 liv. les 46 à 48 vol. excédens, qu'ils ne paieront que 6 liv. dans les arrangements que nous leur avons proposés : & il seroit encore possible, dans ce nouvel ordre de choses, que l'Encyclopédie, qui sera terminée dans 3 ou 4 ans, ne le fût que dans 15 à 20; parce que nous pouvons assez compter sur l'estime & la confiance dont nous honorent les Gens-de-Lettres, pour croire qu'ils ne verroient point avec indifférence les injustes *actions juridiques* dont on nous menace.

Quant à la demande en *dédommagement de non-jouissance*, nous croirions faire injure aux Souscripteurs de leur répondre sur cet objet, dans une entreprise de la nature de l'Encyclopédie, dépendante de cent Auteurs, & qui doit avoir plus du double de volumes (1) qu'on n'en avoit annoncé. Nous terminerons cet article en transcrivant ici ce que nous mandoit une personne de distinction, à laquelle nous faisions part de notre position & des difficultés de toutes espèces que nous avions essuyées. « Je suis bien fâché de voir les tracasseries que » vous éprouvez, & tous les soucis que vous » donne cette affaire; le compte que vous » rendez aux Souscripteurs, me paroît fait » pour calmer leur impatience. Au fond, ils » ne peuvent se plaindre de ce que les Co- » opérateurs ont trop d'émulation d'amélio- » rer leur partie : aimeroient-ils donc mieux » avoir la réimpression de l'ancienne Ency- » clopédie, avec quelques coutures par-ci, » par-là? Dans ce cas, il eût été & il sera » facile de les satisfaire; il ne faudra pour » cela que quelques journées de Compi- » lateurs, & le temps d'imprimer. »

(1) Cet excédent de Volumes est, sous un double point de vue, contraire à nos intérêts. 1.° Il y a de la perte & un *déficit* de recette considérable sur chacun de ces Volumes à six livres ; 2.° plus un Ouvrage est en un grand nombre de Volumes, & moins on trouve d'acheteurs quand il est terminé. Si cet excédent de Volumes nuit à nos intérêts, il sert au contraire ceux des Souscripteurs, & contribue à la perfection de l'Ouvrage.

Réponse de M. Panckoucke à M. le Baron de.... du mois de Décembre 1788.

MONSIEUR LE BARON,

Le Mémoire adressé aux Libraires de .... le 18 Juillet dernier, & dont vous avez bien voulu me donner communication, ne contient que des *erreurs*, au lieu de *vérités saillantes*, comme on le dit. J'ai beaucoup à me plaindre du ton & de la grande indécence de cette Lettre, que vous-même vous désapprouvez, Monsieur le Baron. Je ne crains ni les attaques ni les poursuites que quelques Souscripteurs pourroient avoir l'imprudence de diriger contre l'Encyclopédie. Veut-on la détruire, on en est fort le maître ? Si ces Souscripteurs, qui me donnent de si énormes bénéfices sur cet Ouvrage, vouloient venir ici les recueillir, prendre ma place, tenir mes engagemens, rembourser les 150,000 livres dont on est en avance, faire les dépenses de 1789, qui se montent à près d'un million, &c. &c.! Si vous pouviez, Monsieur le Baron, vous mêler de cette négociation, la faire réussir, je vous proteste que je vous en aurai une grande obligation. Un Mémoire imprimé, qui ne tardera pas à paroître, éclairera les Souscripteurs sur leurs véritables intérêts.

Parmi eux, vous me dites, Monsieur le Baron, « qu'il en est de distingués, d'autres » qui occupent des places importantes, » d'autres qui sont assez désœuvrés pour » s'occuper en entier de cette affaire; ce » sont ceux-là qui ont monté les têtes; ils » gagnent tous les jours de nouvelles signa- » tures; ils vont répandre leurs Mémoires » dans toute l'Europe; ils sont même » capables de vous intenter une action » juridique : ainsi, d'une misérable étincelle » s'allumera un feu qui ne laissera pas que » de vous chagriner, quand bien même » vous parviendrez à l'éteindre. »

Dans ma position, je pourrois dire à ces Souscripteurs difficultueux, Monsieur le Baron, ce qu'un Chirurgien de village osa dire un jour au Grand-Condé. Ce Prince étant tombé malade en route, l'envoya chercher pour lui tirer du sang. « *Ne trembles-tu pas,* » lui dit-il, *de me saigner? Ma foi,* Mon» seigneur, *c'est à Votre Altesse à trembler,* » lui répartit le Chirurgien. » Et, en effet, que résulteroit-il pour ces Souscripteurs, si de malheureuses chicanes, si le défaut de s'entendre & de se concilier dans une entreprise de cette nature qui n'est pas encore à moitié, venoient y porter le trouble & le désordre? Ne s'exposeroient-ils pas à perdre toutes leurs avances?

Vous avez encore la bonté de me dire dans votre Lettre, Monsieur le Baron: « Jusqu'ici j'ai empêché tout éclat; & si » je pouvois porter de votre part des » paroles de paix, seulement à deux ou » trois, les autres ne bougeroient pas. Je » ne vous proposerai point de faire aucun » arrangement dont vos autres Souscrip» teurs pussent tirer avantage; mais vous » êtes libre de faire quelque sacrifice envers » les plus difficiles d'entre eux; il sera tou» jours léger, eu égard à la tranquillité que » vous conserverez. »

Comme je marche très en règle dans cette entreprise, je n'ai point d'arrangement particulier à faire avec aucun Souscripteur: ce seroit convenir de torts que je n'ai point; & si, dans la crainte d'un procès injuste, je pouvois condescendre au moindre sacrifice, je manquerois essentiellement à tous les autres Souscripteurs.

Quant à votre caractère moral, Monsieur le Baron, en faveur duquel vous réclamez le témoignage de MM..... je n'ai qu'infiniment à m'en louer, puisque vous vous offrez à être mon appui & le défenseur de l'Encyclopédie.

Je suis avec respect.

Copie de la Lettre écrite à M. Panckoucke par M. le Comte d'Hulst.

De Montpellier, 20 Décembre 1788.

En lisant dans le Mercure, Monsieur, l'annonce de la trentième Livraison, j'ai été étonné du courage & de la magnanimité avec laquelle vous vous livrez à la continuation d'un Ouvrage, qui vous immortalisera sans doute, mais auquel vous sacrifiez votre repos & peut-être votre fortune: car, malgré ce que j'ai entendu dire ici, je ne puis croire que vos profits puissent être aussi immenses. Il est de la justice de tous les Souscripteurs de concourir avec vous à la perfection de ce superbe Ouvrage; & ce ne seroit point certainement remplir ce but, que de ne payer les 48 vol. de supplément qu'à 6 liv. Je vous offre donc, & au nom de quelques Souscripteurs à qui j'en ai parlé, un prix moyen entre le prix réel des vol., & celui que vous proposez; 8 liv. par vol. Ces 2 liv. de plus pourront du moins couvrir les pertes que vous éprouveriez par une trop grande diminution du prix des volumes; & c'est avec grand plaisir que je souscrirai pour la continuation au premier prix, si le plus grand nombre de vos Souscripteurs y consentoient.

Je vous prie de m'adresser le Mercure à Montpellier, où je fais actuellement mon habitation.

J'ai l'honneur d'être avec les sentimens les plus distingués.

P. S. Si vous agréez la proposition que je vous fais, vous pourriez la proposer par la voie de l'impression. C'est avec plaisir que j'y souscrirai, & je ne doute pas que le plus grand nombre n'en fît autant.

Réponse de M. Panckoucke à M. le Comte d'Hulst.

De Paris, le premier Janvier 1789.

Monsieur le Comte,

Votre lettre m'a fait le plus grand plaisir: elle me console de toutes les peines que j'ai éprouvées; elle est pour moi un puissant motif d'encouragement; elle me prouve qu'il y a des Souscripteurs justes & éclairés, qui savent apprécier ce grand monument que cent Auteurs de la Capitale élèvent à la gloire des Lettres & de la Nation. L'immortalité sera pour eux; elle ne peut être mon partage.

Quelque justes ; quelque agréables que soient vos offres, Monsieur le Comte, je ne crois point devoir les accepter. Plusieurs Souscripteurs de la Capitale, animés du même esprit de justice que vous montrez, m'ont fait les mêmes offres; & j'ai cru pareillement devoir les refuser. Je sais que, dans aucun Tribunal, je n'aurois pu être condamné à donner 46 à 48 volumes à 6 liv., parce qu'en prenant le véritable esprit du Prospectus, il est clair que l'on n'a dû compter que sur 3 à 4 volumes à ce prix. Quoi qu'il en soit, je n'insisterai point sur cet objet, persuadé qu'en me conduisant de cette manière, les Souscripteurs se prêteront sans répugnance aux divers arrangemens que je leur propose dans les représentations qui sont à la veille de paroître.

C'est en partie l'Atlas & les Planches d'Histoire naturelle qui ont sauvé l'Encyclopédie. Si l'universalité des Souscripteurs n'avoit pas consenti à les prendre, j'aurois été dans l'impossibilité la plus absolue de donner plus de 3 à 4 volumes à 6 liv. : & alors il auroit bien fallu, ou que les Souscripteurs consentissent à transiger avec moi à l'amiable sur ce grand nombre de volumes excédens; ou l'on auroit été obligé de mutiler tous les Dictionnaires de cet Ouvrage, pour se renfermer dans les conditions strictes du Prospectus; & l'Encyclopédie eût été manquée une seconde fois. Sur ces deux objets, les Souscripteurs ont un bénéfice de près de 100 pour cent. Ma position a pu seule me permettre cette combinaison. Les Planches d'Histoire naturelle sont conçues de manière, que le Public aura pour quelques louis les gravures d'une infinité de livres très-rares & précieux sur cette science, dont l'acquisition partielle leur coûteroit plus de deux à trois mille louis.

Je vous prie d'agréer les sentimens de ma vive reconnoissance & du profond respect avec lequel je suis.

Nouveaux Eclaircissemens sur un premier titre de la Souscription à 672 livres, où il y a Prix d'un Exemplaire complet.

Nous avons traité cet objet en détail dans un Mémoire imprimé, à la page LIX du Dictionnaire des Beaux-Arts.

Il existe dans le Public deux titres différens de souscription à 672 livres. Le premier est conçu ainsi :

N°. . . . . . « Je reconnois que M. . : . . . a » souscrit pour un exemplaire format . . . : » de l'Encyclopédie méthodique, & a payé » la somme de trente-six livres, à compte » de celle de 672 livres, *prix d'un Exemplaire complet*, conformément aux conditions énoncées dans le Prospectus. » A Paris ce. . . . .

Dans le second titre, à 672 livres, les mots, *prix d'un Exemplaire complet* du premier ont été retranchés.

D'après le tableau que nous venons de présenter de notre position & de celle de l'Encyclopédie, peut-être pourrions-nous nous dispenser de répondre à quelques Souscripteurs, qui prétendent encore aujourd'hui avoir toute l'Encyclopédie, à quelque nombre qu'elle s'élève de volumes de discours & de planches, pour le prix de 672 livres, en se fondant sur ce premier titre. Cependant, comme nous desirons de les convaincre qu'ils sont dans l'erreur à cet égard; nous allons joindre de nouveaux éclaircissemens à ceux que nous avons déjà publiés, & qui paroissent n'avoir pas convaincu quelques Souscripteurs, puisqu'on nous a fait de nouvelles objections sur cet objet.

Nous observerons d'abord que ce premier titre étoit relatif à un Prospectus qui étoit le modèle d'une édition projettée *in*-8.° à deux colonnes, & *in*-4.° à trois colonnes en quarante-deux volumes *in*-4°., & en quatre-vingt-quatre volumes *in*-8.° & sept de planches.

Ces quarante-deux volumes *in*-4.° à trois colonnes devoient comprendre plus de trente-quatre volumes *in-folio* de la première édition (voyez-en les calculs, page 74, du Prospectus *in*-8.°) Lors de la publication de ce premier Prospectus, nous étions dans la ferme persuasion que quarante-deux volumes *in*-4.° à trois colonnes auroient suffi, comme devant renfermer le double des matières de la première Encyclopédie : ainsi, nous ne crûmes pas nous écarter alors beaucoup de la vérité, en mettant dans ce premier titre, *prix d'un Exemplaire complet*, & cependant ces mots furent modifiés par ce qui suit, *conformément aux conditions énoncées dans le Prospectus*. De sorte que le prix de 672 livres n'étoit pas réellement celui d'un exemplaire complet; puisque, s'il y avoit eu moins de quarante-deux volumes de discours & de sept de planches, les Souscripteurs auroient eu moins à payer ; comme aussi ils auroient eu plus à payer dans le cas d'un plus grand nombre de volumes de discours. Si on s'en fût tenu à ce premier Prospectus, l'Encyclopédie eût été manquée une seconde fois : car, comme on ne devoit nous payer dans ce premier plan que deux à trois volumes excédens de discours & un de planches, & que tout le reste devoit être donné *gratis;* il auroit fallu, pour remplir nos engagemens, mutiler tous les Dictionnaires de l'Encyclopédie.

Maintenant voyons ce qui s'est passé relativement à ce premier titre.

Le Public n'a voulu d'aucun de ces formats, ni de l'*in*-8. à deux colonnes, ni de l'*in*-4. à trois colonnes: & nous disons qu'il n'en a point voulu, parce qu'au mois de Mars 1782, nous n'avions qu'un petit nombre de Souscripteurs de ces deux formats; & que dans la combinaison que nous avions faite, & au bas prix auquel cette Encyclopédie étoit établie, il falloit près de cinq mille souscriptions pour être au pair des frais. Nous étions à cette époque au désespoir de nous y être engagés, nous la regardions comme absolument désespérée. Cependant nous avions fait des achats de papier considérables, presque tous les actes étoient passés avec les Auteurs, & toute notre fortune compromise. Une heureuse combinaison dont nous nous avisâmes alors, sauva l'Encyclopédie & nous en permit l'exécution. Nous annonçâmes une édition *in*-4. à deux colonnes en cinquante-trois volumes de discours & sept de planches. Et comme on nous avoit fait observer que nous avions pris des engagemens trop rigoureux dans le premier Prospectus, « en annonçant que les volumes excédens ne » pourroient être que de deux à trois volumes » de discours & d'un de planches ; & que » si nous étions nécessités à un plus grand » nombre de volumes, soit de discours, » soit de planches, ils seroient donnés » *gratis* aux Souscripteurs » : dans le Prospectus *in*-4. à deux colonnes, qui est le type, le modèle de l'édition actuelle, nous avons *modifié* cette clause de la manière qui suit : « Si nous étions nécessités à un » plus grand nombre de volumes de *dis-* » *cours*, les Souscripteurs ne paieront ces » derniers volumes que six livres, au lieu » de onze livres. On a cru cette dernière » condition plus honnête que de s'obli- » ger à donner des volumes *gratis*, qui, en » nuisant à l'Entrepreneur, auroient pu » nuire à l'Ouvrage. »

Voyons maintenant si cette dernière clause du Prospectus actuel ne regarde que les Souscripteurs, porteurs du second titre à 672 livres, où l'on a supprimé, *prix d'un Exemplaire complet*, ou les porteurs du troisième titre à 751 livres ; & si elle ne regarde pas l'universalité des Souscripteurs. A l'époque où nous avons changé de plan, & publié un nouveau Prospectus, le **PREMIER TITRE** *devenoit* **NUL** *entre les mains des Souscripteurs si nous l'eussions voulu ;* mais nous annonçâmes alors, par une lettre circulaire en date du 12 Mars 1782, à tous les Libraires de l'Europe, & notamment dans le Mercure du 14 Mars de la même année ; & dans les Journaux, ce qui suit:

Nous sentons que ce changement aux conditions rigoureuses de notre Souscription, nous donne le droit d'en changer les conditions, comme il donne, à chacun des Souscripteurs actuels, celui de renoncer à sa souscription. Nous croyons cependant leur devoir, par égard, de *maintenir vis-à-vis d'eux le prix de 672 livres*.

Voilà ce que nous annonçâmes, ayant eu même l'attention de souligner la dernière phrase. Or, qu'est-ce qu'on devoit avoir pour le prix de 672 livres dans le premier plan? Quarante-deux volumes de Discours & sept. de Planches. Mais puisque nous avons annoncé dans *le Prospectus actuel* 53 volumes de Discours & 7 volumes de Planches pour le prix de 751 livres, les Porteurs du premier titre ont-ils d'autres droits que d'avoir pour 672 livres, ce que les autres paient 751 livres? Les avons-nous affranchis de la modification que nous avons apportée dans le Prospectus *in-4.* à deux colonnes sur les volumes *gratis*, modification qui a sauvé l'Encyclopédie? Avons-nous écrit quelque part *que les Porteurs de ce titre n'auroient que 672 livres à nous payer, à quelque nombre de volumes de Discours & de Planches que l'Encyclopédie pût s'élever?* Nous leur avons purement & simplement annoncé que, *par égard pour eux, nous maintiendrions le prix de 672 livres, & nous n'avons pris aucun autre engagement.*

L'avis, nous dira-t-on, que vous avez donné dans le Mercure du 14 Mars 1782, & dans les Journaux, n'est point assez développé. Vous y soulignez bien que vous croyez *leur devoir par égard de maintenir vis-à-vis d'eux le prix de 672 livres;* mais vous auriez dû ajouter que, pour le reste des conditions, ils seroient tenus à celles du Prospectus *in-4.* à deux colonnes. Nous n'avons pas cru que cela fût nécessaire, parce que c'est une loi connue, un réglement général pour toute Souscription, qu'il faut qu'il y ait un Prospectus qui soit le modèle de l'Edition, & que, dans tous *les titres* de souscription, on y a énoncé, *conformément aux conditions du Prospectus.* Or y a-t-il deux Prospectus *in-4.* à deux colonnes, où, dans l'un, nous soyons obligés de donner *gratis* les volumes excédens, &, dans l'autre, de les faire payer six livres? Si ce dernier seul existe, ce Prospectus fait donc loi pour tous les Porteurs de *titres* de Souscription.

Mais, objecte-t-on encore, dans les éclaircissemens relatifs à cet objet, que vous avez imprimés à la tête *du Dictionnaire des Beaux-Arts*, vous vous exprimez d'une manière très-expresse à l'égard des Porteurs du premier titre (page LX, colonne 2), vous y annoncez : « A l'époque où nous avons » changé de plan, publié un nouveau » Prospectus, *le premier titre* (1) devenoit » nul entre les mains des Souscripteurs, » *si nous l'eussions voulu.* » Vous ne l'avez donc pas voulu? Non, nous ne l'avons pas voulu à l'égard du *titre & du prix de 672 livres;* & c'est ce que nous avons annoncé très-clairement dans l'Avis du 14 Mars 1782. Mais comme ce premier titre de souscription porte, *conformément aux conditions du Prospectus*, & que le premier Prospectus *in-8.* à deux colonnes est anéanti, puisqu'il n'est plus le modèle de l'Edition, & que c'est au contraire le Prospectus *in-4.* qui est devenu, comme nous l'avons déjà dit, le type, le modèle de l'Edition actuelle: n'est-il pas clair & démontré que les Porteurs de ce premier titre ne peuvent le rapporter qu'à ce Prospectus *in-4.* à deux colonnes (2), qui est le seul qui fasse la

(1) L'Auteur du Mémoire auquel ces Nouveaux Eclaircissemens ont donné lieu, confond le *titre de la Souscription* avec le *Prospectus* de cette première Souscription. Si nous eussions dit: « à l'époque où nous avons publié un nouveau Prospectus, *le premier Prospectus* devenoit nul entre les mains des Souscripteurs, si nous l'eussions voulu; » il seroit fondé à dire : *vous ne l'avez donc pas voulu?* Mais nous n'avons parlé que *du premier titre*, ce qui est très-différent : *ce premier titre* resté entre les mains des Souscripteurs devient par conséquent relatif au Prospectus *in-4.* à deux colonnes.

(2) Les Souscripteurs du premier titre seroient encore mal fondés à dire qu'ils n'ont point eu connoissance du Prospectus *in-4.* à deux colonnes, relatif à l'Edition actuelle, ni de la lettre du 12 mars 1782, ni de l'avis inséré dans le Mercure & les Journaux; car, en supposant que cela fût, on auroit à leur répondre, qu'ayant reçu une Edition tout-à-fait différente de celle qui est annoncée dans le premier Prospectus, ils ont dû nécessairement en conclure qu'il y avoit du changement dans la Souscription, & qu'il devoit exister un Prospectus relatif au format & à l'édition publiée; & l'acceptation qu'ils ont faite des Livraisons, prouve le consentement qu'ils ont donné à la nouvelle forme qu'on a été obligé d'adopter pour faire réussir l'entreprise.

règle aujourd'hui entre les Souscripteurs & l'Entrepreneur ?

Le premier & le second titres de souscription à 672 livres, quoique exprimés différemment, ne donnent donc que les mêmes droits. Dans tous les deux, on a ajouté, *conformément aux conditions énoncées dans le Prospectus*. On n'a publié, dans aucun tems, deux classes différentes de Souscripteurs à 672 livres. La loi est la même, tant pour ceux du premier titre, que pour ceux du second; & cette loi est celle qui est exprimée dans le *Prospectus in*-4. à deux colonnes, à la différence près du prix, qui est de 672 livres pour cinquante-trois volumes de Discours & sept de Planches, au lieu de 751 livres, conformément à ce que nous avons annoncé dans le Mercure du 14 Mars 1782, *que, par égard pour eux, nous maintiendrions le prix de 672 livres.*

Si la modification annoncée à la fin du Prospectus *in*-4. à deux colonnes, & que nous avons citée ci-dessus, ne regardoit que les Souscripteurs du second titre à 672 livres, ou ceux à 751 livres; nous aurions été en contradiction avec nous-mêmes dans l'exécution de l'Encyclopédie. Obligés, par le premier titre, de donner *gratis* tous les volumes excédens; & ces Souscripteurs, ainsi que nous, n'ayant pu entendre par les mots *de plus grand nombre*, que deux à trois volumes *gratis*, & non un nombre plus du double de ceux annoncés dans le Prospectus *in*-8. à deux colonnes: il est clair que nous aurions été obligés de mutiler tous les Dictionnaires de cet Ouvrage, pour remplir nos engagemens vis-à-vis de ces premiers Souscripteurs; tandis que dans le Prospectus, où nous avons modifié cette condition des volumes *gratis*, nous nous sommes donnés plus de facilité pour l'exécution de cette entreprise, quoique nous nous soyons encore trompés sur le nombre des volumes excédens.

Nous ajouterons une dernière réflexion à ce que nous venons de dire. Pourroit-on, dans une Souscription, regarder comme obligatoire une clause impossible à remplir, & qui entraîneroit la perte de celui qui auroit eu l'imprudence de la proposer? Car s'il étoit vrai que, par la nature de nos engagemens, nous fussions obligés de donner *gratis* tous les volumes de Discours & de Planches excédens ceux qui sont annoncés dans le Prospectus: non-seulement nous serions complétement ruinés & l'Encyclopédie détruite, mais dix fois notre fortune ne suffiroit pas pour remplir un tel engagement; il seroit nul de droit & de fait, parce qu'à l'impossible nul n'est tenu. Est-ce donc un contrat de surprise qu'une Souscription en Librairie, & surtout dans un ouvrage de la nature de l'Encyclopédie, dépendant de cent Auteurs, & où l'on ne peut, même encore aujourd'hui, déterminer exactement le nombre de volumes de Discours & de Planches qu'il doit avoir? Nous pourrions encore dire à ces Souscripteurs à 672 livres, ce que nous avons dit dans nos représentations à ceux de 751 livres, que par les mots *de plus grand nombre de volumes*, ils n'ont pu entendre, ainsi que nous, que deux à trois volumes *gratis*, & non un nombre qui seroit plus du double de celui annoncé dans le premier Prospectus. Nous ne serions donc tenus, en prenant le véritable esprit de ce premier Prospectus *in*-8. à deux colonnes, que de leur donner deux à trois volumes *gratis*; & tous les autres, ils seroient obligés de nous les payer 12 livres; & nous ne croyons pas que ces Souscripteurs puissent avoir à se plaindre, puisqu'ils auront, comme les autres, quarante-six à quarante-huit volumes à 6 livres, ce qui est la même chose que de leur donner vingt-trois à vingt-quatre volumes *gratis*, au lieu de *deux à trois*.

Etat des nouveaux Volumes de Discours & de Planches qui paroîtront en 1789.

On peut regarder cet état comme véritable, à 5 ou 6 vol. près de Discours, qui, n'ayant été mis sous presse qu'au commencement de cette année, pourront n'être publiés que dans les premiers mois de 1790.

Volumes de Planches.

Février	La 2.ᵉ Partie de l'Atlas.
Fin Avril	Histoire Naturelle. *Baleines, Cachalots, Tortues, Serpens, &c. &c.*
Fin Juillet	Le tome VII des Arts & Métiers Mécaniques.
Fin Septembre . .	Histoire Naturelle, *Oiseaux*, &c.
Fin Novembre.	Un demi-vol. d'Arts & Métiers Mécaniques.

Volumes de Discours.

Jeux		½ vol.
Physique		½
Médecine	2	
Anatomie		½
Chirurgie		½
Chymie	1	
Agriculture	1	
Bois & Forêts		½
Insectes	2	
Vers	1	
Botanique	1	
Minéraux		½
Géographie Physique		½
Géographie & Histoire ancienne	1	
Antiquités	1	
Histoire	1	½
Théologie	1	
Philosophie		½
Morale	1	
Jurisprudence	1	
Economie Politique	1	
Police	1	
Marine		½
Beaux-Arts		½
Musique		½
Architecture	1	
Arts & Métiers	2	
Peaux & Cuirs, &c	1	

Environ 25 vol. de Discours. Nous publierons un pareil tableau à la fin de chaque année.

Ces 25 vol. de Discours & ces 5 de Planch. forment un objet de dépense de près d'un million ; & pourroit-on croire que c'est avec les modiques fonds de la souscription que nous avons reçus, qu'on fait de pareilles avances ?

Aussi nous comptons, à la trentième Livraison, demander aux Souscripteurs un *Supplément de Souscription* : & nous y sommes très-fondés, l'Ouvrage devant avoir plus du double de volumes qu'on n'en avoit annoncé. Car qu'est-ce qu'une Souscription ? c'est « un Ouvrage » dont l'entreprise trop coûteuse effraie » les Libraires ; c'est la demande d'une » avance de fonds au Public pour son » exécution, sans quoi il seroit privé d'une » infinité d'excellens Livres » : eh ! quelle entreprise autorise plus une pareille demande, que celle de l'Encyclopédie, dont la dépense totale est un objet de plus de six millions, & dont il reste encore trois millions de dépense à faire ?

Si les Souscripteurs ne veulent pas considérer notre position, la nature & la grandeur de cette entreprise, la manière dont nous nous exécutons, en leur donnant 46 à 48 volumes à 6 livres, sur lesquels ils ont un bénéfice de cent pour cent ; ils s'exposent aux risques de perdre toutes leurs avances & de détruire l'Encyclopédie : *car à l'impossible nul n'est tenu.*

État des Paiemens faits par les Souscripteurs, jusques & compris la trentième Livraison, & des Volumes, tant de Planches que de Discours, publiés à chaque Livraison.

Livraison	Vol.		liv.	s.
Souscription			36lt	
I.re livraison.	2 vol. de Discours		22	
2.e	$1\frac{1}{2}$		16	10
3.e	$1\frac{1}{2}$	& 1 vol. de planches	40	10
4.e	2		22	
5.e	2		22	
6.e	1	& 1 vol. de pl.	35	
7.e	2		22	
8.e	$1\frac{1}{2}$		16	10
9.e	$1\frac{1}{2}$	& 1 vol. de pl.	40	10
10.e	2		22	
11.e	2		22	
12.e	1	& 1 vol. de pl.	35	
13.e	2		22	
14.e	2		22	
15.e	2		22	
16.e	2		22	
17.e	$0\frac{1}{2}$	& 1 vol. de pl.	35	
18.e	2		22	
19.e	2		22	
20.e	2		22	
21.e	1	& 1 vol. de pl.	35	
22.e	2		22	
23.e	2		22	
24.e	2	& la première Partie de l'Atlas	22	
25.e	2		22	
26.e	2		22	
27.e	2		22	
28.e	2	& la première Livraison des Planches de l'Histoire Naturelle	22	
29.e	2		21	
30.e	$1\frac{1}{2}$	& la deuxième Partie de l'Atlas	0	
Total des Vol. 53 de la souscript.		Total du paiement de la Souscription	751lt	

Nota. Cette trentième Livraison comprend quatre Parties au lieu d'une & demie; savoir, la Théologie, tome II, première Partie; l'Histoire Naturelle, tome III, deuxième Partie; Mathématiques, tome III, première Partie; & la Police & les Municipalités, tome I, première Partie. Nous ne la comptons ici que pour un volume & demi pour faire le compte exact des 53 Volumes; le surplus est relevé dans le compte qui suit.

Sur le nombre des Feuilles de chacun des Volumes de Discours & sur celui des Planches, avec le résultat du compte pour les 53 Volumes de Discours & les 7 Volumes de Planches pour le prix de 672 livres, premiere Souscription, & de 751 livres, seconde Souscription.

Nous avons dit dans le Prospectus, « Que chaque vol. *in*-4.° sera composé » d'*environ* cent feuilles de Discours; & » que, quant aux vol. de Figures, ils seront » chacun de *deux cens quatre-vingt-dix* » *à trois cens planches.* » Comme plusieurs vol. de Discours ont moins de cent feuilles, que d'autres en ont davantage, & que nous

nous prévoyons que les derniers volumes de chacune des parties seront composés d'un nombre de feuilles au-dessus & au-dessous de cent ; le dernier volume de la Marine, par exemple, devant avoir 130 à 140 feuilles ; nous nous croyons obligés, d'après quelques difficultés que plusieurs Souscripteurs ont élevées sur cet objet, d'entrer dans quelques détails, & de régler d'une manière invariable la totalité des feuilles sur lesquelles ils ont le droit de compter.

Chaque volume de Discours, d'après le Prospectus, devant être d'*environ* cent feuilles, il est certain que chacun d'eux étant de 92 95 & 98 feuilles, personne n'auroit le droit de se plaindre ; car des volumes d'*environ* cent feuilles n'emportent pas même l'idée de *cent*. Pour trancher donc toutes difficultés sur cet objet, nous compterons la moitié des volumes de Discours à 100 feuilles, & l'autre moitié à 90. Ainsi, en supposant que l'Encyclopédie ait 124 vol. de Discours, nous en compterons 62 vol. à 100 feuilles produisant,

ci	6200 feuil.
& 62 vol. à 90, formant	5580
Total..........................	11780

Dans ce nombre, nous ne compterons pas les Prospectus & Avis que nous avons insérés à la tête du premier vol. des Beaux-Arts, ni les représentations & le tableau ci-joints, ni les autres Prospectus que nous réunirons à la tête du dernier vol. de cette entreprise, parce qu'il importe de conserver l'histoire de tous les travaux que cette grande entreprise nécessite. Nous espérons que de cette manière tout le monde sera content.

Quant aux volumes de Planches, comme nous avons la liberté de composer chaque vol. de 290 à 300 planches, nous les établirons l'un dans l'autre à 295 planches, & c'est sur ce dernier nombre que nous en compterons.

ETAT du nombre de Feuilles contenues dans les Volumes actuellement publiés jusques & compris la trentième Livraison.

	Vol.	Feuilles.
MATHÉMATIQUES.		
Tome I.er	2 ½	105
Tome II..................		99
Tome III, première partie.		24

Nota. *Nous ne comprenons point, dans ce troisième Volume, les* Représentations, Tableau & Avis particuliers *qui sont à la tête.*

	Vol.	Feuilles.
MÉDECINE.		
Tome I, première Partie.......	½	52
CHYMIE.		
Tome I, première Partie.......	½	53 ½
AGRICULTURE.		
Tome I, première Partie.......	½	43 ½
HISTOIRE NATURELLE.		
Tome I..................	3	99 ½
Tome II..................		89 ½
Tome III..................		98 ½
BOTANIQUE.		
Tome I..................	2	100
Tome II..................		97
GÉOGRAPHIE ANCIENNE.		
Tome I..................	1	98
GÉOGRAPHIE MODERNE.		
Tome I..................	3	100
Tome II..................		96 ½
Tome III..................		106 ½
ANTIQUITÉS.		
Tome I..................	1 ½	101
Tome II, prem. Partie....		46 ½
HISTOIRE.		
Tome I..................	2 ½	100 ½
Tome II..................		92
Tome III, prem. Partie....		46 ½
	17	1649

	Vol.	Feuilles
D'autre part	17	1649

THÉOLOGIE.

Tome I	1 ½	93
Tome II, prem. Partie		46 ½

LOGIQUE ET MÉTAPHYSIQUE.

Tome I	1 ½	99
Tome II, prem. Partie		42 ½

GRAMMAIRE ET LITTÉRATURE.

Tome I	3	100 ¼
Tome II		98
Tome III		94

JURISPRUDENCE.

Tome I	7	100 ¼
Tome II		100 ½
Tome III		100 ½
Tome IV		104
Tome V		107
Tome VI		103
Tome VII		93

FINANCES.

Tome I	3	95 ½
Tome II		99
Tome III		104

ÉCONOMIE POLITIQUE ET DIPLOMATIQUE.

Tome I	3 ½	97
Tome II		95
Tome III		99
Tome IV, prem. Partie		54 ½

COMMERCE.

Tome I	3	100
Tome II		100
Tome III		106

MARINE.

Tome I	2 ½	93 ½
Tome II		98
Tome III, prem. Partie ...		40 ½
	42	4112 ½

	Vol.	Feuilles
	42	4112 ½

ART MILITAIRE.

Tome I	3	99 ½
Tome II		100 ½
Tome III		94 ½

ARTS ACADÉMIQUES.

Tome I, demi-Vol.	½	56 ½

BEAUX-ARTS.

Tome I, prem. Partie	½	38 ½

Nota. *Nous ne comptons point les Prospectus & Avis particuliers qui sont à la tête de ce Volume.*

ARCHITECTURE.

Tome I, prem. Partie	½	41 ½

ARTS MÉCANIQUES.

Tome I	4 ½	99
Tome II		103
Tome III		87
Tome IV		102
Tome V, prem. Partie		49 ½

MANUFACTURES.

Tome I	2	99 ½
Tome II		66
	53	5149 ½

D'après les arrangemens dont nous avons parlé au commencement de cet article, les Souscripteurs doivent avoir 26 Volumes à

100 feuilles, ci		2600
26 *id.* à 90		2340
1 Vol. à 95		95
53	Feuilles . .	5035

Et comme nous leur en avons fourni, d'après le tableau ci-dessus,

Feuilles	5149 ½
Ils nous redoivent sur cet objet ...	114 ½
Feuilles à fournir	5035
Somme égale	5149 ½

Ces 114 feuilles font un volume & dix-neuf feuilles. Nous joignons à cette trentième Livraison le volume de *la Police & des Municipalités*, dont il n'est pas fait mention dans l'état ci-dessus, ce qui complète deux volumes avec ces 114 feuilles; & comme deux volumes de Discours & la brochure des quatre demi-volumes de cette Livraison sont l'équivalent pour le prix d'un volume de Planches, cet objet remplacera le tome septième qui devoit revenir *gratis* aux deux ordres de Souscripteurs; de sorte que la souscription de 53 volumes de Discours & de 7 volumes de Planches, est entièrement réglée, soit pour les Souscripteurs à 672 livres, soit pour ceux à 751 livres. Nous donnons ici séparément le compte des 79 livres, qui forment la différence de la première à la deuxième souscription. Les Souscripteurs à 751 livres auront à nous tenir compte de cette somme de 79 livres, en publiant les quatre dernières Livraisons des Dictionnaires de l'Encyclopédie, comme nous l'avons déjà dit.

Sur le Paiement des 79 livres qui forment la différence de la Souscription à 672 livres, pour 53 volumes de Discours & 7 de Planches, à celle de 751 livres pour le même nombre de volumes.

Ces 79 livres étant un bénéfice de souscription pour les Porteurs des titres à 672 livres, que nous avons admis pour ce prix à la Souscription de 751 livres, nous leur en tenons compte de la manière qui suit :

1.° Nous avons actuellement publié six volumes de Planches.

Le Tome premier contient 158 Planches simples *in*-4. & 69 doubles de ce format, en totalité.............. 296 Pl. *in*-4.

Le tome deuxième 196 Pl. simples & 53 doubles, ci.....	302
Le tome 3.e 232 Pl. simples & 34 doubles, ci........	300
	898
D'autre part........	898
Le tome 4.e 210 Pl. simples & 47 doubles, ci.......	304
Le tome 5.e 168 Pl. simples, 91 doubles, 13 Pl. triples & une quadruple, en totalité, ci................	385
Le tome 6.e 202 Pl. simples & 88 doubles, ci........	378
	1965

Chaque volume de Planches ne devant être compté que pour 295.

Les six volumes donnent..	1770 Planch.
Les Souscripteurs doivent donc................	195
Somme égale.....	1965

(1) Or les 295 Pl. ayant coûté 24 liv. les 195 reviennent à....	15 l.	17 f.
2.° La première Livraison des Planches d'Histoire naturelle, contenant 102 Pl. à 4 sols, avec le discours & la brochure, ci..	21	8
3.° Les deux volumes de l'Atlas contiennent 140 Cartes. Nous en avons annoncé 55 pour 16 liv.; les 140 reviennent donc à..................	40	14
Huit feuilles de Discours du premier volume de l'Atlas à 3 f..	1	4
Onze *id.* du second à 3 sols, ci.	1	13
* La brochure des 2 vol......	2	
	82	16

(1) Nous nous sommes trompés dans les avis particuliers, en n'annonçant que 170 Planches; ce sont des Souscripteurs eux-mêmes qui nous ont relevé de cette erreur.

* Cette brochure est le prix qu'elle nous coûte. On perd 10 sols sur les Volumes des planches d'Arts & Métiers mécaniques. C'est un objet pour nous de perte de plus de 25,000 livres.

C'est par une méprise de notre part, sur laquelle nous avons eu la délicatesse de ne point revenir, que le prix de la brochure de ces volumes de Planches a été établi dans le Prospectus au même taux que celui des volumes de Discours.

Comme il ne revient aux Souscripteurs que 79 livres, ils nous redoivent sur cet objet 3 livres 16 sols, que nous joindrons au prix de la trente-deuxième Livraison.

NOMS DES AUTEURS DE L'ENCYCLOPÉDIE ACTUELLE.

MESSIEURS:

L'ABBÉ BOSSUT, de l'Académie des Sciences.
LE MARQUIS DE CONDORCET, *id.*
CHARLES, *id.*
DE LA LANDE, *id.*
MONGE, *id.*
VICQ D'AZYR, *id.*
ANDRY, Docteur en Médecine.
CAILLE, *id.*
CHAMBON, *id.*
CHAMSERU, *id.*
COLOMBIER, *id.*
DE FOURCROY, *id.*
DEHORNE, *id.*
DOUBLET, *id.*
GOULIN, *id.*
HALLÉ, *id.*
HUZARD, *id.*
JEAN ROY, *id.*
LA PORTE, *id.*
MAUDUYT, *id.*
SAILLANT, *id.*
THOURET, *id.*
VERDIER, *id.*
LOUIS, Secrétaire Perpétuel de l'Académie de Chirurgie.
DE MORVEAU, Avocat-Général Honoraire.
DUHAMEL, de l'Académie des Sciences.
CHAUSSIER, Professeur de Chymie.
L'ABBÉ TESSIER, de l'Académie des Sciences.
THOUIN, Jardinier en Chef du Jardin du Roi, de là même Académie.
FOUGEROUX DE BONDAROY, de l'Académie des Sciences.
D'AUBENTON, de l'Académie des Sciences.
OLIVIER, Docteur en Médecine.
BRUYERE, *id.*
BROUSSONET, de l'Académie des Sciences.
LE CHEVALIER DE LA MARK, de l'Académie des Sciences.
DESMARETZ, de l'Académie des Sciences.
MENTELLE, Géographe de Monseigneur Comte d'Artois.
ROBERT, Géographe Ordinaire du Roi.
MASSON DE MORVILLIERS, Secrétaire du Gouvernement de Normandie.
MONGEZ, Garde des Antiques de Ste. Geneviève.
GAILLARD, de l'Académie Françoise.
BERGIER, Confesseur de *Monsieur.*
NAIGEON.
LA CRETELLE, Avocat.
MARMONTEL, de l'Académie Françoise.
BEAUZÉE, *id.*
SUARD, *id.*
PEUCHET, Avocat.
DE SURGY, Premier Commis des Finances.
DE MEUNIER, Censeur Royal.
L'ABBÉ BEAUDEAU.
GRIVEL, Avocat.
VIAL DU CLAIRBOIS, Ingénieur-Constructeur.
BLONDEAU, Professeur de Marine.
DE KÉRALIO, de l'Académie des Inscriptions.
DE CESSAC, Capitaine d'Infanterie.
JABRO, Lieutenant-Colonel des Grenadiers Royaux.
DE POMMEREUIL, Capitaine d'Artillerie.
DE PRONY, Inspecteur des Ponts & Chaussées.
LACOMBE, Avocat.
BOUCHER D'ARGIS, Avocat.
WATELET, de l'Académie Françoise.
L'ÉVESQUE, de l'Académie des Beaux-Arts de Saint-Pétersbourg.
QUATREMERE DE QUINCY.
ROLAND DE LA PLATIERE, Inspecteur des Manufactures.
FRAMERY, Intendant de la Musique de Monseigneur Comte d'Artois.
GINGUENÉ.
LE RASLE, Avocat.
DE LA CROIX, Avocat.
GARAN DE COULON, Avocat.
HENRION DE PENSEY, Avocat.
L'ABBÉ BERTHOLIO, Avocat.
L'ABBÉ BONNATERRE.

PANCKOUCKE, *Entrepreneur.*

Nota. Dans cette Liste, nous pourrions joindre plus de vingt-cinq personnes qui ont fourni des articles considérables, des parties même entières dans la Jurisprudence, dans l'Histoire Naturelle, dans l'Histoire, dans le Blason, &c. &c. & qui n'ont pas encore permis qu'on les nommât. Si l'on y ajoute tous les Auteurs qui ont travaillé à la première Encyclopédie, dont nous avons donné les noms à la tête du Dictionnaire des Beaux-Arts, p. 2, & qui forment une liste de 150 personnes, on sera assuré que plus de 250 Auteurs de la Capitale ont concouru à élever ce grand Monument à la gloire des Lettres & de la Nation.

TABLEAU
ET APPERÇU

Du nombre de Volumes de Discours & de Planches que doit avoir l'Encyclopédie par Ordre de Matières, avec le détail des Accroissemens, des Changemens, des Améliorations, & des Parties nouvelles & omises dans le Prospectus, & qu'on a jugé à propos de faire & d'ajouter pour compléter & perfectionner cet Ouvrage.

Nouvelle Division de l'Encyclopédie Méthodique (1).

I.

MATHÉMATIQUES, *par MM. d'Alembert, l'Abbé Bossut, le Marquis de Condorcet, Charles, de l'Académie des Sciences; & quant à la partie Astronomique, par M. de la Lande, de la même Académie*; 3 vol. *in*-4.°

La Géométrie transcendante a été considérablement augmentée dans l'Encyclopédie Méthodique. Il n'y a aucun problème important qui n'y soit traité avec plus ou moins d'étendue; on y trouve des détails sur le calcul des différences finies, sur celui des différences partielles, sur la méthode des variations, *&c. &c.* La plupart de ces découvertes n'avoient pas encore paru lors de la publication de la première Encyclopédie.

Pour l'Astronomie, nous avions annoncé, dans notre Prospectus de 1781, le travail considérable de M. de la Lande, qui a refait cette partie en entier avec beaucoup d'étendue; mais, à cette époque, on ne connoissoit pas la planète de Herschel, qui a formé, dans le système du monde, une branche toute nouvelle. La théorie de ce nouvel astre se trouve, dans l'Encyclopédie, avec celle de tous les autres. Les prodigieux télescopes que M. Herschel a exécutés, lui ont fait découvrir plus de mille nébuleuses, & autant d'étoiles doubles. Les nouveaux calculs de l'attraction, ont fait reconnoître à M. de la Place les inégalités de Jupiter, de Saturne & de la Lune, qu'on avoit pris jusqu'alors pour des accélérations ou des retardemens. Enfin on trouvera, dans notre Encyclopédie, les progrès de l'Astronomie, suivis jusqu'au moment actuel, par un Savant qui s'en occupe journellement, & qui lui-même y contribue par un travail non interrompu.

La Gnomonique a été beaucoup plus étendue qu'on ne l'avoit projetté: il n'y a pas un cadran solaire qui ne soit décrit, démontré & figuré. On y trouve même celui de la colonne de l'Hôtel de Soissons, qui n'avoit jamais été gravé.

La découverte étonnante des Globes de M.rs Montgolfier, par laquelle les hommes ont enfin appris la route des airs, sera réservée pour le Dictionnaire de Physique; mais, en attendant, M. de la Lande l'a annoncé dans le Dictionnaire de Mathématiques, à l'article *Montgolfière*. Enfin la partie Astronomique contient 43 Planches, dont plusieurs même sont doubles; cela suffit pour faire voir que notre Dictionnaire contient un Traité complet d'Astronomie. Cela étoit d'autant plus utile, que le grand Ouvrage de M. de la Lande étoit épuisé, & ne se trouvoit plus dans le Commerce. Il pourra être remplacé par la nouvelle Encyclopédie.

Les Mathématiques seront terminées par un Dictionnaire sur les Jeux, dont on n'a point fait mention dans le grand Prospectus. L'Encyclopédie

(1) Si les Souscripteurs veulent rendre justice aux travaux & aux efforts qu'ont fait chacun des Auteurs de l'Encyclopédie actuelle pour compléter leurs Parties, il faut, en lisant chacun de ces Supplémens aux Prospectus particuliers qui ont paru, qu'ils prennent la peine de comparer chaque article de ce Tableau avec les Prospectus correspondans qui sont imprimés à la tête du volume *des Beaux-Arts*, publié dans la vingt-septième Livraison.

devant tout embrasser, il eût été contraire au plan de cet Ouvrage, qu'on n'y trouvât pas *les Jeux d'exercice*, comme *la Paume*, *le Billard*, *le Mail*, &c. *Les Jeux sédentaires*, tels que les *Echecs*, *le Trictrac*, *les Dames*, *le Piquet* : quant *aux Jeux de hasard*, comme *le Brelan*, *le Pharaon*, & tout ce qui appartient au calcul des probabilités; on fera connoître tout ce que Huygens, Moivre, Montmort, MM. de la Grange, le Marquis de Condorcet, *&c.* ont écrit de plus important sur cette matière. Chaque Jeu sera terminé par son Vocabulaire. La composition de ce Dictionnaire des Jeux nous sera d'autant plus facile, que nous avons acquis d'un Amateur un Manuscrit considérable, où l'on trouve le Vocabulaire de plus cent cinquante Jeux. M. Charles s'est chargé de la composition de celui des échecs, & de la rédaction de cette Partie.

Il y a, à la tête du tome premier des Mathémathiques, un Discours Préliminaire, par M. l'Abbé Bossut, dans lequel il indique les principales découvertes qui se sont faites dans cette Science. Ce Discours est lui seul un Ouvrage considérable & très-bien fait.

Le Dictionnaire des Mathématiques est terminé. Il ne reste à publier que la Partie des Jeux, qui paroîtra cette année, & qui complétera le troisième Volume des Mathématiques.

I I.

PHYSIQUE, *par M. Monge, de l'Académie Royale des Sciences ; deux à trois Volumes* in-4.°

Lorsqu'on a commencé l'Encyclopédie méthodique, c'étoit l'époque à laquelle la Physique faisoit les progrès les plus rapides.

La plupart des fluides élastiques étoient connus à la vérité ; mais on ne savoit encore rien sur leur composition, & il y avoit trop peu de tems qu'on les observoit pour connoître leurs affections générales, & les actions particulières qu'ils exercent les uns sur les autres.

On connoissoit les principaux phénomènes de la matière de la chaleur qui, quand elle est en liberté, est sensible au Thermomètre, & qui cesse d'agir sur cet instrument, lorsqu'elle est employée à changer l'état & la forme des corps ; mais les expériences que l'on avoit sur cet objet, étoient en trop petit nombre pour établir avec quelque certitude une Théorie, & l'on n'avoit pas eu le tems d'appliquer cette Théorie jusqu'aux plus petits détails de la plupart des phénomènes.

On savoit que l'air peut tenir plus ou moins d'eau en dissolution, que tantôt il en enlève, & que tantôt il en abandonne aux corps avec lesquels il est en contact; mais on n'avoit pas d'instrument comparable au moyen duquel on pût s'assurer de l'état de l'air à cet égard; & même il a fallu un certain tems pour reconnoître que cet instrument est sensible à la pression de l'atmosphère.

Enfin rien ne pouvoit encore faire soupçonner que l'eau fût une substance composée; cette découverte, en jetant du jour sur un très-grand nombre de phénomènes qui étoient obscurs, & en donnant des idées exactes sur beaucoup d'autres, par rapport auxquels on étoit dans l'erreur, a fait une révolution dans la Science.

Si l'on se fût donc empressé de publier le Dictionnaire de Physique, on auroit été forcé de saisir la Science dans un état, pour ainsi dire, fugitif, & l'on n'auroit que foiblement remédié au mal par un Supplément qui, à l'inconvénient des perpétuelles contradictions, auroit encore joint celui de détruire l'ordre & l'unité du point de vue.

Ce Dictionnaire sera sous presse l'année prochaine, & terminé en 1790 & 1791. L'Auteur, malgré ses grands & nombreux travaux, n'a cessé de s'en occuper. Nous savons que les principaux articles sont entièrement composés, & c'est avec son consentement que nous prenons l'engagement ci-dessus, afin de tranquilliser les Souscripteurs.

I I I.

MÉDECINE UNIVERSELLE ET RAISONNÉE, *mise en ordre & publiée par M. Vicq d'Azyr, Docteur Régent & ancien Professeur de la Faculté de Médecine de Paris, l'un des quarante de l'Académie Françoise, de l'Académie Royale des Sciences, Secrétaire perpétuel de la Société Royale de Médecine, &c. &c.* 6 à 7 Vol. *in*-4.°

La nomenclature de cette partie est si incomplète dans l'édition de Paris, que M. Vicq d'Azyr a été obligé de faire des recherches très-étendues pour y suppléer. « Ceux qui compareront notre travail, dit-il, avec celui de nos prédécesseurs, » verront que ce dernier nous a très-peu servi, & » que cet Ouvrage peut être regardé comme nouveau. *La Nosologie, l'Hygyenne, la Médecine » Vétérinaire, la Médecine légale, la Jurisprudence de la Médecine & la Byographie Médicale, » ou n'existent point*, ou sont absolument tronquées » dans l'ancienne Encyclopédie. »

M. Vicq d'Azyr a pensé que la rédaction du Dictionnaire de Médecine ne pourroit être bien faite qu'autant qu'il s'associeroit un certain nombre de ses Confreres, dont chacun se chargeroit des recherches qui lui seroient le plus familières ; c'est ce qu'il a fait pour le premier volume qui a paru. Chacun de ses Coopérateurs dirige & compose une des parties de ce grand Ouvrage dont il publie l'ensemble.

Cette forme est, sans doute, la meilleure que l'on puisse adopter pour remplir dignement les vues du Public, mais elle expose à des longueurs inévitables. Il faut, en effet, que tous ces Coopérateurs se concertent ensemble & avec l'Editeur; & l'expérience a prouvé que l'impression des Ouvrages que plusieurs Auteurs font en commun, demande beaucoup plus de tems que celle qui ne dépend que d'une seule personne.

Nous remarquerons encore que, comme il est impossible de fixer le nombre de feuilles que chaque Coopérateur doit fournir, on ne peut déterminer avec précision quel sera le nombre des volumes de ce Dictionnaire. C'est la nature des recherches qui seule peut régler l'étendue de de cet Ouvrage. Nous présumons qu'il sera de 6 à 7 vol. *in-4.°*

Le second volume est actuellement sous presse, & paroîtra cette année, tous les autres seront imprimés de suite & sans délai; & l'Auteur nous a permis d'assurer le Public en son nom, que l'Ouvrage seroit entièrement terminé dans 3 à 4 ans au plus tard. L'Encyclopédie ayant plus du double de volumes qu'on n'en avoit annoncé, il n'est personne qui ne sente la nécessité de doubler le tems dans lequel on en avoit promis la publication. Voyez pour plus de détails l'avertissement qui est à la tête du premier volume.

IV.

ANATOMIE HUMAINE ET COMPARÉE, *ou Système Anatomique de l'Homme & des Animaux, suivi d'un Vocabulaire complet d'Anatomie & de Physiologie; par M. Vicq d'Azyr.* 2 à 3 vol. *in-4.°*

L'ancienne Encyclopédie ne contient que l'Anatomie de l'Homme; celle des Animaux y manque absolument. Non-seulement cette Anatomie ne s'y trouve point, mais il n'y a pas un seul Ouvrage où les élémens de cette science aient été réunis; toutes les parties qui peuvent la composer sont éparses; & comme elles ont été rédigées sur des plans très-différens les uns des autres, elles ne sont pas comparables entre elles: après les avoir rassemblées, ce qui a exigé un grand travail de ma part, j'ai vu que ce recueil ne seroit d'aucune utilité, si les observations qu'il contenoit n'étoient rangées dans un ordre qui fût commun à toutes les classes des Animaux. J'ai donc commencé par établir une distribution générale fondée sur les neuf grandes propriétés ou fonctions que j'ai reconnues dans les Animaux, & qui sont l'Ossification, l'Irritabilité, la Sensibilité, la Circulation, la Respiration, la Digestion, la Génération, la Sécrétion & la Nutrition. Chacune de ces neuf sections est divisée en un certain nombre d'articles, qui sont les mêmes pour l'Homme, pour les Oiseaux, pour les Quadrupèdes Ovipares, pour les Serpens, pour les Poissons, pour les Insectes & pour les Vers. Des numéros correspondans sont placés en tête de ces articles; d'où il résulte que le même numéro doit toujours désigner les mêmes parties dans toutes les branches de cette division, & que par conséquent les détails, qui les concernent, seront faciles à saisir par tous ceux qui auront quelques-uns de ces rapprochemens à faire.

On comprendra sans peine que ce système, que j'ai eu tant de peine à former, n'auroit aucune valeur, si son ensemble étoit détruit; & comment ne le seroit-il pas, s'il falloit qu'à l'ordre analytique, fût substitué celui de l'alphabet? L'Anatomie comparée, telle que je la conçois, ne peut donc être traitée dans un Dictionnaire.

Mais afin que l'on ne puisse pas reprocher à cet Ouvrage de différer absolument, par la forme, de toutes les autres parties de l'Encyclopédie Méthodique, le dernier volume contiendra un Vocabulaire complet, où seront compris tous les termes de l'Anatomie Humaine & Comparée, avec des renvois, & où seront placés, dans l'ordre alphabétique, tous les mots relatifs à la Physiologie. Ce dernier volume tiendra lieu du Dictionnaire; & de cette manière, mes vues se concilieront avec le premier plan que les Editeurs ont tracé (1).

La nature & l'étendue de ces recherches ont demandé plus de temps que je n'avois prévu. L'ouvrage sera incessamment mis sous presse; & comme il ne doit former que deux à trois volumes *in-4.°*, le Public doit être assuré qu'il sera terminé en même-tems que le Dictionnaire de Médecine.

V.

CHIRURGIE, *par M. Louis, Secrétaire perpétuel de l'Académie Royale de Chirurgie.* 2 à 3 vol. *in-4.°*

Le Prospectus de la nouvelle Encyclopédie par Ordre de Matières, a annoncé que la Partie de la Chirurgie ne pouvoit pas être un simple remaniement des articles insérés dans l'ancienne Encyclopédie. Par les progrès que l'Art a faits depuis trente ans, il s'est enrichi de nouvelles connoissances; ses principes sont devenus plus lumineux & plus solides, un grand nombre de préjugés & d'erreurs, qui avoient une influence directe & fâcheuse sur la pratique, a été détruit; des doutes éclaircis, des difficultés applanies par la voie de l'expérience & du raisonnement, ont rendu cet Art, déjà si utile à l'humanité par les travaux de

---

(1) Le même arrangement a eu lieu pour les *Manufactures, Arts & Métiers*, par M. Roland de la Platiere. C'est moins un Dictionnaire qu'un Traité de Science; & ce Traité doit être terminé par une Table alphabétique qui contiendra tous les mots qui n'ont point été susceptibles de dissertation, qui n'exigent qu'une simple définition, & des renvois à la matière & aux sujets auxquels ils appartiennent.

nos prédécesseurs, moins redoutable & plus salutaire. C'est en quelque sorte un nouvel Art, une nouvelle Science à mettre sous les yeux du Public.

Auroit-on satisfait à son empressement, en lui donnant plus promptement que nous ne le ferons, un Dictionnaire de Chirurgie ? Les diverses matières, traitées savamment par ceux qui ont contribué à une révolution si utile, pouvoient être très-aisément transcrites, & passer de leurs Ouvrages dans l'Encyclopédie : dix volumes seroient le produit d'une tâche si facile à remplir : nous n'avons pas craint de nous livrer à un travail moins étendu, mais plus difficile. Nous avons pensé que chaque article devoit être spécialement composé pour l'usage auquel il est destiné : car ce que, sur un point donné, le Professeur expliqueroit dans les écoles pour l'instruction des élèves ; ce que le Praticien le plus consommé prononceroit dans une consultation ; les réflexions que ce même sujet fourniroit à l'homme le plus éclairé, dans une conférence Académique, n'auroit ni la même texture, ni la même fin ; & chacune des différentes formules, excellente en son lieu, ne rempliroit pas le vœu du Public dans un article de l'Encyclopédie, où il faut des notions claires & précises, à la portée des gens d'esprit qui ne savent pas la Chirurgie, & qu'il est très-intéressant d'éclairer utilement sur les matières qui peuvent être l'objet de leur curiosité. Il leur faut l'instruction la plus solide, exposée de la manière la plus intelligible. Notre dessein principal a été d'exposer les difficultés de l'art, & de les applanir pour la plus grande utilité, & de ceux qui l'exercent, & de ceux qui ont besoin de ses secours.

Deux motifs ont retardé la publication du Dictionnaire de Chirurgie, dont le travail n'a pas été interrompu depuis qu'on l'a entrepris. 1.° La correspondance rigoureuse entre tous les articles, qui oblige à ne les produire qu'après les avoir complètement disposés : ce sont les corrélations pour l'unité de doctrine qui rendront ce travail utile. Sans cette unité si précieuse, la certitude de l'art est compromise, & il n'a été que trop le jouet de la versatilité de l'opinion des hommes, au grand détriment de l'humanité.

Le second motif du délai a été le desir d'éviter les doubles emplois. Le mot *abcès* ; l'article *accouchement* & autres, ont été traités dans le Dictionnaire de Médecine. Il seroit superflu de répéter ce qui a été bien dit ; il n'en reste pas moins l'obligation de présenter ces objets sous la face qui peut étendre les lumières & servir au progrès de l'instruction. Sur le mot *abcès*, par exemple, si l'on puisoit cette instruction dans les Ouvrages d'Auteurs d'ailleurs très-estimables, mais qui, faute d'expérience, n'ont eu sur la Chirurgie que des idées vagues ; & par conséquent très-superficielles, l'on n'exposeroit que des vérités triviales, & l'on accréditeroit peut-être un plus grand nombre d'erreurs. On borneroit la Chirurgie aux préceptes relatifs à la manière d'ouvrir les abcès qui se présentent à l'extérieur. Mais cet objet même très-important, n'est pas envisagé sous son véritable point de vue. Après avoir donné issue au pus, il faut guérir la plaie par des soins méthodiques très-variés, suivant les parties & la nature de l'abcès.

Les abcès à la marge de l'anus, ont des causes bien différentes & des effets très-variés relatifs à ces causes ; sur lesquelles il est si important de ne pas se méprendre : tels sont les abcès urineux, ceux qui sont le produit d'une fistule interne, & qu'on nomme stercoraux. Les abcès critiques, ceux qui dépendent d'un corps étranger, arrêté à la fin du canal intestinal, tous ces maux commencent par les mêmes symptômes dans la même partie, & c'est par les lumières d'une théorie expérimentale qu'on peut en discerner la nature spéciale, & les traiter efficacement.

Comment excluroit-on du Dictionnaire de la Chirurgie, les abcès internes, quand on sait avec quels succès on invoque les secours de cet art dans les abcès du cerveau, de l'intérieur du col, de la poitrine, avec ou sans épanchement sur le Diaphragme, dans ceux du foie, & de la vesicule du fiel, des reins, des ovaires &c.? Ne faut-il pas déterminer quels sont les abcès qu'il faut ouvrir promptement, & ceux dont une ouverture prématurée seroit fâcheuse ? Dans les abcès externes, n'y a-t-il pas des considérations particulières pour le traitement préparatif & pour le traitement consécutif des ouvertures nécessaires, & qu'on tire de la nature des parties qui sont le siège de l'abcès, ou qui l'avoisinent ; telles que les articulations, les os, les tendons, leurs gaines, &c. &c..

Depuis que le Gouvernement a manifesté son intention pour l'instruction des Sages-femmes dans les campagnes, on a plus écrit sur les accouchemens, qu'on ne l'avoit fait depuis deux cents ans. Copiera-t-on ces Auteurs ? C'est par le choix des bons principes, & en élaguant les théories inutiles, & la prévention dont les écrivains spéculatifs ne peuvent se garantir, qu'on peut faire un article utile. Beaucoup d'enfans naissent sans donner des signes de vie, & qu'on peut rappeller d'une mort apparente à l'exercice des fonctions vitales. Cet état, connu sous le nom d'*Asphyxie*, n'est que grammaticalement dans l'ancienne Encyclopédie, par un article très-court & encore plus défectueux, que M. Diderot a suppléé. Mais les secours à donner à un enfant nouveau-né dans l'Asphyxie qui lui est propre, ne sont pas les mêmes qu'on donne dans d'autres espèces d'Asphyxies, aux noyés, & à ceux que la vapeur du charbon a suffoqués, à ceux qu'on retire des mines ou des fosses de commodités, &c.

Les enfans qui naissent sans pouvoir être conservés, & d'une mere qui a péri dans le travail, donnent souvent lieu à des contestations d'intérêt. C'est aux gens de l'art à prononcer si l'enfant a eu vie, & s'il a survécu ou non à sa mere. Les signes de la vie sont contestés par ceux qui perdroient la succession de la mere, si l'enfant est reconnu avoir été un seul instant capable de la recueillir & de la transmettre. Consulté dans plusieurs causes de ce genre, j'ai vu l'intérêt en varier les espèces; c'est donc une question intéressante annexée à l'article accouchement.

Que de choses neuves pour l'Encyclopédie sur les articles Amputation, Anévrisme, &c. &c. La matière instrumentale sera perfectionnée & restreinte; elle contribue à la perfection des opérations, qui sont aux yeux du vulgaire la partie distinctive de la Chirurgie, & en sont véritablement la gloire, puisqu'on guérit par opération nombre de maux, contre lesquels échouent tous les autres secours de l'Art. Mais les lumières acquises pour réussir dans la cure des maladies, sans avoir recours à ces moyens extrêmes, intéressent encore plus : l'humanité a beaucoup gagné, à cet égard, par les progrès de la Chirurgie; c'est ce que nous nous sommes attachés à faire connoître.

D'après ce tableau, le Public, qui desire la plus prompte jouissance de l'Encyclopédie Méthodique, voudra bien nous permettre de prendre ici pour devise : *Sat cito qui sat benè*, en l'assurant cependant de notre empressement à le satisfaire, & que cet Ouvrage, qui sera mis sous presse cette année, sera terminé dans deux à trois ans au plus tard.

VI.

CHYMIE, MÉTALLURGIE, PHARMACIE; *par M. de Morveau, Avocat-général honoraire au Parlement de Bourgogne, Membre de plusieurs Académies, quant à la Chymie; par M. Duhamel, de l'Académie des Sciences, Inspecteur-général des Mines, quant à la Métallurgie; par M. Chaussier, Professeur de Chymie, & de l'Académie de Dijon, quant à la Pharmacie*; 3 à 4 volumes in-4.°

Extrait d'une Lettre de M. de Morveau à M. Panckoucke, en date du 24 Février 1788.

Ce fragment fera connoître mieux que tout ce que nous pourrions dire, les raisons du retard de quelques parties, les difficultés extrêmes d'une pareille entreprise, les obstacles renouvellés qui se représentent à chaque pas, & qui ne permettent pas aux Souscripteurs de douter des efforts que font MM. les Auteurs pour remplir leur pénible tâche. Nous sommes sûrs que tous auront le courage de fournir leur carrière; mais tous voulant la remplir d'une matière digne d'eux & de l'Ouvrage, n'ont pas laissé que de nous témoigner quelquefois le regret de s'y être engagé.

« Je ne sais comment font ceux qui fournissent » tous les ans un volume; pour moi, je ne sors pas » de chez moi, je ne fais pas autre chose, je suis » tout entier à cette besogne, au point de négliger » même mes affaires domestiques, & je n'avance » point. Quand j'arrive à un article, je trouve » dans mes Recueils trois ou quatre fois sa lon- » gueur de notes, de matériaux, de parties toutes » rédigées, & il me faut des semaines, des mois » pour l'amener au point que je desire : vous n'ima- » ginez pas le travail que m'a coûté, par exemple, » le mot *Affinité*, qui tient, à la vérité, près de » 80 pages de *cet in-folio déguisé en in-4.°* Je » viens d'éprouver encore un autre contre-tems; » obligé de prendre un nouveau Secrétaire qu'il faut » former à me lire, à m'entendre à demi-mot dans » les extraits, à me faire des calculs, à me sou- » lager pour la lecture des épreuves, &c. Vous » voyez d'après cela, Monsieur, qu'il y a des ins- » tans où je regrète bien fort d'avoir pris un si » rude engagement, qui m'ôte jusqu'à la liberté » de suivre quelques recherches dans mon labo- » ratoire; mais enfin il faut aller jusqu'à ce que » j'aie tué l'Ouvrage, s'il ne me tue auparavant. » Je crois que je n'en aurois pas le courage, si » l'accueil qu'a reçu le premier demi-volume ne » me soutenoit : on m'avoit déjà écrit d'Espagne, » qu'on le traduisoit.

» Je vous ai déjà marqué, Monsieur, que » M. Chaussier se chargeoit de la Pharmacie, » sur laquelle vous savez que M. Maret n'avoit » rien laissé que la valeur de deux ou trois pages. » M. Chaussier m'a déjà fourni les mots *adjuvant* & » *adultération* pour ce qui est imprimé, & qui sont » souscrits M. C. J'avois auparavant été obligé de » donner le mot *acier (pharm.)*, pour ne pas » retarder l'impression.

» M. Chaussier est très-en état de faire cette partie, » étant très-bon Chymiste, &, depuis quatre ans, » un des Professeurs de Chymie de notre Académie. » Il a plusieurs Mémoires imprimés dans nos sé- » mestres, & un Ouvrage sur la rage, la morsure » de la vipère, &c. qui lui a fait beaucoup d'hon- » neur. Il est à même d'y porter le degré d'érudi- » tion qui lui convient.

» Je joins à la note qui me concerne celle de » M. Chaussier sur la *Pharmacie*. A l'égard de la » Métallurgie, M. Duhamel est à portée de vous » fournir ce qui convient sur sa partie. »

M. de Morveau a exposé, dans l'Avertissement qui est à la tête de la première partie du premie Volume, les raisons qui l'ont déterminé à entreprendre un Ouvrage absolument neuf; la Chymie ayant entièrement changé depuis quelques années, il n'étoit pas possible d'offrir au Public une simple refonte d'un Ouvrage imprimé il y a plus de vingt ans.

La seconde livraison de ce Dictionnaire a été retardée par le voyage que l'Auteur de la partie Chymique a fait à Paris, pour profiter des lumières & des conseils de quelques-uns des Membres les plus distingués de l'Académie des Sciences, sur la nomenclature de cette partie. Le résultat de près de cinq mois de conférences sur cet objet, a été imprimé sur la fin de l'été dernier (1).

Ce ne sera pas seulement pour la nomenclature que ce retard aura contribué à la perfection de cette partie. Au moment où M. de Morveau s'en chargea, les premiers Chymistes étoient partagés sur les points fondamentaux de la Théorie; la Science étoit dans cet état de crise qui précède toujours les grands progrès, où les anciens dogmes se maintiennent encore par l'habitude que l'on a prise de les respecter; où les vérités nouvelles n'ont pas encore acquis assez de consistance ou de publicité pour triompher de ce préjugé. On peut maintenant en prévoir la fin prochaine; quelques faits tout récemment éclaircis par des expériences capitales, attestées par des Savans de toutes les Nations, ont achevé de démontrer la fausseté de la doctrine de Stahl sur le phlogistique, & la Science se trouve aujourd'hui dans une situation tout autrement favorable pour celui qui a entrepris de former un corps complet de toutes ses parties, puisque, s'il reste encore beaucoup à acquérir, il y a infiniment moins de raisons de craindre d'être obligé de revenir sur ses pas, ou de voir sapper par la base, l'édifice entier lorsqu'il sera achevé.

De ces circonstances il résultera un autre avantage, ce sera la diminution du nombre des Volumes; car il est très-différent d'avoir sans cesse à raisonner des doutes, à exposer différentes hypothèses, soutenues d'autant de probabilités, ainsi que M. de Morveau s'est cru obligé de le faire, tant qu'il n'y a rien eu de décidé (2); au lieu de présenter des explications tirées directement des faits, après avoir seulement rappellé historiquement les opinions qui ont précédé la découverte de la vérité. Aussi les Auteurs de ce Dictionnaire espèrent-ils maintenant qu'il n'aura pas plus de trois à quatre Volumes. On se tromperoit beaucoup, si l'on jugeoit de la longueur de tout l'Ouvrage, par ce que le premier Volume n'ira pas jusqu'à la fin de la lettre A, sans faire attention que, sous cette lettre, se trouvent les plus grands articles, tels qu'*acide*, *affinage*, *affinité*, *air*, *alcohol*, *alkali*, *alliage*, *analyse*, &c. &c. & qu'au moyen de l'ordre & de la nomenclature méthodiques, ils épuisent une partie de la matière, & la plus importante. L'article *acide* qui occupe 389 pages de la première livraison, en fournit la preuve.

Malgré les changemens dont on vient de parler, on croit pouvoir se flatter que la totalité de cet Ouvrage ne manquera pas de l'ensemble que l'on est en droit d'y désirer. A l'égard de la nomenclature, l'Auteur a employé, dès le commencement, celle qu'il avoit proposée en 1782, & qui étoit déjà perfectionnée sur les mêmes principes; il n'y aura donc réellement qu'un petit nombre de corrections à indiquer; la plupart dans les terminaisons des mots adoptés, pour établir l'uniformité de dénominations. Pour ce qui est de la Théorie, celle de l'acidification par la base de l'air vital étoit le point essentiel pour donner une idée exacte de la nature des acides, & M. de Morveau l'a toujours admise & démontrée par les faits; d'autre part, ce n'est que depuis ces changemens qu'il a commencé à rédiger l'article *air*, auquel appartient l'exposition des principales découvertes sur les gaz, dont la connoissance est devenue la clef de toute la Chymie, & les articles imprimés y renvoient pour la plupart. Enfin on trouvera, immédiatement avant l'article *air*, un préliminaire sous le titre de *second Avertissement*, dont l'objet sera d'indiquer d'une manière claire & précise, en quoi consisteront ces changemens, les motifs qui les ont déterminés, & ce qu'il y aura à suppléer ou à rectifier, tant pour les opinions que pour la nomenclature, dans tout ce qui précède, pour le mettre entièrement d'accord avec ce qui doit suivre.

Au surplus, M. de Morveau se propose de suivre le plan annoncé dans son premier Volume, & de n'épargner ni travail, ni dépenses, soit pour compléter sous chaque article la partie historique qui le concerne, & à laquelle le Public a paru mettre quelque prix, comme ayant été jusqu'à ce jour presqu'entièrement négligée, soit pour se trouver, par le moyen des traductions qu'il se procure, & des correspondances qu'il entretient avec les Savans, au courant de ce qui s'imprime sur la Chymie, en toute langue; son intention étant de comprendre & d'assembler méthodiquement, dans cet Ouvrage, autant qu'il lui sera possible, les époques des découvertes, le tableau des progrès, les principes physiques des phénomènes, les règles d'analyse, l'art des expériences & des opérations; en un mot, toutes les connoissances acquises jusqu'à ce jour dans cette belle partie de la philosophie naturelle.

PHARMACIE.

Chaque article de Pharmacie sera toujours placé immédiatement après l'article de Chymie, conformément au premier plan; ce qui joint à l'avantage de dispenser de beaucoup de répétitions, celui de mettre le Pharmacien plus à portée de remonter, s'il le juge à propos, aux principes des opérations qui le concernent plus particulièrement.

Après la mort de M. Maret, cette partie a été confiée à M. *Chaussier*, Professeur d'Anatomie des Etats de Bourgogne, Associé régnicole de l'Académie Royale de Chirurgie de Paris, des Académies Royales des Sciences de Montpellier, &c. Correspondant de la Société Royale de Médecine, & qui remplace M. Maret aux Cours publics de Chymie de l'Académie de Dijon.

M. Chaussier se propose de suivre les vues an-

(1) *Méthode de Nomenclature Chymique, proposée par MM. de Morveau, Lavoisier, Bertholet & de Fourcroy, suivie d'un nouveau Système de caractères chymiques adaptés à cette Nomenclature, par MM. Hassenfratz & Adet*, in-8 de 314 pages. A Paris, chez Cuchet, 1787.

(2) On peut voir à ce sujet, dans la Partie qui a paru, les articles *Acide Méphitique*, *Acide Regalin*, *Acide Saccharin*, *Acide Vitriolique phlogistiqué*, &c. &c.

noncées par M. Maret dans le Prospectus général. Il sent bien que la Pharmacie ne doit plus se borner au mélange grossier de différentes drogues, à la préparation méchanique de quelques sels, poudres, teintures, électuaires, onguens, emplâtres, &c. mais que, profitant des lumières que la Chymie-physique a répandues sur l'analyse, le Pharmacien instruit doit être en état de prévoir les résultats de toutes les combinaisons, de recueillir & de mesurer les produits les plus fugaces, de raisonner enfin toutes ses opérations, afin d'abréger les procédés, & de fournir à la Médecine & aux Arts des compositions à-la-fois plus simples, plus efficaces & moins dispendieuses.

Au lieu de cette multitude de formules répétées dans tous les dispensaires, il s'attachera à présenter un choix des compositions vraiment utiles, un précis des phénomènes qui les accompagnent, l'examen des différentes méthodes de préparations recommandées par différens Artistes, & les observations des plus célèbres Médecins sur les doses & les vertus des médicamens.

En prenant, dans la nomenclature chymique, les titres généraux sous lesquels se classeront naturellement les diverses préparations pharmaceutiques qui ont une même base, ces objets se trouveront enchaînés par la méthode, la théorie en deviendra plus simple, & l'étude plus facile. On ne sera pas plus embarrassé pour cela de retrouver sur-le-champ les articles particuliers que l'on voudra consulter, parce que les anciennes dénominations seront conservées à leur place.

MÉTALLURGIE.

Les grands articles *acier* & *affinage* feront partie de la seconde livraison, & sont déjà imprimés. Le travail très-considérable que nous a fourni M. Duhamel, est entièrement terminé. Voyez pour plus de détail, le Prospectus général.

Ce grand Ouvrage sera terminé en 1791; le second Volume est sous presse.

VII.

AGRICULTURE, *par M. l'Abbé Tessier, de l'Académie des Sciences, & M. Thouin, Jardinier en Chef du Jardin du Roi, de la même Académie.* 3 à 4 Vol. *in-4.°*

On a mis à la tête du premier Volume trois Discours préliminaires: le premier contient l'Histoire abrégée de l'Agriculture; le second, traite des principes de la végétation & des parties des Plantes, par M. l'Abbé Tessier; le troisième, par M. l'Abbé Bonnaterre, offre un extrait des meilleurs écrits sur l'Agriculture, faits par des Grecs, des Latins & des François.

Suivent deux avant-propos, l'un pour la partie d'Agriculture proprement dite, par M. l'Abbé Tessier; l'autre pour la partie du Jardinage, par M. Thouin.

Les Auteurs de ce Dictionnaire ayant été obligés d'adopter les noms latins du Dictionnaire de Botanique de M. le Chevalier de la Marck, auxquels ils ont joint les noms françois connus, sont, pour ainsi dire, assujétis à sa marche, & ne peuvent avancer qu'autant que ce Dictionnaire s'imprime; c'est une des principales causes du retard qu'il a éprouvé. Les occupations importantes de M. Thouin; les soins particuliers qu'il a été obligé de donner à la reconstruction du Jardin du Roi, pendant la longue maladie de M. de Buffon, ont été un nouvel obstacle à son avancement; mais, plus libre aujourd'hui, M. Thouin nous a permis d'assurer les Souscripteurs qu'il alloit s'occuper de sa partie sans interruption, & qu'elle seroit finie dans quelques années. Quant à M. l'Abbé Tessier, nous savons qu'il n'attendoit que M. Thouin, pour mêler son travail à celui de son confrere. Il sera toujours en état de fournir de la copie en même-tems, malgré les soins d'une correspondance étendue & les expériences nombreuses qu'il dirige & suit dans deux pays différens.

La seconde partie du premier Volume paroîtra dans quelques mois.

VIII.

BOIS ET FORÊTS, PHYSIQUE DES VÉGÉTAUX, *par M. Fougeroux de Bondaroy, de l'Académie des Sciences.* 1 Vol. *in* 4°.

En formant le projet de diviser l'Encyclopédie par ordre de matières, la Botanique a dû former une des principales divisions de cet Ouvrage.

On a donc commencé par juger nécessaire un Dictionnaire qui feroit connoître les Plantes, qui établiroit leurs nomenclatures, & qui donneroit les caractères propres à les distinguer & à les séparer les unes des autres, en les classant.

Ce travail a été confié à M. le Chevalier de la Marck, de l'Académie des Sciences. Il n'étoit pas possible, dans ce premier Dictionnaire, déjà très-considérable, d'y insérer des détails sur la culture & l'usage des Plantes; on a donc cru devoir en traiter séparément, & composer un Dictionnaire qui auroit pour objet l'Agriculture en particulier. Ce dernier doit donner la culture des Plantes de première nécessité. M. l'Abbé *Tessier*, qui a fait une étude particulière des grains, qui a suivi en grand les opérations de leur culture, qui a travaillé à connoître leurs maladies, &, s'il est possible, les moyens de les prévenir, & enfin tous les détails de l'économie rurale, s'occupe de la partie de ce Dictionnaire.

On y a réuni la culture des Plantes potagères, celle des Plantes usuelles en Médecine, celle des plantes qui servent d'ornement dans les Jardins; on y traite aussi des Plantes qui, provenues de climats très-chauds, ne peuvent être conservées dans celui que nous habitons, qu'en les plaçant dans des Serres où l'on entretient une chaleur à-peu-près analogue à celle de leurs pays, & que l'on ne conserve que pour le progrès de nos connoissances, ou par curiosité.

M. Thouin, qui possède toutes les connoissances de Botanique, jusqu'aux moindres détails, s'est chargé de cette partie du Dictionnaire dont nous parlons.

La première idée, telle qu'on l'avoit conçue dans l'origine & dans la répartition des travaux de la nouvelle Edition de l'Encyclopédie Méthodique, étoit de joindre à ce Dictionnaire les détails sur la culture des Arbres & Arbustes qui peuvent s'élever dans les différentes Provinces de la France, & qui, en conservant leurs tiges, sont de la plus grande utilité pour les usages civils & domestiques, & qui, s'ils restent d'une moindre hauteur, concourent au moins, dans les bosquets, à l'ornement des Jardins par leur feuillage, la forme ou la vivacité des couleurs de leurs fleurs, ou par l'odeur qu'elles répandent. Cette partie du Dictionnaire, comme on le voit, étoit destinée plutôt au Cultivateur qu'au Botaniste; & la Plante étant connue, il ne s'agissoit que de donner sa culture, & d'assigner l'usage auquel on devoit la destiner. On devoit peindre l'arbre & l'arbuste autant qu'il étoit possible, & le représenter sous des aspects différens de ceux qu'on emploie dans les systêmes de nomenclature, donner l'histoire de la plus haute transmigration dans notre climat, lorsque ce tems seroit connu; enfin les changemens ou les perfections qu'elle auroit pu acquérir par la culture, & les moyens de la multiplier & d'en tirer le plus grand avantage.

C'est cette Partie intéressante du Dictionnaire d'Agriculture que l'on a jugé convenable d'en séparer, & dont M. de Fougeroux, neveu & élève des célèbres Duhamel, a cru devoir faire un Dictionnaire séparé; mais étant assujéti, dans sa marche, à la nomenclature du Dictionnaire de Botanique de M. le Chevalier de la Marck, il ne doit pas répéter les caractères qui servent à classer les plantes. Il est donc contraint, pour éviter les redites, de renvoyer aux descriptions des genres & aux distinctions des espèces données dans le Dictionnaire de Botanique; & cependant il ne peut s'empêcher de s'étendre autant sur les variétés, dont s'inquiète peu le Botaniste, que sur les espèces, puisque ces premières plaisent aux Cultivateurs, qui en ornent ses jardins, & qui les multiplient par la greffe ou autrement. Il doit, principalement dans les arbres fruitiers, indiquer toutes les espèces & variétés qu'on peut se procurer, en les tirant des pépinières ou des jardins particuliers.

Après la culture, il doit y ajouter à la suite tout ce qui regarde la taille & les moyens de tirer le plus d'avantage possible des arbres à fruits; il doit traiter aussi de leur multiplication, comme de la greffe, des marcottes & des boutures, *&c. &c.*

Pour les arbres de forêts, il est nécessaire de parler de leur emménagement, des semis, plantations & de leur exploitation, suivant l'usage auquel elles sont destinées.

Les plantations qui sont dûes aux soins des Duhamel, le mettent encore à portée de pouvoir parler de la force de plusieurs bois étrangers, qui sont devenus comme indigènes dans les terres qu'ils ont habité, l'Auteur de ce Dictionnaire des Bois en ayant fait abattre & débiter qui avoient 40 ou 50 années de culture.

Cette Partie est entièrement neuve, & servira à prouver que les mêmes arbres, en changeant de contrées, ne perdent pas toujours les qualités qui les font rechercher en France.

Dans l'ancienne Encyclopédie, on avoit négligé une partie bien essentielle, & sans laquelle l'Agriculture elle-même ne marche qu'aveuglément, la *Physique végétale ;* & cependant comment pouvoir diriger une culture & en tirer tout l'avantage possible, si on n'a pas préliminairement des principes approfondis de la Physique des Végétaux ?

M. Sennebier, Bibliothécaire de la République de Genève, connu avantageusement par plusieurs ouvrages & mémoires de Physique qu'il a publiés, a promis à M. Fougeroux les mots de ce Dictionnaire qui appartiennent à la Végétation; & ces mots paroîtront sous son nom.

On trouvera ce qui regarde la Physique végétale aux mots Air, Bois, Boutons, Feuilles, Fleurs, Fruits, Ecorce, Lumiere, Racines, Sève, Végétation, *&c. &c. &c.* Mais l'obligation où est M. Fougeroux de n'écrire qu'après le Dictionnaire de Botanique de M. le Chevalier de la Marck, qui va incessamment publier la lettre F, ne lui a pas encore permis d'en commencer l'impression; & ce retard ne peut concourir qu'à perfectionner son travail.

M. de Fougeroux nous a permis d'assurer les Souscripteurs que le premier demi-volume de sa Partie paroîtra cette année, & que la seconde sera terminée en même-tems que le grand travail de M. le Chevalier de la Marck.

I X.

HISTOIRE NATURELLE. Ce Dictionnaire est divisé en six parties, il est précédé par une introduction aux trois règnes de la nature, & par l'Histoire Naturelle de l'homme, par M. Daubenton, de l'Académie des Sciences (1) &c. La 1.ere par-

(1) Dans l'Histoire naturelle de l'homme, on traite des différentes hauteurs des hommes; de la couleur de la peau dans différentes Nations; des traits du visage considérés chez les divers Peuples; des poils; des ongles; de l'attitude de l'homme, lorsqu'il est debout; de sa démarche; de la respiration; du sommeil; des somnambules; de la mesure des nourritures solides & de la boisson; des exemples de personnes qui ont passé un tems considérable sans prendre de nourriture; des sens, du toucher, de la vue, *&c.*; des défauts qui peuvent se trouver dans l'organe de la voix; de l'art de faire parler les sourds & muets; des âges de la vie; de la durée de la vie humaine; de la destruction des cadavres, *&c. &c.*

tie contient les *animaux quadrupedes*, rédigée d'après l'Histoire Naturelle des animaux de M. de Buffon, & *les cétacées*, par M.***; la seconde, *les oiseaux*, par M. Mauduit, Docteur Régent de la Faculté de Paris. Cette partie des oiseaux est précédée de plusieurs discours préliminaires, dont le premier prospectus ne fait pas mention : 1.° du plan de l'Ouvrage. 2.° D'un premier discours sur l'organisation des oiseaux, leurs sens, facultés & habitudes. 3.° D'un second discours sur la nécessité de classer & de diviser les oiseaux, pour parvenir plus sûrement à les distinguer & à les reconnoître, & sur les Auteurs qui ont écrit sur l'ornythologie. 4.° D'un troisième discours sur le parallèle des oiseaux des diverses contrées, sentimens sur leurs émigrations, ou le passage des oiseaux. 5.° D'un quatrième discours sur la durée de la vie des oiseaux, leurs maladies, la manière de les transporter vivans, les collections d'oiseaux disséqués ou empaillés. L'Ouvrage est terminé par un tableau ou ordre dans lequel on doit lire les articles contenus dans ce Dictionnaire ; & une table des noms latins des CXV genres sous lesquels sont rangés les oiseaux décrits dans cet Ouvrage, présentés par ordre alphabétique. Dans cette division, les Quadrupèdes & les Cétacés forment un Dictionnaire ; les oiseaux un autre. Ces deux parties sont publiées, & composent le 1.er vol. & la 1.ere partie du second volume de l'Histoire naturelle.

X.

LES ANIMAUX QUADRUPEDES OVIPARES ET LES SERPENS, *par M. Daubenton*, forment le troisième Dictionnaire d'Histoire naturelle. Ce Dictionnaire est précédé d'une introduction à l'Histoire des Serpens, une division méthodique de leurs différentes espèces, la manière de les apprivoiser, leur mue ; les serpens monstrueux ; des experiences sur les serpens dans le vuide ; il est suivi d'un discours sur les moyens de conserver les quadrupèdes ovipares & d'autres animaux, après la mort ; d'un autre discours sur la manière de préparer & de conserver des peaux desséchées de quadrupèdes ovipares & de serpens, (par M. Mauduit) ; d'une notice de différens Ouvrages qui traitent de ces animaux, (par M. Broussonnet de l'Académie des Sciences). Cette partie est terminée par une table alphabétique des noms latins & étrangers des quadrupèdes ovipares & des serpens, tirés de la synonymie des auteurs cités dans ce Dictionnaire, & enfin par une table de lecture, qui indique la manière de lire méthodiquement ce Dictionnaire ; de sorte que le Lecteur a tout à-la-fois ou un traité ou un Dictionnaire des Sciences. De pareilles tables terminent tous les autres Dictionnaires de l'Encyclopédie, quand ils en ont été susceptibles ; car il y a des parties, comme la Géographie, où ces tables de Lecture seroient devenues, si considérables qu'on a été obligé de les remplacer par de grands tableaux qui présentent l'ensemble de toutes les divisions. C'est à ces tables de lecture qu'on doit l'idée ingénieuse de faire de chacun d'eux autant de *traités de Science* & *vice versa*. Par ce moyen, ils deviennent les instrumens les plus utiles de toutes les connoissances humaines. On ne peut plus dire qu'ils ne sont bons qu'à consulter. Chaque Dictionnaire, traité sous ce point de vue, est un traité méthodique, aussi complet que le permet l'état actuel des connoissances humaines.

Ce Dictionnaire des Quadrupèdes Ovipares & des Serpens est publié ; il forme la seconde partie du tome second de l'Histoire naturelle.

X I.

LES POISSONS, *Par M. Daubenton*, forment le 4.e Dictionnaire. Il est précédé d'une introduction qui contient des détails sur leurs écailles, leurs nageoires, leurs caractères distinctifs & leur nomenclature, sur le frai & les œufs des poissons, la pêche, les manières de préparer les poissons pour les garder dans les cabinets, les poissons pétrifiés, la notice des principaux Ouvrages qui traitent des poissons, la table alphabéthique des noms latins qui sont cités dans la synonymie de ce Dictionnaire, une table alphabétique des étimologies connues grecques ou latines, des noms génériques employés dans ce Dictionnaire.

Ce Dictionnaire forme la 1.ere partie du 3.e vol. de l'Histoire naturelle.

X I I.

LES INSECTES, *par MM. Mauduit & Olivier*, 3 vol. *in*-4.°

M. Guenau de Montbelliard, que M. le Comte de Buffon a associé à son travail sur l'Histoire des oiseaux, dont il a composé plusieurs volumes, s'étoit chargé de la rédaction des insectes, à laquelle il a consacré plusieurs années de sa vie ; mais la mort nous l'ayant enlevé sans qu'il y eût rien de complet dans ses recherches à son décès, MM. Mauduit & Olivier ont bien voulu consentir à s'en charger ; & comme leur plan diffère entièrement de celui de M. Guenau, nous allons ici le tracer en abrégé.

Ce Dictionnaire, qui forme le cinquième de l'Histoire naturelle, sera précédé de plusieurs discours généraux, dont le sujet sera,

1.° La forme & l'organisation des insectes comparées à la forme & à l'organisation des autres animaux.

2.° Les changemens que subissent les insectes, ou leurs métamorphoses. Les circonstances favorables ou défavorables à leur propagation, leur développement; comparaison des insectes des différens climats.

3.° Les ravages qu'exercent les insectes, l'utilité dont ils sont, le rang qu'ils paroissent occuper dans la nature.

4.° Les lieux où on trouve la plus grande quantités d'insectes, la manière de les observer, de les prendre, d'en former une collection, de l'envoyer d'un pays à un autre, de la conserver.

5.° Une notice & un précis abrégé de la plupart des Auteurs qui ont écrit sur les insectes.

Ces cinq discours sont de M. Mauduit.

Pour faire connoître le plan du travail de M. Olivier sur les Insectes, nous allons imprimer la lettre qu'il nous a écrite le 10 *Novembre dernier, & qu'il nous a permis de publier.*

« J'ai reçu Lundi dernier la lettre que vous » m'avez fait l'honneur de m'adresser, & je me » hâte d'y répondre.

» Voici le plan du Dictionnaire des Insectes, » dont je reste seul chargé, puisque M. Mauduit » ne fait que les Discours généraux qui doivent » précéder l'Ouvrage.

» Ce Dictionnaire, après les Discours de » M. Mauduit, commencera par une introduction » dans laquelle je présenterai la méthode que » je suivrai : je donnerai le tableau de la division méthodique des Insectes, & le caractère » des genres, afin que le Lecteur puisse profiter » de mon travail dès que le premier demi-volume » paroîtra. Ce travail, auquel j'ai été entièrement » & uniquement occupé depuis le commencement de l'année 1786, époque à laquelle j'en » ai été chargé, a dû sans doute être très-long & » très-pénible, puisqu'il a fallu prendre connoissance de tous les Auteurs qui ont écrit sur » cette partie de l'Histoire naturelle, & voir tous » les Insectes qui existent dans les différens » Cabinets, examiner les parties de la bouche » de plus de six mille individus, afin de m'assurer si le système entomologique de M. Fabricius, Auteur le plus complet, fondé sur les » parties de la bouche, valoit mieux que les autres, & s'il étoit plus facile à suivre; comparer » les différentes méthodes, les réformer, les corriger ou les augmenter, afin d'en présenter une » qui fût plus facile que toutes celles qui avoient » paru jusqu'à présent; enfin, puisqu'il a fallu » établir les caractères génériques de dix ou douze » mille Insectes bien connus & bien distincts, » que je possède dans ma collection, ou qui se » trouvent dans les différens Cabinets.

» Mais, comme je ne croirois avoir rempli » que la moitié de ma tâche, si je me bornois à » exposer une méthode plus facile que celles qui » ont paru jusqu'aujourd'hui, à présenter les caractères distinctifs des genres, à décrire toutes » les espèces connues, à parler des larves, des » métamorphoses, &c.; mon but est encore de » faire connoître les précieuses observations & » les travaux de tous les Auteurs qui ont écrit » sur cette intéressante partie de l'Histoire naturelle. J'y joindrai les nombreuses observations » que j'ai faites moi-même, & je doublerai au » moins le nombre des espèces décrites. Ainsi, » tout ce qui a un rapport immédiat à la connoissance des Insectes, relativement à leurs » habitudes, à leur manière de vivre, à leurs » transformations, à leur génération, à leurs usages économiques, & sur-tout aux dommages » qu'ils nous causent, sera traité succintement à » l'article de chacun d'eux. On y trouvera aussi » l'explication de tous les termes employés dans » cette science. »

Cet Ouvrage est sous presse, & le premier volume ne tardera point à paroître. Il formera, avec *les Quadrupèdes, les Cétacées, les Oiseaux, les Quadrupèdes ovipares, les Serpens & les Poissons*, six volumes *in*-4°.

XIII.

LES VERS COQUILLAGES, ZOOPHITES, &c. *par M. Bruguière, Docteur en Médecine*, 2 vol. *in*-4.°

Cette partie, qui forme le sixième Dictionnaire d'Histoire naturelle, renfermera l'histoire complète des vers infusoires, sur laquelle il n'a été presque rien écrit dans notre langue; celle des vers intestins qui a de si grands rapports avec la Médecine & l'Agriculture; celle des mollusques, des lytophites & des coquillages. La méthode que l'on suivra sera celle de Linné, avec les corrections & les augmentations que l'époque à laquelle on travaille rend nécessaires. Ces augmentations sont si considérables, qu'indépendamment de l'ordre entier des vers infusoires, dont il n'avoit pas même parlé, tous les autres ordres de cet Auteur seront au moins triplés. Quant aux coquilles, cette partie seule auroit pu exiger un Dictionnaire à part, puisqu'elle fournira plus de deux mille espèces, dont un grand nombre n'a pas encore été décrit. On trouvera au commencement du premier Volume l'exposition de la méthode, le tableau synoptique des genres; aux mots génériques, on donnera d'abord le caractère du genre, le tableau des différences spécifiques & des observations générales sur les espèces qui le composent. Après quoi suivront les espèces dont la description sera précédée par la synonymie la plus exacte, & sera terminée par l'indication précise des pays où elles vivent. Ce Dictionnaire sera l'Ouvrage le plus complet qui existe dans aucune langue sur cette partie de l'Histoire naturelle, & ouvrira un champ vaste à l'observation.

Le premier volume est sous presse, & ne tardera point à paroître.

XIV.

BOTANIQUE, *par M. le Chevalier de la Marck, de l'Académie Royale des Sciences*, 5 Volumes *in*-4.°

Cet Ouvrage sur la Botanique, est absolument neuf. L'Auteur a placé à la tête du premier Volume un Discours préliminaire qui contient un abrégé de l'histoire de cette Science & des causes qui ont contribué à ses progrès, ainsi que de celles qui les ont toujours retardées, & en outre la citation des Savans qui l'ont cultivée avec succès dans les différens siècles. Pour juger du prodigieux travail de M. de la Marck, il faut lire dans l'Ouvrage même les articles *Botanique*, *Méthode*, *Rapports*, *Caractère*, *Nomenclature*, *Classes*, *Familles*, &c. &c. On y trouve l'exposition des principes fondamentaux de cette Science. Au mot *Terme*, on donnera un vocabulaire méthodique des termes de Botanique employés dans les différens Ouvrages qui traitent de cette Science. On mettra à la fin de ce Dictionnaire des Tableaux méthodiques, qui présenteront l'ensemble des végétaux qui s'y trouvent mentionnés, & seront composés de manière que, par leur moyen, il sera possible de rapporter à son genre chaque Plante connue que l'on observera.

Nous allons joindre ici l'extrait d'une lettre que nous a fait l'honneur de nous écrire M. le Chevalier de la Marck, au sujet de l'étendue de son Ouvrage. « Relativement à la longueur de la composition de mon Dictionnaire de Botanique dont vous me parlez, & au nombre de Volumes que ce Dictionnaire doit comprendre, je dois vous faire les remarques suivantes :

» 1.° Mon Dictionnaire de Botanique étant universel, c'est-à-dire, devant traiter, quoique succinctement, de toutes les connoissances botaniques acquises jusqu'à ce jour, & par conséquent contenir l'exposition des principes de la philosophie de cette Science, & mentionner en même-tems toutes les Plantes connues ; l'étendue des recherches qu'exige un pareil Ouvrage, est, pour ainsi dire, immense ; on en sera convaincu, si l'on fait attention que maintenant il n'existe pas d'Ouvrage général sur la Botanique, qui puisse servir de base à celui dont il est question.

» Personne, en effet, depuis près d'un siècle, n'a fait une entreprise de cette nature ; personne n'a essayé de donner des descriptions de toutes les Plantes connues ; & l'on sait que le seul Ouvrage général que l'on possède sur la Botanique, depuis que l'on met de la précision dans l'exposition des caractères essentiels des Plantes, est le *Species plantarum* de Linné ; mais cet Ouvrage n'est véritablement qu'un *prodromus*, puisqu'il n'offre pour les espèces de Plantes qui y sont mentionnées, qu'une phrase caractéristique, avec de la synonymie, & de tems en tems quelques notes descriptives.

» L'Ouvrage que j'ai osé entreprendre, est donc à cette époque unique en son genre, puisqu'il est le seul qui présente de véritables descriptions de tous les végétaux dont il traite. Je vois en outre qu'il contiendra plus d'un quart en sus des Plantes citées dans les Œuvres de Linné ; c'est-à-dire, que l'on trouvera dans mon Ouvrage, outre les Plantes actuellement connues, au moins trois mille espèces nouvelles, malgré les réductions que je fais des espèces, en supprimant & les doubles emplois & les Plantes que je ne puis considérer que comme des variétés. Ajoutez à ces considérations, celle du travail que j'ai à faire relativement à la synonymie, qui fait une partie essentielle de mon Ouvrage, partie que l'on ne trouvera dans aucun autre Livre de Botanique, plus étendue que dans celui-ci, & qui, pour la vérification des objets cités, m'occasionne des recherches considérables.

» Voilà, Monsieur, ce que je n'ai pu me dispenser de faire pour remplir mon objet, & ce qu'il est impossible, à mon avis, de faire en moins de tems que celui que j'emploie.

» 2.° Pour ce qui concerne la quantité de Volumes que comprendra mon Dictionnaire de Botanique, j'ose assurer qu'il n'est pas possible de renfermer dans moins de cinq Volumes (nombre que je ne peux me dispenser d'employer) tout ce qu'on trouvera dans mon Ouvrage. En effet, mentionner dans un aussi petit espace tous les principes de la Botanique, les découvertes modernes, & toutes les Plantes dont la citation & les descriptions composent plusieurs milliers de Volumes que le Public possède, c'est peut-être la tâche la plus difficile que l'on puisse entreprendre.

« Si j'avois admis dans mon plan l'étendue & les détails prolixes des descriptions que l'on trouve dans le Supplément de l'ancienne Encyclopédie, 15 & même 20 Volumes du format & du caractère de mon Ouvrage, n'auroient pas suffi pour comprendre tout ce qu'on y trouvera. »

Le troisième Volume de cet Ouvrage sera terminé cette année, & les deux autres en 1790 *&* 1791.

XV.

MINÉRAUX, *par M. Daubenton, de l'Aca-*

démie Royale des Sciences, Garde du Jardin du Roi, 1 Volume *in*-4.°

Cet Ouvrage paroîtra cette année. [Voyez le Prospectus général.

XVI.

GÉOGRAPHIE PHYSIQUE, *par M. Desmarets, de l'Académie Royale des Sciences*, 1 vol. *in*-4.°

Voyez dans le Prospectus de la vingt-quatrième Livraison, ce que nous avons dit sur cet Ouvrage & sur les Planches. L'Auteur en est sérieusement occupé depuis six ans. Les Cartes qui doivent en faire partie n'existent nulle part.

On doit le mettre sous presse cette année, & le Public doit être assuré qu'il sera terminé dans deux ans. On en publiera la première partie du premier Volume à la fin de cette année, & la seconde en 1790. L'Auteur nous a permis d'en assurer les Souscripteurs.

XVII.

GÉOGRAPHIE ET HISTOIRE ANCIENNES, *par M. Mentelle, Historiographe de Monseigneur Comte d'Artois, &c.* 2 vol. *in*-4.°

Ce Dictionnaire de Géographie ancienne, que l'on avoit d'abord, estimée ne devoir être que de la moitié d'un volume, en comprend deux entiers. L'Auteur lui-même a donné, dans le Prospectus de la vingt-quatrième Livraison, les raisons de l'étendue de son travail. Nous allons ici les rapporter en les abrégeant.

On n'a pas encore fait (excepté quelques abrégés) de Dictionnaire de Géographie ancienne; j'ai donc dû, observe M. Mentelle, me proposer ce qui n'existoit pas, & ce que le Public étoit en droit d'attendre; c'est-à-dire, un Dictionnaire assez complet, pour que tous les noms de lieux, de rivières, &c. de peuples connus dans l'antiquité, se trouvassent dans mon Ouvrage.

Le Dictionnaire de politique & de diplomatique, & le Dictionnaire historique, qui font partie de l'Encyclopédie, ne parlant pas des peuples anciens, n'eût-il pas été hors de toute convenance & de l'attente raisonnable du Public, qu'avec un corps d'Ouvrage aussi considérable que la nouvelle Encyclopédie, on ne pût prendre, à l'aide de la Géographie, une connoissance générale du Peuple Egyptien, Athénien, des Grecs, des Perses, &c.

Comme on ne trouve rien dans le Dictionnaire de la Géographie moderne dont nous allons parler, concernant celle du moyen-âge, ne doit-on pas lui savoir gré de l'avoir fait entrer dans son plan, &c. &c.

Cet Ouvrage sera terminé cette année, il en a déjà paru un volume.

XVIII.

GÉOGRAPHIE MODERNE, *par M. Robert, Géographe ordinaire du Roi, & M. Masson de Morvilliers, Secrétaire du Gouvernement de Normandie*; 3 vol. *in*-4.°

La Géographie de l'Encyclopédie *in-folio* est défectueuse à tous égards : c'est un tissu d'erreurs, de méprises & d'inexactitudes de toute espèce. La Nomenclature y est absolument incomplète, & beaucoup plus qu'en aucune des autres parties. Plusieurs Etats souverains d'Allemagne ne s'y trouvent point. Les articles omis y sont en si grand nombre, qu'il en manque souvent plusieurs de suite. Dans les trente premières pages, qui étoient les moins incomplètes, on en a suppléé quarante-deux. Nous nous étions d'abord proposés de marquer d'un astérisque les articles nouveaux, mais nous nous sommes bientôt apperçus que par leur multitude, ces marques caractéristiques eussent fatigué l'œil par une bigarure désagréable, & nous y avons renoncé; bref, dans cette seule partie, il a été suppléé au-delà de deux mille articles.

Les noms des lieux étoient souvent tronqués, les degrés de longitude & de latitude faussement assignés : des villages y étoient donnés pour des villes, des Villes célèbres y étoient décrites en quelques lignes; quelquefois, par un abus contraire, on y donnoit la description de villes qui n'existèrent jamais : l'Ouvrage enfin étoit traité avec une négligence affectée.

C'est à ces défauts qu'on a tâché de remédier. Nous avons refait presque tous les articles, & on en citeroit difficilement quelques-uns qui n'aient été retouchés. Nous n'avons puisé que dans les meilleures sources; nous nous sommes appuyés sur des mémoires souvent pris sur les lieux, & nous avons eu pour remplir notre objet, des moyens que n'eurent point ceux qui nous avoient devancé : feu M. le Comte de Vergennes, convaincu de l'importance de la chose, animé d'un zèle éclairé pour les progrès des connoissances utiles, considérant sur-tout que l'Encyclopédie est un Ouvrage national, qui demande les secours du Gouvernement; ce Ministre, a daigné nous ouvrir le Cabinet des affaires étrangères relativement aux échanges, Traités de paix, & stipulations d'Etat à Etat; il nous a muni des documens, notices & renseignemens dont nous avons pu avoir besoin dans la confection de cet Ouvrage, & dans tous les cas où nous avons cru devoir y recourir.

Il s'en faut bien néanmoins que nous regardions la Géographie encyclopédique comme ayant atteint le degré de perfection que nous lui desirions : beaucoup d'endroits auront encore besoin d'indulgence; c'est qu'entre les différentes parties des connoissances humaines, celle-ci, plus que toute autre, embrasse des détails infiniment multipliés, dont la chaîne immense gît en faits, sur lesquels le raisonnement ne peut fournir de lumières; en faits qui exigeoient l'œil de l'Ecrivain, & pouvoit-il exister par tout? Le concours de tous les Gouvernemens pourroit sans doute procurer un avancement rapide à la Géographie: mais est-il permis d'y compter, seroit-il sage de l'attendre? Ce seroit s'assimiler à ce Villageois d'Horace, qui, tranquillement assis au bord du fleuve, attendoit, pour passer, que les eaux en fussent écoulées:

Rusticus expectat dum defluat amnis; at ille Labitur, & labetur in omne volubilis ævum.

La marche des Sciences est graduelle : exiger qu'on les porte tout-à-coup à leur faîte, c'est exiger au-delà de l'humanité ! Mais ce que nous osons attester, c'est l'insigne supériorité de cette partie, sur celle de l'édition *in-folio*. Il ne faut que rapprocher les articles correspondans & les comparer, pour s'en convaincre pleinement. Ce qu'on a droit d'attendre, c'est que dans la carrière des Sciences, chacun recule les bornes de celle qu'il a embrassée; que chacun lui fasse faire un pas marqué vers la perfection : c'est le but que nous nous sommes proposés, nous croyons l'avoir atteint, & nous espérons qu'on nous rendra cette justice.

Il nous reste à dire deux mots sur l'accroissement qu'a éprouvé cette partie de l'Encyclopédie. Elle devoit avoir deux volumes & demi, suivant l'annonce du dernier Prospectus. Mais nous avons reconnu que si on s'assujétissoit à la circonscrire dans ces limites, il falloit se résoudre à tronquer la Nomenclature augmentée au moins de deux mille articles. Or il nous a paru que c'eût été manquer notre but, & rendre au Public le plus mauvais service. Nous nous sommes donc déterminés à accroître d'un demi-volume cette partie qui est d'un usage journalier, & à laquelle on doit recourir habituellement.

D'un autre côté, en se renfermant dans l'espace annoncé par le Prospectus, il ne fût resté qu'un demi-volume pour la Géographie ancienne, & elle eût pu en effet y être circonscrite à la rigueur. Mais on a remarqué qu'il convenoit, qu'il étoit même nécessaire d'y joindre l'Histoire ancienne, partie essentielle qui manquoit à l'Encyclopédie. On vit dès-lors l'impossibilité de renfermer la Géographie ancienne dans les bornes d'un demi-volume, on conçut qu'elle devoit faire un corps d'Ouvrage à part, & nous devons nous attendre que le Public nous saura gré de ce nouvel arrangement, qui rend uniquement à compléter l'Encyclopédie par ordre de matières, & à lui assurer encore, sous ce point de vue, la supériorité qu'elle a d'ailleurs sur l'ancienne, par le fonds, la substance, & la nature même des articles qui en composent les différentes parties.

Enfin on a placé à la fin du troisième volume, quatre Tableaux géographiques, présentants le développement du globe, & qui donneront à l'Ouvrage l'utilité d'un traité pour ceux qui voudront faire une étude de la Géographie. (*R.*)

Ce Dictionnaire est terminé.

XIX.

ANTIQUITÉS, Mythologie, Chronologie, Diplomatique des Chartes, *par M. Mongez, Garde des Antiques de Sainte Genevieve*; quatre à cinq volumes *in*-4.°

Nous avions annoncé cet Ouvrage en un volume, il y en aura quatre à cinq. Mais nous demanderons ce qu'on pourroit en retrancher sans le mutiler. Dans le Prospectus général, nous n'avions promis qu'un Dictionnaire d'antiquités; mais sur nos représentations, M. le Chanoine Mongez a consenti à y joindre plusieurs parties qui en font le complément, & sans lesquelles cet Ouvrage n'auroit pu contenter qu'imparfaitement les Savans & les Artistes. Nous voulons parler de la Mythologie avec les costumes, de la chronologie ancienne & moderne, de la diplomatique des Grecs, des Romains, &c. Ecoutons l'Auteur lui-même sur le plan de son travail.

Jamais les Mythologies égyptienne & grecque n'ont été étudiées avec plus d'ardeur, & expliquées avec des détails aussi étendus que dans cet instant. MM. Dupuis, Leclerc, Rabaut de Saint-Etienne, & n'a guères, M. Court de Gebelin, ont cherché à débrouiller ce cahos antique. Le dernier, entraîné par son goût exclusif pour l'étymologie & pour les allégories morales, a tout expliqué avec ces deux clefs; il a même vu dans les contours du Caducée les tours & les retours du menuet, auquel il attribue la plus haute antiquité. Plus heureux, M. Dupuis a retrouvé dans les Divinités grecques le génie solaire, les génies des étoiles & la révolution des astres. La Chronologie & la Géographie ont été pour M. Rabaut de Saint-Etienne deux champs fertiles en productions mythologiques. De nouvelles combinaisons sont venues entre les mains de M. Leclerc, à l'appui des ingénieuses explications de ses deux devanciers. De manière que les explications historiques de Bannier, les explications hermétiques de Pernetty, les explications relatives à l'Agriculture & à la Physique, &c. sont tombées dans l'oubli. Le plan de conciliation que j'ai adopté dans le Dictionnaire d'antiquités de la nouvelle Encyclopédie, m'a forcé à donner aux articles mythologiques une extension plus grande que le Prospectus ne le permettoit. La justice exige en effet que l'on rapporte les opinions avant que de les discuter.

L'ancien mot *costume* & le très-moderne mot *costumer*, sont aujourd'hui dans toutes les bouches. Tout le monde croit avoir une connoissance des beaux-arts assez approfondie pour en pouvoir juger les productions; cette opinion générale, & le besoin des Peintres & des Sculpteurs, toujours pressant & jamais satisfait, m'ont imposé la loi de décrire dans les plus grands détails les habits, les armes, les meubles, &c. des Egyptiens, des Perses, des Grecs, des Parthes, des Etrusques, des Romains, des Gaulois. Quelque sujet de l'histoire ancienne que veuille traiter un Artiste, il en trouvera les détails & les particularités répandus dans ce Dictionnaire.

Je ne dirai rien ici de la diplomatique des chartes, & de l'art de vérifier les dates; les Ouvrages des Savans Bénédictins que j'ai dépouillé avec profusion, à cause de l'utilité toujours subsistante de ces deux sciences, jouissent d'une réputation si bien méritée, qu'elle justifiera amplement aux yeux des Souscripteurs, l'abondance des articles de ce genre.

Les véritables, & peut-être les seules bases de chronologie grecque & romaine, c'est-à-dire, les marbres d'Arondel, la suite des Archontes d'Athènes, celle des Olympiades, les Fastes du capitole & la suite des Consuls, ne se trouvent que dans des Ouvrages très-rares, très-volumineux & très-chers. D'après cette considération, j'ai cru devoir en faire jouir les Souscripteurs, de préférence aux nombreux systêmes de chronologie qui partagent les Savans. Quant aux chronologies Egyptienne, Perse & Phénicienne, les ténèbres qui les obscurcissent, sont encore trop épaisses pour rassembler ici les résultats douteux des combinaisons diverses à qui elles donnent encore lieu tous les jours dans les compagnies littéraires.

Les richesses de l'Histoire naturelle moderne m'ont fourni un grand nombre d'articles sur les Arts des Anciens, & en particulier sur la Botanique & la Zoologie mythologiques.

La connoissance des pierres gravées manque à la plupart des Antiquaires & dans presque tous leurs Ouvrages. Les noms de Winkelmann, de Mariette, de Stosch, de Gori & des autres *Dactyliographes* qui m'ont servi à composer les articles relatifs aux pierres gravées, réveilleront la curiosité & l'intérêt des Lecteurs. Ils trouveront, pour la première fois, rassemblés dans ce Dictionnaire, des principes & des connoissances qui étoient confondus dans vingt Volumes *in-folio*.

Je dirai la même chose des Bronzes, des Bas-reliefs & des Statues antiques qui peuplent l'Italie & qui font l'ornement de Versailles, de Dresde, de Berlin, &c. de sorte que ce Dictionnaire d'Antiquités deviendra le véritable guide des Voyageurs, lorsque l'étude des Chefs-d'œuvre des Anciens sera le but de leurs courses.

Les Médailles intéressent tous ceux qui en voient dans les Collections d'antiques, tous ceux qui étudient l'Histoire ancienne, & plus vivement ceux qui en trouvent dans leurs champs. Aucun de ces derniers ne doute qu'il n'ait rencontré la plus précieuse & la plus chère. Ce Dictionnaire détruira plus souvent son illusion qu'il ne la justifiera; mais il lui annoncera toujours la vérité. J'y ai imité, pour les Médailles consulaires & pour celles des Rois, des Peuples & des Villes, le travail que Beauvais avoit fait pour les Impériales. Il n'y a presqu'aucune Médaille dans les Cabinets connus & dans les écrits publiés jusqu'à ce jour en Italie, en France & en Allemagne, dont je ne fasse connoître le degré de rareté, dont je ne mette à même de retrouver le sujet, soit à l'aide des légendes, soit à l'aide des types. Pour ce qui est de leur prix, il est trop variable, trop arbitraire, pour mériter de trouver place dans un Ouvrage destiné à tous les âges & à tous les pays.

Pour rendre complet ce Recueil d'antiquités & le faire servir de Commentaire universel à tous les anciens Ecrivains, j'y ai joint un grand détail sur leurs poids & leurs mesures de toutes espèces, de tout pays. L'excellent Ouvrage de M. Paucton, intitulé: *Métrologie*, m'a fourni leur évaluation en monnoie françoise de l'année 1784, c'est-à-dire, jusqu'aux louis de 1787 exclusivement. M. Tillet, de l'Académie Royale des Sciences, a bien voulu me seconder pour l'évaluation du conge, pour celle de la livre romaine, &c. Il s'est acquis une si grande réputation dans ce genre de travail, que son nom est un sûr garant de l'exactitude de mes articles.

Un plan aussi vaste, aussi bien conçu & exécuté, pouvoit-il être renfermé dans moins de 4 à 5 Volumes, & n'auroit-ce pas été tronquer l'Encyclopédie que de se contenir dans les bornes du premier? Les plaintes de quelques Souscripteurs, sur le plus grand nombre de Volumes qu'aura cet Ouvrage, sont-elles donc fondées, sur-tout lorsqu'on leur donne 38 à 40 Volumes à 6 livres.

Cet Ouvrage, dont la deuxième Partie du second Volume est prête à paroître, sera terminé dans 2 à 3 ans.

XX.

HISTOIRE, *par M. Gaillard, de l'Académie Françoise*; 5 Volumes *in-4.°*

Nous n'avons pas dissimulé dans le Discours préliminaire de l'Histoire, que cette partie forme comme une espèce d'excroissance dans l'Encyclopédie. Elle avoit bien plus ce défaut lorsqu'elle fut introduite, pour la première fois, dans le Supplément de la première Encyclopédie. 1.° Elle y fut admise par parties seulement, sans aucune raison de préférence, à l'égard du très-petit nombre des articles insérés, ni d'exclusion à l'égard de la foule innombrable des articles omis. Ici nous présentons un Dictionnaire entier; nous ne disons pas complet, car il ne peut, ni ne doit l'être; ce seroit l'Encyclopédie des faits, & elle seroit plus vaste encore que l'autre Encyclopédie; elle ne pourroit même avoir de bornes, car l'Histoire a, comme le tems, un cours continu, & jamais interrompu, toujours de nouveaux événemens succèdent aux précédens; les autres Sciences ont des repos & des intervalles qui font qu'on peut en fixer l'état à telle ou telle époque; les époques des Sciences sont marquées par les découvertes; mais ces découvertes importantes qui changent l'état des Sciences, ne se font que de loin en loin; chaque jour, au contraire, ajoute un changement & un supplément à l'Histoire.

2.° Un Dictionnaire particulier d'Histoire entre bien plus naturellement dans l'Encyclopédie méthodique, où chaque Science a son Dictionnaire particulier, que quelques articles isolés n'étoient entrés dans le Supplément de la première Encyclopédie, où ils n'ont fait que rendre ce Dictionnaire indispensable, par la raison que le Public ne veut rien perdre.

Nous n'avions donc pas à examiner s'il falloit ou ne falloit pas un Dictionnaire d'Histoire, mais de quelle manière il falloit le faire; on peut voir dans le Discours préliminaire, placé à la tête du premier Volume, à la suite du Dictionnaire du Blason, l'énumération & l'examen des différentes manières dont ce Dictionnaire pouvoit être fait, & les raisons qui nous ont déterminés pour le plan que nous avons suivi, qui est de tendre toujours à choisir les articles, au lieu de tendre à les multiplier; de nous laisser circonscrire & serrer de fort près par tous les genres qui nous avoisinent, & de leur savoir gré même des usurpations, s'ils en font, plutôt que de nous en plaindre. L'inconvénient de notre genre étant d'être trop vaste, nous ne demandons qu'à le restreindre.

Nous espérions, nous desirions du moins pouvoir le renfermer dans deux volumes; mais c'étoit nous borner à des noms & des dates; il faut au moins que tous les articles un peu importans puissent être non-seulement consultés, mais même lus; il faut que ceux qui peuvent être une source de réflexions utiles, de vérités importantes, ne soient pas privés de cet avantage.

Définitivement ce Dictionnaire aura cinq volumes, toutes les dimensions sont prises & irrévocablement arrêtées pour qu'il ait ce nombre, & rien de plus. On imprime actuellement à-la-fois le 3e & le 4e dans deux imprimeries différentes pour plus de célérité, & le tout, suivant toutes les apparences, sera fini en 1790.

Les Généalogies, qui sont une partie essentielle de l'Histoire, ne sont pas plus négligées que le reste; mais souvenons-nous toujours qu'il faut se borner, qu'il faut du choix. Que Pierre soit fils de Jean, que ses ayeux aient même fait, il y a mille ans, de belles dotations à des Abbayes, & que leurs noms se trouvent en conséquence dans d'anciennes chartes, cela n'intéresse personne; ce n'est pas là de l'Histoire; mais que telle ou telle Maison ait produit un grand nombre de sujets utiles qui aient illustré ou servi la Patrie, qui aient perdu pour elle la vie ou la liberté dans les combats, qui se soient distingués dans l'administration ou dans la législation, ou dans les Ambassades, &c. voilà de l'Histoire. Nos Généalogies ne sont donc pas proprement des Généalogies, ce sont des Listes de Personnages brillans ou utiles, & de leurs services, ou même assez souvent de leurs fautes.

On a joint le Blason avec l'Histoire, à cause des rapports nécessaires que ces deux Sciences ont entr'elles; & cependant on a fait du Blason un Dictionnaire particulier, parce que c'est une Science à part & complète. Il n'existe point dans notre langue de Dictionnaire de cette Science. C'est un Ouvrage entièrement nouveau, & qu'on avoit oublié dans le Prospectus général. On a joint au Blason les Ordres de Chevalerie, Hospitaliers Militaires & autres. Le mot *Blason* indique l'Ordre de lecture, c'est un véritable Traité de cette Science, il contient le précis des règles qui constituent l'Art Héraldique.

XXI.

THÉOLOGIE, *par M. l'Abbé Bergier, Confesseur de Monsieur, Frère du Roi, & Chanoine de Notre-Dame*; 3 vol. *in-4.°*

D'environ deux mille cinq cens articles dont cet Ouvrage est composé, il y en a au moins une moitié qui manquoit dans l'Ancienne Encyclopédie, & qu'il a fallu faire. Un nombre presque égal contenoit une doctrine fausse ou suspecte, il fallu les corriger : Plusieurs renfermoient des discussions inutiles; on les a abrégé; d'autres étoient incomplets, on y a ajouté ce qui a paru nécessaire.

Voyez pour plus de détails l'avertissement du 1.er vol. ou le Prospectus de la 25.e Livraison.

Le 2.e vol. de cet ouvrage paroîtra cette année, & le 3.e en 1790.

XXII.

PHILOSOPHIE ANCIENNE ET MODERNE; *par M. Naigeon*; 3 vol. *in-4.°*

LETTRE DE L'AUTEUR *à M. Panckoucke, contenant des vues générales sur la manière de traiter l'Histoire critique de la Philosophie, & un jugement de divers Ouvrages publiés sur cette matière.*

Vous me demandez, Monsieur, des éclaircissemmens sur la partie dont je me suis chargé dans l'Encyclopédie méthodique, sur le plan que j'ai cru devoir suivre, sur les additions que je me propose de faire aux différens articles de ceux qui ont traité les mêmes matières dans la première Encyclopédie &c. Une réponse précise à toutes vos questions exigeroit plus de détails qu'une lettre n'en permet, & seroit encore mieux placée dans le discours préliminaire qui sert d'introduction à mon Ouvrage. Cependant pour vous satisfaire, & vous donner au moins une légère idée de mon travail, je vais détacher de ce discours quelques observations générales que je soumets au jugement du Public & au vôtre.

Quoique la plupart des articles où M. Diderot a traité de la Philophie des Anciens, soient très-curieux, très-agréables à lire, & qu'ils aient sur-tout le mérite si rare de faire beaucoup penser, il est aisé de voir qu'il n'avoit pas recueilli lui-même les matériaux qu'il met en œuvre, & que la forme à laquelle il s'est astreint dans ces articles, n'est pas celle qu'il leur eût donnée, si elle ne lui eût pas été en quelque sorte prescrite par le savant qu'il avoit pris pour guide. Il parloit souvent de la contrainte que cette marche uniforme, méthodique & compassée lui avoit imposée, & de l'influence trop sensible qu'elle avoit eue sur l'ensemble & les détails de l'Ouvrage; il regrettoit de n'avoir pas donné à cette partie de l'histoire des progrès de l'esprit humain une attention & des soins qui répondissent à l'importance de l'objet; & il se proposoit d'y suppléer dans une seconde édition. Son plan étoit vaste & bien conçu; l'exécution devoit être précédée d'une étude suivie & d'une analyse exacte de tous les Auteurs cités par Brucker & par Stanley; & cette nouvelle route étoit certainement la meilleure & la plus sûre; mais il s'agit moins ici de ce que M. Diderot avoit dessein de faire, que de juger ce qu'il a fait.

Occupé de la description des Arts & Métiers, dont il a exposé avec tant d'exactitude & de clarté (1) la théorie & les procédés; maîtrisé d'ailleurs par des circonstances impérieuses qui le forçoient d'appliquer indistinctement son esprit à la contemplation d'un grand nombre d'objets divers, souvent disparates, & auxquels il étoit plus ou moins étranger (2): tourmenté sur-tout par l'impatience peu réfléchie des souscripteurs toujours pressés de jouir, & à qui en général il importe trop peu qu'un Ouvrage soit bien ou mal fait, pourvu que les volumes dont il doit être composé, & qu'on leur a promis, se succèdent rapidement; M. Diderot crut pouvoir suivre Brucker sans craindre de s'égarer sur ses traces; il supposa qu'un livre qui avoit coûté quarante ans de travail à son Auteur, ne devoit rien laisser à desirer sur la matière qui en faisoit l'objet; & cette confiance que l'érudition de Brucker lui inspira d'abord, jointe au peu de tems que lui laissoient d'autres travaux dont il étoit chargé en qualité d'éditeur, le détermina à se borner en partie à la fonction d'interprète. En effet, ses extraits ne sont souvent que la traduction de ceux de Brucker, dont il a même adopté l'ordre, la méthode & les divisions. Il a seulement eu l'Art d'y répandre avec autant de goût que de sobriété, quelques-unes de ses vues ingénieuses & fines, de ces pensées nouvelles & hardies, de ces réflexions profondes, telles qu'on en trouve dans tous ses Ouvrages, & qui caractérisent particulièrement ce philosophe éloquent. Ce sont ces vues, ces idées, ces réflexions remarquables par la sagacité & l'étendue d'esprit qu'elles supposent, qu'on chercheroit envain dans Brucker & dans Stanley; c'est par elles, & par ce style vif, énergique & rapide dont ces réflexions sont écrites, que M. Diderot a fait disparoître la monotonie, la sécheresse des extraits qu'il employoit, & que dans cet exposé des opinions des anciens, l'attention du lecteur, souvent distraite par cette multitude d'objets divers entre lesquels elle est obligée de se partager, n'est jamais fortement excitée que par ceux qui sont réellement dignes de la fixer, & qui lui offrent de grands résultats.

Pénétré de respect pour la mémoire d'un ami que je regrète sans cesse, & dont la perte irréparable (1) pour mon cœur laisse encore un vuide affreux dans les lettres; très-convaincu d'ailleurs qu'il me seroit impossible, je ne dis pas de faire mieux que lui, mais de faire à-peu-près aussi bien; &, pour parler comme Montaigne, *de lutter en gros & corps-à-corps ce vieil Athlète*, j'ai conservé religieusement cette partie de son travail dans l'Encyclopédie; & ce qui m'a paru nécessaire pour le compléter, ou pour rectifier certains faits, est marqué d'une étoile, afin qu'on ne puisse pas imputer à cet homme de génie (2), auquel son siècle n'a pas rendu justice, les fautes que je peux avoir commises.

---

(1) Voyez l'article *Bas* (métier à) l'article *Velours*; & dans un autre genre, non moins difficile, la belle description de la Machine Arithmétique de Pascal.

(2) Voici ce qu'il dit lui-même à ce sujet.

« Nous avions espéré d'un de nos Amateurs les plus » vantés, l'article *Composition en Peinture*. (M. Watelet » ne nous avoit point encore offert ses secours). Nous » reçûmes de l'Amateur deux lignes de définition, sans » exactitude, sans style & sans idées, avec l'aveu humi» liant qu'il n'en savoit pas davantage; & je fus obligé » de faire l'article *Composition en Peinture*, moi qui ne » suis ni Amateur ni Peintre. »

Observons, en passant, que cet article est très-beau, qu'il est rempli d'excellentes observations sur l'Art, & qu'il n'y a point d'Amateur, ni d'Artiste capable de le faire aussi bien.

(1) Multis ille quidem flebilis occidit;
Nulli flebilior quam *mihi.*

(2) Maxime solitum, & sine obtrectatore fuit, prodere de iis, quos mors odio aut gratiæ exemisset. Tacit.

A l'égard

A l'égard des articles dont il n'eſt pas l'auteur, j'en ai uſé comme de mon propre bien ; je les ai refaits en tout ou en partie, ſelon qu'ils m'ont paru exiger des changemens plus ou moins conſidérables : les Gens-de-lettres que M. Diderot en avoit chargés, ou qui, par une ſuite naturelle de cette ferveur & de cet enthouſiaſme qu'inſpire d'abord un grand projet conſacré tout entier à l'utilité publique, lui avoient offert des ſecours ; occupés d'autres travaux, ou trop foibles pour celui qu'ils s'impoſoient, s'étoient contentés de copier ſervilement Huet, Deſlandes, Rapin, &c. ſans les citer, & ſur-tout ſans corriger leurs inexactitudes, & ſans réparer leurs omiſſions.

Il ſeroit injuſte de refuſer à Brucker & à Stanley les éloges que méritent la nouveauté, la hardieſſe & la difficulté de leur entrepriſe ; mais le reſpect qu'on doit à la vérité, ne permet pas de diſſimuler les petites négligences & les mépriſes de toute eſpèce qui leur ſont échappées. Montaigne obſerve que « tel allègue Platon & » Homere qui ne les vid onques ; & moi, » *ajoute-t-il*, ay prins des lieux aſſez, ailleurs » qu'en leur ſource. » Cette méthode, ſi propre à perpétuer les erreurs, me paroît être celle de Stanley, & plus encore celle de Brucker (1). Mais ce qui eſt abſolument ſans conſéquence & ſans inconvénient dans un livre tel que les *Eſſais*, où les citations, tantôt directes & tantôt ingénieuſement détournées de leur vrai ſens, par la fineſſe des applications, ne changent point les réſultats, & ne ſervent que d'ornement, n'eſt pas auſſi indifférent dans des matières de faits & de diſcuſſion où, pour trouver la vérité, ſouvent ſi fugitive & ſi difficile à conſtater dans tout ce qui n'eſt pas du reſſort des ſciences exactes, il faut joindre à une logique très-ſévère, beaucoup de diſcernement & de ſagacité dans le choix des témoins, dans la manière de les interroger, de les confronter les uns aux autres, de les concilier, de déterminer leurs différens dégrés de véracité ; & tirer enſuite de toutes ces autorités plus ou moins oppoſées, & réduites à leur juſte valeur, une opinion à laquelle on puiſſe s'arrêter avec confiance, & qui ait au moins pour elle toutes les vraiſemblances & les probabilités dont elle eſt ſuſceptible.

Un Auteur, dont on ſe plaît à emprunter juſqu'aux expreſſions mêmes, parce qu'elles ont, dans ſon ſtyle d'ailleurs incorrect & familier, mais vif & ſerré, une énergie, une préciſion & une grace inimitables, critique avec raiſon ces Hiſtoriens qui « entreprennent de choiſir les choſes » dignes d'eſtre ſçeuës ; & nous cachent ſouvent » telle parole, telle action privée qui nous inſ- » truiroit mieux ; obmettent pour choſes incroya- » bles celles qu'ils n'entendent pas ; & peut-eſtre » encore telle choſe pour ne la ſçavoir dire en » bon latin ou françois. » *Il veut* « qu'ils jugent » à leur poſte, mais qu'ils nous laiſſent auſſi de » quoi juger après eux : & qu'ils n'alterent ny » diſpenſent par leurs racourcimens & par leur » choix, rien ſur le corps de la matière : ains » qu'ils nous la renvoyent pure & entiere en » toutes ſes dimenſions. » On regrette que cette leçon, ſi ſage dans ce qu'elle blâme & dans ce qu'elle preſcrit, n'ait pas ſervi de régle à Brucker & à Stanley, que, par cela même, il faut lire par-tout avec beaucoup de précaution. Je dis mon avis d'autant plus librement, que je crois avoir acquis, par une étude réfléchie de la Philoſophie ancienne, & par celle de pluſieurs ſciences ſans leſquelles il me paroît impoſſible de l'entendre & de l'éclaircir, le droit de juger ceux qui, n'ayant qu'une partie des connoiſſances & des inſtrumens néceſſaires pour débrouiller ce cahos, n'ont fait qu'effleurer la matière, & rendre plus ſenſible & plus preſſant le beſoin d'un Ouvrage où il y ait moins à lire, & plus à apprendre.

Si Brucker avoit été auſſi inſtruit que laborieux ; s'il avoit eu autant de pénétration que de ſavoir, s'il avoit enviſagé ſon ſujet ſous ſon vrai point de vue, & dans tous ſes rapports, il auroit fait un beau livre, dont la lecture auroit diſpenſé de beaucoup d'autres ; c'eût été là un véritable *traité de l'opinion*, très-ſupérieur à celui de le Gendre, dans lequel il n'y a de philoſophique que le titre, & d'utile que les citations. Le lecteur auroit trouvé dans le livre de Brucker, à-peu-près tel que je le conçois, un recueil complet de tout ce que, dans une longue ſuite de ſiècles marqués dans l'hiſtoire par des époques plus ou moins longues de barbarie & de lumière, l'eſprit humain a penſé de plus abſurde & de plus judicieux, de plus extravagant & de plus raiſonnable, de plus conjectural & de plus précis : on y auroit vu l'homme en général, & ſouvent le même individu, alternativement ſage & fou, profond & frivole, circonſpect & hardi, ſuperſtitieux & philoſophe ; offrant ſans ceſſe les contraſtes les plus bizarres, ayant tantôt des idées puériles & tantôt des concepts ſublimes ; luttant ici avec ſuccès contre l'ignorance & les préjugés, devinant même quelquefois ſans expériences & ſans inſtrumens la marche & le ſecret de la nature, & éclairant tout-à-coup un horizon immenſe ; là débitant gravement ſur la phyſique, la politique & la morale, les rêves d'une imagination en délire, & travaillant dès-lors en ſilence & ſans le ſavoir, à épuiſer la ſérie des erreurs par leſquelles l'homme ſemble être condamné à paſſer avant d'arriver à la vérité. Un Ouvrage critique & raiſonné ſur la

(1) Il ſuffit, pour s'en convaincre, de lire dans les Auteurs originaux la plupart des paſſages qu'il rapporte ; de les conſidérer dans la chaîne de raiſonnemens où ils ſont placés, & relativement à ce qui les précède & à ce qui les ſuit.

Philosophie ou la Science générale des Anciens, composé dans cet esprit, & enrichi de toutes les connoissances spéculatives qu'il suppose & qu'il exige, offriroit au lecteur un spectacle curieux, souvent même imposant, & très-digne à plusieurs égards de son attention. Ce seroit une Histoire philosophique de l'entendement humain considéré dans ses différens périodes, ou si l'on veut dans ses accès divers de force & de foiblesse, de raison & de folie : on y verroit marqués avec précision tous les pas que l'homme a faits jusqu'à présent vers l'erreur & vers la vérité; & si l'on ne peut gueres douter de ce que Fontenelle observe quelque part, que l'histoire des folies des hommes ne soit une grande partie du savoir, & que malheureusement plusieurs de nos connoissances ne se reduisent là, nous serions au moins très-avancés dans celles de cette nature; & ce seroit toujours une découverte importante que celle de toutes les routes qui mènent à l'erreur; elle rendroit plus libre, plus courte & plus facile celle de la vérité.

On est étonné sans doute que l'énorme compilation de Brucker & de Stanley n'apprenne au fond que fort peu de choses, qu'on sauroit même mieux, & avec moins de peine & d'ennui, en consultant les sources. Les grandes recherches d'érudition effraient l'imagination comme ces vastes recueils d'expériences de Physique ou d'Histoire naturelle. Et cet effet n'est pas toujours la suite d'un défaut d'instruction, mais de cette paresse d'esprit à laquelle tous les hommes sont plus ou moins enclins, & qui est une source féconde d'erreurs & de préjugés. Tant de passages accumulés, tant d'expériences réunies, lorsque l'esprit philosophique n'a pas guidé le Savant, & éclairé les pas de l'observateur, ne prouvent souvent que la patience de l'un, & les petites vues de l'autre. Il en est de ces recherches & de ces recueils comme des relations des voyageurs, dont un Philosophe disoit avec raison, « rien n'est si commun » que les voyages & les relations, mais il est rare » que leurs Auteurs, ou ne rapportent que ce qu'ils » ont vu, ou aient bien vu, *& sans poésie.* »

Brucker & Stanley peuvent suffire à ceux qui, incapables d'un long travail & d'un certain degré d'attention, se contentent d'appercevoir les choses d'une vue générale & confuse, & qui sont fort aises de trouver rassemblés dans un même Ouvrage, non pas tout ce qu'on peut savoir sur une matière, mais à-peu-près tout ce qu'ils en veulent apprendre. Cette classe de lecteurs est par-tout la plus commune & la plus étendue. Mais ceux qui sont obsédés, tourmentés de ce desir, de ce besoin de connoître, de cette soif de l'instruction que l'âge augmente encore dans ce petit nombre d'hommes privilégiés que la nature destine en secret à la gloire & à l'illustration; ceux qui veulent approfondir tout ce qu'ils étudient, & porter successivement la lumière sur toutes les faces, sur tous les détails de l'objet qu'ils observent, trouveront Brucker & Stanley très-superficiels & très-prolixes : c'est qu'il est bien difficile de ne pas omettre une infinité de choses essentielles, quand on en dit beaucoup de superflues; & que ce défaut est celui de presque tous les érudits : ils ressemblent plus ou moins à ce Posthume dont Martial se moque, & qui ayant à parler pour un vol de trois chèvres, se jeta sur la bataille de Cannes & les guerres de Carthage. A quoi bon, lui dit le Poëte, ces écarts pour étaler si mal-à-propos de l'éloquence & de la littérature? *Jam dic, posthume de tribus capellis.*

Je sais que la sorte d'esprit & de sagacité nécessaires pour appercevoir les défauts d'un Ouvrage, ne suppose pas le talent d'en faire un bon; mais il n'en est pas moins vrai que c'est en remarquant les fautes de ceux qui nous ont précédés dans une carrière épineuse, en indiquant par des traits distincts les écueils contre lesquels ils se sont brisés, qu'on peut espérer de les éviter, & d'en préserver ceux qu'une fausse lueur pourroit égarer. Il y a dans tous les genres un certain degré de perfection dont il est très-difficile & très-rare d'approcher, & qu'il n'est pas même accordé à tout le monde de sentir (1) & d'admirer dans le petit nombre d'Ecrivains qui semblent l'avoir atteint. C'est vers ce terme que chacun éloigne ou qu'il rapproche selon la portée de sa vue, & la mesure ou le modèle idéal & abstrait qu'il s'est fait du beau & du bon, qu'on doit tendre constamment & avec effort, même sans l'espoir d'y arriver : car ici, comme dans la plupart des circonstances de la vie, ce n'est qu'en voulant faire mieux qu'on ne peut, qu'on parvient à faire à-peu-près aussi bien qu'on le doit. Quand je resterois fort au-dessous de mon sujet, ce qui arrive souvent à ceux qui tentent de grandes choses; quand, oubliant les sages leçons (2) d'Horace, je succomberois sous le poids du fardeau dont je me suis chargé, cela ne prouveroit rien en faveur de Brucker & de Stanley; leur Ouvrage n'en seroit pour cela, ni meilleur, ni plus instructif, & je n'en aurois pas moins le droit de le dire. Toutes les autorités sont égales & indifférentes pour un bon esprit; ce n'est ni leur source, ni leur nombre, ni leur ancienneté, c'est la raison qui fait leur différence. C'est elle seule qu'on doit écouter, & compter pour rien

(1) Il y a telle page, ou même telle pensée de Tacite; telle scène, ou seulement tel hémistiche, tel mot de Racine, de Voltaire ou de Molière; telle fable de la Fontaine, *&c.* dont toute la profondeur, tout le pathétique & le sublime, tout le comique, le naturel & la grace sont perdus pour le plus grand nombre des Lecteurs.

(2) Sumite materiam vestris, qui scribitis, æquam
Viribus; & versate diù quid ferre recusent,
Quid valeant humeri.

De Art. Poet. vers. 38, & seqq.

Brucker, Stanley & moi, parce que, dans toute espèce de discussion, il faut toujours, en dernière analyse, en revenir aux faits & à la logique.

Je n'espérois pas trouver dans les Ecrits de ces Savans beaucoup d'idées; les érudits en général (1) pensent peu. Plus capables, & par cela même plus empressés d'amasser des matériaux que de les ordonner : presqu'uniquement occupés à compiler indistinctement un grand nombre de faits, ils semblent laisser au Philosophe le soin de les appliquer, de découvrir la source de la dépendance mutuelle où ils sont les uns des autres, d'indiquer ces rapports souvent très-difficiles à saisir, d'éclaircir, de lier entr'eux par ces rapports finement apperçus, la plupart de ces faits, jusqu'alors isolés, obscurs, & d'élever ensuite les vérités qui résultent de cette espèce d'analyse, à la plus grande universalité. Mais les Erudits ont du moins, dans leurs savantes & pénibles recherches, le mérite de l'exactitude, & il faut avouer que sur ce point important, Brucker & Stanley ne sont pas tout-à-fait exempts de reproches. Souvent même leurs extraits sont très-incomplets, soit que ne sentant pas la finesse ou la profondeur de certaines idées des anciens, ils n'aient pu les recueillir, soit qu'ils aient passé trop légèrement sur les endroits de leurs Ecrits, où ces idées se trouvent jettées comme par hasard, & présentées même avec une espèce d'obscurité qui accompagne quelquefois les idées générales; obscurité qu'on ne parvient pas à dissiper par les secours réunis de l'érudition & des langues anciennes; car, selon la remarque judicieuse de Bayle, ceux qui excellent dans les langues & dans les matières de faits, ne sont point forts en raisonnement.

(1) Lorsque Voltaire fait dire par un de ces Savans:

« Le goût n'est rien ; nous avons l'habitude
» De rédiger au long, de point en point,
» Ce qu'on pensa ; mais nous ne pensons point. »

Ce n'est pas seulement une excellente plaisanterie, c'est encore une de ces vérités générales qui ont leurs exceptions, comme toutes celles de ce genre. On sent bien que ces exceptions regardent particulièrement MM. l'Abbé Barthélemi, Brunck, Larcher, & plusieurs autres Savans de cet ordre, qu'il faut bien se garder de confondre avec la tourbe des érudits. Je saisis avec empressement cette occasion de donner ici à ces critiques si judicieux & si utiles, un témoignage public d'estime : c'est le sentiment qu'ils inspirent à tous ceux qui les connoissent personnellement & qui étudient leurs ouvrages. Si l'habile traducteur d'Hérodote, & l'Auteur élégant & ingénieux des Voyages du jeune Anacharsis, avoient pris pour objet de leurs travaux l'Histoire de la Philosophie ancienne, ils m'auroient épargné beaucoup de tems & de fautes. Je n'aurois rien eu de mieux à faire que d'extraire leur ouvrage, & d'en enrichir l'Encyclopédie ; mais je n'ai pas été assez heureux pour trouver d'aussi bons guides, & le Public, qui lit & qui juge, ne s'en appercevra que trop souvent.

Si, entraîné par la réputation & l'autorité de ces Savans, dont les recueils peuvent être consultés avec fruit, mais ne doivent pas servir de guides, j'avois cru pouvoir me dispenser de puiser dans les sources, & de suivre un autre plan, j'aurois fait les mêmes fautes qu'eux, & mon ouvrage aussi sec, aussi diffus, aussi pesant que le leur, auroit excité les mêmes plaintes de la part des lecteurs Philosophes, les seuls dont on doive desirer le suffrage, parce que s'il n'est pas toujours ratifié par le Public au moment où ils l'accordent, il est nécessairement le seul qui reste & qui fasse loi dans l'avenir.

C'est un principe connu & avoué des meilleurs esprits, qu'il faut redoubler de preuves, à proportion que ce que l'on combat est plus établi : j'ajouterai donc ici que ceux à qui le jugement que je porte de Brucker & de Stanley paroîtra trop sévère, m'excuseront peut-être, s'ils prennent la peine de comparer ce que ces Auteurs disent de la *philosophie des Académiciens* avec ce même article, tel qu'il doit être imprimé dans l'Encyclopédie méthodique. Sans parler de beaucoup de choses qu'ils auroient dû dire, & qu'ils n'ont pas même entrevues, ou seulement indiquées, les nuances délicates & fugitives qui séparent les trois époques célèbres de *l'Académie*, leur ont presque échappé, ou du moins, ne sont pas assez distinctes, & semblent se confondre : défaut de critique, ou, si l'on veut, négligence d'autant plus blâmable, que cet article *Académiciens* est un des plus curieux & des plus importans de la Philosophie ancienne, & méritoit, sous ce point de vue, une attention particulière. En effet, il n'est aucune secte, (si ce n'est peut-être celle des Stoïciens) dont la doctrine, en général, peu connue des modernes, soit plus subtile, plus obscure, plus difficile à éclaircir & à exposer fidèlement dans toutes ses parties. On trouve peu d'observations exactes sur cette matière dans les Auteurs qui ont écrit de la Philosophie des Anciens. Le petit Ouvrage latin de Pierre Valentia, publié il y a deux cens ans, en apprend lui seul, plus que le fatras Métaphysique & Théologico-scolastique de M. Castillon, qui, même avec le secours de Brucker & de Stanley, beaucoup plus savans que lui, & avec moins de faste, n'a pas mieux réussi à nous faire connoître cette secte fameuse, qui a eu pour défenseurs & pour appuis les plus grands génies de la Grèce & de Rome; qui a changé presqu'entièrement la méthode de philosopher des Anciens, accoutumé peu-à-peu les dogmatiques à tempérer la hardiesse & la témérité de leurs assertions, éclairé les modernes sur la meilleure manière de procéder dans la recherche de la vérité, & dont les subtilités même qui dégénèrent quelquefois en de vaines ergoteries, n'ont pas été inutiles aux progrès de la Logique, puisqu'en faisant sentir aux bons esprits la nécessité de les combattre, & de dissiper ces nuages élevés avec tant d'art autour de la vérité, elles les ont forcés à en chercher les moyens, & enfin à les trouver.

Ce qui rend la Physique & la Métaphysique des anciens si vague, si obscure, si difficile à entendre, c'est qu'ils n'avoient pas, si l'on peut s'exprimer ainsi, la langue de leurs idées. En étudiant leur Philosophie spéculative & purement rationnelle, on s'apperçoit que cette langue qui leur eût été si nécessaire pour traduire leurs pensées par des termes qui correspondissent exactement à la finesse, à la subtilité de ces concepts, leur manque très-souvent, & qu'elle n'étoit pas encore faite. L'éloquence & la poésie cultivées chez les Grecs avec tant de succès & de gloire, avoient donné à leur langue ce mouvement, ce nombre & cette harmonie qui la caractérisent, & dont leur oreille sensible & délicate étoit un juge si sévère & si exercé. Toutes les ressources, tous les avantages qu'une langue peut offrir à des hommes qui avoient un besoin continuel d'émouvoir, d'attendrir, d'irriter, de porter successivement le trouble & le calme dans les esprits, & de parler fortement aux sens & à l'imagination, se trouvent réunis dans le grec. Mais la langue philosophique de ce peuple ingénieux & subtil n'avoit pas fait autant de progrès, parce que, même dans les hommes les mieux organisés, ce jugement sain & réfléchi, ces pensées vastes & profondes; en un mot, cette raison perfectionnée, & dans toute sa force qui fait les philosophes, est par-tout le produit de la méditation, de l'expérience & de l'observation, multipliées par le temps; & qu'un peuple est déjà bien vieux, souvent même bien corrompu, quand le flambeau de la philosophie commence à l'éclairer. Les Grecs s'étoient enrichis de plusieurs connoissances nouvelles; leurs idées tournées assez rapidement vers des objets intellectuels, très-propres par leur nature à aiguiser l'esprit, à lui donner du ressort & de l'activité, étoient devenues plus abstraites, plus générales: mais leur langue douce & flexible, féconde en termes énergiques & passionnés, en métaphores hardies, en images, en inversions, est restée la même pour l'Orateur, pour le Poëte & pour le Philosophe: celui-ci avec plus d'étude, plus d'instruction, avec une plus grande habitude d'observer & de comparer; j'ajouterai même avec plus d'esprit, puisqu'il avoit sans cesse à trouver l'expression de nouvelles idées, de nouveaux rapports apperçus entre les objets, n'avoit pour communiquer ses pensées que les mêmes mots, les mêmes signes oratoires déjà institués, & employés long-tems avant lui par les deux premiers. Delà la nécessité d'étendre souvent l'acception de ces mots, de leur en donner même une différente, & d'en créer (1) de nouveaux; ce qui a dû introduire dans la langue philosophique beaucoup d'équivoques, rendre les disputes de mots fréquentes & interminables chez un Peuple où l'art si utile de définir & d'analyser avec précision, étoit encore peu connu; exciter contre les Philosophes les clameurs des beaux esprits de la Grèce qui les accusoient sans doute de corrompre le goût; & enfin répandre de grandes obscurités sur les écrits de ceux qui étoient obligés de traiter les questions les plus abstruses & les plus épineuses de la Métaphysique & de la Physique, dans une langue très-imparfaite à cet égard, & qu'on peut appeller par excellence la langue des Poëtes & des Orateurs, mais non pas celle des Philosophes.

On peut inférer de ces réflexions, qu'il est en général très-difficile de bien suivre le fil des idées des anciens, & que, sans les preuves les plus fortes & les plus évidentes, on ne doit pas leur faire honneur de notre sagesse, ou, si l'on veut, de nos conjectures & de nos folies. Rien n'est donc plus illusoire & moins philosophique que d'expliquer par-tout, comme l'a fait M. Dutens, la Métaphysique & la Physique des Philosophes grecs par des vues, des théories & des connoissances puisées dans nos Sciences & dans nos Arts perfectionnés: méthode, à l'aide de laquelle, en tordant les faits pour les accommoder à son hypothèse, il trouve dans les anciens les plus belles découvertes des modernes. Il est vrai que ces découvertes sont fort antérieures au petit systême de M. Dutens, & qu'il n'a vu toutes ces merveilles dans Leucippe, Epicure, Démocrite,

---

(1) On voit, par le témoignage exprès de Cicéron, qu'il y avoit dans la langue des Grecs plusieurs termes qui n'étoient employés que par les Philosophes, & que les Dialecticiens avoient aussi leur langue particulière. Car, dit judicieusement cet Orateur, pour exprimer des idées nouvelles, il faut, ou créer de nouveaux mots, ou en emprunter d'ailleurs. C'est ce que font les Grecs qui s'occupent depuis tant de siècles de matières philosophiques. *Qualitates igitur adpellavi quas Ποιότητας Græci vocant: quod ipsum apud Græcos non est vulgi verbum, sed philosophorum; atque id in multis. Dialecticorum vero verba nulla sunt publica: suis utuntur. Et id quidem commune omnium fere est artium: aut enim nova sunt rerum novarum facienda nomina, aut ex aliis transferenda. Quod si græci faciunt, qui in iis rebus tot jam sæcula versantur; quanto*, &c. Acad. L. 1, c. 7.

Cicéron explique lui-même, dans un autre Ouvrage, ce qu'il entend ici par emprunter des mots d'ailleurs, *ex aliis transferenda*; car, dit-il, comme il n'y a point de noms établis pour des choses inconnues, il est permis alors d'avoir recours à la métaphore pour donner plus de grace au discours, ou pour remédier à la disette de la langue. Nous faisons donc ici ce qu'on a coutume de faire dans les découvertes des Arts, où la nécessité oblige tantôt d'inventer des termes nouveaux, & tantôt d'en former par analogie pour exprimer des choses qui, ayant été jusqu'alors ignorées, n'avoient point encore de noms. *Neque enim esse possunt, rebus ignotis, nota nomina; sed quum verba aut suavitatis, aut inopiæ causa transferre soleamus; in omnibus hoc fit artibus, ut, cum id appellandum sit, quod propter rerum ignorationem ipsarum, nullum habuerit ante nomen, necessitas cogat aut novum facere verbum, aut à simili mutuari*. Orator. c. 24 §. 209.

Empedocle, Anaxagore, Pline, Aristote & Platon, que depuis que le génie des modernes a levé le voile qui les lui cachoit. Il n'a point voulu compromettre sa sagacité ; pour être plus sûr de ne pas se tromper, il a fait comme beaucoup d'autres ; il a prédit après l'événement, & n'a précisément trouvé dans les Anciens, que ce que les Modernes avoient découvert à l'époque où il a publié son livre ; ce qui ne donne pas, à la vérité, une grande idée de son habileté, mais ce qui prouve au moins sa prudence. Cependant, comme il ne peut pas raisonnablement supposer que les Géomètres, les Physiciens, les Naturalistes & les Philosophes, qui depuis la renaissance des Lettres jusqu'en (1) 1776, ont ajouté successivement à nos connoissances sur les divers objets de leurs spéculations, n'aient rien laissé aux Anciens dont la postérité puisse profiter, je le défie de faire dans les Sciences ou dans les Arts une seule découverte, avec le secours de leurs Ouvrages, d'y entrevoir même avec toute sa pénétration, quelques-unes de celles que les Modernes doivent faire un jour, & d'indiquer dans ces sources antiques qu'il trouve si fécondes, la pensée, ou le simple apperçu qui doit désormais éclairer la route des Modernes, & les aider à reculer le terme où les Anciens ont laissé l'explication des phénomènes, & la théorie des loix de la nature.

M. Dutens confond par-tout ce qu'il falloit séparer ; il établit un rapport entre des quantités qui n'ont aucune mesure commune ; il met sur la même ligne les opinions bizarres, hasardées des anciens, & des résultats auxquels les modernes n'ont pu être conduits que par des efforts de tête prodigieux, & après des tentatives long-tems inutiles ; il ignore l'intervalle immense qui sépare une conjecture plus ou moins heureuse, une hypothèse, d'un fait démontré par une analyse savante, ou par une suite d'observations exactes ; il n'a pas vu sur-tout que, même dans la supposition la plus favorable aux anciens, & en leur accordant tout ce qu'il réclame en leur faveur, les modernes ne perdroient pas encore leurs justes droits au titre d'inventeurs, puisqu'il est certain que par rapport à l'effort d'esprit & au travail, il n'est pas impossible, comme l'a très-bien remarqué un écrivain célèbre, qu'une même chose soit inventée par deux personnes, sans que l'une soit en rien aidée de l'autre. C'est un fait dont l'Histoire des Sciences & des Arts offre plusieurs exemples, & qui n'a plus besoin de preuves (2).

Au reste, si M. Dutens a eu le talent d'appercevoir dans les anciens ce qui n'y étoit pas, il n'a pas eu celui d'y voir ce qui s'y trouve, & cela étoit en effet plus difficile. On pourroit lui prouver que s'il eût eu les lumières & les vrais principes qui devoient le guider dans ses recherches, il auroit retrouvé décrits dans les anciens, des Arts qui sont en usage parmi les modernes, & dont cependant ceux-ci n'ont pris aux Grecs ni l'idée, ni les détails ; & cette correspondance entre les anciens & les modernes, relativement à ces Arts, étoit beaucoup plus curieuse à montrer que celle entre de simples opinions, où, à la faveur de plusieurs expressions vagues, obscures, & par cela même susceptibles de plusieurs sens, on trouve tous les rapports qu'on veut voir, à-peu-près comme on apperçoit dans les nuages toutes les formes & les figures qu'on imagine.

M. Dutens n'a bien prouvé qu'une seule chose ; c'est que s'il eût vécu du tems de Platon, d'Aristote, &c. il auroit de même revendiqué en faveur de Pythagore, ou de quelqu'autre Philosophe encore plus ancien, les découvertes, ou plutôt les idées, les conjectures & les opinions du Disciple de Socrate, du Philosophe de Stagyre, &c. En effet, on sent que la mesure des connoissances de M. Dutens, & son caractère une fois donnés, dans quelque siècle éclairé où le hasard l'eût fait naître, il auroit nécessairement fait le même Livre ; c'est-à-dire, un Livre dans le même esprit, & par conséquent un Ouvrage très-inutile, très-absurde & très-ridicule.

Ennius disoit que les vers d'autrefois n'étoient bons que pour les Faunes & pour les Oracles ;

(1) C'est la date de l'impression du Livre de M. Dutens.

(2) Le célèbre Jacques Bernoulli, après avoir établi une certaine égalité entre les arcs & les espaces correspondans de la spirale d'Archimède ; & d'une parabole construite suivant une loi qu'il indique, ajoute ces paroles remarquables. *Quam miram parabolæ & spiralis convenientiam, postmodum apud Wallisium deprehendimus, qui de ejus detectione Hobbium & Robervallium inter se disceptasse refert : quasi non possint plures, & tempore & loco dissidentes, in idem inventum, suopte ingenio, incidere.* Joann. Bernoulli, opp. Tom. 1, p. 47.

On trouve plusieurs autres preuves de la justesse de cette réflexion de Bernoulli, dans un très-beau Discours qui sert d'introduction à la partie Mathématique de l'Encyclopédie méthodique.

J'observerai, à cette occasion, que M. l'Abbé Bossut, à qui nous devons cet exposé rapide & précis des progrès des Sciences mathématiques depuis leur origine jusqu'à nos jours, acquerroit de nouveaux droits à l'estime des Géomètres & à la reconnoissance publique, s'il vouloit joindre à cette Préface si curieuse & si instructive, tous les développemens dont elle est susceptible, sur-tout pour la troisième & la quatrième période. Cette Histoire de l'analyse, & en particulier des découvertes importantes qu'on a faites par le secours des nouveaux calculs dans toutes les parties des Sciences qui ont la Géométrie pour base, traitée avec cette clarté, cette exactitude & cette profondeur qui caractérisent tous les Ouvrages de M. l'Abbé Bossut, ne donneroit pas seulement une grande idée de l'excellence & des avantages des méthodes savantes employées avec tant d'art & de succès dans la Géométrie transcendante ; ce seroit encore la preuve la plus décisive, la plus imposante de la force & de la perfectibilité de cette machine singulière, & si peu connue, qu'on appelle l'entendement humain.

pour moi, loin de refuser à l'antiquité la justice qui lui est dûe, je l'estime plus en ce qu'elle possède, que je ne la blâme en ce qui lui manque (1). Il y a sans doute dans les écrits des anciens, quelques étincelles, quelques germes de vérités que l'instruction allume ou qu'elle développe; mais à l'égard de ces vues, de ces idées si lumineuses, de ces connoissances si précises qu'on leur prête, & auxquelles on prétend que nous devons tous les pas que nous avons faits depuis eux dans les Sciences; pour les voir, pour les distinguer dans les fragmens épars & souvent mutilés qui nous restent de leur Philosophie; pour être bien sûr qu'elles y sont, il faut avoir eu les mêmes pensées; ce sont de ces découvertes qu'on ne peut se promettre qu'après les avoir faites; il faut être arrivé au même but sans autre guide que son propre génie; il faut qu'un certain esprit de divination fasse d'abord soupçonner la possibilité du fait, ou donne, si l'on veut, le systême, & que la méditation, l'expérience ou le calcul en donne ensuite la démonstration. En un mot, pour entendre, pour expliquer ce que les anciens ont dit si énigmatiquement, ou plutôt ce qu'on leur fait dire, il faut l'avoir inventé. C'est parce que les modernes ont fait ces découvertes, & parce qu'on vouloit leur en ravir la gloire, qu'on les a trouvées dans les anciens; mais les modernes ne les ont pas trouvées, parce que les anciens les ont faites.

Il y auroit beaucoup d'autres objections à faire à M. Dutens (2), mais elles trouveront leur place dans différens articles de cette Encyclopédie méthodique. Ce qu'on vient de dire contre l'étrange hypothèse de cet Auteur, qu'on peut regarder comme un détracteur de son siècle, & un ennemi secret de la raison, suffit pour le but que je me suis proposé dans cette Lettre. Une autre conséquence qu'on peut tirer de ces réflexions, c'est qu'une histoire critique de la philosophie ancienne, ou plutôt une analyse raisonnée des opinions de chaque secte considérée séparément, est une espèce de problême très-compliqué, dont la solution suppose des talens divers qu'on trouve rarement réunis, & dont un des plus utiles seroit peut-être celui que joignoit à tant d'autres le sage Fontenelle, qu'un Géomètre son confrere (1) fit remercier en mourant, de l'avoir, disoit-il, *éclairci*. J'ajouterai que cette analyse, où les dogmes particuliers à tel ou tel philosophe de la même secte doivent entrer comme indiquant les additions, modifications ou restaurations plus ou moins considérables que ces philosophes ont faites successivement au systême fondamental & primitif du chef de leur secte, exige des recherches immenses, & que, pour réussir dans ce pénible travail, il faut pour le moins avoir autant médité que lu. D'où il résulte qu'un bon livre en ce genre ne peut être que l'ouvrage du tems, sans lequel rien ne se fait dans la Nature & dans l'Art; que de toutes les connoissances qu'un excellent esprit doit nécessairement réunir, il n'y en a aucune qui, dans un sujet aussi vaste, aussi divers, ne puisse avoir son usage & son application; enfin que si le style de toute espèce de livre qu'on veut rendre d'une utilité générale & constante, doit être clair & précis, simple & naturel avec élégance, il importe sur-tout que celui-ci soit écrit avec une certaine liberté très-nécessaire dans les matières philosophiques, & qui strictement renfermée dans ses véritables limites, est absolument sans inconvénient pour ceux qui, n'ayant rien à craindre de la vérité, n'ont aucun intérêt à la proscrire (2).

(1) C'est à-peu-près le jugement qu'en portoit Cicéron, relativement au nombre & à l'harmonie oratoire. *Nec ego id, dit-il, quod deest antiquitati, flagito potius, quam laudo, quod est; præsertim quum ea majora judicem, quæ sunt, quam illa quæ desunt.* Orat. c. 20. §. 171.

(2) Son Ouvrage a pour titre : *Origine des découvertes attribuées aux Modernes.* J'ai entendu souvent demander s'il y avoit dans ce Livre plus ou moins d'ignorance que de mauvaise foi? pour moi, je pense qu'il y a à-peu-près la même quantité de l'une & de l'autre : & ce calcul est assurément le plus favorable à M. Dutens.

J'ai fait voir dans une note sur les questions naturelles de Sénèque (*L. 2, c. 33, note 2.*), que M. Dutens s'étoit trompé en prétendant que les Anciens avoient eu la connoissance des Barres électriques pour soutirer le tonnerre; j'aurois pu prouver avec la même évidence qu'il n'entendoit rien à cette question de physique; mais voulant seulement l'avertir que son zèle pour les Anciens n'étoit pas selon la science, & l'avoit même emporté fort au-delà de la juste limite, je me contentai de faire imprimer en *italique*, une expression peu exacte dont M. Dutens s'étoit servi, & d'où l'on pouvoit conclure qu'en écrivant sur ces matières, il parloit une langue qui lui étoit étrangère. J'ai appris depuis, qu'un Philosophe célèbre, dont l'autorité est d'un tout autre poids que la mienne, n'avoit pas jugé plus favorablement du travail de cet Auteur, & qu'il lui faisoit même à ce sujet des reproches très-graves.

« Je ne sais pas, dit-il, s'il y a beaucoup d'érudition dans » l'Ouvrage de M. Dutens, contre les Modernes, mais je » sais qu'on y trouve bien peu de philosophie, *& sur-tout une* » *grande ignorance des Sciences naturelles;* apparemment » que l'idée de n'avoir à admirer que des gens morts il » y a long-tems, humilie moins M. Dutens, que s'il lui » falloit admirer ses Contemporains. Si Pythagore a deviné » le véritable systême du monde, Képler & Galilée l'ont » établi sur des faits qu'ils ont observés les premiers. Pythagore a dit que les Astres suivoient dans leurs mouvemens » des loix mathématiques; Képler a déterminé cette loi; » Newton a trouvé en vertu de quelle force ils y étoient » assujétis; les successeurs de Newton ont démontré que » cette même force pouvoit expliquer les inégalités des » Planètes, & même le mouvement que les Modernes » ont remarqué dans l'axe de la Terre & dans celui de » la Lune. Est-ce là n'avoir rien ajouté à ce qu'a fait » Pythagore? »

(1) Il lui appliquoit ces paroles de l'Ecriture : *Domine illuxisti tenebras meas.*

(2) Rien de plus vrai, de plus judicieux, de plus utile que cette réflexion d'un excellent esprit.

« Les Loix, dit-il, ne doivent avoir d'empire que sur

Privé de la plupart de ces secours, & connoissant mieux la route dont je dois m'écarter, que les écueils de celle où je suis engagé, je ne puis pas douter qu'il ne me soit souvent arrivé de m'égarer. Il en est de cette matière comme de toutes celles qui ont quelque importance : plus on l'approfondit, plus on y trouve de difficultés. Ce n'est pas cependant qu'il n'y ait en philosophie spéculative quelques-uns de ces principes si féconds, qu'en les employant à éclaircir telle ou telle question, on s'apperçoit qu'ils donnent en même-tems la solution de plusieurs autres qu'on n'avoit pas prévues ; à-peu-près comme en Géométrie, on se sert de certaines formules particulières qui ne sont que pour certains cas, & qui néanmoins donnent encore beaucoup plus de combinaisons que l'usage n'en demande. Mais cet avantage, spécialement attaché aux sciences exactes, ne s'offre ni aussi facilement, ni aussi communément dans celles où, si je puis m'exprimer ainsi, on marche plus souvent à la lueur foible & vacillante de la probabilité, ou si l'on veut des démonstrations morales, qu'à la clarté des démonstrations physiques ou géométriques. D'ailleurs quelle est l'étendue d'esprit capable de tout voir, de tout embrasser? Quelle est même l'attention qui ne soit pas sujette à des espèces d'intermittences plus ou moins fréquentes? Lorsqu'un homme tel que Bayle appelle Solon le législateur de Lacédémone, & ne s'apperçoit pas de sa méprise ou de sa distraction en relisant sa copie, & en en corrigeant l'épreuve ; quand je trouve dans d'autres ouvrages très-estimables, un nom adjectif ou celui d'une maladie, pris pour un nom propre, & deux espèces de marbres transformés en deux chevaliers romains, &c. j'ai tout lieu de craindre qu'il ne me soit échappé beaucoup d'inadvertences de cette nature, & peut-être des fautes plus graves, sans compter celles de raisonnement, dont les plus grands esprits même ne sont pas exempts.

Je dois donc m'attendre à être critiqué très-sévérement, & sur-tout avec aigreur, parce que les érudits, aussi irritables que les Poëtes (1), ne s'appaisent pas plus facilement, & qu'en appréciant leur travail tout ce qu'il vaut, en reconnoissant l'importance des services qu'ils ont rendus aux Lettres, à l'Histoire, à la Géographie, & quelquefois même aux Sciences. Je n'ai pas dissimulé qu'ils n'avoient pas pris autant de soin de perfectionner leur goût, de cultiver leur raison, que de charger leur mémoire de mots, de faits, de citations ; &, pour me servir de l'expression énergique de Montaigne, *de se couvrir des armes d'autrui, jusques à ne montrer pas seulement le bout de leurs doigts.* Pour moi, en profitant des recherches des savans toutes les fois qu'elles pouvoient m'être utiles, je ne me suis traîné sur les traces de personne ; j'ai conservé toute la liberté de mon esprit, & j'ai pensé d'après moi.

Horace dit que, quoiqu'il se promène sous les mêmes portiques que (1) le peuple, il ne juge pas comme lui, & n'a pas les mêmes opinions ; il me semble que celui qui a consacré sa vie à la recherche de la vérité, qui croit fermement qu'elle est toujours utile, & que le mensonge seul est nuisible, doit se conduire par le même principe. J'ignore quel sera le sort de mon Ouvrage, & s'il répondra par quelque côté à l'empressement que le Public paroît témoigner d'en voir l'impression. Quelque que soit le jugement qu'il en porte, j'oserai dire de son estime, ce que Pline le jeune disoit de celle de la posterité. *Je ne sais pas si je dois compter sur elle, mais je suis sûr de m'en être rendu digne, non par mon mérite, ce que je ne pourrois dire sans orgueil, mais par mon ardeur, par mon travail, & par le prix que j'y ai toujours attaché.* Posteris an aliqua cura nostri, nescio. Nos certè meremur ut sit aliqua, non dico ingenio, id enim superbum, sed studio, sed labore, sed reverentia posterum.

J'ai l'honneur d'être, &c.

Paris, ce 16 Février 1788.

Cet Ouvrage sera sous presse cette année, & terminé dans deux à trois ans. l'Auteur nous a chargé d'en assurer les Souscripteurs.

» les actions extérieures ; elles doivent punir un homme » pour avoir persécuté, mais non pour avoir prétendu que » la persécution est ordonnée par Dieu même. Ce n'est pas » pour avoir eu des idées extravagantes, mais pour avoir » fait des actions de folie, que la société a le droit de » priver un homme de sa liberté. Ainsi, sous aucun » point de vue, une opinion qui ne s'est manifestée que » par des raisonnemens généraux, même imprimés, ne » pouvant être regardée comme une action, elle ne peut » jamais être l'objet d'une Loi. » Voyez les Œuvres de Voltaire de la nouvelle Edition.

(1) Genus irritabile vatum.
Horat.

(1) Non, ut porticibus, sic judiciis fruar iisdem.

XXIII.

MÉTAPHYSIQUE, LOGIQUE ET MORALE, ÉDUCATION, *par M. la Cretelle, Avocat* ; 4 vol. in-4.°

LOGIQUE ET METAPHYSIQUE.

M. Gueneau de Montbéliard s'étoit chargé de cette partie ; à sa mort, nous avons prié M. la Cretelle de le remplacer. Comme son plan est entièrement différent de celui du Prospectus général, nous invitons les Souscripteurs à lire le Discours préliminaire qui est à la tête du premier volume.

La partie de la Logique & de la Métaphysique est terminée, & forme un volume & demi. La Morale, dont nous allons parler, est sous presse, & paroîtra cette année.

XXIV.

MORALE, *par M. la Cretelle.*

De toutes les parties de l'ancienne Encyclopédie, la Morale est celle où l'on trouve le plus de bons articles & de noms distingués, & l'on conçoit cela par l'extrême intérêt qu'elle offroit aux Auteurs & aux Lecteurs; cependant c'est de toutes la plus incomplète & la plus inégalement traitée. C'est qu'on n'avoit eu ni le tems de la méditer sur un seul plan, ni les moyens de rallier tous les articles à ce plan. Ce sont sur-tout ces deux défauts qu'on doit corriger dans la nouvelle Encyclopédie. Pour cela, il a été nécessaire de commencer dans cette partie, par où l'on a fini dans presque toutes les autres, par la refaire en entier, & ce n'étoit pas une entreprise de peu de soin & d'étendue.

Dans tous les tems, la Morale a été la science plus importante, & même l'étude la plus aimable. Dans aucun siècle elle n'a été mieux développée. Ce ne sont plus les secours qui manquent, il n'y a plus que leur abondance qui nuise.

La Morale tient à tous les objets qui intéressent l'homme & la société; elle est répandue dans toutes les espèces d'Ecrivains, Philosophes, Historiens, Poëtes, Romanciers; tous s'en sont occupés, tous l'ont enrichie. Indépendamment de ces richesses accessoires, elle a eu parmi les Anciens & les Modernes, & dans toutes les Nations éclairées, une foule d'Ecrivains qui se sont particulièrement dévoués à elle, & auxquels elle a donné son nom.

On pourroit combiner ensemble tant de richesses, les fondre dans un seul systême, les rassembler dans un seul livre; mais ce projet seroit encore plus difficile qu'utilement conçu.

Tout ne se range pas en systême, parce qu'on le veut & quand on voit un systême tout formé, on sent tous les vices de ce genre de travail. On y voit avec dépit l'esprit d'un homme substitué au développement de l'esprit humain; on aime mieux parcourir tous les systêmes sur une science, que de la voir réunie dans un seul. Tel ne doit pas être sur-tout le but d'un Ouvrage comme l'Encyclopédie, qui doit plutôt être un dépôt des connoissances humaines que l'essai téméraire & beaucoup trop prématuré de leur réforme.

Pour mieux faire, on n'a donc songé qu'à moins entreprendre. En un mot, on ne s'est proposé qu'un bon choix dans des matériaux si abondans & si précieux. On ne s'est réservé que de remplir un grand nombre de lacunes qui restent encore dans la science, & d'ajouter quelques articles nouveaux à tous ceux que fournissent une foule de bons livres dans la littérature nationale & étrangère.

On a cru qu'une seule bonne vue sur la science pourroit guider dans le choix : & voici celle à laquelle on s'est fixé.

La Morale, considérée dans tous ses objets & ses rapports, doit expliquer la nature humaine par ses premiers penchans, la suivre & la peindre dans toutes ses modifications, poser ses principes, exposer tous les moyens par lesquels on peut la diriger au but que la nature lui a fixé. Ainsi, l'étude de la société entière, entre de toute part dans celle de l'homme.

La science de l'homme porte donc sur plusieurs bases principales; elle a ses faits qui sont les facultés & les penchans de l'homme : ses principes, autrement les règles qui résultent de la constitution physique & morale de cet être; ses préceptes qui sont des conséquences des principes appliqués aux différentes positions de la vie domestique & publique; ses développemens en observations, en tableaux, en réflexions, ce qui comprend toutes les modifications que les passions primitives de la nature, & les règles de la vie civile ont reçues de toutes les causes qui influent sur l'homme & la société; son histoire qui est l'examen & l'appréciation des grandes vérités toujours plus ou moins apperçues dans les différens tems, dans les diverses nations; des erreurs les plus funestes, qui se sont répandues dans les parties de cette science; l'examen & l'appréciation des grands Ecrivains qui ont imprimé les caractères de leurs génies. En expliquant ainsi toute la nature humaine, au milieu du cours de la société, l'utilité générale de la morale, est de rapprocher sans cesse l'homme de son bonheur; c'est-à-dire, de la vertu; de le détourner du vice, qui est son plus grand danger.

Il nous semble que ce plan réunit tout ce que l'on doit chercher dans ce recueil, & nous sommes étonnés qu'aucun Ouvrage n'ait encore embrassé la morale avec ce mélange d'étendue & de précision que nous desirerions y porter.

Nous tâcherons que chacune des parties de ce plan puisse, de tous les articles qui y seront relatifs, former une espèce de tout, qui complète ces divisions considérées chacune à part. Nous disons une espèce, car rien ne seroit plus difficile que d'arriver au mérite d'un entier complément à cet égard.

Nous tâcherons aussi que la filiation & l'enchaînement des unes aux autres soient encore le mieux marqué qu'il sera possible. Nous prévenons encore que nous ne pouvons promettre ici que les efforts de notre zèle.

Pour

Pour accorder ces deux points principaux de notre Dictionnaire sur chaque article important, nous chercherons dans les meilleurs Auteurs ce qui remplira le mieux les différentes divisions. Quelquefois un seul nous suffira. Plus souvent nous en réunirons plusieurs, & jamais nous ne nous embarrasserons de les accorder ensemble. Ce sera l'affaire du Lecteur. Il nous appartient bien plus de rassembler les objets de ses pensées, que de les lui fixer.

Un tel Ouvrage peut conduire à un résultat général sur l'étude de la morale. Nous espérons que sa rédaction nous instruira assez nous-mêmes pour nous permettre d'essayer de tracer ce résultat. Ce sera l'objet d'un grand discours, qui sera la dernière partie de notre travail.

Ce Dictionnaire de Morale formera 1 vol & demi.

X X V.

ÉDUCATION, *par M. la Creille, Avocat,* 1 vol. *in*-4.°

Il manquoit à l'Encyclopédie une partie précieuse de la Science morale, & qui est si étendue elle-même, qu'elle doit en être séparée; c'est un recueil des principes, des vues, des systêmes divers sur l'éducation. Notre siècle, & sur-tout notre nation, se sont particulièrement occupés de ce grand objet. Il a fait naître un assez grand nombre de grands & utiles Ouvrages, pour qu'il soit utile d'en rassembler la substance. Un tel Ouvrage, en rapprochant tout, fera mieux connoître ce qu'on doit adopter, ce que l'on doit rejetter. Nous suivrons les Ecrivains dans leurs divers objets, éducation publique, éducation particulière, éducation de l'enfance, de la jeunesse, relativement aux études, aux choses physiques & morales. Tout ce qui mérite attention dans ces Ouvrages sera rappellé dans notre recueil. Nous le terminerons aussi par des réflexions où nous examinons le mérite de ces Ouvrages, le bien & le mal qu'ils ont produit, & ce qui reste encore à faire sur cet objet.

X X V I.

GRAMMAIRE ET LITTÉRATURE, *par M. Marmontel, de l'Académie Françoise, & M. Beauzée, de la même Académie, &c. &c.* 3 vol. *in*-4.°

Dans l'avis de la vingt-deuxième Livraison qui a paru, le 14 Mai 1787, nous avons indiqué, avec la plus grande vérité, les causes qui nous avoient trompés sur le nombre des volumes de cette Encyclopédie, & les raisons sans replique qui doivent assurer l'approbation publique à l'augmentation que nous n'avions pu prévoir ni calculer. En parlant du Dictionnaire de Grammaire & de Littérature, dont la dernière partie a été comprise dans la vingt-sixième Livraison. « Qui » pourroit, disions-nous, indiquer dans ces trois » volumes les articles qu'il faudroit supprimer, » pour les réduire à un plus petit nombre? »

Nous le dirons avec bien plus de confiance aujourd'hui, que tout l'Ouvrage est achevé; & nous inviterons les Amateurs à étudier avec impartialité le double tableau méthodique qui termine ce Dictionnaire. Le détail de tous les articles y est complet, & chacun y est placé de manière que la suppression d'un seul romproit la chaîne des idées de l'ensemble dont il fait partie. Eh, quels sont ces ensembles? Deux excellens traités, l'un de Grammaire, l'autre de Littérature, qui, réunis, présentent au Lecteur un cours d'humanités, caractérisé dans toutes ses parties par la richesse des idées, par la précision des vues, par la pureté de la diction, par la clarté & l'élégance du style; mais sur-tout par la vérité frappante des définitions, par la fécondité lumineuse des principes, par le choix raisonné & l'heureuse application des exemples.

Pour remplir cette tâche importante, qui n'étoit qu'ébauchée dans la première *Encyclopédie*, il a bien fallu que les deux Académiciens distingués, qui ont bien voulu s'en charger, ajoutassent beaucoup à ce qui étoit fait.

Outre plusieurs articles neufs ou améliorés, répandus par M. *Marmontel* dans les trois volumes, que l'on voie seulement les nouveaux articles qui composent le Supplément placé à la fin du troisième, & que l'on se plaigne, si on l'ose, de ces additions si nécessaires à la perfection de l'Ouvrage le plus beau & le plus complet que nous ayons sur la Littérature, & si intéressant par la justesse & la délicatesse du goût qui les a dictés.

Quant à la Grammaire, on sait que M. *Dumarsais*, qui en avoit commencé le travail dans la première *Encyclopédie*, & dont plusieurs morceaux ont mérité l'approbation du Public, travailloit, comme on dit, au jour la journée, & n'avoit pas encore envisagé un systême général, propre à lier & à éclairer toutes les parties de son objet. M. *Beauzée*, qui a sur les matières grammaticales un systême neuf & très-philosophique, dont les élémens pouvoient être très-utiles dans l'institution publique, a laissé intacts les articles du Grammairien philosophe, par respect pour le jugement qu'en ont porté les Savans & les Gens-de-lettres; mais pour le bien même de *l'Encyclopédie méthodique*, il a cru nécessaire d'ajouter ses propres observations à la fin de plusieurs des articles de son prédécesseur, afin de les ramener aux vues du systême grammatical qu'il a adopté, & qui doit être un dans un Ouvrage tel que celui-ci.

On ne sauroit, avec justice, regarder ces additions, si nécessaires, comme une superfétation inutile : le Public auroit hautement condamné la suppression des morceaux du premier Grammairien ; & il auroit été choqué de leur incohérence avec ceux du second, si on avoit négligé de les rapprocher par quelques remarques.

Voici d'autres additions qui, loin d'exciter des plaintes, obtiendront sans doute l'approbation universelle, & même les éloges des Connoisseurs. Les figures du discours avoient été traitées avec une négligence révoltante dans la première Encyclopédie : la simple Nomenclature en étoit à peine ébauchée, & plusieurs figures importantes étoient omises ; celles dont on avoit tenu compte n'étoient caractérisées que par des définitions sèches, incomplètes, copiées aveuglément chez les Rhéteurs qui n'étoient que de simples échos les uns des autres. *M. Beauzée* a porté sur cette partie la lumière qu'il avoit déjà répandue sur les principes généraux des Langues : il a réduit les figures en un corps systématique, qui est une première source de lumière ; il a approfondi la nature & l'usage de chacune d'elles, & en a fixé les notions par des définitions précises & vraies, qu'il a appliquées à des exemples choisis avec goût & avec circonspection ; de sorte que ce traité particulier nous paroît pouvoir être présenté à la Jeunesse avec beaucoup d'avantage dans tous les tems. Il comprend seul au moins cent articles, la plupart assez considérables, mais que nous ne craignons pas que personne trouve de trop, quand ils seront connus.

M. de Voltaire avoit donné plusieurs articles charmans pour l'Encyclopédie. Il en desiroit vivement une nouvelle édition ; ce fut à notre sollicitation qu'il s'étoit chargé de revoir & de corriger tous les articles de l'ancienne édition, & d'en composer nombre de nouveaux pour celle que nous nous étions proposé de publier de cet Ouvrage, sous le Ministère de Monseigneur le Chancelier de Maupeou, qui ne voulut jamais la permettre, sous le prétexte que les circonstances n'étoient pas encore favorables, & que nous ne manquerions pas d'éprouver une persécution semblable à celle des premiers Entrepreneurs (1). M. de Voltaire, ayant avancé son travail, & voyant qu'il ne pouvoit être employé à cette édition projetée, se détermina à le publier séparément, sous le titre de *Questions sur l'Encyclopédie*. On a donc cru devoir reprendre dans cet Ouvrage tous les morceaux qui appartiennent à la Littérature, pour en enrichir le nouveau Dictionnaire.

Les trois volumes de ce Dictionnaire ont paru.

(1) Il aima mieux en permettre la réimpression pure & simple. Ce fut sur une lettre de M. le Duc de Choiseuil, que j'obtins cette permission ; & quelque tems après Mgr. le Chancelier la fit mettre à la Bastille, où elle est restée six ans. Il n'y a point de tracasseries, de chagrins, de tourmens que l'Encyclopédie ne m'ait fait éprouver ; & encore je ne suis pas au bout.

XXVII.

JURISPRUDENCE, *par une Société de Jurisconsultes, rédigée & mise en ordre par M. l'Abbé Remy & M. Lerasle* ; 8 vol. *in*-4.°

Cette partie avoit été confiée d'abord à MM. l'Abbé Remy & Boisson, Avocats au Parlement ; le décès de ce dernier ayant privé M. l'Abbé Remy d'un excellent coopérateur, il s'associa M. Lerasle pour travailler de concert avec lui à la rédaction de la Jurisprudence. M. Lerasle a profité des Notes de M. Boisson & de la Nomenclature qu'il avoit recueillie ; mais pour la rendre plus complète, il a consulté les Glossaires de Ducange & de Lauriere, l'Indice de Ragueau, les Dictionnaires de Droit & des Arrêts, les Jurisconsultes & Praticiens anciens & modernes, &c. Il a tiré de toutes ces sources les mots qui pouvoient donner occasion de traiter quelque point de Jurisprudence ; par ce moyen, il est parvenu à rendre très-complète la Nomenclature de cette partie. Elle surpasse infiniment celles de tous les Ouvrages de ce genre. La Lettre A de l'Encyclopédie actuelle, contient plus de 1200 articles, & l'Encyclopédie ancienne n'en renfermoit pas 500. C'est à compléter la Nomenclature qu'on doit s'attacher, sur-tout dans toutes les parties de l'Encyclopédie.

La mort ayant enlevé M. l'Abbé Remy dans le temps qu'il achevoit la revision du premier volume, M. Lerasle s'est trouvé seul à la tête de la rédaction. Nombre de Jurisconsultes & d'Avocats distingués se sont empressés de partager les différentes parties de son travail. M. Henrion s'est chargé des matières féodales, M. l'Abbé Bertoglio, des affaires Bénéficiales, M. Boucher d'Argis, des Matières criminelles ; M. Garran de Coulon, de la Croix, &c. &c. y ont fourni des articles.

Nous allons joindre ici quelques détails relatifs à cette partie, que M. Lerasle nous a fournis ; ils serviront à le justifier sur le plus grand nombre de volumes qu'a cette partie.

Il étoit impossible de ne donner que quatre volumes de Jurisprudence, cette partie formoit à-peu-près ce nombre dans la première édition de l'Encyclopédie ; celle que nous donnons aujourd'hui contient environ le double de mots ; & l'Ouvrage eût été incomplet, si on n'y avoit pas ajouté cette Nomenclature. Nous prions les Souscripteurs de jeter un coup-d'œil sur la multitude d'objets auxquels cette Science a rapport ; car, sans parler du droit naturel & des gens, premières bases du Droit civil, & qu'on n'a pas dû négliger dans un Dictionnaire de Droit, il eût été incomplet, s'il n'eût pas contenu l'histoire de la formation des Tribunaux & des Officiers qui les composent, leurs fonctions, leurs prérogatives & leurs devoirs ; l'état & les droits des différens ordres de Citoyens, les qualités diverses des biens, nobles, ecclésiastiques, roturiers, & en franc-aleu. Tout le monde sait en général que chaque espèce de ces biens est régie par des règles propres & particulières, & différentes entre elles suivant la diversité des Provinces; qu'il étoit nécessaire de faire connoître. La matière des successions, des testamens & des substitutions qui en dépendent, demandoit un développement très-étendu, parce que les différentes lignes d'héritiers, la qualité des biens nobles ou roturiers, de propres ou d'acquêts, de meubles ou d'immeubles, la diversité des coutumes à cet égard, donnent lieu à une multitude de questions très-embarrassantes pour les citoyens, & difficiles à décider dans les Tribunaux. Les obligations & les conventions d'autant plus étendues, que les peuples sont plus nombreux, plus riches, plus industrieux, & ont plus de rapports entre eux, exigeoient un détail considérable. Le contrat seul du mariage, & ce qui y a rapport, comme le douaire, l'augment, les gains de survie, le préciput, &c. seroit la matière de plusieurs volumes.

Les matières bénéficiales qui forment une portion très-considérable de nôtre Droit, donnent naissance à un si grand nombre de contestations, qu'on est étonné de la multitude d'Arrêts qu'elles ont occasionné.

Les droits féodaux, si différens entre eux par leur nature & leur espèce, établis suivant les caprices des Seigneurs au milieu de la barbarie & de l'ignorance, obscurcis par la variété qu'y ont introduit plus de trois cens coutumes en vigueur en France, ont exigé des détails immenses.

Les actions, c'est-à-dire, la manière de poursuivre en justice ce qui nous est dû, & d'obtenir la réparation du tort que nous éprouvons, forment une branche d'autant plus considérable de la Jurisprudence, qu'elles sont assujéties à un grand nombre de formalités, dont la plupart sont tellement en vigueur, que leur omission emporte la perte de la demande, & qu'il importe de connoître le juge devant lequel elles doivent être portées. Les délits & les crimes, la manière d'en poursuivre la réparation; les peines qu'on doit leur infliger, sont un objet intéressant pour la conservation de l'ordre civil & politique; & les Auteurs de la Jurisprudence auroient manqué à leurs engagemens, s'ils n'avoient pas donné à cette partie la juste étendue qu'elle mérite.

Les huit volumes de cette partie sont terminés & publiés.

XXVIII.

POLICE ET MUNICIPALITÉ,

auxquelles on a réuni différens objets omis dans la partie de la Jurisprudence de l'Encyclopédie; 2 vol. *in-4.°*

La Police & la Municipalité forment deux grandes & importantes parties de notre Droit public, que la nouvelle constitution du Royaume rend plus utiles à connoître encore. La première, mal vue & peu philosophiquement traitée jusqu'à présent, n'a été envisagée par la plupart des Ecrivains, que comme une partie minutieuse du Gouvernement peu susceptible d'idées neuves & des lumières de la philosophie. La seconde, livrée à une sorte de routine & à l'obscurité des Ordonnances, n'a reçu encore aucun développement systématique, aucune forme méthodique propre à en faciliter la connoissance & le perfectionnement.

Cependant l'une & l'autre embrassent ce qu'il y a de plus immédiatement applicable au bonheur de la Société & à la prospérité publique. La police vue dans son ensemble, & sous les rapports qui la tient au systême social, n'est pas seulement une administration accidentelle, dont l'objet est éphémère & sans consistance, c'est la réunion de tous les principes de paix, de tous les moyens d'ordre, imaginés pour assurer & perfectionner la Société. Elle s'approprie tout ce qu'il y a de positif dans chaque partie des connoissances & des travaux des hommes, pour le faire servir au bonheur d'une Ville en particulier, ou de l'Etat en général. Tout lui prête secours; la Religion, les Arts, l'Autorité souveraine, la Puissance militaire; & par une réciprocité de services, tout emprunte ses soins, son activité, sa vigilance; c'est une providence terrestre qui entretient l'harmonie universelle de la Société.

L'Administration municipale présente aujourd'hui deux institutions bien différentes dans leur origine & leur objet. Etablie d'abord sous le nom de *Municipalité* ou *Hôtel-de-Ville*, elle fut, entre les mains de nos Rois, l'instrument dont ils se servirent pour tirer le peuple d'esclavage & lui assurer une liberté réelle dans l'état. Son pouvoir ne s'étendoit pas seulement à l'administration économique des revenus municipaux, il embrassoit encore des privilèges politiques, qui donnoient aux Bourgeois des droits, des dignités, des libertés, une sorte de Magistrature, dont il ne reste que des vestiges à peine reconnoissables. C'est à cette institution que la Nation doit son affranchissement & ses premiers progrès dans la civilisation.

Une autre sorte d'Administration municipale vient de naître en France. C'est une organisation hiérarchique, qui lie entre eux les intérêts des Villes, des Bourgs & des Paroisses, & les soumet à l'inspection économique de l'Assemblée générale de la Province. Cet ordre de choses doit, par sa nature, accroître la richesse nationale, comme le premier dont nous venons de parler, a contribué à développer un grand système de liberté publique.

Tels sont les deux objets, *la Police* & *la Municipalité*, que nous nous proposons de traiter, tel est le point de vue sous lequel nous les avons considérés. Nous nous attacherons principalement à développer les principes généraux de *morale publique*, qui doivent leur servir de base; à faire sentir le rapport qui existe entre eux, & le maintien du droit qui assure au citoyen sa liberté, sa propriété; à caractériser les institutions de Police & municipales, qui tendent plus directement au bonheur de la Société. Nous nous permettrons en conséquence quelques réflexions sur l'abus ou la dureté de certaines peines en matière de Police; nous tâcherons de porter les lumières de la Philosophie, & l'esprit de tolérance, qui honorent notre siècle, dans des détails qui en ont paru peu susceptibles jusqu'à présent. En un mot, notre travail ne ressemblera à aucun de ceux qui existent sur cette matière: ce sera, si l'on veut, un *Traité philosophique & politique des principes & des formes de la Police & de l'Administration municipale;* la *Morale publique* en fera la base; c'est à elle que nous voulons ramener toutes les parties du Gouvernement: elle peut seule établir la police d'un Etat sur des fondemens respectables.

1.° La police des mœurs, ou l'on range tout ce qui a rapport, 1.° aux abus du luxe; 2.° à l'ivrognerie, débauche & désordres moraux; 3.° aux spectacles, jeux & comédies; 4.° aux loteries, jeux de hasards &c. 5.° aux femmes publiques, quoique cet article ait aussi sa place, au mot *mendicité*; 6.° aux juremens, blasphêmes, prétendus magiciens, devins, &c.

2.° La police de la santé, où l'on traite; 1.° de la naissance & des soins publics des enfans, nourrices & recommandaresses; 2.° de la salubrité de l'air, & de ce qui peut le vicier, comme cimetières, tueries, &c. 3.° de la propreté des fontaines, puits, rivières; 4.° des remèdes de ceux qui les administrent; 5.° des maladies épidémiques & contagieuses.

3.° *Police des vivres*, où l'on traite, 1.° du bled & des autres grains; 2.° des viandes; 3.° des poissons, lait, beurre, fruits, &c; 3.° du vin, de la bierre & des autres boissons.

4.° *Police de la voierie*, qui traite, 1.° des bâtimens & discipline des Ouvriers qui y travaillent; 2.° des périls éminens & des incendies; 3.° du pavé; 4.° du nettoiement; 5.° de l'embellissement & décoration des Villes; 5.° des Voituriers dans les Villes & aux environs; 6.° des chemins, ponts & chaussées; 7.° des postes & messageries.

5.° *Police de la tranquillité & de la sûreté publique*, où l'on traite, 1.° des moyens de prévenir les vols & les escroqueries; 2.° des entreprises secrètes contre la tranquillité publique; 3°. de la sûreté pendant la nuit.

6.° *Police des Sciences & Arts libéraux*, où se rapporte la discipline, réglemens & police des Universités, Collèges, Académies & Maisons d'éducation, Auteurs, Libraires & Imprimeurs.

7.° *Police des pauvres Domestiques & femmes publiques*, où l'on traite des Hôpitaux, Maisons de charité & Parthénions.

Sous le titre de *police économique*, dont une partie est attribuée à l'Administration municipale, sont compris:

1.° La police des foires & marchés, & des différentes branches du commerce, l'inspection des poids & mesures.

2.° Des manufactures & des Officiers des manufactures.

3.° Enfin la police des Arts & Métiers.

Tous ces objets de la Police seront traités chacun à part au mot qui leur convient, & des trois manières dont nous avons parlé, c'est-à-dire, *philosophiquement*, *historiquement* & *pratiquement*. Quant à l'Administration municipale, voici l'ordre & la division des objets qui sont de son ressort, & que nous analyserons suivant la même méthode.

1.° Origine, objet & fondement de la Municipalité.

2.° Du Droit de bourgeoisie, & de celui d'élire les Magistrats municipaux.

On distinguera en général trois manières dans notre travail. Suivant la première, nous envisagerons chaque objet sous un point de vue philosophique & général, ensuite nous ferons l'histoire de son origine & de ses progrès; enfin nous entrerons dans le détail des connoissances positives qui y ont rapport. C'est donc ainsi que nous établirons, quant à *la Police*,

1.° Les principes législatifs sur l'origine, l'objet & l'utilité de la *Police*.

2.° Les principes généraux de morale publique qui y ont rapport.

3.° L'influence des uns & des autres sur les mœurs des Peuples, & le maintien de l'obéissance civile.

Cette partie est proprement la partie *Philosophique;* on trouvera encore,

1.° L'histoire des changemens survenus dans chaque partie de la Police, les progrès de la civilisation & des arts qui sont sous son administration.

2.° L'histoire des Magistrats, Officiers & principaux établissemens de Police, leur origine, leur objet & leurs départemens.

C'est proprement la partie *historique* de la Police; enfin la dernière embrassera tous les objets de la Police; laquelle nous divisons en quatre espèces, *Police du culte*, *Police militaire*, *Police civile* & *Police économique*.

Sous la première sont contenus.

1.° Ce qui regarde l'établissement, l'objet & la nécessité du Culte public.

2.° La tolérance & les pouvoirs du Magiſtrat civil, en matière de religion.

3.° La Police des temples & ce qui concerne le reſpect qu'on leur doit.

4.° L'obſervation des Fêtes, Dimanches & cérémonies de l'Egliſe.

5.° La police des Proceſſions.

6.° Celle des pélerinages.

7.° Des Confrairies & autres Aſſociations religieuſes.

Sous la ſeconde, c'eſt-à-dire, la *Police militaire.*

1.° L'établiſſement, l'objet & la néceſſité du pouvoir militaire en général.

2.° Les milices, le ban & arrière-ban, & la police des Armées.

3.° Les Réglemens faits pour remédier aux déſordres des gens de guerre.

4.° Les pouvoirs & fonctions des Magiſtrats de Police, par rapport aux gens de guerre.

5.° L'établiſſement, la conſtitution & la police des Officiers d'épée, du Guet, des Maréchauſſées, &c.

6.° La Milice bourgeoiſe, ſon utilité, ſa police, ſes pouvoirs. Mais cet article regarde les droits politiques des Villes, & n'émane point de l'adminiſtration de la Police.

Sous le titre de *Police civile* ſont compris,

3.° Du Droit de milice & de celui d'exercer une autorité indépendante en tems de guerre.

4.° Des privilèges, honneurs & prérogatives attribués aux Habitans des Villes, & à leurs Magiſtrats.

5.° De l'élection des Officiers municipaux & de leurs fonctions reſpectives.

6.° Des Maires, Echevins, Conſeillers de Ville, Gardes & autres Officiers.

7.° Des changemens ſurvenus dans la Municipalité, & des cauſes qui les ont amenés, &c. &c.

Toutes ces matières forment une des parties les plus intéreſſantes de notre Droit public, & ſemblent mériter une attention particulière aujourd'hui, que la nation s'occupe plus eſſentiellement de ſa conſtitution.

L'Adminiſtration municipale, telle qu'elle vient de s'établir en France, fournit également une partie de l'Ouvrage, & nous y rapportons,

1.° Les principes de police économique & d'adminiſtration qui en motivent l'exiſtence & en prouvent l'utilité.

2.° Les opinions des Philoſophes économiſtes ſur ſon organiſation, ſes pouvoirs & ſa hiérarchie.

3.° La forme qu'on lui a donnée en France, & ſes rapports avec les autres parties de l'adminiſtration fiſcale, & du gouvernement économique.

4.° Ses fonctions par rapport à la police agricole, aux ſoins des pauvres & aux objets de bienfaiſance publique.

5.° Enfin ſon influence ſur les progrès de la civiliſation, des mœurs & de l'inſtruction nationale.

Ces importantes parties des connoiſſances ſociales manquoient à l'Encyclopédie, & rien ne paroiſſoit pouvoir les ſuppléer. Quelques principes iſolés, quelques faits répandus dans cette immenſe travail, pouvoient ſeulement faire ſentir l'utilité, je dirai même la néceſſité de notre Ouvrage, ſans cependant pouvoir en tenir lieu.

Voici la marche que nous ſuivrons dans ſon exécution. Nous donnerons dans un Diſcours préliminaire, l'hiſtoire des progrès de la Police & de la Société en Europe, & ſur-tout en France, depuis la deſtruction de l'Empire romain. Nous y ajouterons quelques réflexions propres à faciliter l'étude de la morale publique & de la police générale; enfin nous terminerons cette eſpèce d'introduction hiſtorique & philoſophique, par une notice aſſez étendue des Auteurs qui ont traité de la Police & de l'Adminiſtration municipale en France.

On trouvera aux mots *Police*, *Municipalité*, *Adminiſtration municipale*, *Aſſemblées provinciales*, le ſyſtême général & encyclopédique, des connoiſſances déſignées ſous ces noms. C'eſt là que nous préſenterons le tableau, & pour ainſi dire, l'arbre de la Science, dont les différens articles de l'Ouvrage développeront les branches & les détails. Nous réunirons ſemblablement au mot *morale publique* les connoiſſances philoſophiques & morales qui peuvent contribuer à la durée des Empires, & au bonheur des peuples policés.

Ainſi, nous réunirons ici toutes les connoiſſances générales & particulières, philoſophiques, hiſtoriques & pratiques, qui compoſent le vaſte département de l'adminiſtration publique, & qui n'ont pu être traitées, ni dans les volumes de la *Juriſprudence*, ni dans ceux de l'*économie politique* de l'Encyclopédie, ce qui forme un corps immenſe de principes, de recherches & de détails également utiles aux Magiſtrats, au Peuple & aux Savans. Cet Ouvrage n'aura pas plus de deux volumes ordinaires de l'Encyclopédie, de quatre-vingt-dix feuilles à-peu-près chacun.

Cet Ouvrage eſt ſous preſſe, & ſera fini dans deux ans. Le premier volume paroîtra cette année.

XXIX.

FINANCES, *par M. de Surgy, ancien premier Commis des Finances, Cenſeur Royal, & de l'Académie des Sciences, Arts & Belles-Lettres de Dijon*; 4 vol. *in*-4.°

Des notions juſtes, des définitions exactes font de ce Dictionnaire un Ouvrage abſolument neuf. La première Encyclopédie ne contient qu'un très-petit nombre d'articles ſur les finances, les uns ſont dûs à un écrivain qui connoiſſant auſſi peu le régime des droits que la forme de leur perception, s'eſt jeté dans des diſſertations vagues, dénuées d'intérêt & d'instruction; ou qui, voyant les choses par les yeux d'une imagination complaisante, les a présentées comme elles devroient être, plutôt que comme elles sont réellement. La plupart des autres articles sont bornés à une explication aride de termes communs, ou tirés des Dictionnaires composés pour l'instruction des préposés du fisc dans quelques-unes des branches de ses revenus, & rédigés sans clarté comme sans précision.

Le Dictionnaire des Finances dont il s'agit, a été conçu sur un plan tout différent. M. Digeon, Directeur des Fermes, avoit tracé celui qu'il vouloit suivre, dans le prospectus général de l'Encyclopédie méthodique publié en 1782. Il avoit annoncé *qu'il rassembleroit les principaux faits, qu'il donneroit de chaque objet des définitions justes, en se renfermant dans des bornes étroites; enfin qu'il tâcheroit d'instruire, sans perdre entièrement de vue le desir de se faire lire avec intérêt.* Des raisons personnelles l'ayant fait renoncer à cette entreprise, ainsi qu'on l'a dit page 5 de l'avertissement, nous nous en sommes chargés avec des vues parfaitement conformes aux siennes, sur le dernier point de son annonce, mais d'ailleurs un peu différentes, quant à la disposition des matières & à leur emploi pour l'exécution d'un Ouvrage (1) qu'on vouloit rendre intelligible à tout le monde.

Sans avoir prétendu donner un corps de doctrine irréfragable pour les finances, nous avons eu l'ambition, de former le recueil le plus complet des mots qui sont en usage dans l'administration générale & particulière de toutes les parties qui composent les revenus de l'Etat, soit les spéculations de la Théorie, soit l'exercice de la pratique; & de rassembler ainsi toutes les expressions propres à l'homme d'état dans les conceptions les plus profondes, & toutes celles qu'emploie le financier dans le dévelopement de ses idées fiscales. On a fait en sorte que l'explication du sens intellectuel & matériel d'un mot, devînt en quelque façon un petit traité sur l'objet principal auquel il étoit lié. On peut en juger par les articles Balance du Commerce, Caisse de Poissy, Capitation, Chambre de Justice, Crédit Public, commerce de Guinée, de l'Inde, des Isles & Colonies françoises, du Levant, du Nord; voyez aussi les mots Domaines, Droit, Impôt du Sel, Maîtrises, Pensions, Salines, &c.

Dans la vue encore d'ajouter un degré d'intérêt au Dictionnaire des finances, on a fait connoître différents Ouvrages rares (2), dans lesquels on pouvoit découvrir des vues utiles. On a analysé nombre de projets tendans à l'amélioration de quelque partie; on a puisé dans plus de 250 vol. les notions éparses & classées sous chaque dénomination alphabétique. Toutes les fois que l'occasion s'en est présentée, on s'est fait un devoir, ou de dénoncer des abus en indiquant la possibilité de les réformer, ou de tracer un plan de régie plus simple, plus avantageux & plus facile à suivre ou à surveiller que celui qui est admis. Voyez les mots Aides, Ferme, Fermier-Général, Finances, Gabelles, Canada, Contrebande, Chanvre, Cuirs, Laines, Saisie-Réelle, Sequestres, Trésorier, Trésor-Royal.

Observons de plus que, sous le nom de chaque Etat Etranger, on a rassemblé les renseignemens les plus exacts qu'il a été possible de se procurer, sur les différentes branches de ses revenus, sur leur exploitation, & sur les différens genres de contribution dont elles étoient composées. Voy. les mots, Angleterre, Danemark, Espagne, Mantoue, Milan, Naples, Prusse, Suède, Suisse, &c.

Cet exposé suffit sans doute pour persuader qu'on pouvoit aisément multiplier les volumes à un très-grand nombre, si le desir de plaire au public n'eût porté à les réduire au moindre possible. Ce desir est devenu un encouragement dans le travail ingrat, mais nécessaire pour abréger ce Dictionnaire, comme on l'a fait, & préférer ainsi la peine d'être concis à la facilité d'une diffusion abondante. Cependant, & il ne faut pas le dissimuler, depuis l'impression de cet Ouvrage terminé en mai 1787, un grand jour s'est répandu sur les finances. L'assemblée des Notables & la discussion qui s'y est faite de toutes les parties de la chose publique, ont tourné les esprits vers cet objet intéressant. On a reconnu les vices, on a démontré les funestes effets de la forme actuelle de diverses perceptions, & le Monarque a solemnellement annoncé leur réforme & leur abolition. Les droits de Traites sont dans le premier cas, & la Gabelle dans le second. Personne n'ignore que le Gouvernement fait travailler depuis 1780 à l'examen & à la discussion du plan à substituer au régime actuel de ces impôts; & sa bienfaisance s'est déjà également manifestée par l'établissement des assemblées provinciales.

Lorsqu'en 1783 nous faisions des vœux pour la propagation de ces établissemens, dont le Berry & la haute Guyenne se félicitoient, ces vœux nous étoient dictés par le zèle du bonheur de la patrie, & par une longue méditation sur les moyens de l'opérer. Que ne doit on pas attendre à présent du concours de lumières & de réflexions de ces comices nationaux, pour favoriser l'agricul-

(1) Voyez l'avertissement mis à la tête du premier Volume.

(2) Les Mémoires de M. de Beaumont, Intendant des Finances, en 4 Volumes *in*-4.°, dont alors il n'existoit que deux cens Exemplaires. Plusieurs Ouvrages manuscrits, faits pour endoctriner les Préposés des Fermiers & Régisseurs du Roi. Les Economiques, 3 Volumes *in*-4.° par M. Dupin, Fermier-général, ouvrage qui a été tiré à vingt Exemplaires seulement.

ture & la délivrer de tous ces droits non moins désastreux que la Gabelle, qui opposent tant de gêne à la libre disposition de ses récoltes, ou mettent tant d'entraves à l'essor de l'industrie (1).

La base d'une grande révolution dans le système des finances est posée, puisque les assemblées provinciales par-tout instituées, se sont déjà occupées avec le plus vif intérêt de l'adoucissement des impôts & de tout ce qui peut tendre à la prospérité particulière de leur pays. Les changements qui résulteront de ce nouvel ordre de choses doivent naturellement entrer dans un Ouvrage qui a été un des premiers à publier combien ils étoient indispensables, & comment ils pouvoient se faire.

Un volume de supplément, publié en 1790 ou 1791, comprendra donc le détail de toutes les nouvelles dispositions qui auront été ordonnées dans les finances. Quelle heureuse révolution n'a-t-on pas lieu d'espérer à cet égard, & de cette Assemblée nationale qui doit régénérer l'Etat dans toutes ses parties, & du génie de cet Administrateur qui, réunissant les leçons de l'expérience aux fruits d'une profonde méditation, vient d'obtenir de la justice du Monarque & de l'estime de toute la Nation, la confiance qu'il a si bien méritée par sa passion pour la prospérité de l'Etat & pour la gloire qu'il met à l'opérer. Aussi son rappel à la tête des finances a été reçu avec l'enthousiasme d'une joie universelle, parce que sa retraite avoit été regardée comme une calamité publique que les circonstances venoient de renouveller.

Voyez le mot *Contrôleur-Général des Finances.* Ce que nous avons dit, en 1785, d'un Ministre si digne de l'amour des bons François & de l'admiration de la postérité, nous étoit alors dicté par la crainte affligeante de voir devenir inutiles toutes les excellentes dispositions faites en vue du bien public & par le sentiment intime que l'homme seul qui les avoit connues & annoncées, pouvoit avoir assez de génie, de courage & de vertu pour les conduire à leur terme.

Les trois premiers volumes de cet Ouvrage sont entre les mains du Public.

---

(1) Les droits d'Aides qui nuisent essentiellement à la reproduction. Voyez le procès-verbal des Séances de l'Assemblée Provinciale de la Généralité de Rouen, pag. 154, 198, 200, 325 & 327, en ce qui regarde le droit de marque sur les Cuirs. On ne peut lire ce Procès-verbal sans être pénétré de respect & d'admiration pour une Assemblée, qui, dès son berceau, pour ainsi dire, réunit au zèle le plus vif pour la patrie, tant de sagacité dans ses vues, tant d'élocution & d'énergie, pour exposer les ressources & les moyens propres à concourir au bonheur général.

XXX.

ÉCONOMIE POLITIQUE ET DIPLOMATIQUE, *par M. Démeunier, Secrétaire ordinaire de Monsieur, Frere du Roi, & Censeur Royal*; 4 vol. *in-4.°*

Le Prospectus n'annonçoit pour la partie de l'économie politique que des principes & des détails sur la science économique. M. l'abbé Beaudeau, qui a fait ce prospectus, ne s'engageoit pas à traiter les grandes questions de la politique & des intérêts des divers états, & il ne disoit rien non plus de la diplomatique, ou de la connoissance des formes, des usages & des loix adoptées dans les cours & dans les négociations.

D'autres occupations ayant empêché cet écrivain de travailler à la partie de l'économie politique, nous la devons à M. Démeunier, Secrétaire ordinaire de MONSIEUR, Frere du Roi, & Censeur Royal, à qui des personnes indiquées dans son avertissement ont fourni plusieurs articles.

M. Démeunier a cru devoir donner plus d'étendue au plan annoncé dans le Prospectus. On peut réduire à trois les divisions de celui qu'il s'est formé; 1.° la Géographie Politique; 2.° les matières relatives à l'Economie Politique, à la Politique & à l'Administration; 3.° la Diplomatique. Il a traité avec beaucoup de soin tout ce qui a rapport à l'Etendue, à la Population, à l'Histoire Politique, à la Culture, aux Productions, aux Manufactures, à la Richesse, au Commerce, aux Revenus, aux Dettes, aux Loix, à la Marine, aux Troupes de Terre, aux Intérêts Politiques des divers Gouvernemens de l'Europe, petits ou grands. Plusieurs morceaux ont coûté des peines infinies, nous n'indiquerons ici que les articles *Angleterre*, *Allemagne*, *Corps Helvétique*, *Espagne*, *Suède*, *Piémont*, *Ottoman*, *Pologne*, *Prusse*, *Naples*, *Portugal*, *Russie*, & en général tous les morceaux qu'il a faits sur les grands états de l'Europe.

Les hommes les plus instruits ne connoissent pas toujours d'une manière précise la constitution ou la forme de Gouvernement des Etats anciens ou modernes, & ils n'en ont pas une idée juste; ils sont embarrassés lorsqu'il s'agit, par exemple, de développer exactement les principes & les usages des Gouvernemens de Carthage, de Sparte & de l'Ancienne Rome, d'Angleterre, de Pologne, de Venise, de Gênes, des Cantons de la Suisse, & des Républiques des pays-bas, &c. & l'Auteur s'est efforcé de débrouiller ces constitutions. Il ne s'est pas borné à l'analyse de la forme de Gouvernement de chacune des sept Provinces-unies; il a fait un article général *Provinces-unies*, qui est très-étendu: il y a indiqué le régime de la confédération, les défauts de l'union d'Utrecht ou de l'acte fédératif, & les changemens qu'il conviendroit d'y faire; il a rendu compte des derniers troubles de la Hollande & de la révolution qui en a été la suite.

Cette multitude d'Etats & de Principautés qui composent le Corps Germanique, n'offre qu'un chaos informe à la plupart des esprits; il a présenté avec netteté ce qui a rapport aux divers Cercles & aux divers Etats de l'Empire, à la Diète, aux Impôts, à la Matricule & aux Mois Romains, à l'Armée & aux Monnoies, au Droit Civil & Coutumier, à la Cour & Chancellerie Impériale, au Conseil Privé, au Conseil Aulique Impérial & aux autres tribunaux de l'Empire, au corps Catholique & au corps Evangélique, aux loix Fondamentales de l'Empire, aux avantages & aux inconvéniens du corps Germanique, aux rapports politiques de l'Allemagne, aux Princes d'Allemagne, aux Electeurs; & il a fait des articles sur chacun des Princes, Evêques, Prélats, Abbés, Prévôts & Abbesses, Comtes de l'Empire & Villes Impériales qui envoient à la Diète de Ratisbonne. Pour mieux éclairer le lecteur, il a donné l'Histoire politique des plus petits Etats de l'Allemagne, ainsi qu'il l'a donné de tous les Gouvernemens qui jouent quelque rôle sur la surface de la terre, & qui sont un peu connus. Il a tâché d'indiquer les liaisons de famille, les successions éventuelles, & tout ce qui pouvoit ramener cette foule de détails à des vues générales. Il a parlé ensuite des prérogatives de différens Princes de l'Allemagne & de la Politique & de l'Administration de leurs domaines.

Comme les Républiques anciennes & modernes inspireront à jamais de l'intérêt, il a développé les combinaisons diverses qu'ont imaginées les peuples pour maintenir leur liberté. Il a comparé sans prévention les orages des démocraties avec la tranquillité des Gouvernemens Monarchiques: il a oublié l'étendue du territoire, & il n'a pas craint, par exemple, de faire un long article sur un petit état qui n'occupe qu'un point sur la surface du globe.

Il n'a pas omis la grande révolution qui vient de former en Amérique 13 Etats nouveaux. Les lecteurs lui tiendront compte, sans doute, de ses recherches & de ses calculs sur ces Républiques intéressantes, & du soin avec lequel il a traité ce qui les regarde: l'article général *Etats-unis* forme seul un Ouvrage.

Il a fait sous le nom de ces divers Etats un précis historique de l'établissement & du progrès des Colonies; il a donné leurs constitutions; il les a comparées entre elles; il s'est permis d'indiquer ce qu'elles semblent offrir de défectueux, & il a répondu à des critiques beaucoup trop sévères qu'elles ont occasionnées; il a parlé de l'étendue de leur Territoire, de leurs Productions, de leur Commerce, de leurs Forces, de leurs Dettes, & de leurs Ressources, & des abus qu'elles doivent éviter.

Chacun des articles de ce que nous nommons ici la Géographie politique, rapporte les changemens de domination, les loix nouvelles & les réformes survenues jusqu'au moment de l'impression de l'Ouvrage.

Le commerce joue un si grand rôle dans la politique actuelle; il excite si souvent des guerres entre les souverains, que l'Auteur a cru devoir donner des détails généraux sur les Colonies & les établissemens de commerce en Asie, en Afrique & en Amérique. Tous les pays, toutes les Isles où les Européens ont des établissemens, tous ceux qui intéressent d'ailleurs l'administration ou le commerce, ont des articles particuliers: quoiqu'il ait destiné des articles aux villes seules qui forment des Etats indépendans, cette règle néanmoins souffre des exceptions, & outre les articles *Coromandel* & *Malabar*, il a fait des articles *Madras*, *Pondichéry* & *Bombay*.

On ne trouve nulle part, pas même dans les Ouvrages de Géographie, la nomenclatnre des états de la presqu'Isle de l'Inde. M. Démeunier a fait des recherches sur ces contrées, & les articles *Décan*, *Arcate*, *Maissour*, *Marattes*, *Tanjaour*, *Carnate*, *Calicut*, *&c.* offriront peut-être des détails instructifs aux Administrateurs.

Les articles relatifs à l'économie politique & à l'administration exigeoient des ménagemens; l'Auteur ne s'est pas restreint toutefois à la discussion des idées & des projets de ceux qui ont écrit sur ces matières. L'amour de l'ordre & du bonheur public lui ont dicté une foule d'observations qui lui appartiennent.

Plusieurs questions de l'économie politique ont été traitées, d'après les principes des économistes, par M. Grivel; mais il étoit convenable de développer, sans s'asservir à aucun système, la théorie & la pratique des vérités les plus utiles à l'administration de tous les Etats; & nous nous contenterons d'indiquer ici le grand article Impôt, où l'on a examiné la nature, les avantages & les inconvéniens de toutes les espèces de tributs: les articles *importation* & *industrie*, où on relève avec précision les erreurs des nations sur la balance du commerce, & où l'on expose les véritables moyens d'accroître la richesse d'un Etat; l'article *Villes*, où on montre l'influence des villes, sur la prospérité ou la décadence d'une nation; l'article *Monnoie*, où l'on établit les principes généraux sur l'administration de cet objet important; l'article *Monopole*, qui explique les méprises sans nombre des divers Administrateurs jusqu'à nos jours, & les vérités qui commencent à se répandre dans le cabinet des Princes; l'article *Papier-Monnoie*, où l'on fait voir d'une manière assez précise les inconvéniens de ce papier, les circonstances où il est utile, & celles où il est dangereux; & enfin les dangers qui menacent un si grand nombre d'Etats, par l'emploi de ce moyen susceptible de tant d'abus; les articles *Prix* & *Travail*, où l'on discute avec soin deux des questions les plus importantes de l'économie politique, &c. &c. &c.

Comme

Comme les projets les plus chimériques sur la législation & le Gouvernement, offrent ordinairement des vues utiles, & qu'on aime d'ailleurs à voir le tableau d'un état heureux dans lequel on ne se trouvera jamais, l'Auteur a fait un article sur les divers romans politiques qui ont paru, & on trouve aux mots *Alfred*, *Ajaoiens*, *Fabius*, *République de Platon*, *Utopie*, *Sevarambes*, *Miroir d'Or*, *Isle Inconnue*, *Usong*, &c. un précis des idées & des projets que renferment ces ouvrages.

La *partie Diplomatique* ou la 3.e division de ce Dictionnaire, contient plus de faits que de réflexions. L'éditeur a tâché d'y rassembler tout ce qui regarde les Ambassades, les Ambassadeurs & les Négociations, le Cérémonial & les Préséances des Souverains & des Cours; le Protocole & les usages des Chancelleries, les prétentions des divers Etats, &c. Il dit un mot dans les articles de Géographie politique des traités d'alliance, d'amitié & de commerce qui unissent les Etats de l'Europe, de l'Asie, de l'Afrique & de l'Amérique. Mais, pour donner à son ouvrage un degré de plus d'utilité, il a fait à l'article *Traités* un abrégé des principaux traités depuis le commencement du 14.e siècle jusqu'à ce jour.

Il a consulté des recueils sans nombre sur le droit Public & le droit des Gens, les négociations & les diverses parties de la Diplomatique; mais ces recueils apprennent assez souvent beaucoup de choses qui ne sont pas celles qu'il importe de savoir : les compilateurs asservis aux usages & aux préjugés reçus semblent ignorer ou dédaigner les principes du droit naturel & de la saine politique; ils autorisent les choses les plus criminelles, & ils défendent les choses les plus innocentes. L'Auteur, dans la discussion des loix & des usages reçus dans le code politique & dans le droit des gens, n'a suivi que la raison & l'utilité publique, ce mobile puissant des Administrateurs.

Les bornes de ce mémoire ne nous permettent pas de rien ajouter sur cette partie de *l'économie politique & de la diplomatique*; & les lecteurs, qui en feront une étude suivie, sauront seuls jusqu'à quel point on l'a enrichie de morceaux que n'annonçoit pas le prospectus. Nous observerons seulement qu'on l'a augmenté de plus de 1500 articles. D'après le premier plan, elle ne devoit former qu'un ou deux volumes; le plan actuel en donnera quatre, & nous osons croire qu'aucun de nos souscripteurs ne s'en plaindra.

Il a paru 3 vol. & demi de cet Ouvrage, le reste paroîtra cette année.

XXXI.

COMMERCE; 3 Vol. in-4.°

Nous aurions beaucoup de choses à dire sur l'exécution de cette partie. Nous avions d'abord annoncé qu'elle seroit l'ouvrage de MM. l'Abbé Beaudeau & Benoît, ancien Procureur aux Consuls. Nous prévenons que ce dernier n'y a rien fourni, & que M. l'Abbé Beaudeau s'est fait aider, dans les derniers Volumes, par M. Grivel, Avocat, qui a aussi fourni plusieurs articles dans la partie de l'économie politique.

Les Rédacteurs de la première Encyclopédie avoient puisé tous les articles relatifs au Commerce, dans le Dictionnaire de Savari, le seul qu'on eût alors, le seul qu'on ait encore, jusqu'au moment où M. l'Abbé Morellet publiera le grand Ouvrage auquel il travaille depuis vingt-cinq ans, par ordre de l'Administration publique, & dont malheureusement il n'a encore rien paru.

Il eût été fort utile que ce nouveau Dictionnaire eût précédé la publication de l'Encyclopédie méthodique. On y auroit puisé des connoissances précieuses qui devoient résulter d'un travail entrepris & suivi par le zèle le plus vif & le plus éclairé.

Mais réduits au Dictionnaire de Savari, nous nous sommes vus forcés, disent les Auteurs, de corriger, de supprimer, d'ajouter. Ainsi, nous demeurons seuls responsables des innovations, excepté peut-être de celles que nous avons puisées dans la nouvelle édition du Commerce de Ricard, dans les Tables qui ont été fournies à l'Abbé Rainal par une personne fort instruite, & justement célèbre, & dans quelques manuscrits particuliers que l'on nous a communiqués, & que nous avons insérés en totalité dans cette Edition.

Les trois Volumes de ce Dictionnaire sont entre les mains des Souscripteurs.

XXXII.

MARINE, *entreprise par M. Vial du Clairbois, Ingénieur-Constructeur de la Marine, de l'Académie Royale du même nom, & de celle de Rouen; & par M. Blondeau, Professeur aux Ecoles de la Marine; continuée après la mort de M. Blondeau, arrivée aussi-tôt la publication de la première Partie, par M. Vial, demeuré seul Editeur, avec le secours de ses amis, notamment de M. D. L. R.* 3 Vol. *in-4.°*

Cet Ouvrage, sur la Marine, est composé de trois forts volumes de discours, & d'un volume de planches. Il n'existe point d'Ouvrages en Europe plus complet sur cette matière. L'Auteur y a sacrifié pendant six années entières de sa vie tout le tems que le service a pu lui laisser, renonçant à tout plaisir, se séquestrant de toute société pour remplir les engagemens qu'il avoit pris avec le Public & avec nous. Si l'Ouvrage est composé de trois volumes au lieu de deux, c'est que les matières l'ont sollicité; & le Public, bien loin de pouvoir lui en faire des reproches, devroit lui en avoir obligation, parce que tout ce qui tend à perfectionner la science, est digne de notre reconnoissance. Depuis la publication du Prospectus de l'Encyclopédie, il a paru plusieurs Ouvrages importans sur la Marine: falloit-il n'en pas faire usage? De nouvelles ordonnances : falloit-il les taire? Devoit-on supprimer des articles que le commencement annonçoit? Falloit-il enfin mutiler cet Ouvrage pour ne publier que deux volumes, au lieu de trois?

A l'égard de l'Architecture navale, des extraits choisis & travaillés avec soin, tirés des Ouvrages de M. Bouguer, pour la théorie; de M. Duhamel, pour la pratique, & de quelques autres Auteurs, sont répandus chacun à leur place dans le corps de ce Dictionnaire. Il a paru une traduction de l'Examen maritime de Don George Juan, faite par M. l'Evêque, qui contient des choses tout-à-fait neuves. M. D. L. R. a fourni d'excellens morceaux, travaillés d'après les idées de cet Officier espagnol; la même personne a fourni d'excellens articles d'Astronomie nautique (marqués Y.) Le Rédacteur a cru devoir en faire usage; & s'il ne l'eût pas fait, on auroit eu à lui reprocher que la science restoit imparfaite dans son livre, tandis qu'on la voyoit croître de toutes parts. Enfin nous pourrions dire pour toutes les parties de cette Encyclopédie qui sont dans le cas d'une augmentation de volumes, que les Souscripteurs ne sont pas fondés à se plaindre; & pour ne parler ici que de cette partie, qui forme trois volumes, qui font la représentation de 15 vol. *in-4°.* ordinaires, nous pourrions leur prouver qu'ils n'auroient pas pour cinquante louis tous les Ouvrages sur cette matière, dont le suc, tout ce qu'il y a de bon, d'utile, est répandu dans ces trois volumes de Marine, où il y a en outre une infinité de choses neuves. Voyez pour les articles de constitution, qui sont à la portée de plus de monde, les mots *Capitaine*, *Maître ou Patron*; *Direction*; *Discipline*; *École des Élèves-Ingénieurs*; *Examen*; *Main*; *Marine*, &c. &c. &c.

Le troisième & dernier volume de cet Ouvrage paroîtra cette année.

XXXIII.

ART MILITAIRE, *par M. de Kéralio, Major d'Infanterie, de l'Académie des Inscriptions & Belles-Lettres*; 3 vol. *in-4.°*

Cet Ouvrage, dans le premier plan, devoit réunir *l'Artillerie* & *les Arts académiques*, c'est-à dire, du Manège, de l'Escrime, de la Danse & celui de nager. Les Auteurs ont jugé à propos de les séparer, & de traiter à part les dernières parties.

La plupart des articles d'Art militaire, contenus dans la première édition de l'Encyclopédie, étant d'un Auteur qui avoit à peine entrevu la guerre & les troupes, ont été d'un foible secours pour la composition de cette partie. M. de Kéralio a été secondé par deux coopérateurs aussi laborieux que zélés pour le progrès de leur Art. M. Jabro, Lieutenant-Colonel des Grenadiers royaux, lui a confié un traité d'Art militaire qu'il a rédigé, par ordre alphabétique, en 25 vol. *in-8.°* & dont il a bien voulu permettre qu'on fit usage dans l'Encyclopédie.

M. de Cessac, Capitaine au Régiment-Dauphin, Infanterie, a enrichi cet Ouvrage d'un grand nombre d'articles qui se trouvent dans les deux premiers volumes, & la première partie du troisième, sous la lettre C. Ces articles ont rapport à la *Morale militaire*, *la Discipline moderne*, *les devoirs & les droits des différens Grades militaires*, & *la science de l'Officier particulier*. Les devoirs de son état ne lui ayant pas permis de fournir à tems la suite de son travail, il nous a remis depuis tous les articles des lettres M. N. O., & il a pris l'engagement de le terminer. On l'imprimera par ordre alphabétique, & il formera un quatrième volume sous le titre de *Supplément*, avec quelques autres articles importans, que des circonstances particulières ont empêché d'insérer dans le corps des trois premiers volumes; & comme ces articles du Supplément seront tous repris dans le Vocabulaire universel, la recherche n'en sera ni embarrassante, ni difficile.

Voyez, pour le nouveau plan de travail qu'a adopté M. de Kéralio, le Discours préliminaire qui est à la tête du premier volume.

Ce Dictionnaire est terminé; le Supplément paroîtra l'année prochaine.

XXXIV.

ARTILLERIE, *par M. de Pommereuil, Chevalier de Saint-Louis, Capitaine au Corps-royal d'Artillerie.* 1 vol. *in-4.°*

Le plan, l'ordre & la distribution du travail relatif à l'Artillerie, & destiné à l'Encyclopédie méthodique, n'ayant point été rendu public, nous allons en donner ici le préambule, afin que le Public connoisse les soins que son Auteur a pris pour compléter cette partie malheureusement nécessaire de l'Art le plus meurtrier que les hommes aient imaginé; le plan du travail sera imprimé à la tête du premier volume.

« On convient assez généralement que l'ordre

» alphabétique adopté par les premiers Editeurs » de l'Encyclopédie, nuisoit à sa bonne composition & à son utilité. Ce n'est donc pas sans » un puissant motif qu'une société de Gens-de-lettres s'est proposée de reproduire sous une » forme nouvelle ce grand Ouvrage, qui, malgré » ses défauts, caractérisant notre siècle autant qu'il » l'honore, n'en est pas moins le monument le » plus étonnant & le plus hardi que les hommes » aient élevé aux Sciences. Cette Société a cru » que l'instruction publique gagneroit à ce qu'on » lui présentât une suite de traités sur chacun des » Arts qui entrent dans le vaste Tableau des connoissances humaines, c'est un fil nouveau qu'elle » tend dans le labyrinthe des Sciences, & il sera » sans doute plus aisé de le suivre désormais, que » cette chaîne d'anneaux mal assemblés, que l'ordre » alphabétique brisoit à tout instant dans les plus » savantes mains.

» Un des caractères distinctifs de son entreprise, » est le soin qu'elle doit prendre de créer pour chaque Art ou chaque Science, des préliminaires où » les principaux mots du Vocabulaire de cet Art » soient présentés au lecteur dans l'ordre méthodique où devra les lire celui qui voudra faire » de cet Art une étude approfondie; ces préliminaires méthodiques doivent être à ce nouveau Palais des sciences, ce que la magnifique » colonade du Bernin est à la première Basilique » de la Rome moderne. Sans son beau péristile, » cette Basilique seroit encore le plus beau Temple » du monde; mais ce péristile en facilite & en » rend plus agréable l'accès & l'entrée.

» Il ne faut pas se dissimuler les difficultés que » présente l'exécution de ce plan de l'Encyclopédie méthodique. Tous les Arts n'ont sans doute » pas, comme les Sciences exactes, des principes » fixes, clairs, avoués de tout le monde, qu'on » doive regarder comme leurs élémens, & dont » on puisse déduire l'ordre méthodique qu'on assigneroit à leur développement ou description. » Il est à craindre qu'ici l'esprit de système ne » vienne prendre la place du doute, ou celle » de la vérité. La plupart des Arts sont tellement composés, tellement liés & dépendans » les uns des autres, que celui qui en connoît » parfaitement un, a, par cela seul, des notions » déjà étendues de plusieurs autres qui ont avec » lui des points de contact. La description de » cet Art peut facilement entraîner à des longueurs, mener à des répétitions, lorsqu'en décrivant les deux Arts qui ont des parties communes, on s'attache à suivre didactiquement » l'ordre, la succession, la génération des idées, » des moyens, des progrès, des procédés de ces » deux arts. La perfection de ce travail consiste » à se bien pénétrer de son sujet, à distinguer » clairement ses bornes, à s'y renfermer strictement, sans laisser cependant rien à desirer à » un lecteur attentif, & à savoir le renvoyer à » propos aux articles faits pour donner la clef de » celui qu'on traite.

» L'Artillerie n'offriroit-elle point un exemple » frappant, sinon de l'impossibilité, au moins de » l'excessive difficulté qu'on peut trouver à la présenter sous un point de vue simple, & dans un » ordre didactique? Composée de sa nature, il » faut soigneusement distinguer & clairement décrire » ses différentes parties Chacune d'elles se lient si » immédiatement avec d'autres, qui d'abord lui » semblent tout-à-fait étrangères, ou ne paroissent » avoir avec elles qu'un rapport éloigné, & qui » cependant ont d'elles-mêmes une très-grande » importance, & avec l'Artillerie des connexions » très-marquées, qu'il faut que l'esprit le plus méthodique, celui qui auroit le plus de facilité » à bien classer les objets; à embrasser & à peindre » des masses, descende malgré lui au détail, & » soit sans cesse sur ses gardes, crainte de se perdre dans l'arbre généalogique d'une Science, dont » il faut sur-tout qu'il s'occupe à mettre chaque » branche à sa véritable place. Sous combien d'aspects variés ne se présente pas en effet cet Art » de l'Artillerie? Sous l'un, c'est une science dont » l'objet est d'examiner & déterminer les effets » de la poudre dans la projection des corps lancés par les armes dont elle est le mobile, & » la construction même de ces armes, relativement à ce qui peut leur faire produire un plus » grand effet. Sous l'autre, c'est une partie de la » Science militaire, à qui elle fournit des agens » dont il faut fixer les rapports avec les autres » parties de l'Armée. Ici partie constituante des » Armées modernes, elle est devenue, par son » nombre & sa mobilité, l'instrument décisif qui, » bien employé, influe plus que jamais sur le » destin des batailles. Avec elle, les positions de » campement les plus communes, sont devenues » des postes inexpugnables. On a moins eu besoin d'appuyer les flancs toujours foibles d'une » Armée à un village, un bois, une rivière, à » un ravin, à des marais qui pussent les couvrir: » la plus légère inégalité dans le terrein suffit, » & saisie, & hérissée de canons, devient un amphithéâtre aussi meurtrier que protecteur. L'envisage-t-on comme prête à faire tomber les remparts d'une Ville, ou comme employée à ruiner les attaques de l'ennemi devant nos places? » son usage alors suppose & se lie à la science » des fortifications, demande plus d'Art & plus » d'habileté qu'il n'en exige dans les batailles, & » le cède encore à l'art plus savant & plus dangereux des mines que ce siècle a vu porter à un » point prodigieux; Art très-étendu, qu'on doit » tout entier à l'Artillerie. La considérera-t-on » comme réunie à ces Citadelles mobiles dont » nous couvrons les mers? Moins dépendante ici » que dans les Armées de terre, c'est presque à » son seul usage qu'est attaché le sort des combats. » Là, plus souverainement encore qu'ailleurs,

» elle maintient ou détruit l'empire de la force, » & influe sur la prospérité des Nations. Quels nouveaux rapports ne se présenteront pas à celui » qui entreprendra de la développer dans toutes » ses parties. Les seuls détails de ses fonderies, » de ses forges, de ses fabriques d'armes, & toute » l'économie intérieure de ses arsenaux & de son » administration, offrent un champ dont on ose » à peine mesurer des yeux la vaste étendue. Tel » est cependant, & nous n'en esquissons que quelques traits, le Tableau que l'Artillerie doit fournir à l'Encyclopédie méthodique, & que celle-ci doit transmettre aux âges futurs. Il faut que » nos neveux sachent, & le point d'où est parti » cette Science, & le chemin qu'elle a fait, & » le but où nous l'avons laissée.

» Je n'ai point essayé d'exagérer les difficultés qu'on doit trouver à tracer ses développemens pour me préparer le triomphe de les avoir » vaincues: un tel Ouvrage surpasse les forces d'un » seul homme, & sur-tout les miennes. Je les ai » seulement senties exposées, afin d'appeller d'avance l'indulgence publique sur le résultat, quel » qu'il soit, d'un travail si pénible & si compliqué, & afin d'inviter mes Collaborateurs à se » charger séparément de celles des parties de cet » Art que leur goût les portera de préférence » à traiter.

» Je ne dois, je ne puis & ne veux être que » leur associé dans ce travail. Il m'a paru essentiel à la gloire du Corps royal, qu'un étranger » ne rendît pas mal-adroitement compte au Public, » comme cela est arrivé dans la première Encyclopédie de l'Art que ce Corps professe, tandis » qu'il fourmille d'Officiers remplis des plus rares » talens. C'étoit à eux, & à eux seuls peut-être » de parler d'un Art qu'ils exercent avec tant de » succès. Loin de la présomption ou de la folle » prétention de figurer dans ce vaste Ouvrage pour » mes camarades, j'ai dû recourir à leurs lumières, » & les engager à y coopérer.

» Une seule chose étoit préliminairement indispensable, c'étoit d'arrêter avec la Société de » MM. les Rédacteurs de l'Encyclopédie méthodique le plan du travail à y fournir pour l'Artillerie, & d'avoir pour son exécution, lorsqu'il seroit arrêté, l'agrément des Chefs du Corps.

» Après avoir consulté un grand nombre d'Officiers du Corps royal, avoir soumis à leur examen, & modifié suivant leurs avis ce plan de » travail, voici enfin celui qu'il a été convenu » d'adopter. M. de Gribeauval, Inspecteur-général de l'Artillerie, l'ayant trouvé *clairement* » *exposé & nettement divisé*, l'a revêtu de son approbation, & a autorisé sa publication & son envoi » dans les Ecoles & les Garnisons de l'Artillerie.

» En conséquence, M. de Pommereuil chargé » de rassembler tous les matériaux qui doivent » composer cet Ouvrage, qui manque à l'Artillerie, qui lui seroit infiniment utile, & qui » pourra suppléer la collection nombreuse de ceux » dont MM. les Officiers du Corps royal se pourvoient ordinairement, prie ceux qui voudront » bien y coopérer, de se conformer aux divisions du plan ci-joint, & de lui adresser leur » travail complet, au plus tard avant la fin de » l'année.

» M. de Pommereuil prend ici l'engagement » formel de placer à la fin de chaque article le » nom de son Auteur, à moins que celui-ci ne » lui demande expressément de n'être pas nommé. » Il est nécessaire que MM. les coopérateurs » veuillent bien le prévenir d'avance de la partie » de ce plan qu'ils entreprendront d'exécuter, & » qu'ils aient la bonté d'entrer à ce sujet en correspondance avec lui. »

L'Auteur ayant été appellé à Naples avec plusieurs Officiers du Corps royal d'Artillerie, a été nommé Colonel en arrivant; puis on l'a fait Brigadier des Armées du Roi, & enfin Inspecteur général de l'Artillerie des deux Siciles. Ces honneurs que son mérite lui a attirés, ont pu nous faire craindre qu'il ne fût obligé d'abandonner le plan qu'il a entrepris, pour se consacrer tout entier au service du Roi de Naples; mais deux lettres dont il nous a honorés, en date du 12 Mars & du 10 Avril 1788, doivent rassurer les Souscripteurs à cet égard. Nous allons en extraire ici ce qui a rapport à son Ouvrage, & cet extrait est d'autant plus nécessaire, qu'il convaincra les Souscripteurs de ce que nous avons avancé dans nos *représentations*, que le plus grand nombre de volumes de Discours a nécessité quelques volumes de planches de plus; & que si ce pouvoit être l'intention de l'universalité des Souscripteurs, qu'on les supprimât, les Auteurs sont disposés à en faire le sacrifice; mais alors, comme nous l'avons dit, *entendra qui pourra les parties de Discours qui en auroient un besoin absolu*.

« J'ai l'honneur de vous annoncer, Monsieur, » que je vous ferai remettre dans les premiers jours » d'Avril, un commencement de travail pour le » Dictionnaire d'Artillerie; mais quelque pressé » que vous soyiez de publier, je vous prie de » de rien imprimer que vous n'ayiez reçu la totalité de l'Ouvrage; c'est une vérité que le Public n'est point pressé de cette partie; qu'il n'y » a que le tems qui puisse la rendre bonne, & » qu'il vaut mieux pour lui & pour vous qu'il » attende. Pour lui, parce qu'il en sera mieux » servi; pour vous, parce que cet Ouvrage pouvant un jour se donner séparément, deviendra » un Ouvrage de fonds & d'un débit habituel & » courant, si vous avez l'attention de le donner » séparément.

» Je profite du retour de M. L...... à Paris, pour vous faire rendre en toute sûreté le » paquet que je vous ai annoncé (c'est un petit à-compte sur notre gros Dictionnaire); il me » semble que ce que je vous envoie n'est guère

» que le dixième de ce que j'aurai à vous fournir. En attendant mieux, je vous traite comme un bon Pasteur, & je vous paie ma dîme.

» Aucun article ne se suit, aussi vous ne pouvez rien imprimer de cela; mais chaque article étant copié séparément, vous pourrez sans peine faire intercaler ceux que je ferai suivre, selon leur ordre alphabétique, & l'Ouvrage se trouvera tout prêt à livrer à l'Imprimeur, en ayant simplement le soin d'en numéroter les pages, lorsque le manuscrit sera complet.

» J'y joins, Monsieur, six planches doubles qui ne concernent qu'une seule partie de l'Artillerie, & celle de toutes qui en comporte le moins. *A ce sujet, il faut que nous convenions de nos faits. Voulez-vous, ou ne voulez-vous pas que je joigne à cet Ouvrage toutes celles qu'il doit avoir? Si vous dites oui, il faut compter sur une centaine, & alors vous aurez une collection qui manque à toute l'Europe; si vous dites non, vous aurez un Ouvrage tronqué, & dont l'utilité sera médiocre. Vous sentez, qu'obligé de citer les planches dans le texte, & le composant selon qu'il doit s'appuyer sur elles ou marcher tout seul, il faut que j'aie à ce sujet une réponse* (1) *claire & positive, qui puisse diriger le reste de mon travail.* »

XXXV.

Science de l'Ingénieur des Ponts & Chaussées, Turcies & Levées, Canaux & Ponts maritimes; contenant un Plan raisonné & méthodique de cette partie de l'Encyclopédie (2), *par M. de Prony, Inspecteur des Ponts & Chaussées.* 1 vol. *in-4.°*

Le traité qu'on ajoute à l'Encyclopédie méthodique, n'a jamais été fait d'une manière complète. Le silence des Anciens pourroit faire penser qu'ils attribuoient peu d'importance aux objets qui font la matière d'un pareil Traité. Le défaut d'Ouvrages modernes qui les embrassent dans toute leur étendue, sembleroit indiquer qu'il peut être supplée par ceux qui traitent des sciences analogues.

Ces considérations exigent que nous entrions dans quelques détails, pour concilier le silence des Anciens avec leur goût pour les grands travaux; pour développer rapidement la progression par laquelle la science de l'Ingénieur des Ponts & Chaussées est devenue l'objet d'une étude longue & profonde; enfin pour prouver, par une analyse raisonnée de l'Ouvrage que nous annonçons, que cette science renferme un corps de doctrine distinct & particulier, qui ne peut être supplée par aucune des autres parties de l'Encyclopédie.

La construction & l'entretien des grands chemins, des ponts, des aquéducs, & des autres Ouvrages confiés, de nos jours, en France, aux Ingénieurs des Ponts & Chaussées, a été, de tout tems, l'objet de l'attention particulière du gouvernement des Etats policés. Tout le monde sait quelle importance les Romains mettoient à cette partie de l'Administration. Les Historiens parlent avec enthousiasme de leurs ponts, de leur aquéducs; & sur-tout de la prodigieuse quantité de grands chemins qui traversoient, dans tous les sens, l'étendue des pays soumis à leur domination, & sembloient ne faire, de toute la surface connue du globe, qu'un seul Empire. Tous s'accordent à regarder ces travaux comme la partie la plus solide de la gloire du Peuple Romain; & ce sont, aux yeux des vrais Philosophes, les plus beaux monumens de sa puissance (1).

. . . .

Le règne de Louis XIV fut celui où les sciences prirent un essor aussi brillant que durable, & où leur application à nos besoins fut marquée par des monumens qui seront toujours admirés.

---

(1) Nous avons répondu *oui*, & nous sommes persuadés que l'universalité des Souscripteurs, bien loin de nous en blâmer, nous approuvera. Un homme à la tête d'une entreprise comme l'Encyclopédie, qui auroit dit *non*, qui auroit contraint les Gens-de-lettres à se renfermer dans le nombre de Volumes de Discours & de Planches, annoncés dans le Prospectus, n'auroit été, nous osons le dire, qu'un imbécille, & s'il falloit à ce prix achever l'Encyclopédie, nous aimerions mieux l'abandonner. Il y a donc des positions, comme la nôtre, où un Entrepreneur coureroit le risque de se déshonorer, s'il se renfermoit strictement dans les clauses de son Prospectus. Ce n'est point de ce plus grand nombre de volumes dont les Souscripteurs peuvent avoir à se plaindre, mais bien plutôt de ce que notre vue n'a point été assez étendue pour saisir sous tous les rapports, les parties de ce grand ensemble; car nous sommes persuadés que, malgré tous nos efforts, il manquera peut-être des articles importans dans cet Ouvrage, & même que plusieurs parties des connoissances humaines, quoique plus étendues qu'elles n'ont été annoncées, ne contiennent pas tout ce qu'elles devroient renfermer.

(2) M. Chaumont de la Millière, Intendant des Finances au Département des Ponts & Chaussées, &c. a bien voulu accepter l'hommage de cet Ouvrage, le prendre sous sa protection, & fournir à l'Auteur tous les secours qui peuvent tendre à perfectionner son travail. Ce Prospectus, qui fait une partie du Discours préliminaire, a été envoyé à tous les Ingénieurs des Ponts & Chaussées. Ainsi ce Dictionnaire, à proprement parler, sera l'Ouvrage du Corps dont M. de Prony s'est offert d'être le rédacteur. M. de Perronnet que nous avons eu l'honneur de voir plusieurs fois, & à qui nous avons représenté que cette partie manquoit entièrement dans l'Encyclopédie, en nous exprimant le desir qu'il avoit qu'elle y fût insérée, & l'impossibilité où il étoit, vu ses grands travaux & son âge, de s'en charger, nous a lui-même indiqué M. de Prony, & ce choix est le plus bel éloge que l'on puisse faire du Rédacteur.

(1) Nous supprimons ici à regret cinq à six pages du Discours préliminaire, afin qu'on ne nous fasse pas le reproche d'avoir donné trop d'étendue à ce Prospectus. Ces suppressions se retrouveront à la tête de l'Ouvrage.

Il suffit, pour l'objet qui nous intéresse, de citer le canal de Languedoc.

Mais c'est sous Louis XV & Louis XVI que la Science & l'Art de l'Ingénieur des Ponts & Chaussées sont parvenus à leur plus haut degré de perfection. Plus de six mille lieues de route percées ou achevées sous ces deux Princes, des canaux de toute espèce, faits ou entrepris, des ports de mer créés ou rendus à la navigation, des ponts dont la beauté & la hardiesse étoient non-seulement inconnues aux yeux, mais encore à l'imagination, sont des monumens qui attesteront à la postérité la splendeur de leurs règnes.

L'expérience, qui a été le fruit de ces grands travaux, a fait sentir que l'Ingénieur chargé de les diriger, ne pouvoit être suppléé par des hommes qui ne seroient qu'Architectes, ou Géomètres, ou Physiciens; qu'il falloit que cet Ingénieur reçût une éducation particulière, & eût un systême de connoissances théoriques & pratiques, absolument propre à l'état qu'il choisissoit. Ce systême embrasse presque tous les Arts & toutes les Sciences, & les branches qui le composent, quoiqu'appartenant à des tiges connues, forment, soit par leur assemblage, soit par leur application, une science particulière & nouvelle.

Ce fut dans cette vue qu'on établit à Paris, en 1747, une école des Ponts & Chaussées, qui embrasse tous les détails du systême de connoissances dont nous venons de parler, & où celui qui se destine à être Ingénieur passe plusieurs années à étudier gratuitement, & à pratiquer toutes les parties de son Art. Feu M. de Trudaine, pere, dont le zèle éclairé pour tout ce qui étoit utile sera toujours gravé dans la mémoire des bons Citoyens, envisagea cet établissement comme un moyen de propager & de perpétuer les lumières dans un Corps naissant, à qui on devoit confier les travaux les plus importans. M. Perronet, à qui ce Magistrat a toujours accordé une grande estime & une confiance aussi étendue que méritée, après avoir été le Législateur de cette école, la dirige depuis plus de quarante ans; & la perfection du régime établi est démontrée par le brillant succès qu'il a obtenu, & par les hommes de mérite sortis de son école. M. Helvétius la cite dans son Traité de l'homme, pour montrer le pouvoir de l'éducation, & comme un exemple de sa grande influence (1).

La légère esquisse que nous venons de tracer des différentes gradations par lesquelles ont passé la Science & l'Art de l'Ingénieur des Ponts & Chaussées, établit déjà que cette Science, relativement à l'ordre Encyclopédique, forme une partie distincte qui ne peut être suppléée par d'autres; nous allons confirmer cette vérité par l'analyse raisonnée du Dictionnaire des Ponts & Chaussées : nous envisagerons ce Dictionnaire comme un Traité méthodique & complet, dont les parties forment un tout lié & suivi, qu'il ne s'agira plus que de distribuer suivant l'ordre alphabétique, en indiquant leur correspondance par des renvois.

Dans cette vue, nous diviserons le Traité de la science de l'Ingénieur des Ponts & Chaussées en six parties, qui sont *l'Histoire*, *l'Administration*, *les Sciences*, *la Partie descriptive*, *la Pratique*, & *la Bibliographie*.

1.° *L'Histoire.* Cette partie comprendra une courte exposition des Ouvrages les plus remarquables qu'aient fait les Anciens. Ces détails, ainsi qu'on l'a dit plus haut, sont souvent mêlés, dans les Historiens, de fables & d'exagérations qui les défigurent entièrement. On tâchera, autant qu'il sera possible, de séparer la vérité de l'erreur, & d'appliquer une critique saine & impartiale, soit à la description, soit à l'évaluation du degré de mérite qu'ils comportent, tant relativement à leur utilité, que relativement à leur beauté, ou aux difficultés qu'ont entraînées leur construction.

On exposera ce qu'on pourra découvrir des noms & de la vie de ceux à qui nous sommes redevables des différentes machines, procédés, & méthodes. On ne négligera point de faire observer les découvertes antérieures qui ont servi d'échelons pour élever les inventeurs jusqu'aux découvertes nouvelles. Cette méthode favorise le progrès des lumières; car, après le besoin, ce qu'il y a de plus propre à faire naître ou à déveloper le génie, c'est l'histoire de la marche de l'esprit humain.

Cette partie de l'Histoire est bien imparfaite; car la plupart des inventeurs sont inconnus, & l'origine des inventions est souvent enveloppée des plus profondes ténèbres. On doit donc s'attendre qu'elle laissera beaucoup à desirer; mais il faut s'en prendre aux bornes de nos connoissances historiques, & l'on sent que l'Historien a aussi bien rempli sa tâche lorsqu'il s'assure qu'un fait est ignoré ou douteux, que lorsqu'il rapporte ceux sur lesquels il a des notions sûres.

On dira aussi un mot de l'administration des Anciens relativement aux travaux publics, de celle des Ponts & Chaussées en France jusqu'à nos jours, & de celle de quelques Royaumes voisins.

2.° *L'Administration.* La division de l'Histoire aura déjà donné l'idée de ce qu'on peut appeller proprement l'érudition de l'administration. La science de l'administration moderne doit renfermer d'abord des réflexions générales sur l'utilité des différens travaux, sur les bornes qu'on doit se prescrire en les multipliant plus ou moins, suivant leur nature particulière, & la nature du pays dans lequel ils ont lieu. Telle est, par

(1) On fait l'éloge qu'ont fait de cette Ecole M. le Comte de Caylus & M. Belidor.

exemple, la question de savoir dans quelle proportion il faut établir en France des grandes routes & des canaux de navigation, & quelle est l'influence des uns sur les autres. On sent combien de pareilles discussions comporteroient de difficultés & de détails, si on les embrassoit dans toute leur étendue.

Ces notions établies, on y exposera l'organisation actuelle de l'administration des travaux Publics en France; on fera connoître quels sont les Ministres, les Magistrats, & les différentes Assemblées nationales, à qui cette administration est confiée. La constitution & le régime du Corps des Ponts & Chaussées & de son école se rangent naturellement dans cet ordre de choses, & serviront à compléter l'histoire de ce Corps, qui fera partie de la seconde division.

Cette exposition du pouvoir administratif conduit au détail des moyens employés pour la confection des travaux. On n'entend pas parler ici des règles de l'Art, dont il sera question dans les divisions suivantes, mais de la forme observée pour autoriser & effectuer l'exécution. On entrera dans une discussion raisonnée des espèces d'imposition & des différens fonds qu'on applique aux travaux Publics; de la manière dont se font les adjudications, &c. L'article *corvée*, quoique traité dans d'autres parties de la nouvelle Encyclopédie, d'après ce qu'avoit dit feu M. Boulanger, Ingénieur des Ponts & Chaussées, dans celle de MM. Diderot & d'Alembert, fait trop essentiellement partie du Dictionnaire des Ponts & Chaussées, pour y être omis. D'ailleurs la manière nouvelle dont il sera présenté, ne donnera pas le désagrément d'une répétition ou d'un renvoi. On s'efforcera d'appliquer une critique judicieuse & impartiale à l'examen de la constitution actuelle, de ses avantages, désavantages, & des perfections dont elle seroit encore susceptible.

La jurisprudence des travaux publics forme encore une sous-division qui exige quelques articles. On entend par-là toute la collection des loix auxquelles est assujétie la police des grandes routes, canaux, &c.; les formes observées pour la décision des affaires contentieuses, pour l'examen de la comptabilité, &c. On sent très-bien que chaque sous-division, traitée en détail, exigeroit des volumes; mais, avec de la méthode, de la précision, & au moyen de renvois aux autres parties de l'Encyclopédie, on espère donner les notions suffisantes, ou pour instruire directement le lecteur, ou pour lui indiquer les sources où il pourra puiser les lumières dont il aura besoin.

3.° *Les Sciences*. Cette partie est la plus étendue du nouveau Dictionnaire. On ne se propose pas néanmoins d'y traiter de toutes les connoissances que l'Ingénieur des Ponts & Chaussées est obligé d'avoir. Parmi ces connoissances, il en est qui sont purement d'éducation, & que tout homme destiné à vivre avec des gens instruits doit nécessairement se procurer. On suppose qu'un Ingénieur a fait de bonnes études; qu'il sait sa Langue; qu'il a sur-tout cette manière d'écrire sage & correcte, cette logique saine qui peut être embellie, mais ne peut jamais être remplacée par l'élégance & les graces du style. L'article *Ingénieur* renfermera les détails nécessaires sur cette matière, & de plus, on donnera à part les articles *Correspondance*, *Mémoire* & *Rapport*.

Les sciences qui sortent de la classe des connoissances qui font partie de l'éducation primitive, ne seront pas elles-mêmes toutes traitées en entier. On ne donnera que les articles qui, par des applications particulières, ont besoin ou d'une plus grande étendue, ou d'être envisagés sous un point de vue absolument propre à l'Ingénieur, & qui ne peuvent point être suppléés par les articles correspondans des autres parties de l'Encyclopédie. Nous allons entrer dans quelques détails à cet égard.

Une des premières études qu'on fait à l'école des Ponts & Chaussées, est celle du dessin. Cet Art y est professé dans toute son étendue; mais nous ne parlerons ici que du lavis de la carte & de celui de l'Architecture. Le premier est porté, à cette école, à un degré de perfection auquel il étoit rarement parvenu ailleurs. Nous trouverons dans les préceptes écrits & dans les morceaux d'étude qu'on donne aux élèves, de quoi rendre cet article aussi complet qu'il soit possible, sans qu'il excède les bornes de trois ou quatre pages de discours, & d'autant de planches.

Les règles du lavis de l'Architecture, qui par lui-même n'a pas une grande difficulté, seront traitées encore plus brièvement. Les articles *Perspective* & *Projection des ombres*, étant susceptibles d'être exposés d'une manière intéressante & cependant très-courte, leur serviront de complément.

Nous ne nous occuperons pas beaucoup de l'Architecture considérée quant aux ordres & à l'Art en général de décorer les édifices. Nous avons vu avec grand plaisir que le premier volume qui a paru de cette partie de l'Encyclopédie méthodique, annonce un Ouvrage aussi intéressant pour toutes les classes de Lecteurs, qu'instructif & complet pour les Artistes. Il est néanmoins indispensables de traiter succinctement des projets de cazernes, hôtels-de-ville, églises du deuxième & du troisième ordre, presbitères, &c., Ouvrages qui sont à la charge des communautés, & dont les Ingénieurs des Ponts & Chaussées doivent être généralement chargés. Nous parlerons principalement, à l'article *Décoration*, de celle qui est relative aux ponts & aux autres édifices de ce genre, comme étant susceptibles d'un caractère particulier, qui sort de la classe des proportions ordinaires, & fournit matière à des préceptes qu'on ne trouveroit pas ailleurs.

Il eſt une partie de l'Architecture à laquelle nous donnerons tous nos ſoins : c'eſt la coupe des pierres. Tous les Ingénieurs conviennent que nous n'avons encore rien de ſatisfaiſant ſur cette ſcience, une des plus importantes de l'Art de la conſtruction. Les Traités de MM. Frezier & la Rue, auxquels, dans cette diſette, on paroît donner la préférence, ſont, l'un trop peu à la portée des Praticiens, trop peu méthodique, & ſur-tout infiniment trop long, l'autre abſolument dénué de théorie, & contenant des erreurs dangereuſes.

Nous penſons que, pour des hommes qui ſont ſuppoſés avoir d'ailleurs des connoiſſances de Géométrie, la ſcience de la coupe des pierres peut être expoſée d'une manière courte, claire, & ſuſceptible d'une application aiſée, quoique très-générale.

Les Mathématiques forment la partie la plus étendue du cours d'étude qu'on fait ſuivre aux élèves, comme étant la baſe ou le principe de preſque toutes les autres connoiſſances. Les Traités de ces ſciences, qui ſont déjà nombreux, & ſur-tout le Dictionnaire de Mathématiques, qui fait partie de l'Encyclopédie, nous diſpenſent de les prendre dans tous leurs détails; mais nous donnerons pluſieurs articles qui, ſoit par la manière dont ils doivent être préſentés pour l'objet d'application que nous avons en vue, ſoit parce qu'on ne les trouveroit pas dans les autres parties de l'Encyclopédie, doivent trouver place dans celle-ci.

Ainſi, nous donnerons en Arithmétique une méthode particulière pour déduire une valeur moyenne, communément nommée *réduite*, de pluſieurs valeurs meſurées ou obſervées. On a beſoin à chaque inſtant, dans la pratique, de ces valeurs moyennes, & la méthode ordinaire nous paroît, dans bien des cas, ſuſceptible de rectification. Nous donnerons des tables pour faciliter l'application des logarithmes au calcul des quantités complexes. Cette eſpèce de calcul, laborieux & ſujet à erreur, deviendra, par ce moyen, court & ſûr, &c.

Les articles de Géométrie renfermeront des méthodes pour toiſer les ſurfaces planes, irrégulières, & les ſolides, quelle que ſoit leur forme. Nous expoſerons, de plus, une méthode particulière pour le toiſé des corps gauches, applicable au cacul des terraſſes.

Nous donnerons quelques articles relatifs à la pratique de la Trigonométrie, à la théorie des *anſes de panier*; un abrégé de la théorie des ſurfaces courbes, & des courbes à double courbure, relativement à la coupe des pierres.

L'analyſe contiendra un petit nombre d'articles deſtinés à ſervir de ſupplément aux Traités ordinaires de Mathématiques, & à donner les principes de quelques méthodes utiles qui ne s'y trouvent pas, parce qu'on ne les regarde pas comme aſſez élémentaires. On eſpère néanmoins les préſenter aſſez clairement pour les rendre très-intelligibles à tous ceux qui auront les connoiſſances d'Algèbre & de calcul intégral qu'on donne à l'école des Ponts & Chauſſées.

Ainſi, on donnera l'article *Interpolation*. L'uſage de cette méthode eſt devenu indiſpenſable depuis que, dans tous les genres de recherches, l'expérience a ſuccédé à l'eſprit de ſyſtême. On expoſera les principes du calcul des variations, qui s'emploie fréquemment dans les queſtions de Phyſique. On parlera des intégrales générales & particulières, qui ont des applications intéreſſantes dans la théorie des ſurfaces courbes. Enfin ce que nous aurons dit des ſurfaces courbes, donnera tant de facilité & amenera ſi naturellement à parler d'une branche de calcul qui eſt encore très-peu connue; ſavoir, le calcul des équations aux différences partielles, que nous ne pourrons nous empêcher d'y conſacrer un article. Les Ingénieurs qui auront des connoiſſances de calcul intégral, verront avec plaiſir un apperçu d'une nouvelle ſcience créée en Mathématiques, préſentée ſous le point de vue qui eſt peut-être le plus propre à en faire bien comprendre la nature.

Nous donnerons, en mécanique, une méthode pour déterminer le centre de gravité des corps irréguliers de forme quelconque. Nous dirons un mot de la méthode *centrobarique*, ſi utile pour le toiſé des voûtes. La ſtatique des voûtes ne ſera point omiſe; on parlera de leur pouſſée contre les pieds droits, de l'équilibre des vouſſoirs, de leur preſſion, des plus grandes ouvertures & des plus petites longueurs de coupe à la clef, dont ces voûtes ſont ſuſceptibles; des expériences faites ſur la dureté de la pierre, &c. On eſpère donner ſur ces objets des choſes nouvelles & intéreſſantes. La pouſſée des terres formera un article particulier.

La Dinamique aura un article ſur la théorie phyſicomathématique de la percuſſion, théorie auſſi curieuſe qu'utile, dont nous ſommes redevables à Dom Georges Juan.

L'Hydrodinamique préſente une foule d'articles qui augmenteroient conſidérablement l'Ouvrage, ſi on vouloit les y inſérer avec le développement néceſſaire. Heureuſement nous avons, ſur cette partie de la Mécanique l'Ouvrage de M. l'Abbé Boſſut, où l'on trouve un corps complet de doctrine qui eſt entre les mains de tous les Ingénieurs. Ainſi, en exceptant quelques articles qui ſeront tirés de mémoires particuliers, ou qui ſeront le fruit de notre propre travail, les autres ne ſeront, pour la plupart, que des renvois à la nouvelle édition de l'Ouvrage de M. l'Abbé Boſſut, ou des citations dans leſquelles nous expliquerons, quand il ſera néceſſaire, ce qui pourroit arrêter les commençans. Nous nous félicitons de trouver un pareil ſecours dans une des parties les plus importantes & les plus difficiles de ce Dictionnaire.

La

La réunion des connoiſſances tirées des différentes branches de la Mécanique, fournit matière à des recherches ſur les machines conſidérées avec toutes leurs circonſtances phyſiques. Ces conſidérations exigent des expériences ſur les effets du frottement, ſoit dans le cas de l'équilibre, ſoit dans celui du mouvement; ſur la roideur des cordes, &c. ſur la nature & le parti qu'on peut tirer des différens moteurs, tels que l'eau, le vent, les hommes, les chevaux, ſur les cas où il faut employer les uns plutôt que les autres, & la manière la plus avantageuſe de les appliquer. Ces queſtions ſont trop eſſentiellement liées à la pratique, pour être omiſes, & nous ne négligerons rien pour en rendre la diſcuſſion auſſi fructueuſe qu'il ſera poſſible.

L'Hiſtoire naturelle, la Phyſique & la Chimie ſont des ſciences dont tout Ingénieur doit avoir quelques notions; & aucun élève ne ſort de l'école, ſans avoir fait des cours de chacune d'elles. Outre les lumières générales qu'on en retire, elles ont encore des branches dont l'Ingénieur doit faire une étude particulière, parce qu'elles rentrent dans cette claſſe de connoiſſances dont les applications lui ſont propres & ſont directement liées à ſes opérations.

Ainſi, dans l'Hiſtoire naturelle, il s'appliquera de préférence à la Minéralogie, & ſur-tout à la diviſion de cette branche qu'on nomme *Lythologie*, ou deſcription des pierres.

La connoiſſance de la formation intérieure du globe ne peut manquer de l'intéreſſer & de le préparer à une foule d'obſervations utiles. Tous les Ingénieurs ſavent ce qui a donné l'impulſion au génie du fameux M. Boulanger. C'eſt en réfléchiſſant ſur les bouleverſemens antiques, dont les entrailles de la terre lui préſentoient les veſtiges, qu'il poſa les fondemens de cette philoſophie hardie, mais ſublime, qui lie le ſyſtême politique & moral des peuples, aux révolutions phyſique du monde.

Nous conſacrerons quelques articles à ces différentes branches de l'Hiſtoire naturelle.

La Phyſique en aura auſſi quelques-uns. Nous dirons un mot de la figure de la terre, relativement à la théorie du nivellement & à la pratique de la Trigonométrie. Nous donnerons les notions qui doivent ſervir d'introduction à la mécanique des fluides. Nous parlerons des effets de l'eau changée en vapeurs dans les machines à feu, & de la dilatation des métaux, relativement à leur emploi dans les meſures, & aux grandes conſtructions en fer.

La diſſolution cauſée par l'humidité des différentes ſubſtances calcaires dont ſont compoſées les chauſſées & les édifices, leur calcination pour en faire de la chaux, l'extinction de cette chaux, ſon amalgame avec différentes ſubſtances pour en faire des mortiers ou cimens, &c. enfin l'Art en général de lier deux corps enſemble, au moyen d'un corps intermédiaire, eſt ſuſceptible de diſcuſſions qui ſont du reſſort de la Chimie, & qui exigeront également quelques articles particuliers.

4.° *La partie deſcriptive.* Cette partie eſt naturellement le paſſage de la théorie à la pratique; car, avant d'exécuter ſoi-même, il eſt bon de ſavoir ce que les autres ont fait. Combien d'hommes de génie, pour avoir ignoré ce qu'on avoit trouvé avant eux, ont perdu à renouveller des inventions, un tems qu'ils auroient employé à nous en donner de nouvelles.

Sous un certain aſpect, la partie deſcriptive pourroit être regardée comme une continuation de l'Hiſtoire. Néanmoins les objets qu'elle traite étant intimement liés à la pratique actuelle, exigent des détails particuliers, relatifs à l'application qu'on en peut faire, & qui les diſtinguent des matières de ſimple érudition hiſtorique.

Les choſes exécutées qui peuvent intéreſſer les Ingénieurs des Ponts & Chauſſées, ſe partagent en deux claſſes, les machines & les monumens. Ce qu'on nomme proprement machines ſimples, fait partie de la Méchanique élémentaire. Il s'agit ici des différentes combinaiſons de ces dernières, qui portent l'empreinte du génie, & qui ont des applications utiles. Elles ſe modifient d'une infinité de manières; les unes ſont employées comme moyen de conſtructions; telles ſont celles qui ſervent au tranſport & à l'enlevement des matériaux, aux épuiſemens dans les fondations, au dragage du terrein, au recepement des pieux ſous l'eau, &c.; les autres ſont deſtinées à un objet d'utilité permanent; telles ſont les machines hydrauliques de toute eſpèce qui ſervent à fournir l'eau à un pays, à une ville. On donnera la deſcription, le calcul, les plans, coupes & élévations, tant en maſſe qu'en détail, de toutes celles de ces différentes eſpèces qui peuvent ſervir de modèle, ou dont la connoiſſance eſt néceſſaire pour la pratique. On expoſera leurs défauts; on examinera quels ſont ceux qui ſont ſuſceptibles d'être rectifiés, & ceux qui tiennent à la nature même de la machine.

La deſcription des monumens comprendra celle des plus grands ponts exécutés en France & chez les Etrangers. Ils ſeront deſſinés ſur la même échelle, afin d'en faciliter la comparaiſon.

On donnera une notice des principaux canaux de navigation, avec la deſcription & les deſſins des écluſes les plus remarquables.

Une des eſpèces de canaux la plus utile eſt ſans doute celle qui eſt deſtinée à conduire les eaux potables. Nous ne voyons pas de plus excellent modèle à propoſer dans ce genre, que la deſcription du projet du canal de l'Yvette, fait par MM. Perronet & Chezy. Tout ce qui eſt relatif à la ſolidité, la ſalubrité & la décoration, y eſt combiné d'une manière qui met ce projet au-dessus de ce qu'ont fait les Anciens & les Modernes dans le même genre (1).

On joindra aux ponts, canaux & écluses, différentes autres espèces de monumens qui s'y rapportent, & qui rentrent dans la classe des connoissances de l'Ingénieur, leur énumération seroit ici superflue.

Les travaux maritimes fournissent une ample matière à la partie descriptive; & nous apporterons les plus grands soins à ne rien omettre d'important des choses exécutées, ou actuellement en exécution, qui les concernent. Il seroit trop long d'entrer ici dans des détails sur cette partie de notre travail; il suffira de dire qu'outre les articles qui contiendront les mots techniques, tels que *bassins, chenal, digue, écluse de chasse, jetée, &c.*, la nomenclature alphabétique comprendra encore les noms des lieux & villes où l'on a exécuté de grands travaux maritimes, avec la description de ces travaux. On voit d'avance qu'une partie des détails que nous annonçons, sera consacrée à la gloire de MM. du Corps royal du Génie, qui, par les grands travaux qu'ils ont dirigés & les Savans qu'ils ont toujours eu parmi eux, ont en même-tems reculé les limites de l'Art & celles des Sciences.

5.° *La Pratique.* Nous voici parvenus à la division la plus importante de la Science de l'Ingénieur; car toutes les autres sont subordonnées à celle-ci, & ne sont destinées qu'à lui donner plus de perfection.

La Pratique peut se diviser en deux parties; la première comprend la description, tant graphique qu'écrite, & l'évaluation du prix des travaux; la seconde, l'art de diriger leur exécution.

La description graphique des travaux renferme l'art de faire les plans, coupes & élévations, ou en général celui des projections, le dessin, la pratique de la levée des plans géographiques & topographiques, & celle du nivellement.

Les deux premières de ces sous-divisions sont suffisamment développées dans la partie qui traite de la coupe des pierres & du lavis. Celui qui est en état de faire une épure un peu difficile, & de dessiner la carte, ne sera jamais embarrassé de faire les plan, profil, & élévations d'une machine, d'un monument, &c., & de les laver.

Quant à la pratique de la levée des plans & du nivellement, on la traitera avec tout le soin que mérite son importance. On donnera une description soignée de tous les instrumens en usage; on parlera des avantages & des inconvéniens qu'ils présentent, suivant les circonstances, de la manière de les vérifier, de les rectifier, & de s'en servir. Le meilleur instrument portatif que nous connoissions pour la mesure des angles, est le cercle entier de M. le Chevalier de Borda, avec lequel, au moyen d'observations croisées, on a la même exactitude que donnent les plus grands instrumens d'Astronomie. On pense bien qu'un instrument aussi intéressant ne sera point oublié. On parlera de la perfection que M. de Chezy, Inspecteur-général des Ponts & Chaussées, a donné aux niveaux à bulle d'air, par la découverte du moyen de donner la forme convenable à la surface intérieure des tubes, & de la théorie qu'il en a donnée dans le recueil des Mémoires des Savans étrangers, présentés à l'Académie des Sciences. Nous avons fait des recherches sur la perfection de cette espèce de niveau, que nous publierons également. Nous donnerons des observations neuves & utiles sur les précautions à prendre dans les mesures en général, dans celle des bases en particulier; opérations qui, quoique bien simples en apparence, présentent néanmoins de grandes difficultés quand on veut y mettre de l'exactitude.

Nous pensons que cette partie de notre Ouvrage renfermera plus de choses intéressantes & nouvelles, qu'aucun des Ouvrages qui traitent des mêmes matières.

Enfin on donnera des types ou modèles d'opérations de différens genres, qui pourront servir d'exemple à ceux qui n'auroient pas adopté de méthode particulière pour la disposition des minutes de nivellement & de levée de plans géographiques ou topographiques.

La description écrite des travaux consiste dans l'art de faire les devis & les détails estimatifs. C'est un des objets de pratique les plus difficiles, & l'on doit rendre aux Ingénieurs des Ponts & Chaussées la justice de dire qu'on trouve chez eux des modèles à suivre dans ce genre d'Ouvrage. Les principes généraux qui doivent servir de base à la confection des devis & des détails estimatifs, n'ont été donnés nulle part sous le point de vue & avec l'étendue qu'ils comportent, & on peut dire que c'est un travail à commencer. Nous nous efforcerons de lui donner le caractère & la méthode dont il est susceptible.

La direction de l'exécution des travaux offre un nouveau point de vue, où les détails se multiplient. Nous suivrons chaque espèce de travail dans la succession de ses progrès. Les grandes routes dont on aura donné une idée dans les parties historique, administrative, &c., seront ici traitées plus amplement. On décrira les différentes espèces de chaussées, en pavé, cailloutis, &c., qui sont en usage chez les Modernes, & qu'on pourra comparer avec celles des Anciens, décrites dans la partie historique. On établira des principes sur leur nature, & leurs dimensions, relativement à leur destination, au local, & à la fréquentation; sur le choix des matériaux, sur les alignemens, le

(1) Nous ne devons pas oublier de dire que c'est M. de Parcieux, de l'Académie des Sciences, qui a donné la première idée de ce projet, & qui a démontré l'utilité & la possibilité de son exécution, dans trois mémoires qui font partie de ceux de l'Académie, des années .....& qui ont aussi été imprimés séparément.

tracé des courbes, la manière de distribuer & de régler les pentes, les plantations, &c.; sur la construction des levées sur le bord des grandes rivières.

La construction des grands chemins est, relativement à sa destination, intimement liée à celle des canaux, des écluses, & de tout ce qui concerne la navigation intérieure. Ces derniers objets rappellent aussi-tôt la construction des ponts; Art dans lequel nous sommes si supérieurs aux Anciens, & qui, depuis sa renaissance, semble avoir devancé, pour l'exécution, le progrès des sciences physico-mathématiques qui lui servent de base. L'Ouvrage que vient de publier M. Perronet, sur ces matières, est assez répandu pour donner une idée des différentes parties qu'elles renferment, & en même-tems des grandes lumières que nous pourrons y puiser; c'est sur ces lumières que nous fondons tout le mérite qu'on pourra attribuer à cette division de notre travail. Cet aveu fait une bien petite partie de ce que nous inspire notre reconnoissance pour M. Perronet; formés à son école, honorés depuis plusieurs années de son estime & de sa confiance, il nous seroit bien doux de publier tout ce que nous devons à ses leçons & à son amitié.

La construction de différentes autres espèces de canaux, soit pour arroser, soit pour abreuver les travaux de desséchement, &c. seront également compris dans la partie hydraulique de la pratique des travaux.

Enfin les travaux maritimes doivent compléter cette dernière division, dont elles formeront une partie considérable. L'analyse de tout ce que nous dirons sur la pratique de ces travaux, seroit beaucoup trop longue. D'ailleurs tous ceux qui y prennent quelqu'intérêt, connoissent l'Ouvrage de Belidor, & peuvent aisément se faire une idée de l'abondance & de la nature des matières. Cet Ouvrage original & unique dans son genre, & qui a acquis à son Auteur une réputation si bien méritée, a eu le sort de tous les Traités faits à l'instant où les Sciences qui en sont l'objet, prennent leur essor vers la perfection : peu de tems après sa publication, il n'étoit déjà plus de pair avec les connoissances acquises. On desiroit, depuis plusieurs années, que le Traité de l'Architecture hydraulique fût refait sur un plan méthodique, dont les parties présentassent plus d'ensemble, & qui sur-tout renfermât toutes les découvertes faites jusqu'à ce moment. Ce travail que nous avons entrepris, est exécuté en partie, & les recherches qu'il a exigées nous ont déjà fourni une partie des mémoires qui serviront au Dictionnaire des Ponts & Chaussées.

6.° *Bibliographie.* On apperçoit aisément, par l'analyse que nous venons de donner du Dictionnaire des Ponts & Chaussées, que sa rédaction exigera le secours d'une grande quantité d'Ouvrages, la plupart peu connus. Nous croyons qu'il sera utile & agréable à nos lecteurs de leur indiquer, non-seulement toutes les sources où nous aurons puisé, mais encore beaucoup d'autres Ouvrages, plans, dessins, &c dont la connoissance pourra être nécessaire dans quelques occasions. Cet exemple nous a été donné récemment par M. l'Abbé Bossut, qui, à la fin de la nouvelle édition de son Hydrodinamique, a donné la notice d'un recueil d'Ouvrages Italiens sur le cours des eaux.

La bibliothèque de M. Perronet, dont il vient de doter l'Ecole des Ponts & Chaussées, peut être ragardée comme une des collections les plus complètes & les plus curieuses dans tous les genres qui peuvent intéresser les Ingénieurs. Nous aurons l'avantage d'y puiser tous les secours qui nous sont nécessaires.

Ajoutons aux connoissances bibliographiques, l'indication des modèles dignes d'être cités, de différentes machines ou monumens, soit dans la Capitale, soit ailleurs. L'Ecole des Ponts & Chaussées est encore très-bien pourvue dans ce genre, grace au zèle actif de M. Perronet pour le progrès des sciences, & à son génie inventif.

Nous croyons avoir rempli la tâche que nous nous étions imposée, de motiver & d'analyser le Traité qui sera ajouté à ceux qui devoient d'abord composer l'Encyclopédie méthodique. Nous espérons que l'importance & la nouveauté du sujet feront excuser les détails dans lesquels nous sommes entrés.

XXXVI.

ARTS ACADÉMIQUES, MANÈGE, ESCRIME, DANSE, NATATION; *un demi-volume. in-4.°*

Le Dictionnaire des Arts académiques comprend 450 pages. Les Auteurs ont cru avec raison devoir les séparer de l'Art militaire, auquel on les avoit réunis dans le premier plan. Nous aurions desiré de réunir cette partie à celle *des Jeux*, mais le troisième volume des Mathématiques ne formant qu'un peu plus du quart d'un volume, & les jeux étant plus en rapport avec les Sciences mathématiques, on a cru devoir les réunir au troisième volume pour le compléter. Ces Arts académiques peuvent seuls être reliés séparément, ou ils pourront être réunis avec quelques autres parties que nous ne pouvons indiquer actuellement, & qui formeront un demi-volume. On n'a pu joindre à ces Arts académiques une table de lecture qui indiquât l'ordre dans lequel tous les mots de chacune des parties doivent être lus, afin de s'en servir comme d'un Traité de science, parce que l'Escrime & la Danse sont trop peu considérables pour en avoir besoin. Après avoir lu dans l'une ce mot *Escrime*, & dans l'autre, le mot *Danse*;

tous les autres mots ne sont, pour ainsi dire, que des définitions. Il en est de même de l'équitation, dont tout l'art est développé en leçons suivies à l'article *Manège.* L'art de nager termine cette partie.

Ce demi-volume est en vente depuis long-tems.

XXXVII.

VÉNERIE. CHASSE ET PÊCHES; *un volume in-4.°*

Il manqueroit une partie essentielle à l'Encyclopédie méthodique, si l'on n'y comprenoit pas un traité particulier en forme de *Dictionnaire de la Vénerie, des Chasses & des Pêches.*

C'est un des spectacles les plus intéressans offert par l'Histoire naturelle, que de voir les animaux de toutes les espèces aux prises avec l'homme ou avec l'ennemi qui les poursuit. Le Chasseur & le Pêcheur trouvent dans leur expérience & dans leur industrie, les moyens de faire la guerre, & de tendre des pièges à toutes les peuplades du règne animal; mais, soit que l'agresseur veuille donner la mort ou faire des esclaves, il ne remporte pas toujours une victoire; souvent il a lieu d'admirer, & même de craindre la force, le courage, l'adresse & les ruses que les animaux opposent à leur agresseur. L'instinct de l'animal s'élève quelquefois jusqu'à la hauteur du génie humain. Cette lutte entre le Roi des Animaux & ses Sujets, ordinairement très-rebelles, est donc un des points de vue les plus curieux de l'Histoire naturelle, qui mérite bien qu'on s'y arrête.

La Société est aussi très-intéressée de connoître par quel art on parvient à se procurer des objets de première nécessité ou d'utilité ou d'agrément que fournissent la chasse & la pêche. Il y a une infinité d'Ouvrages épars, où l'on donne quelques notions à cet égard, mais l'ensemble de tout ce qui concerne la chasse & la pêche n'a pas encore été approfondi dans un ordre encyclopédique & méthodique : il faut, pour en embrasser toutes les parties, consulter un grand nombre de traités d'Histoire naturelle; il faut feuilleter l'Histoire ancienne & moderne, les Voyageurs accrédités, les Dissertations sur les Arts qui s'occupent des ustensiles de chasse & de pêche. En un mot, il faut faire une revue générale de tous les animaux, les mettre en activité, & les considérer dans leurs attaques, dans leur combat, dans leur défense, dans leur fuite, dans leur esclavage, dans leur défaite.

Il y a en outre des établissemens, des équipages, des entreprises, & des accessoires de chasse & de pêche qui exigent des détails particuliers. On ne doit pas omettre les précautions qu'on emploie pour multiplier & faire propager certaines espèces propres à nos besoins ou à nos plaisirs; on ne doit pas aussi négliger de rapporter les moyens dont on se sert pour diminuer le nombre des races malfaisantes & dangereuses. Nous dirons comment les amateurs de la chasse & de la pêche, dressent & instruisent les animaux qui doivent les seconder.

Il y a des loix concernant la chasse & la pêche, qu'on ne doit pas ignorer; ces Loix sont, ou de Droit public, ou de Droit particulier. Enfin chaque art a sa langue, & l'art de la chasse & de la pêche en a une fort étendue que nous ferons connoître.

Ces observations suffisent sans doute pour justifier la proposition que nous faisons aux Souscripteurs de l'Encyclopédie méthodique, d'ajouter à son plan un Dictionnaire particulier de Vénerie, de Chasse & de Pêche, que nous tâcherons au reste de renfermer dans un volume.

Ce traité devient d'autant plus nécessaire, qu'il y a, dans la première Encyclopédie *in-folio*, une trentaine de planches intéressantes concernant ces deux objets, dont on fera usage, & auxquelles on en ajoutera quelques autres.

Nous allons maintenant répondre à un reproche que quelques Souscripteurs ne manqueront pas de nous faire. Vous avez, nous dira-t-on, annoncé dans la partie de l'Histoire naturelle, que vous y traiteriez des chasses & des Pêches. Cela est vrai, & a même eu lieu dans les premières parties; mais si l'on prend la peine de lire ce que les Auteurs ont écrit sur cet objet, on verra qu'ils l'ont traité d'une manière très-succinte; la Nomenclature y est très-imparfaite, & il y manque une foule de mots de vénerie, de chasse & de pêche. Il devenoit donc nécessaire, pour que l'Encyclopédie fût complète, que cette matière fût traitée de nouveau *en professo.* C'est ce qu'on fera dans ce Traité, où, sans employer de la même manière les articles de chasse & de pêche dont on a parlé brièvement dans les premiers Dictionnaires de l'Histoire naturelle, on y joindra un grand nombre d'articles nouveaux & une Nomenclature si complète, qu'aucun autre Ouvrage ne pourra être le remplacement de celui-ci. Si ce n'est pas là servir le Public, qu'il dise donc comment il faut s'y prendre pour mieux faire. Ce n'est pas parce que quelques Souscripteurs n'ont pas les moyens ou la volonté de faire la dépense d'une grande entreprise, qu'on doit la mutiler.

XXXVIII.

BEAUX ARTS, *par M. Watelet, de l'Académie Françoise, & M. Lévesque;* 2 volumes *in-4.°*

Le plan de cet Ouvrage étant aujourd'hui tout

différent de ce qu'il devoit être lors du Prospectus général, nous devons instruire nos Souscripteurs des changemens que les circonstances nous ont forcés d'y apporter. M. l'Abbé Arnaud & M. Suard, tous deux de l'Académie françoise, s'étoient chargés de la rédaction, & M. Watelet, célèbre Amateur, qui travailloit depuis long-tems à un Dictionnaire complet de Peinture, avoit renoncé généreusement au projet de publier à part son Ouvrage, & avoit consenti à le fondre dans l'Encyclopédie actuelle. La mort nous ayant enlevé M. l'Abbé Arnaud, & les occupations de M. Suard ne lui ayant pas permis de se charger seul de cette rédaction, M. Waletet qui ne s'étoit pas contenté de former son goût naturel par la vue des Ouvrages de l'Art, mais qui avoit peint, modelé & gravé, qui avoit fourni plusieurs articles de l'ancienne Encyclopédie, s'étoit chargé de composer seul le Dictionnaire des beaux Arts pour l'Encyclopédie actuelle. Ses connoissances, son goût, son intimité avec des Artistes d'un talent supérieur, faisoient attendre un excellent Ouvrage; il s'en occupoit avec autant d'assiduité que le lui permettoit la variété & la foiblesse de sa santé : son Ouvrage étoit sous presse depuis long-tems, & les quinze premières feuilles étoient imprimées, lorsque nous avons eu le malheur de le perdre.

A sa mort, son manuscrit étoit passé à la Chambre des Comptes, & delà dans les mains de M. le Comte d'Angivillers, Directeur général des Bâtimens, qui a bien voulu nous le faire délivrer à la première demande que nous lui en avons faite.

Si quelque chose avoit pu nous consoler de la perte de M. Watelet, c'étoit l'espérance de trouver dans ses papiers l'Ouvrage presqu'entièrement terminé. Cette espérance a été trompée. Les cent huit articles qu'il a laissés, sont loin de remplir la Nomenclature qu'il avoit dressée lui-même, & qui n'étoit pas encore complète. Il manquoit même des articles capitaux, tels que *Composition*, *Couleur*, &c. Il n'avoit rien écrit sur la Sculpture, rien sur la Gravure, que ce qui se trouve dans l'ancienne Encyclopédie. Enfin il n'avoit laissé aucunes notes sur les articles qu'il n'avoit pas encore faits. Nous avions déjà quinze feuilles imprimées d'après sa copie, & nous éprouvions le plus grand embarras pour la continuation de l'Ouvrage.

Les Artistes sont trop occupés de leurs travaux, pour que nous pussions espérer de trouver entre eux quelqu'un qui voulût se charger de la composition du Dictionnaire des beaux Arts, & les Gens-de-Lettres ne peuvent avoir, sur les Arts, le connoissances étendues qu'exige un tel Ouvrage. Il ne suffit pas, pour s'en acquitter, d'avoir vu des tableaux, des statues, des estampes; il faut encore avoir opéré.

Le tems s'écouloit sans que nous pussions prévoir comment nous sortirions d'embarras, quand M. Lévesque, Aggrégé à l'Académie impériale des beaux Arts de Saint-Pétersbourg, & qui a consacré à l'un des Arts qui appartiennent au dessin une partie considérable de sa vie, s'est chargé de continuer le Dictionnaire commencé par M. Watelet, en conservant tous les articles composés par cet Amateur, & qui se sont trouvés dans ses papiers.

L'étude que M. Lévesque a faite des Arts, ne lui inspire pas l'orgueil de croire qu'il ait le droit de donner des leçons aux Artistes. Il la regarde seulement comme un moyen d'entendre & de parler leur langue.

Les principes qu'il se permettra d'établir, la théorie qu'il présentera à ses Lecteurs lui sera fournie, en général, par les Artistes qui ont écrit de leur Art depuis Léonard de Vinci jusqu'à ceux qui vivent encore. S'il consulte quelquefois Félibien & de Piles, c'est que le premier avoit retenu un grand nombre de principes qu'il avoit reçus du Poussin, & que l'autre n'étoit souvent que l'écho de Dufresnoy. Il espère que la connoissance qu'il a des Arts lui fera distinguer, dans les Ecrits de ces Amateurs, ce qu'ils devoient aux grands Artistes qu'ils avoient fréquentés, & ce qui leur appartenoit.

Il regardera comme un devoir rigoureux de renoncer à ses propres opinions, lorsqu'elles ne feront pas autorisées par la théorie de quelques Maîtres célèbres. Ce n'est pas ce qu'il pense que les Lecteurs seront curieux de savoir, mais ce qu'ont pensé des hommes dont ils peuvent recevoir les leçons avec confiance. Cependant, comme les Maîtres eux-mêmes en diffèrent entre eux sur plusieurs principes, il ne négligera pas de faire connoître leurs sentimens divers. Les jeunes-gens, qui se destinent aux Arts, ont reçu de la nature des dispositions & des caractères différens. Plusieurs seroient découragés par la sévérité de certains Maîtres, & seront animés par la brillante théorie & la pratique plus facile de quelques autres.

Le Dictionnaire des beaux Arts sera divisé, suivant le plan qu'avoit formé M. Waletet, en deux Dictionnaires différens : le premier & le plus étendu embrassera la théorie, & ce qu'il est utile ou agréable de savoir sur l'histoire de Arts; le second comprendra la pratique. On y trouvera, dans un très-grand détail, les procédés des différentes sortes de peinture, à l'huile, à fresque, à gouazze, en miniature; ceux de la sculpture & de la fonte des statues en bronze; ceux des différentes sortes de gravure en estampes, taille-douce, à l'eau-forte & au burin, manière noire, gravure à l'imitation du crayon, du lavis, gravure pointillée..... &c.

La première partie de cet Ouvrage a paru; la seconde paroîtra cette année. Les deux volumes seront terminés dans deux ans.

XXXIX.

MUSIQUE ANCIENNE ET MODERNE, *par M. Framery.* 2 volumes *in*-4.° (1).

Cette partie, dans le premier plan, devoit être réunie aux beaux-Arts, & ne former avec eux qu'un seul Dictionnaire; on a cru devoir les séparer, & M. Watelet, qui s'étoit chargé seul de la Peinture, Sculpture & de la Gravure, l'avoit exigé. Elle contiendra, 1.° le Texte entier du Dictionnaire de Musique de J. J. Rousseau, dont les articles avoient été composés séparément pour l'ancienne Encyclopédie, & qu'il a recueillis depuis en les corrigeant. 2° Les articles de musique composés par d'autres Auteurs, & insérés dans l'Encyclopédie & ses Supplémens. 3.° Des observations très-importantes sur les anciens articles, pour en rectifier les erreurs, ou en suppléer les omissions. 4.° Un grand nombre d'articles entièrement nouveaux, composés par l'Editeur & par plusieurs autres Ecrivains, & qui ne sont traités dans aucun Dictionnaire de Musique. 5.° L'Histoire de l'état de la musique chez les différens Peuples anciens & modernes, sauvages & policés. Cette partie, que l'on devra presqu'entièrement aux soins de M. Ginguené, est absolument omise dans la première Encyclopédie. 6.° Des détails précis & instructifs sur les différens instrumens de musique, anciens & modernes, sur-tout sur leur caractère propre, & les changemens qu'ils ont éprouvés; partie également neuve, & qu'on ne trouveroit dans aucun corps d'ouvrage. 7.° Des détails plus étendus & plus développés sur la musique des Anciens, sur celle de l'église, & sur-tout sur la musique théâtrale moderne, dont les principes & les effets étoient peu connus, lorsque l'Encyclopédie & le Dictionnaire de Rousseau ont été publiés. 8.° Enfin la Nomenclature de cette partie de la Musique ancienne & moderne sera plus que doublée, & le Dictionnaire de J. J. Rousseau, qui en fait la base, n'en fera pas la sixième partie.

Cet Ouvrage vient d'être mis sous presse, & le nouveau Rédacteur nous autorise à promettre aux Souscripteurs qu'il sera entièrement publié avant la fin de 1790.

(1) M. Suard, chargé précédemment de cette partie, a fourni quelques articles. Des circonstances particulières ne lui ont pas permis de continuer.

XL.

ARCHITECTURE, *par M. Quatremere de Quincy;* 5 volumes *in*-4.°

Un corps complet d'Architecture, & dont l'ensemble n'a encore été ni exécuté, ni même projeté, est l'objet de ce Dictionnaire. Si l'on arrive au but qu'on s'est proposé, il pourra suppléer à plus de deux mille volumes relatifs à cet Art, & que leur rareté met les Artistes hors d'état de connoître. Il offrira l'ensemble d'un tableau, dont les parties dispersées & sans valeur, quand elles sont isolées, ne peuvent se rapprocher que par un Ouvrage de la nature de celui-ci. Leur rapprochement seul doit faire supposer de grandes recherches. Seul, il peut indiquer toute l'étendue des connoissances de l'Architecture, la difficulté qu'on doit éprouver à en deviner même l'universalité, toute l'utilité enfin qui peut résulter pour les Arts de la réunion des parties dont se compose le plan de cet Ouvrage.

Cinq parties très-distinctes, dont chacune seroit le sujet d'un grand Ouvrage à part, forment la totalité des connoissances architectoniques, & toute l'ordonnance de ce Dictionnaire. On ne les retrouvera énoncées ici qu'en peu de mots.

L'Histoire de l'Architecture. Elle embrasse deux points de vue généraux : l'art de bâtir, commun à toutes les Nations de l'Univers, & *l'Art* proprement dit *de l'Architecture;* c'est l'Art des Grecs, devenu celui des Romains & de l'Europe moderne. Sous le premier rapport, on examine toutes les Architectures, tant anciennes que modernes, qui, par le caractère particulier de leur goût, peuvent nous fournir des tableaux séparés. Ces connoissances sont indépendantes des notions véritables de l'Art proprement dit. Celui-ci forme l'objet principal de l'Ouvrage. Pour embrasser toute l'étendue de son histoire, on y a joint la description de tous les monumens de l'antiquité, & de tous les Ouvrages célèbres des tems modernes. Les premiers trouvent leur place aux articles de toutes les Villes antiques, dont les ruines se sont conservées jusqu'à nos jours. Les seconds se trouvent liés à la Biographie des Architectes célèbres, partie si nécessaire au complément des connoissances historiques de l'Architecture.

La Métaphysique de l'art. Cette partie si importante à développer, si imparfaitement traitée jusqu'à présent, fait connoître l'essence de l'Architecture, la nature de ses moyens, les rapports de cet Art avec les sens, l'entendement, & le goût, les causes des impressions qu'il nous fait éprouver, &c.

La Théorie de l'Art. Comprend les règles que l'Architecture s'est données. Le système de son imitation, les principes résultans des connoissances métaphysiques, les observations fondées sur les règles de l'optique, enfin les maximes de goût, déterminées par la connoissance de notre ame, & fixées par les beaux Ouvrages de l'Art.

La didactique de l'Architecture. On entend, par ce mot, la partie élémentaire, ou les notions classiques de l'Art. Cette partie embrasse la Nomenclature générale, la définition de tous les mots techniques, de toutes les formes, de tous les membres, de tous les détails de l'Architecture, le parallèle des mesures, des ordres, des profils, enfin, tout ce qui se trouve compris dans les méthodes ordinaires.

La pratique ou la construction considérée en grand chez les Anciens & les Modernes. On y traite de procédés perdus, des découvertes modernes, de la coupe des pierres, de l'emploi des matériaux, &c.

Le Jardinage, uniquement considéré du côté de l'Art & du goût, ne pouvoit trouver place que dans cet Ouvrage. Les rapports qu'il a avec l'Architecture, sont trop sensibles pour avoir besoin d'être prouvés.

On a cru ne pouvoir se dispenser d'un certain nombre de planches, dont le choix a été dirigé d'après le plan de l'Ouvrage, de manière à correspondre au plus grand nombre d'articles possible.

La première partie de cet Ouvrage a paru, la seconde est sous presse; le zèle, & l'activité de l'Auteur, nous sont assez connus pour que nous puissions répondre à nos Souscripteurs que la totalité sera terminée dans deux à trois ans.

X L I.

ARTS ET MÉTIERS *méchaniques*; 7 à 8 vol. *in*-4.°

Cette partie, une des plus importantes de l'Encyclopédie, a été divisée en trois corps de Dictionnaires relatifs dans leur plan général, mais séparés dans leurs objets particuliers.

L'un de ces Dictionnaires, dont il a paru cinq volumes, & qui doit en comprendre sept à huit, renferme les Arts disparates, c'est-à-dire, les Arts qui ont des bases d'un genre différent, & qui s'exercent sur des substances diverses & variées. Ce sont ceux qui mettent en œuvre les métaux, les terres, la pierre, le bois, &c; certains produits des animaux, comme les suifs, les graisses, les cires, les os, ou quelques productions végétales, comme les farines, les sucres, les fruits, &c. ou des découvertes de l'industrie, comme l'Imprimerie, la poudre à canon, les couleurs, les vernis, &c. &c.

Cette partie des Arts & Métiers méchaniques, forme autant de petits traités distincts & complets, qui ne se ressemblent, que par la manière dont on a traité chacun d'eux: cependant on a observé une certaine méthode dans ces Arts disparates, en grouppant dans le même cadre ceux qui ont une analogie sensible.

Ainsi, on a présenté de suite la fabrique & l'énumération de toutes les différentes espèces d'aiguilles; de même toutes les diverses sortes de feux d'artifices; on a réuni dans le même tableau les arts de la gravure, des poinçons & de la fonderie des caractères d'Imprimerie, & en même-tems les modèles des caractères alphabétiques des langues mortes & vivantes; on a mis sous le même point de vue la fabrication de la brique, de la tuile, du carreau; on a décrit à-la-fois la fonderie des mortiers, obusiers, pierreries, bombes, grenades, boulets; on n'a point séparé les travaux du Carrier, Plâtrier, Chaufournier. On parle dans le même article du ciment, du mastic, du mortier; on explique à-la-fois ce qui concerne le cuivre, le laiton, la trefilerie; les compositions de tombac, pinsbeck, similor, &c. On rapproche les travaux & les connoissances du Diamantaire, Lapidaire, Jouaillier, Metteur en œuvre; on fait connoître les procédés du Doreur sur métaux, sur bois, sur cuir, sur verre, & autres matières, &c. &c. On a suivi le même plan dans la description des Arts qui ont des rapports si intimes, que dans leur division ils auroient exigé des répétitions; d'ailleurs, en paroissant dans un cadre qui leur est commun, ils s'éclairent, ils s'expliquent, & se développent l'un par l'autre.

Ainsi, chaque Art, chaque Métier a été traité assez complétement dans toutes ses relations, pour qu'il n'y ait point de renvois à des subdivisions. Tout est rapproché & renfermé dans le même cadre, depuis l'origine de l'Art, jusqu'à sa perfection & son emploi: il est enfin terminé par un Vocabulaire exact, détaillé & raisonné, qui en forme, comme la table, l'analyse & l'appendice.

On n'a point négligé de faire connoître, autant qu'il a été possible, les petits procédés qui sont regardés comme les *secrets* de certaines fabriques. On s'est attaché sur-tout à rendre sensibles toutes les opérations de ces Arts, & à les développer avec clarté, avec simplicité, avec exactitude, & dans leur progression successive. On a même quelquefois affecté de présenter les mêmes objets & leur explication sous des faces différentes, lorsque le sens, l'intelligence & l'importance des détails ont paru y être intéressés.

Ajoutons que cette collection des Arts méchaniques en renfermera beaucoup de nouveaux, & qui ont été omis en tout ou en parties, dans l'ancienne Encyclopédie, & dans les recueils très-imparfaits qu'on a voulu en faire, soit en France, soit dans les Pays étrangers; tels sont entre autres *l'art de la construction du métier à bas; la fabrique du blanc, du bleu & des autres nuances; l'art de raffiner le camphre; l'art du cannier; la fabrique du carmin; l'art de la cartonnerie; l'art de conserver & de faire cuire les châtaignes; l'art des Marchands de chevaux; l'art du ciment, mastic & mortier; l'art de la cire à cacheter; l'art du confiseur; l'art des couleurs & vernis; l'art du laiton, tombac, pinsbeck, similor, &c. l'art de préparer les dattes; l'art du dégraisseur; l'art du diamantaire, lapidaire, metteur-en-œuvre; l'art du distillateur liqueuriste, cafetier, limonadier; l'art de travailler l'écaille, la corne, l'ivoire, les os, la nacre; l'art du patenotier; l'art de couper les fanons de baleine; l'art de la fabrication des filets, haines & hameçons. L'art du flottage en train de bois; l'art du formier, talonnier, fabotier; l'art de l'archier-fléchier; l'art de faire les fromages; l'art du fumiste; l'art de la garance; l'art des glacières & glace artificielle; l'art de la construction des globes céleste & terrestre; l'art de composer la glu; l'art de la gravure en lettres, géographie, topographie, musique, & sur métaux; l'art d'apprêter & saler le hareng, l'art des jardiniers, préoliers, maraichers; l'art de l'imprimerie, librairie; l'art de l'imprimerie en couleur; l'art de l'indigo & manioc; l'art des instrumens de mathématiques; l'art des instrumens de musique; l'art de la lacque; l'art du laminage; l'art du lavage des mines & de la lavure des cendres d'Orfévrerie; l'art de préparer la levure; l'art du lunetier-opticien; l'art du lustrier; l'art de récolter la manne; l'art de pêcher & de saler le maquereau; l'art du marbreur de papier dominotier; l'art du stucateur; l'art des marchands de bois, de fer, d'arbres & arbustes, de fleurs, de bled & avoine, de foin, de marée, de volaille,* &c. *L'art de préparer les marrons d'inde; l'art du métal blanc; l'art du meulier; l'art du miel; l'art de l'étamage des glaces bombées; l'art du mortellier; l'art des mordans; l'art de préparer les morues, merluches,* &c. *L'art de la moulure; l'art mécanique d'instruire les sourds, muets & aveugles de naissance; l'art de récolter & préparer les épices,* &c. &c. &c.

Tel est l'exposé d'un travail important, immense dans ses recherches, difficile dans ses détails, précieux dans ses developpemens, & d'une utilité inexprimable pour toutes les classes de Citoyens, puisque son but est de soulager leurs besoins, & de prévenir leurs desirs.

Plusieurs Académiciens, comme MM. Fougeroux de Bondaroy, des Marets, de la Lande, &c. ont concouru à ce travail, en fournissant des Arts complets, ou des additions considérables aux anciens Arts: nous avons aussi les plus grandes obligations à M. Allut, M. de Sept-Fontaines, Gentilhomme de l'Ardresis, amateur très-instruit: à divers artistes célèbres que nous ferons connoître, ainsi que le Rédacteur principal, quand ce grand travail sera terminé; & on nous fait espérer qu'il le sera cette année.

X L I I.

ARTS ET MÉTIERS MÉCANIQUES, MANUFACTURES, *par M. Roland de la Platière, Inspecteur des Manufactures;* 2 vol. *in*-4.°

Ce Dictionnaire forme la seconde division des Arts & Métiers Mécaniques. Ils emploient dans leurs fabriques, le Chanvre, le Lin, le Coton, la Laine, le Poil, la Soie. Ces Arts sont tous en quelque sorte de la même classe; ils fraternisent; ils sont dans une relation réciproque & continuelle, & ne pouvoient gueres être traités qu'ensemble.

Cet Ouvrage est le fruit de trente années de travaux, d'observations, de voyages, d'enquêtes, de recherches, d'expériences, de veilles, de dépenses même. Ce n'est point proprement un Dictionnaire, c'est une suite de traités rangés sous une forme alphabétique. Afin de donner aux Souscripteurs une idée des peines incroyables que M. Roland de la Platière s'est données, & se donne tous les jours pour achever les travaux dont il a bien voulu se charger dans l'Encyclopédie, nous allons transcrire ici une partie de la lettre qu'il nous a fait l'honneur de nous écrire de Lyon, où il fait sa résidence, le 10 Février dernier. Elle serviroit à le justifier, ainsi que nous, des retards qu'éprouve la publication de plusieurs parties de l'Encyclopédie, si l'on pouvoit se croire fondé à nous en faire des reproches.

Ce Dictionnaire doit être terminé par un vocabulaire qui complétera le second volume. Nous n'avons cessé d'en prévenir les Souscripteurs, dont plusieurs nous ont fait des reproches, sur ce que ce dernier volume n'étoit pas aussi fort que le premier. On nous les épargneroit, si l'on avoit l'attention de lire à mesure les avis particuliers qui accompagnent chaque Livraison.

X L I I I.

ARTS ET MÉTIERS MÉCANIQUES, PEAUX ET CUIRS, TEINTURE ET IMPRESSION, HUILE ET SAVONS; *Par M. Roland de la Platière.* 2 vol. *in*-4.°

Ce Dictionnaire forme la 3.e division des Arts & Métiers mécaniques.

« Vous me prenez, Monsieur, dans un » moment très-critique, pour vous procurer » un tableau qui n'est encore que dans ma tête, » & auquel des recherches sans nombre & une » correspondance prodigieuse, quoique très-in» grate, me forcent à faire des changemens » continuels. Vous savez combien toutes les par» ties que j'ai traitées, & que j'ai encore à » traiter, l'ont été mal dans la première Ency» clopédie. Les savans négligeoient les Arts, les » artistes négligeoient les Lettres; ceux-ci ne pou» voient rendre ce qu'ils savoient, ceux-là ne sa» voient rendre ce qu'ils ignoroient: il en est résulté, » dans les principes & dans les faits, un gali» mathias inintelligible à tout le monde. Indé» pendamment de ce qu'il n'y a de plan pour » rien, ni de suite en aucune partie, de ce » que

» que très-souvent le texte mal conçu & les » planches mal ordonnées n'ont aucun rapport » entre eux, on n'y trouve d'ailleurs ni historique » dans les faits, ni philosophie dans l'exposi- » tion des causes, ni exactitude dans la juris- » prudence. C'est toujours la compilation la plus » indigeste, la partie la plus informe de cet énorme » colosse.

» En vous retraçant, Monsieur, ce qui est ou » ce qui n'est pas, c'est assez vous dire ce qui » me reste à faire, & le sentiment de faire mieux & » mon activité, qui vous sont bien connus, vous » diront également assez combien je m'en occupe. » Il n'est pas une instruction particulière pour » laquelle je n'aie fait vingt copies de mémoires, » & écrit autant de lettres à Lisbonne, à Lon- » dres, à Amsterdam, en Russie, en Allemagne, » en Italie, à Paris & dans toutes nos provinces; » & je m'estimerois heureux si, sur vingt questions, » j'obtenois une réponse exacte à deux ou trois. » La plus cruelle de mes peines, c'est que les person- » nes sur qui j'avois le plus compté, parce qu'elles » m'avoient promis & qu'elles avoient, à ce que je » croyois, de quoi tenir, m'ont déclaré, après des » années de sollicitations & d'espérances, ne pou- » voir rien me fournir. La crainte de divulguer » des connoissances au secret desquelles on croit » sa fortune attachée : la crainte de déplaire à » des confreres qui sont occupés de la même » idée; celle de se montrer au-dessous des espé- » rances qu'on avoit données : inaptitude, vanité, » paresse, que sais-je? Voilà ce qui conduit pres- » que tout le monde, & ce qui m'arrête à cha- » que pas.

» Il n'a été pour moi ni long, ni difficile de » lire & extraire les Ouvrages où la matière est » traitée *ex professo*; ils sont en petit nombre & » peu étendus pour ce qu'ils renferment de curieux » & d'utile; mais je me suis rendu habitant des » atteliers; je me suis fait ouvrier; puis j'ai par- » couru tous nos journaux, j'ai lu & extrait les » journaux de Cook & de tous ceux qui ont » voyagé avec lui, avant & depuis lui, autour » du monde; j'ai compulsé les Ouvrages du grand » Linnée & ceux de ses disciples les plus fameux, » Russes, Suédois, Hollandois, Anglois & Alle- » mands. Pour la partie Historique, j'avois fouillé » dans l'antiquité; & pour la partie que je dois » publier, ainsi que pour celles qui la suivront, » les *Huiles* & *Savons*, & les *Teintures*; le discours » préliminaire est fait, & sera imprimé en tête » du volume des *Peaux* & *Cuirs*. Suivra le plan » de l'Ouvrage, le tableau & les sommaires de » cette partie seulement.

» La partie la plus curieuse pour l'Histoire » naturelle, la moins connue parmi nous, quoi- » qu'elle y devienne un objet immense de com- » merce; celle sur laquelle nos naturalistes, sou- » vent en défaut, sont le plus relevés par les » étrangers, la *Pelleterie*, *la Pelleterie* seule » demanderoit un homme tout entier pour être » traitée avec la variété, l'exactitude, la méthode » & l'étendue dont elle est susceptible. Cette » partie, sur laquelle nous n'avons presque, pour » des faits, que des spéculations de cabinet, de » vagues hypothèses, des conjectures hasardées » & toutes les erreurs qu'elles mènent à leur suite, » m'a beaucoup occupé, & m'occupera beaucoup » encore, avant que je puisse me promettre le » succès d'un travail fait avec recherches & solli- » citudes.

» En voilà assez, je pense, pour vous donner, » Monsieur, une idée de mes travaux : ils sont » tels, que je m'en reproche tous les jours l'en- » treprise; tels que je ne crains point, de la part » de ceux qui peuvent les apprécier, le reproche » d'être en retard; tels enfin que, si quelqu'un » croit faire plutôt & mieux, je lui céderai volon- » tiers la plume.

» Pour résumer & pour tranquilliser vos Sous- » cripteurs, vous pouvez les assurer qu'en 1789 » seront publiés, 1.° l'errata & le supplément » des parties du *Dictionnaire des manufactures*, » *Arts & Métiers*, & le vocabulaire commun & » général de toutes ces parties.

» Cet *Errata*, supplément & vocabulaire, fera » suite au second volume *du Dictionnaire des Ma-* » *nufactures*, & complétera les deux premiers.

» 2.° Le discours préliminaire & toute la » partie des *Peaux & Cuirs*, divisée comme les » matières le sont dans le premier & second » vol. du *Dictionnaire des manufactures*, *Arts &* » *Métiers*; c'est-à-dire, que chaque grande partie » fera un traité complet, avec toutes les divisions » & sous-divisions dont il sera susceptible.

» En 1790, 1.° *la Pelleterie*; 2.° l'errata du » supplément & le vocabulaire de toutes les par- » ties des peaux & cuirs, & enfin *les huiles &* » *savons*.

» En 1791, les *teintures*, tout ce qui y tient, » tout ce qui en dépend, le reste de mon travail » enfin.

» Le tout, compris le Dictionnaire des Ma- » nufactures qui est publié, fera quatre volumes » de texte & deux volumes de Planches. Cela est » très-clair & très-précis. »

XLIV.

VOCABULAIRE ENCYCLOPÉDIQUE;

servant de table pour tout l'Ouvrage; 4 à 5 vol.

Ce vocabulaire comprendra tous les mots contenus dans chacun des Dictionnaires particuliers, avec le numéro de la page, l'indication de la colonne, & le numéro du tome de l'Ouvrage; de sorte que le lecteur qui aura un mot à chercher dans cette Encyclopédie Méthodique, & qui ne saura pas que ce mot est du Dictionnaire, soit de Physique, soit de Mathématiques, ou de tout autre, en recourant à ce Vocabulaire, trouvera dans l'instant l'indication du tome, de la page & de la colonne où le mot se trouve. Ce vocabulaire ne sera point borné à cet usage. Comme il y a dans l'Encyclopédie méthodique une foule de mots qui comprennent des détails, dont on n'a pu faire des articles particuliers, & qu'on ne soupçonneroit pas dans ceux qui en font mention, le vocabulaire les fera connoître: ainsi, dans un article de Géographie, où l'on aura fait mention d'un Savant, d'un Artiste, dont on n'aura pas cru devoir faire un article à part dans le Dictionnaire Historique, faisant partie de cette Encyclopédie, on en trouvera les mots & les renvois au tome, dans le vocabulaire. Il en est de même des choses, si on a parlé dans un article d'une négociation, d'un traité de paix, d'un fait remarquable, d'une découverte, le vocabulaire indiquera le tome & la page où il en est fait mention. L'usage de ce vocabulaire sera surtout sensible pour diverses parties des connoissances humaines, qu'on n'a point jugé à propos d'intercaler dans les Dictionnaires, comme la plupart des discours préliminaires & nombre d'autres morceaux qui les suivent, tels que sont tous ceux qui se trouvent dans les Dictionnaires d'Histoire naturelle, &c. Le lecteur ne sauroit où trouver ces matières, si le Vocabulaire ne les lui indiquoit: il en est de même du Dictionnaire des Arts & Métiers méchaniques. Comme dans cette partie chaque Art y est traité de suite, & qu'on a mis à la fin de la description de chacun d'eux tous les mots techniques qui en font la langue, le vocabulaire doit les reprendre tous, afin que le lecteur puisse y recourir au besoin.

Ce Vocabulaire devenant ainsi la table générale de l'Encyclopédie méthodique, & l'Encyclopédie elle-même formant le dépôt de toutes les connoissances acquises dans les Sciences & les Arts, il en résultera un nouveau Dictionnaire le plus complet & le plus exact de tous les mots de la langue Françoise, & tel qu'il n'en existe & qu'il ne peut en exister d'aussi universel chez aucune nation.

Enfin, pour rendre ce Vocabulaire encyclopédique d'une utilité plus grande, & pour répondre aux desirs de la plupart de nos Souscripteurs, on accompagnera chaque terme d'une définition ou explication courte & précise, après en avoir désigné le genre, l'espèce ou la qualité.

La plupart de ces définitions manquent dans les articles de chaque Dictionnaire.

Ce Vocabulaire terminera l'Encyclopédie méthodique, & l'on sent qu'il est de la plus indispensable nécessité, pour guider sûrement le Lecteur dans toutes les parties de ce vaste labyrinthe.

Il sera précédé du Discours préliminaire de M. d'Alembert, de l'arbre encyclopédique du Chancelier Bacon, de celui de MM. Diderot & d'Alembert, des diverses Préfaces de l'ancienne Encyclopédie, & de l'histoire de ce Dictionnaire, des différentes éditions qui en ont été faites & de leur appréciation. On placera à la tête du premier Volume les Portraits des premiers Rédacteurs, (MM. Diderot & d'Alembert) juste hommage qu'on aime à leur rendre, & qui ne peut être mieux placé qu'à la tête de cette nouvelle Encyclopédie.

Le Prospectus général, & tous les Prospectus en particulier, qui en sont le développement, que nous avons imprimés à la tête du premier Volume des Beaux-Arts, & toutes les additions, augmentations & parties nouvelles dont nous venons de faire mention, mettent le Lecteur en état de juger s'il fût jamais une entreprise plus vaste, plus noble, plus utile, plus nécessaire même, & plus digne d'encouragement à tous égards.

ÉTAT

Du nombre des Dictionnaires qui composent les XLIV Divisions du Tableau, avec le relevé de l'Apperçu de la totalité des Volumes de Discours de l'Encyclopédie.

Division.	Diction.	Volumes.
I.ere Le Tome troisième des Mathématiques sera terminé par un Dictionnaire complet sur les Jeux; & cette Division forme deux Dictionnaires, ci	2	5
II. La Physique	1	2 à 3
III. La Médecine	1	6 à 7
IV. Anatomie (le Vocabulaire de l')	1	2 à 3
V. Chirurgie	1	2 à 3
VI. Chymie, Métallurgie & Pharmacie, ne forment qu'un Dictionnaire, ci	1	3 à 4
VII. Agriculture	1	3 à 4
VIII. Bois & Forêts	1	1
IX. *Histoire Naturelle.* Cette partie est divisée en huit Dictionnaires; *savoir :*		
Animaux quadrupèdes & Cétacées	1	
Les Oiseaux	1	
X. Les Quadrupèdes ovipares & les Serpens	1	13 à 14
XI. Les Poissons	1	
XII. Les Insectes	1	
XIII. Les Vers	1	
XIV. La Botanique	1	
XV. Les Minéraux	1	
XVI. Géographie-Physique	1	1
XVII. Géographie & Histoire anciennes	1	2
XVIII. Géographie moderne	1	3
XIX. Antiquités	1	4 à 5
XX. Histoire & Blason	2	5
XXI. Théologie	1	3
XXII. Philosophie ancienne & moderne	1	3
XXIII à XXV. Métaphysique, Logique, Morale & Education	3	4
XXVI. Grammaire & Littérature	1	3
XXVII. Jurisprudence	1	8
XXVIII. Police & Municipalité	1	2
XXIX. Finances, compris le Supplément	2	4
XXX. Economie Politique & Diplomatique	1	4
XXXI. Commerce	1	3
XXXII. Marine	1	3
XXXIII. Art Militaire, compris le Supplément	2	4
XXXIV. Artillerie	1	1
XXXV. Ingénieur des Ponts & Chaussées	1	1
XXXVI. Arts Académiques	1	0 ½
XXXVII. Vénerie, Chasses & Pêches	1	1
	42	102 ½

	Diction.	Volumes.
D'autre part.	42	*D'autre part.* ... 102
XXXVIII. *Beaux-Arts.* Cette Partie forme deux Dictionnaires; l'un de Théorie, l'autre de Pratique..........	2	2
XXXIX. Musique ancienne & moderne..................	1	2
XL. Architecture..............	1	5
XLI. Arts & Métiers mécaniques, première Division......	1	7 à 8
XLII. Manufacture, deuxième Division..................	1	2
XLIII. Peaux & Cuirs, Teinture, Pelleterie, &c. troisième Division..........	2	2
XLIX. Vocabulaire Encyclopédique..................	1	4 à 5
Total des Dictionnaires...	51	Total des Volumes.. 128 ½

Nota. Comme il y a neuf Dictionnaires, dans cette liste, dont le nombre des Volumes est indéterminé; c'est-à-dire, que la Médecine, par exemple, pourra n'avoir que *six* volumes au lieu de *sept*; nous réduirons ces 128 ½ volumes à 124; & nous croyons que ce dernier nombre, à un volume en plus ou en moins, doit être le nombre *exact* des volumes de Discours dont l'Encyclopédie Méthodique sera composée.

ÉTAT
DES VOLUMES,

Dont la plus grande partie reste encore à publier, & qui exigent nécessairement des Figures.

Les six volumes de Planches que nous avons actuellement publiés, sont relatifs à la première & seconde division des Arts & Métiers mécaniques; voyez le tableau ci-devant (n.os XLI & XLII). Mais il reste à traiter les *Peaux & Cuirs, la Teinture, les Huiles & Savons*, qui fourniront un Volume de Planches, ci.......... 1 vol.

L'Artillerie, les Ponts & Chaussées & l'Architecture, d'après le calcul que nous en ont donné les Auteurs de ces parties, fourniront un Volume & demi. Si l'on veut juger de la nécessité & de l'utilité de ces Planches, il faut lire la fin de l'article de l'Artillerie, page 37, & la note ci-dessous (1). L'artillerie fournira 100 Planches, & offrira une collection qui manque à toute l'Europe, ci............ 100 pl.

Les Ponts & Chaussées en donneront 150, ci.................. 150

L'Architecture............... 200

450

Ces 450 Planches formeront un Volume & demi.

Les Mathématiques, la Physique, la Médecine;

(1) Sur les Planches du Dictionnaire de l'Ingénieur des Ponts & Chaussées, &c. voyez le tableau numéro XXXV, page 37.

Ces Planches seront distribuées en trois grandes divisions; la première sera relative à tous les articles compris dans la division du Prospectus, intitulée : *les Sciences*, & comprendra environ douze Planches.

La seconde division de 38 Planches répondra à celle du Prospectus, intitulé : *la Pratique*, & tout ce qui sera décrit & défini dans le Discours, se trouvera dessiné & nommé à côté de la figure. On pense que c'est la seule manière de se faire bien entendre en mille occasions où le discours le plus clair laisse toujours quelque obscurité. On peut s'en convaincre en lisant les Ouvrages que nous avons sur l'Architecture ou sur d'autres Arts, & qui sont dépourvus de figures.

La troisième division en fournira environ 100, & répondra à celles du Prospectus, intitulées : *l'Histoire & la Partie Descriptive.* Nous osons annoncer que cette division offrira *la collection la plus complète & la plus satisfaisante qui ait encore paru dans le même genre.* Le Lecteur doit s'en être fait une idée en parcourant les divisions du Prospectus auxquelles elle a rapport.

l'Anatomie, la Chirurgie, la Chymie, la Pharmacie, la Métallurgie, l'Agriculture, l'Art Militaire, l'Escrime, l'Equitation, la Danse, la Chasse, la Pêche, le Blason, la Gravure, la Peinture, la Sculpture, la Musique ancienne & moderne, donneront deux Volumes & demi de Planches. Ces parties ne sont pas encore assez avancées pour qu'on puisse déterminer exactement le nombre de Planches de chacune d'elles. Il y en a qui exigeront 10 Planches, d'autres 20, celles-ci 30, 40 ou 50. En les supposant l'une dans l'autre à 35, ces 20 parties pourront fournir 700 Planches; c'est-à-dire, *environ deux Volumes & demi.*

Ainsi, il resteroit donc, dans ce calcul, cinq Volumes de Planches à publier.

Nous ferons de nouveau observer aux Souscripteurs, que chacun de ces Volumes de Planches ne leur coûte que 24 liv., ou un sol six deniers chaque Planche; & s'ils ne faisoient point partie d'une masse aussi considérable que l'Encyclopédie, il seroit impossible à aucun Libraire de donner de pareils Volumes à moins de 48 livres. Ce ne sont point seulement les Planches anciennes de l'Encyclopédie que nous leur donnons. Ces Volumes excédens de Planches répondant à des Volumes de Discours, dont la matière a été à peine effleurée dans la première Encyclopédie *in-folio*, ils sont presque entièrement composés sur des dessins nouveaux, dont un Entrepreneur, qui se seroit attaché à suivre à la lettre les conditions du Prospectus, auroit pu se dispenser. Nous avons cru que nous devions nous conduire différemment, & que le Public, éclairé sur ses véritables intérêts & sur la nature de cette entreprise, approuveroit l'exécution de ces Planches, & nous sauroit même gré de n'avoir point gêné les Auteurs à cet égard.

Sur la Reliure de cet Ouvrage, & sur les Volumes qui peuvent être actuellement reliés.

Comme le Vocabulaire doit reprendre tous les mots de chacune des parties qui composent cette Encyclopédie en y renvoyant, on ne pourra publier l'ordre des numéros de tous les Volumes de cet Ouvrage, que lorsque le dernier Volume en aura paru; & nous avions cru d'abord qu'on ne devoit les faire relier qu'à l'instant de la publication de ce dernier Volume; & peut-être n'auroit-on dû le faire qu'à cette époque, si l'Encyclopédie eût pu être renfermée dans 53 à 57 Volumes de Discours, comme nous le présumions dans les commencemens. Mais comme elle doit en avoir plus du double, & que nous concevons que ces demi-Volumes ne sont pas d'un usage facile aux Souscripteurs, & que plusieurs nous ont fait demander s'ils ne pourroient pas faire relier actuellement les Volumes complets qui sont déjà en grand nombre, en réunissant les demi-Volumes, nous croyons qu'on le peut sans aucun inconvénient, & nous en donnons ici la note exacte.

Nous prions les Souscripteurs de recommander attentivement qu'on conserve l'ordre des Tomes de chaque Dictionnaire; savoir, Jurisprudence, Tome 1, 2, 3, 4, 5, 6, 7, 8, & sur-tout d'ordonner expressément au Relieur de laisser sur le dos une place pour indiquer l'ordre des numéros des Volumes de tout l'ouvrage; de sorte que chaque Volume relié doit porter deux titres.

Le premier doit être :

ENCYCLOPÉDIE MÉTHODIQUE.

* Tomes 1, 2, 3 à 124.

---

(1) C'est cette seconde ligne qu'il faut laisser vide.

Le second :

MATHÉMATIQUES. Tome I.er

Nous ne pourrons indiquer l'ordre des numéros de la seconde ligne, que lorsque le dernier Volume aura paru; ce sont ces seuls *numéros* qui seront repris dans le *Vocabulaire universel.* Les seconds ne serviroient qu'à y apporter de la confusion & à multiplier le nombre des Volumes de ce Vocabulaire.

Etat des Volumes de l'Encyclopédie à relier actuellement.

Mathématiques, Tomes	1, 2.
Marine, T.	1, 2.
Géographie moderne	1, 2, 3.
Géographie ancienne	1.
Finances	1, 2, 3.
Jurisprudence	1 à 7.
Art Militaire	1, 2, 3.
Grammaire & Littérature	1, 2, 3.
Histoire Naturelle	1, 2.
Antiquités	1.
Histoire	1, 2, 3.
Arts & Métiers	1, 2, 3, 4, 5.
Manufacture	1.
Botanique	1, 2.
Economie politique & diplomatique	1, 2, 3
Commerce	1, 2, 3.
Théologie	1, 2.
Logique, Métaphysique & Morale	1, 2
Total des Volumes à relier	48

Les Souscripteurs doivent suivre exactement la note que nous leur donnons, & ne pas s'en écarter (1).

(1) *Les Arts Académiques* comprenant l'Equitation, l'Escrime, la Danse, sont finis depuis plusieurs années ; & cependant on ne doit pas les faire relier actuellement, parce que ces Arts ne formant qu'un demi-volume, ne doivent se relier qu'avec un autre demi-volume, & nous indiquerons plus tard celui qui pourra lui être réuni. Il en est de même du deuxième Volume des *Manufactures*, qui doit être terminé par un Vocabulaire.

On peut donc faire actuellement relier 48 Volumes de Discours & les six Volumes de *Planches des Arts & Métiers mécaniques*, ainsi que l'Atlas, dont les deux parties doivent se relier en un, en totalité 55 volumes.

On ne doit pas faire relier actuellement la première Livraison des Planches de l'Histoire naturelle.

Ainsi, il ne restera qu'un petit nombre de demi-Volumes, dont la plupart pourront être reliés à la fin de chaque année, avec les nouveaux Volumes qui paroîtront. Nous aurons soin d'en donner la note au mois de Janvier.

Sur le tems où cette Encyclopédie sera terminée.

C'est peut-être ici l'objet qui intéresse le plus les Souscripteurs ; nous avons été accablés de lettres de plaintes, de reproches sur ce que nous n'allions pas assez vîte ; on a même été jusqu'à nous demander des *dédommagemens de non-jouissance* : mais on doit faire attention que cet Ouvrage dépend de cent Auteurs, & qu'on ne fait pas un bon livre dans un tems déterminé, comme une pièce d'étoffes ; nous dépendons encore de vingt Imprimeurs, d'un plus grand nombre de Graveurs ; & si l'on considère que nous avons actuellement publié 53 Volumes de Discours & 8 de Planches, on devroit s'étonner, bien loin de se plaindre, que nous ayons pu y mettre autant d'exactitude & de célérité.

Cependant il faut un terme à tout ; & si les Souscripteurs desirent que ce grand Ouvrage soit promptement terminé, ils doivent être assurés que nous y avons un plus grand intérêt qu'eux, parce que cette entreprise ne peut nous être utile aujourd'hui qu'elle ne soit achevée. Ils peuvent donc s'en rapporter à nous sur cet objet. Dans le tableau qui suit les Représentations, nous avons indiqué les parties qui sont actuellement finies, & le tems où les autres doivent l'être.

Nous observerons que cette Encyclopédie étant composée de 51 parties différentes, qui forment autant de Dictionnaires, les Souscripteurs peuvent actuellement faire usage de ceux qui sont terminés ; avantage qu'on n'avoit pas dans la première Encyclopédie, où toutes les matières étant confondues les unes avec les autres, il a fallu attendre que le dernier Volume fût publié, pour jouir en entier d'une seule partie.

Comme l'Imprimerie de Paris a été très-occupée depuis quelques années, & que nous avons éprouvé des retards involontaires de la part de quelques Imprimeurs, nous avons voulu nous en mettre à l'abri à l'avenir. Plusieurs d'entre eux ayant égard à notre position, & desirant de nous mettre à portée de remplir nos promesses, ont établi de nouvelles presses, augmenté leurs fontes, &c. &c. & pris avec nous les engagemens les plus formels de nous fournir jusqu'à six, huit & dix Volumes par an, si la copie ne leur manquoit pas. Par ces arrangemens, nous serons à l'abri de tout reproche, & nous aurons fait tout ce qui dépend de nous, pour répondre aux desirs & aux vœux des Souscripteurs.

M. Benard, Graveur, chargé de la direction de toutes les Planches, a, de son côté, multiplié le nombre de ses Coopérateurs. Nous avons infiniment à nous louer du zèle, de l'activité & de l'intelligence qu'il a mis dans toutes les parties de la gravure.

TABLEAU GÉNÉRAL

Des Volumes à onze livres & des Volumes à six livres qui restent à livrer aux Souscripteurs ; des paiemens qui restent à faire & de la forme de ces paiemens.

Des Volumes à onze livres.

1.° Les Tomes 54, 55, 56, 57, ci..	4	Volumes.
2.° A ces Volumes que les Souscripteurs doivent payer onze livres, suivant le Prospectus (voyez page 8, colonne 2, ligne 35). Il faut joindre ceux qui contiennent des *parties nouvelles* qui y ont été omises, ou des *Supplémens* à des parties publiées. Ces Volumes sont les suivans:		
L'Architecture (voyez le tableau n.° XL)..	5	
Police & Municipalité (voyez le n.° XXVIII)..	2	
Jeux insérés à la fin du troisième volume des Mathématiques (voyez le n.° I)..	0 ¾	
Histoire ancienne, insérée avec la Géographie ancienne (voyez le n.° XVII)...	1	
Education (voyez le n.° XXV)..	1	
Science de l'Ingénieur (voyez le n.° XXXV)..	1	
Supplément à l'Art Militaire (voyez le n.° XXXIII)..	1	
Supplément à la Finance (voyez le n.° XXIX)..	1	
Vénerie, Chasses & Pêches (voyez le n.° XXXVII)..	1	
Quatre volumes excédens du Vocabulaire, ci..	4	
Plus, trois volumes un quart de Discours Préliminaires, &c. ci..	3 ¼	
Total des Volumes à onze livres......	25	

Nous demandons que les Souscripteurs nous allouent trois volumes un quart à 11 livres pour porter à vingt-cinq ce nombre de volumes ; & nous ne présumons pas qu'aucun d'eux se refuse à cet arrangement, puisque nous leur allouons, de notre côté, 46 à 48 volumes à 6 livres, quoiqu'en prenant le véritable esprit du Prospectus, on pourroit n'être tenu que de leur en donner 3 à 4 volumes à ce prix. La demande de ces volumes nous paroît d'autant mieux fondée, que nous pourrions compter près de quatre volumes* de Discours préliminaires & de Supplémens qui se trouvent à la tête & à la fin des Dictionnaires, & dont on n'a point fait mention dans le *Prospectus.* Si nous éprouvions quelques difficultés à cet égard, nous pourrions être forcés, par notre position, car à l'impossible nul n'est tenu, à réduire le nombre des volumes à 6 livres, en convertissant *en Supplémens* les volumes excédens relatifs aux Dictionnaires dont le Prospectus fait mention ; & c'est ce qu'un Entrepreneur, qui auroit moins consulté la perfection de l'ouvrage que ses intérêts, n'auroit pas manqué de faire. C'est pour n'y pas être contraints, que nous osons nous flatter que les Souscripteurs se prêteront sans répugnance à cet arrangement.

* La Partie seule de l'Histoire naturelle en comprend plus d'un Volume & demi.

Des Volumes à six livres.

Dans le Tableau qui précède celui-ci (page 52), on a vu que le nombre des volumes de Discours seroit de........................			124
Nous en avons fourni aux Souscripteurs........................		53	
Si l'on y joint les 25 ci-dessus, ci........................	25	71	
Il reste en Volumes à 6 livres........................	46		
Total des Volumes de Discours...........		124	

Des Paiemens qui restent à faire.

	25 Volumes à 11 liv. donnent la somme de.......		275 ₶
	46 Volumes à 6 liv. ci..............................		276
	71 Volumes de Discours à fournir.		
	* 5 Volumes de Planches à 24 liv. ci...........		120
Total des Vol. de Disc. & de Planches à livrer.	76	Total du paiement..........	671

* *Il est possible qu'il n'y ait que quatre Volumes de Planches.*

De la forme des Paiemens.

Les 71 Volumes de Discours à fournir coûtent ensemble..........		551 ₶
Pour rendre possibles les Volumes à 6 livres, sur lesquels il y a une perte & un *déficit* de recette très-considérables, nous distribuerons cette somme de 551 livres en 25 Livraisons de deux Volumes de Discours, l'un à 11 livres, l'autre à 6 liv. formant 17 liv. par Livraison, & donnant, ci..	425 ₶	
Vingt-un Volumes restans à 6 livres, ci.................................	126	
Somme égale................	551	

Nous joindrons ces vingt-un derniers Volumes à des Livraisons de Planches, soit d'un volume, soit d'un demi-volume d'Arts & Métiers mécaniques ou d'Histoire naturelle; ils formeront dix Livraisons, dont une de trois Volumes.

Nous publierons alternativement, & autant qu'il nous sera possible, des Livraisons de Planches avec deux Volumes de Discours, ou des Livraisons de deux Volumes de Discours, & quelquefois es Livraisons doubles.

La forme de ces paiemens, qui n'est pas indifférente dans notre position, doit l'être parfaitement aux Souscripteurs, puisqu'ils ne paieront pas, par cet arrangement, plus qu'ils ne doivent payer.

Nous aurons soin, à la fin de chaque année, de donner le tableau exact des paiemens faits & de ceux qui restent à faire, afin d'être toujours en règle dans cette grande machine.

Quelques Souscripteurs pourront se récrier sur cet excédent de paiement; mais nous les prions de considérer, encore une fois, que ces 124 Volumes de Discours contiennent autant de matières que 620 Volumes *in*-4.°, comme le Velli, le Buffon, &c.; que l'Encyclopédie terminée deviendra, pour chacun d'eux, le plus utile de tous les livres, & que la Bibliothèque la plus considérable n'offrira jamais ni la même utilité, ni la même commodité que cet Ouvrage, pour tous les objets sur lesquels on aura besoin, ou de consulter, ou de s'éclairer.

ERRATA.

Dans le Tableau, page 14, colonne 2, ligne 40: *donne* 38 *à* 40 *Vol.* lisez 46 *à* 48 *Vol.*

FIN.

SAGITTAIRE, (*Aſtron.*) *Arcitenens*, *Sagittarius*, conſtellation du zodiaque, appellée quelquefois *Centaurus*, *Taurus*, *Chiron*, *Phillyrides*, c'eſt-à-dire, fils de *Philyra*, *Semivir*, *Arcus*, *Pharetra*, *Eques*, *Minotaurus*, *Croton*. Les poëtes diſent que c'eſt le centaure Chiron, fils de Saturne & de Philyra, qui enſeigna le premier aux hommes l'art de monter à cheval; il excelloit dans la ſageſſe & dans la ſcience des aſtres : il fut le précepteur d'Achille, de Jaſon, d'Eſculape; il fut tué par une flèche teinte du ſang de l'hydre de Lerne, & placé dans le ciel auſſi-bien que cette flèche. Ovide en parle de la même manière, à l'occaſion du lever du centaure, qu'il rapporte au 3 de mai ou au 5 des nones.

Nocte minus quartâ promet ſua ſidera Chiron
Semivir, & flavi corpora miſtus equi.
Ovid. Faſt. V.

Armatuſque arcu Chiron & corniger hircus.

D'autres cependant ont cru que l'on devoit rapporter à Chiron la conſtellation du centaure; mais que celle du *ſagittaire* n'étoit autre choſe que le minotaure, dont Paſiphaé fut amoureuſe. Lucien ſemble indiquer que c'étoit l'amour de l'Aſtronomie & l'étude des conſtellations céleſtes, ſur-tout de la conſtellation du taureau, qui avoit donné lieu à la fable ſur la paſſion de Paſiphaé. Quelques-uns penſent que c'eſt Croton, qui, élevé ſur le mont Hélicon en la compagnie des Muſes, devint un excellent poëte, & fut auſſi grand chaſſeur; il étoit ſans ceſſe à cheval; il fut regardé comme étant, pour ainſi dire, demi-homme & demi-cheval : il fut tranſporté au ciel par Jupiter, à la prière des Muſes. On a regardé auſſi cette conſtellation comme étant l'image d'Hercule, qui étoit en grande vénération en Egypte. M. Dupuis croit que ce n'eſt que le ſymbole des vents étéſiens qui venoient du nord, & cauſoient les débordemens du Nil. *Aſtron. IV*, *p.* 375.

Il y a, dans le catalogue britannique, 65 étoiles dans cette conſtellation. (*D. L.*)

SAISON, ſ. f. (*Coſmographie*) on entend communément par *ſaiſons*, certaines portions de l'année qui ſont diſtinguées par la chaleur & le froid, & déſignées par les ſignes dans leſquels entre le ſoleil. Ainſi l'on appelle *printemps*, la *ſaiſon* où le ſoleil commence à ranimer ſa végétation, & entre dans le premier degré du bélier, & cette *ſaiſon* dure juſqu'à ce que le ſoleil arrive au premier degré de l'écreviſſe. Enſuite l'été commence, & dure juſqu'à ce que le ſoleil ſe trouve au premier degré de la balance. L'automne commence alors, & dure juſqu'à ce que le ſoleil ſe trouve au premier degré du capricorne. Enfin l'hiver régne depuis le premier degré du capricorne, juſqu'au premier degré du bélier.

Au ſud de l'équateur, le printemps dure tant que le ſoleil remplit ſon cours depuis le premier degré de la balance, juſqu'au premier degré du capricorne; l'été, depuis celui-ci juſqu'au premier degré du bélier, & ainſi de ſuite; c'eſt le contraire de ce qui arrive dans les contrées du nord. Ce calcul des *ſaiſons* ne convient point à la zone torride; quand le ſoleil paſſe au zénit, il doit y avoir été, à moins que quelque cauſe n'y mette obſtacle. Dans les lieux ſitués ſous l'équateur, il ne doit être ni printemps, ni automne, quand le ſoleil a paſſé le premier degré du bélier, mais plutôt l'été; car alors le ſoleil paſſe ſur ces lieux, & y cauſe la plus grande chaleur. Mais, dans beaucoup d'endroits, ſous la zone torride, les *ſaiſons* ne répondent point aux temps où le ſoleil s'en approche ou s'en éloigne, car on y compte l'hiver, à cauſe du temps pluvieux & orageux, au lieu que ce devroit être l'été, puiſque le ſoleil en eſt alors plus proche; & tout au contraire, on y compte l'été quand le ſoleil s'en éloigne. En un mot, on y fait conſiſter l'été dans un ciel clair; & l'hiver, dans un temps humide & pluvieux. Il eſt donc vrai que les idées des *ſaiſons* diffèrent conſidérablement ſuivant les lieux.

Mais en conſidérant la choſe aſtronomiquement, ſous la zone tempérée & la zone glaciale, les quatre *ſaiſons* céleſtes ſont preſque de la même longueur; & ſous la zone torride, elles ſont inégales, la même *ſaiſon* y étant différente, ſelon les différens lieux.

La première partie de cette propoſition eſt claire, parce que le ſoleil parcourt trois ſignes dans chaque *ſaiſon*; ainſi, les temps ſeront à-peu-près égaux à quelques jours près, c'eſt-à-dire que, dans les lieux ſitués au nord, l'été eſt de 5 jours, & le printemps de 4 jours plus long que l'automne & l'hiver; au lieu que, dans les lieux ſitués au ſud, l'automne & l'hiver l'emportent d'autant de jours ſur le printemps, à cauſe de l'excentricité du ſoleil.

Dans les lieux placés ſous l'équateur, les *ſaiſons* ſont doubles; les deux étés ſont fort courts, ainſi que les deux printemps, on les évalue chacun à 30 jours. Les deux étés & les deux printemps ont tout au plus 64 jours chacun, c'est-à-dire 2 mois & 2 ou 4 jours. Mais l'automne & l'hiver ont chacun 55 jours, c'est-à-dire les deux automnes 110 jours, & les deux hivers autant, c'est près de 4 mois.

Sous la zone torride, plus les lieux sont proches de l'équateur, plus leur été est long, & leur hiver court; & l'automne & le printemps sont plus ou moins longs qu'à l'ordinaire. Si les lieux ont moins de 10 degrés de latitude, l'été ne dure pas moins de six mois; & l'on peut calculer par les tables de la déclinaison, la longueur de chaque *saison*.

Il seroit trop long de déterminer ici dans quel mois de l'année les quatre *saisons* arrivent sur la terre sous la zone torride, sous la zone glaciale, & sous la zone tempérée : on peut voir, à ce sujet, la géographie de Varénius.

Sous la zone tempérée, l'approche ou la distance du soleil est si puissante, quand on la compare aux autres causes, que cette approche ou distance sont presque les seules choses qui réglent les *saisons*. En effet, dans la zone tempérée septentrionale, il y a printemps & été quand le soleil parcourt les signes, depuis le bélier par le cancer, jusqu'à la balance; car alors il est plus proche de ces lieux: ensuite allant de la balance au bélier par le capricorne, il forme l'automne & l'hiver; mais sous la zone tempérée méridionale, c'est tout le contraire, & les autres causes ne détruisent jamais entièrement l'effet de celle-ci, comme elles font sous la zone torride.

Cependant les *saisons* différent dans les divers endroits, de maniere qu'il fait plus chaud ou plus froid, plus sec ou plus humide dans un lieu que dans un autre, quoique dans le même climat; mais elles ne différent jamais de l'hiver à l'été, ni de l'été à l'hiver: car il y a des pays pierreux, d'autres marécageux; les uns sont proches, les autres sont loin de la mer; il y a des terres sablonneuses, d'autres sont argilleuses, & les différences en mettent dans les *saisons*.

La plupart des lieux voisins du tropique sont fort chauds en été; quelques-uns ont une *saison* humide, à-peu-près semblable à celle de la zone torride. Ainsi, dans la partie du Guzarate, qui est au-delà du tropique, il y a les mêmes mois de sécheresse & d'humidité qu'en dedans du tropique, & l'été se change en un temps pluvieux : cependant il y fait plus chaud, à cause de la proximité du soleil, que dans la partie séche de l'année, quand il y a un peu de froid. Chez nous, nous ne jugeons pas de l'hiver & de l'èté, par la sécheresse & l'humidité, mais par le chaud & le froid.

On trouvera dans la lecture des voyages, quantité de pays où les *saisons* sont fort différentes, quoique ces pays soient à-peu-près sous le même climat. Par exemple, l'air n'est pas si froid en Angleterre qu'en Hollande, ni qu'en Allemagne, & on n'y resserre point les bestiaux dans les étables en hiver. Il y a des parties de la Sibérie où le froid est considérablement plus fort qu'en Suède, à pareille latitude : au contraire, il y a un pays, entre la Sibérie & la Tartarie, vers la partie septentrionale de la zone tempérée, où il y a des campagnes excellentes, des prairies agréables, & presque point de froid en hiver. On y a bâti la ville de Toorne, qui est maintenant assez forte pour repousser les insultes des Tartares. (*D. J.*)

SAROS, *ou* SARE, période des anciens dont on ignore la durée. On sait seulement son rapport avec le *néros* & le *sossos*.

Le Néros des Caldéens n'étoit, suivant Goguet, que la période qui ramene les nouvelles lunes au même jour du mois; mais cela est douteux, & l'on dispute beaucoup sur la valeur de ces périodes anciennes. Bérose, prêtre de Babyilone, en parloit dans son histoire des Caldéens, composée 300 ans avant J. C. Cette histoire qui ne subsiste plus, fut citée par Jules Africain, auteur du deuxieme siècle, qui composa une chronique grecque; mais elle est également perdue. George, surnommé le Syncelle, qui, dans le huitième siècle, a écrit un chronographie en grec, cite un passage de Bérose, qui a été rapporté par Jules Africain, où il s'agit du *sossos*, du *néros* & du *saros*, & c'est-là le seul passage ancien où il en soit parlé. Le Syncelle cite Annianus & Panodorus qui avoient prouvé que le sossos étoit de 60 jours, le néros 600 jours, & le *saros* de 3600 jours, ou 19 ans & 10 mois. Freret a cru que le *saros* étoit de 19 ans & demi (*Mém. de l'Acad. des Inscript. Tom. VI*). Le P. Giraud de l'Oratoire pense qu'il est de 3600 mois luni-solaires de 30 & de 31 jours, qui font 3711 lunaisons (*Journ. de Trévoux*, fév. 1760). (Goguet, Tom. III, page 261), & Gibert, (Mém. de Trévoux, avril 1760), estiment le *saros* de 600 ans. Mairan a réfuté Goguet à la suite de ses lettres au P. Parennin. Cette discussion nous meneroit trop loin: je finirai, en remarquant avec M. Gentil (*Mém. Acad.* 1756), que Suidas, & après lui, Halley, ont attribué le nom de *Saros* à la période de Pline, ou période Caldaïque de 18 ans & 11 jours, ou de 223 lunaisons, mais sans aucune espèce de preuve. *Voyez* PÉRIODE. (*D. L.*)

SATELLITE, s. m. *en terme d'astronomie*; signifie des planètes secondaires qui se meuvent autour d'une planète premiere, comme la Lune fait par rapport à la Terre. On les appelle ainsi, parce que ces planètes accompagnent toujours leur planète première, & font avec elle leur révolution autour du Soleil.

Les *satellites* se meuvent autour de leurs planetes principales, comme centres, en observant les mêmes loix que les planètes premières dans leur mouvement autour du Soleil.

Les *satellites* ont été inconnus jusqu'à ces derniers siècles, parce qu'on avoit besoin du secours des lunettes d'approche pour les appercevoir. On ne voit en effet aucun de ces *satellites* à la vue simple. Ceux de Jupiter qui sont les plus gros, se distinguent par des lunettes de trois pieds, qui les font paroître comme les étoiles de la sixieme ou septieme grandeur paroissent à la vue simple. Pour le quatrieme de Saturne, il faut des lunettes de 15 à 18 pieds. Les autres demandent des lunettes d'un plus grand foyer, ou des lunettes acromatiques.

Nous ne connoissons point d'autres *satellites* que ceux de Jupiter & de Saturne; & il n'y a pas lieu d'espérer qu'on en découvre d'autres dans la suite, attendu qu'on a examiné toutes les planètes avec les plus longs & les meilleurs télescopes.

Satellites de Jupiter, sont quatre petites planètes secondaires qui tournent autour de cette planète, comme elle tourne elle-même autour du Soleil. Ils furent découverts par Galilée le 7 janvier 1610, peu après la découverte des lunettes. *Nuncius sidereus*, *Florentiæ* 1610.

Simon Marius, Mathématicien de l'électeur de Brandebourg, assure que, vers la fin de novembre 1609, il avoit vu trois petites étoiles proche de Jupiter, qui lui paroissoient accompagner cette planète, & tourner autour d'elle; & qu'au mois de janvier 1610, il avoit vu la quatrieme. Mais Galilée publia le premier ses observations.

Pour honorer son protecteur, il appella ses planètes, *planetas mediceas*, *sidera medicea*, astres de Médicis; Marius appella la plus proche de Jupiter, *Mercurius jovialis*, Mercure de Jupiter; la seconde, Vénus *jovialis*; la troisième, *Jupiter jovialis*, & la quatrième, *Saturnus jovialis*.

Le P. de Reita, capucin de Cologne, s'imagina qu'outre ces quatre *satellites*, il en avoit vu cinq autres le 29 décembre 1642, & les nomma *sidera urbanoctavia*, astres urbanoctaviens, en l'honneur du Pape Urbain VIII, qui régnoit alors. Mais Naudé, ayant communiqué cette observation à Gassendi, qui avoit observé Jupiter le même jour, celui-ci reconnut bientôt que c'étoient des étoiles fixes de l'eau du verseau, qui sont marquées 24, 25, 26, 27 & 28, dans le catalogue de Tycho. *Epist.* Gassendi *ad Gabriel Naudæum, de novem stellis circa Jovem visis*.

Les mouvemens des *satellites* ne furent bien connus qu'en 1668, que Dominique Cassini en publia des tables; il en donna d'autres encore en 1693: Pound en donna aussi en 1719 dans les Transactions philosophiques. Les tables de Bradley, remises à Halley en 1718, n'ont été publiées qu'en 1749. Celles dont nous nous servons aujourd'hui pour calculer les éclipses des *satellites* de Jupiter, sont de M. W[illegible]gentin; il en avoit donné une première édition en [illegible]6. (*Acta societatis scient. Upsaliensis ad an.* 17[illegible]1): je les ai fait réimprimer en 1759, considérablement augmentées par l'auteur à la suite des tables de Halley; on en trouvera une troisième dans mon Astronomie, publiée en 1771, d'après un nouveau manuscrit de M. Wargentin.

Révolutions des satellites. La première chose qu'on doit faire pour construire des tables, est de déterminer les temps des révolutions; pour cela on pourroit observer plusieurs fois le moment où chaque satellite paroîtroit en conjonction avec Jupiter. En choisissant les temps où Jupiter est en opposition; mais on a d'une manière plus facile & plus commode les conjonctions vues du Soleil par le moyen des éclipses; car lorsqu'un satellite est au milieu de l'ombre que Jupiter répand derrière lui, il est évident que le satellite est en conjonction avec Jupiter. L'intervalle d'une éclipse à l'autre sera la durée d'une RÉVOLUTION SYNODIQUE; c'est-à-dire, d'une révolution par rapport au Soleil, & ce sont presque les seules révolutions dont on fasse usage. On a soin de comparer entr'elles des conjonctions très-éloignées pour mieux compenser les inégalités des satellites & celles de Jupiter, & les erreurs inévitables dans les observations.

La *révolution périodique* est le retour d'un satellite au même point de son orbe, ou au même point du ciel vu de Jupiter, après avoir fait 360°; cette révolution périodique est un peu plus courte que la révolution synodique; celle-ci ne rameneroit pas le satellite jusqu'à l'ombre de Jupiter, qui pendant ce temps-là s'est avancé lui-même d'une certaine quantité dans son orbite, tout ainsi que nous l'avons expliqué pour la Lune. Nous ne parlerons guères que des révolutions synodiques; ce sont les seules que nous puissions immédiatement observer, & celles dont dépendent les éclipses qui sont aujourd'hui les seules choses que l'on observe; cependant on trouvera dans la table suivante les révolutions périodiques des quatre satellites par rapport aux équinoxes. Pour les calculer par le moyen des révolutions synodiques observées, il faut faire la proportion suivante: 360° plus le mouvement de Jupiter, pendant une révolution synodique, sont à la durée de cette révolution synodique observée, comme 360° sont à la durée de la révolution périodique.

Voici ces révolutions périodiques & synodiques des 4 *satellites*, suivant les nouvelles tables.

1e *sat.*	1 *j.*	18 *h.*	27′.	33″.	1 *j.*	18 *h.*	28′	36″
2e	3	13	13	42	3	13	17	54
3e	7	3	42	33	7	3	59	36
4e	16	16	32	8	16	18	5	7

Distances des satellites de Jupiter. Les carrés des tems périodiques des *satellites* sont proportionnels aux cubes de leurs distances à Jupiter, comme il en est des planètes premières par rapport au Soleil, suivant la loi de Kepler.

Pour déterminer ces distances par observation, on les mesure avec un micromètre, lorsque les satellites sont les plus éloignés de Jupiter. Voici ces distances, suivant Cassini, en demi-diamètres de Jupiter, & suivant Pound, en minutes & en secondes dans les moyennes distances de Jupiter.

Le premier *satellite* est distant du centre de Jupiter de $5\frac{2}{3}$ demi-diamètres de Jupiter. 1′ 51″

Le 2ᵉ de 9 demi-diam	2	57
Le 3ᵉ de 14 & un tiers	4	42
Le 4ᵉ de 25 & un tiers	8	16

Ce demi-diamètre de Jupiter est égal à $10\frac{86}{100}$ demi-diamètres de la Terre, d'où il est facile de calculer ces distances en demi-diamètres terrestres.

Inégalités des satellites. Les révolutions moyennes des *satellites* de Jupiter, dont on trouve la table ci-devant, sont affectées & troublées par toutes les inégalités qui dépendent du mouvement de la Terre, de celui de Jupiter, & de celui de chacun des *satellites* qui est dérangé par tous les autres.

La première & la plus grande inégalité qu'on puisse remarquer dans les révolutions des *satellites*, ou leur retour au disque de Jupiter, est celle qui est produite par la parallaxe annuelle; soit *S* le Soleil (*fig.* 139, *pl. d'Astron.*), *I* le centre de Jupiter, *B* un *satellite* décrivant l'orbite *BGH*, & en conjonction sur la ligne des centres ou sur l'axe de l'ombre *IB*, *T* le lieu de la Terre, *TIG*, le rayon mené de la Terre par le centre de Jupiter, l'angle *TIS* égal à l'angle *BIG*, est la *parallaxe annuelle de Jupiter*, qui peut aller à 12^d: il faut alors que le *satellite* arrive de *B* en *G*, & parcoure 12^d de son orbite, pour nous paroître en conjonction sur la ligne *TIG*, quoique sa véritable conjonction vue du Soleil, ou celle qui règle les éclipses, soit arrivée au point *B*. Ces 12^d font 1^h 25′ de tems pour le premier *satellite* de Jupiter, 2^h 50′, 5^h 44′, & 13^h 24′ pour les trois autres. Telle est la différence qu'il peut y avoir entre une conjonction vue de la Terre & celle qui est vue du Soleil, & qui décide des éclipses des *satellites*. Les astronomes font peu d'usage de cette inégalité, parce qu'ils n'observent guère que les éclipses des *satellites* qui se font sur la ligne *SIB*, menée du Soleil par le centre de Jupiter.

La plus grande inégalité qui ait lieu par rapport à Jupiter, & qui entre dans le calcul des éclipses est celle qui vient de l'inégalité même de Jupiter dans son orbite, qui est de 5^d 34′, en voici une idée.

Soit *ABP* (*fig.* 140) l'orbite elliptique de Jupiter, *S* le Soleil, *F* le foyer supérieur de l'ellipse, ou celui du mouvement uniforme, suivant l'hypothèse elliptique simple; soit un *satellite* *K* dans son orbite *KH*, sur la ligne des syzygies *SBK*. Supposons que Jupiter, depuis son aphélie *A*, ait fait le quart de sa révolution en tems, c'est-à-dire, que l'angle *AFB* qui exprime l'anomalie moyenne dans l'hypothèse elliptique simple soit de 90°; le *satellite* doit aussi avoir achevé le quart des révolutions périodiques qu'il peut faire pendant une révolution moyenne de Jupiter, & doit être parvenu au point *H*, qui répond dans le ciel au même point que le lieu moyen de Jupiter, à 90° de l'aphélie. Mais le *satellite* arrivera en *K*, où se fait la conjonction avec Jupiter, & sera éclipsé long-tems avant que d'être arrivé en *H*; la différence *KH* ou l'angle *KBH*, égal à l'angle *FBS*, est égal à l'équation de l'orbite de Jupiter, c'est-à-dire, 5 degrés 34′. Le premier *satellite* emploie 39′ 25″ à les parcourir dans son orbite, le second 1^h 19′ 13″; le troisième 2^h 39′ 42″; le quatrième 6 12′ 59″. Telle est la quantité dont les éclipses doivent avancer au bout de trois ans; & telle fut la première inégalité que Cassini reconnut dans les éclipses; mais il vit bientôt qu'elle étoit mêlée avec plusieurs autres, quoique plus petites.

Les dérangemens que l'attraction de Saturne produit dans le mouvement de Jupiter doivent affecter également les retours des *satellites* à la ligne des syzygies, & cela produit des équations de quelques minutes; dont M. Wargentin a fait usage dans ses dernières tables.

La seconde inégalité que l'on apperçut dans les mouvemens des *satellites*, est l'équation de la lumière, qui est de 8′ 7″, avec la petite équation de la lumière de 2′ 2″, & qui viennent du tems qu'il faut à la lumière pour parvenir jusqu'à nous. *Voyez* PROPAGATION *successive de la lumière.*

Les autres inégalités qui sont particulières à chaque *satellite* ne sont pas encore parfaitement connues. M. Bailly, dans son *Essai sur la théorie des satellites*, publié en 1766, & M. de la Grange, dans une dissertation, qui a remporté le prix de l'académie en 1766, ont tâché de les déterminer par le calcul des attractions réciproques des *satellites* les uns sur les autres. Il paroît quant à présent que toutes les inégalités sensibles du premier *satellite* sont dûes à l'action du second; mais que la plus considérable de toutes est de 3′ 30″ de tems, tantôt en plus, tantôt en moins, comme l'avoit trouvé M. Wargentin par les observations, avec une période de 437 jours; cet intervalle de tems, suivant la remarque de Bradley, ramène les trois premiers *satellites* à une même configuration entre eux & par rapport au soleil, ce qui fait que les attractions & les inégalités qui en résultent reviennent à-peu-près dans le même ordre. Cette équation du premier *satellite* est causée principalement par l'attraction du second *satellite*.

Le second *satellite* est celui qui a la plus forte inégalité, parce qu'il est dérangé par le second & le troisième; l'excentricité de son orbite peut bien y entrer pour quelque chose; cependant on approche beaucoup de l'observation par l'équation seule de $16'\frac{1}{2}$ de tems en plus & en moins, dont la période est de 437 jours 20^h, & qui paroît provenir de l'attraction du premier & du troisième *satellite*. Bradley indiqua également cette période de 437 jours, en assurant qu'elle ramenoit les erreurs des tables à-peu-près dans le même ordre; il ajoutoit cependant que les dernières observations indiquoient encore une excentricité dans cette orbite du second *satellite*.

Le troisième *satellite* est celui dont les inégalités sont les moins connues; il paroît qu'il y en a une qui dépend de son excentricité, & d'autres qui dépendent des attractions du premier, du second & du quatrième, tout cela fait environ 8′ de tems en plus & en moins : mais on partage cette quantité en plusieurs équations, dont les périodes sont de 437 jours, de 12½ ans & de 14, pour les ajuster aux observations; du moins c'est le parti qu'avoit pris M. Wargentin dans les tables que j'ai publiées en 1771. Mais en 1781 M. Wargentin m'écrivit que les observations faites depuis quelques années n'avoient pas justifié ces deux équations, dont les périodes étoient de 12½ & de 14 ans. Il est vrai qu'on pourroit encore y satisfaire en changeant un peu les périodes & les quantités de ces deux équations. Mais il lui paroissoit plus simple de ne supposer qu'une seule équation, dont la période fût à-peu-près de 13 ans, mais dont la quantité seroit variable. En la rendant toujours additive, elle sera de 14 à 15 minutes de tems entre 1670 & 1720; mais de 1720 à 1760 elle lui paroît avoir diminué jusqu'à 5′ & être de la même quantité depuis 20 ans. Par cette supposition toutes les observations faites depuis cent ans s'accordent avec le calcul à 2 ou 3 minutes près. Mais ces variations, dont ne voit point la cause, montrent combien cette théorie est difficile & peu avancée.

L'inégalité du quatrième *satellite* qui va jusqu'à 1^h de tems, ne dépend que de l'excentricité de son orbite; & les attractions des autres *satellites* n'y sont pas sensibles.

ÉCLIPSES DES SATELLITES. Ces éclipses, que les astronomes observent tous les jours, sont un des phénomènes les plus importans pour l'astronomie & la géographie : les cartes géographiques ont été perfectionnées depuis un siècle par le secours des éclipses des *satellites*, plus qu'elles ne l'avoient été par mille ans d'observations & de voyages. Je suppose qu'on ait observé une éclipse à 8^h à Paris, & qu'elle soit arrivée au Chili à 3^h du matin; on conclut qu'il y a 5^h de différence ou 75 degrés de longitude entre Paris & le lieu de l'observation.

La première chose qu'il faut connoître pour calculer les éclipses, c'est le diamètre de l'ombre de Jupiter en tems, ou la durée du passage de chaque *satellite* au travers de l'ombre de Jupiter, quand il la traverse par le centre; la moitié de cette quantité ou le demi-diamètre de l'ombre se trouve dans la table ci-jointe en heures, minutes & secondes pour les quatre *satellites*, suivant les tables de M. Wargentin.

1	1^h	7′	55″
2	1	25	40
3	1	47	0
4	2	23	0

Cependant les durées d'éclipses qu'on observe depuis une dixaine d'années, sont en général plus petites que celles de ces tables, tant vers les nœuds que vers les limites, parce qu'on se sert de lunettes plus fortes & meilleures que celles dont on se servoit auparavant.

Si les orbites des *satellites* étoient dans le même plan que l'orbite de Jupiter autour du Soleil; chaque *satellite* seroit éclipsé à toutes ses révolutions, & la demi-durée de chaque éclipse seroit toujours comme dans la table précédente; mais aussi-tôt qu'on eut observé plusieurs fois ces éclipses, on s'apperçut bientôt que la durée n'en étoit pas toujours égale; quelquefois le troisième *satellite* n'est éclipsé que pendant 1^h 17′, quelquefois 3^h 34′. On vit même que le quatrième *satellite* dans certains tems s'éclipsoit à chaque révolution, & qu'après quelques années, il passoit à chaque conjonction au-dessus ou au-dessous de Jupiter sans être éclipsé: cela fit juger que les orbites des *satellites* n'étoient pas couchées dans le même plan que l'orbite de Jupiter; car si cela eût été, tous les *satellites* auroient été éclipsés à chaque révolution, & toujours pendant le même tems; ces différences dans la durée des éclipses sont la seule méthode qu'on emploie pour connoître les inclinaisons des orbites.

Soit *IO* (*fig.* 141), l'orbite de Jupiter, *MEP* celle d'un *satellite*, *SO* la ligne des nœuds, ou la ligne sur laquelle étoit Jupiter quand le plan de l'orbite du *satellite* étoit dirigé vers le soleil, & que les *satellites* traversoient l'ombre par le centre; supposons que Jupiter ait avancé ensuite de *O* en *I* avec l'orbite du *satellite* autour de lui, cette orbite restera toujours parallèle à elle-même, puisque rien ne tend à déranger le parallélisme; la ligne des nœuds sera dans une direction *ACN* parallèle à *SO*; ainsi quand Jupiter s'éloigne du nœud, la ligne de l'ombre *SIM* n'est plus dans la commune section *AN* des orbes de Jupiter & du *satellite*; donc celui-ci venant à se trouver en conjonction au point *M*, ne sera pas dans le plan de l'orbite de Jupiter, & ne sera pas sur la ligne des centres, mais au-dessus ou au-dessous; il faut savoir de combien, c'est-à-dire, calculer la latitude du *satellite* au-dessus de l'orbite de Jupiter, dans le tems de sa conjonction.

Quand Jupiter est dans le nœud *O* d'un de ses *satellites*, un observateur supposé dans le soleil se trouve dans le plan de l'orbite du *satellite*, & il la voit en forme de ligne droite; pour qu'il la vît toujours droite, il faudroit qu'elle passât toujours par son œil, & que la commune section ou la ligne des nœuds passât toujours par le soleil; pour cela il faudroit qu'elle fît le tour du ciel aussi-bien que Jupiter en douze ans, ce qui n'arrive point; la ligne des nœuds est à-peu-près fixe dans le ciel, c'est-à-dire, parallèle à elle-même, & dirigée sensiblement vers le même point du ciel; quand Jupiter y a passé une fois, il s'écoule six années avant qu'il revienne à l'autre nœud.

Soit donc *NCIA* la ligne parallèle *ASO* ou à la ligne des nœuds, l'orbite du *satellite* traverse en *A* & en *C* le plan de l'orbite de Jupiter; il faut donc concevoir que l'orbite du *satellite* est relevée en *B* au-dessus du plan de notre figure, & se trouve un peu vers le nord; au contraire, en *D* elle est un peu vers le midi, ou au-dessous du plan de la figure.

Puisque *B* est la limite & le point de la plus grande latitude ou de la plus grande élévation du *satellite* au-dessus du plan de l'orbe de Jupiter, ce *satellite* arrivé en *M* dans sa conjonction supérieure, où il est éclipsé, ne sera pas encore à sa plus grande latitude *B*, & il sera d'autant moins éloigné du plan de la figure, ou de l'orbite de Jupiter, que l'arc *AM* ou l'angle *AIM* sera moindre; or l'angle *AIM* ou son égal *SIN*, qui est la distance du *satellite* à son nœud, est égal à l'angle *ISO*, ou à la distance qu'il y a entre le lieu *I* de Jupiter & la ligne *SO* supposée fixe, à laquelle la ligne des nœuds *IN* reste toujours parallèle, quel que soit le lieu de Jupiter; ainsi, la latitude du *satellite* en *M* dépendra de l'arc *AM*, ou de l'angle *ISO*, distance de Jupiter à la ligne des nœuds *SO* qui répond toujours vers 10 signes 15 degrés de longitude.

La quantité dont le point *M* s'élève au-dessus du plan de Jupiter, est à la quantité dont le point *B* s'en éloigne, ou à l'inclinaison de l'orbite *ABC*, comme le sinus de l'arc *AM* est au sinus de *AB*, c'est-à-dire, au rayon; car si deux cercles se coupent en *A* & en *C*, leur distance en différens points tels que *M*, perpendiculairement au cercle incliné, ou à l'orbite du *satellite*, est comme le sinus de la distance au point *A*, c'est-à-dire à l'intersection des deux cercles, par la propriété la plus commune des triangles sphériques; ainsi, la latitude du *satellite* en *M*, est comme le sinus de la distance de Jupiter au nœud du *satellite*.

Lorsque, par le mouvement de Jupiter dans son orbite, le rayon *SI* est devenu perpendiculaire à la ligne des nœuds *SO* ou *IN*, le point *M* de la conjonction supérieure concourt avec le point *B* qui est la limite de la plus grande latitude; alors l'angle de l'orbite, avec le rayon solaire *SIM* est égal à l'inclination du *satellite*; par exemple, 3^d; & l'orbite vue du soleil paroît sous la forme d'une ellipse, dans laquelle le grand axe est au petit, comme le rayon est au sinus de 3^d, en ne considérant pas le mouvement de Jupiter pendant la durée de la révolution du *satellite*, ou bien en considérant le *satellite* seulement par rapport à Jupiter. Soit *S* le soleil (*fig.* 144), *I* le centre de Jupiter, *IH* le rayon de l'orbite d'un *satellite*, vu de profil, ou le rayon qui est dans un plan perpendiculaire à l'orbite de Jupiter, & qui est incliné sur le rayon solaire de la quantité de l'angle *SIH*; on aura $IH : KH :: R : \text{sin. } HIK$, donc $KH = IH. \text{ sin. } KIH$; c'est la quantité dont le *satellite* paroîtra s'élever au-dessus du plan de l'œil, dans le temps où l'ellipse sera la plus ouverte. Dans les autres positions de Jupiter par rapport au nœud, cette quantité diminuera comme le sinus de la distance de Jupiter au nœud; ainsi, appellant *I* la plus grande latitude ou l'inclinaison du *satellite*, *D* la distance de Jupiter au nœud du *satellite*, comptée sur l'orbite de Jupiter, & *R* la distance *IH* du *satellite* à sa planète, ou le rayon de son orbite, on aura $R \text{ sin. } I. \text{ sin. } D$ pour la quantité dont le *satellite* paroîtra élevé au-dessus du plan de l'orbite de Jupiter, perpendiculairement à l'orbite du *satellite*, dans le moment de sa conjonction supérieure; il n'en faut pas davantage pour calculer les durées des éclipses à une distance quelconque des nœuds.

Cette élévation du *satellite* au-dessus de Jupiter, est égale à son abaissement dans le point opposé; l'ellipse qu'il paroît décrire est donc plus ou moins ouverte, suivant que Jupiter s'éloigne de la ligne des nœuds.

Quand le petit axe de cette ellipse devient plus large que le cône d'ombre que forme Jupiter, le *satellite* passe au-dessus de l'ombre, comme on le voit dans la *fig.* 142, c'est ce qui arrive toujours au quatrieme *satellite* de Jupiter, environ deux ans après le passage de Jupiter dans les nœuds des *satellites*. Quand Jupiter est à 30 degrés de la ligne des nœuds, l'ellipse (*fig.* 143), a la moitié de sa plus grande ouverture, parce que le sinus de 30 degrés est la moitié du sinus total; alors le *satellite* traverse une partie de l'ombre, malgré l'obliquité de son orbite, parce que sa latitude n'est pas assez grande pour le faire sortir du cône d'ombre.

Pour calculer l'immersion & l'émersion du *satellite*, on suit la même méthode que pour les éclipses de lune. La section de l'ombre de Jupiter dans la région du *satellite* est représentée par le cercle *EHDBF* (*fig.* 145), que je suppose perpendiculaire à la ligne des centres du soleil & de jupiter; il est traversé par un diamètre *QCB*, qui est une portion de l'orbite *CN* de Jupiter; *EDN* est une portion de l'orbite du *satellite*, *N* le nœud ou l'intersection; *CA* est la perpendiculaire sur cette orbite, c'est un arc qui vu du centre de Jupiter, n'est autre chose que la latitude du *satellite*: son sinus est égal à sin. *I*, sin. *D*, par la propriété ordinaire du triangle sphérique rectangle *CAN*.

Quand on connoît *CA*, il faut la comparer au rayon *CD* ou *CB*, dont la valeur est connue par l'observation, en secondes de tems, parce que c'est le demi-diamètre de l'ombre, c'est-à-dire la demi-durée des éclipses, qui est la plus grande de toutes, & qui est exprimée par *CB*; on en a vu la valeur dans la table ci-dessus; il faut exprimer de même la distance du *satellite* à Jupiter, ou le rayon de son orbite en parties semblables, ou en secondes de tems, en mettant au lieu de *R* le tems que le *satellite* emploie à parcourir un arc de même longueur que le rayon de son orbite, c'est-à-dire, un arc de 57 degrés, 206265″; car il n'importe pas que cette distance qu'on prend pour unité, soit en tems, en degrés ou en demi-diamètres de Jupiter, ni même que le mouvement de Jupiter rende plus long le tems des 57 degrés, parce que nous ne cherchons que le rapport entre la distance & l'arc parcouru pendant l'éclipse. Pour connoître le tems qui répond à un arc d'environ 57 degrés, il suffit de faire cette proportion, 360 degrés sont à la révolution synodique, comme 57 degrés sont au tems cherché que j'appelle *t*, ayant multiplié sin. *I* sin. *D*, par ce nombre de secondes de tems, on aura *CA* en secondes de tems $= t$, sin. *I* sin. *D* : on a aussi le rayon *CD* en secondes de tems, c'est la demi-durée de la plus grande éclipse, celle qui a lieu quand Jupiter est dans le nœud du *satellite*; enfin c'est le demi-diamètre de l'ombre en tems; on cherchera donc le côté *AD* exprimé de même en secondes de tems, & l'on aura la demi-durée de l'éclipse.

Ainsi la durée des éclipses, exprimée par *AD*, lorsqu'elle est la moindre de toutes, fait trouver l'inclinaison de son orbite, c'est-à-dire, l'arc *CA* ou l'angle *N*: & quand elle est la plus grande, elle nous apprend le lieu du nœud, puisqu'alors le *satellite* traverse l'ombre par le centre.

Mais un phénomène bien singulier, & qui a long-tems exercé les astronomes, c'est un changement considérable dans les inclinaisons du second & du troisième *satellite*. La première change depuis $2^d\ 48'$ jusqu'à $3^d\ 48'$, & la période de cette inégalité est de 30 ans; le troisième *satellite* change depuis $3^d\ 2'$ jusqu'à $3^d\ 26'$: il paroît que la période est de 132 ans, & que l'angle étoit le plus grand en 1765.

Il y avoit long-tems que les astronomes cherchoient la cause de ces variations, on ne voyoit pas qu'elle pût être un effet des attractions réciproques des *satellites*, & Bradley révoquoit même en doute le mouvement direct qu'on avoit observé dans les nœuds du quatrième *satellite*, parce qu'on ne voyoit point la manière dont l'attraction pouvoit le produire; ce mouvement étoit pourtant incontestable; mais je reconnus, en 1762, que les nœuds des *satellites* devoient avoir un mouvement, tantôt direct & tantôt rétrograde, & qu'il en résultoit une variation dans leurs inclinaisons sur l'orbite de Jupiter (*Mém. de l'Académie*, 1762), & c'est la premiere idée qui ait été donnée de la cause d'un phénomène si singulier; bientôt après je parlai des inégalités de l'inclinaison du troisième *satellite*, dans la première édition de mon Astronomie, en indiquant le mouvement des nœuds pour les expliquer; dans le même lieu, je démontrai des variations toutes semblables dans les inclinaisons & dans les nœuds des planètes; ainsi la cause de ces inégalités fut réellement trouvée dès 1762, & développée en 1764.

Il étoit naturel d'examiner s'il y avoit en effet dans les nœuds des *satellites* observés de semblables variations; M. Maraldi, que les plus vastes recherches sur la théorie des *satellites* avoient rendu célèbre, ne pouvoit manquer de faire le meilleur usage de la nouvelle découverte; il reconnut, par les observations, ce que j'avois trouvé *à priori*, & dans un mémoire présenté à l'académie le 27 avril 1765, M. Maraldi annonça des variations qu'il avoit remarquées dans le nœud du second *satellite*: la différence étoit de plus de 20 degrés, ce qui indiquoit une libration ou un changement alternatif de 10 degrés en plus en moins dans ce nœud; en conséquence, M. Bailly rechercha la manière d'assigner les quantités des changemens d'inclinaison, par le moyen des attractions réciproques des *satellites* les uns sur les autres, en faisant mouvoir leurs nœuds plus ou moins vîte, d'une manière qui pût convenir avec les observations de M. Maraldi, en sorte que mon explication a été parfaitement constatée. On peut voir la manière dont changent les inclinaisons & les nœuds par ces attractions réciproques aux mots INCLINAISONS & NŒUDS.

Soit *BC* (*fig.* 125), l'orbite de Jupiter, *BA* l'orbite du premier *satellite* perturbateur, supposée fixe & inclinée de $3^d\ 14'$; *AC* celle du troisième *satellite* troublé par le premier; l'angle *A*, qui est l'inclinaison mutuelle des deux orbites, étant supposé de 12′, supposant fixe le nœud *B* de l'orbite *AB*, l'orbite *CA* est transportée contre l'ordre des signes, le nœud *A* rétrogradant en *a* change de situation, & le nœud *C* sur l'orbite de Jupiter que nous observons, change de même que l'angle *C* dont nous observons les variations, relativement à l'orbite de Jupiter.

Le nœud *A* fait le tour du ciel en 132 ans; en partant du point opposé au nœud *B*, tant que le nœud *A* parcourra le premier quart de sa révolution, le nœud *C* s'éloignera du point *B*, & aura un mouvement rétrograde: il s'en éloigne jusqu'à 4 degrés; il deviendra ensuite direct & se rapprochera du point *B*, où il coïncidera lorsque le nœud *A* aura parcouru 180^d; enfin ce nœud *A* faisant le troisième quart de sa révolution, le nœud *C* continuera d'être direct & s'éloignera du point *E* de 4 degrés, dans l'autre sens.

L'angle C, inclinaison du *satellite* troublé sur l'orbite *BC* de Jupiter, est le plus petit & de $3^d\ 2'$; quand le nœud *A* arrive en *B*, comme en 1697, il est le plus grand, & de $3^d\ 26'$ dans le point opposé, en 1763. Pendant la première moitié de la révolution du nœud *A*, en partant du nœud opposé au point *B*, l'inclinaison va en diminuant. Lorsque le nœud *A* est parvenu au point *B*, l'angle *C* est plus petit que l'angle *B* de la même quantité qu'il étoit plus grand au commencement de la révolution. (*Mém. de l'Acad.* 1770).

L'inclinaison du premier *satellite* est toujours sensiblement de $3^d\ 18'\ 38''$; le second *satellite* change depuis $2^d\ 48'$ jusqu'à $3^d\ 48'$; le troisième *ſatellite* change depuis $3^d\ 2'$ juſqu'à $3^d\ 26'$, l'angle étoit le plus grand en 1765. L'inclinaiſon du quatrième eſt de $2^d\ 36'\ 0''$. Le mouvement des nœuds moyens ſur l'orbite de Jupiter paroît nul pour le premier & le troiſième *ſatellites*; il eſt de $2'\ 3''$ par année pour le ſecond *ſatellite*, & de $4'\ 14''$ pour le quatrième; mais ce mouvement eſt ſujet à des inégalités analogues à celles de l'inclinaiſon.

Diamètres des ſatellites. On détermine difficilement les diamètres des *ſatellites* de Jupiter, parce qu'ils ſont trop petits; on a recours à la durée du tems qu'ils emploient à s'éclipſer, & cette durée varie ſuivant les circonſtances, & la force des lunettes qu'on y emploie.

Voici les diamètres des *ſatellites*, vus de Jupiter, ſuivant Caſſini, Whiſton, & M. Bailly. *Mém.* 1771.

	Caſſini.		Whiſton.		M. Bailly.	
I.	59'	4"	60'	58"	60'	20"
II.	38	1	28	25	28	13
III.	22	56	53	40	22	28
IV.	13	42	11	19	....	

Pour connoître exactement le tems que les *ſatellites* emploient à entrer dans l'ombre, & calculer les tems où ils doivent diſparoître pour différentes lunettes, il faut ſavoir quelle partie du diſque du *ſatellite* eſt déjà dans l'ombre, quand on commence à appercevoir une diminution de lumière; quelle partie eſt encore hors de l'ombre lorſqu'on le perd de vue, & cela avec différentes lunettes & dans différentes circonſtances; il falloit trouver par expérience quelle eſt la force de la lumière des *ſatellites*.

M. Bailly a fait pour cela une ſuite d'expériences, & il a donné à ce ſujet un travail conſidérable. (*Mém. de l'Acad.* 1771.) Galilée avoit déjà remarqué que les *ſatellites* étoient beaucoup moins lumineux en approchant de Jupiter; le P. François Marie, Capucin, avoit propoſé, en 1700, de couvrir un objectif de différens morceaux de glaces, pour meſurer l'intenſité de la lumière (*Nouvelles découvertes ſur la lumière.*) M. Bouguer, dans ſon optique, publiée en 1729, *in*-12, & réimprimée en 1760, *in*-4.°, avoit auſſi parlé de cette méthode.

M. de Barros ſuivit cette idée; il trouvoit que ſix morceaux de verre faiſoient diſparoître le 1er *ſatellite*, & équivaloient à une couche d'air de 17205 toiſes; il déterminoit par-là l'équation qu'il falloit appliquer aux immerſions obſervées avec ſa lunette de 14 pieds, & il en avoit fait une table pour différentes hauteurs. Mais il obſervoit que chaque lunette devoit avoir ſon équation différente; qu'il falloit auſſi avoir égard à la différente diſtance du *ſatellite* à Jupiter, aux diſtances de Jupiter au ſoleil & à la terre, à la proximité de la lune, à la force du crépuſcule, à la hauteur du baromètre, & qu'on pouvoit déterminer toutes ces quantités par expérience, avec des glaces placées ſur le verre de la lunette.

Mais M. de Fouchy penſoit qu'il valoit mieux employer des diaphragmes en carton de différentes ouvertures, placés ſur l'objectif de la lunette, pour en diminuer l'ouverture, & c'eſt la méthode que M. Bailly a employée avec ſuccès. Il montre que l'on peut avoir égard à toutes les circonſtances de la lumière, de l'atmoſphère, de la force des lunettes, & de celle des yeux, & en calculer l'effet pour chaque obſervation, ſi l'on a ſoin de déterminer quelle eſt la plus petite ouverture avec laquelle on puiſſe appercevoir un *ſatellite* avant ſon immerſion, ou après ſon émerſion, ce qui donne le ſegment inviſible, ou la partie du diſque du *ſatellite* qui reſte encore hors de l'ombre, quand on le perd de vue dans l'immerſion.

Si le *ſatellite*, en décrivant l'orbite *ED*, *fig.* 145, diſparoît pour une certaine lunette, lorſqu'il eſt en *c*, & pour une autre lunette, lorſqu'il eſt en *a*, le tems qu'il a employé à aller de *c* en *a*, eſt l'équation de M. de Fouchy.

Elle eſt aiſée à calculer, lorſqu'on connoît la diſtance *CA* de l'orbite au centre de l'ombre, & les diſtances *Cc*, *Ca* du *ſatellite*; ces diſtances diffèrent à raiſon de ce que le ſegment inviſible *s* étant plus petit dans la lunette la plus forte, le *ſatellite*, quand il diſparoît, eſt plus près du centre, de toute la quantité dont la flèche de ce ſegment inviſible eſt plus petite que dans la lunette plus foible.

En ſuivant ce principe, on peut comparer entre elles toutes les obſervations, en appliquant à chacune l'équation néceſſaire pour avoir la véritable immerſion du centre du *ſatellite* (*Mém.* 1771, *page* 662). Il eſt bien à deſirer que tous ceux qui obſervent les *ſatellites*, aient déſormais cette attention, ſans laquelle on n'aura jamais des obſervations comparables. On voit dans les obſervations de M. Maſkelyne, qu'il a fait uſage de cette méthode; mais il employoit deux triangles de cuivre qui s'éloignoient parallélement par leurs hypothénuſes.

Le 3e *ſatellite*, vu dans une lunette achromatique de 5 pieds, qui a 24 lignes d'ouverture, dans ſes plus grandes digreſſions, au mois de juillet 1770, à la hauteur de 15°, diſparoiſſoit, quand M. Bailly réduiſoit l'ouverture à 3 lignes ou à $\frac{1}{8}$, c'eſt-à-dire, quand on rendoit la lumière 64 fois moindre; les autres diſparoiſſoient par des ouvertures de 6 lignes.

On voit donc que le ſegment inviſible, ou ce qui reſte quand on perd un de ces *ſatellites* de vue dans les éclipſes, par la même lunette, eſt un 16e de ſon diſque; ou 0,0625, ce qui répond à une flèche 0,227, ou preſque au quart du rayon du *ſatellite*; ainſi, quand il diſparoît, ſon centre n'eſt pas ſur le bord de la véritable ombre, mais plus enfoncé. Si la lunette avoit 3 pouces au lieu de 2, le diaphragme pourroit être encore de 3 lignes, mais alors le ſegment

ment seroit $\frac{1}{144}$; aussi l'on perdroit de vue beaucoup plus tard le même *satellite* dans une lunette pareille qui auroit 3 pouces d'ouverture. La quantité de lumière, qui est insensible, ne change point; il n'y a de variable que la portion de disque qui renvoie cette lumière; l'effet des lunettes consiste en ce que le segment invisible diminue en raison inverse du quarré de l'ouverture. M. Bailly a calculé une table des flèches de chaque segment, par laquelle on voit la quantité du demi-diamètre du *satellite*, qui est encore hors de l'ombre quand on le perd de vue.

M. Bailly, avant d'observer une éclipse, employoit un diaphragme avec lequel il ne faisoit qu'entrevoir le *satellite*, en sorte qu'il le perdoit de vue, aussi-tôt qu'en entrant dans l'ombre, le *satellite* avoit perdu la moindre partie de sa lumière. Il ôtoit ensuite le diaphragme, & observoit une seconde immersion; par l'intervalle de tems qui s'étoit écoulé, il déterminoit la quantité dont le *satellite* s'étoit rapproché du centre de l'ombre, ce qui donnoit à très-peu près la valeur du diamètre du *satellite*.

Ayant examiné les diaphragmes qui font disparoître le premier *satellite*, quand ses distances à Jupiter, en demi-diamètres de cette planète, sont 1, 10 & 1, 95 aux environs des éclipses, il a trouvé, pour les segmens invisibles, en parties du disque du *satellite*, 0,3268 & 0,1148, ce qui doit faire 2′ 17″ de tems sur l'orbite du *satellite*. D'après cela, on a peine à concevoir que l'on ait pu, sans cette considération, amener les tables du premier *satellite* à ne différer des observations, que d'environ une minute.

Les expériences de Bouguer, sur la diminution de la lumière, quand on approche de l'horizon, ont servi à M. Bailly pour construire une table de la force de la lumière à différentes hauteurs, où l'on voit, par exemple, que la lumière d'un astre à 4° de hauteur, est 10 fois plus foible qu'au zénit, & à l'horizon 1354 fois plus foible qu'au zénit. M. Bailly s'en sert pour calculer le changement qui doit arriver dans le segment invisible, & il a trouvé les résultats d'accord avec ses observations.

Il se sert aussi de la méthode des diaphragmes, pour comparer entr'elles les forces des lunettes, & déterminer la perte de lumière qui arrive dans les télescopes. Par exemple, le télescope grégorien de M. Messier, devoit donner 9 fois & $\frac{1}{12}$ plus de lumière, que la lunette de M. Bailly: cependant le rapport des segmens invisibles, dans ces deux instrumens, étoit 5 fois moindre; ainsi, il se perd dans ce télescope les $\frac{4}{5}$ de la lumière, même en comptant pour rien ce qui s'en perd dans la lunette de M. Bailly.

En employant cette méthode pour comparer des observations d'éclipses qui différoient de 1, 2, ou 3 minutes, M. Bailly est venu à bout de les accorder, à quelques secondes près, ce qui prouve combien ces précautions sont nécessaires pour la perfection de la théorie des *satellites* de Jupiter, & le calcul de leurs éclipses.

Cassini & Maraldi ont quelquefois remarqué des changemens dans la grandeur apparente des *satellites*, lorsqu'il ne paroissoit rien dans leur distance, soit à la terre, soit au soleil, soit à Jupiter, qui pût être l'occasion de ces variations: les *satellites* paroissent plus ou moins grands, sans être plus ou moins éloignés. Cela vient apparemment de ce qu'ils ont leurs taches, leurs parties obscures, leurs endroits plus ou moins propres à réfléchir la lumière. Quand ils tournent vers nous leurs parties plus solides & plus propres à renvoyer la lumière, ils paroissent plus grands. Mais s'ils nous présentent des parties capables d'absorber la lumière, ils en paroissent plus petits. Peut-être aussi qu'il arrive dans leur atmosphère différens changemens qui empêchent que l'action des rayons du soleil sur eux, ne soit toujours le même; c'est pour cette raison que leur ombre est quelquefois plus grosse qu'eux. On a pensé aussi qu'ils avoient un mouvement de rotation, par les raisons suivantes.

1.° Dans les conjonctions des *satellites* avec Jupiter, on y voit quelquefois des taches, & quelquefois on n'y en voit point, la révolution les faisant paroître & disparoître tour-à-tour. 2.° Le même *satellite*, dans les mêmes circonstances, paroît quelquefois plus grand & quelquefois plus petit. Le quatrième *satellite* paroît souvent plus petit que les trois autres, & quelquefois plus grand que les deux premiers, quoique son ombre paroisse toujours plus grande sur Jupiter, que celle de ces deux premiers. Le troisième *satellite* paroît le plus souvent plus grand que tous les autres, & quelquefois il paroît égal aux deux premiers; sans doute que les taches tantôt paroissant, & tantôt disparoissant, entraînées par la révolution, en diminuent ou en augmentent alternativement les apparences. 3.° Le même *satellite* n'emploie pas toujours le même tems à entrer dans Jupiter, ou à en sortir, y mettant quelquefois 6 & tantôt jusqu'à 10 minutes; ce qu'on juge venir des taches qui altèrent la partie claire en divers endroits.

Configurations des satellites. Lorsqu'on regarde Jupiter accompagné de ses 4 *satellites*, on les voit tous sur une ligne droite ou à-peu-près, & il est impossible de distinguer quel est le premier, le second, &c. On est donc obligé d'avoir les configurations des *satellites* entr'eux, pour tous les jours, & on les marque dans la *Connoissance des tems*, par le moyen du *jovilabe* représenté dans la *figure* 147, & dont nous avons donné l'explication.

Utilité des satellites. Il n'est pas aisé, dit M. d'Alembert, de savoir quel peut être l'usage des *satellites* pour leurs planètes principales: on croit communément qu'ils sont destinés à suppléer, en quelque forte, à la lumière foible que reçoivent des planètes trop éloignées du soleil, comme Jupiter & Saturne, & à les éclairer pendant leurs nuits. Mais, 1.° on ne remarque point de *satellites* à Mars; on sait que la terre en a un: voilà donc une planète beaucoup plus proche du soleil, qui a un *satellite*, & une autre plus éloignée, qui paroît n'en pas avoir. 2.° On ne peut guère dire que la lune soit destinée uniquement à nous éclairer durant nos nuits, puisque souvent elle nous est cachée pendant la plus grande partie de la nuit. 3.° La nuit d'une planète, toutes choses d'ailleurs égales, doit être censée d'autant plus profonde, que le jour y a été plus brillant. Ainsi, les planètes les plus proches du soleil ont une nuit plus obscure à proportion que les autres: elles ont donc, à cet égard, encore plus besoin de *satellites*. Que faut-il donc croire sur l'usage des *satellites*? Il faut savoir dire qu'on l'ignore.

Satellites de Saturne, sont cinq petites planètes qui tournent autour de Saturne.

Huygens, le 25 mars 1655, observant Saturne avec des lunettes de 12 & de 23 pieds, apperçut le 4e *satellite* pour la première fois; c'est le plus gros de tous, & le seul qu'on puisse voir avec des lunettes ordinaires de 10 à 12 pieds. Dominique Cassini apperçut le 5e sur la fin d'octobre 1671, avec une lunette de 17 pieds; il vit ensuite le 3e avec des lunettes de 35 & 70 pieds, le 23 Décembre 1672, & il publia pour lors un petit ouvrage à ce sujet. Au mois de mars 1684, il observa les deux intérieures, c'est-à-dire, le premier & le second, avec des lunettes de Campani de 34, 47, 100 & 136 pieds; avec celles de Borelli, de 40 & de 70, & avec celles d'Artonquelli, qui étoient encore plus longues (*Journal des Sav.* 15 mars 1677 & 1686. *Phil. transf.* n.ºs 133, 154, 181. *Mém. Acad.* 1714). Quelques personnes doutoient encore en Angleterre de l'existence des quatre *satellites* que Cassini avoit découverts; mais, en 1718, Pound ayant élevé au-dessus du clocher de sa paroisse l'excellent objectif de 123 pieds de foyer que Huygens avoit donné à la Société Royale de Londres, il les observa tous les cinq, & l'on fut assuré que Saturne avoit réellement cinq *satellites*, comme Cassini l'avoit dit depuis long-tems (*Phil. transf.* n.° 355. *Act. erud.* suppl. T. VII.), & l'on vérifia les élémens de leur théorie, comme Cassini l'avoit fait à Paris en 1714. Dans le même tems, Hadley, Vice-Président de la Société Royale, ayant trouvé le moyen de faire d'excellens télescopes, à l'instigation de Newton, ce fut avec ces télescopes qu'on continua d'observer les *satellites* de Saturne (*Philos. transf.* 1723. *Act. erud.* febr. 1730).

Les *satellites* de Saturne sont si petits & si éloignés de nous, qu'on ne peut les appercevoir qu'avec peine; il faut nécessairement avoir leurs configurations; &, pour cet effet, j'ai publié dans mon Astronomie le modèle d'un *saturnilabe*, instrument semblable à celui dont nous avons expliqué l'usage pour Jupiter, au mot *jovilabe*.

Le premier & le second *satellite* ne se voient qu'à peine avec des lunettes ordinaires de 40 pieds; le troisième est un peu plus gros, quelquefois on l'apperçoit pendant tout le cours de sa révolution; le quatrième est le plus gros de tous, aussi fut-il découvert le premier; le cinquième surpasse les trois premiers, quand il est vers sa digression occidentale, mais quelquefois il est très-petit, & disparoît même entièrement (*Mém. Acad.* 1714, 1757, page 94). M. Wargentin m'a assuré les avoir vu tous avec une lunette achromatique de 10 pieds.

Les tables que nous avons des mouvemens de ces *satellites*, ne sont destinées qu'à pouvoir reconnoître les *satellites*, & profiter des circonstances favorables pour les observer d'une manière plus suivie. Huygens avoit donné, en 1659, des tables du quatrième, que Halley corrigea par quelques observations faites en 1682 & 1683 (*Phil. transf.* n.° 145). Cassini en publia, en 1693, pour tous les *satellites*; mais les meilleures sont celles qui se trouvent dans les *Mém.* de 1716; elles furent dressées par Cassini le fils, sur les observations qu'il avoit faites en 1713 & 1714, avec un objectif de 114 pieds de foyer, comparées avec les observations de 1684 & 1703. Ces mêmes tables ont été imprimées dans le volume des Tables astronomiques de Cassini, en 1740, & dans celles de Halley, qui les préféra, par l'avis même de Bradley, à celles que Pound avoit données dans les Transactions philosophiques, & qui se trouvent, du moins pour le quatrième *satellite*, dans les Institut. astronom., page 304.

Révolutions des satellites de Saturne. On détermine les révolutions des *satellites*, en comparant ensemble des observations faites lorsque Saturne est à-peu-près dans le même lieu de son orbe, & les *satellites* à même distance de la conjonction; on choisit aussi les tems où leurs ellipses sont les plus ouvertes, c'est-à-dire, où Saturne est à 90 degrés de leurs nœuds, parce qu'alors la réduction est nulle, & le lieu du *satellite* sur son orbite est le même que son vrai lieu, réduit à l'orbite de Saturne; c'est ainsi que Cassini détermina, en 1714, leurs périodes, vues de Saturne à l'égard de l'équinoxe: j'ai mis dans la table suivante, 1.° les révolutions périodiques ou les retours à un point fixe, comme l'équinoxe; 2.° les révolutions synodiques moyennes, ou les retours à leurs conjonctions, vues de Saturne par rapport au soleil, calculées avec plus de soin jusqu'à la précision des milliemes de secondes, d'après les moyens mouvemens rectifiés par Cassini, dans les *Mémoires de* 1716; 3.° j'y ai joint l'époque de la longitude moyenne, vue de Saturne en 1760; 4.° les distances moyennes en minutes & en secondes, déduites de celle du quatrième, que Pound mesura, en 1719, avec une lunette de 123 pieds.

	Révolution périodique.	Révolution synodique.	Long. en 1760.	Distances.
I.	1 j. 21 h. 18′ 26″, 491	1 j. 21 h. 18′ 55″, 120	11 5d 41′	0′ 43″
II.	2 17 44 51, 579	2 17 45 51, 901	9 10 18	0 56
III.	4 12 25 11, 100	4 12 27 53, 414	4 25 57	1 18
IV.	15 22 41 23, 041	15 23 4 12, 975	0 0 43	3 0
V.	79 7 49 10, 681	79 21 51 35, 741	7 20 36	8 42 ½

Inclinaison des satellites. En comparant les *satellites* de Saturne avec l'anneau de cette planete en différens temps & en divers points de leurs orbites, & en examinant l'ouverture de ces ellipses, on a vu que les quatre premiers paroissoient décrire des ellipses semblables à l'anneau, & situées dans le même plan, c'est-à-dire, inclinées d'environ 31 degrés & demi à l'écliptique, ou de 30 degrés sur l'orbite de Saturne. En effet, le petit axe des ellipses que décrivent ces *satellites*, lorsqu'elles paroissent les plus ouvertes, est à-peu-près la moitié du grand axe, de même que le petit diametre de l'anneau est alors la moitié de celui qui passe par les anses ; ces *satellites*, dans leurs plus grandes digressions, sont toujours sur la ligne des anses ; tout cela prouve qu'ils se meuvent dans le plan de l'anneau. Or, le plan de l'anneau de Saturne coupe le plan de l'orbite de saturne sous 30 degrés d'inclinaison. *Voyez* ANNEAU. Ainsi, l'angle des orbites des quatre premiers *satellites* avec l'orbite de Saturne, est de 30 degrés.

A l'égard du cinquieme *satellite*, Cassini le fils reconnut, en 1714, que son orbite n'étoit inclinée, soit sur l'orbite de Saturne, soit sur le plan de l'anneau, que de 15 degrés & demi (*Mém. Acad.* 1714) ; & il vit ce *satellite* décrire une ligne droite qui passoit à-peu-près par le centre de Saturne, pendant que les autres s'en écartoient sensiblement au-dessus & au-dessous ; ainsi, l'orbite du cinquieme *satellite* est inclinée de 15 à 16 degrés sur l'écliptique, & autant sur le plan de l'anneau & sur celui des orbites des quatre *satellites* intérieurs, mais dans un autre sens.

Maraldi détermina, en 1716, la longitude du point d'intersection de l'anneau sur l'orbite de Saturne, à $5^s\ 19^d\ 48'\ \frac{1}{2}$, & sur l'écliptique $5^s\ 16^d\ \frac{1}{3}$; telle est la longitude du nœud des quatre premiers *satellites*. On a cru reconnoître, en 1744, que les nœuds de l'anneau avoient eu un mouvement rétrograde ; il est difficile d'en juger sur un si petit intervalle de tems, cependant il est naturel de croire que les attractions des *satellites*, sur cet anneau, y produisent un semblable effet, puisque la lune le produit sur le sphéroïde terrestre ; on pourra s'en assurer mieux en 1789, Saturne se trouvant dans le nœud de l'anneau & des *satellites*, en sorte que leurs orbites paroîtront des lignes droites, leurs plans passant par notre œil. Dans tout autre tems le *satellite*, lorsqu'il passe dans la direction de la ligne des anses, est à une certaine distance du centre de Saturne. Mais les parties de l'ellipse qu'il paroît décrire, se rapprochent peu-à-peu, & viennent enfin se confondre & passer par le centre de Saturne lorsque nous sommes dans la ligne des nœuds ou dans le plan de l'orbite du *satellite*.

Le nœud du cinquieme *satellite* de Saturne fut trouvé, en 1714, par Cassini à $5^s\ 4^d$ sur l'écliptique, c'est-à-dire, moins avancé de 17^d que le nœud des quatre autres *satellites* sur l'orbite de Saturne qu'il supposoit à $5^s\ 21^d$ sur l'écliptique (*Mém. acad.* 1714) ; les 6 & 7 mai 1714, le cinquieme *satellite* paroissoit se mouvoir en ligne droite, & nous étions par conséquent dans son plan & dans le nœud de son anneau ; on croit aussi qu'il y a un mouvement dans ce nœud du cinquieme *satellite*. Lorsque ces *satellites* passent devant Saturne, on ne peut, à cause de la foiblesse de leur lumière, distinguer ni leurs entrées, ni leurs sorties. Le premier & le second deviennent même invisibles dès qu'ils s'approchent un peu de Saturne. Le troisième est un peu plus gros, & reste souvent visible tout le tems de sa révolution. Le quatrième & le cinquième se voient aussi assez bien ; le quatrième paroît toujours le plus gros. Le cinquième varie de lumière & de grandeur, sans doute par quelque tache que la révolution rend tantôt plus, tantôt moins dominante sur la lumiere du disque exposé à nos yeux.

SATELLITE DE VÉNUS, on trouve dans l'Encyclopédie, tome XVII à la fin, au mot *Vénus*, un grand article sur le prétendu *satellite de Vénus*, j'ai cru devoir en conserver encore ici une partie, quoique l'objet ne me parût pas mériter une si grande étendue ; M. Lambert ayant adopté ce sentiment, l'autorité d'un aussi habile astronome m'a empêché de supprimer totalement cet article.

Après la découverte des *satellites* de Jupiter & de Saturne, (dit l'auteur de cet article) qui ne sont que des lunes semblables à celle qui tourne autour de la planete que nous habitons, l'analogie a dû faire soupçonner l'existence de pareils astres autour des autres corps. Pourquoi ce présent n'auroit-il été fait qu'à certaines planetes, tandis qu'il s'en trouve d'intermédiaires, qui, par leur éloignement sembloient devoir jouir des mêmes avantages, & qui ne sont pas moins importantes dans le système des corps assujettis à notre soleil: tels sont Mercure, *Vénus* & Mars?

Mercure est toujours si près du soleil, & nous le voyons si peu, qu'il pourroit avoir un *satellite* sans qu'on l'eût observé; mais toutes les observations faites sur Mars, nous mettent en droit de conclure qu'il est dépourvu de *satellite*. Cette planete est trop voisine de la nôtre, pour que nous ayons pu tarder si long-temps à le découvrir, les circonstances dans lesquelles il se présente à nos yeux, sont d'ailleurs trop favorables pour qu'il ait pu échapper depuis la perfection des lunettes.

Il n'en étoit pas ainsi de *Vénus* : placée entre le soleil & nous, les observations faites sur cette planete ont été plus délicates, plus rares, plus sujettes à des variations, aussi a-t-on cru avoir découvert un *satellite* de *Vénus*.

Le premier qui crut avoir observé un *satellite* de *Vénus*, fut Dominique Cassini : il s'exprime en ces termes dans sa *découverte de la lumière zodiacale, in-fol.* 1685. Paris. Seb. Cramoisi, *p.* 45. « A 4 heures 15 minutes, 28 Août 1686, » en regardant *Vénus* par la lunette de 34 piés, » je vis à $\frac{3}{5}$ de son diamètre vers l'orient une » lumière informe, qui sembloit imiter la phase » de *Vénus*, dont la rondeur étoit diminuée du » côté de l'occident. Le diamètre de ce phéno- » mène étoit à-peu-près égal à la quatrième par- » tie du diamètre de *Vénus*, je l'observai atten- » tivement pendant un quart d'heure, & après » avoir interrompu l'observation l'espace de 4 ou » 5′ je ne la vis plus, mais le jour étoit grand. »

M. Cassini avoit vu une lumiere semblable, qui imitoit la phase de *Vénus*, le 25 Janvier 1672, pendant 10′ depuis 6 h. 52′ du matin, jusqu'à 7 heures 2 minutes du matin, que la clarté du crépuscule fit disparoître cette lumière. On crut que c'étoit un *satellite*. La plupart des astronomes chercherent inutilement ce *satellite*, aucun ne l'apperçut jusqu'à Short, qui 54 ans après, crut le revoir pendant qu'il observoit *Vénus* avec un télescope de 16 pouces.

Cette observation étant une de celles qui a fait le plus de sensation, à cause de la difficulté de supposer que l'observateur eût été trompé par des illusions optiques, je la rapporterai telle qu'elle se trouve dans les transactions philosophiques & dans l'histoire de l'académie de 1741.

« M. Short, à Londres, le 3 Novembre 1741, » au matin avec un télescope de 16 pouces $\frac{1}{2}$ » qui augmentoit 50 à 60 fois le diamètre de » l'objet, apperçut d'abord comme une petite » étoile fort proche de *Venus*, sur quoi ayant » adapté à son télescope un oculaire plus fort & » un micrometre, il trouva la distance de la pe- » tite étoile à *Vénus* de 10′ 20″; *Vénus* parois- » sant alors très-distinctement, & le ciel fort » serein; il prit des oculaires trois ou quatre fois » plus forts, & vit avec une agréable surprise que » la petite étoile avoit une phase, & la même » phase que *Vénus*, son diamètre étoit un peu » moins que le tiers de celui de *Vénus*, sa lumiere » moins vive, mais bien terminée; le grand cercle » qui passoit par le centre de *Vénus* & de ce *sa- » tellite* (qu'il seroit difficile de qualifier autrement, » faisoit un angle d'environ 18 à 20 degrés » avec l'équateur; le *satellite* étant un peu vers » le nord, & précédant *Vénus* en ascension droite. » M. Short le considéra à différentes reprises, & » avec différens télescopes pendant une heure jus- » qu'à ce que la lumière du jour le lui ravit en- » tièrement. »

Ce fut envain que M. Short chercha, par la suite, à faire de nouvelles observations de ce satellite. Il ne put découvrir, avec son fameux télescope de 12 pieds (le plus grand qui eût été fait jusqu'alors), ce que le hazard lui avoit offert dans un télescope de 16 po. $\frac{1}{2}$; il paroissoit donc qu'on devoit encore être incertain de l'existence du satellite. Cependant Short crut devoir consacrer sa découverte en la prenant pour type, & fit graver la phase du *satellite*, telle qu'il l'apperçut en 1740. On assure qu'il s'en est servi en forme de cachet depuis cette époque, & l'on en trouve l'empreinte dans l'Encyclopédie, à l'article cité. Mais lorsque je lui en parlai en 1763, il me parut ne pas croire au satellite de *Vénus*.

Le fameux passage de *Vénus* sur le soleil, qu'on attendoit en 1761, vit renaitre le zèle de tous les savans: ce passage étoit une occasion plus intéressante que toute autre, de constater l'existence du satellite de *Vénus*, & de l'observer au cas qu'on pût le découvrir. On commençoit à en parler parmi les Astronomes, & M. Baudoin, maître des requêtes, zélé pour toutes les sciences, engagea M. Montaigne, de la Société de Limoges, à s'occuper de la recherche de ce satellite; celui-ci crut en effet l'avoir apperçu au mois de mai 1761. Ses observations furent communiquées à M. Baudouin, qui lut à ce sujet deux Mémoires à l'académie des Sciences, dans lesquels il essayoit d'en déduire les élémens de l'orbite de ce satellite. M. de Montbaron, à Auxerre, crut le voir aussi en 1765.

On trouve dans le Journal étranger, *août* 1761, une autre observation tirée du *London evening post*, & qui fut communiquée à l'auteur de cette feuille périodique, par une lettre du 6 juin, de Saint-Neost, dans le comté d'Hutingdon. Cette observation avoit été faite, disoit-on, pendant le passage de *Vénus* sur le soleil.

Au mois de mars 1764, deux Astronomes de Copenhague annoncèrent aussi le satellite de *Vénus*. Enfin, d'après ces différentes observations, M. Lambert a cru pouvoir donner une théorie de cet astre, dans un grand Mémoire, où l'on trouve même des tables du mouvement de ce satellite. *Mémoires de Berlin*, 1773.

Malgré le travail de M. Lambert, perſonne ne croit à l'exiſtence du ſatellite de *Vénus* : les tentatives inutiles que j'ai faites pour l'appercevoir, de même que pluſieurs autres obſervateurs, me perſuadent abſolument que c'eſt une illuſion optique, formée par les verres des téleſcopes & des lunettes ; c'eſt ce que penſent le P. Hell, à la fin de ſes *Ephémérides pour* 1766, & le P. Boſcovich, dans ſa cinquième *Diſſertation d'optique*.

On peut ſe former une idée de ce phénomène d'optique, en conſidérant l'image ſecondaire qui paroît par une double réflexion, lorſqu'on regarde au travers d'une ſeule lentille de verre un objet lumineux placé ſur un fond obſcur, & qui ait un fort petit diamètre ; pour voir alors une image ſecondaire ſemblable à l'objet principal, mais plus petite, il ſuffit de placer la lentille de manière que l'objet tombe hors de l'axe du verre ; cette image ſecondaire, qu'on a priſe pour un *ſatellite* de Vénus, paroît du même côté que l'objet, ou du côté oppoſé, & elle eſt droite ou renverſée, ſuivant les diverſes ſituations de la lentille, de l'œil & de l'objet. Si l'on joint deux lentilles, on a pluſieurs doubles réflexions de la même eſpèce, du moins dans certaines poſitions ; elles ſont inſenſibles la plupart du tems, parce que leur lumière eſt éparſe, & que leur foyer eſt trop près de l'œil, ou qu'elles tombent hors du champ de la lunette ; mais il y a bien des cas où ces rayons ſe réuniſſent & forment une fauſſe image. M. Wargentin en cite un exemple dans le troiſième tome de l'académie d'Upſal, page 224. Il avoit une lunette achromatique aſſez bonne, qui donnoit toujours à Vénus un ſatellite d'une lumière foible ; mais, en tournant la lunette, on le voit tourner dans toutes les parties du champ de la lunette ; ce qui prouve aſſez que c'eſt une illuſion, & non pas un ſatellite de *Vénus*. (*D. L.*)

SATURNE, ſ. m. *en aſtronomie*, eſt le nom d'une des ſept planètes premières, qui tourne en 29 ans & demi, & qui eſt éloignée du ſoleil de 328 millions de lieues. On la marque ainſi ♄. *Voyez* PLANÈTE.

Saturne n'a qu'une foible lumière, à cauſe de ſa diſtance ; c'eſt ce qui fait que cette planète paroît aſſez petite, quoiqu'elle ſoit une des plus groſſes.

Son diamètre qui paroît de 18 ſecondes, eſt dix fois celui de la terre, & ſon volume ou ſa groſſeur mille fois plus conſidérable.

On doute ſi *Saturne* tourne autour de ſon axe comme les autres planètes, ou non : aucune obſervation aſtronomique ne prouve qu'il tourne ; il y a même une circonſtance qui, ſelon quelques auteurs, paroîtroit prouver le contraire : la terre & toutes les autres planètes qui tournent ſur elles-mêmes, ont le diamètre de l'équateur plus grand que l'axe, & l'on n'obſerve rien de pareil dans *Saturne* ; mais cette preuve eſt inſuffiſante, parce que ſa rotation pourroit être trop lente pour que cet effet fût ſenſible.

La diſtance de *Saturne* au Soleil étant dix fois plus grande que celle de la terre au ſoleil, il s'enſuit que le diamètre apparent du ſoleil vu de *Saturne*, ne doit être que de 3 minutes, ce qui fait un peu plus de trois fois le diamètre apparent de vénus, vu de la terre quand elle eſt le plus près. Le diſque du ſoleil doit donc paroître aux habitans de *Saturne* 100 fois plus petit qu'il ne nous paroît ; & la lumière, auſſi bien que la chaleur de cet aſtre, doit être moindre en même proportion.

Les phaſes de *Saturne* ſont fort variées & fort ſingulieres, à raiſon de ſon *anneau*.

Saturne, dans ſa révolution autour du ſoleil, eſt continuellement accompagné par 5 ſatellites ou planètes ſecondaires : on en a vu les périodes & les diſtances. Voyez SATELLITES.

Le mouvement de *Saturne* eſt ſujet à de grandes irrégularités. L'excentricité de ſon orbite n'eſt pas conſtante comme celle de l'orbite terreſtre, mais elle varie continuellement.

Il paroît qu'on doit attribuer une partie de ces irrégularités à l'action de jupiter ſur *Saturne* : jupiter eſt la plus groſſe de toutes les planètes ; & lorſqu'il eſt en conjonction avec *Saturne*, ſon action ſur *Saturne* eſt alors aſſez conſidérable pour produire des effets ſenſibles : pour déterminer ces irrégularités, on a cherché par la théorie & par le calcul quel doit être l'effet de l'action de jupiter ſur *Saturne* ; mais ce problême, un des plus importans de l'aſtronomie, eſt d'une difficulté proportionnée à ſon importance. L'académie des ſciences en propoſa la ſolution pour le ſujet du prix de 1748 ; c'étoit une des plus belles queſtions qu'elle eût encore propoſées ; & Euler donna ſur ce ſujet une pièce très-ſavante qui remporta le prix, & qui a été imprimée.

Il pourroit ſe faire, dit M. d'Alembert, que dans des mouvemens de *Saturne*, on dût avoir égard non-ſeulement à l'action de jupiter, mais encore à celle des ſatellites de *Saturne*, & peut-être de ſon anneau : la quantité de cette action dépend à la vérité de la maſſe des ſatellites qui n'eſt point connue, mais cela n'empêche pas que ces maſſes ne puiſſent y entrer pour quelque choſe, & c'eſt de quoi les obſervations comparées au calcul peuvent nous inſtruire ; car ſi les obſervations s'accordent avec les loix qu'on aura trouvées du mouvement de *Saturne* dans la ſuppoſition que jupiter ſeul agiſſe, c'eſt une marque que l'action des ſatellites n'a que peu d'effet. Au contraire, ſi ces obſervations ne s'accordent pas avec le calcul, c'eſt une marque qu'il faut tenir compte de l'action des ſatellites. Il eſt vrai qu'on ne connoîtra point cette action, puiſqu'on ne connoît point leurs maſſes ; mais on pourra toujours calculer les irrégularités qui en réſultent, en ſuppoſant les maſſes connues ; & peut-être pourra-t-on enſuite, au moyen des obſervations, déterminer ces maſſes par la différence qui ſe trouvera entre les obſervations & le calcul.

Saturne paroît être sujet à un retardement dans ses révolutions, & il en résulte une différence de plus de cinq degrés en deux mille ans. *Voyez* ÉQUATION SÉCULAIRE. M. de la Place a lu un mémoire à l'académie le 10 mai 1786, dans lequel il l'explique par une équation de 47 minutes dont la période est de 877 ans, & que le calcul de l'attraction de jupiter lui a donnée.

J'ai remarqué aussi dans le mouvement de *Saturne*, depuis quelques années, une inégalité dont j'ai donné la preuve dans les *mémoires de l'académie, pour* 1765. En mettant à part toutes les inégalités connues & choisissant les tems où il n'en peut résulter aucune différence, les révolutions de *Saturne* diffèrent entr'elles de près d'une semaine, dont *Saturne* a accéléré depuis quelques années, au lieu de retarder, comme il avoit fait depuis plusieurs siécles.

Cette inégalité, dont la cause m'a paru devoir être différente de l'action de jupiter, produit à même configuration avec jupiter, un effet plus grand que celui qui résulte des plus grandes variétés connues dans la position de jupiter par rapport à *Saturne*; elle est sensible, sur-tout depuis le commencement de ce siécle. J'ignore quelle en est la cause; j'ai pensé que ce pourroit être l'action de quelque comète; mais peut-être qu'on parviendra à l'expliquer, ainsi que l'équation séculaire. Quoi qu'il en soit, les dernières révolutions de *Saturne* diffèrent entr'elles de plus d'une semaine, même en mettant à part toutes les inégalités connues, produites par l'action de jupiter, telles que M. Euler les avoit données dans sa pièce qui a remporté le prix de l'académie en 1748. M. Lambert avoit cru pouvoir représenter toutes les observations par des équations réglées sur le mouvement de jupiter; mais il étoit obligé d'augmenter ces équations d'une manière incompatible avec les calculs de M. Euler. Cependant M. de la Place trouve que ces équations s'accordent avec sa théorie.

En conséquence de ces inégalités, je n'ai pu espérer, dans mes nouvelles tables de *Saturne*, de satisfaire aux observations modernes & aux anciennes tout-à-la-fois; mais comme il nous importe, pour les besoins actuels de l'astronomie, d'avoir des tables qui s'accordent avec l'état présent des mouvemens célestes, je m'en suis tenu aux observations faites depuis 30 ans, pour construire mes tables de *Saturne*. *Mém. de l'acad.* 1765, 1768, 1774. Cependant, quoique je fusse parvenu à représenter, à une minute près, 30 années d'observations, parmi lesquelles il y avoit, dans les tables de Halley, des erreurs de 22 minutes, l'erreur des miennes est venue jusqu'à onze minutes, par une suite du dérangement que je viens d'indiquer; mais depuis 1783, cette erreur commence à diminuer, en sorte que mes élémens paroissent encore meilleurs que ceux des tables de Halley. (*D. L.*)

SATURNILABE, (*astron.*) nom que j'ai cru pouvoir donner à un instrument que j'ai proposé pour trouver aisément les configurations des satellites de saturne, il est semblable au *jovilabe* qui sert à trouver celles des satellites de jupiter; mais le *saturnilabe* renferme cinq cercles au lieu de quatre; ils sont plus inégaux que ceux de jupiter, & il n'y a qu'une partie de la circonférence des cercles extérieurs qui soit divisée, parce que cet instrument se dispose pour le premier jour de chaque mois, & que les derniers satellites ne font pas une révolution entière en un mois: on voit la figure de cet instrument dans le troisième volume de mon astronomie. (*D. L.*)

SCALENE, *adj.* (*Géom.*) un triangle *scalène* se dit en géométrie, d'un triangle dont tous les côtés & les angles sont inégaux.

Ce mot vient du grec, σκαληνος, qui signifie *oblique*, *inégal*.

Un cylindre ou un cône, dont l'axe est incliné sur la base, est aussi appellé *scalene*. *Voyez* CONE & CYLINDRE. (*E*)

Soit a, b, g les trois côtés du triangle *scalène*, & ϕ l'angle opposé à g, on a $g^2 = a^2 + b^2 - 2ab \cos. \phi$, & deux autres équations analogues pour les autres angles; ce théorême contient toute la trigonométrie rectiligne. *Voyez* TRIGONOMÉTRIE.

SCAPHÉ, (*Astronom.*) un des premiers instrumens dont les anciens se soient servis pour les observations solaires. C'étoit probablement un petit gnomon, dont le sommet atteignoit au centre d'un segment sphérique. Un arc de cercle passant par le pié du stile étoit divisé en degrés, & l'on y voyoit l'angle que formoit le rayon solaire avec la verticale; du reste il étoit sujet aux mêmes inconvéniens, & il exigeoit les mêmes corrections, il étoit enfin moins propre que le gnomon à des observations délicates, parce qu'il étoit plus difficile de s'en procurer un d'une hauteur considérable. Cependant Eratosthène s'en servit, suivant quelques auteurs, pour mesurer la grandeur de la terre, & l'inclinaison de l'écliptique à l'équateur; mais on n'en peut tirer que des approximations assez éloignées de la vérité. Montucla, *hist. de mathématiques, tom. I.* (*D. J.*)

SCÉNOGRAPHIE, s. f. *en terme de perspective*, est la représentation d'un corps en perspective sur un plan; c'est-à-dire la représentation de ce corps dans toutes ses dimensions, tel qu'il paroît à l'œil. *Voyez* PERSPECTIVE.

Ce mot est formé des mots grecs, σκηνη *scene*, & γραφη, *description*.

Pour bien faire entendre ce que c'est que la *scénographie*, & sa différence d'avec l'*ichnographie*, & l'*ortographie*, supposons qu'on veuille représenter un bâtiment; l'*ichnographie* de ce bâtiment est le plan du bâtiment, ou sa coupe par en-bas. *Voyez* ICHNOGRAPHIE.

L'*ortographie* est la représentation de la façade

du bâtiment, ou d'une de ses faces; *voyez* ORTOGRAPHIE. Enfin, la *scénographie* est la représentation du bâtiment en son entier, c'est-à dire de ses faces, de sa hauteur, & de toutes ses dimensions.

Pour représenter scénographiquement un corps; 1.° cherchez l'*ichnographie perspective* ou le plan de la base du corps, en suivant la méthode qui a été donnée pour cela dans l'article PERSPECTIVE. 2.° Sur les différens points du plan, élevez les hauteurs correspondantes en perspective; vous aurez par ce moyen la *scenographie* complète du corps, à l'exception de l'ombre qu'il y faut ajouter. Voici la méthode pour élever les hauteurs en perspective.

Sur un point donné, comme *C*, *Pl. perspect. fig.* 1, *n.°* 2, on propose d'élever la hauteur perspective, répondante à la hauteur objective *P Q*. Sur la ligne de terre, élevez une perpendiculaire *P H*, égale à la hauteur projective donnée. Des points *P* & *Q*, tirez à un point quelconque *T* les lignes *P T* & *Q T*; du point donné *C*, tirez une ligne droite *CK*, parallele à la ligne de terre *D E*, & qui rencontre la ligne droite *Q T* en *K*. Du point *K* élevez la perpendiculaire *I K* sur la ligne *K C*. La ligne *I K* ou son égale *C B* est la hauteur *scénographique* cherchée.

L'application de cette méthode générale pour trouver la *scénographie* d'un corps, n'est pas si facile dans tous les cas, qu'elle n'ait besoin d'être un peu éclaircie & applanie par quelques exemples.

Pour représenter scénographiquement un cube, vu par un de ses angles; 1.° comme la base d'un cube vu par un angle, & placé sur un plan géométral, est un quarré vu par un angle: tracez d'abord en perspective un quarré vu par un angle, *voyez* PERSPECTIVE; 2.° ensuite élevez le côté *HI* du quarré *fig.* 2, *n.°* 2, perpendiculairement sur un point quelconque de la ligne de terre *D E*, & à un point quelconque comme *V* de la ligne horizontale *HR*, tirez les lignes droites *V I* & *V H*; 3.° des angles *d*, *b* & *c*, tirez *c* 1, *d* 2, parallèles à la ligne de terre *D E*: 4.° des points 1 & 2, élevez *L* 1 & *M* 2 perpendiculaires à la même ligne *D E*; 5.° puisque *H I* est la hauteur qui doit être élevée en *a*, *L* 1 en *c* & en *b*, & *M* 2 en *d*; élevez au point *a* la ligne *f a* perpendiculaire à *a E*; en *b* & en *c*, élevez *b g* & *c e* perpendiculairement à *b c* 1: enfin élevez *d h* perpendiculaire à *d* 2, & faites $af = HI$., $bg = ec = Li$, & $hd = M2$; joignez ensuite les points *g*, *h*, *e*, *f*, par des lignes droites, & vous aurez la *scénographie* que vous cherchez.

Pour représenter scénographiquement un prisme quinquangulaire creux; 1.° puisque la base d'un prisme quinquangulaire creux, élevé sur un plan géométral, est un pentagone, terminé par un bord ou limbe d'une certaine dimension; cherchez d'abord la représentation perspective de ce pentagone sur un plan, *voyez* PERSPECTIVE; 2.° d'un point quelconque *H* de la ligne de terre *D E*, *fig.* 3, élevez une perpendiculaire *H I* égale à la hauteur objective, & tirez à un point quelconque *V* de la ligne horizontale *HR*, les lignes *H V* & *I V*; 3.° des différens angles *a*, *b*, *d*, *e*, *c*, de l'ichnographie perspective, tant internes qu'externes, tirez les lignes droites *b* 2, *d* 3, &c. parallèles à la ligne de terre: & des points 1, 2, 3, &c. élevez perpendiculairement sur cette même ligne, les lignes *L* 1, *M* 2, *m* 2, *N* 3, *n* 3; ensuite élevez toutes ces lignes aux points correspondans de l'ichnographie, comme dans l'exemple précédent; & vous aurez la *scénographie* que vous cherchez.

Pour représenter scénographiquement un cylindre; 1.° comme la base d'un cylindre élevé sur un plan géométral, est un cercle; tracez d'abord le cercle en perspective, ensuite aux points *a*, *b*, *d*, *f*, *h*, *g*, *e*, *c*, *fig.* 8, élevez les hauteurs correspondantes, comme dans les articles précédens. Joignez enfin la partie supérieure de ces lignes par des lignes courbes, semblables & égales aux parties correspondantes de la base *a*, *b*, *d*, *f*, *g*, *h*, *g*, *e*, *c*, &c. & vous aurez la *scénognaphie* du cylindre. Il est évident qu'on doit omettre, tant dans le plan que dans l'élévation, les lignes qui ne sont point exposées à l'œil; cependant il faut d'abord y avoir égard, parce qu'elles sont nécessaires pour trouver les autres lignes: par exemple, dans la *scénographie* d'un cube vu par un de ses angles, les lignes *b d* & *d c* de la base, *fig.* 2, *n.°* 2. & la ligne *d h* de l'élévation sont enfin cachées à l'œil, & doivent être par conséquent omises dans la représentation scénographique du cube; mais, comme on ne peut trouver le point *h* de la surface supérieure, sans avoir le point *d* qui lui répond; & qu'on ne peut tirer les lignes *g h* & *h e*, sans avoir la hauteur *d h*; il s'ensuit qu'il est nécessaire de déterminer dans l'opération, au moins par des lignes occultes, l'apparence du point *d* & la hauteur *d h*.

Pour représenter scénographiquement une pyramide élevée sur la base; supposons, par exemple, qu'on veuille représenter une pyramide quadrangulaire, vue par un de ses angles. 1.° Puisque la base d'une telle pyramide est un quarré vu par un angle, tracez d'abord ce quarré en perspective; 2.° pour trouver le sommet de la pyramide, c'est-à-dire, la perpendiculaire qui tombe du sommet sur la base, tirez les diagonales qui se coupent en *e*, *fig.* 5, *n.°* 2, 3.° sur un point quelconque *B* de la ligne de terre *D E*, élevez la hauteur *B I* de la pyramide; & après avoir tiré les lignes droites *H V* & *IV* à l'horizontale *HR*, prolongez la diagonale *d b*, jusqu'à ce qu'elle rencontre la ligne *VB* en *b*. Enfin du point *b*, tirez *b i* parallèle à *B I*; cette ligne *b i* étant élevée sur le point *e*, donnera le sommet *K* de la pyramide; conséquemment on aura les lignes *d k*, *k a* & *k b*.

On peut se servir de la même méthode pour trouver la *scénographie* d'un cône. Par cet article & par l'*article* PERSPECTIVE, on voit assez quelles règles on doit observer pour mettre en perspectives toutes sortes de figures & de corps. La *fig.* 7, *n.*° 2, représente la scénographie d'un bâtiment, dans laquelle *V* est supposé le point de vue. (*O*).

SCEPTRE & MAIN DE JUSTICE, (*Astronom.*) *sceptrum*, constellation placée par Royer entre céphée, pégase & andromède. Il trouva, en construisant ses cartes célestes, en 1679, qu'il y avoit 17 étoiles qui, par leur disposition, représentoient assez bien le sceptre royal & la main de justice qui se croisent, & qui sont un des attributs de nos rois. Il en fit hommage à Louis XIV, dans le tems qu'il venoit de donner la paix à l'Europe, après les victoires les plus éclatantes; en faisant remarquer, dans son épître dédicatoire, que la main de justice passoit au zénit de Paris, comme autrefois l'on remarqua que la tête de méduse passoit au zénit de la Grèce, lorsqu'elle succomba sous la servitude & la désolation. Les étrangers n'avoient garde d'adopter une constellation qui faisoit allusion aux triomphes de la France. Hévélius y mit un lézard, qui répond à-peu-près aux mêmes étoiles que le *sceptre* & *la main de justice*. Flamsteed a conservé cette dénomination d'Hévélius, comme il le devoit, par respect pour ce célèbre astronome. L'étoile de quatrième grandeur, qui est sur le milieu de la main de justice, avoit, en 1701, suivant le catalogue du P. Anthelme o^s 6^d o' de longitude, & 53^d 15' de latitude boréale. (*D. L.*)

SCERA, (*astron.*) *Voyez* SIRIUS.

SCHEAT DE PÉGASE, (*Astronomie*) *ou* SEAT, nom d'une étoile de la seconde grandeur, qui est la jointure de la jambe avec l'épaule gauche de Pégase, marquée β; elle avoit, en 1750, 342^d.55'.12". d'ascension droite, & 26^d.43'.56". de déclinaison boréale.

SCHEMA, s. m. vieux mot qui signifie la même chose que *figure* ou *plan;* c'est la représentation que l'on fait de quelque chose dans l'astronomie ou dans la Géométrie par des lignes sensibles à l'œil: en astronomie, c'est la représentation des planètes chacune en son lieu, pour un instant donné.

Le mot *schema* est plus d'usage en latin qu'en françois. On a formé de ce mot son diminutif, *schematismus* ou *schematisme*. *Voyez* SCHEMATISME.

SCHEMATISME, s. m. (*Géom.*) est le nom que quelques anciens auteurs donnent aux planches de figures mathématiques: c'est ainsi qu'elles sont appellées, par exemple, dans les œuvres du P. Tacquet, imprimées à Anvers, *in-fol* 1635. Aujourd'hui on ne se sert plus que du mot *figure*. *Voyez* FIGURE. (*O*)

SCHOLIE, s. m. (*Mathém.*) note ou remarque faite sur quelque passage, proposition, ou autre chose semblable.

Ce mot est fort en usage dans la géométrie & les autres parties des mathématiques; souvent après avoir démontré une proposition, on enseigne dans un *scholie* une autre manière de la démontrer: ou bien on donne quelque avis nécessaire pour tenir le lecteur en garde contre les méprises; ou enfin on fait voir quelque usage ou application de la proposition qu'on vient de démontrer. M. Wolf a donné, par forme de *scholie*, dans ses *élémens de mathématiques*, beaucoup de méthodes utiles, des discussions historiques, des descriptions d'instrumens, &c. (*E*).

SCIAGRAPHIE, s. f. *en Astronomie*, est un terme dont quelques auteurs ont fait usage pour exprimer l'art de trouver l'heure du jour ou de la nuit par l'ombre du soleil, de la lune, des étoiles. *Voyez* CADRAN & GNOMONIQUE. Ce mot vient de *σκία, ombre*, & de *γράφω, je décris*. (*O*)

SCIATÈRE, s. m. *sciater*, (*Gnomoniq.*) nom que Vitruve donne à une aiguille qui marque, par son ombre, une certaine ligne, telle, par exemple, que la méridienne. C'est de-là qu'on a donné le nom de *sciatérique* à la science des cadrans solaires. *Voyez* GNOMONIQUE.

SCINTILLATION, (*Astron.*) mouvement de lumière qu'on apperçoit dans les étoiles de la première grandeur, comme si elles lançoient à chaque instant des rayons qui fussent remplacés par d'autres, avec une espèce de vibration. Les planètes, quoique souvent plus brillantes, n'ont point ce mouvement de *scintillation*, excepté peut-être Vénus dans certain tems: cela sert même à distinguer les étoiles des planètes. Le diamètre apparent d'une étoile n'étant pas d'une seconde, est si petit, que les moindres molécules de matière qui passent entre elle & nous, la font paroître & disparoître alternativement. Si l'on conçoit que ces alternatives soient assez fréquentes & assez courtes, pour qu'à peine notre œil puisse les distinguer l'une de l'autre, on comprendra que les étoiles doivent paroître dans une espèce de tremblement continuel; cela paroît confirmé par l'observation faite dans certains pays, où l'air est extrêmement pur & tranquille, & où l'on dit que la *scintillation* des étoiles n'a pas lieu; mais quand il n'y auroit sur la terre aucun pays dont l'air fût assez calme pour faire cesser le tremblement apparent de la lumière des étoiles, cela ne suffiroit pas pour détruire l'explication précédente.

Garcin, correspondant de l'académie, étant en Arabie, à-peu-près sous le tropique du cancer, à Gomron, ou Bander-Abassi, port fameux du golfe Persique, écrivoit à Réaumur qu'il vivoit dans un pays tout-à-fait exempt de vapeurs: la sécheresse des environs du golfe Persique est telle, que non-seulement

seulement on n'y voit jamais sortir aucune vapeur de terre, mais qu'on n'y apperçoit pas même un brin d'herbe pendant les trois saisons chaudes de l'année, du moins dans les lieux découverts & exposés au soleil; c'est presque de la cendre; aussi dans le printems, l'été & l'automne, on couche en plein air sur le haut des maisons qui sont en plate-formes, sur des toiles, & sans couvertures. Les étoiles y font un spectacle frappant; c'est une lumière pure, ferme & éclatante, sans aucun étincellement; ce n'est qu'au milieu de l'hiver que la *scintillation*, quoique très-foible, s'y fait appercevoir; en conséquence Garcin ne doutoit pas que la *scintillation* des étoiles ne vînt des vapeurs qui s'élèvent sans cesse dans l'atmosphère des pays moins secs. La Condamine a remarqué de même, dans la partie du Pérou qui est le long de la côte, où il ne pleut jamais, que la *scintillation* des étoiles y étoit bien moins sensible que dans nos climats; on assure qu'à Pondichéri, pendant les mois de janvier & de février, il n'y a presque point de *scintillation*, parce qu'il n'y a point de vapeurs; & M. l'abbé de Beauchamp, vicaire-général de Babylone, m'écrit de Bagdad, en 1783, qu'à une certaine élévation au-dessus de l'horizon, les étoiles ne scintillent pas. (*D. L.*)

SCIOPTIQUE, adj. se dit d'une sphère ou d'un globe de bois, dans lequel il y a un trou circulaire où est placée une lentille. Cet instrument est tel qu'il peut être tourné & placé dans tous les sens, comme l'œil d'un animal : on s'en sert dans les expériences de la chambre obscure. *Voyez* Chambre obscure *&* Œil artificiel. Ce mot est formé des deux mots grecs σκια, *ombre*, & ὀπτομαι, *je vois*. Chambers. (*O*)

SCIOTERIQUE, adj. (*Gnom.*) *Télescope sciotérique*, est un cadran horizontal garni d'une lunette pour observer le tems vrai, soit pendant le jour, soit pendant la nuit, & pour régler les horloges. Cet instrument a été proposé par Molineux; il a publié un livre portant ce même titre, qui contient une description de cet instrument, & la manière de s'en servir. (*O*)

SCORPION, (*Astron.*) *ou* la grande bête, nom du 8e signe du zodiaque & d'une constellation; il est appellé dans Cicéron *Nepa*; dans Manilius, *Martis sidus*; dans Aratus, *Fera magna*, parce qu'il occupoit deux signes entiers, comme Ovide l'exprime dans ces vers :

At locus in geminos ubi brachia concavat arcus
Scorpius, & caudâ flexisque utrinque lacertis
Porrigit in spatium signorum membra duorum.

Metam. II. 195.

Les poëtes disent que c'est le *scorpion* qui, par ordre de Diane, piqua vivement au talon le géant Orion, qui se vantoit de pouvoir défier les animaux les plus féroces, & qui même, selon quelques-uns, avoit entrepris de violer Diane. Il étoit peut-être destiné à indiquer les maladies dangereuses qui règnent quelquefois en automne : son lever fait coucher la constellation d'orion, & c'est l'unique fondement de la mort d'Orion, qui périt de la piquure d'un *scorpion*.

La vue de cet animal effrayant fut cause, dit Ovide, de la terreur & de la perte de Phaëton; c'est-à-dire, comme le prouve M. Dupuis, que son lever fait coucher le cocher céleste, appellé phaëton en astronomie; on le mettoit avec le serpent, le loup & le dragon; le mauvais principe empruntoit cette forme, c'étoit l'empire de Typhon, l'introduction du mal dans l'univers, la fin de la végétation, il dévoroit les testicules du taureau; tous ces emblêmes étoient ceux de l'automne, ou l'annonce de l'hiver. *Voyez mon Astronomie, tome IV, pages 460-468.*

Il y a 35 étoiles du *scorpion* dans le catalogue britannique, mais un bien plus grand nombre dans le catalogue de la Caille; la plus belle est appellée Antares, c'est une étoile de la première grandeur. (*D. L.*)

SCRUPULES, *scrupula*, (*Astron.*) signifient des parties, des minutes. *Scrupules* éclipsés, c'est la partie du diamètre de la lune qui entre dans l'ombre.

Scrupules de la demi-durée, c'est un arc de l'orbite de la lune, que le centre de cette planète décrit depuis le commencement de l'éclipse jusqu'à son milieu. Ce mot ne s'emploie guère en françois.

SCUTUM (*Astron.*). *Voyez* Écu de Sobieski.

SEC

SÉCANTE, f. f. *en Géométrie*, c'est une ligne qui en coupe une autre, ou qui la divise en deux parties. *Voyez* Ligne, *&c.*

Ainsi la ligne *AM*, *Pl. geom. fig.* 12. est une *sécante* du cercle *AED*, *&c.* à cause qu'elle coupe le cercle en *B*.

Les géometres démontrent 1.° que si l'on tire du même point *M* plusieurs *sécantes MA*, *MN*, *ME*, *&c.* celle qui passe par le centre *MA* est la plus grande, & que les autres sont d'autant plus petites, qu'elles sont plus éloignées du centre. Au contraire les portions *MD*, *MO*, *MB*, de ces lignes qui sont hors le cercle, sont d'autant plus grandes, qu'elles sont plus éloignées de celle qui passeroit par le centre, si elle étoit prolongée. La plus petite est la partie *MB* de la *sécante MA*, qui passe par le centre.

2.° Que si deux *sécantes MA* & *ME* sont tirées du même point *M*, la *sécante MA* sera à *MB*, comme *MD* à *MB*.

Sécante, *en Trigonométrie*, signifie une ligne droite tirée du centre d'un cercle, laquelle coupant la circonférence, est prolongée jusqu'à ce qu'elle se rencontre avec une tangente au même cercle. *Voyez* CERCLE & TANGENTE.

Ainsi, la ligne FC, *Pl. Trigonom. fig.* 1, tirée du centre C, jusqu'à ce qu'elle rencontre la tangente EF est appellée une *sécante*, & particuliérement la *sécante* de l'arc AE, ou de l'angle ECF, dont EF est une tangente.

La *sécante* de l'arc AH, qui est le complément du premier arc ou quart-de-cercle, est nommée la *co-sécante* ou la *sécante* du complément.

Le sinus AD d'un arc AE étant donné; pour trouver la *sécante* FC, on doit faire cette proportion, le co-sinus DC est au sinus total CE, comme le sinus total EC est à la *sécante*. CF.

Pour trouver le logarithme de la *sécante* d'un arc quelconque, le sinus du complément de l'arc étant donné, vous n'avez qu'à multiplier par deux le logarithme du sinus total, & du produit, en soustraire le logarithme du sinus du complément; le reste est le logarithme de la *sécante*. *Voyez* LOGARITHME.

Ligne de *sécante* ..... *Voyez l'article* SECTEUR *ou* COMPAS DE PROPORTION. (*E*)

Soit $AC = a$, $CF = x$ & l'arc $AE = s$; il faut mener la *sécante* Cf infiniment près de la première qui coupe en a la circonférence, & en R l'arc décrit du point C comme centre avec le rayon FC; on aura $fR = dx$, & à cause des triangles semblables FCE & Ffr, $FR = \frac{a\,dx}{\sqrt{x^2 - a^2}}$; mais les secteurs CFR & CAa sont aussi semblables, donc Aa ou $ds = \frac{a^2\,dx}{x\sqrt{x^2 - a^2}}$; donc d sec. $s = \ldots$ $\frac{ds.\text{tang}.s.\text{sec}.s}{a^2} = \frac{a\,ds\,\text{sin}.s}{\text{cos}.s^2}$.

SECOND TERME, *en Algèbre*, c'est celui où la quantité inconnue monte à un degré ou une puissance plus petite d'une unité, que celle du terme où elle est élevée au plus haut degré.

L'art de chasser les *seconds termes* d'une équation, c'est-à-dire, de former une nouvelle équation, où les *seconds termes* n'aient pas lieu, est une des inventions les plus ingénieuses & les plus en usage dans toute l'algèbre.

Soit l'équation $x^m + ax^{m-1} + bx^{m-2} + \&c. \ldots + e = 0$, dont on veut faire évanouir le *second terme*, ou qu'on veut transformer en une autre qui n'ait point de *second terme*, on supposera $x = z - \frac{a}{m}$, & substituant $z - \frac{a}{m}$ & ses puissances à la place de x, dans l'équation proposée, on la changera en une autre de cette forme, $z^m + Bz^{m-2} + \&c. \ldots = 0$, où l'on voit que le terme qui devroit contenir z^{m-1}, c'est-à-dire, le *second terme*, ne se trouve pas. *Voy.* ÉQUATION & TRANSFORMATION. (*O*)

SECONDAIRE, adj. (*Astron.*) les cercles *secondaires* de l'écliptique, dans les livres anglois, sont les cercles de latitudes, ou des cercles qui, passant par les poles de l'écliptique, coupent l'écliptique à angles droits, & servent à marquer la distance des étoiles ou des planètes à l'écliptique, & le point de l'écliptique où elles répondent.

En général on peut appeller *cercles secondaires* tous les cercles qui coupent à angles droits un des six grands cercles; tels sont les cercles azimuthaux ou verticaux, par rapport à l'horizon, &c. les méridiens, par rapport à l'équateur.

Les planètes *secondaires* sont des planètes qui tournent autour d'autres planètes, comme centres de leur mouvement, & avec lesquelles elles sont emportées autour du soleil. *Voyez* SATELLITES.

Cadrans secondaires ou *cadrans de la seconde espèce*, sont les cadrans irréguliers ou déclinans, c'est-à-dire, qui ne sont ni horizontaux, ni équinoxiaux, ni polaires, ni méridionaux, ni septentrionaux, ni orientaux, ni occidentaux. *Voyez* CADRAN. (*O*)

SECONDE, s. f. *en Géométrie & en Astronomie*, c'est la soixantième partie d'une minute ou d'une prime, soit dans la division des cercles, soit dans la mesure du tems. *Voyez* MINUTE.

Un degré ou une heure sont divisés chacun en 60 minutes, qui sont désignés par cette marque ('); une minute est divisée en 60 *secondes*, marquées ainsi ("); une *seconde* est divisée en 60 tierces, que l'on marque de cette manière (''').

Une *seconde* de tems dans le mouvement diurne de la terre, équivaut à 15 *secondes* de degré, puisque 360° font 24 heures, & que la terre, par son mouvement diurne, parcourt 15 *secondes* de degré dans une *seconde* de tems: d'où l'on voit qu'une erreur d'une *seconde* de tems dans l'observation de quelque phénomène céleste, par exemple, d'une éclipse, doit en produire une de 15 *secondes* de degré dans l'estimation du point que l'on observe.

Les auteurs Latins disent quelquefois *minutum secundum*, une *minute-seconde*, une *minute-tierce*, &c. mais plus communément & plus simplement une *seconde*, une *tierce*, &c.

Un pendule long de trois piés huit lignes & demie, fait ses vibrations en une *seconde* de tems à Paris. Un corps qui tombe de haut en bas par sa propre pesanteur, doit parcourir dans le vide environ 15 piés dans la première *seconde*; c'est ce que Huygens a déterminé, en observant avec soin la longueur du pendule à *secondes*, & déterminant ensuite l'espace que parcouroit un corps pesant dans une *seconde* de tems, suivant ce théorême, trouvé par le même Huygens, l'espace que parcourt un corps pesant dans une *seconde*, est à la longueur du pendule à *secondes*, savoir, 3 piés 8 lignes $\frac{1}{2}$, comme deux fois le quarré de la circonférence d'un cercle est au quarré du diamètre. *Voyez* PENDULE SIMPLE.

SECTEUR, s. m. *en Géométrie*; c'est la partie d'un cercle, comprise entre deux rayons & l'arc renfermé entre ces rayons. *Voyez* CERCLE & ARC.

Ainsi, le triangle mixte *ACD*, (*Pl. de Géométrie, fig.* 13), compris entre les rayons *AC*, *CD*, & l'arc *AD*, est un *secteur* de cercle.

Les Géometres démontrent que le *secteur* d'un cercle, comme *ACD*, est égal à un triangle, dont la base est l'arc *AD*, & la hauteur le rayon *AC*.

Si, du centre commun de deux cercles concentriques, on tire deux rayons à la circonférence du cercle extérieur, les deux arcs renfermés entre les rayons auront le même rapport que leurs circonférences, & les deux *secteurs* seront entr'eux comme les aires ou les surfaces de leurs cercles.

Pour trouver en nombre l'aire d'un *secteur* *DCE*, le rayon *CD* du cercle, & l'arc *DE* étant donnés, il faut d'abord trouver un nombre quatrième proportionnel à 100,314, & au rayon *AC*: ce quatrième proportionnel exprimera la demi-circonférence à très-peu près. *Voyez* CERCLE & QUADRATURE. Que l'on cherche alors un autre quatrième proportionnel au nombre 180, à l'arc *DE* & à la demi-circonférence que l'on vient de trouver; cet autre quatrième proportionnel donnera l'arc *DE* dans la même mesure que le rayon *AC* est donné: enfin, multipliez l'arc *DE* par le demi-rayon; ce produit est l'aire du *secteur*.

Les Anglois donnent aussi le nom de *secteur* à ce que l'on appelle en France, *compas de proportion*. *Voyez* COMPAS DE PROPORTION. (*E*)

SECTEUR, (*Astron.*) instrument qui sert à mesurer la distance d'un astre au zénit, ainsi que le quart-de-cercle; mais le *secteur* a moins de degrés & un rayon plus long. On a sur-tout donné ce nom de *secteur* à un instrument de 12 à 15 piés de rayon, qui n'a que trois ou quatre degrés de limbe ou d'amplitude, mais avec lequel on peut mesurer, jusqu'à la précision d'une demi-seconde, la distance d'une étoile au zénit, quand elle ne passe pas 2 ou 3 degrés; on se borne à cette petite étendue, parce que l'inconstance des réfractions diminue la précision des observations faites à une plus grande distance du zénit, & que l'instrument d'un si grand rayon deviendroit trop pesant, s'il avoit une étendue considérable en degrés.

Le docteur Hook en fit un dans le dernier siècle, pour observer la parallaxe annuelle des étoiles.

Le premier *secteur* qui ait été fait de la grandeur & de la bonté nécessaires pour des observations aussi délicates, est celui que Graham fit en 1725, pour Molyneux: il fut suivi bientôt après d'un autre, pour M. Bradley, avec lequel ce grand Astronome découvrit l'*aberration*; ce *secteur* est à l'observatoire de Greenwich. En 1735, Graham en fit faire un autre pour la mesure de la terre en Laponie; Maupertuis en a donné la description dans son livre, intitulé: *Degré du méridien entre Paris & Amiens*, 1740, *in-8.°*: ce *secteur* est actuellement dans l'observatoire de M. le Monnier, à Paris. Il est représenté dans les *Pl. d'Astron: fig.* 200.

Ce qu'on appelle proprement *secteur* dans l'instrument dont il s'agit, est une lunette *AEN*, *n.° 6*, garnie d'un limbe ou portion de cercle *TV*, qui a pour rayon la distance *DG* de l'objectif à son foyer.

Ce *secteur* est porté par un autre *secteur* immobile qui lui est concentrique, & dans le plan duquel il se peut mouvoir, en tournant sur l'axe qui passe par les centres des deux *secteurs*.

Ce second *secteur* qui porte le vrai *secteur*, est porté lui-même par un pié qui a la figure d'une pyramide tronquée.

La *figure* 200 fait voir l'instrument entier avec ses pièces assemblées; mais outre que cette figure n'est pas assez grande pour en faire voir le détail, il y a plusieurs choses essentielles à l'instrument qui se trouvent cachées, & d'autres qu'on a omises, parce qu'elles auroient été trop petites pour être apperçues. Toute la suspension du vrai *secteur* se trouve cachée par le prisme creux exagonal, qui termine le haut du pié; & le micromètre que l'on place sur le limbe du second *secteur*, & qui sert à conduire le vrai *secteur* & à régler son mouvement, a été omis, parce qu'il seroit devenu trop petit, & que le limbe du vrai *secteur* en auroit caché la plus grande partie. Il faut donc avoir recours aux figures suivantes, pour connoître toutes les pièces de l'instrument.

Dans le *n.° 6*, on voit le vrai *secteur* en perspective dans ses proportions, & le n.° 1 en fait voir les principales parties plus en grand dans une élévation géométrale tronquée: les lettres sont les mêmes.

Le tuyau cylindrique de la lunette, *n.° 6*, a 8 piés 11 pouces de long, il est de laiton bien écroui; ce tube a trois parties dans sa longueur: les deux premières parties *DE*, *FG*, ont trois pouces de diamètre, & chacune est garnie à ses extrémités de frettes cylindriques de cuivre; la troisième partie, dans laquelle entre l'oculaire, n'a qu'un pouce de diamètre.

La frette *D*, n.° 1, qui fortifie la lunette à son extrémité supérieure, contient l'objectif; il y a audedans de cette frette une feuillure faite sur le tour, dans laquelle l'objectif est exactement enchâssé, & tient de lui-même avec assez de force: l'objectif est encore poussé vers le fond de sa feuillure par un tuyau à vis, de façon qu'il est arrêté de la manière la plus fixe. La frette *D* porte deux pivots ou tourillons *A*, *B*, de cuivre, diamétralement opposés, dont l'axe est bien perpendiculaire à celui de la lunette. Ces deux tourillons servent à suspendre la lunette qui, quand elle est libre, peut osciller comme un pendule. Le tourillon *A* porte un cylindre *C* d'acier trempé de trois quarts de ligne de diamètre; & ce petit cylindre, qui a même axe que les tourillons *A*, *B*, est diminué, autant qu'il est possible, vers son extrémité, de manière qu'à l'endroit de l'entaille il ressemble à deux cônes opposés par la pointe : cette entaille est faite pour recevoir la boucle d'un fil à-plomb, dont on verra l'usage.

La frette *E* qui est au bout inférieur de la première partie, & la frette *F* qui est au bout supérieur de la seconde, sont soudées à des brides circulaires, aussi de cuivre; ces deux brides, qui sont liées ensemble par des vis, servent à assembler solidement les deux premières parties du tube de la lunette. Si ce tube avoit été d'une seule pièce, on n'auroit pas eu besoin des deux frettes *E F*; mais alors il n'auroit pas été possible de l'écrouir aussi parfaitement, qu'en le faisant de deux pièces; au reste, ces deux parties de tube ne se désassemblent jamais.

La frette *G*, qui est à l'extrémité inférieure de la seconde partie du tube, porte un miroir plan *K*, n.° 3, ou une pièce d'acier bien poli, qu'on recouvre d'une pièce de cuivre *L*, quand on ne fait point usage de la lunette : c'est sur ce miroir d'acier que porte la vis du micromètre, en poussant la lunette pour lui donner l'inclinaison nécessaire dans les observations. Sur le couvercle *L* du miroir, est un trait léger qui est horizontal, quand le miroir est couvert; ce trait sert à marquer la hauteur où doit être la vis du micromètre. Ainsi, avant que de découvrir le miroir, il faut hausser ou baisser le micromètre jusqu'à ce que la pointe de sa vis soit précisément sur le trait du couvercle.

Le dedans de la frette *G* est tourné en forme de feuillure circulaire; cette feuillure reçoit un châssis pour porter les fils; il est rond, précisément de même diamètre : la position du châssis dans la feuillure est déterminée par deux piés diamétralement opposés, qui tiennent à la feuillure & entrent dans deux petits trous faits au châssis. Enfin, le châssis est arrêté dans la feuillure par quatre vis qui l'y retiennent solidement. Ce châssis est exactement placé au foyer de l'objectif, il est percé d'une large ouverture d'environ deux pouces de diamètre, & porte deux fils d'argent extrêmement fins, croisés à angles droits, & perpendiculaires à l'axe de la lunette dans lequel ils se croisent. L'un de ces fils est parallèle à l'axe des tourillons. La position des fils sur le châssis est invariable; car le châssis est percé de quatre trous qui ne sont guère plus gros que les fils qui y passent; une extrémité de chaque fil est arrêtée dans son trou par une goupille, & les deux autres extrémités sont tirées par des ressorts qui tiennent toujours les fils bien tendus, malgré leur raccourcissement par le froid, & leur alongement par la chaleur.

La même frette *G* est fixée perpendiculairement sur une platine quarrée de cuivre, à laquelle sont attachées plusieurs pièces qu'on va expliquer.

1.° Une pièce de cuivre *M* parallèle au miroir *S*, au-dessous duquel elle est placée. C'est par cette pièce *M* qu'on commence à pousser la lunette par le moyen d'une seconde vis qui est au micromètre : cette pièce *M*, & la vis qui la pousse, servent à empêcher la principale vis du micromètre de s'émousser en heurtant contre le miroir d'acier *K*, & par un usage trop fréquent.

2.° Un limbe *T V* plan, perpendiculaire à l'axe des tourillons *A*, *B*, du n.° 1, & dont la face antérieure est aussi éloignée de l'axe de la lunette, que l'entaille *C* du cylindre d'acier est distante du même axe. Sur ce limbe sont tracés deux arcs, qui ont tous deux l'entaille *C* pour centre; ces deux arcs sont chacun de cinq degrés & demi, & sont divisés par des points éloignés entr'eux de sept minutes & demie : ces points sont si fins, qu'on peut à peine les appercevoir sans microscope : les points du cercle inférieur sont plus fins que ceux du supérieur; ces deux arcs peuvent servir à se vérifier mutuellement.

3.° Le petit tube cylindrique *N* qui reçoit l'oculaire, est encore attaché sur la même platine; ainsi, cette platine est percée d'un trou, pour laisser passer la lumière de l'objectif à l'oculaire.

4.° Enfin, cette platine porte encore deux roulettes, savoir une roulette *I*, ou plutôt sa chape solidement arrêtée par des vis, & une roulette *H* dans une chape ajustée à un ressort : on va voir l'usage de ces deux roulettes dans le détail du second *secteur*, qui porte celui qu'on vient d'expliquer.

Le n.° 4 représente le second *secteur*, qui doit porter le vrai *secteur* représenté dans le n.° 6. Voici les pièces qui le composent.

hgf oprq, est un gros arbre de bois des Indes très-dur; sa hauteur est de 8 piés 4 pouces & demi, sa largeur *gh* est de 9 pouces, & son épaisseur *fg* de 8 pouces 9 lignes.

Au haut de cet arbre est attachée une forte platine de laiton, perpendiculaire à la longueur de l'arbre; la platine saille au-delà de l'arbre d'environ 5 pouces 2 lignes, & sa partie saillante, qui est échancrée pour laisser passer la lunette, porte deux coussinets *a*, *b*, dans lesquels doivent tourner les deux tourillons de la lunette. Le premier coussinet *a* est immobile; le second coussinet *b* est contenu entre deux pièces attachées à la platine : ces pièces l'empêchent de se déranger à droite ou à gauche, mais elles lui permettent de s'élever & de s'abaisser suivant le besoin. Ce coussinet *b* a une queue *be*, dont l'extrémité *e* est une charnière sur laquelle on le peut mouvoir par le moyen de deux vis *c*, *d*; la vis *c* sert pour le hausser, & la vis *d* pour l'abaisser. Lorsque ces deux vis serrent en même tems le coussinet, elles le rendent aussi immobile que s'il étoit attaché à demeure sur la platine. On voit dans la figure que la partie de la platine qui déborde l'arbre, est soutenue par une équerre ou gousset qui l'empêche de plier.

Le bas de l'arbre est entouré d'une frette de cuivre *opq* très-forte, à laquelle tient un limbe *tu* perpendiculaire à la ligne des coussinets *a*, *b*. La distance de ce limbe aux coussinets *a*, *b*, est telle, que quand la lunette ou le vrai *secteur* a ses tourillons dans les coussinets *a*, *b*, la roulette de la lunette *I*, n.° 3, est appliquée sur le devant du limbe *tu*, & roule sur le bord inférieur de ce limbe, & la roulette *H*, dont la chape est portée par un ressort *PQR*, est appliquée derrière le même limbe *tu*, & roule sur le bord supérieur de ce limbe, lorsqu'on meut la lunette. Le ressort qui porte la roulette *H*, & qui la presse contre le derrière du limbe, oblige l'autre roulette *I* de s'approcher sur le devant du limbe, & l'y tient mollement appliquée, de manière que la lunette ne peut point faire d'oscillations perpendiculaires au limbe *tu*.

Deux consoles *i*, *k*, servent à placer un niveau pour connoître la situation de l'arbre; lorsque ces deux consoles sont mises de niveau, l'arbre est vertical.

Trois tenons *l*, *m*, *n*, tiennent à l'arbre; on attache à ces tenons trois traverses qui sont liées avec les trois montans du pié pyramidal, *fig.* 200, & qui empêchent l'arbre de vaciller dans son pié.

Un châssis léger *r*, de bois de chêne, attaché à l'arbre, porte une lanterne qui doit éclairer le limbe *TV* du vrai *secteur*: au-dessous de cette lanterne est un microscope *s*, qui fait voir distinctement les points de la division du limbe *TV*. Par le moyen d'une vis *x*, on hausse ou baisse la lanterne, jusqu'à ce que le microscope *s* soit à la hauteur de la division. Par la vis *y* & une autre qui lui est opposée, on détourne la lanterne à droite ou à gauche, afin que le point de la division qu'on observe soit bien au milieu du champ du microscope. Enfin, par la vis *z*, on peut approcher ou reculer la lanterne du limbe jusqu'à ce qu'on voie distinctement les points de la division.

Le microscope peut encore couler dans des anneaux qui l'attachent à la lanterne, & être rapproché ou éloigné du limbe sans faire mouvoir la lanterne, pour que les points soient exactement au foyer du verre.

Le pié, de figure pyramidale tronquée, qui porte le second *secteur*, est de bois, & toutes ses pièces se démontent & se remontent aisément par le moyen des vis; sa hauteur est de 11 piés 6 pouces. Ce pié, *fig.* 200, est composé de trois montans assemblés par le haut, avec un exagone creux dans lequel entre l'arbre du second *secteur*, & auquel il est attaché par une forte vis. Les montans sont garnis de règles de chan qui les fortifient, & sont liés tous trois ensemble par des traverses horizontales. Outre que l'arbre est soutenu par le haut dans l'exagone, il est encore lié avec les montans par trois traverses horizontales que l'on attache d'un bout sur les tenons de l'arbre, & de l'autre bout sur les règles de chan des montans.

Une de ces trois dernières traverses porte une poulie, sur laquelle passe une corde qui part de la lunette, & qui porte un poids; ce poids, qui est tout au plus d'une demi-livre, est plus que suffisant pour tirer la lunette, & l'appliquer au micromètre.

Le micromètre est représenté dans les n.ºs 5 & 7. Dans le premier, il est en perspective; dans le second, on en voit la face géométrale avec le bas de la lunette du vrai *secteur*. Ce qu'on appelle proprement *micromètre*, est une vis *AB*, qui passe au travers d'un écrou *S*, & la pointe *B* de cette vis s'appuie contre le miroir de la lunette. La vis a un pas, tel qu'un de ses tours fait parcourir à la lunette un arc de 44 secondes.

La vis porte un cadran *C* divisé en autant de parties qu'un tour de vis vaut de secondes; ainsi, le cadran étoit divisé en 44 parties. Par le moyen de ce cadran, on voit de combien de secondes la vis a fait avancer la lunette.

La tige de la vis porte encore un pignon denté qui engrène dans une roue; cette roue porte aussi un pignon qui engrène dans une autre roue, & cette seconde roue fait un tour pendant que la vis en fait vingt-cinq. Cette seconde roue est elle-même un second cadran *D*, n.° 5, divisé en vingt-cinq parties, en sorte qu'une partie de ce cadran marque une révolution entière de la vis ou 44 secondes.

Par le moyen de ces deux cadrans, on voit tout d'un coup combien la vis fait de tours & de parties de tours, & par conséquent de combien la lunette avance ou recule.

Les roues & le cadran qui marque les tours de la vis, sont enfermés dans une boîte *HI*, laquelle est attachée sur une équerre *MN*. L'équerre est attachée sur un coulant *TVRZ*, qui saisit le limbe *tu* du *secteur* de l'arbre par deux griffes *TV*, *RZ*; & par le moyen de deux vis *O*, *P*, n.° 7, on peut fixer ce coulant à quel endroit on veut du limbe *tu*.

L'équerre qui porte la boîte du micromètre a trois rainures, celle du milieu est couverte par une platine sur laquelle repose la tête de la vis *G* qui attache l'équerre au coulant, les deux autres embrassent des boutons *m*, *n*; l'équerre peut couler sur sa vis *G* & sur les boutons *m*, *n*, de manière qu'on peut élever & baisser le micromètre, afin de mettre sa vis à une hauteur convenable, pour qu'un de ses tours fasse parcourir à la lunette un arc de 44 secondes, exactement. On a dit que cette hauteur étoit marquée par un trait sur le couvercle du miroir.

Il y a au micromètre une seconde vis *KL* de laiton qui s'appuie, quand on veut, contre une platine de cuivre placée au-dessous du miroir. Voici l'usage de cette vis.

Lorsqu'on élève ou qu'on abaisse le micromètre à la hauteur du trait marqué sur le couvercle, le miroir est couvert. Quand, après cette opération, on découvre le miroir, le poids qui tire la lunette vers le micromètre, feroit choquer le miroir contre la pointe *B* de la vis qui seroit endommagée. Pour éviter cet accident avant de découvrir le miroir, on pousse la lunette par la seconde vis *K L*, ce qui l'éloigne de la principale vis *A B* du micromètre, ensuite on découvre le miroir sans craindre le choc dont nous venons de parler ; enfin on détourne la vis *K L*, & la lunette, qui est obligée de la suivre à cause du poids qui la tire, vient doucement au micromètre, de sorte que le miroir arrive à la pointe *B*, sans qu'il se fasse de choc.

Le banc *B*, que l'on voit sous le pié pyramidal, est l'endroit où se place celui qui doit regarder par la lunette, ce banc peut être élevé & abaissé comme un pupitre, pour mettre l'observateur à portée de la lunette.

On voit sur le banc un gobelet *G*, plein d'eau, dans lequel est une balle suspendue par un fil qui pend de l'entaille *C* du centre de la lunette. Cette suspension a des inconvéniens, à cause du frottement & de la courbure de la boucle du fil. Dans le *secteur* qui est à l'observatoire de Gréenwich, il y a une plaque au centre, dans laquelle est une légère entaille, & le fil-à-plomb se loge dans l'entaille qui est le centre même de la division ; mais il est à craindre qu'un tel centre ne soit sujet à varier ; & que cette entaille, faite dans une plaque très-mince, ne soit pas constamment & exactement à sa véritable place ; & cela est difficile à vérifier, quand on n'a pas un point dans lequel on puisse placer une des pointes du compas. Il est aussi dangereux que le fil-à-plomb ne soit géné dans cette entaille, & qu'il n'y prenne une courbure qui causeroit de l'erreur dans la mesure des angles.

La meilleure suspension pour le fil d'un *secteur*, est celle où le fil ne touche point au centre, mais où le centre tourne sans cesser de répondre au fil. C'est ainsi que Bird l'a pratiqué dans un *secteur* que j'ai vu à Londres en 1763. La pièce de suspension *S* (*n.° 2.*) restant immobile, le limbe & le corps entier du *secteur*, tournent sur un axe qui forme le centre ; on voit en *A* un des pivots de cet axe ; au centre de ce pivot est un point qui est le centre même de la division du limbe du *secteur* ; ce pivot tourne sur des coussinets *B B*, à peu-près comme une lunette méridienne ; le fil à plomb *S P* est suspendu en *S* où il est serré sous une vis de pression, & il passe sur le centre *A*, dont il est extrêmement proche, sans le toucher. L'instrument tourne sur son pivot, sans que le centre *A* cesse de répondre au fil à plomb, & l'on a soin d'examiner avec un microscope, à chaque observation, si le fil répond exactement au centre. La pièce de cuivre qui porte le fil en *S*, est mobile dans une coulisse, au moyen d'une vis *V*, qui sert à conduire le fil vis-à-vis du centre *A*, si l'on apperçoit qu'il n'y réponde pas exactement.

Entre les différens *secteurs* qui ont été construits, celui dont la Condamine nous donne la description, (mesure des trois prem. deg., 1751, *pag.* 110), est des plus simples, il a servi pour une des plus grandes opérations qu'on ait jamais faites avec un pareil instrument ; cela m'a déterminé à le décrire dans mon *astronomie*. On peut consulter encore les ouvrages sur la figure de la terre, de Bouguer & de M. Cassini de Thury ; ceux du P. Boscovich, imprimé à Rome en 1755, & à Paris en 1770 ; du P. Liesganig, imprimé à Vienne en 1770 ; du P. Beccaria, Turin 1774. Un des plus beaux *secteurs* qu'on ait faits, est celui du nouvel observatoire d'Oxford ; ce *secteur* a été fait par Bird, quelques années avant sa mort. La vérification du *secteur* se fait au zénit par le retournement. *Voyez* Quart de cercle.

Secteur *astronomique* ou *équatorial*, est aussi le nom qu'a donné le célèbre Graham, de la société royale de Londres, à un instrument de sa composition, qui sert à prendre avec facilité les différences d'ascension droite & de déclinaison de deux astres, quand elles sont trop grandes pour être observées avec une lunette immobile : cet instrument est une perfection de la machine *parallatique*.

Le micromètre est généralement reconnu pour l'instrument le plus exact, & le plus propre à déterminer le lieu d'une planète ou d'une comète ; quand elles sont assez près d'une étoile connue, ce qui se fait en prenant les différences de leur ascension droite, & de leur déclinaison à celles de l'étoile. Mais ceci étant souvent impraticable à cause du grand nombre de parties du ciel où il n'y a pas d'étoiles assez remarquables, & dont les lieux soient connus ; on est obligé d'avoir recours à d'autres instrumens.

Le *secteur astronomique* de Graham, est propre à cet objet ; on en trouve la description dans l'optique de Smith. On le voit en entier *fig.* 215, n.° 6 des *Planches d'Astr.* ; il est composé d'un axe *H F I* n.° 1, mobile sur ses pivots *H* & *I*, & situé parallélement à l'axe de la terre ; 2.° d'un arc de cercle *A B* contenant 10 ou 12 degrés, ayant pour rayon la plaque *C D* tellement fixée au milieu de l'axe *H I*, que le plan du *secteur* est toujours parallèle à cet axe ; celui-ci étant lui-même parallèle à l'axe de la terre, détermine le plan du *secteur* à être toujours dans le plan d'un cercle horaire ; 3.° d'une lunette *C E*, dont la ligne de vue est parallèle au plan du rayon *C D*, & qui, en tournant la vis *G*, se meut autour du centre *C* de l'arc *A B*, d'un bout à l'autre de cet arc.

Pour observer avec cet instrument, on le tournera tout entier autour de l'axe *H I*, jusqu'à ce que son plan soit dirigé successivement à l'une & à l'autre des étoiles que l'on veut observer. Ensuite on fera mouvoir le *secteur* autour du point *F*, de façon que l'arc *A B* étant fixe, puisse prendre les deux étoiles dans leur passage par son plan ; pourvu que la différence de leurs déclinaisons ne surpasse pas l'arc *A B*. Alors ayant fixé le plan du *secteur* un peu à l'ouest des deux étoiles, on tournera la lunette *C E*, au moyen de la vis *G*, & on observera avec une pendule le tems du passage de chacune des étoiles par les fils horaires, & les degrés & les minutes marqués par l'index sur l'arc *A B*, à chaque passage. La différence des arcs sera la différence des déclinaisons des deux astres, & celle des temps donnera la différence de leur ascension droite.

Description des principales parties de l'instrument. Sur une des faces d'un axe de fer quarré *H I F*, *n.°* 7, & près de son extrémité supérieure, est attachée une large plaque de laiton *a b c*, circulaire & fort épaisse. Sur cette plaque est adaptée une croix de laiton *M N*, qui tourne au moyen d'une charniere, ou plutôt d'un ajustement dont nous parlerons plus bas, autour du centre *F*. Aux deux bouts de la branche *M N*, s'élèvent deux barres perpendiculaires *O* & *P*, dont les extrémités s'attachent par le moyen des vis *d c*, au dos du rayon *C D*, qui est renforcé d'un bout à l'autre par une longue plaque de laiton, posée de chan. Les barres *O* & *P*, n'ont d'autre longueur que celle qu'il leur faut pour que le *secteur* tourne autour de *F*, sans toucher à la plaque circulaire *Q R*, fixée à la base supérieure du cylindre *H I*. L'axe de fer *H I F* passe par un trou carré percé au milieu du cylindre *I* & de la plaque *Q R*, & y est attaché fermement. *S T*, représente une longue bande de laiton très-forte, & ayant deux petites plaques *V X* & *Y T*, élevées perpendiculairement. La plaque *S T* étant située selon sa longueur parallélement à l'axe de la terre, & étant fixément arrêtée dans cette position sur un piédestal, de fer ou de quelqu'autre matière, transportez-y l'axe *H I*, & placez le trou conique en *H*, sur la pointe d'une vis *Y*, & le cylindre *I* dans l'entaille *V X*, dont les côtés parallèles *V X* l'embrassent, tandis qu'il s'appuie sur les extrémités d'une cavité angulaire, située au fond de l'entaille. Par ce moyen tout l'instrument tournera avec beaucoup de précision autour d'une même ligne.

La *figure*, *n.°* 7, représente une section de tout l'instrument, faite par un plan passant à angles droits par le rayon *C D*, par la bande qui le fortifie, & par l'axe *H I* & son support *S T n.os* 3 & 7. On suppose dans cette section le *secteur* tourné autour de *F n.°* 7, jusqu'à ce que le rayon *C D* devienne parallèle à l'axe *H I*. On a conservé aux différentes parties de l'instrument, les mêmes lettres que dans les autres figures, afin qu'on les distingue mieux.

Les branches *O* & *P* ont deux fentes au milieu de leurs extrémités, pour recevoir le bord de la bande *C D*. La plaque circulaire *a c* est fixée à l'axe par les vis *h i*. Sur une verge de laiton *g k* vissée sur l'axe *H I*, glisse une balle de cuivre *l m*, que l'on fixe par une vis *m*, à une distance convenable pour contrebalancer le poids du *secteur* & de la lunette, placés sur le côté opposé de l'axe. Au haut du support *S T*, il y a un tenon *n o p q r u t s*, dont la cavité *n o p q* reçoit la plaque circulaire *Q R*. L'extrémité *q* d'une plaque *p q* qui fait ressort, est fixée par une vis *r* à l'intérieur de la plaque supérieure *r s*, pendant que son autre extrémité *p*, en tournant la tête de la vis *t*, presse sur le cercle *Q*. Pour empêcher cette pression de changer le plan du cercle *Q R*, & conséquemment la position de l'axe *H I*, le tenon *n o p q* a la liberté de céder, ou de tourner sur les extrémités de deux vis qui entrent dans des trous coniques, situés dans les bords opposés de la plaque inférieure *n o*. On voit une de ces vis en *n*, & la pièce fixe dans laquelle elles se vissent & représentée séparément & en plein en *n x y z n.°* 4; *n z* étant les points sur lesquels le tenon tourne, par ce moyen la même vis en *C* fait que la plaque supérieure & inférieure du tenon *n o p q*, compriment le cercle *Q* uniformément. Un tenon semblable est attaché à la branche *O*, afin de presser le cercle *a c* & la plaque transverse *M N*, l'un contre l'autre, de façon que le *secteur* reste fixe dans une position quelconque. La charniere ou l'ajustement du centre en *F*, dont il a été fait mention plus haut, ne consiste qu'en une goupille cylindrique qui passe par les plaques *M N*, *a c*. La tête plate de la goupille est fixée par trois petites vis à la plaque *M N*, & à l'autre extrémité de cette goupille est attachée, au moyen, d'une vis qui se visse dans la goupille, une plaque circulaire qui fait ressort. L'ajustement du centre *C* du *secteur n.°* 1, est fait de la même façon.

Le n.° 2 représente la disposition & la construction des pièces qui servent à faire mouvoir la lunette, en tournant la tête de la vis *g*. Les pièces principales sont la vis *g a b*, une pièce *m n*, au-travers de laquelle elle passe, & la pièce *h e i*, où est l'écrou dans lequel entre la vis. La pièce *m n* est une espèce d'essieu fort court, percé d'un trou pour laisser passer la vis. Cet axe ou essieu, posé perpendiculairement au limbe, est retenu dans cette position par un coq *n o*. Il est mobile autour de ses vis vers *m* & *n*, afin que la vis obéisse au petit mouvement angulaire qu'elle est obligée d'avoir nécessairement, l'écrou *e* se mouvant dans un arc de cercle. Cet écrou *e* a une partie qui traversant l'entaille circulaire *d a*, est reçue dans un trou fait à la plaque du vernier, de façon qu'elle fait corps avec lui, quoiqu'elle puisse tourner dans ce trou. Or cette plaque étant fixée par une de ses extrémités à la lunette, il s'ensuit qu'en tournant l'écrou d'un sens ou de l'autre, on fera mouvoir la lunette en avant ou en arrière; vers *h* & *i* sont deux vis dont les tiges passent tout-à-la-fois au travers d'une plaque qui fait ressort (pour rendre le mouvement uniforme), & au travers de l'entaille *d*, pour aller se visser dans la plaque du vernier.

La longue vis *g c b* porte de chaque côté de l'axe *m n*, deux espèces de viroles qui lui servent comme de parties ou d'épaulemens pour l'empêcher d'avancer ou de reculer. La petite pièce *b p* est fendue pour recevoir l'extrémité de cette vis, qu'elle ne sert qu'à guider & contenir latéralement.

Voici les dimensions de cet instrument, en pieds & pouces anglois, qu'il faut diminuer d'un quinzième, pour avoir les nombres de pouces françois. La longueur de la lunette, ou le rayon du *secteur*, est de deux pieds $\frac{1}{2}$; la largeur du rayon vers *C*, *n.*° 6 est de 1 pouce $\frac{1}{2}$; & vers *D*, de 2 pouces. La largeur du limbe *A B*, est d'1 pouce $\frac{1}{2}$; & sa longueur de 6 pouces, contenant 10 degrés, divisés chacun de 15 en 15 minutes. La lunette porte un vernier, ou plaque à subdiviser, dont la longueur étant égale à 16 quarts de degré, est divisée en 15 parties égales, ce qui divise le limbe en minutes; & par l'estime en plus petites parties; l'axe carré *H I F*, a 16 pouces de longueur, & la partie *HI* a 12 pouces. Son épaisseur est aux environs d'un quart de pouce. Les diamètres des cercles *Q R* & *abc*, sont chacun de 5 pouces.

Manière de rectifier cet instrument. On placera l'intersection des fils de la lunette à la même distance du plan du *secteur*, que le centre de l'objectif, pour que le plan décrit par la ligne de vue, ou l'axe optique de la lunette, en la faisant mouvoir autour du point *C*, soit exempt de toute courbure conique. Pour s'en assurer, on suspendra un long fil à plomb, à une distance convenable de l'instrument; on fixera le plan du *secteur* dans une position verticale, & on observera alors si, pendant que la lunette se meut au moyen de la vis, le long du limbe, les fils tranverses paroissent toujours se mouvoir le long du fil à plomb.

L'axe pourra être placé presque parallélement à l'axe de la terre, par le moyen d'un petit cadran ordinaire. Ensuite, pour le mettre mieux parallèle à cet axe, on observera quelques-unes des étoiles des environs du pole, & la lunette étant fixée sur le limbe, on fera suivre à la ligne de vue le mouvement circulaire de cette étoile autour du pole, en tournant tout l'instrument sur son axe. Que l'on suppose, pour cet effet, la lunette *k l*, *n.*° 5, dirigée vers l'étoile *a*, quand elle passe au plus haut point de son cercle diurne, & qu'on remarque la division marquée sur le limbe, cette étoile arrivera 12 heures après au point le plus bas du même cercle. Alors, ayant fait faire à l'instrument une demi-révolution sur son axe, pour amener la lunette dans la position *m n*, si les fils couvrent la même étoile supposée en *b*, l'élévation de l'axe *h f o* sera parfaitement juste; que si, au contraire, ils ne la couvroient pas, & qu'il fallût mouvoir la lunette dans la position μn; afin de pointer à cette étoile; on connoîtra l'arc $m\mu$ qui mesure l'angle $\nu f m$ ou *b f c*, & alors on abaissera l'axe *h f o* de la moitié de l'angle connu, si l'étoile passe au-dessous de *b*, ou on l'élevera d'autant, si c'est au-dessus; ensuite on répétera la même observation, jusqu'à ce qu'on ait trouvé la véritable position de l'axe. On corrigera, par des observations semblables, faites sur la même étoile dans le cercle de six heures, les erreurs de position de l'axe, soit à l'est, soit à l'ouest, jusqu'à ce que les fils transverses suivent l'étoile tout autour du pole. Cette manière d'opérer est sensible; car, supposant *a o p b c* un arc du méridien (ou dans la seconde opération, un arc du cercle de six heures), en faisant l'angle *a f p* égal à la moitié de l'angle *a f c*, la ligne *f p* ira au pole, & l'angle *o f p*, qui est l'erreur de position de l'axe, sera égal à la moitié de l'angle *b f c* ou $m f \mu$, trouvé par l'observation, puisque la différence des deux angles *a f b*, *a f c*, est double de la différence de leurs moitiés *a f o* & *a f p*. A moins que l'étoile ne soit fort près du pole, il faudra, dans cette opération, avoir égard aux réfractions qui sont plus grandes en bas qu'en haut: *Optique de Smith.* Cet instrument est dispendieux, & ne peut pas remplacer l'EQUATORIAL, dont nous avons donné la description. (*D. L.*)

SECTION, *en Géométrie*, c'est l'endroit où des lignes, des plans, *&c.* s'entrecoupent. *Voyez* BISSECTION, TRISSECTION, *&c.*

La commune *section* de deux plans est toujours une ligne droite. *Voyez* PLAN. On appelle aussi *section* la ligne ou la surface formée par la rencontre de deux lignes, ou de deux surfaces, ou d'une ligne & d'une surface, ou d'une surface & d'un solide, *&c.*

Si l'on coupe une sphère d'une manière quelconque par un plan, le plan de la *section* sera un cercle, dont le centre est dans le diamètre de la sphère. *Voyez* SPHÈRE.

Il y a cinq *sections* du cône, le triangle, le cercle, la parabole, l'hyperbole & l'ellipse. *Voyez* chacune de ces *sections* à l'article qui leur est particulier. *Voyez aussi* CÔNE. (*E.*)

SECTIONS CONIQUES, *voyez l'article* CONIQUE.

Sections contigues ou *sections fréquentes*, est un terme dont Apollonius se sert dans son traité des *sections coniques.* Pour faire entendre ce que signifie ce terme, imaginons deux lignes droites, telles que *A B*, *C D*, (*Pl. coniq. fig.* 5), qui s'entrecoupent mutuellement en *E*. On suppose que ce point *E* est le centre commun des *sections* hyperboliques opposées *F*, *G*; *H*, *I*, qui ont aussi pour asymptotes communes les mêmes lignes *A B*, *C D*; dans ce cas les *sections F*, *H*, *G*, *I* sont appellées *sections contigues*, parce qu'elles sont disposées de manière qu'elles se suivent l'une l'autre dans les angles contigus des deux lignes droites qui s'entrecoupent. *Voyez* CONJUGUÉ. *Chambers.* (*E.*)

SECTION AUTOMNALE, (*Sphère*) c'est le point de l'écliptique où il est coupé par l'équateur, & où le soleil le soleil se trouve au commencement, de l'automne elle est encore *point automnal*.

SEGMENT D'UN CERCLE, *en Géométrie*, c'est la partie du cercle comprise entre un arc & sa corde, ou bien, c'est une partie d'un cercle comprise entre une ligne droite plus petite que le diamètre, & une partie de la circonférence. *Voyez* CERCLE, ARC, CORDE, *&c.*

Ainsi, la portion *AFBA* (*pl. géométri. fig.* 234), comprise entre l'arc *AFB* & la corde *AB*, est un *segment* du cercle *AFBD*, *&c.* il en est de même de *ADBA*.

Comme il est évident que tout *segment de cercle* peut être ou plus grand ou plus petit qu'un demi-cercle, la plus grande partie d'un cercle coupé par une corde, c'est-à-dire, la partie plus grande que le demi-cercle est appellée le *grand segment*, comme *AFB*, & la plus petite partie, ou la partie plus petite que le demi-cercle est appellée le *petit segment*, comme *ADB*, *&c.*

L'angle que la corde *AB* fait avec une tangente *LB*, est appellée *l'angle du segment*. *Voyez* ANGLE.

Angle dans le *segment*, est celui qui a son sommet *D* dans un point quelconque de la circonférence du *segment*, comme *ADB*. *Voyez l'article* ANGLE.

La hauteur d'un *segment DE* (*fig.* 134.) & la moitié de sa base ou de la corde *AB* étant donnés, trouver l'aire du *segment*. Trouvez le diamètre du cercle. *Voyez* DIAMÈTRE. Sur ce diamètre décrivez un cercle, & tirez la base du segment *AB*; tirez encore les rayons *AC*, *BC*, & trouvez le nombre des degrés de l'arc *ADB* par le diamètre connu; & par son rapport à la circonférence, déterminez la circonférence elle-même; & par le rapport de la circonférence à l'arc *ADB*, & la circonférence en elle-même trouvez la longueur de l'arc *ADB*. Après cela, trouvez l'aire du *secteur ACBD*, *voyez* SECTEUR, & la surface du triangle *ACB*, *voyez* TRIANGLE.

Enfin, retranchez le triangle du *secteur*, le reste est l'aire du *segment*.

Si l'on demande l'aire du plus grand *segment BFA*, il faut ajouter le triangle *ACB* au *secteur AFBC*, (*E.*)

SEGMENT D'UNE SPHÈRE, est une partie d'une sphère terminée par une portion de sa surface, & un plan qui la coupe par un endroit quelconque hors du centre. *Voyez* SPHÈRE.

On l'appelle aussi une *section de sphère*. *Voyez* SECTION.

Il est évident que la base d'un *segment* de sphère est toujours un cercle, dont le centre est dans l'axe de la sphère.

Pour trouver la solidité d'un *segment* de sphère, retranchez la hauteur du *segment* du rayon de la sphère, & par cette différence, multipliez l'aire de la base du *segment*; ôtez ce produit de celui qui viendra en multipliant le demi-axe de la sphère par la surface convexe du *segment*; divisez alors le reste par trois & le quotient sera la solidité cherchée.

Cette dernière méthode suppose que l'axe de la sphère est donné : s'il ne l'est pas, on pourra le trouver ainsi. Appellons a la hauteur du *segment*, & son demi-diamètre s, alors on aura $a . s :: s ; \frac{ss}{a}$. Ajoutons $\frac{ss}{a}$ à la hauteur a, l'on aura l'axe cherché.

Le mot *segment* s'étend aussi quelquefois aux parties de l'ellipse, & dans d'autres figures curvilignes. *Voyez* ELLIPSE, *&c.* (*E.*)

SEIGNEUR d'une maison céleste, en terme d'astrologie, c'est la planète qui y domine.

SEIZE, (*Arithmétique*) nombre pair composé d'une dixaine & de six unités, ou de deux fois huit, ou de quatre fois quatre; ainsi, que deux soit multiplié par huit, ou que huit le soit par deux, ou que quatre le soit par soi-même, cela ne produira jamais que *seize*. En chifre commun ou arabe, *seize* s'écrit ainsi 16; en chifre romain, de cette manière *XVI*, & en chifre françois, de compte, ou de finance, de la sorte *xvj*.

SEIZIÈME, (*Arithmétiq.*) partie d'un tout divisé en seize parties égales. Lorsqu'il s'agit de fractions ou nombres rompus de quelque tout que ce soit, un *seizième* s'écrit de cette manière, $\frac{1}{16}$. On dit aussi trois *seizièmes*, cinq *seizièmes*, sept *seizièmes*; ce qui se marque ainsi, $\frac{3}{16}$, $\frac{5}{16}$, $\frac{7}{16}$. Le $\frac{1}{16}$ de 20 sols est 1 sol 3 den., qui est une des parties aliquotes de la livre tournois.

SÉLÉNOGRAPHIE, (*Astron.*) description de la lune, & des taches ou points remarquables qu'on y distingue : ce mot vient de σελήνη, *lune*, γράφω, *je décris*. Aussi-tôt que Galilée eut fait des lunettes d'approche en 1609, il vit que la lune avoit des montagnes & des cavités, dont l'aspect n'étoit pas toujours le même par rapport à nous, & qui lui firent appercevoir sa *libration*; dès-lors les astronomes ont fait une étude particulière de la description des taches de la lune; & Hévélius en a fait le sujet d'un grand ouvrage, intitulé: *Selenographia*, imprimé en 1647, où la lune est représentée dans toutes ses phases, & sous tous les points de vue.

On croit souvent appercevoir dans la lune une espèce de figure humaine; mais, en l'examinant avec plus d'attention, on n'y voit aucune forme décidée; aussi les anciens varioient beaucoup dans leurs opinions à ce sujet; Cléarque & Argésinax y crurent appercevoir l'image de l'océan & de la terre, comme par la réflexion d'un miroir: on peut voir là-dessus toutes les opinions des anciens dans le vaste *Traité* d'Hévélius sur cette matière, & dans Plutarque, *de facie in orbe lunæ*.

On trouve dans la *sélénographie* d'Hévélius, deux grandes figures, dont l'une représente la pleine lune, l'autre la représente lorsqu'elle est en croissant ou en décours : ces figures, au jugement de Mayer, sont ce qu'il y a de meilleur en ce genre ; celle que Riccioli donna ensuite dans son *Almageste*, est mal gravée, mais on y a l'avantage de trouver sur la figure même, les noms de la plupart des points lumineux, qu'il faut deviner dans Hévélius, où il n'y a pas même de lettres de renvoi, si ce n'est dans une figure assez bizarre, où il a donné à la lune la forme d'une carte géographique.

Il y a des astronomes qui regardent comme les meilleures figures de la lune, celles qui furent gravées par Mellan pour Peiresc, en 1634 & 1635. Nous avons en France une grande & belle figure de la pleine lune, que Cassini fit graver en 1692, d'après ses propres observations ; le cuivre est encore actuellement à l'imprimerie royale, & l'on n'en a tiré que peu d'exemplaires : elle se trouve plus en petit dans les anciens *Mémoires de l'académie* pour 1692, avec une explication de Cassini, à l'occasion de l'éclipse de lune qui devoit arriver le 27 juillet 1692. On en trouvera une semblable, mais encore plus exacte & plus détaillée dans les *planches d'astronomie*, (*fig.* 150.)

Parmi les ouvrages considérables que l'on dut à la magnificence du grand Colbert, & à la confiance qu'il avoit dans Cassini, on doit compter les figures de la lune que Cassini fit dessiner en 1673, & dans les années suivantes, & où l'on marquoit ses phases de jour en jour. Le dessinateur, nommé *Patigni*, se servoit de la lunette de 34 pieds, qui est à l'observatoire : ces phases, dessinées en grand, avec les détails les plus étendus, sont encore entre les mains de M. le comte de Cassini, qui m'en a fait voir 34 dessins au crayon, fort détaillés.

La Hire, qui étoit lui-même fort bon peintre, voulut faire de son côté un ouvrage semblable ; il observa la lune avec soin, il en forma une figure complette de 12 pieds de diamètre, dont M. d'Ons-en-Bray fit ensuite l'acquisition ; elle a été apportée à l'académie le 16 décembre 1772, par M. du Fourny de Villiers, qui proposoit d'en faire l'acquisition, ou d'obtenir qu'elle fût faite pour le compte du roi ; il y manque un coin du dessin.

La Hire avoit fait construire aussi un globe lunaire, tel qu'Hévélius le propose ; il est entre les mains de M. de Fouchy, qui le retira lorsque les machines de l'académie furent transportées en 1745, de l'observatoire au jardin royal ; M. Robert de Vaugondy en a le creux. Mayer avoit aussi entrepris à Gottingen un globe lunaire d'après ses propres observations, en partageant l'hémisphère visible de la lune en douze segmens. La mort de Mayer, arrivée en 1762, ne lui a pas permis de l'achever.

Mais dans le premier volume de ses œuvres, publié à Gottingen en 1775, par les soins de M. Lichtenberg, on trouve une figure de la pleine lune qui a 7 pouces 3 lignes de diamètre, dans laquelle toutes les taches sont rapportées aux méridiens & aux parallèles de la lune, suivant leurs positions dans les moyennes librations, avec un catalogue de 89 taches désignées par les noms de Riccioli & par ceux d'Hévélius. Cette figure est la plus exacte que l'on ait faite.

Enfin il y en a une qui a été dressée avec soin par Lambert dans les éphémerides de Berlin pour 1775, d'après ses propres observations. Il est vrai que ces cartes, qui ne représentent que l'état des moyennes librations, ne seront presque jamais conformes à la figure apparente de la lune, de manière à pouvoir servir dans les éclipses ; mais je ne doute pas que les astronomes ne se fassent quelques jours des tables ou des méthodes graphiques expéditives, pour corriger en tous tems sur la figure de la lune la position des taches ; cela seroit utile toutes les fois qu'on se sert des taches pour y rapporter des observations, quand elles ont été faites à quelque distance des apsides ou des nœuds, qui sont les points des librations moyennes en longitude & en latitude.

Dans la figure 150, j'ai réglé aussi les principales taches sur l'état des moyennes librations que j'avois observées, & qui mettent une grande diversité dans l'aspect & la situation respective des taches de la lune ; j'y ai employé les noms que Riccioli a donnés aux taches de la lune, en négligeant ceux qu'Hévélius y a substitués ; le premier employa les noms des hommes illustres ; le second des noms de l'ancienne géographie : je préfère, à l'exemple de Cassini, les noms de Riccioli ; c'est un hommage que nous rendons à la mémoire des astronomes les plus célèbres : ce que nous appellons *Tycho* est appellé en Allemagne le *Mont-Sinaï* ; Thalès & Endymion sont *Montes Sarmatici* & *Lacus hyperborei* ; Schikardus s'appelle *Mons Troïcus* ; *Zuechius* est *Lacus meridionalis*. Ces noms sont fort utiles dans la description des éclipses pour marquer les endroits éclipsés de la lune ; ainsi on dit, *tycho* est entré dans l'ombre à telle heure ; c'est-à-dire, que l'endroit appellé *tycho* a commencé à s'obscurcir ; & ainsi des autres.

Montagnes de la lune. On voit évidemment avec les télescopes qu'il y a dans la lune des parties plus élevées les unes que les autres, & des parties plus sombres ; c'est-à-dire, qui réfléchissent moins de lumière : on a donné à celles-ci le nom de *mers*, mais il me paroît certain qu'il n'y a point de véritable mer dans la lune, parce que le fond même de ces parties obscures présente encore des inégalités ; d'ailleurs nous ne voyons point d'apparence d'athmosphère dans la lune, ce qui semble indiquer qu'il n'y a pas de fluide de la nature de l'eau, ni de ces vapeurs élastiques qui en seroient une suite.

A l'égard des montagnes, non-seulement il est certain qu'il y en a dans la lune, mais nous sommes en état d'en calculer la hauteur : on y observe des sommets de montagnes qui sont quelquefois éclairés, quoiqu'éloignés de la ligne de lumière, de la treizième partie du rayon de la lune; de-là il suit que ces montagnes ont de hauteur la 338e partie du rayon lunaire ou une lieue de France; en effet, soit *SBM* (*fig.* 159), la direction du rayon solaire qui éclaire la lune en quadrature; *BE*, le côté éclairé; *BH*, le côté obscur; *HM*, une montagne de la lune : quand l'espace *BM* est $\frac{1}{13}$ du rayon, la sécante *CM* est 1,002953, comme on le peut voir dans les tables ordinaires de sinus, où sont les tangentes & les sécantes; donc la hauteur perpendiculaire *HM* est égale à $\frac{1}{338}$ du rayon; or le rayon de la lune est $\frac{3}{11}$ de celui de la terre, multipliant donc le rayon de la terre 3281000 toises par $\frac{3}{11}$ & $\frac{1}{338}$, on a 2643 toises, c'est-à-dire, plus d'une lieue commune de France, ou à-peu-près trois milles d'Italie, comme le trouve Hévélius.

Galilée supposoit cette hauteur des montagnes de la lune encore plus grande, car il disoit avoir observé la distance *BM* des points lumineux de $\frac{1}{10}$ du rayon de la lune; mais on doit préférer à cet égard les observations d'Hévélius. Dans ses phases 30, 31 & 32 qui se trouvent aux environs de la quadrature, il a remarqué les plus grandes distances qu'il y ait jamais eu entre la ligne de lumière & ces sommets les plus élevés; tels sont ceux qu'Hévélius appelle *Mons Didymus*, ou *Albategnius*, situé vers l'extrêmité de *Mare Nubium*, fort près du centre de la lune; *Mons Appenninus* ou *Eratosthènes*; *Mons Taurus*, ou *Waltherus*, situé à côté de tycho, du côté de l'occident, ce sont-là les plus hautes montagnes de la lune.

Il paroît que, parmi les montagnes de la lune, il y a autant d'hétérogénéité que dans les nôtres; il y en a qui sont d'une matière plus dense que les autres, & qui réfléchissent plus fortement la lumière; cela ne doit pas venir de leurs différentes hauteurs, car au tems de la pleine lune elles sont toutes également éclairées de face, & cependant elles n'ont pas toutes la même teinte. Hévélius soupçonne même Aristarque, qu'il appelle *Mons porphyrites*, d'être une espèce de volcan embrasé, parce que sa couleur paroît toujours plus rouge que celle des autres parties de la lune, & cela dans toutes les positions de cet astre; mais cette couleur ne vient-elle point de la densité de cette montagne ou de sa couleur naturelle, plutôt que de la matière du feu? est-il probable qu'il y ait un volcan qui soit perpétuellement embrasé, sans changer enfin de forme ou de couleur?

S'il y avoit une atmosphère sensible dans la lune, l'aspect des taches changeroit probablement par l'interposition des nuages; mais il paroît par l'*inflexion*, qui n'est que de trois à quatre secondes, que l'athmosphère de la lune est absolument insensible.

On distingue les montagnes sur le bord de la lune, dans les éclipses de soleil, sur-tout à la partie australe de la lune. *Mém. de l'acad.* 1765 & 1771.

M. d'Ulloa assure avoir vu un point lumineux sur la lune dans l'éclipse totale de soleil du 24 juin 1778, & il croit que cela vient d'un trou dans la lune; mais il faudroit qu'il eût plus de cent lieues de longueur. *Mém. de Berlin*, 1778; *Journal des savans*, juin 1780. M. Herschel, assure y avoir vu un volcan, & cela expliqueroit le point lumineux vu par M. d'Ulloa. (*D. L.*)

SEMAINE, *septimana*, *hebdomada*, intervalle de sept jours. L'usage de diviser les temps en semaines de sept jours, est de la plus haute antiquité : il paroît que les plus anciens peuples de l'Orient s'en sont servis, c'est le sentiment du Syncelle, cité par Sallier (*Mém. de l'Acad. des Inscrip.* Tom. IV). Cet usage étoit même chez les Péruviens, *Garcilaso* de la *Vega*, *commentários Reales de los Incas*, *Tom. I*, *L.* II, *c.* 23. Scaliger *de emend. temp.* pag. 9, spectacle de la nature, tom. IV, pag. 47. Goguet pense que les Grecs furent presque les seuls peuples qui d'abord ne se servirent pas de semaines de sept jours : cependant il y a des savans qui doutent que cette manière de diviser le tems ait été employée ailleurs que chez les Juifs (Costard *the history of astronomy*, pag. 150, Spencer, *de Legibus Hebræorum*, L. I, c. 4). Quoi qu'il en soit, on ne peut disconvenir que le nombre sept n'ait été fort remarquable & fort distingué parmi les anciens (S. Clément d'Alex. *Stromatum*, VI, 16. Macrobe, *Somn. Scip.* I. 6. Selden, *de Jure nat. & gent.* L. III, c. 16.) Plusieurs auteurs ont cru même que la fête du septième jour n'étoit point particulière aux Juifs, mais qu'elle avoit lieu chez les Payens. Sallier cite un grand nombre de témoignages à ce sujet, sur-tout Philon & Josephe; il les réfute à la vérité, & se détermine pour le sentiment contraire; mais cela n'empêche pas de croire que l'usage des *semaines* de sept jours, a eu lieu chez les Anciens.

Goguet pense qu'inutilement on a voulu proposer plusieurs conjectures sur les motifs qui ont pu déterminer les différens peuples à s'accorder sur cette manière primitive de partager les tems; & qu'il faut le rapporter à une tradition générale des sept jours qu'avoit duré la création du Monde : il est singulier que cet Auteur n'ait pas vu que cet usage venoit des phases de la lune, qui ne se montre que pendant quatre *semaines* ou 28 jours, ce qui a servi à régler le temps chez toutes les nations. Ces phases changent à-peu-près tous les sept jours; & si l'on avoit voulu faire des *semaines* de huit jours, on eût trouvé un excès de trois jours au bout du mois : d'ailleurs les années solaires de 365 jours, se partagent, à un jour près, en *semaines* de sept jours, au lieu qu'il y auroit eu cinq jours de reste, si l'on eût fait les *semaines* de huit jours; ainsi, l'usage des mois & des années paroît avoir dû entraîner celui d'une *se-*

maine de sept jours, qui sont des quarts de mois.

Les noms des planètes qu'on a donné aux jours de la *semaine*, dérivent probablement des 24 heures auxquelles les planètes étoient supposées présider. *Voyez* HEURES. (*D. L.*)

SEMBLABLES, *adj.* (*Géom.*) il se dit des figures & des angles, entre lesquels il y a similitude. *Voy. l'article* SIMILITUDE.

Les angles *semblables* sont des angles égaux. Dans les angles solides, lorsque les plans sous lesquels ils sont contenus sont égaux en nombre & en grandeur, & sont arrangés dans le même ordre, les angles solides sont *semblables* & par conséquent égaux. *Voyez* ANGLE.

Les rectangles *semblables* sont ceux dont les côtés, qui forment des angles égaux, sont proportionnels. *Voyez* RECTANGLE.

Ainsi, 1.° tous les quarrés doivent être des rectangles *semblables*. *Voyez* QUARRÉS.

2.° Tous les rectangles *semblables* sont entr'eux comme les quarrés de leurs côtés homologues.

Les triangles *semblables* sont ceux qui ont trois angles respectivement égaux chacun à chacun. *Voy.* TRIANGLE.

1.° Tous les triangles *semblables* ont leurs côtés autour d'angles égaux proportionnels. 2.° Tous les triangles *semblables* sont entr'eux comme les quarrés de leurs côtés homologues.

Dans les triangles & dans les parallélogrammes *semblables*, les hauteurs sont proportionnelles aux côtés homologues. *Voyez* TRIANGLE, *&c.*

Les polygones *semblables*, sont ceux dont les angles sont égaux chacun à chacun; & dont les côtés autour des angles égaux sont proportionnels.

Il en est de même des autres figures rectilignes *semblables*. *Voyez* POLYGONE.

Ainsi les polygones *semblables* sont les uns aux autres, comme les quarrés de leurs côtés homologues.

Dans toutes figures *semblables*, les angles correspondans sont égaux, & les côtés homologues sont proportionnels. Toutes figures régulières, & toutes figures irrégulières *semblables*, sont en raison doublée de leurs côtés homologues; les cercles & les figures *semblables* qui y sont inscrits, sont les unes aux autres comme les quarrés des diamètres.

Les arcs *semblables* sont ceux qui contiennent des parties *semblables* ou égales de leurs circonférences respectives. *Voyez* ARC.

Les segmens *semblables* de cercles sont ceux qui contiennent les angles égaux. *Voyez* SEGMENT.

Les sections coniques *semblables* sont celles dont les ordonnées à un diamètre, dans l'une, sont proportionnelles aux ordonnées correspondantes à un diamètre *semblable* dans l'autre, & dont les parties de diamètres *semblables* qui sont entre le sommet & les ordonnées dans chaque section sont *semblables*. *Voyez* CONIQUE.

La même définition convient aussi aux segmens *semblables* des sections coniques. *Voyez* SEGMENT.

Les polyèdres *semblables* sont ceux qui sont composés d'un même nombre de pyramides *semblables* & semblablement disposées.

Les nombres plans *semblables*, sont ceux qu'on peut disposer en rectangles *semblables*, c'est-à-dire, en rectangles, dont les côtés sont proportionnels: comme 6 multiplié par 2, & 12 par 4: le produit de l'un qui est 12, & celui de l'autre qui est 48, sont des nombres *semblables*. *Chambers.* (*E*)

Les quantités *semblables*, en algèbre, sont celles qui contiennent les mêmes lettres, & précisément le même nombre de lettres. *Voyez* QUANTITÉ.

Ainsi $2\,b$ & $3\,b$, $7\,ff$ & $3\,ff$ sont des quantités *semblables*; mais $2\,b$ & $3\,bb$, f^2 & $5\,f^{\circ}$ sont des quantités dissemblables; parce qu'elles n'ont pas les mêmes dimensions des deux parts, & que les lettres n'y sont point également répétées.

On dit encore, en algèbre, que des quantités ont des signes *semblables*, quand elles sont toutes deux affirmatives, ou toutes deux négatives. *Voyez* CARACTÈRE.

Si l'une est affirmative & l'autre négative, on dit alors qu'elles sont de différens signes; ainsi, $+ 6\,4\,d$ & $+ 5\,d$ ont le même signe, ou sont de même signe; mais $+ 9\,f$ & $- 7$ sont de différens signes. (*E*)

Les figures solides *semblables*, (*en Géométrie*), sont celles qui sont renfermées sous un même nombre de plans *semblables*, & semblablement posés. *Voyez* SEMBLABLE.

SEMI-CUBIQUE, *adj. en Géométrie*, une parabole *semi-cubique* est une courbe du second genre, dans laquelle les cubes des ordonnées sont comme les quarrés des abscisses. *Voyez* PARABOLE. On l'appelle autrement seconde *parabole cubique*. (*E*).

SEMI-QUARTILE, *ou* SEMI-QUADRAT, *adj.* (*Astron.*) c'est l'aspect des planètes, lorsqu'elles sont distantes l'une de l'autre de la moitié de la quatrième partie, ou de la huitième partie du zodiaque, c'est-à-dire de 45 degrés. *Voyez* ASPECT. (*O*)

SEMI-QUINTILE, *adj.* (*Astron.*) c'est l'aspect des planètes, lorsqu'elles sont distantes l'une de l'autre de la moitié de la cinquième partie, ou de la dixième partie du zodiaque, c'est-à-dire de 36 degrés. *Voyez* ASPECT. (*O*).

SEMI-SEXTILE *ou* S. S. *adj. Astron.* c'est l'aspect de deux planètes, qui sont distantes l'une de l'autre de la douzième partie du zodiaque, ou de 30 degrés. *Voyez* ASPECT. C'est Kepler qui a ajouté le *semi-sextile* aux anciens aspects, & cela d'après des observations météorologiques: car on avoit cru remarquer que les différens aspects des planètes produisoient des changemens dans la température de l'air; & cela pourroit être vrai de la lune. *Voyez* les ouvrages de Météorologie de MM. Toaldo, Van Swinden & Cotte. Mais nous n'avons point encore d'obſervations ſuffiſantes pour décider cette queſtion.

SEPT. (*Arithmétiq.*) nombre impair composé de ſix & un, qui en chifre arabe s'écrit ainſi, 7; en chifre romain, de cette manière, VII; & en chifre françois de compte, de cette ſorte, vij.

SEPTANTE, (*Arithmétiq.*) nombre pair, compoſé de ſoixante & dix, ou de ſept dixaines, ou de cinq fois quatorze, ou de quatorze fois cinq, ou de dix fois ſept; ainſi que ſept ſoit multiplié par dix, ou que dix le ſoit par ſept, ou quatorze par cinq, ou cinq par quatorze, le produit ſera *ſeptante*. On dit plus ordinairement ſoixante-&-dix; *ſeptante*, ou ſoixante-&-dix, en chifre commun ou arabe, s'écrit de cette manière, 70; en chifre romain, de cette ſorte, LXX; & en chifre françois, lxx.

SEPTENTRION, ſ. m. *en Aſtronomie*, eſt la région du ciel qui eſt du côté du pole arctique & de la conſtellation, appellée *la grande ourſe*. On a même donné à cette conſtellation le nom de *ſeptentrion*, à cauſe des ſept étoiles qui la compoſent. Le *ſeptentrion* s'appelle auſſi le *Nord*, c'eſt le côté oppoſé au midi.

De-là eſt venu le mot ſeptentrion, *ſeptentrionalis*, pour déſigner tout ce qui a rapport au nord. Comme les ſignes ſeptentrionaux, les parallèles ſeptentrionaux, qui ſont les ſignes & les parallèles qui ſont au nord de l'équateur; cette dénomination vient de ce que l'on diviſe la terre en deux hémiſpheres, terminés par l'équateur; celui qui eſt du côté du *ſeptentrion* s'appelle *hémiſphère ſeptentrional*, & l'autre *hémiſphère méridional*: or tout ce qui ſe trouve dans l'un de ces deux hémiſphères, en conſerve la dénomination. Ainſi, on dit que la latitude *ſeptentrionale* d'un lieu eſt à 48°. pour dire que ce lieu ſe trouve dans l'hémiſphère ſeptentrional, & eſt éloigné de 48 degrés de l'équateur, & ainſi du reſte, *&c.* (*O*)

SEPTIEME, (*Arithmét.*) partie d'un tout diviſé en ſept parties égales, en matière de fractions, un *ſeptième* ſe marque ainſi $\frac{1}{7}$, & deux, trois ou quatre *ſeptièmes*, &c. $\frac{2}{7}$, $\frac{3}{7}$, $\frac{4}{7}$. (*D. J.*)

SÉRIE *ou* SUITE, ſ. f. *en Algèbre*, ſe dit d'un ordre ou d'une progreſſion de quantités qui croiſſent ou décroiſſent ſuivant quelque loi: lorſque la *ſuite* ou la *ſérie* va toujours en approchant de plus en plus de quelque quantité finie, & que par conſéquent les termes de cette *ſérie*, ou les quantités dont elle eſt compoſée, vont toujours en diminuant, on l'appelle une *ſuite convergente*; & ſi on la continue à l'infini, elle devient enfin égale à cette quantité. *Voyez* CONVERGENTE, *&c.*

Ainſi, $\frac{1}{2}$, $\frac{1}{4}$, $\frac{1}{8}$, $\frac{1}{16}$, $\frac{1}{32}$, $\frac{1}{64}$, *&c.* forment une *ſuite* qui s'approche toujours de la quantité 1, & qui lui devient enfin égale, quand cette ſuite eſt continuée à l'infini. *Voyez* APPROXIMATION, *&c.*

La théorie & l'uſage des *ſuites* infinies, a été cultivée de nos jours avec beaucoup de ſuccès; on croit communément que l'invention en eſt dûe à Nicolas Mercator, de Holſtein, qui paroît néanmoins en avoir pris la première idée de l'arithmétique des infinis de Wallis; on fait uſage des *ſuites*, principalement pour la quadrature des courbes, parce que cette quadrature dépend ſouvent de l'expreſſion de certaines quantités qui ne peuvent être repréſentées par aucun nombre précis & déterminé; tel eſt le rapport du diamètre d'un cercle à ſa circonférence, & c'eſt un très-grand avantage de pouvoir exprimer ces quantités par une *ſuite*, laquelle, étant continuée à l'infini, exprime la valeur de la quantité requiſe. *Voyez* QUADRATURE, *&c.*

Nature, origine & uſages des ſuites infinies. Quoique l'arithmétique nous donne des expreſſions très-complettes & très-intelligibles pour tous les nombres rationnels, elle eſt néanmoins très-défectueuſe, quant aux nombres irrationnels, qui ſont en quantité infiniment plus grande que les rationnels; il y a, par exemple, une infinité de termes irrationnels entre 1 & 2: or que l'on propoſe de trouver un nombre moyen proportionnel entre 1 & 2, exprimé en termes rationnels, qui ſont les ſeuls que l'on conçoit clairement, la racine de 2 ne préſentant certainement qu'une idée très-obſcure, il eſt certain qu'on pourra toujours approcher de plus en plus de la juſte valeur de la quantité cherchée, mais ſans jamais y arriver; ainſi, pour le nombre moyen proportionnel entre 1 & 2, ou pour la racine quarrée de 2, ſi l'on met d'abord 1, il eſt évident que l'on n'a pas mis aſſez; que l'on y ajoute $\frac{1}{2}$, on a mis trop: car le quarré de $1 + \frac{1}{2}$ eſt plus grand que 2; ſi de $1 + \frac{1}{2}$ l'on ôte $\frac{1}{8}$, on trouvera que l'on a retranché trop; & ſi l'on y remet $\frac{1}{16}$, le tout ſera trop grand: ainſi, ſans jamais arriver à la juſte valeur de la quantité cherchée, on en approchera cependant toujours de plus en plus. Les nombres que l'on vient de trouver ainſi, & ceux que l'on peut trouver de la même manière à l'infini, étant diſpoſés dans leur ordre naturel, font ce que l'on appelle une *ſérie*, ou une *ſuite infinie*: ainſi, la *ſérie* $1 + \frac{1}{2} - \frac{1}{8} + \frac{1}{16}$, *&c.* continuée à l'infini, exprime la valeur de la racine quarrée de 2; quelquefois les *ſuites* ne procèdent pas par des additions & des ſouſtractions alternatives, mais par de ſimples additions ou par une infinité de ſouſtractions; dans toutes les *ſuites infinies* dont tous les termes pris enſemble ne doivent être égaux qu'à une grandeur infinie, il eſt viſible que leurs termes doivent aller toujours en décroiſſant; il eſt bon même, autant qu'il eſt poſſible, qu'elles ſoient telles, que l'on en puiſſe prendre ſeulement un certain nombre des premiers termes, pour la grandeur cherchée, & négliger tout le reſte.

Mais ce ne ſont pas ſeulement les nombres irrationnels que l'on peut exprimer en termes rationnels par des *ſuites infinies*; les nombres rationnels eux-mêmes ſont ſuſceptibles d'une ſemblable expreſſion ; 1, par exemple, eſt égal à la *ſuite* $\frac{1}{2}$, $\frac{1}{4}$, $\frac{1}{8}$, &c. mais il y a cette différence, qu'au lieu que les nombres irrationnels ne peuvent être exprimés en nombre rationnel que par ces *ſuites*, les nombres rationnels n'ont pas beſoin de cette expreſſion.

Parmi les *ſuites infinies*, il y en a quelques-unes dont les termes ne font qu'une ſomme finie; telle eſt la progreſſion géométrique $\frac{1}{2}$, $\frac{1}{4}$, $\frac{1}{8}$, &c. & en général, toutes les progreſſions géométriques décroiſſantes : dans d'autres *ſuites*, les termes font une ſomme infinie; telle eſt la progreſſion harmonique $\frac{1}{2}$, $\frac{1}{3}$, $\frac{1}{4}$, $\frac{1}{5}$, &c. *Voyez* HARMONIQUE. Ce n'eſt pas qu'il y ait plus de termes dans la progreſſion harmonique, que dans la géométrique, quoique cette dernière n'ait point de terme qui ne ſoit dans la première, & qu'il lui en manque pluſieurs que cette première contient ; une pareille différence rendroit ſeulement les deux ſommes infinies, inégales, & celle de la progreſſion harmonique ſeroit la plus grande : la raiſon en eſt plus profonde; de la diviſibilité de l'étendue à l'infini, il ſuit que toute quantité finie, par exemple, un pié, eſt compoſée, pour ainſi dire, de fini & d'infini : de fini, en tant que c'eſt un pié; d'infini, en tant qu'il contient une infinité de parties, dans leſquelles il peut être diviſé : ſi ces parties infinies ſont conçues comme ſéparées l'une de l'autre, elles formeront une *ſuite* infinie, & néanmoins leur ſomme ne ſera qu'un pié : or c'eſt ce qui arrive dans la *ſuite* géométrique $\frac{1}{2}$, $\frac{1}{4}$, $\frac{1}{8}$, &c. décroiſſante: car il eſt évident que ſi vous prenez d'abord $\frac{1}{2}$ pié, enſuite $\frac{1}{2}$ ou la moitié de ce qui reſte, c'eſt-à-dire, $\frac{1}{4}$ de pié; & puis $\frac{1}{2}$, ou la moitié du reſte, c'eſt-à-dire, $\frac{1}{8}$ de pié, vous pouvez opérer ſans fin, en prenant toujours de nouvelles moitiés décroiſſantes, qui, toutes enſemble, ne font qu'un pié. Quand on dit même que toutes ces parties, priſes enſemble, font un pié, il ne faut pas prendre cette expreſſion à la rigueur; car elles ne feroient un pié, que dans la ſuppoſition que l'on eût pris tous les termes de la *ſuite*, & cela ne ſe peut, puiſque la *ſuite* eſt infinie; mais on peut prendre tant de termes de la *ſuite* qu'on veut; plus on en prendra, plus on approchera de la valeur d'un pié; & quoiqu'on n'ait jamais le pié exactement, on pourra en approcher auſſi près qu'on voudra : ainſi, cette *ſuite* n'a pas proprement un pié pour la ſomme; car une *ſuite infinie* n'a point de ſomme proprement dite, puiſque ſa ſomme varie ſelon qu'on en prend plus ou moins de termes, & qu'on ne peut jamais les prendre tous ; mais ce qu'on appelle la *ſomme d'une ſuite*, c'eſt la limite de la ſomme de ſes différens termes, c'eſt-à-dire, une quantité dont on approche auſſi près qu'on veut, en prenant toujours dans la *ſuite* un nombre de termes de plus en plus grand. Nous croyons devoir faire cette remarque en paſſant, pour fixer l'idée nette du mot de *ſomme d'une ſuite*. Revenons à préſent à notre *ſuite* $\frac{1}{2}$, $\frac{1}{4}$, $\frac{1}{8}$.

Dans cet exemple, nous ne prenons pas ſeulement les parties qui étoient dans le tout, diſtinguées l'une de l'autre, mais nous prenons tout ce qui y étoit; c'eſt pourquoi il arrive que leur ſomme redonne préciſément le tout ou la quantité entière; mais ſi nous prenons la progreſſion géométrique $\frac{1}{3}$, $\frac{1}{9}$, $\frac{1}{27}$, &c. c'eſt-à-dire, que nous prenions d'abord $\frac{1}{3}$ de pié, & que du reſte l'on en prenne $\frac{1}{9}$, & que de ce dernier reſte l'on prenne encore $\frac{1}{27}$ de pié, &c. il eſt vrai que nous ne prendrions que les parties qui ſont diſtinctes l'une de l'autre dans le pié; mais nous ne prendrions pas toutes les parties qui y ſont contenues, puiſque nous n'y prenons que tous les tiers, qui ſont plus petits que les moitiés; par conſéquent, tous ces tiers qui décroiſſent, quoiqu'en nombre infini, ne pourroient faire le tout, & il eſt même démontré qu'ils ne feroient que la moitié d'un pié; pareillement tous les quarts, qui décroiſſent à l'infini, ne donneroient qu'un tiers pour ſomme totale, & tous les centièmes ne feroient qu'un quatre-vingt-dix-neuvième ; ainſi, non-ſeulement la ſomme des termes d'une *ſuite* géométrique, dont les termes décroiſſent à l'infini, n'eſt pas toujours une quantité finie; elle peu même être plus petite qu'une quantité finie quelconque; car nous venons de voir comment on peut former une *ſuite* de quantités qui ne ſoient égales qu'à $\frac{1}{2}$, $\frac{1}{3}$, $\frac{1}{4}$, &c. & on peut de même en former qui ne ſoient égales qu'à $\frac{1}{5}$, $\frac{1}{6}$, &c. $\frac{1}{10}$, $\frac{1}{100}$, $\frac{1}{1000}$, &c. & ainſi à l'infini.

Si une ſuite infinie décroiſſante exprime des parties qui ne puiſſent pas ſubſiſter dans un tout, ſéparément les unes des autres, mais qui ſoient telles, que pour exprimer leur valeur, il ſoit néceſſaire de ſuppoſer la même quantité priſe pluſieurs fois dans le même tout; alors la ſomme de ces parties ſera plus grande que le tout ſuppoſé, & même pourra être infiniment plus grande, c'eſt-à-dire, que la ſomme ſera infinie, ſi la même quantité eſt priſe une infinité de fois. Ainſi, dans la progreſſion harmonique $\frac{1}{2}$, $\frac{1}{3}$, $\frac{1}{4}$, &c. ſi nous prenons $\frac{1}{2}$ pié ou 6 pouces, enſuite $\frac{1}{3}$ de pié ou 4 pouces, il eſt évident que nous ne pouvons plus prendre $\frac{1}{4}$ de pié ou 3 pouces, ſans prendre 1 pouce au-deſſus de ce qui reſte dans le pié. Puis donc que le tout eſt déjà épuiſé par la ſomme des trois premiers termes, l'on ne ſauroit plus ajouter à ces trois termes les termes ſuivans, ſans prendre quelque choſe qui a déjà été pris ; & puiſque ces termes ſont infinis en nombre, il eſt très-poſſible que la même quantité finie puiſſe être répétée un nombre infini de fois : ce qui rendra infinie la ſomme de la ſuite.

Nous diſons *poſſible* ; car, quoique de deux *ſuites infinies*, l'une puiſſe faire une ſomme finie, & l'autre une ſomme infinie, il peut ſe trouver une *ſuite* où les termes finis ayant épuiſé le tout, les termes ſuivans, quoiqu'infinis en nombre, ne feront qu'une ſomme finie.

De plus, il eſt néceſſaire de faire deux remarques ſur les *ſéries* en général. 1.° Il y a quelques *ſuites* dans leſquelles, après un certain nombre de termes, tous les autres termes, quoiqu'infinis en nombre, deviennent chacun égaux à zéro. Il eſt évident que la ſomme de ces *ſuites* eſt une ſomme finie, & qu'on peut aiſément la trouver. Soit, par exemple, la ſuite $a + ma^2 + m.m - 1.a^3 + m.m - 1.m - 2.a^4 + m.m - 1.m - 2.m - 3.a^5$, &c. il eſt évident que ſi on fait, par exemple, $m = 3$, cette ſuite ſe terminera au 4e terme. Car tous les autres devant être multipliés par $m - 3$, qui eſt $= 0$ à cauſe de $m = 3$, ces termes ſeront néceſſairement chacun égaux à zéro, ces *ſuites* n'ayant qu'une apparence d'infinité.

2.° Que la même grandeur peut être exprimée par différentes *ſuites*, qu'elle peut l'être par une *ſuite* dont la ſomme eſt déterminable, & par une autre dont on ne ſauroit trouver la ſomme.

La géométrie n'eſt pas ſujette, dans l'expreſſion des grandeurs, à autant de difficultés que l'arithmétique : on y exprime exactement en lignes les nombres irrationnels, & l'on n'a point beſoin d'y recourir aux *ſuites infinies*. Ainſi, l'on ſait que la diagonale d'un quarré, dont le côté eſt 1, exprime la racine quarrée de 2. Mais, en quelques autres cas, la géométrie elle-même n'eſt pas exempte de ces inconvéniens, parce qu'il y a quelques lignes droites que l'on ne peut exprimer autrement que par une *ſuite* infinie de lignes plus petites, dont la ſomme ne peut être déterminée : de cette eſpèce ſont les lignes droites égales à des courbes non rectifiables; en cherchant, par exemple, une ligne droite égale à la circonférence d'un cercle, on trouve que le diamètre étant ſuppoſé 1, la ligne cherchée ſera $\frac{4}{1} - \frac{4}{3} + \frac{4}{5} - \frac{4}{7} + \frac{4}{9}$, &c. *Voyez* RECTIFICATION.

Quant à l'invention d'une *ſuite infinie*, qui exprime des quantités cherchées, Mercator, le premier inventeur de cette méthode, ſe ſert, pour cet effet, de la diviſion. Mais Newton & Leibnitz ont porté cette théorie plus loin; le premier, en trouvant ſes *ſuites* par l'extraction des racines; & le ſecond, par une autre *ſuite* préſuppoſée.

Pour trouver, par le moyen de la diviſion, une *ſuite* qui ſoit l'expreſſion d'une quantité cherchée. Suppoſons qu'on demande une *ſuite* qui exprime le quotient de b diviſé par $a + c$, diviſez le dividende par le diviſeur, comme dans l'algèbre ordinaire, en continuant la diviſion, juſqu'à ce que le quotient faſſe voir l'ordre de la progreſſion, ou la loi ſuivant laquelle les termes vont à l'infini; obſervant toujours les règles de la ſouſtraction, de la multiplication, de la diviſion, par rapport au changement des ſignes. Quand vous aurez pouſſé cette opération juſqu'à un certain point, vous trouverez que le quotient eſt $\frac{b}{a} - \frac{bc}{a^2} + \frac{bc^2}{a^3} - \frac{bc^3}{a^4}$, &c. à l'infini. Ces quatre ou cinq termes étant ainſi trouvés, vous reconnoîtrez facilement que le quotient conſiſte en une *ſuite* infinie de fractions. Les numérateurs de ces fractions ſont les puiſſances de c, dont les expoſans ſont moindres d'une unité que le nombre qui marque la place que ces termes occupent, & les dénominateurs ſont les puiſſances de a, dont les expoſans ſont égaux au nombre qui marque la place de ces termes. Par exemple, dans le troiſième terme, la puiſſance de c eſt du ſecond degré dans le numérateur, & la puiſſance de a eſt du troiſième degré dans le dénominateur.

Par conſéquent 1.° ſi $b = 1$ & $a = 1$, ſubſtituant ces valeurs nous aurons le quotient ci-deſſus $= 1 - c + c^2 - c^3$, &c. à l'infini : c'eſt pourquoi $\frac{1}{1+c} = 1 - c + c^2 - c^3$, &c. à l'infini.

2.° Donc ſi les termes qui ſont au quotient décroiſſent continuellement, la ſuite donnera un quotient auſſi près du vrai qu'il eſt poſſible. Par exemple, ſi $b = 1$, $a = 2$, ces valeurs étant ſubſtituées dans la *ſuite* générale, & la diviſion étant faite comme dans l'exemple général ci-deſſus, on trouvera $\frac{1}{3} = \frac{1}{2+1} = \frac{1}{2} - \frac{1}{4} + \frac{1}{8} - \frac{1}{16} + \frac{1}{32} - \frac{1}{64} + \frac{1}{128}$, &c. Suppoſons maintenant que la *ſérie* ou la *ſuite* s'arrête au quatrième terme, la ſomme de cette *ſuite* ſera au-deſſous de la véritable; mais il ne s'en faudra pas $\frac{1}{32}$. Si elle s'arrête au ſixième terme, elle ſera encore en-deſſous, mais moins que de $\frac{1}{128}$: c'eſt pourquoi plus on pouſſera la *ſérie* ou la *ſuite*, plus auſſi on approchera de la véritable ſomme, ſans pourtant jamais y arriver.

De la même manière, on trouve que $\frac{1}{4} = \frac{1}{3+1} = \frac{1}{3} - \frac{1}{9} + \frac{1}{27} - \frac{1}{81} + \frac{1}{243}$, &c. à l'infini....

$\frac{1}{5} = \frac{1}{4+1} = \frac{1}{4} - \frac{1}{16} + \frac{1}{64} - \frac{1}{256}$, &c. à l'infini....

$\frac{1}{6} = \frac{1}{5+1} = \frac{1}{5} - \frac{1}{25} + \frac{1}{125} - \frac{1}{625}$, &c. à l'infini.

Ce qui donne une loi conſtante, ſuivant laquelle toutes les fractions, dont le numérateur eſt l'unité, peuvent être exprimées par des *ſuites* infinies; ces *ſuites* étant toutes des progreſſions géométriques, qui décroiſſent en telle manière, que le numérateur eſt toujours l'unité, & que le dénominateur du premier terme, qui eſt auſſi l'expoſant du rapport, eſt moindre d'une unité que le dénominateur de la fraction que l'on a propoſé de réduire en *ſuite*.

Si les termes du quotient croiſſent continuellement, la *ſérie* s'éloigne d'autant plus du quotient, qu'elle eſt pouſſée plus loin; & elle ne peut jamais devenir égale au quotient, à moins qu'on ne limite ce quotient, & qu'on ne lui ajoute le dernier reſte avec ſon propre ſigne. Par exemple, ſuppoſons $\frac{1}{3} = \frac{1}{1+2}$; on trouvera que le quotient $= 1 - 2 + 4 - 8 + 16 - 64 + 128$, &c. prenons le premier terme 1, il excède $\frac{1}{3}$ de $\frac{2}{3}$; deux termes, c'eſt-à-dire, $1-2$, ſeront plus petits de $\frac{4}{3}$; trois termes ſeront trop grands de $\frac{9}{3}$; quatre termes ſeront plus petits que $\frac{8}{3}$ de $\frac{15}{3}$, &c Si l'on ſuppoſe que la *ſérie* ou la *ſuite* ſe termine au terme -8; alors on aura $\frac{1}{1+2}=1-2+4-8+\frac{16}{3}$; mais $1-2+4-8=-5=-\frac{15}{3}$: ainſi $\frac{1}{1+2}=\frac{16}{3}-\frac{15}{3}=\frac{1}{3}$.

Mais, dira-t-on, qu'exprime donc alors une pareille ſuite? Car, par la nature de l'opération, elle doit être égale à la quantité ou fraction propoſée; & cependant elle s'en éloigne continuellement. Un auteur nomme *Guido Ubaldus*, dans ſon traité de *quadratura circuli & hyperbolæ*, a pouſſé ce raiſonnement plus loin, & en a tiré une conſéquence fort ſingulière. Ayant pris la ſuite $\frac{1}{2}=\frac{1}{1+1}$, & ayant fait la diviſion, il a trouvé au quotient $1-1+1-1+1-1$, &c. qui, à l'infini, ne peut jamais donner que 1 ou 0; ſavoir 1, ſi on prend un nombre impair de termes; & 0, ſi on prend un nombre pair; d'où cet auteur a couclu que la fraction $\frac{1}{2}$ pouvoit devenir 1 par une certaine opération, & que 0 pouvoit être auſſi égal à $\frac{1}{2}$, & que par conſéquent la création étoit poſſible, puiſque avec moins on pouvoit faire plus.

L'erreur de cet auteur venoit de n'avoir pas remarqué que la ſuite $1-1+1-1$, &c. & en général $1-c+c^2-c^3$, &c. n'exprimoit point exactement la valeur de la fraction $\frac{1}{1+c}$. Car ſuppoſons qu'on ait pouſſé le quotient de la diviſion juſqu'à cinq termes, comme la diviſion ne ſe fait jamais exactement, il y a toujours un reſte, ſoit ce reſte r; & pour avoir le quotient exact, il faut, comme dans la diviſion ordinaire, ajouter ce reſte r diviſé par le diviſeur $1+c$, à la partie déjà trouvée du quotient.

Ainſi ſuppoſons que la *ſérie* générale ſoit terminée à $-c^3$, on aura $\frac{1}{1+c}=1-c+c^2-c^3+\frac{c^4}{1+c}$ $=\frac{1+c-c-c^2+c^2+c^3-c^3-c^4+c^4}{1+c}=\frac{1}{1+c}$. Par conſéquent la valeur exacte de $\frac{1}{2}=\frac{1}{1+1}$ eſt $1-1+1-1+\frac{1}{1+1}$; & cette valeur ſe trouve toujours égale à $\frac{1}{2}$, & non pas zéro à 1. *Voyez* dans les *Mémoires de l'Acad. de* 1715, un écrit de M. Varignon, où cette difficulté eſt éclaircie avec beaucoup de ſoin.

Pour s'inſtruire à fond de la matière des *ſuites*, on peut conſulter le traité de Jacques Bernoulli, intitulé: *Tractatus de ſeriebus infinitis, earumque ſummâ finitâ*, imprimé à Baſle en 1714, à la ſuite de l'*Ars conjectandi* du même auteur; le ſeptième livre de l'*Analyſe démontrée* du P. Reyneau; l'ouvrage de Newton, intitulé: *Analyſis per æquationes numero terminorum infinitas*; enfin, le traité de M. Stirling, *de ſummatione ſerierum*; & celui de M. Moivre, qui a pour titre: *Miſcellanea analytica de ſeriebus & quadraturis*. On joindra à ces ouvrages la lecture d'un grand nombre de mémoires ſur cette matière, compoſés par Euler, Bernoulli, &c. &c. imprimés dans les volumes des académies de Pétersbourg & de Berlin.

Pour extraire les racines d'une *ſuite* infinie, *voy.* EXTRACTION DES RACINES.

Retour des ſéries ou des ſuites. Voyez l'*article* RETOUR.

Dans la doctrine des *ſéries*, on appelle *fraction continue*, une fraction de cette eſpèce à l'infini.

$$\cfrac{a}{b+\cfrac{c}{d+\cfrac{e}{f+\cfrac{g}{h+\&c.}}}}$$

M. Euler a donné, dans les *Mémoires de l'académie de Pétersbourg*, des recherches ſur ces ſortes de fractions.

Interpolation des ſéries ou ſuites. Elle conſiſte à inférer dans une ſuite de grandeurs qui ſuivent une certaine loi, un ou pluſieurs termes qui s'y conforment autant qu'il eſt poſſible. Cette méthode eſt à-peu-près la même que celle de faire paſſer une courbe du genre parabolique, par tant de points qu'on voudra. Par exemple, ſi on a quatre points d'une courbe aſſez près les uns des autres, & qu'on veuille connoître à-peu-près les autres points intermédiaires, on prendra un axe à volonté, & on menera des quatre points donnés les ordonnées a, b, c, d, qui ont pour abſciſſes e, f, g, h. On ſuppoſera enſuite que l'ordonnée de la courbe ſoit en général $A+Bx+Cx^2+Ex^3$; & on fera

$$A+Be+Ce^2+Ee^3=a,$$
$$A+Bf+Cf^2+Ef^3=b,$$
$$A+Bg+Cg^2+Eg^3=c,$$
$$A+Bh+Ch^2+Eh^3=d.$$

ce qui fera connoître les quantités A, B, C, E; &, par ce moyen, on aura les ordonnées de la courbe parabolique, pour une abſciſſe quelconque x. Or ces ordonnées ne différeront pas beaucoup de celles qu'on cherche. *Voyez* les *Mémoires de l'Académie de Pétersbourg, tome II, page* 180. (O)

Aux réflexions de l'article précédent ſur la nature des *ſéries*, qu'il nous ſoit permis d'ajouter ici une ſeule obſervation. On peut regarder une *ſérie* ſous deux aſpects, d'abord comme étant la valeur d'une certaine quantité; alors il faut que la *ſérie* ſoit convergente; &, dans ce cas, plus on prend de termes, plus leur ſomme approche de la grandeur cherchée,

chée. On peut encore regarder une *série* comme l'expression d'une quantité quelconque; expression assujettie à une certaine forme. Si la quantité n'est pas réellement susceptible de cette forme, le nombre des termes de la *série* ne peut être fini; mais ils suivent entr'eux une certaine loi, & c'est de la connoissance de cette loi, qu'on peut partir pour trouver la fonction finie qui, développée en *série*, auroit produit la *série* donnée. Toute *série* n'est pas le développement d'une fonction finie, ni même de l'intégrale d'une équation différentielle donnée. Nous nous proposons donc, dans cet article après avoir exposé d'abord les différentes formes de *séries* les plus communes, de faire voir pour chacune les différentes formes de leur loi relative à chaque forme de leurs fonctions génératrices; & nous le terminerons par la manière de réduire en *séries* des fonctions indéterminées, parce que ces *séries* sont utiles dans une infinité de questions d'analyse.

La première espèce de *série* est celle de la forme $a + bx + cx^2 + ex^3$ &c. quelle que soit une équation en y & x', en y faisant $x' = a' + x$, on aura y égal à une *série* de cette forme; de même si au lieu de x on met e^{fz}, on aura une *série* $a + be^{fz} + Ce^{2fz}$..... & si on substitue une telle *série* dans une équation différentielle quelconque où z ne se trouve pas, on aura y en z par une *série* de cette forme. *Voyez* à l'*article* LINÉAIRE, la forme générale que doit avoir cette *série*.

On voit que si on a y par une équation en z' & x', on aura en faisant $x' = a' + x'$, & $z' = b' + z$, $y = a + bx + cz + cx^2$ &c. & ainsi de suite pour un plus grand nombre de variables. Dans ces *séries*, l'expression générale du coëfficient de $x^m z^n$ s'appelle *le terme général de la série*.

Si on a $y = a + bx + cx^2 + ex^3$, &c. & qu'on fasse $x = 1$, on aura $y = a + b + c + e$, &c. d'où l'on voit que la sommation des *séries* en nombres est un cas particulier de la recherche de la fonction de x, qui est égal à y; la somme de la *série* numérique est une valeur particulière de cette fonction, mais qui, dans bien des cas, est plus aisée à trouver que la valeur générale.

De même encore, si l'on cherche la somme d'un nombre indéfini m (m étant un entier) des termes d'une suite $a + b + c + d$.....dont on connoît le terme général, on aura, appellant X la fonction génératrice de la *série*, $a + bx + ex^2$.... & X' la somme de la *série* $a' + b'x + c'x^2$.... (*série* qui suivra la même loi que la précédente, à l'exception que les premiers termes seront les coëficiens de x^m, x^{m+1}, x^{m+2} dans la première *série*); on aura, dis-je, la somme cherchée égale à la valeur de $(X - X')\, x^m$, lorsque $x = 1$.

Lorsque m n'est pas un entier, la même formule a encore lieu. L'expression $(X - X')\, x^m$ peut être regardée comme une fonction finie de m en général; mais la somme de $a + b + c + e$......$+ q$, q étant le coëficient de x^m trouvée en général, quelle que soit m, est la même chose que Σq, q étant fonction de m (*Voyez* DIFFÉRENCES FINIES): d'où l'on voit que l'on a encore ici un moyen de faire dépendre la recherche de Σq de problêmes de l'analyse aux différences infiniment petites, & réciproquement, puisque si l'on connoît Σqx^m, on aura $a + bx + cx^2 + ex^3$.... en faisant dans Σqx^m m infini.

Au reste, ces considérations ne sont que de pure curiosité, & il est plus aisé, en général, de trouver Σq que la valeur générale $(X - X')\, x^m$ où pour avoir Σq, il faut faire $x = 1$; de même on trouvera plutôt X en général que Σqx^m, dont X est une valeur particulière répondant à m infini.

La seconde espèce de *série* est celle à produits infinis, telle que $\frac{a + bx \times a' + b'x \times a'' + b''x \ldots}{1 + cx \times 1 + c'x \times 1 + c''x \ldots}$

Cette espèce de *séries* que Wallis a considérées le premier, & par laquelle il a représenté la circonférence ou la surface du cercle, a été traitée par M. Euler, d'après des principes plus généraux. Voy. les *Institutiones calculi differentialis*.

Soit donc une *série* telle que le numérateur de la précédente, supposons que les a & b suivent entr'eux une certaine loi, nous aurons, en prenant les logarithmes, $l\, a''''^n + b''''^n x$ qui sera le n^e terme donné, si on a a''''^n & b''''^n donnés en n d'une manière quelconque, on aura $a + bx \times a' + b'x \ldots \times a'''^n + b'''^n x \ldots = c^{\Sigma l a''''^n + b''''^n x}$: or, nous avons
$\Sigma l a'''^n + b''''^n x = Sl(a''''^n + b''''^n x)\, dn - l a''''^n + b''''^n x + A \frac{d\, l a'''^n + b'''^n x}{dn} + B \frac{d^2\, l a''''^n + b''''^n x}{dn^2}$, &c.

Si au lieu de cela on a a''''^n & b''''^n données par des fonctions & n, & en a''''^{n-1} b''''^{n-1} &c. en nombre fini, on aura encore faisant $l a''''^n + b''''^n x = \Delta \Phi$, Φ par une équation aux différences finies entre Φ & n.

On pourroit même se dispenser de cette transformation en logarithmes, conservant en effet le numérateur & le dénominateur, & appellant Φ la valeur du produit de $n - 1$ termes, on auroit $\frac{\Phi + \Delta\Phi}{\Phi} = \frac{a''''^n + b'''^n x}{1 + c'''^n x}$; ce qui se réduit immédiatement à des équations aux différences finies, & si on vouloit les avoir en *séries*, on auroit (*Voyez* ci-dessus & l'*article* DIFFÉRENCES FINIES.)

$$\Phi \cdot \left(1 - \frac{a''''^n + b'''^n x}{a + c'''^n x}\right) + \frac{d\Phi}{dn} + \frac{d\, d\Phi}{2dn^2} + \frac{d^3\Phi}{2.3dn^3},$$

&c. $= 0$, équation qui reste à résoudre en *séries*. On voit donc que la sommation indéfinie de cette espèce de *séries* dépend encore du calcul des différences finies.

Si on cherche comment une équation en y & x

a pu donner pour y cette valeur en produits infinis, on trouvera que, ſoit fait $y = 0$, cette *ſérie* doit être le produit de toutes les racines de ce que devient alors cette équation en x & y. Il ſuit de-là que, dans l'état actuel de l'analyſe, il n'y a que quelques cas particuliers où l'on ait le moyen d'avoir ces produits, de manière que chaque terme ſoit ſous une forme finie. *Voyez* les Inſtitutions de M. Euler, déjà citées.

La troiſième forme de *ſéries* eſt celle par les fractions continues.

Si l'on cherche à réduire en fraction continue une fonction donnée par une équation, on fera d'abord $y = \frac{1}{z}$, on cherchera z, fonction donnée ſous la forme $a + bx + cx^2 + ex^3 \ldots (n) x^n \ldots$ & on aura

$$y = \frac{1}{a + bx + cx^2 + ex^3 \ldots\ldots + (n) x^n \ldots\ldots}$$

enſuite au lieu de $cx^2 + ex^3 \ldots$ &c. on prendra $\dfrac{x^2}{\left(\dfrac{1}{c + ex \text{ \&c.}}\right)}$, & ainſi de ſuite.

Maintenant je dois examiner le rapport qu'il y a entre la forme du terme général d'une *ſérie* & la fonction génératrice.

1.° Si le terme général eſt pour un terme n de la forme $(n^m + a n^{m-1} \ldots) e^{fn} + (a' n^{m'} + b' n^{m'-1} \ldots) e^{f'n}$ &c.

La forme génératrice ſera une *ſérie* dont le dénominateur ſera $\overline{1 - fx}^{m+1} \times \overline{1 - f'x'}^{m'+1}$ &c. & le numérateur dépendra des premiers termes de la *ſérie* en nombre fini.

2.° Si le terme général eſt, l'appellant (n) pour un terme n, donné par une équation $n^m (n) + a\overline{n-1}^m (n-1) + b\overline{n-2}^m (n-2) \ldots + a' \overline{n-1}^{m-1} (n-1) + b' (n-2)^{n-1} (n-2) \ldots = 0$ la fonction génératrice ſera la valeur de y tirée de l'équation $V = Ay + \frac{B\,dy}{dx} + \frac{C\,d^2 y}{dx^2} + \frac{P\,d^{n-1} y}{dx^{n-1}} + \frac{Q\,d^n y}{dx^n}$ ou $Q = 1 + ax^2$ &c. $P = a' + b' x + c' x^2$ &c. & ainſi de ſuite.

Ainſi, toutes les fois que l'équation en y & x ſera algébrique, la *ſérie* ſera de cette forme ; mais il n'eſt pas vrai réciproquement que tant que le terme ſera de cette forme la *ſérie* ſera algébrique.

Ainſi, il reſtera ces deux queſtions à examiner ; 1.° ſi le terme général d'une fonction étant donné, il eſt ſuſceptible de cette forme.

2.° Si cette forme convient à une fonction algébrique, on pourroit prendre encore, pour les racines des équations algébriques, cette forme du terme général, c'eſt que l'on doit avoir

$$(n) + A(n-1) + B(n-2) \ldots$$
$$+ A'(n)^1 + B'(n-1)^2 \ldots\ldots$$
$$+ A_1 (n)^{(m)} \ldots\ldots = 0.$$

les A étant ſans n, cette équation eſt linéaire, & $A_1\ B_1$, donnent le coëfficient de y^m dans l'équation en x & y (y eſt la ſomme). Les $A'\ B'$ &c. ſont les coëfficiens des puiſſances de x dans le coëfficient de y^2, les $A\,B$ les coëfficiens des puiſſances de x dans le terme en $y'\,(n)^{1\,m}$, $(n)^2$ &c. déſignent le coëfficient de x^n dans $y^m\,y^2$.

Mais juſqu'ici on n'a point de méthode générale de diſtinguer, le terme général étant donné par une équation ; ſi on peut le rappeller à cette forme. *V.* les *Inſtitutions* de M. Euler, & le premier volume de l'*académie de Marine*, qui contient, ſur cette matière, un ſavant mémoire du chevalier de Marguerie.

De la réduction des fonctions indéterminées en ſéries. Soit l'équation $y - x + \Phi x = 0$; Φx déſignant une fonction quelconque de x, & que je cherche une valeur de Ψx, autre fonction de x en y; j'aurai, par le théorême de M. d'Alembert,

$$\Psi x = \Psi y + \frac{d\Psi y}{dy} \Phi x + \frac{d^2 \Psi y}{2\,dy^2} \Phi x\,2 + \text{\&c.}$$

par le même théorême

$$\Phi x = \Phi y + \frac{d\Phi y}{dy} \Phi x + \frac{d^2 \Phi y}{2\,dy^2} \Phi x\,2 + \text{\&c.}$$

donc faiſant $\Phi x = \Phi y + B$, $B = \frac{d\Phi y}{dy} \Phi y + C$; & ainſi de ſuite ; j'ai, en ordonnant par rapport aux puiſſances de Φy & de ſes différences,

$$\Phi x = \Phi y + \frac{d\overline{\Phi y}^2}{2\,dy} + \frac{d^2 \overline{\Phi y}^3}{2.3.\,dy^2} + \text{\&c.}]$$

$$\frac{\Phi x^2}{2} = \frac{\Phi y^2}{2} + \frac{2\,d\overline{\Phi y}^3}{2.3.\,dy} + \frac{3\,d^2\,\overline{\Phi y}^4}{2.3.4\,dy^2} + \text{\&c.}$$

$$\frac{\Phi x^3}{2.3} = \frac{\Phi y^2}{2.3} + \frac{3}{2}\,\frac{2\,d\Phi y}{3.4\,dy} + \frac{6\,d^2}{2.3.}\,\frac{\Phi y^5}{4.5.\,dy^2} \text{ \&c.}$$

ſubſtituant donc ces valeurs dans celle de Ψx, on aura, en ordonnant par rapport aux puiſſances de Ψy, & Φy & de leurs différences,

$$\Psi x = \Psi y + \Phi y \frac{d\Psi y}{dy} + \frac{\Phi y^2 d^2 \Psi y}{2\,dy^2} + \frac{\Phi y\,3}{2.3}\,\frac{d\,3\,\Psi y}{dy\,3} \text{ \&c.}$$
$$+ \Phi y \frac{d\Phi y}{dy}\,\frac{d\Psi y}{dy} + \frac{2.d.\Phi y\,3}{2.3\,dy}\,\frac{d^2 \Psi y}{dy^2}$$
$$+ \frac{d^2 \Phi y^3}{2.3\,dy\,2}\,\frac{d\Psi y}{dy}$$

& réduiſant

$$\Psi x = \Psi y + \Phi y \frac{d\Psi y}{dy} + \frac{d\Phi y^2 \frac{d\Psi y}{dy}}{2\,dy} + \frac{d^2 y\,\Phi^3 \frac{d\Psi y}{dy}}{2.3\,dy^2}$$

&c. formule dont la loi eſt facile à ſaiſir.

Cette formule eſt dûe à M. de la Grange.

On voit que ſi Φ contient y, en regardant les y

contenus dans ϕ comme constans dans la fonction ci-dessus, on aura également la valeur de Ψx.

Si même on a

$$y = P + \Phi$$
$$z = P' + \Phi'$$
$$x = P'' + \Phi''$$

les Φ étant des fonctions de x, y, z, & d'une quatrième quantité, P^{I} & P^{II} étant des fonctions de P & qu'on veuille avoir $\Psi x, y, z$ en P, il est clair qu'on aura, par l'article précédent, $\Psi x, y, z$, en ΨP, $P^{I} P^{II}$, & Φ, $\Phi' \Phi''$; mais on aura Φ en ΦP, P', P'', & Φ, $\Phi^{I} \Phi^{II}$, & ainsi des deux autres, le premier terme de ces valeurs étant sans Φ, Φ^{I} ou Φ^{II}; donc substituant perpétuellement les valeurs de ces fonctions, & ordonnant par rapport aux puissances de $\Psi P P^{I} P^{II}$ on aura $\Psi x, y, z$ en P.

Ce théorême peut être d'un grand usage dans les solutions approchées des équations différentielles, puisqu'il donne en *séries* telles valeurs qu'on veut, sans avoir besoin d'élimination.

Nous avons fait dans cet article & dans l'*article* DIFFÉRENCES FINIES, trop d'usage du théorême de M. d'Alembert, pour ne le pas démontrer ici.

Soit Φx, & que je cherche la valeur de $\Phi x + \Delta x$ en *série* ordonnée par rapport à Δx, j'ai $\Phi x + \Delta x = \Phi x + a \Delta x + b \Delta x^2 + c \Delta x^3$ &c. maintenant il est aisé de voir que si je différencie la *série* précédente par rapport à Δx, que je la divise par $d \Delta x$ & que je fasse ensuite $\Delta x = 0$, la *série* se réduit à a; donc $a = \frac{d \Phi x + \Delta x}{d \Delta x}$, lorsque $\Delta x = 0$ $= \frac{d \Phi x + \Delta x}{d x}$, lorsque $\Delta x = 0 = \frac{d \Phi x}{d x}$ de même b est égal à la série différentiée deux fois par rapport à Δx, $d \Delta x$ étant regardé comme constant plus divisée par $2 \, d \Delta x^2$, lorsqu'on y fait $\Delta x = 0$; donc $b = \frac{d^2 \Phi x + \Delta x}{2 \, d \Delta x^2}$, lorsque $\Delta x = 0$; donc $b = \frac{d^2 \Phi x}{2 \, d x^2}$, il en sera de même des autres termes. (*M.D.C.*)

SERPENT, (*Astron.*) constellation boréale qui contient 64 étoiles, suivant le catalogue britannique, indépendamment de 74 qui composent celle d'ophiucus ou du serpentaire. On appelle ce serpent céleste, *Serpens Ophiciu*, *Æsculapii*, *Laocoontis*, *Coluber*, *Anguis*, *Serpens sagarinus*, *Herculeus*, *Lernæus*, *Draco lesbius*, *Tiberinus*. Il y a parmi les constellations quatre espèces de *serpens*, l'hydre femelle *hydra*, qui est située au-dessous du cancer & du lion, l'hydre *mâle*, ou petit hydre, *hydrus*, qui est près du pôle antarctique; le dragon ou le serpent des ourses, qui est près du pôle arctique; & le serpent d'ophiucus, qui porte spécialement le nom de *serpent*; c'est celui que l'on représente comme placé dans les mains d'esculape, & comme l'attribut de ce dieu: on l'a appellé *serpent d'Hercule*, suivant le rapport d'Hyginus, parce qu'Hercule tua un *serpent* fameux en Lydie, près du fleuve Sagaris, qui se jette dans le Pont-Euxin, d'où est venu aussi le nom de sagarinus. Ce *serpent* est opposé au taureau; il se couche quand le *serpent* se lève & réciproquement, ce qui a donné lieu à cette énigme des mystères de Cérès. Le taureau engendre le *serpent*, & le *serpent* engendre le taureau. *Voyez* le *Mémoire* de M. Dupuis, dans le tome IV de mon *Astronomie*, *p.* 568. Ce serpent, qui par son lever ramenoit l'hiver, étoit le symbole de l'introduction du mal dans le monde, *ib. p.* 461, comme celui qui tenta Eve occasionna le péché originel. Il y a plusieurs autres *serpens* dans le ciel: *voyez* DRAGON, HYDRE.

SERPENTAIRE *ou* OPHIUCUS, s. m. (*Astron.*) constellation boréale: ce mot signifie *qui tient un serpent*; on l'appelle aussi *serpentinarius*, *anguifer*, *anguitenens*, *carnabons* ou *carnabas*, *triopas*, *hercules*, *cæsius*, sive *glaucus* (dieu marin), *æsculapius*, *phorbas*, *cadmus*, *jason*, *æsacus*, *laocoon*, *aristæus*.

On rapporte communément cette constellation à Esculape le Messénien ou l'Épidaurien, père de Podalyre & de Machaon, célébré comme un des inventeurs de la médecine. Il fut un des argonautes, il ressuscita Androgée; ou selon d'autres, Hippolite, par le moyen d'une herbe qu'un serpent lui apporta. Ce serpent, qui est peut-être le symbole de la sagesse & de la pénétration d'un si célèbre médecin, est représenté dans ses mains; ce qui lui a fait donner le nom de *serpentaire*; mais les différens noms qu'on a donnés à cette constellation, montrent assez que les anciens ne l'ont pas rapportée à un seul personnage, ou plutôt qu'on a fait diverses histoires relativement à la même constellation. Triopas étoit un roi des Perrhébéens, qui fut tué par Carnabas. Glaucus est le même qu'Androgée, qu'on dit avoir été ressuscité par Esculape. Phorbas étoit un Thessalien qui nomma ses peuples *Lapythes* du nom de son père; il étoit roi des Argiens & fils de Triopas, selon Servius. Aristée est célébré dans le quatrième livre des *géorgiques* de Virgile. Le mot de *cæsius* signifie *bleu*. Cette constellation est vaste & difficile à bien connoître, sans le secours des cartes ou globes célestes; cette difficulté nous a engagé à mettre quelque détail sur les alignemens des différentes étoiles d'ophiucus, au mot CONSTELLATION.

C'est au *serpentaire* que se rapportent ces deux vers des *Fastes* d'Ovide, qui dans son calendrier tombe environ au 21 juin, tems auquel cette constellation paroît toute la nuit, ou se lève achroniquement.

Surgit humo juvenis telis afflatus avitis
Et gemino nexas porrigit angue manus.

Fast. VI, 735.

M. Dupuis a prouvé fort au long, & d'une manière curieuse, dans son mémoire sur l'origine des constellations que le *serpentaire* a fourni à la mythologie l'histoire & les attributs de Pluton, parce qu'étant placé sur l'équinoxe d'automne il annonçoit le passage du soleil dans l'hémisphère inférieur & le triomphe de la nuit sur le jour; (*Astron.* tome IV, p. 543, 560); il y a 74 étoiles du *serpentaire* dans le catalogue britannique.

SERPENTEMENT, s. m. (*Géom.*) partie d'une courbe qui va en serpentant.

Le caractère du *serpentement* est que la courbe peut être coupée en 4 points, par une même ligne droite; ainsi, les *serpentemens* ne peuvent se trouver que dans les lignes du quatrième ordre. *Voyez* COURBE & ÉQUATION.

On appelle *serpentement* infiniment petit, celui où on peut imaginer une ordonnée, qui étant supposée touchante de la courbe, y ait 4 valeurs égales, ou davantage; par exemple, le courbe qui a pour équation $y = \sqrt[4]{x}$ a un *serpentement* infiniment petit à son origine, puisque si on transporte l'origine à une distance $= a$, en conservant toujours les x, on aura en faisant $y = z - a$, l'équation $(z - a)^4 = x$, qui donne lorsque $x = o$, quatre valeurs de z, toutes égales à a.

C'est pourquoi un point d'une courbe sera un *serpentement* infiniment petit, si en transportant l'origine en ce point, & rendant les nouvelles ordonnées u parallèles à la tangente en ce même point, on a en ce point $u^4 = Az^n$, n étant un nombre impair quelconque < 4.

Si on avoit $u^5 = Az^3$, le point de *serpentement* seroit avec inflexion, si on avoit $u^6 = Az^3$, le point de *serpentement* seroit double; si $u^7 = Az^3$, il seroit double avec inflexion, & ainsi de suite. *Voyez* le *Traité des courbes* de M. Cramer. (*O*)

SESQUI-ALTERE, *en Géométrie & en Arithmétique*, c'est un rapport entre deux lignes, deux nombres, *&c.* dans lequel une de ces grandeurs contient l'autre une fois & une demi-fois. *Voyez* RAISON.

Ainsi les nombres 9 & 6, sont entr'eux en raison *sesqui-altère*; car 9 contient 6 une fois & une demi-fois: tels sont aussi les nombres 30 & 20. (*E*)

SESQUI-DOUBLE, adj. (*Géométrie, Mathématique.*) on dit qu'une raison est *sesqui-double*, quand le plus grand de ses deux termes contient le plus petit deux fois & une demi-fois; telle est la raison de 15 à 6, de 50 à 20, *&c.* *Voyez* RAISON. (*E*)

SESQUI-QUADRAT, adj. (*Astron.*) aspect *sesqui-quadrat*, est l'aspect des planètes qui sont éloignées l'une de l'autre de 4 signes & demi, ou 135 degrés, c'est-à-dire, 90 + 45. *Voyez* ASPECT.

SESQUI-TIERCE, (*Géométrie*) on dit qu'une quantité est en raison *sesqui-tierce* d'une autre quantité, quand la première contient la deuxième une fois & un tiers de fois; telle est la raison de 8 à 6, ou de 4 à 3. (*E*).

SEXAGESIMALE, (*Fraction*). C'est une fraction dont le dénominateur est une puissance de 60; $\frac{1}{60}$, $\frac{2}{3600}$, $\frac{3}{216000}$, sont des fractions *sexagésimales*. Ce mot n'est guères en usage maintenant que dans l'Astronomie.

SEXANGLE, adj. (*Géom.*) se dit d'une figure qui a six angles. Ce mot n'est employé que par quelques anciens auteurs.

SEXTANT, s. m. *en Mathématique*, signifie la sixième partie d'un cercle, ou un arc qui comprend 60 degrés. *Voyez* ARC & DEGRÉ.

On se sert plus particulièrement du mot *sextant*, pour signifier un instrument d'astronomie qui ressemble à un quart de cercle, excepté que son étendue ne comprend que 60 degrés.

L'usage & l'application du *sextant* est le même que celui du quart de cercle. *Voyez* QUART DE CERCLE.

SEXTANT, (*Astron.*) instrument dont les astronomes se servent très-souvent, il est composé d'un arc de 60 degrés ou la sixième partie d'un cercle, avec des lunettes à angles droits, *OC* & *EG*, (*fig.* 242 *des planch. d'Astronomie.* L'une de ces lunettes sert à prendre les hauteurs des astres depuis l'horizon jusqu'à 60 degrés, & l'autre depuis 30 degrés de hauteur jusqu'au zénit; en sorte que les hauteurs de 30 à 60 peuvent se prendre de deux manières, ce qui sert de vérification. On emploie souvent des *sextans* au lieu de quarts de cercle pour diminuer l'embarras & le poids de l'instrument, & par conséquent les frais de construction.

On appelle aussi à la mer *sextant* le *quartier de réflexion*, ou l'octant de Hadley, quand au lieu de contenir 45 degrés, il en renferme 60, comme cela se pratique souvent.

SEXTANT ou *sextans* est encore le nom d'une constellation boréale, introduite par Hévélius, pour renfermer 12 étoiles qu'il avoit observées entre l'hydre & le lion; le feu de ces animaux, disoit-il, semble avoir du rapport avec les feux dévorans qui ont consumé mes instrumens & mes bâtimens le 26 septembre 1679, & sur-tout ce magnifique *sextant* qui avoit été forgé au feu, & travaillé avec un soin incroyable pour servir à observer toutes les étoiles. *Prodromus Astron. p.* 115. (*D. L.*)

SEXTIL, adj. (*Astronom.*) est la position ou l'aspect de deux planètes, lorsqu'elles sont éloignées l'une de l'autre de la sixième partie du zodiaque, c'est-à-dire, de 60 degrés, ou de la distance de deux signes. On le désigne par cette marque (*). *Voyez* ASPECT. (*O*)

SID

SIDERAL, *ou* SIDÉRÉAL, adj. (*Astronom.*) On appelle année *sidérale*, le tems de la révolution de la terre d'un point de son orbite au même point. Elle est plus longue de 20 minutes que l'année *tropique*, ou le retour des saisons, à cause de la précession des équinoxes. *Voyez* ANNÉE.

SIÈGE, s. m. (*Astron.*) est une étoile fixe de la seconde grandeur, qui se trouve dans la jointure de la jambe & de l'épaule gauche de la constellation, appellée *pégase*. *Voyez* PÉGASE. (*O*)

SIGNAUX, (*Astron.*) se font avec des feux qu'on allume pour avertir du moment d'une observation à de grandes distances; on appelle aussi de ces noms des arbres disposés en cône pour être vus de loin & servir à prendre des angles: on en a eu sur-tout besoin pour les grandes opérations de la mesure des degrés. *Voyez* les ouvrages de Maupertuis, Bouguer, la Condamine & du P. Boscovich sur la figure de la terre. (*D.L.*)

SIGNE, *en Algèbre*, se dit des caractères + & —, plus & moins, qu'on met au-devant des quantités algébriques. *Voyez* CARACTÈRE, ALGÈBRE, *&c.*

Signes semblables. *Voyez* SEMBLABLE.

Signe radical, c'est le *signe* $\sqrt{}$ qu'on met au-devant d'une quantité radicale. *Voyez* RADICAL & RACINE. (*O*)

SIGNE, *en Astronomie*, est la douzième partie de l'écliptique ou du zodiaque, ou une portion qui contient trente degrés de ce cercle. *Voyez* ZODIAQUE.

La division des *signes* commence par le point équinoxial ou intersection de l'écliptique avec l'équateur, ces *signes* furent désignés par les douze constellations qui occupoient les 12 portions du zodiaque il y a deux mille ans. Mais, depuis ce tems-là, ces constellations ont tellement changé de place, par la précession de l'équinoxe, que la constellation du bélier est maintenant dans le *signe* du taureau; la constellation du taureau dans le *signe* des gemeaux. *Voyez* PRÉCESSION.

Voici les noms de ces douze *signes* & leur ordre: *aries*, *taurus*, *gemini*, *cancer*, *leo*, *virgo*, *libra*, *scorpio*, *sagittarius*, *capricornus*, *aquarius*, *pisces*; en françois, *le bélier*, *le taureau*, *les gemeaux*, *l'écrevisse* ou *le cancer*, *le lion*, *la vierge*, *la balance*, *le scorpion*, *le sagittaire*, *le verseau*, *les poissons*. On les peut voir avec leurs différentes étoiles, sous l'*article* qui leur est particulier, *&c.*

Nous parlerons au mot *Zodiaque* de l'origine de tous ces noms.

On distingue les *signes* par rapport à la saison de l'année où le soleil y séjourne, en *signes* de printems, d'été, d'automne & d'hiver. Les *signes* du printems sont *aries*, *taurus*, *gemini*, le bélier, le taureau les gemeaux; ceux de l'été sont *cancer*, *leo*, *virgo*, l'écrevisse, le lion, la vierge; ceux d'automne sont *libra*, *scorpio*, *sagittarius*, la balance, le scorpion, le sagittaire; ceux d'hiver sont *capricornus*, *aquarius*, *pisces*, le capricorne, le verseau, les poissons.

Les *signes* du printems & ceux d'été sont aussi nommés *septentrionaux*; & ceux d'automne & d'hiver sont appellés *signes méridionaux*; parce que durant le printems & l'été, le soleil est sur l'hémisphère septentrional de la terre, que nous occupons; & pendant l'automne & l'hiver, il est sur l'hémisphère méridional. Les *signes* ascendans sont ceux de l'hiver & du printems; les autres sont les *signes* descendans.

SIGNES, *dans l'Astrologie*. Il y a des *signes* chauds & froids, gras & maigres, masculins & féminins, féconds & stériles, des *signes* vicieux, des signes *d'infirmité*, de *beauté*, *&c.* *V.* OZANAM.

SIGNIFICATEUR, (*Astrologie*) l'un des points de l'écliptique dont on se servoit pour signifier quelques événemens par rapport au *prometteur*; par exemple, si la lune est prise pour *significateur* de quelques événemens par rapport à une autre planète, le point où est cette planète se nomme prometteur; le point où est la lune se nomme *significateur*. Le tems qu'il faut pour que le prometteur arrive dans le cercle de position où se trouve le *significateur*, est mesuré par l'arc de *direction*. (*D. L.*)

SILIQUASTRUM, (*Astronom.*) nom de la constellation de cassiopée.

SIMILAIRE, NOMBRE, (*Arithmét.*) le *nombre similaire* est la même chose que le *nombre proportionnel*. Les nombres plans *similaires*, sont ceux qui font des rectangles proportionnels; par exemple, 6 multiplié par 2, & 12 multiplié par 4, dont l'un produit 12, & l'autre 48, sont des nombres *similaires*. Les nombres solides *similaires*, sont ceux qui font des parallélipipèdes rectangles *similaires*.

SIMILITUDE, s. f. *en Arithmétique*, *Géométrie*, &c. signifie la relation que deux choses *semblables* ont ensemble. *Voyez* SEMBLABLE.

SIMPLE, adj. *en Algèbre*, une équation *simple* est celle où la quantité inconnue n'a qu'une dimension, comme $x = \frac{a+b}{2}$. *Voyez* ÉQUATION.

En arithmétique, la multiplication & la division *simples* sont des opérations où il n'entre point de grandeur de différente espèce; on les appelle ainsi pour les distinguer de la multiplication & de la division composées, où il s'agit de calculer des grandeurs de différentes espèces. *Voyez* MULTIPLICATION, DIVISION. (*E*)

SINUS, (*Géométrie.*) L'article dont il est ici question étant un des plus importans de la Géométrie, nous allons le traiter de manière à pouvoir s'en servir dans toutes les branches des Mathématiques.

1. Le *sinus* d'un arc ou d'un angle dont il est la mesure, est une perpendiculaire abaissée de l'extrémité de cet arc sur le rayon ou sur le diamètre qui passe par l'autre extrémité; d'où il suit qu'il est la moitié de la corde qui soutend un arc double. (*Voyez* CORDE.)

2. La partie du rayon ou du diamètre compriſe entre l'origine d'un arc & ſon *ſinus*, s'appelle *ſinus* verſe de cet arc.

3. Une droite élevée perpendiculairement ſur l'extrémité du rayon ou du diamètre qui paſſe par l'origine d'un arc & terminée par le prolongement du rayon qui paſſe par l'autre extrémité, s'appelle tangente de cet arc.

4. La ligne compriſe entre le centre & le point où le rayon prolongé rencontre la tangente d'un arc en paſſant par l'autre extrémité, s'appelle ſécante de cet arc.

5. Le complément d'un arc ayant auſſi ſon *ſinus*, ſon *ſinus* verſe, ſa tangente & ſa ſécante, on eſt convenu de donner à ces lignes les noms particuliers de coſinus, de coſinus verſe, de cotangente & de coſécante de cet arc.

6. Ainſi, (*fig.* 235, *Géom.*), le *ſinus* de l'arc DA eſt AG, ſon *ſinus* verſe eſt DG, ſon coſinus eſt $AH = CG$, ſon coſinus verſe eſt $D'H$, ſa tangente eſt DT, ſa cotangente eſt $D'T'$, ſa ſécante eſt CT, & ſa coſécante eſt CT'.... Le *ſinus* de l'arc DAA' eſt $A'G'$, ſon *ſinus* verſe eſt DG', ſon coſinus eſt $A'H' = CG'$, ſon coſinus verſe eſt $D'H'$, ſa tangente eſt DT^{vi}, ſa cotangente eſt $D'T^{iv}$, ſa ſécante eſt CT^{vi} & ſa coſécante eſt CT^{iv}.... Le *ſinus* de l'arc $DAA'A''$ eſt $A''G''$, ſon *ſinus* verſe eſt DG'', ſon coſinus eſt $A''H'' = CG''$, ſon conſinus verſe eſt $D'H''$, ſa tangente eſt DT'', ſa cotangente eſt $D'T'''$, ſa ſécante eſt CT'' ſa coſécante eſt CT'''.... Le *ſinus* de l'arc $DAA'A''A'''$ eſt $A'''G'''$, ſon *ſinus* verſe eſt DG''', ſon coſinus eſt $A'''H''' = CG'''$, ſon coſinus verſe eſt $D'''H'''$, ſa tangente eſt DT^{vii}, ſa cotangente eſt $D'T^{v}$, ſa ſécante eſt CT^{vii} & ſa coſécante eſt CT^{v}.

7. Il ſuit de ces premières définitions & d'après l'inſpection de la figure.

1.° Qu'un arc moindre que 90, a ſon *ſinus* poſitif, ainſi que ſon *ſinus* verſe, ſon coſinus verſe, ſa tangente, ſa cotangente, ſa ſécante & ſa coſécante.

2.° Qu'un arc plus grand que 90, mais moindre que 180, a ſon *ſinus* & ſon *ſinus* verſe poſitifs, ſon coſinus négatif, ſon coſinus verſe poſitif, ſa tangente & ſa cotangente négatives, ſa ſécante négative & ſa coſécante poſitive.

3.° Qu'un arc plus grand que 180 mais moindre que 270; a ſon *ſinus* négatif, ſon *ſinus* verſe poſitif, ſon coſinus verſe poſitif, ſa tangente & ſa cotangente poſitives, ſa ſécante & ſa coſécante négatives.

4.° Qu'un arc plus grand que 270°, mais moindre que 360°, a ſon *ſinus* négatif, ſon *ſinus* verſe poſitif, ſon coſinus & ſon coſinus verſe poſitifs, ſa tangente & ſa cotangente négatives, ſa ſécante poſitive & ſa coſécante négative.

5.° Que l'arc de 90° & celui de 270, ſont ceux qui ont le plus grand *ſinus*, le moyen *ſinus* verſe, la plus grande tangente & la plus grande ſécante, auquel cas le *ſinus* poſitif ou négatif eſt égal au rayon qu'on appelle pour cette raiſon *ſinus* total, le *ſinus* verſe eſt égal au rayon, & la tangente & la ſécante ſe trouvant parallèles, ne ſe rencontrent qu'à une diſtance infinie, & ſont par conſéquent infinies, poſitives ou négatives.

6.° Que les mêmes arcs ſont auſſi ceux qui ont le plus petit coſinus qui eſt zéro, le plus petit & le plus grand coſinus verſe qui eſt zéro ou le diamètre, la plus petite cotangente qui eſt auſſi zéro, & la plus petite coſécante qui eſt égale au rayon poſitif ou négatif.

7.° Que l'arc de 0° & celui de 180° ſont ceux qui ont le plus grand coſinus, le moyen coſinus verſe, la plus grande cotangente & la plus grande coſécante auxquels le coſinus poſitif ou négatif eſt égal au rayon, le coſinus verſe eſt auſſi égal au rayon, & la cotangente & la coſécante ſont infinies, poſitives ou négatives.

8.° Que les mêmes arcs ſont auſſi ceux qui ont le plus petit *ſinus* qui eſt zéro, le plus petit & le plus grand *ſinus* verſe qui eſt zéro ou le diamètre, la plus petite tangente qui eſt auſſi zéro, & la plus petite ſécante qui eſt égale au rayon poſitif ou négatif.

9.° Que le *ſinus* de 30° étant la moitié de la corde de 60° ou du côté de l'exagone inſcrit, eſt égal à la moitié du rayon.

10° Que la tangente de 45° formant avec la ſécante & le rayon un triangle iſoſcele rectangle, eſt égale au rayon.

8. Ces notions poſées, voyons quelles ſont les analogies qui règnent entre les différentes lignes que nous venons de conſidérer Les triangles CDT & CGA étant ſemblables, donnent $CG : GA :: CD : DT$; & $CG : CA :: CD : CT$. De même les triangles $CD'T'$ & CAH étant auſſi ſemblables, donnent $CH : HA :: CD' : D'T'$, & $CH : CA :: CD' : CT'$ On tire de ces quatre proportions, en appellant R le rayon, & a l'arc AD que l'on conſidère, tang $a = \frac{R \text{ ſin. } a}{\text{coſ. } a}$; cot. $a = \frac{R \text{ coſ. } a}{\text{ſin. } a}$ ſec. $a = \frac{R^2}{\text{coſ. } a}$ & coſec. $a = \frac{R^2}{\text{ſin. } a}$.

Pour avoir actuellement le *ſinus* AG & le coſinus CG de la ſomme des arcs AD, DB, *fig.* 236, ou de leur différence, *fig.* 237, dont les *ſinus* ſont AE & DF, & les coſinus CE & CF, on tirera par le point E les lignes EI, EH, la première perpendiculaire & la ſeconde parallèle au rayon CB; puis comparant les triangles ſemblables AEH, CDF, CEI, on aura $CD : CF :: AE : AH$; $CD : DF :: CE : EI = HG$; $CD : CF :: CE : CI$; $CD : DF :: AE : EH = IG$; d'où, l'on tire, en faiſant comme ci-deſſus, le rayon $= R$, l'arc $AD = a$ & de plus l'arc $DB = b$,

$$AH = \frac{\text{ſin. } a \text{ coſ. } b}{R}, \quad HG = \frac{\text{ſin. } b \text{ coſ. } a}{R}$$

$$CI = \frac{\text{coſ. } a \text{ coſ } b}{R}, \quad IG = \frac{\text{ſin. } a \text{ ſin. } b}{R};$$

donc en employant le double ſigne

$$AH \pm HG = \text{ſin. } (a \pm b) = \frac{\text{ſin. } a \text{ coſ. } b \pm \text{ſin. } b \text{ coſ. } a}{R}$$

$$CI \mp GI = \text{coſ. } (a \pm b) \frac{\text{coſ. } a \text{ coſ. } b \mp \text{ſin. } a \text{ ſin. } b}{R}$$

le ſigne ſupérieur étant pour la fig. 236, & l'inférieur pour la fig. 237.

Nota. Les *ſinus* verſe & les coſinus verſe, conſidérés particulièrement, n'étant d'aucun uſage dans la pratique de la géométrie, nous n'en parlerons plus dans le cours de cet article.

10 Pour avoir la tangente & la cotangente de la ſomme ou de la différence des mêmes arcs $AD = a$ & $DB = b$, il n'y a qu'à rapprocher les formules des n°s 8 & 9, qui donneront tang.

$$(a \pm b) = \frac{R \text{ſin.}(a \pm b)}{\text{coſ.}(a \pm b)} = \left(\frac{\text{ſin.} a \text{coſ } b \pm \text{ſin.} b \text{coſ.} a}{\text{coſ.} a \text{coſ.} b \mp \text{ſin.} a \text{ſin.} b}\right) R$$

$$\text{cot.}(a \pm b) = \frac{R \text{coſ } (a \pm b)}{\text{ſin.}(a \pm b)} = \left(\frac{\text{coſ.} a \text{coſ } b \mp \text{ſin } a \text{ ſin.} b}{\text{ſin.} a \text{coſ.} b \pm \text{ſin.} b \text{coſ } a}\right) R$$

ou en diviſant par coſ. *a* coſ. *b* le numérateur & le dénominateur du ſecond membre de la première équation, & par ſin. *a* ſin. *b* ceux du ſecond membre de la ſeconde, puis les multipliant & les diviſant en même tems par R^2

$$\text{tang. } (a \pm b) = \frac{(\text{tang. } a \pm \text{tang. } b)\, R^2}{R^2 \mp \text{tang } a \text{ tang. } b}$$

$$\text{cot. } (a \pm b) = \frac{\text{cot. } a \text{ cot. } b \mp R^2}{(\text{cot } b \pm \text{cot. } a)\, R^2}$$

11. De même, pour avoir la ſécante & la coſécante de la ſomme ou de la différence de ces arcs, on aura par les n.ºs 8 & 9,

$$\text{ſéc.} (a \pm b) = \frac{R^2}{\text{coſ.} (a \pm b)} = \frac{R^3}{\text{coſ. } a \text{ coſ. } b \mp \text{ſin. } a \text{ ſin. } b}$$

$$\text{coſec.} (a \pm b) = \frac{R^2}{\text{ſin.} (a \pm b)} = \frac{R^3}{\text{ſin.} a \text{ coſ.} b \pm \text{ſin. } b \text{coſ.} a}$$

ou en diviſant le numérateur & le dénominateur du ſecond membre de la première équation par coſ. *a* coſ. *b*, & ceux du ſecond membre de la ſeconde par ſin. *a* ſin. *b*, puis multipliant & diviſant en même tems celui de la première par R^2 & celui de la ſeconde par R,

$$\text{ſec. } (a \pm b) = \frac{R \text{ ſec. } a \text{ ſec. } b}{R^2 \mp \text{tang. } a \text{ tang.} b}$$

$$\text{coſec.} (a \pm b) = \frac{\text{coſec. } a \text{ coſec. } b}{\text{cot. } b \pm \text{cot. } a}.$$

12. Juſqu'ici nous avons ſuppoſé le rayon $= R$, mais les géomètres qui ont traité de la théorie des *ſinus* l'ayant ſuppoſé pour plus de ſimplicité égal à l'unité, nous en ferons de même dans toute la ſuite de cet article; par ce moyen les *ſinus* & les coſinus ſont des fractions, les formules que nous avons eues déjà & celles que nous avons encore à conſidérer, deviennent bien moins embarraſſées & bien moins compliquées.

En prenant donc le rayon $= 1$, on détermine la valeur des *ſinus*, des tangentes & des ſécantes des coſinus, des cotangentes & des coſécantes; les Arabes ſont, ſuivant l'opinion commune, les premiers qui ont fait uſage des *ſinus* ou demi-cordes, en diviſant le rayon ou *ſinus* total, en 60°. Régiomontan en fit dabord de même & détermine les *ſinus* des différens degrés par leurs fractions décimales; mais, dans la ſuite, il trouva qu'il étoit bien plus commode de prendre le rayon pour l'unité, & il introduiſit dans la trigonométrie, la méthode dont on ſe ſert à préſent. (*Voyez* TRIGONOMÉTRIE).

13. Le *ſinus*, ou la tangente, ou la cotangente d'un arc étant donnés, on aura facilement, par la propriété du triangle rectangle *fig.* 235, le coſinus, la ſécante & la coſécante de cet arc, & *vice verſa*.

Pour conſtruire des tables, des *ſinus*, tangentes, &c. On peut s'y prendre de pluſieurs manières, qui toutes cependant conſiſtent principalement à prendre le *ſinus* d'un arc déterminé; mais la plus ſimple à mon avis eſt de choiſir un arc très-petit comme d'une ſeconde, car le *ſinus* de cet arc étant connu, & ſon coſinus étant, ſans erreur ſenſible égal au rayon, on pourra aiſément, en remontant, avoir les *ſinus* & les coſinus de 2", de 3", de 4", de 5", de 10", de 20", &c. ainſi de ſuite de dix en dix ſecondes juſqu'à 45°, par le moyen des formules du n.° 9. Or voici comment on peut parvenir à connoître le *ſinus* d'un pareil arc.

Puiſqu'on connoît le *ſinus* de 30° qui eſt la moitié du rayon, on aura ſon coſinus, par le moyen duquel on connoîtra ſon *ſinus* verſe, qui formant un triangle rectangle avec le *ſinus* & la corde du même arc, donnera la valeur de cette corde, dont la moitié eſt le *ſinus* de 15°, on trouvera de la même manière les *ſinus* de 7° 30′, de 3° 45′, de 1° 52, 30″, de 0° 56′ 15″, de 0° 28′ 7″ 30‴, de 0° 14′ 3″ 45‴, de 0° 7′ 1″ 52‴ 30^{iv}, de 0° 3′ 30″ 56‴ 15^{iv}, de 0° 1′ 45″ 28‴ 7^{iv} 30^{v}, de 0° 0′ 52″ 44‴ 3^{iv} 45^{v}, de 0° 0′ 26″ 22‴ 1^{iv} 52^{v} 30^{vi}, de 0° 0′ 13″ 11‴ 0^{iv} 56^{v} 15^{vi}, de 0° 0′ 6″ 35‴ 30^{iv} 28^{v} 7^{vi} 30^{vii}, de 0° 0′ 3″ 17‴ 45^{iv} 14^{v} 3^{vi} 45^{vii}, de 0° 0′ 1″ 38‴ 52^{vi} 37^{v} 1^{vi} 52^{vii} 30^{viii}, de 0° 0′ 0″ 49‴ 26^{iv} 18^{v} 30^{vi} 56^{vii} 15^{viii}; ce dernier *ſinus* ainſi calculé dans la ſuppoſition du rayon $= 1$, il ſera facile, par une ſimple proportion, d'avoir celui de 0° 0′ 0″ 10‴ 33^{iv} 41^{v} 29^{vi} 3^{vii} 45^{viii}, qui eſt ſon complément à une ſeconde, car les deux petits arcs ſe confondant ſenſiblement avec leurs *ſinus*, doivent leur être proportionnels, & comme leurs coſinus ne diffèrent pas du rayon, on aura, ſans autre difficulté que la longueur du calcul, par le n.° 9, le *ſinus* & le coſinus de 1″, & par conſéquent, comme nous l'avons déjà dit, ceux de tous les arcs, de dix en dix ſecondes juſqu'à 45°, qui rempliront complettement le canon des *finus* pour tout le quart de cercle.

A l'égard des tangentes, fécantes, &c. on les calculera auffi aifément par les formules du n.° 8, ou par celles des n.° 10 & 11. En partant du même principe & faifant attention que la tangente d'un arc très-petit ne diffère pas de fon *finus*, & que fa fécante eft comme égale au rayon.

On voit, par tout ce que nous venons de dire, que les géomètres, qui les premiers ont conftruit des tables des *finus*, n'y font parvenus, quelque route qu'ils aient prife, qu'après avoir effuyé la longueur & l'ennui des calculs les plus laborieux. Le premier ouvrage dans ce genre, parut à Neuftal dans le Palatinat, en 1596, fous le titre de *opus palatinum de triangulis*, il contenoit les *finus* & les tangentes calculés avec dix chiffres de dix en dix fecondes; cet ouvrage, fi rare aujourd'hui qu'on ne le trouve plus, fut d'une grande utilité à Rhéticus, pour calculer dans la fuite les *finus* & tangentes avec quinze chiffres de dix en dix fecondes; fon travail fut publié à Francfort par Pitifcus, en 1613, fous le nom de *thefaurus mathematicus*, & il eft devenu très-rare.

Briggs avoit calculé, dès 1600, les *finus* avec le même nombre de chiffres, mais voyant que malgré cet avantage les opérations des géomètres & fur-tout des aftronomes, entraînoient dans des calculs rebutans par leur longueur, il entreprit des tables, des logarithmes, des *finus*, (*voyez* LOGARITHMES) pour chaque centième de degré; ces tables, qui ne pouvoient être d'une grande utilité, furent bientôt oubliées par le travail immenfe d'Adrien Ulacq; cet intrépide calculateur ayant calculé des tables, des logarithmes, des *finus*, des tangentes, &c. de dix en dix fecondes avec onze chiffres, en enrichit le monde favant en les faifant imprimer. Ce font celles dont fe fervent les Aftronomes, & qui font devenues extrêmement rares; voici leur titre: *Trigonometria artificialis, five magnus canon triangulorum logar. Ad radium* 100,000,000,00 *& ad dena fcrupula fecunda, ab Adriano Ulacco goudano conftructus, Gouda* 1633. Ces mêmes tables ont été publiées à Londres par Gardiner, en 1742, mais avec huit chiffres feulement, & réimprimées à Avignon en 1770; cette dernière édition, qui eft la plus commode & la plus facile à trouver, contient les logarithmes des *finus* & des tangentes pour chaque feconde des quatre premiers degrés, il y a auffi une édition *in*-8°, à Paris, Jombert 1783.

14. Après cette petite digreffion, effayons de trouver de nouvelles formules par le moyen de celles que nous avons déjà.

Si dans le n.° 9 on ajoute à la valeur de *fin.* $(a+b)$ celle de *fin.* $(a-b)$ ou qu'on l'en retranche, & à celle de cos $(a-b)$ celle de cos $(a+b)$ ou qu'on l'en retranche, on aura

$$\tfrac{1}{2}\ \text{Sin.}\,(a+b)+\tfrac{1}{2}\,\text{fin.}\,(a-b)=\text{fin.}\,a\,\text{cof.}\,b.$$
$$\tfrac{1}{2}\ \text{Sin.}\,(a+b)-\tfrac{1}{2}\,\text{fin.}\,(a-b)=\text{fin.}\,b\,\text{cof.}\,a$$
$$\tfrac{1}{2}\ \text{Cof.}\,(a+b)+\tfrac{1}{2}\,\text{cof.}\,(a-b)=\text{cof.}\,a\,\text{cof.}\,b.$$
$$\tfrac{1}{2}\ \text{Cof.}\,(a-b)-\tfrac{1}{2}\,\text{cof.}\,(a+b)=\text{fin.}\,a\,\text{fin.}\,b.$$

15. fuppofons $a+b=x$ & $a-b=y$ Ce qui donne $a=\frac{x+y}{2}$ & $b=\frac{x-y}{2}$ nous aurons en fubftituant dans les équations précédentes

$$\text{fin.}\,x+\text{fin.}\,y=2\,\text{fin.}\left(\frac{x+y}{2}\right)\text{cof.}\left(\frac{x-y}{2}\right)$$
$$\text{fin.}\,x-\text{fin.}\,y=2\,\text{fin.}\left(\frac{x-y}{2}\right)\text{cof.}\left(\frac{x-y}{2}\right)$$
$$\text{cof.}\,x+\text{cof.}\,y=2\,\text{cof.}\left(\frac{x+y}{2}\right)\text{cof.}\left(\frac{x-y}{2}\right)$$
$$\text{cof.}\,y-\text{cof.}\,x=2\,\text{fin.}\left(\frac{x+y}{2}\right)\text{fin.}\left(\frac{x-y}{2}\right)$$

16. Ces quatre formules donnent, en faifant $x=90°$ dans les deux premières, $x=0°$ dans les deux dernières, & obfervant que *fin.* $90°=1$ & cof. $0°=1$.

$$1+\text{fin.}\,y=2\,\text{fin.}^2\,(45°+\tfrac{1}{2}y)=2\,\text{cof.}^2\,(45°-\tfrac{1}{2}y)$$
$$1-\text{fin.}\,y=2\,\text{fin.}^2\,(45°-\tfrac{1}{2}y)=2\,\text{cof.}^2\,(45°+\tfrac{1}{2}y)$$
$$1+\text{cof.}\,y=2\,\text{cof.}^2\,\tfrac{1}{2}y$$
$$1-\text{cof.}\,y=2\,\text{fin.}^2\,\tfrac{1}{2}y$$

& par conféquent par le n.° 8,

$$\frac{1+\text{fin.}\,y}{1-\text{fin.}\,y}=\text{tang.}^2\,(45°+\tfrac{1}{2}y)=\text{cot.}^2\,(45°-\tfrac{1}{2}y)$$
$$\frac{1+\text{cof.}\,y}{1-\text{cof.}\,y}=\text{cot.}^2\,\tfrac{1}{2}y.$$

17. Si, dans les formules du n.° 9, on fuppofe fucceffivement $b=a$, $b=2a$, $b=3a$, $b=4a$ &c.; on aura aifément, en faifant attention que *fin.* $a=\sqrt{1-\text{cof.}^2 a}$ & cof. $a=\sqrt{1-\text{fin.}^2 a}$, les *finus* & les cofinus des arcs multiples en fonctions ou puiffances de *finus* de l'arc fimple; faifant les opérations & fuivant toujours la marche de ces formules, on trouve

$$\text{Sin.}\,a=\text{fin.}\,a.$$
$$\text{Sin.}\,2a=2\,\text{fin.}\,a\sqrt{1-\text{fin.}^2 a}.$$
$$\text{Sin.}\,3a=4\,\text{fin.}^3 a+3\,\text{fin.}\,a.$$
$$\text{Sin.}\,4a=(-8\,\text{fin.}^3 a+4\,\text{fin.}\,a)\sqrt{1-\text{fin.}^2 a}.$$
$$\text{Sin.}\,5a=16\,\text{fin.}^5 a-20\,\text{fin.}^3 a+5\,\text{fin.}\,a$$
$$\text{Sin.}\,6a=(32\,\text{fin.}^5 a-32\,\text{fin.}^3 a+6\,\text{fin.}\,a)\sqrt{1-\text{fin.}^2 a}.$$
&c. = &c.

$$\text{Cof.}\,a=\text{cof.}\,a.$$
$$\text{Cof.}\,2a=2\,\text{cof.}^2 a-1.$$
$$\text{Cof.}\,3a=4\,\text{cof.}^3 a-3\,\text{cof.}\,a.$$
$$\text{Cof.}\,4a=8\,\text{cof.}^4 a-8\,\text{cof.}^2 a+1.$$
$$\text{Cof.}\,5a=16\,\text{cof.}^5 a-20\,\text{cof.}^3 a+5\,\text{cof.}\,a.$$
$$\text{Cof.}\,6a=32\,\text{cof.}^6 a-48\,\text{cof.}^4 a+18\,\text{cof.}^2 a-1.$$
&c. = &c.

Pour trouver

Pour réduire ces deux tables en formules, il n'y a qu'à conſidérer attentivement la loi des coëfficiens & celle des expoſans, or il eſt facile de voir qu'il y aura deux formules pour la première, à cauſe de $\sqrt{1-\text{ſin.}^2 a}$ qui ſe trouve à tous les termes de rang pair dont chacune aura un double ſigne, & une ſeule pour la dernière. Ainſi, on a généralement

(A) $\text{ſin.}\, na = \pm (n^{n-1}\, \text{ſin.}^n a - n 2^{n-3}\, \text{ſin.}^{n-2} a + \frac{n.(n-3)}{1.2} 2^{n-5}\, \text{ſin.}^{n-4} a - \frac{n(n-4)(n-5)}{1\cdot 2\cdot 3} 2^{n-7}\, \text{ſin.}^{n-6} a + \ldots\, \&c.)$

(A′) $\text{ſin.}\, na = \pm (2^{n-1}\, \text{ſin.}^{n-1} a - \frac{(n-1)}{1} 2^{n-3}\, \text{ſin.}^{n-3} a + \frac{(n-3)(n-4)}{1.2} 2^{n-5}\, \text{ſin.}^{n-5} a - \frac{(n-4)(n-5)(n-5)}{1\cdot 2.3} 2^{n-7}\, \text{ſin.}^{n-7} a + \ldots\, \&c.) \sqrt{1-\text{ſin.}^2 a}$

(B) $\text{coſ.}\, na = 2^{n-1}\, \text{coſ.}^n a - n 2^{n-3}\, \text{coſ.}^{n-2} a + \frac{n.(n-3)}{1.2} 2^{n-5}\, \text{coſ.}^{n-4} a - \frac{n.(n-4)(n-5)}{1\cdot 2\cdot 3} 2^{n-7}\, \text{coſ.}^{n-6} a + \ldots\ldots \&c.$

Dans la formule *A*, le ſigne ſupérieur a lieu pour les nombres 1, 5, 9, 13, &c. & l'inférieur pour les nombres 3, 7, 11, 15, &c. Dans la formule *A′*, le ſigne ſupérieur ſe rapporte aux nombres 2, 6, 10, 14, &c. & l'inférieur aux nombres 4, 8, 12, 16, &c.

18. Pour avoir les différentes puiſſances du *ſinus* & du coſinus d'un arc ſimple exprimées en *ſinus* & coſinus des multiples de cet arc, on ſuppoſera dans la troiſième & la quatrième formules du n.° 14 $a = b$, puis les multipliant ſucceſſivement l'une par *ſin. a* & l'autre par coſ. *a*, on conſtruira aiſément, par le moyen des deux premières & les combinant avec elles, les deux tables ſuivantes :

$\text{Sin.}\, a = \text{ſin.}\, a.$

$\text{Sin.}^2 a = \frac{1}{2}(-\text{coſ.}\, 2a + 1.)$

$\text{Sin.}^3 a = \frac{1}{4}(\text{ſin.}\, 3a + \text{ſin.}\, a.)$

$\text{Sin.}^4 a = \frac{1}{8}(\text{coſ.}\, 4a - 4\, \text{coſ.}\, 2a + 3.)$

$\text{Sin.}^5 a = \frac{1}{16}(\text{ſin.}\, 5a - 5\, \text{ſin.}\, 3a + 10\, \text{ſin.}\, a.)$

$\text{Sin.}^6 a = \frac{1}{32}(-\text{coſ.}\, 6a + 6\, \text{coſ.}\, 4a - 15\, \text{coſ.}\, 2a + 10.)$

&c. = &c.

$\text{Coſ.}\, a = \text{coſ.}\, a.$

$\text{Coſ.}^2 a = \frac{1}{2}(\text{coſ.}\, 2a + 1.)$

$\text{Coſ.}^3 a = \frac{1}{4}(\text{coſ.}\, 3a + 3\, \text{coſ.}\, a.)$

$\text{Coſ.}^4 a = \frac{1}{8}(\text{coſ.}\, 4a + 4\, \text{coſ.}\, 2a + 3.)$

$\text{Coſ.}^5 a = \frac{1}{16}(\text{coſ.}\, 5a + 5\, \text{coſ.}\, 3a + 10\, \text{coſ.}\, a.)$

$\text{Coſ.}^6 a = \frac{1}{32}(\text{coſ.}\, 6a + 6\, \text{coſ.}\, 4a + 15\, \text{coſ.}\, 2a + 10.)$

&c. = &c.

Il eſt facile de découvrir la loi des coëfficiens de ces deux tables, en ſe rappellant ceux qui entrent dans la formation du binome, & de voir que ſi on veut les réduire en formules, il en faudra néceſſairement deux pour la première, & une ſeule pour la dernière. Ainſi on aura.

(C) $\text{ſin.}^n a = \pm \frac{1}{2^{n-1}}(\text{ſin.}\, na - n\, \text{ſin.}\, (n-2) a + \frac{n(n-1)}{1.2} \text{ſin.}\, (n-4) a - \frac{n(n-1)(n-2)}{1.2.3} \text{ſin.}\, (n-6) a + \ldots \&c.)$

(C′) $\text{ſin.}^n a = \mp \frac{1}{2^{n-1}}(\text{coſ.}\, na - n\, \text{coſ.}\, (n-2) a + \frac{n(n-1)}{1\cdot 2} \text{coſ.}\, (n-4) a - \frac{n(n-1)(n-2)}{1.2.3} \text{coſ.}\, (n-6) a + \ldots \&c.).$

(D) $\text{coſ.}^n a = \frac{1}{2^{n-1}}(\text{coſ.}\, na + n\, \text{coſ.}\, (n-2) a + \frac{n.(n-1)}{1\cdot 2} \text{coſ.}\, (n-4) a + \frac{n(n-1)(n-2)}{1.2.3} \text{coſ.}\, (n-6) a + \ldots \&c.)$

Dans la formule *C* le ſigne ſupérieur eſt pour les nombres 1, 5, 9, 13, &c. & l'inférieur pour les nombres 3, 7, 11, 15, &c.; dans la formule *C′* le ſigne ſupérieur ſe rapporte aux nombres 2, 6, 10, 14, &c. & l'inférieur aux nombres 4, 8, 12, 16, &c.; en obſervant que dans ces deux derniers cas, le dernier terme, tant de cette formule que de la formule *D*, doit toujours être diviſé par 2.

19. Si l'on multiplie $\text{coſ.}\, a \pm \sqrt{-1}\, \text{ſin.}\, a$ par $\text{coſ.}\, b \pm \sqrt{-1}\, \text{ſin.}\, b$, on aura pour produit $\text{coſ.}\, a\, \text{coſ.}\, b \pm \sqrt{-1}\, \text{ſin.}\, a\, \text{coſ.}\, b \pm \sqrt{-1}\, \text{coſ.}\, a\, \text{ſin.}\, b - \text{ſin.}\, a\, \text{ſin.}\, b = \text{coſ.}\, (a+b) \pm \sqrt{-1}\, \text{ſin.}\, (a+b)$; on trouvera de même que $\text{coſ.}\, (a \pm b) \pm \sqrt{-1}\, \text{ſin.}\, (a+b)$ multiplié par $\text{coſ.}\, c \pm \sqrt{-1}\, \text{ſin.}\, c$ donne $\text{coſ.}\, (a+b+c) \pm \sqrt{-1}\, \text{ſin.}\, (a+b+c)$; donc en faiſant $a=b=c$ on aura $(\text{coſ.}\, a \pm \sqrt{-1}\, \text{ſin.}\, a)^3 = \text{coſ.}\, 3a \pm \sqrt{-1}\, \text{ſin.}\, 3a$, & par conſéquent, par analogie, on conclura généralement que $(\text{coſ.}\, a \pm \sqrt{-1}\, \text{ſin.}\, a)^n = \text{coſ.}\, na \pm \sqrt{-1}\, \text{ſin.}\, na$.

On tire de cette équation deux équations ſimples, à cauſe du double ſigne, qui étant ajoutées l'une à l'autre, ou retranchées l'une de l'autre, donnent

$$\text{ſin.}\, na = \frac{(\text{coſ.}\, a + \sqrt{-1}\, \text{ſin.}\, a)^n - (\text{coſ.}\, a - \sqrt{-1}\, \text{ſin.}\, a)^n}{2\sqrt{-1}}$$

$$\text{coſ.}\, na = \frac{(\text{coſ.}\, a + \sqrt{-1}\, \text{ſin.}\, a)^n + (\text{coſ.}\, a - \sqrt{-1}\, \text{ſin.}\, a)^n}{2}$$

20. Ces deux équations ſont d'un uſage aſſez fréquent dans la géométrie ; nous allons en déduire deux autres dont on ſe ſert très-ſouvent. Suppoſons donc *n* infini & *a* infiniment petit, nous aurons, en faiſant $na = x$ & en obſervant que dans ce cas $\text{coſ.}\, a = 1$ & $\text{ſin.}\, a = a \ldots$

$$\sin. x = \frac{(1 + \frac{x}{n}\sqrt{-1})^n - (1 - \frac{x}{n}\sqrt{-1})^n}{2\sqrt{-1}}$$

$$\cos. x = \frac{(1 + \frac{x}{n}\sqrt{-1})^n + (1 - \frac{x}{n}\sqrt{-1})^n}{2}$$

Cela posé, l'on sait que par la théorie des logarithmes (*voyez* LOGARITHMES) on a, en mettant le double signe, $\log. (1 \pm \frac{x}{n}\sqrt{-1})^n = n \log. (1 \pm \frac{x}{n}\sqrt{-1}) = n(\pm \frac{x}{n}\sqrt{-1}) + \frac{x^2}{2n^2} \mp \frac{x^3}{3n^3}\sqrt{-1} - \frac{x^4}{4n^4} \pm \frac{x^5}{5n^5}\sqrt{-1} \ldots\ldots \&c.) = \pm x\sqrt{-1}$ à cause de n infini, multipliant cette dernière quantité par log. e, e étant le nombre dont le logarithme est 1, on a $n \log. (1 \pm \frac{x}{n}\sqrt{-1}) = \pm x\sqrt{-1} \log. e$, d'où l'on tire......... $\log. (1 \pm \frac{x}{n}\sqrt{-1})^n = \log. e^{\pm x\sqrt{-1}}$; donc en substituant & séparant les lignes, on aura..

$$\sin. x = \frac{e^{x\sqrt{-1}} - e^{-x\sqrt{-1}}}{2\sqrt{-1}}$$

$$\cos. x = \frac{e^{x\sqrt{-1}} + e^{-x\sqrt{-1}}}{2}$$

21. Si, après avoir multiplié la première de ces deux dernières équations par $\sqrt{-1}$, on y ajoute ou on retranche successivement la seconde, il vient $e^{x\sqrt{-1}} = \cos. x + \sqrt{-}\sin x$, & $e^{-x\sqrt{-1}} = \cos. x - \sqrt{-1} \sin. x$, d'où l'on tire, en prenant les logarithmes & se rappellant que log. $e = 1$, $x\sqrt{-1} = \log. (\cos. x + \sqrt{-1} \sin. x)$ & $x\sqrt{-1} = - \log. (\cos. x - \sqrt{-1} \sin. x)$ & par conséquent

$$x = \frac{1}{2\sqrt{-1}} \log. \left(\frac{\cos. x + \sqrt{-1} \sin. x}{\cos. x - \sqrt{-1} \sin. x}\right) = \frac{1}{2\sqrt{-1}} \log. \left(\frac{1 + \sqrt{-1} \operatorname{tang}. x}{1 - \sqrt{-1} \operatorname{tang}. x}\right)$$

expression qui fait voir comment on peut ramener les logarithmes imaginaires aux arcs de cercle.

22. Si l'on élève chaque binome du second terme des deux formules trouvées, n.° 19, à la puissance n, tous les termes affectés d'imaginaires se détruiront & l'on aura ces deux suites générales,

$$\sin. na = n \cos.^{n-1} \sin. a - \frac{n.(n-1)(n-2)}{1.2.3} \cos.^{n-3} a \sin.^3 a + \frac{n.(n-1)(n-2)(n-3)(n-4)}{1.2.3.4.5} \cos.^{n-5} a \sin.^5 a - \ldots\ldots\ldots\ldots \&c.$$

$$\text{Cos.}\, na = \cos.^n a - \frac{n(n-1)}{1.2} \cos.^{n-2} a \sin.^2 a + \frac{n(n-1)(n-2)(n-3)}{1.2.3.4} \cos.^{n-4} a \sin.^4 a - \ldots \&c.$$

qui, en supposant comme au même n.°, n infini, a infiniment petit, $na = x$, & faisant attention aussi que dans ce cas cos. $a = 1$, sin. $a = a$, & $n - 1 = n$, $n - 2 = n$, $n - 3 = n$, &c. donnent en substituant les différentes puissances de $\frac{x}{n} = a$,

$$\sin. x = x - \frac{x^3}{1.2.3} + \frac{x^5}{1.2.3.4.5} - \frac{x^7}{1.2.3.4.5.6.7} + \&c.$$

$$\cos. x = 1 - \frac{x^2}{1.2} + \frac{x^4}{1.2.3.4} - \frac{x^6}{1.2.3.4.5.6} + \&c.$$

divisant l'une par l'autre, ces deux nouvelles expressions du sinus & du cosinus d'un arc, on a, conformément au n.° 8,

$$\operatorname{tang}. x = x + \frac{x^2}{3} + \frac{2x^5}{15} + \frac{17x^7}{315} + \ldots\ldots\ldots \&c.$$

$$\cot. x = x^{-1} - \frac{x}{3} - \frac{x^3}{45} - \frac{2x^5}{945} - \ldots\ldots\ldots \&c.$$

23. On peut, par le moyen de ces séries, calculer facilement le *sinus*, le cosinus, la tangente & la cotangente d'un arc donné en parties du rayon, mais comme cet arc n'est point donné immédiatement, on emploiera pour le trouver la méthode suivante, que les Géomètres ont appellés méthode inverse des suites, qui est très-simple & très-naturelle, & qui consiste à supposer l'arc égal à la suite des différentes puissances de son *sinus* de son cosinus, de sa tangente ou de sa cotangente, multipliées chacune par un coëfficient constant & indéterminé.

Supposons donc $x = A \sin. x + B \sin.^2 x + C \sin.^3 x + D \sin.^4 x + E \sin.^5 x + \ldots$ &c., nous aurons, en substituant dans la première des séries précédentes, les valeurs de x, de x^2, de x^3, &c.

$$\sin. x = A \sin. x + B \sin.^2 x + C \sin.^3 x + \&c.$$
$$- \frac{A^3 \sin.^3 x}{1.2.3} - \&c.$$
$$+ \ldots\ldots\ldots + \&c.$$
$$\ldots\ldots\ldots + \&c.$$

Pour que cette équation ait lieu, indépendamment de toute valeur de sin. x, il faut qu'après avoir transposé tout dans un seul membre, la somme des coëfficiens qui multiplieront une puissance de sin. x soit zéro ; cette condition ainsi remplie, on a $A - 1 = 0$, $B = 0$, $C - \frac{A^3}{1.2.3} + = 0$ &c. d'où l'on tire $A = 1$, $B = 0$, $C = \frac{1}{2.8}$, & en prenant un plus grand nombre de termes, $D = 0$, $E = \frac{3}{2.4.5}$, $F = 0$, $G = \frac{3.5}{2.4.6.7}$ &c. ... faisant la même opération pour les trois autres suites, & déterminant, d'après la même condition, les coëfficiens respectifs indéterminés, on aura généralement,

$$x = \sin. x + \frac{\sin.^3 x}{2.3} + \frac{3 \sin^5 x}{2.4.5} + \frac{3.5 \sin.^7 x}{1.4.6.7} + \&c.$$

$$x = 1 - \cos. x - \frac{\cos.^3 x}{2.3} - \frac{3 \cos^5 x}{2.4.5} - \frac{3.5 \cos.^7 x}{2.4.6.7} + \&c.$$

$$x = \operatorname{tang}. x - \tfrac{1}{3} \operatorname{tang}.^3 x + \tfrac{1}{5} \operatorname{tang}.^5 x - \tfrac{1}{7} \operatorname{tang}.^7 x + \&c.$$

$$x = 1 - \cot. x + \tfrac{1}{3} \cot.^2 x - \tfrac{1}{5} \cot.^5 x + \tfrac{1}{7} \cot.^7 x - \&c$$

ces quatre ſuites donnant la valeur d'un arc en parties du rayon $=1$; ſi l'on veut en tirer la valeur de la demi-circonférence, il n'y a qu'à ſuppoſer $x=30°$ dans la première, $x=6°$ dans la ſeconde, $x=45°$ dans les deux autres, & ſe rappeller que par les n.° 9 & 10, ſin. $30° = \frac{1}{2}$ & tang. $45° = 1$; l'on aura par ce moyen, en appellant C la demi-circonférence, $C = 3{,}14159{,}26535{,}89793{,}$ $23846{,}26433{,}83279{,}50288{,}41971{,}69399{,}37510{,}$ $58209{,}74944{,}59230{,}78164{,}06286{,}20899{,}86280{,}$ $34825{,}34211{,}70679{,}82148{,}08651{,}32723{,}06647{,}$ $09384{,}46$; cette valeur, qui eſt plus qu'approchée & qui peut être regardée comme vraie juſques dans ſa dernière figure, en faiſant voir combien eſt vaine & chimérique la recherche de la quadrature du cercle, démontre évidemment l'inutilité de cette quadrature exacte.

24. Outre les formules que nous venons de conſidérer, il y en a encore quelques autres qui peuvent être d'une grande utilité dans la pratique des mathématiques; pour les découvrir, on fera attention que le ſinus & le coſinus, la tangente & la ſécante, la co-tangente & la co-ſécante d'un arc $DA = a$, *fig.* 235, formant avec le rayon autant de triangles rectangles, donnent, n.° 8, ſinus $a = (1 - \text{cos.}^2 a)^{\frac{1}{2}} = \frac{1}{\text{cosec.}\, a} = (1 + \text{cot.}^2 a)^{-\frac{1}{2}} = \text{tang.}\, a\,(1 + \text{tang.}^2 a)^{-\frac{1}{2}}$; $\text{cos.}\, a = (1 - \text{sin.}^2 a)^{\frac{1}{2}} = \frac{1}{\text{sec.}\, a} = (1 + \text{tang.}^2 a)^{-\frac{1}{2}} = \text{cot.}\, a\,(1 + \text{cot.}^2 a)^{-\frac{1}{2}}$;
$\text{tang.}\, a = \text{sin.}\, a\,(1 - \text{sin.}^2 a)^{-\frac{1}{2}} = \text{cos.}\, a^{-1}\,(1 - \text{cos.}^2 a)^{\frac{1}{2}}$
$\text{cot.}\, a = \text{cos.}\, a\,(1 - \text{cos.}^2 a)^{-\frac{1}{2}} = \text{sin.}\, a^{-1}\,(1 - \text{sin.}^2 a)^{\frac{1}{2}}$;
d'où l'on tire, en élevant chaque binome à la puiſſance $\frac{1}{2}$ ou $-\frac{1}{2}$,

$$\text{sin.}\, a = 1 - \frac{\text{cos.}^2 a}{2} - \frac{\text{cos.}^4 a}{8} - \frac{\text{cos.}^6 a}{16} - \frac{5\,\text{cos.}^8 a}{128} - \&c.$$

$$\text{sin.}\, a = \text{tang.}\, a - \frac{\text{tang.}^3 a}{2} + \frac{3\,\text{tang.}^5 a}{8} - \frac{5\,\text{tang.}^7 a}{16} + \&c.$$

$$\text{sin.}\, a = 1 - \frac{\text{cot.}^2 a}{2} + \frac{3\,\text{cot.}^4 a}{8} - \frac{5\,\text{cot.}^6 a}{16} + \frac{35\,\text{cot.}^8 a}{128} + \&c.$$

$$\text{cos.}\, a = 1 - \frac{{}^2 a}{2} - \frac{\text{sin.}^4 a}{8} - \frac{\text{sin.}^6 a}{16} - \frac{5\,\text{sin.}^7 a}{128} - \&c.$$

$$\text{cos.}\, a = 1 - \frac{\text{tang.}^2 a}{2} + \frac{3\,\text{tang.}^4 a}{8} - \frac{5\,\text{tang.}^6 a}{16} + \frac{35\,\text{tang.}^8 a}{128} - \&c.$$

$$\text{cos.}\, a = \text{cot.}\, a - \frac{\text{cot.}^3 a}{2} + \frac{3\,\text{cot.}^5 a}{8} - \frac{5\,\text{cot.}^7 a}{16} + \&c.$$

$$\text{tang.}\, a = \text{sin.}\, a + \frac{\text{sin.}^3 a}{2} + \frac{3\,\text{sin.}^5 a}{8} + \frac{5\,\text{sin.}^7 a}{16} + \&c.$$

$$\text{tang.}\, a = \text{cos.}^{-1} a - \frac{\text{cos.}\, a}{2} - \frac{\text{cos.}^3 a}{8} - \frac{\text{cos.}^5 a}{16} - \frac{5\,\text{cos.}^7 a}{128} - \&c.$$

$$\text{cot.}\, a = \text{sin.}^{-1} a - \frac{\text{sin.}\, a}{2} - \frac{\text{sin.}^3 a}{8} - \frac{\text{sin.}^5 a}{16} - \frac{5\,\text{sin.}^7 a}{128} = \&c.$$

$$\text{cot.}\, a = \text{cos.}\, a + \frac{\text{cos.}^3 a}{2} + \frac{3\,\text{cos.}^5 a}{8} + \frac{5\,\text{sin.}^7 a}{128} + \&c.$$

25. On pourroit tirer de tout ce que nous avons dit juſqu'ici ſur la théorie des ſinus, une infinité de conſéquences utiles, & déduire des formules générales expoſées n.° 17, un grand nombre de vérités intéreſſantes ſur la nature des équations (*Voyez* ÉQUATION.); ceux de nos lecteurs qui ſeront curieux des unes & des autres, peuvent conſulter les ſavans ouvrages de M. Euler, où ils trouveront preſque tout le détail qu'on peut deſirer ſur cette matière; nous nous contenterons de faire remarquer qu'on peut ſe ſervir très-utilement de cette théorie, pour la ſolution générale de toute équation $x^3 - px + q = 0$, du troiſième degré, dans le cas irréductible (*Voyez* CAS IRRÉDUCTIBLE.), & pour avoir rigoureuſement le logarithme de la ſomme de tant de nombres qu'on voudra.

26. Pour remplir le premier objet, on remarquera que, par la première & la ſeconde table du n.° 17, on a, en faiſant le rayon $= r$, tranſpoſant & diviſant par 4, ſinus ${}^3 a - \frac{3r^2}{4}$, ſinus $a + \frac{r^2}{4}$, ſin. $3a = 0$, & coſ. ${}^3 a - \frac{3r^2}{4}$, coſ. $a - \frac{r^2}{4}$, coſ. $3a = 0$. Ces deux équations étant évidemment dans le cas irréductible, puiſque $\frac{1}{27}\left(\frac{3r^2}{4}\right)^3$ eſt plus grand que $\frac{1}{4}\left(\frac{r^2}{4}\right)^2$ ſin.$^2\, 3a$ ou que $\frac{1}{4}\left(\frac{r^2}{4}\right)^2$ coſ.$^2\, 3a$, peuvent être repréſentées par la double équation $x^3 - \frac{3r^2 x}{4} \pm \frac{r^2}{4} H = 0$; or puiſqu'en déſignant la circonférence par π, les trois arcs a, $a + \pi$, $a + 2\pi$ ont le même *ſinus* & le même coſinus, en ſorte que pour prendre le tiers de l'un quelconque de ces arcs, on eſt toujours conduit à la même équation, il eſt clair que les trois racines de l'équation précédente ſeront $x = \text{sin.}\, \frac{a}{3}$ ou $\text{cos.}\, \frac{a}{3}$, $x = \text{sin.}\left(\frac{a+\pi}{3}\right)$ ou $\text{cos.}\left(\frac{a+\pi}{3}\right)$, $x = \text{sin.}\left(\frac{a+2\pi}{3}\right)$ ou $\text{cos.}\left(\frac{a+2\pi}{3}\right)$.

Cela poſé, pour avoir les trois racines de l'équation $x^3 - px \pm q = 0$, dans le cas irréductible, on la comparera avec la précédente, ce qui donnera $p = \frac{3r^2}{4}$ & $q = \frac{r^2 H}{4}$, d'où l'on tire $r = \sqrt{\tfrac{4}{3}p}$ & $H = \frac{3q}{p}$; appellant r' le rayon des tables, & faiſant la proportion $r : H :: r' : \frac{Hr'}{r}$, on aura, en ſubſtituant les valeurs de r & de H, la quantité $\frac{3qr'}{p\sqrt{\tfrac{4}{3}p}}$ qui étant cherchée dans les tables, donnera le *ſinus* ou le coſinus de a, ſuivant que q ſera poſitif ou négatif; cherchant auſſi dans les mêmes tables ceux des trois arcs $\frac{a}{3}$, $\frac{a+\pi}{3}$, $\frac{a+2\pi}{3}$, & les réduiſant au rayon r en les multipliant par . . . .

$\frac{1}{r}\sqrt{\frac{4}{3}p} = \frac{r}{r}$, les trois racines de l'équation proposée seront les *sinus* de ces trois arcs ainsi réduits, si son dernier terme a le signe $+$, ou leurs cosinus s'il a le signe $-$.

27. Pour remplir le second objet, supposons que n & n' soient deux nombres dont on connoît les logarithmes, & qu'on veuille le logarithme de leur somme, on fera, avec M. du Séjour (*Mém. de l'acad. roy. des Sciences, ann.* 1762), le rayon des tables $= r$ & $n + n' = m$; puis multipliant cette dernière équation par $\frac{\sin 45^\circ}{r}$, & faisant attention que le sinus & le cosinus de 45° sont égaux, on aura $\frac{n \sin 45^\circ + n' \cos 45^\circ}{r} = \frac{m \sin 45^\circ}{r}$; supposant ensuite $\frac{n'r}{n} = \text{tang.}\, r$, ce qui donne, n.° 8, $n = \frac{n' \cos r}{\sin r}$, il vient, par la substitut. $n' \left(\frac{\sin 45^\circ \cos r + \cos 45^\circ \sin r}{r}\right) = \frac{m \sin 45^\circ \sin r}{r}$, ou, n.° 9, $n' \sin (45^\circ + r) = \frac{m \sin 45^\circ \sin r}{r}$, d'où l'on tire $m = \frac{n' r \sin (45^\circ + r)}{\sin 45^\circ \sin r}$; or les tables donneront toujours le logarithme du second membre de cette équation; on aura donc aussi celui de $n + n'$.

De même si on veut le logarithme de la somme des trois nombres $n + n' + n = m + n'$, on trouvera, en faisant $m + n'' = m'$ & $\frac{n''r}{m} = \frac{n'' \sin 45^\circ \sin r}{n' \sin (45^\circ + r)} = \text{tang.}\, r'$, $m' = \frac{n'' r \sin (45^\circ + r')}{\sin 45^\circ \sin r'}$.

En général, pour tant de nombres $n + n' + n'' + n''' \ldots\ldots + n^s$ qu'on voudra, on aura, en faisant successivement $\frac{n'r}{n} = \text{tang.}\, z$, $\frac{n'' \sin 45^\circ \sin z}{n' \sin (45^\circ + z)} = \text{tang.}\, z'$, $\frac{n''' \sin 45^\circ \sin z'}{n'' \sin (45^\circ + z')} = \text{tang.}\, z'' \ldots\ldots\ldots$

$$\ldots\ldots\ldots\ldots \frac{n^s \sin 45^\circ \sin z^{s-2}}{n^{s-1} \sin (45^\circ + z^{s-2})} = \text{tang.}\, z^{s-1} \ldots$$

$$n + n' + n'' + n''' \ldots + n^s = \frac{n^s r \sin (45^\circ + z^{s-1})}{\sin 45^\circ \sin z^{s-1}}.$$

Il faut bien faire attention que la lettre s n'indique pas une puissance.

Il seroit aisé d'appliquer ces principes à des exemples; nous n'entrerons pas dans ce détail; on peut voir ceux qu'a donnés l'académicien cité.

28. La théorie des sinus peut faire naître plusieurs questions intéressantes, dont les solutions bien approfondies offriroient peut-être de nouvelles branches de vérités mathématiques; la plus curieuse que nous puissions nous proposer relativement à cette théorie, est celle où il s'agit de sommer les suites dont les termes sont des puissances ou des produits semblables de sinus, cosinus, &c. d'arcs qui vont en progression arithmétique.

Il y a déjà long-temps que MM. Euler & l'abbé Bossut ont travaillé sur cette matière avec leur sagacité ordinaire; le premier, dans son *introductio in analysim infinitorum*, où il la rapporte aux suites récurrentes; le second, dans les *Mémoires de l'académie royale des Sciences, année* 1769, où il la ramène aux progressions géométriques.

La méthode que nous allons employer pour sommer ces sortes de suites, quoique bien inférieure à celles de ces deux habiles Géomètres, nous a paru si simple & si naturelle, que nous avons cru pouvoir la présenter à la suite de cet article que nous avons été chargé de faire, sans autre but que celui de rendre un hommage public à la mémoire de l'un, & à la célébrité de l'autre; elle a paru assez nouvelle & assez intéressante à ce dernier, pour mériter son attention; nous l'avons déduite du calcul des différences finies, & de leur intégration, en nous arrêtant aux différences premières des arcs qu'elle suppose constantes. (*Voyez* l'art. DIFFÉRENCES FINIES.)

Soit donc z un arc de cercle dont le rayon $= 1$, z' une quantité variable quelconque, on aura, en supposant que Δz & $\Delta z'$, désignent les quantités finies dont z & z' augmentent ou diminuent respectivement, prenant les différences de $\cos (z \mp \frac{1}{2}\Delta z)$, de $\sin (z \mp \frac{1}{2}\Delta z)$, de $(z' \mp \Delta z')$, $\cos (z \mp \frac{1}{2}\Delta z)$, de $(z' \mp \Delta z')$, $\sin (z \mp \frac{1}{2}\Delta z)$, & rappellant le n.° 15.

$\Delta \cos (z \mp \frac{1}{2}\Delta z) = \cos (z \pm \frac{1}{2}\Delta z) - \cos (z \mp \frac{1}{2}\Delta z) = \mp 2 \sin \frac{1}{2}\Delta z \sin z$.

$\Delta \sin (z \mp \frac{1}{2}\Delta z) = \sin (z \pm \frac{1}{2}\Delta z) - \sin (z \mp \frac{1}{2}\Delta z) = \pm 2 \sin \frac{1}{2}\Delta z \cos z$.

$\Delta [(z' \mp \Delta z') \cos (z \mp \frac{1}{2}\Delta z)] = z' \cos (z \pm \frac{1}{2}\Delta z) - (z' \mp \Delta z') \cos (z \mp \frac{1}{2}\Delta z) = z' [\cos (z \pm \frac{1}{2}\Delta z) - \cos (z \mp \frac{1}{2}\Delta z)] \pm \Delta z' \cos (z \mp \frac{1}{2}\Delta z) = \mp 2 z' \sin \frac{1}{2}\Delta z \sin z \pm \Delta z' \cos (z \mp \frac{1}{2}\Delta z)$.

$\Delta [(z' \mp \Delta z') \sin (z \mp \frac{1}{2}\Delta z)] = z' \sin (z \pm \frac{1}{2}\Delta z) - (z' \mp \Delta z') \sin (z \mp \frac{1}{2}\Delta z) = z' [\sin (z \pm \frac{1}{2}\Delta z) - \sin (z \mp \frac{1}{2}\Delta z)] \pm \Delta z' \sin (z \mp \frac{1}{2}\Delta z) = \pm 2 z' \sin \frac{1}{2}\Delta z \cos z \pm \Delta z' \sin (z \mp \frac{1}{2}\Delta z)$

On tire de ces différences,

$$\sin z = \frac{-\Delta \cos (z \mp \frac{1}{2}\Delta z)}{\pm 2 \sin \frac{1}{2}\Delta z}$$

$$\cos z = \frac{\Delta \sin (z \mp \frac{1}{2}\Delta z)}{\pm 2 \sin \frac{1}{2}\Delta z}$$

$$z' \sin z = \frac{-\Delta [(z' \mp \Delta z') \cos (z \mp \frac{1}{2}\Delta z)] \pm \Delta z' \cos (z \mp \frac{1}{2}\Delta z)}{\pm 2 \sin \frac{1}{2}\Delta z}$$

$$z \cos z = \frac{\Delta [(z' \mp \Delta z') \sin (z \mp \frac{1}{2}\Delta z)] \mp \Delta z' \sin (z \mp \frac{1}{2}\Delta z)}{\pm 2 \sin \frac{1}{2}\Delta z}$$

29. Pour prendre les intégrales de ces équations, il est clair que Δz étant constant & par conséquent aussi $\sin \frac{1}{2}\Delta z$, il suffit quant aux deux premières, d'ôter la caractéristique Δ, & l'on aura

$A \ldots\ldots \int \sin. z = \frac{-\cos.(z \mp \frac{1}{2}\Delta z)}{\pm 2 \sin. \frac{1}{2}\Delta z}$

$B \ldots\ldots \int \cos. z = \frac{\sin.(z \mp \frac{1}{2}\Delta z)}{\pm 2 \sin. \frac{1}{2}\Delta z}$

Quant aux deux autres, on aura d'abord, par les mêmes raisons,

$$\int z' \sin. z = \frac{-(z' \mp \Delta z')\cos.(z \mp \frac{1}{2}\Delta z) \pm \Delta z' \int \cos.(z \mp \frac{1}{2}\Delta z)}{\pm 2 \sin. \frac{1}{2}\Delta z}$$

$$\int z' \cos. z = \frac{(z' \mp \Delta z') \sin.(z \mp \frac{1}{2}\Delta z) \mp \Delta z' \int \sin.(z \mp \frac{1}{2}\Delta z)}{\pm 2 \sin. \frac{1}{2}\Delta z}$$

Or par l'équation B on a

$$\int \cos.(z \mp \tfrac{1}{2}\Delta z) = \frac{\sin.(z \mp \Delta z)}{\pm 2 \sin. \frac{1}{2}\Delta z}$$

& par l'équation A on a

$$\int \sin.(z \mp \tfrac{1}{2}\Delta z) = \frac{-\cos.(z \mp \Delta z)}{\pm 2 \sin. \frac{1}{2}\Delta z}$$

en retranchant de z la moitié $\pm \frac{1}{2}\Delta z$ de la différence; donc en substituant & faisant attention, n.° 16, que $2 \sin.^2 \frac{1}{2}\Delta z = 1 - \cos. \Delta z$, on aura pour intégrales, $C \ldots \int z' \sin. z = \ldots\ldots\ldots\ldots$

$$\frac{\mp(z' \mp \Delta z') \sin. \frac{1}{2}\Delta z \cos.(z \mp \frac{1}{2}\Delta z) \pm \frac{1}{2}\Delta z' \sin.(z \mp \Delta z)}{1 - \cos. \Delta z}$$

$D \ldots \int z' \cos. z = \ldots\ldots\ldots\ldots\ldots\ldots\ldots\ldots$

$$\frac{\mp(z' \mp \Delta z') \sin. \frac{1}{2}\Delta z \sin.(z \mp \frac{1}{2}\Delta z) \mp \frac{1}{2}\Delta z' \cos.(z \mp \Delta z)}{1 - \cos. \Delta z}$$

Ces quatre formules intégrales, à chacune desquelles il faut ajouter une constante, suffisent pour parvenir au but que nous nous proposons.

30. Avant d'en faire l'application aux suites dont il s'agit, on observera que dans une suite quelconque, un terme pris à volonté est égal à la différence de la somme de tous les termes qui le précèdent, & que par conséquent pour avoir la somme de cette suite jusqu'à ce terme inclusivement, il faut prendre l'intégrale du terme suivant, qu'on appelle pour cette raison *terme général* de la suite; cette intégrale, comme l'on sait, n'est pas toujours facile à trouver, & est le plus souvent impossible, parce qu'il y a une infinité de suites qu'on ne peut sommer exactement.

Venons maintenant à l'application de nos formules.

31. Supposons d'abord qu'on demande la somme de la suite $\sin.(a \pm \varphi) + \sin.(a \pm 2\varphi) + \sin.(a \pm 3\varphi) + \sin.(a \pm 4\varphi) + \ldots + \sin.(a \pm n\varphi)$.

Il est clair que pour l'obtenir jusqu'au terme $\sin.(a \pm n\varphi)$ inclusivement, il faut prendre, suivant ce qu'on vient de dire, l'intégrale de $\sin.(a \pm (n+1)\varphi)$; donc par la formule A du n.° 29, on aura en faisant $a \pm (n+1)\varphi = z$ & $\varphi = \Delta z$, substituant & nommant S cette somme,

$$S = \frac{-\cos.(a \pm (n + \frac{1}{2}\varphi))}{\pm \sin. \frac{1}{2}\Delta z.} + C.$$

Pour déterminer la constante C on fera attention que $S = 0$ quand $n = 0$, ce qui donne $\frac{-\cos.(a \pm \frac{1}{2}\varphi)}{\pm 2 \sin. \frac{1}{2}\varphi} + C = 0$, & par conséquent $C = \frac{\cos.(a \pm \frac{1}{2}\varphi)}{\pm 2 \sin. \frac{1}{2}\varphi}$, donc la somme complette de la suite proposée est

$$S = \frac{\cos.(a \pm \frac{1}{2}\varphi) - \cos.(a \pm (n + \frac{1}{2})\varphi)}{\pm 2 \sin. \frac{1}{2}\varphi}$$

Ou plus simplement en rapprochant cette expression du n.° 15;

$$S = \frac{\sin. \frac{1}{2} n\varphi \sin.(a \pm (\frac{n+1}{2})\varphi)}{\sin. \frac{1}{2}\varphi}$$

32. De même si l'on demande la somme de la suite $\cos.(a \pm \varphi) + \cos.(a \pm 2\varphi) + \cos. a(\pm 3\varphi) + \cos.(a \pm 4\varphi) + \ldots\ldots\ldots + \cos.(a \pm n\varphi)$, il n'y aura qu'à prendre l'intégrale de $\cos.(a \pm (n+1)\varphi)$; donc par la formule B du n.° 29, on aura en faisant les mêmes suppositions qu'au n.° précédent, substituant & nommant S' cette somme,

$$S' = \frac{\sin.(a \pm (n + \frac{1}{2})\varphi)}{\pm 2 \sin. \frac{1}{2}\varphi} + C'$$

Pour avoir la constante C' on remarquera aussi que $S' = 0$ quand $n = 0$, ce qui donne $\frac{\sin.(a \pm \frac{1}{2}\varphi)}{\pm 2 \sin. \frac{1}{2}\varphi} + C' = 0$, & par conséquent $C' = \frac{-\sin.(a \pm \frac{1}{2}\varphi)}{\pm 2 \sin. \frac{1}{2}\varphi}$, donc la somme complette de la suite proposée est

$$S' = \frac{\sin.(a \pm (n + \frac{1}{2})\varphi) - \sin.(a \pm \frac{1}{2}\varphi)}{\pm 2 \sin. \frac{1}{2}\varphi}$$

ou plus simplement par le n.° 15,

$$S' = \frac{\sin. \frac{1}{2} n\varphi \cos.(a \pm (\frac{n+1}{2})\varphi)}{\sin. \frac{1}{2}\varphi}$$

33. Si dans les premières expressions de S & de S' on fait $a = 0$ & $n\varphi = 90°$, elles deviennent, en prenant le signe $+$, $S = \frac{\cos. \frac{1}{2}\varphi - \cos.(90° + \frac{1}{2}\varphi)}{2 \sin. \frac{1}{2}\varphi}$, & $S' = \frac{\sin.(90° + \frac{1}{2}\varphi) - \sin. \frac{1}{2}\varphi}{2 \sin. \frac{1}{2}\varphi}$. Or, par le n.° 9, $\cos.(90° + \frac{1}{2}\varphi) = -\sin. \frac{1}{2}\varphi$, & $\sin.(90° + \frac{1}{2}\varphi) = \cos. \frac{1}{2}\varphi$, à cause de $\sin. 90° = 1$ & $\cos. 90° = 0$; donc en substituant & se rappellant du n.° 8, on a pour ce cas,

$$S = \frac{\cot. \frac{1}{2}\varphi + 1}{2} \quad \& \quad S' = \frac{\cot. \frac{1}{2}\varphi - 1}{2}.$$

D'où il est facile de conclure que φ étant un arc très-petit ou très-approchant de 0° la somme de tous les *sinus* ou de tous les *cosinus* qui remplissent le quart de cercle du rayon $= 1$, est égale à la demi-cotangente de la moitié de cet arc.

33. Il n'est pas difficile maintenant d'avoir les sommes des suites dont les termes sont de la forme $\sin.^m(a \pm n\varphi)$, $\cos.^{m'}(a \pm n\varphi)$, $\sin.^m(a \pm n\varphi)$ $\cos.^{m'}(a' \pm n\varphi')$, &c. m & m' étant des nombres entiers positifs quelconques; en effet, on pourra toujours, au moyen des formules exposées n.° 18, ramener les termes à des expressions qui ne contien-

dront que des *ſinus* ou des coſinus d'arcs multiples de $a \pm n\varphi$, ou de $a' \pm n\varphi'$ & qui par conſéquent ſe rapporteront aux formes précédentes.

Par exemple, ſi $m' = 3$ & $m'' = 4$ & qu'on demande les ſommes des trois ſuites,

$$\sin.^3(a \pm \varphi) + \sin.^3(a \pm 2\varphi) + \sin.^3(a \pm 3\varphi) + \sin.^3(a \pm 4\varphi) + \ldots\ldots\ldots + \sin.^3(a \pm n\varphi)$$

$$\cos.^4(a' \pm \varphi') + \cos.^4(a' \pm 2\varphi') + \cos.^4(a' \pm 3\varphi') + \cos.^4(a' \pm 4\varphi') + \ldots\ldots\ldots + \cos.^4(a' \pm n\varphi')$$

$$\sin.^3(a \pm \varphi)\cos.^4(a' \pm \varphi') + \sin.^3(a \pm 2\varphi)\cos.^4(a' \pm 2\varphi') + \sin.^3(a \pm 3\varphi)\cos.^4(a' \pm 3\varphi') + \ldots + \sin.^3(a \pm n\varphi)\cos.^4(a' \pm n\varphi').$$

On aura d'abord, par les formules citées,

$$\sin.^3(a \pm n\varphi) = \tfrac{3}{4}\sin.(a \pm n\varphi) - \tfrac{1}{4}\sin.(3a \pm 3n\varphi)$$

$$\cos.^4(a \pm n\varphi) = \tfrac{3}{8} + \tfrac{1}{2}\cos.(2a \pm 2n\varphi) + \tfrac{1}{8}\cos.(4a \pm 4n\varphi)$$

$$\begin{aligned}\sin.^3(a \pm n\varphi)\cos.^4(a' \pm n\varphi') &= \tfrac{9}{32}\sin.(a \pm n\varphi) \\ &- \tfrac{3}{32}\sin.(3a \pm 3n\varphi) + \tfrac{3}{8}\sin.(a \pm n\varphi)\cos.(2a' \pm 2n\varphi') \\ &- \tfrac{1}{8}\sin.(3a \pm 3n\varphi)\cos.(2a' \pm 2n\varphi') \\ &+ \tfrac{3}{32}\sin.(a \pm n\varphi)\cos.(4a' \pm 4n\varphi) \\ &- \tfrac{1}{32}\sin.(3a \pm 3n\varphi)\cos.(4a' \pm 4n\varphi') \\ &= \tfrac{9}{32}\sin.(a \pm n\varphi) - \tfrac{3}{32}\sin.(3a \pm 3n\varphi) \\ &+ \tfrac{3}{16}\sin.(a + 2a' \pm n(\varphi + 2\varphi')) \\ &+ \tfrac{3}{16}\sin.(a - 2a' \pm n(\varphi - 2\varphi')) \\ &- \tfrac{1}{16}\sin.(3a + 2a' \pm n(3\varphi + 2\varphi')) \\ &- \tfrac{1}{16}\sin.(3a - 2a' \pm n(3\varphi - 2\varphi')) \\ &+ \tfrac{3}{64}\sin.(a + 4a' \pm n(\varphi + 4\varphi')) \\ &+ \tfrac{3}{64}\sin.(a - 4a' \pm n(\varphi - 4\varphi')) \\ &- \tfrac{1}{64}\sin.(3a + 4a' \pm n(3\varphi + 4\varphi')) \\ &- \tfrac{1}{64}\sin.(3a - 4a' \pm n(3\varphi - 4\varphi')),\end{aligned}$$

en réduiſant, par le n.° 14, à des *ſinus* ſimples tous les termes qui ſont un produit de *ſinus* par coſinus.

Suppoſant enſuite, chacun des angles que nous venons de trouver par le développement des termes propoſés, égal à $a'' \pm n\varphi''$, on aura les ſommes des ſuites propoſées juſqu'au terme n incluſivement, en intégrant ſucceſſivement les termes $\sin.(a'' \pm (n+1)\varphi'')$ & $\cos.(a'' \pm (n+1)\varphi'')$ multipliés chacun par le nombre abſtrait qui lui ſert de coefficient & ſubſtituant enſuite dans chaque intégrale trouvée à la place de a'' & de φ'' leurs valeurs réelles & véritables.

A l'égard du nombre abſtrait $\frac{3}{8}$ qui ſe trouve ſeul dans le développement des termes qui forment la ſeconde ſuite, il eſt clair qu'étant égal à $\frac{3}{8}.1$, l'intégrale du nouveau terme qu'il formera ſeul dans ce développement ſera $\frac{3}{8}\int.1$. Or $\int 1 = n$ ainſi qu'on peut le voir dans le n.° 13 de l'article *différences finies*, auquel nous avons déja renvoyé; donc cette intégrale, ainſi que celle de tout autre terme où il n'y aura qu'un nombre abſtrait, ſera égale à ce nombre multiplié par n. Il eſt évident d'ailleurs qu'il doit être répété autant de fois qu'il y a d'unités dans n.

Faiſant donc ces différentes intégrations & ſubſtitutions & nommant S, S', S'' les ſommes des ſuites propoſées, nous aurons par les n.os 31 & 32, en déterminant les conſtantes comme aux mêmes n.os

$$S = \frac{\frac{3}{4}\sin.\frac{1}{2}n\varphi\sin.\left(a \pm \left(\frac{n+1}{2}\right)\varphi\right)}{\sin.\frac{1}{2}\varphi} - \frac{\frac{1}{4}\sin.\frac{3}{2}n\varphi\sin.\left(3a \pm \left(\frac{n+1}{2}\right)3\varphi\right)}{\sin.\frac{3}{2}\varphi}$$

$$S' = \frac{3n}{8} + \frac{\frac{1}{2}\sin.n\varphi\cos.(2a \pm (n+1)\varphi)}{\sin.\varphi} + \frac{\frac{1}{8}\sin.2n\varphi\cos.4a \pm (n+1)2\varphi}{\sin.2\varphi}$$

$$\begin{aligned}S'' = &\frac{\frac{9}{32}\sin.\frac{1}{2}n\varphi\sin.\left(a \pm \left(\frac{n+1}{2}\right)\varphi\right)}{\sin.\frac{1}{2}\varphi} - \frac{\frac{3}{32}\sin.\frac{3}{2}n\varphi\sin.\left(3a \pm \left(\frac{n+1}{2}\right)3\varphi'\right)}{\sin.\frac{3}{2}\varphi} \\ &+ \frac{\frac{3}{16}\sin.\frac{1}{2}n(\varphi + 2\varphi')\sin.\left(a + 2a' \pm \left(\frac{n+1}{2}\right)(\varphi + 2\varphi')\right)}{\sin.\frac{1}{2}(\varphi + 2\varphi')} \\ &+ \frac{\frac{3}{16}\sin.\frac{1}{2}n(\varphi - 2\varphi')\sin.\left(a - 2a' \pm \left(\frac{n+1}{2}\right)(\varphi - 2\varphi')\right)}{\sin.\frac{1}{2}(\varphi - 2\varphi')} \\ &- \frac{\frac{1}{16}\sin.\frac{1}{2}n(3\varphi + 2\varphi')\sin.\left((3a + 2a') \pm \left(\frac{n+1}{2}\right)(3\varphi - 2\varphi')\right)}{\sin.\frac{1}{2}(3\varphi + 2\varphi')} \\ &- \frac{\frac{1}{16}\sin.\frac{1}{2}n(3\varphi - 2\varphi')\sin.\left(3a - 2a' \pm \left(\frac{n+1}{2}\right)(3\varphi - 2\varphi')\right)}{\sin.\frac{1}{2}(3\varphi - 2\varphi')} \\ &+ \frac{\frac{3}{64}\sin.\frac{1}{2}n(\varphi + 4\varphi')\sin.\left(a + 4a' \pm \left(\frac{n+1}{2}\right)(\varphi + 4\varphi')\right)}{\sin.\frac{1}{2}(\varphi + 4\varphi')} \\ &+ \frac{\frac{3}{64}\sin.\frac{1}{2}n(\varphi - 4\varphi')\sin.\left(a - 4a' \pm \left(\frac{n+1}{2}\right)(\varphi - 4\varphi')\right)}{\sin.\frac{1}{2}(\varphi - 4\varphi')} \\ &- \frac{\frac{1}{64}\sin.\frac{1}{2}n(3\varphi + 4\varphi')\sin.\left(3a + 4a' \pm \left(\frac{n+1}{2}\right)(3\varphi + 4\varphi')\right)}{\sin.\frac{1}{2}(3\varphi + 4\varphi')} \\ &- \frac{\frac{1}{64}\sin.\frac{1}{2}n(3\varphi - 4\varphi')\sin.\left(3a - 4a' \pm \left(\frac{n+1}{2}\right)(3\varphi - 4\varphi')\right)}{\sin.\frac{1}{2}(3\varphi - 4\varphi')}\end{aligned}$$

Cet exemple, qui préſente un réſultat aſſez ſimple, quoiqu'un peu long, fait voir comment on doit ſe conduire pour toute autre ſuite de l'eſpèce dont il s'agit, quelles que ſoient les valeurs de m & de m' en nombres entiers poſitifs,

34. Suppoſons maintenant qu'on demande la ſomme de la ſuite $(a' \pm \varphi')\sin.(a \pm \varphi) + (a' \pm 2\varphi')\sin.(a \pm 2\varphi) + (a' \pm 3\varphi')\sin.(a \pm 3\varphi) + (a' \pm 4\varphi')\sin.(a \pm 4\varphi) + \ldots + (a' \pm n\varphi')\sin.(a \pm n\varphi)$.

On voit bien que pour l'obtenir juſqu'au terme $(a' \pm n\varphi')\sin.(a \pm n\varphi)$ incluſivement, il faut prendre l'intégrale de $(a' \pm (n+1)\varphi')\sin.(a \pm (n+1)\varphi)$, donc par la formule C du n.° 29, on aura, en faiſant $a \pm (n+1)\varphi = z'$, $\varphi' = \Delta z'$ $a \pm (n+1)\varphi = z\,\varphi = \Delta z$, ſubſtituant & nommant S''' cette ſomme,

$$S'' = \frac{\mp(a' \mp n\varphi')\,\text{ſin.}\,\tfrac{1}{2}\varphi\,\text{coſ.}(a \pm (n+\tfrac{1}{2})\varphi) \pm \tfrac{1}{2}\varphi'\,\text{ſin.}(a \pm n\varphi)}{1 - \text{coſ.}\,\varphi} + C.$$

Déterminant la conſtante C en obſervant, comme ci-devant, que $S = 0$ quand $n = 0$, ce qui donne $C = \frac{\pm a'\,\text{ſin.}\,\frac{1}{2}\varphi\,\text{coſ.}(a \pm \frac{1}{2}\varphi) \mp \frac{1}{2}\varphi\,\text{ſin.}\,a}{1-\text{coſ.}\,\varphi}$, on a pour la ſomme complette de la ſuite propoſée,

$$S'' = \frac{1}{1-\text{coſ.}\varphi}\left\{\begin{array}{l} \pm a'\,\text{ſin.}\,\tfrac{1}{2}\varphi\,(\text{coſ.}(a \pm \tfrac{1}{2}\varphi) \ldots \\ \quad - \text{coſ.}(a \pm (n+\tfrac{1}{2})\varphi)) \\ \pm \tfrac{1}{2}\varphi'(\text{ſin.}(a \pm n\varphi) - \text{ſin.}\,a) \\ - n\varphi\,\text{ſin.}\,\tfrac{1}{2}\varphi\,\text{coſ.}(a \pm (n+\tfrac{1}{2})\varphi) \end{array}\right\}$$

Ou plus ſimplement, en réduiſant par le n.° 15,

$$S'' = \frac{1}{1-\text{coſ.}\varphi}\left\{\begin{array}{l} 2a'\,\text{ſin.}\,\tfrac{1}{2}\varphi\,\text{ſin.}\,\tfrac{1}{2}n\varphi\,\text{ſin.}(a \pm (\tfrac{n+1}{2})\varphi) \\ + \varphi'\,\text{ſin.}\,\tfrac{1}{2}n\varphi\,\text{coſ.}(a \pm \tfrac{1}{2}n\varphi) \\ - n\varphi'\,\text{ſin.}\,\tfrac{1}{2}\varphi\,\text{coſ.}(a \pm (n+\tfrac{1}{2})\varphi) \end{array}\right\}$$

35. Si on demande de même la ſomme de la ſuite $(a' \pm \varphi')\,\text{coſ.}(a \pm \varphi) + (a' \pm 2\varphi')\,\text{coſ.}(a \pm 2\varphi) + (a \pm 3\varphi')\,\text{coſ.}(a \pm 3\varphi') + (a' \pm 4\varphi')\,\text{coſ.}(a \pm 4\varphi) + \ldots \ldots (a' \pm n\varphi')\,\text{coſ.}(a \pm n\varphi)$, il n'y a qu'à prendre l'intégrale de $(a \pm (n+1)\varphi)\,\text{coſ.}(a \pm (n+1)\varphi)$; donc par la formule D du n.° 29, on aura, en faiſant les mêmes ſuppoſitions qu'au n.° précédent, ſubſtituant & nommant S''' cette ſomme,

$$S''' = \frac{\pm(a'\,\text{ſin.} \pm n\varphi')\,\text{ſin.}\,\tfrac{1}{2}\varphi\,\text{ſin.}(a \pm (n+\tfrac{1}{2})\varphi) \pm \tfrac{1}{2}\varphi'\,\text{coſ.}(a \pm n\varphi)}{1-\text{coſ.}\,\varphi} + C.$$

Déterminant la conſtante C en obſervant auſſi que $S''' = 0$ quand $n = 0$, ce qui donne, pour ſa valeur, $C = \frac{\mp a'\,\text{ſin.}\,\frac{1}{2}\varphi\,\text{ſin.}(n \pm \frac{1}{2}\varphi) \mp \frac{1}{2}\varphi'\,\text{coſ.}\,a}{1-\text{coſ.}\,\varphi}$, on a, pour la ſomme complette de cette ſuite,

$$S''' = \frac{1}{1-\text{coſ}\,\varphi}\left\{\begin{array}{l} \pm a\,\text{ſin.}\,\tfrac{1}{2}\varphi\,(\text{ſin.}(a \pm (n+\tfrac{1}{2})\varphi \\ \quad - \text{ſin.}(a \pm \tfrac{1}{2}\varphi) \\ \pm \tfrac{1}{2}\varphi'(\text{coſ.}a - \text{coſ.}(a \pm n\varphi)) \\ + n\varphi'\,\text{ſin.}\,\tfrac{1}{2}\varphi\,\text{ſin.}(a \pm (n+\tfrac{1}{2}\varphi)) \end{array}\right\}$$

Ou plus ſimplement, en réduiſant par le n.° 15,

$$S''' = \frac{1}{1-\text{coſ.}\varphi}\left\{\begin{array}{l} 2a\,\text{ſin.}\,\tfrac{1}{2}\varphi\,\text{ſin.}\,\tfrac{1}{2}n\varphi\,\text{coſ.}(a \pm (\tfrac{n+1}{2})\varphi) \\ - \varphi\,\text{ſin.}\,\tfrac{1}{2}n\varphi\,\text{ſin.}(a \pm \tfrac{1}{2}n\varphi) \\ + n\varphi\,\text{ſin.}\,\tfrac{1}{2}\varphi\,\text{ſin.}(a \pm (n+\tfrac{1}{2})\varphi) \end{array}\right\}$$

36. Si dans les premières expreſſions de S'' & S''', on fait $a' = 0$, $a = 0$, $n\varphi = 90°$, elles deviendront, en prenant le ſigne ſupérieur & ſe ſouvenant que ſin. $90° = 1$, coſ. $90° = 0$ & que $1 - \text{coſ.}\,\varphi = 2\,\text{ſin.}^2\,\tfrac{1}{2}\varphi$,

$$S'' = \frac{n\varphi'\,\text{ſin.}^2\,\frac{1}{2}\varphi + \frac{1}{2}\varphi'}{2\,\text{ſin.}^2\,\frac{1}{2}\varphi} \;\&\; S''' = \frac{n\varphi'\,\text{ſin.}\,\frac{1}{2}\varphi\,\text{coſ.}\,\frac{1}{2}\varphi - \frac{1}{2}\varphi'}{2\,\text{ſin.}^2\,\frac{1}{2}\varphi}$$

ou en faiſant attention que par le n.° 8 $\frac{1}{\text{ſin.}^2\,\frac{1}{2}\varphi} = \text{coſec.}^2\,\tfrac{1}{2}\varphi = 1 + \text{cot.}^2\,\tfrac{1}{2}\varphi$,

$$S'' = \frac{2n\varphi' + \varphi'\,\text{cot.}^2\,\frac{1}{2}\varphi + \varphi'}{4}$$

$$\& \; S''' = \frac{2n\varphi'\,\text{cot}\,\frac{1}{2}\varphi - \varphi'\,\text{cot.}^2\,\frac{1}{2}\varphi - \varphi'}{4}$$

D'où il eſt facile, en ſuppoſant que φ eſt un arc très-petit ou très-approchant de 0° & φ' le même réduit en parties du rayon $= 1$, de trouver la ſomme de tous les produits des *ſinus* ou des coſinus qui rempliſſent le quart de cercle par les arcs auxquels ils appartiennent.

37. Les formules C & D du n.° 29, dont nous venons de faire uſage, ne donnent que les intégrales de z' ſin. z & z' coſ. z, ſi on veut ces mêmes intégrales, lorſque z' a un expoſant entier poſitif quelconque ^{s}: voici comment on s'y prendra pour les obtenir.

Opérant comme au n.° 28 pour avoir la différence de $(z' \mp \Delta z')^s$ coſ. $(z \mp \frac{1}{2}\Delta z)$ & celle de $(z' \mp \Delta z')^s$ ſin. $(z \mp \frac{1}{2}\Delta z)$, on a d'abord,

$$\Delta[(z' \mp \Delta z')^s\,\text{coſ.}(z \mp \tfrac{1}{2}\Delta z)] = z'^s\,\text{coſ.}(z \pm \tfrac{1}{2}\Delta z) - (z' \pm \Delta z')^s\,\text{coſ.}(z \mp \tfrac{1}{2}\Delta z).$$

$$\Delta[(z' \mp \Delta z')^s\,\text{ſin.}(z \mp \tfrac{1}{2}\Delta z)] = z'^s(z \pm \tfrac{1}{2}\Delta z) - (z' \mp \Delta z')^s\,\text{ſin.}(z \mp \tfrac{1}{2}\Delta z)$$

Mais par la formule du binome on a $(z \mp \Delta z)^s = z'^s \mp s z'^{s-1}\Delta z' + \frac{s.s-1}{2} z'^{s-2}\overline{\Delta z'}^2 \mp + \frac{s.s-1.s-2.}{2.3} z'^{s-3}\overline{\Delta z'}^3 + \ldots$ &c. donc en ſubſtituant

$$\Delta[(z' \mp \Delta z')^s\,\text{coſ.}(z \mp \tfrac{1}{2}\Delta z)] = z'^s[\text{coſ.}(z \pm \tfrac{1}{2}\Delta z) - \text{coſ.}(z \mp \tfrac{1}{2}\Delta z)] + (\pm s z'^{s-1}\Delta z - \tfrac{s.s-1.}{2} z^{s-2}\overline{\Delta z'}^2 \pm \tfrac{s.s-1.s-2}{2.3} z'^{s-3}\overline{\Delta z'}^3 - \ldots \text{\&c.})\,\text{coſ.}(z \mp \tfrac{1}{2}\Delta z).$$

$$\Delta[(z' \mp \Delta z)^s\,\text{ſin.}(z \mp \tfrac{1}{2}\Delta z)] = z'^s[\text{ſin.}(z \pm \tfrac{1}{2}\Delta z) - \text{ſin.}(z \mp \tfrac{1}{2}\Delta z)] + (\pm s z'^{s-1}\Delta z' - \tfrac{s.s-1}{2} z'^{s-2}\overline{\Delta z'}^2 \pm \tfrac{s.s-1.s-2}{2.3} z'^{s-3}\overline{\Delta z'}^3 - \ldots \text{\&c.})\,\text{ſin.}(z \mp \tfrac{1}{2}\Delta z).$$

Mettant, dans la première de ces différences, au lieu de coſ. $(z \pm \frac{1}{2}\Delta z)$ — coſ. $(z \mp \frac{1}{2}\Delta z)$ ſa valeur, & dans la ſeconde, au lieu de ſin $z \pm \frac{1}{2}\Delta z$ — ſin. $(z \mp \frac{1}{2}\Delta z)$ auſſi ſa valeur, n.° 15, il vient en tranſpoſant,

$$z'^s\,\text{ſin.}\,z = \frac{1}{\pm 2\,\text{ſin.}\,\frac{1}{2}\Delta z}\left\{\begin{array}{l} -\Delta[(z' \mp \Delta z')^s\,\text{coſ.}(z \pm \tfrac{1}{2}\Delta z)] \\ + (\pm s z'^{s-1}\Delta z' - \tfrac{s.s-1}{1} z'^{s-2}\overline{\Delta z'}^2 \\ - \tfrac{s.s-1.s-2}{2.3} z'^{s-3}\overline{\Delta z'}^3 \pm \ldots \\ \ldots \text{\&c.})\,\text{coſ}\,(z \mp \tfrac{1}{2}\Delta z). \end{array}\right.$$

$$z'^s\,\text{coſ.}\,z = \frac{1}{\pm 2\,\text{ſin.}\,\frac{1}{2}\Delta z}\left\{\begin{array}{l} \Delta[(z' \mp \Delta z')^s\,\text{ſin.}(z \mp \tfrac{1}{2}\Delta z)] \\ - (\pm s z'^{s-1}\Delta z' - \tfrac{s.s-1}{2} z'^{s-2}\overline{\Delta z'}^2 \\ - \tfrac{s.s-1.s-2}{2.3} z'^{s-3}\overline{\Delta z'}^3 \pm \ldots \\ \ldots \text{\&c.})\,\text{ſin.}\,(z \mp \tfrac{1}{2}\Delta z) \end{array}\right\}$$

Equations dont les ſeconds termes des ſeconds membres s'intégreront par les formules du n.° 29, en ſuppoſant d'abord $s = 2$, puis $s = 3$, $s = 4$, $s =$ &c. & remontant enſuite d'intégrale en intégrale, on obtiendra deux intégrales totales qui ſeront celles des quantités propoſées.

Par exemple, ſi $s = 2$, elles deviennent en intégrant,

$$\int z'^2 \sin. z = \frac{1}{\pm 2 \sin. \frac{1}{2} \Delta z} \left\{ \begin{array}{l} -(z' \mp \Delta z')^2 \cos.(z \mp \tfrac{1}{2} \Delta z) \\ \pm 2 \Delta z' \int z' \cos.(z \mp \tfrac{1}{2} \Delta z) \\ - \overline{\Delta z'}^2 \int \cos.(z \mp \tfrac{1}{2} \Delta z) \end{array} \right\}$$

$$\int z'^2 \cos. z = \frac{1}{\pm 2 \sin. \frac{1}{2} \Delta z} \left\{ \begin{array}{l} (z' \mp \Delta z')^2 \sin.(z \mp \tfrac{1}{2} \Delta z) \\ \mp 2 \Delta z' \int z' \sin.(z \mp \tfrac{1}{2} \Delta z) \\ + \overline{\Delta z'}^2 \int \sin.(z \mp \tfrac{1}{2} \Delta z) \end{array} \right\}$$

Mais par le n.° 29, on a, d'après les formules A & B, $\int \sin.(z \mp \frac{1}{2} \Delta z)$ & $\int \cos.(z \mp \frac{1}{2} \Delta z)$ & d'après les formules B & C, $\int z \sin.(z \mp \frac{1}{2} \Delta z)$ & $\int z \cos.(z \mp \frac{1}{2} \Delta z)$; donc en ſubſtituant ces intégrales particulières, on aura, toute réduction faite,

$$\int z'^2 \sin. z = \frac{1}{1 - \cos. \Delta z} \left\{ \begin{array}{l} \mp (z' \mp \Delta z)^2 \sin. \tfrac{1}{2} \Delta z \cos.(z \pm \tfrac{1}{2} \Delta z) \\ + 2 (z' \mp \Delta z') \Delta z' \sin.(z \mp \Delta z) \\ \pm \tfrac{1}{2} \overline{\Delta z'}^2 \cot. \tfrac{1}{2} \Delta z \cos.(z \mp \Delta z) \end{array} \right\}$$

$$\int z'^2 \cos. z = \frac{1}{1 - \cos. \Delta z} \left\{ \begin{array}{l} \pm (z' \mp \Delta z')^2 \sin. \tfrac{1}{2} \Delta z \sin.(z \mp \Delta z) \\ + 2 (z' \mp \Delta z') \Delta z' \cos.(z \mp \Delta z) \\ \mp \tfrac{1}{2} \overline{\Delta z'}^2 \cot. \tfrac{1}{2} \Delta z \sin.(z \mp \Delta z) \end{array} \right\}$$

38. Il eſt aiſé maintenant d'avoir les ſommes des ſuites dont les termes ſont de la forme

$(a' \pm n\varphi')^p \sin.^q (a \pm n\varphi)$, $(a' \pm n\varphi')^{p'} \sin.^{q'} (a \pm n\varphi)$, $(a' \pm n\varphi')^p \sin.^q (a \pm n\varphi) \times (a'' \pm n\varphi'')^{p'} \sin.(a' \pm n\varphi')$, p, p', q & q' étant des nombres entiers poſitifs; en effet, les formules expoſées, n.° 8, pouvant toujours donner les termes en *ſinus* ou coſinus ſimples d'arcs multiples de $a \pm n\varphi$, ou de $a' \pm n\varphi'$, il eſt clair qu'il n'y aura alors qu'à avoir les intégrales des nouveaux termes de la forme............. $(a''' \pm (n+1)\varphi''')^r \sin.(a'' \pm (n+1)\varphi'')$ ou de la forme $(a''' \pm (n+1)\varphi''')^r \cos.(a'' \pm (n+1)\varphi'')$, au moyen des deux formules générales données dans le n.° précédent, pour obtenir juſqu'au terme n incluſivement, l'intégrale totale ou la ſomme de chaque ſuite.

Voilà donc à-peu-près les différentes manières, ou pour mieux dire la méthode la plus générale qu'on peut employer pour ſommer toutes les ſuites qu'on peut imaginer en combinant des produits ſemblables de quantités en progreſſion arithmétique, avec des produits auſſi ſemblables de *ſinus* & coſinus d'arcs qui ſuivent la même progreſſion.

39. Pour faire quelqu'application des principes que nous venons d'expoſer à quelques exemples tirés de la géométrie, propoſons-nous d'abord de trouver la ſurface d'un ſegment d'un polygone régulier, correſpondant à celui du cercle auquel ce polygone eſt inſcrit.

Soit le demi-polygone $AB'C'D'E'F'G'$, *fig.* 238, ſa ſurface étant compoſée de celles des trapèzes ABB', $BCC'B'$, $CDD'C$, &c. dont les côtés parallèles ſont les *ſinus* des arcs correſpondans & dont les hauteurs ſont les différences de coſinus de ces mêmes arcs, celle d'un ſegment ſera, en ſuppoſant toujours le rayon $= 1$; & faiſant l'arc $AB' = B'C' = C'D' =$, &c. $= k$, ſera, dis-je, égale à la ſomme de la ſuite, $\frac{1}{2} \sin. k (1 - \cos. k) + \frac{1}{2} (\sin. 2k + \sin. k)(\cos. k - \cos. 2k) + \frac{1}{2} (\sin. 3k + \sin. 2k)(\cos. 2k - \cos. 3k) + \ldots\ldots + \frac{1}{2} (\sin. nk + \sin. (n-1)k)(\cos. (n-1)k - \cos. nk)$ ſuivant les principes de la géométrie élémentaire; or en réduiſant cette ſuite, d'après le n.° 15, elle devient, après cette réduction par les n.os 14 & 16 $\frac{1}{2} \sin. k (1 - \cos. k) + \frac{1}{2} \sin. k (1 - \cos. 3k) + \frac{1}{2} \sin. k (1 - \cos. 5k) + \frac{1}{2} \sin. k (1 - \cos. 7k) + \ldots\ldots\ldots + \frac{1}{2} \sin. k (1 - \cos. (k + (n-1) 2k)$; donc prenant l'intégrale du terme........... $\frac{1}{2} \sin. k (1 - \cos. (k + 2nk)) = \frac{1}{2} \sin. k - \frac{1}{2} \sin. k \cos. (k + 2nk)$, on aura la ſurface demandée; mais k étant conſtant, ſuivant ce que nous avons dit n.° 33, $\int \frac{1}{2} \sin. k = \frac{1}{2} \sin. k \int 1 = \frac{n}{2} \sin. k$, & par la formule B du n.° 29, $\int \frac{1}{2} k \cos. (k + 2nk) = \frac{1}{2} \sin. k \int \cos. (k + 2nk) = \frac{\frac{1}{2} \sin. k \sin. 2nk}{2 \sin. k}$. En faiſant $k + n\,2k = z$ & $2k = \Delta z$ ou ſimplement $\Delta z = \frac{k}{2}$, donc enfin la ſurface du ſegment en queſtion, compoſé d'un nombre n de trapèzes, ſera $\frac{1}{2} n \sin. k - \frac{1}{4} \sin. 2nk$ ſans conſtante, puiſqu'elle eſt zéro quand $n = 0$; ſi $nk = 180°$, elle devient $\frac{1}{2} n \sin. k = n \sin. \frac{1}{2} k \cos. \frac{1}{2} k = 2 n \sin. \frac{1}{2} k$, $\frac{1}{2} \cos. \frac{1}{2} k$; donc la ſurface du polygone propoſé eſt égale au nombre de ſes côtés multipliés par la moitié de ſon apothème, ce qui s'accorde avec la géométrie.

Propoſons-nous encore de trouver la ſurface d'un ſegment d'un polygone cycloïdal correſpondant au polygone régulier inſcrit au cercle générateur d'une cycloïde. *Voyez* Cycloïde.

Soit le demi-polygone $AB''C''D''F''G''G$ inſcrit à la cycloïde AG''; puiſqu'on ſuppoſe qu'il eſt correſpondant au demi-polygone régulier inſcrit dans le cercle générateur, & que par la propriété de la cycloïde chacun des côtés parallèles $B''B'$, $C'C''$, $D''D'$, &c. des trapèzes qui forment la ſurface compriſe entre le demi-polygone cycloïdal & le demi-polygone régulier, eſt égal à l'arc qui lui correſpond dans le cercle, la ſurface du ſegment propoſé ſera, en nommant comme ci-deſſus, k l'arc $AB' = B'C' = C'D' =$ &c. & de plus, T le ſegment du demi-polygone régulier correſpondant, égale à la ſomme de la ſuite $\frac{1}{2}(1 - \cos. k) + \frac{3}{2} k (\cos. k - \cos.^2 k) + \frac{5}{2} k (\cos. 2k - \cos. 3k) + \frac{7}{2} k (\cos. 3k - \cos. 4k) + \ldots\ldots\ldots\ldots\ldots\ldots + \frac{1}{2} (k + (n-1) 2k)(\cos. (n-1) k - \cos. k + (n-1) k) + T$, ou en réduiſant chaque terme de cette ſuite, par le n.° 15, à la ſomme de celle-ci, $k \sin.^2 \frac{1}{2} k + 3k \sin. \frac{1}{2} k \sin. \frac{3}{2} k + 5k \sin. \frac{1}{2} k \sin. \frac{5}{2} k + \ldots\ldots\ldots\ldots (k + (n-1) 2k) \sin. \frac{1}{2} k \sin. (\frac{1}{2} k + (n-1) k) + T$; or on connoît déjà la valeur de T par l'exemple précédent, il ne s'agit donc, pour obtenir la ſurface demandée, que d'intégrer le terme $(k + 2nk) \sin. \frac{1}{2} k \sin. (\frac{1}{2} k + nk)$; mais par la formule C du n.° 29, à

cauſe

cause de k constant, on a, en faisant $k + 2nk = z'$; $2k = \Delta z'$, $\frac{1}{2}k + nk = z$ sin. $\frac{1}{2}k\int$, $k = \Delta z$; $(k+2nk)$ sin. $(\frac{1}{2}k + nk) = \ldots\ldots\ldots\ldots$

$$\frac{-(2n-1)\,k\,\text{sin.}^2\tfrac{1}{2}k\,\text{cos.}\,nk + k\,\text{sin.}\tfrac{1}{2}k\,\text{sin.}\,(nk-\tfrac{1}{2}k)}{1-\text{cos.}\,k}$$

$= -(n-\frac{1}{2})\,k$ cos. $nk + \frac{1}{2}k$ cosec. $\frac{1}{2}k$ sin. $(nk - \frac{1}{2}k)$ sans constante, puisque $n = 0$ rend cette intégrale $= 0$; donc en ajoutant la valeur de T, on aura pour la surface proposée du demi-segment du polygone cycloïdal, composé d'un nombre n de trapèzes cycloïdaux, $\frac{1}{2}k$ cosec. $\frac{1}{2}k$ sin. $(nk - \frac{1}{2}k) - (nk - \frac{1}{2}k)$ cos. $nk + \frac{1}{2}n$ sin. $k - \frac{1}{4}$ sin. $2nk$; donc en supposant $nk = 180^\circ$, la surface entière & totale du polygone cycloïdal sera $2nk + n$ sin. k à cause de cos. $180^\circ = -1$, & sin. $180^\circ =$ sin. $360^\circ = 0$, d'où l'on conclut, en faisant k infini, que la surface de la cycloïde est triple de celle de son cercle générateur, ce qui s'accorde encore avec la Géométrie.

40. Les suites dont les termes contiennent des puissances ou des produits semblables de tangentes, cotangentes, sécantes & cosécantes, ne sont pas aussi faciles à sommer que celles que nous venons de considérer, ou pour mieux dire leur sommation est absolument impossible, cependant notre méthode s'étend à ces sortes de suites en supposant la différence de l'arc assez petite pour qu'on puisse négliger certaines puissances de la tangente de cette différence.

En effet, prenant les différences de log. cos. z, de log. sin. z, de log. tang. $(45^\circ + \frac{1}{2}z)$ & de log. tang. $\frac{1}{2}z$, on aura d'abord,

Δ(log. cos. z) $=$ log. cos. $(z \pm \Delta z)$ $-$ log. cos. $z =$ log. (cos. Δz cos. $z \mp$ sin. Δz sin. z) $-$ log. cos. $z =$ log. $(1 \mp$ tang. Δz tang. $z) +$ log. cos. Δz. En ajoutant & soustrayant en même tems log. cos. Δz cos. z.

Δ(log. sin. z) $=$ log. sin. $(z \pm \Delta z)$ $-$ log. sin. $z =$ log. (cos. Δz sin. $z \pm$ sin. Δz cos. z) $-$ log. sin. $z =$ log. $(1 \pm$ tang. Δz cot. $z) +$ log. cos. Δz, en ajoutant & soustrayant en même tems log. (cos. Δz sin. z).

Δ log. tang. $(45^\circ + \frac{1}{2}z) =$ log. tang. $(45^\circ + \frac{1}{2}z \pm \frac{1}{2}\Delta z)$ $-$ log. tang. $(45^\circ + \frac{1}{2}z) = \ldots\ldots\ldots$

$$\text{log.}\left(\frac{\text{tang.}(45^\circ+\frac{1}{2}z) \pm \text{tang.}\frac{1}{2}\Delta z}{1 \mp \text{tang.}\frac{1}{2}\Delta z\,\text{tang.}(45^\circ+\frac{1}{2}z)}\right) - \text{log. tang.}\,(45^\circ+\tfrac{1}{2}z) = \text{log.}\left(\frac{1 \pm \text{tang.}\frac{1}{2}\Delta z\,\text{cot.}(45^\circ+\frac{1}{2}z)}{1 \mp \text{tang.}\frac{1}{2}\Delta z\,\text{tang.}(45^\circ+\frac{1}{2}z)}\right)$$

Δ log. tang. $\frac{1}{2}z =$ log. tang. $(\frac{1}{2}z \pm \frac{1}{2}\Delta z)$ $-$

$$\text{log. tang.}\,\tfrac{1}{2}z = \text{log.}\left(\frac{\text{tang.}\frac{1}{2}z \pm \text{tang.}\frac{1}{2}\Delta z}{1 \mp \text{tang.}\frac{1}{2}\Delta z\,\text{tang.}\frac{1}{2}z}\right) - \text{log. tang.}\,\tfrac{1}{2}z = \text{log.}\left(\frac{1 \pm \text{tang.}\frac{1}{2}\Delta z\,\text{cot.}\frac{1}{2}z}{1 \mp \text{tang.}\frac{1}{2}\Delta z\,\text{tang.}\frac{1}{2}z}\right).$$

Or par la théorie des logarithmes, (*voyez* LOGARITHMES), on a log. $(1 \mp$ tang. Δz tang. $z) = \mp$ tang. Δz tang. $z - \frac{1}{2}$ tang.$^2 \Delta z$ tang.$^2 z \mp \frac{1}{3}$ tang.$^3 \Delta z$ tang.$^3 z - \frac{1}{4}$ tang.$^4 \Delta z$ tang.$^4 z \pm \ldots$ &c.

Log. $(1 \pm$ tang. Δz cot. $z) = \pm$ tang. Δz cot. $z - \frac{1}{2}$ tang.$^2 \Delta z$ cot.$^2 z \pm \frac{1}{3}$ tang.$^3 \Delta z$ cot.$^3 z - \frac{1}{4}$ tang$^4 \Delta z$ tang.$^4 z \pm \ldots$ &c.

$$\text{Log.}\left(\frac{1 \pm \text{tang.}\frac{1}{2}\Delta z\,\text{cot.}(45^\circ+\frac{1}{2}z)}{1 \mp \text{tang.}\frac{1}{2}\Delta z\,\text{tang.}(45^\circ+\frac{1}{2}z)}\right) = \text{log.}$$

$(1 \pm$ tang. $\frac{1}{2}\Delta z$ cot. $(45^\circ + \frac{1}{2}z))$ $-$ log. $(1 \mp$ tang. Δz tang. $(45^\circ + \frac{1}{2}z)) = \pm$ tang. $\frac{1}{2}\Delta z$ (cot. $(45^\circ + \frac{1}{2}z)$ $+$ tang. $(45^\circ + \frac{1}{2}z))$ $- \frac{1}{2}$ tang.$^2 \frac{1}{2}\Delta z$ (cot.^{2} $(45^\circ + \frac{1}{2}z)$ $-$ tang.^{2} $(45^\circ + \frac{1}{2}z)) \pm \frac{1}{3}$ tang.$^3 \frac{1}{2}\Delta z$ (cot.^{3} $(45^\circ + \frac{1}{2}z)$ $+$ tang.^{3} $(45^\circ + \frac{1}{2}z)) - \ldots\ldots \pm$ &c.

$$\text{Log.}\left(\frac{1 \pm \text{tang.}\frac{1}{2}\Delta z\,\text{cot.}\frac{1}{2}z}{1 \mp \text{tang.}\frac{1}{2}\Delta z\,\text{tang.}\frac{1}{2}z}\right) = \text{log.}\,(1 \pm \text{tang.}$$

Δz cot. $\frac{1}{2}z)$ $-$ log. $(1 \mp$ tang. $\frac{1}{2}\Delta z$ tang. $\frac{1}{2}z) = \pm$ tang. $\frac{1}{2}\Delta z$ (cot. $\frac{1}{2}z +$ tang. $\frac{1}{2}z$) $- \frac{1}{2}$ tang.$^2 \Delta z$ (cot.$^2 \frac{1}{2}z -$ tang.$^2 \frac{1}{2}z) \pm \frac{1}{3}$ tang.$^3 \frac{1}{2}\Delta z$ (cot.$^3 \frac{1}{2}z$ $+$ tang.$^3 \frac{1}{2}z) - \ldots\ldots\ldots\ldots \pm$ &c.

Donc en substituant, négligeant tous les termes affectés des plus hautes puissances de tang. Δz & de tang. $\frac{1}{2}\Delta z$ que le quarré, faisant attention que par les n.ºs 8, 9 & 14, cot. $(45^\circ + \frac{1}{2}z)$ $+$ tang. $(45^\circ + \frac{1}{2}z) = \frac{1}{\text{sin.}(45^\circ+\frac{1}{2}z)\,\text{cos.}\,45^\circ+\frac{1}{2}z} = \ldots$

$\frac{2}{\text{sin.}(90^\circ+z)} = \frac{2}{\text{cos.}\,z} = 2$ sec. z; cot.$^2 (45^\circ + \frac{1}{2}z)$ $-$ tang.$^2 (45^\circ + \frac{1}{2}z) = \ldots\ldots\ldots\ldots$

$$\frac{\text{cos.}^4(45^\circ+\frac{1}{2}z) - \text{sin.}^4(45^\circ+\frac{1}{2}z)}{\text{sin.}^2(45^\circ+\frac{1}{2}z)\,\text{cos.}^2(45^\circ+\frac{1}{2}z)} = \frac{4\,\text{cos.}(90^\circ+z)}{\text{sin.}^2(90^\circ+z)}$$

$= \frac{-4\,\text{sin.}\,z}{\text{cos.}^2 z} = -4$ sin. z sec.$^2 z$; cot. $\frac{1}{2}z +$ tang. $\frac{1}{2}z$

$= \frac{1}{\text{sin.}\frac{1}{2}z\,\text{cos.}\frac{1}{2}z} = \frac{2}{\text{sin.}\,z} = 2$ cosec. z, & cot.$^2 \frac{1}{2}z$

$-$ tang.$^2 \frac{1}{2}z = \frac{\text{cos.}^2\frac{1}{2}z - \text{sin.}^2\frac{1}{2}z}{\text{sin.}^2\frac{1}{2}z\,\text{cos.}^2\frac{1}{2}z} = \frac{4\,\text{cos.}\,z}{\text{sin.}^2 z}$

$= 4$ cos. z cosec.$^2 z$, & transposant on aura

tang. $z = \frac{-\Delta\,\text{log. cos.}\,z + \text{log. cos.}\,\Delta z}{\pm\,\text{tang.}\,\Delta z} \pm \frac{1}{2}$ tang. Δz tang.$^2 z$; cot. $z = \frac{\Delta\,\text{log. sin.}\,z - \text{log. cos.}\,\Delta z}{\pm\,\text{tang.}\,\Delta z} \pm \frac{1}{2}$ tang. Δz cot.$^2 z$; sec. $z = \frac{\Delta\,\text{log. tang.}\,(45^\circ+\frac{1}{2}z)}{\pm\,2\,\text{tang.}\frac{1}{2}\Delta z}$

$\pm$ tang. $\frac{1}{2}\Delta z$ sin. z sec.$^2 z$; cosec $z = \frac{\Delta\,\text{log. tang.}\frac{1}{2}z}{\pm\,2\,\text{tang.}\frac{1}{2}\Delta z}$

$\pm$ tang. $\frac{1}{2}\Delta z$ cos. z cosec.$^2 z$.

Cela posé on sait que, tang.$^2 z =$ sin.$^2 z$ $(1 - \text{sin.}^2 z)^{-1}$ cot.$^2 z =$ cos.$^2 z (1 - \text{cos.}^2 z)^{-1}$, sin. z sec.$^2 z =$ sin. $z (1 - \text{sin.}^2 z)^{-1}$ & cos. z cosec.$^2 z$ $=$ cos. $z (1 - \text{cos.}^2 z)^{-1}$, élevant chacun de ces binomes à la puissance -1, on aura

tang.$^2 z =$ sin.$^2 z +$ sin.$^4 +$ sin.$^6 z +$ sin.$^8 z + \ldots$ &c.
cot.$^2 z =$ cos.$^2 z +$ cos.$^4 z +$ cos.$^6 z +$ cos.$^8 z + \ldots$ &c.
sin. z sec.$^2 z =$ sin. $z +$ sin.$^3 z +$ sin.$^5 z +$ cos.$^7 z + \ldots$ &c.
cos. z cosec.$^2 z =$ cos. $z +$ cos.$^3 z +$ cos.$^5 z +$ cos.$^7 z \ldots$ &c.

Mais, par le n.° 18, chaque puissance de *sinus* & de cosinus d'un arc pouvant être exprimée en *sinus* ou cosinus des multiples de cet arc, si on nomme A, B, C, D, &c. les sommes des coëfficiens des termes semblables dans les développemens de la valeur de tang.² z, & de celle de cot.² z, & A', B', C', D', &c. celles des coëfficiens des termes aussi semblables dans ceux de la valeur de sin. z sec.² z, & de celle de cos. z cosec.² z; ces valeurs deviennent évidemment

$$\text{tang.}^2 z = A - B \cos. 2z + C \cos. 4z - D \cos. 6z + \ldots\ldots \&c.$$

$$\text{cot.}^2 z = A + B \cos. 2z + C \cos. 4z + D \cos. 6z + \ldots\ldots \&c.$$

$$\sin. z \,\text{sec.}^2 z = A' \sin. z - B' \sin. 3z + C' \sin. 5z - D \sin. 7z + \ldots\ldots \&c.$$

$$\cos. z \,\text{cosec.}^2 z = A' \cos. z + B' \cos. 3z + C' \cos. 5z + D \cos. 7z + \ldots\ldots \&c.$$

Donc en substituant dans les expressions de tang. z, de cot. z, de sec. z & de cosec. z que nous avons déjà trouvée, elles deviennent

$$\text{tang.}\, z = \frac{-\Delta \log. \cos. z + \log. \cos. \Delta z}{\pm \text{tang.}\, \Delta z} \mp \tfrac{1}{2} A \,\text{tang.}\, \Delta z \pm \tfrac{1}{2} B \,\text{tang.}\, \Delta z \cos. 2z \mp \tfrac{1}{2} C \,\text{tang.}\, \Delta z \cos. 4z \pm \tfrac{1}{2} D \,\text{tang.}\, \Delta z \cos. 6z \mp \ldots\ldots \&c.$$

$$\text{cot.}\, z = \frac{\Delta \log. \sin. z - \log. \cos. \Delta z}{\pm \text{tang.}\, \Delta z} \pm \tfrac{1}{2} A \,\text{tang.}\, \Delta z \pm \tfrac{1}{2} B \,\text{tang.}\, \Delta z \cos. 2z \pm \tfrac{1}{2} C \,\text{tang.}\, \Delta z \cos. 4z \pm \tfrac{1}{2} D \,\text{tang.}\, \Delta z \cos. 6z \pm \ldots\ldots \&c.$$

$$\text{sec.}\, z = \frac{\Delta \log. \text{tang.}\, (45° + \frac{1}{2} z)}{\pm 2 \,\text{tang.}\, \frac{1}{2} \Delta z} \mp A' \,\text{tang.}\, \tfrac{1}{2} \Delta z \sin. z \pm B' \,\text{tang.}\, \tfrac{1}{2} \Delta z \sin. 3z \mp C' \,\text{tang.}\, \tfrac{1}{2} \Delta z \sin. 5z \pm D' \,\text{tang.}\, \tfrac{1}{2} \Delta z \sin. 7z \mp \ldots\ldots \&c.$$

$$\text{cosec.}\, z = \frac{\Delta \log. \text{tang.}\, \frac{1}{2} z}{\pm 2 \,\text{tang.}\, \Delta z} \pm A' \,\text{tang.}\, \tfrac{1}{2} \Delta z \cos. z \pm B' \,\text{tang.}\, \tfrac{1}{2} \Delta z \cos. 3z \pm C' \,\text{tang.}\, \tfrac{1}{2} \Delta z \cos. 5z \pm D' \,\text{tang.}\, \tfrac{1}{2} \Delta z \cos. 7z \pm \ldots\ldots \&c.$$

41. Pour intégrer ces équations, on remarquera que Δz étant constant, & chacun des angles dont les *sinus* ou cosinus qui forment les termes qui composent leurs seconds membres étant un multiple de z, la différence de chaque angle sera aussi un multiple de Δz; ainsi, appliquant à chaque terme les formules A ou B du n.° 29, on aura, pour intégrales générales,

$$M \ldots \int \text{tang.}\, z = \frac{-\log. \cos. z + \int \log. \cos. \Delta z}{\pm \text{tang.}\, \Delta z} \mp \int \tfrac{1}{2} A \,\text{tang.}\, \Delta z + \frac{B \,\text{tang.}\, \Delta z \sin. (2z \mp \Delta z)}{4 \sin. \Delta z} - \frac{C \,\text{tang.}\, \Delta z \sin. (4z \mp 2z)}{4 \sin. 2\Delta z} + \frac{D \,\text{tang.}\, \Delta z \sin. (6z \mp \Delta z)}{4 \sin. 3\Delta z} \ldots\ldots \&c.$$

$$N \ldots \int \text{cot.}\, z = \frac{\log. \sin. z - \int \log. \cos. \Delta z}{\pm \text{tang.}\, \Delta z} \pm \int \tfrac{1}{2} A \,\text{tang.}\, \Delta z + \frac{B \,\text{tang.}\, \Delta z \sin. (2z \mp \Delta z)}{4 \sin. z} + \frac{C \,\text{tang.}\, \Delta z \sin. (4z \mp 2\Delta z)}{4 \sin. 2z} + \frac{D \,\text{tang.}\, \Delta z \sin. (6z - 3\Delta z)}{4 \sin. 3\Delta z} \ldots\ldots \&c.$$

$$O \ldots \int \text{sec.}\, z = \frac{\log. \text{tang.}\, (45° + \frac{1}{2} z)}{\pm 2 \,\text{tang.}\, \frac{1}{2} \Delta z} + \frac{A \,\text{tang.}\, \frac{1}{2} \Delta z \cos. (z \mp \frac{1}{2} \Delta z)}{2 \sin. \frac{1}{2} \Delta z} - \frac{B \,\text{tang.}\, \frac{1}{2} \Delta z \cos. (3z \mp \frac{3}{2} \Delta z)}{2 \sin. \frac{3}{2} \Delta z} + \frac{C \,\text{tang.}\, \frac{1}{2} \Delta z \cos. 5z \mp \frac{5}{2} \Delta z}{2 \sin. \frac{5}{2} \Delta z} - \frac{D \,\text{tang.}\, \frac{1}{2} \Delta z \cos. (7z \mp \frac{7}{2} \Delta z)}{2 \sin. \frac{7}{2} \Delta z} \ldots\ldots \&c.$$

$$P \ldots \int \text{cosec.}\, z = \frac{\log. \text{tang.}\, \frac{1}{2} z}{\pm 2 \,\text{tang.}\, \frac{1}{2} z} + \frac{A \,\text{tang.}\, \frac{1}{2} \Delta z \sin. (z \mp \frac{1}{2} \Delta z)}{2 \sin. \frac{1}{2} \Delta z} + \frac{B \,\text{tang.}\, \frac{1}{2} \Delta z \sin. (3z \mp \frac{3}{2} \Delta z)}{2 \sin. \frac{3}{2} \Delta z} + \frac{C \,\text{tang.}\, \frac{1}{2} \Delta z \sin. (5z \mp \frac{5}{2} \Delta z)}{2 \sin. \frac{5}{2} \Delta z} + \frac{D \,\text{tang.}\, \frac{1}{2} \Delta z \sin. (7z \mp \frac{7}{2} \Delta z)}{2 \sin. \frac{7}{2} \Delta z} \ldots\ldots \&c.$$

Ces quatre formules donneront toujours une valeur, au moins approchée, pour la somme des suites dont il s'agit maintenant; on aura soin d'ajouter à chacune une constante dans l'application qu'on en fera.

42. Soit donc les deux suites tang. $(a \pm \varphi)$ + tang. $(a \pm 2\varphi)$ + tang. $(a \pm 3\varphi)$ + tang. $(a \pm 4\varphi)$ + ... + tang. $(a \pm n\varphi)$ & cot. $(a \pm \varphi)$ + cot. $(a \pm 2\varphi)$ + cot. $(a \pm 3\varphi)$ + cot. $(a \pm 4\varphi)$ ...... + cot. $(a \pm n\varphi)$, dont on demande les sommes, φ étant supposé très-petit; on aura, en prenant l'intégrale de tang. $(a \pm (n+1)\varphi)$ & celle de cot. $(a \pm (n+1)\varphi)$ où l'on supposera, comme au n.° 31, $a \pm (n+1)\varphi = z$, $\varphi = \Delta z$, par le moyen des formules M & N du n.° précédent, & nommant Φ la somme de la première, & Φ' celle de la seconde.

$$\Phi = \frac{-\log. \cos. (a \pm (n+1)\varphi) + n \log. \cos. \varphi}{\pm \text{tang.}\, \varphi} \mp \tfrac{1}{2} n A \,\text{tang.}\, \varphi + \frac{B \,\text{tang.}\, \varphi \sin. (2a \pm (2n+1)\varphi)}{4 \sin. \varphi} - \frac{C \,\text{tang.}\, \varphi \sin. (4a \pm (2n+1) 2\varphi)}{4 \sin. 4\varphi} \ldots\ldots + \frac{D \,\text{tang.}\, \varphi \sin. (6a \pm (2n+1) 3\varphi)}{4 \sin. 3\varphi} \ldots + \&c. \ldots + C$$

$$\Phi' = \frac{\log. \sin. (a \pm (n+1)\varphi) - n \log. \cos. \varphi}{\pm \text{tang.}\, \varphi} \pm \tfrac{1}{2} n A \,\text{tang.}\, \varphi + \frac{B \,\text{tang.}\, \varphi \sin. (2a \pm (2n+1)\varphi)}{4 \sin. \varphi} + \frac{C \,\text{tang}\, \varphi \sin. (4a \pm (2n+1) 2\varphi)}{4 \sin. 2\varphi} \ldots\ldots + D \,\text{tang.}\, \varphi \sin. (6a \pm (2n+1) 3\varphi) \ldots + \&c. \ldots + C'.$$

Ou en déterminant les constantes C & C', en faisant attention que $n=0$ donne $\Phi=0$ & $\Phi'=0$.

$$\Phi=\frac{\text{log. cos.}(a\pm\varphi)-\text{log. cos.}(a\pm(n+1)\varphi)+n\,\text{log. cos.}\,\varphi}{\pm\,\text{tang.}\,\varphi}$$
$$\mp\tfrac{1}{2}\,n\,A\,\text{tang.}\,\varphi$$
$$+\frac{B\,\text{tang.}\,\varphi}{4\,\text{sin.}\,\varphi}(\text{sin.}(2a\pm(2n+1)\varphi)-\text{sin.}(2a\pm\varphi))$$
$$-\frac{C\,\text{tang.}\,\varphi}{4\,\text{sin.}\,2\varphi}(\text{sin.}(4a\pm(2n+1)2\varphi)-\text{sin.}(4a\pm3\varphi))$$
$$+\frac{D\,\text{tang.}\,\varphi}{4\,\text{sin.}\,3\varphi}\,\text{sin.}\,(6a\pm(2n+1)3\varphi)-\text{sin.}\,(6a\pm3\varphi)$$
$$-\ldots\ldots\ldots\ldots\ldots\ldots\ldots\ldots\ \&c.$$

$$\Phi'=\frac{\text{log. sin.}(a\pm(n+1)\varphi)-\text{log. sin.}(a\pm\varphi)-n\,\text{log. cos.}\,\varphi}{\pm\,\text{tang.}\,\varphi}$$
$$\pm\tfrac{1}{2}\,n\,A\,\text{tang.}\,\varphi$$
$$+\frac{B\,\text{tang.}\,\varphi}{4\,\text{sin.}\,\varphi}(\text{sin.}(2a\pm(2n+1)\varphi)-\text{sin.}(2a\pm\varphi))$$
$$+\frac{C\,\text{tang.}\,\varphi}{4\,\text{sin.}\,2\varphi}(\text{sin.}(4a\pm(2n+1)\varphi)-\text{sin.}(4a\pm2\varphi))$$
$$+\frac{D\,\text{tang.}\,\varphi}{4\,\text{sin.}\,3\varphi}(\text{sin.}(6a\pm(2n+1)3\varphi)-\text{sin.}(6a\pm3\varphi))$$
$$+\ldots\ldots\ldots\ldots\ldots\ldots\ldots\ldots\ \&c.$$

Et plus simplement en réduisant les termes des seconds membres par le n.° 15;

$$\Phi=\pm\frac{1}{\text{tang.}\,\varphi}\,\text{log.}\left(\frac{\text{cos.}\,(a\pm\varphi)\,\text{cos.}^n\varphi}{\text{cos.}\,a\pm(n+1)\varphi}\right)$$
$$\mp\tfrac{1}{2}\,n\,A\,\text{tang.}\,\varphi$$
$$\pm\frac{B\,\text{tang.}\,\varphi\,\text{sin.}\,n\varphi\,(\text{cos.}\,2a\pm(n+1)\,2\varphi)}{2\,\text{sin.}\,\varphi}$$
$$\mp\frac{C\,\text{tang.}\,\varphi\,\text{sin.}\,2n\varphi\,\text{cos.}\,(4a\pm(n+1)\,2\varphi)}{2\,\text{sin.}\,2\varphi}$$
$$\pm\frac{D\,\text{tang.}\,\varphi\,\text{sin.}\,3n\varphi\,\text{cos.}\,(6a\pm(n+1)\,3\varphi)}{2\,\text{sin.}\,3\varphi}$$
$$\mp\ldots\ldots\ldots\ldots\ldots\ldots\ldots\ldots\ \&c.$$

$$\Phi'=\pm\frac{1}{\text{tang.}\,\varphi}\,\text{log.}\left(\frac{\text{sin.}\,(a\pm(n+1)\varphi)}{\text{sin.}\,(a\pm\varphi)\,\text{cos.}^n\varphi}\right)$$
$$\pm\tfrac{1}{2}\,n\,A\,\text{tang.}\,\varphi$$
$$\pm\frac{B\,\text{tang.}\,\varphi\,\text{sin.}\,n\varphi\,\text{cos.}\,(2a\pm(n+1)\varphi)}{2\,\text{sin.}\,\varphi}$$
$$\mp\frac{C\,\text{tang.}\,\varphi\,\text{sin.}\,2n\varphi\,\text{cos.}\,(4a\pm(n+1)\,2\varphi)}{2\,\text{sin.}\,2\varphi}$$
$$\pm\frac{D\,\text{tang.}\,\varphi\,\text{sin.}\,3n\varphi\,\text{cos.}\,(4a\pm(n+1)\,3\varphi)}{2\,\text{sin.}\,3\varphi}$$
$$\pm\ldots\ldots\ldots\ldots\ldots\ldots\ldots\ldots\ \&c.$$

43. Soit encore les deux suites sec. $(a\pm\varphi)$ + sec. $(a\pm2\varphi)$ + sec. $(a\pm3\varphi)$ + sec. $(a\pm4\varphi)$ + ... + sec. $(a\pm n\varphi)$, & cosec. $(a\pm\varphi)$ + cosec. $(a\pm2\varphi)$ + cosec. $(a\pm3\varphi)$ + cosec. $(a\pm4\varphi)$ + ...cosec. $(a\pm n\varphi)$ dont on demande les sommes, φ étant également supposé très-petit, on aura, en prenant l'intégrale de sec. $a\pm(n+1)\varphi$ & celle de cosec. $a\pm(n+1)\varphi$, où l'on fera la même supposition qu'au n.° 31, par le moyen des formules O & P du n.° 41, & nommant Φ'' la somme de la première, & Φ''' celle de la seconde:

$$\Phi''=\frac{\text{log. tang.}\,(45°+\tfrac{1}{2}a\pm(\tfrac{n+1}{2})\,\varphi)}{\pm\,2\,\text{tang.}\,\tfrac{1}{2}\varphi}$$
$$+\frac{A'\,\text{tang.}\,\tfrac{1}{2}\varphi\,\text{cos.}\,a\pm(n+\tfrac{1}{2}\varphi)}{2\,\text{sin.}\,\tfrac{1}{2}\varphi}$$
$$-\frac{B'\,\text{tang.}\,\tfrac{1}{2}\varphi\,\text{cos.}\,(3a\pm(n+\tfrac{1}{2})\,3\varphi)}{2\,\text{sin.}\,\tfrac{3}{2}\varphi}$$
$$+\frac{C'\,\text{tang.}\,\tfrac{1}{2}\varphi\,\text{cos.}\,(5a\pm(n+\tfrac{1}{2})\,5\varphi)}{2\,\text{sin.}\,\tfrac{5}{2}\varphi}$$
$$-\frac{D'\,\text{tang.}\,\tfrac{1}{2}\varphi\,\text{cos.}\,(7a\pm(n+\tfrac{1}{2})\,7\varphi)}{2\,\text{sin.}\,\tfrac{7}{2}\varphi}$$
$$+\ldots\ldots\ldots\ldots\ldots\ldots\ \&c.+C.$$

$$\Phi'''=\frac{\text{log. tang.}\,(\tfrac{1}{2}a\pm(\tfrac{n+1}{1})\,\varphi)}{\pm\,2\,\text{tang.}\,\tfrac{1}{2}\varphi}$$
$$+\frac{A'\,\text{tang.}\,\tfrac{1}{2}\varphi\,\text{sin.}\,a\pm(n+\tfrac{1}{2})\,\varphi}{2\,\text{sin.}\,\tfrac{1}{2}\varphi}$$
$$+\frac{B'\,\text{tang.}\,\tfrac{1}{2}\varphi\,\text{sin.}\,(3a\pm(n+\tfrac{1}{2})\,3\varphi)}{2\,\text{sin.}\,\tfrac{3}{2}\varphi}$$
$$+\frac{C'\,\text{tang.}\,\tfrac{1}{2}\varphi\,\text{sin.}\,(5a\pm(n+\tfrac{1}{2})\,5\varphi)}{2\,\text{sin.}\,\tfrac{5}{2}\varphi}$$
$$+\frac{D'\,\text{tang.}\,\tfrac{1}{2}\varphi\,\text{sin.}\,(7a\pm(n+\tfrac{1}{2})\,7\varphi)}{2\,\text{sin.}\,\tfrac{7}{2}\varphi}$$
$$+\ldots\ldots\ldots\ldots\ldots\ldots\ \&c.+C.$$

Ou en déterminant les constantes C & C' en faisant attention, comme au n.° précédent, que $n=0$ donne $\Phi''=0$ & $\Phi'''=0$.

$$\Phi''=\frac{\text{log.}\,\dfrac{\text{tang.}\,(45°+\tfrac{1}{2}a\pm(n+\tfrac{1}{2})\,\varphi)}{\text{tang.}\,(45°+\tfrac{1}{2}a\pm\tfrac{1}{2}\varphi)}}{\pm\,2\,\text{tang.}\,\tfrac{1}{2}\varphi}$$
$$-\frac{A'\,\text{tang.}\,\tfrac{1}{2}\varphi}{2\,\text{sin.}\,\tfrac{1}{2}\varphi}(\text{cos.}(a\pm\tfrac{1}{2}\varphi)-\text{cos.}(a\pm(n+\tfrac{1}{2}\varphi)))$$
$$+\frac{B'\,\text{tang.}\,\tfrac{1}{2}\varphi}{2\,\text{sin.}\,\tfrac{3}{2}\varphi}(\text{cos.}(3a\pm\tfrac{3}{2}\varphi)-\text{cos.}(3a\pm(n+\tfrac{1}{2})3\varphi))$$
$$-\frac{C'\,\text{tang.}\,\tfrac{1}{2}\varphi}{2\,\text{sin.}\,\tfrac{5}{2}\varphi}(\text{cos.}(5a\pm\tfrac{5}{2}\varphi)-\text{cos.}(5a\pm(n+\tfrac{1}{2})5\varphi))$$
$$+D'\text{tang.}\,\tfrac{1}{2}\varphi\,(\text{cos.}(7a\pm\tfrac{7}{2}\varphi)-\text{cos.}(7a\pm(n+\tfrac{1}{2})7\varphi))$$
$$-\ldots\ldots\ldots\ldots\ldots\ldots\ \&c.$$

$$\Phi'''=\frac{\text{log. tang.}\,\tfrac{1}{2}a\pm(\tfrac{n+1}{2})\,\varphi-\text{log.}\,(\tfrac{1}{2}a\pm\tfrac{1}{2}\varphi)}{\pm\,2\,\text{tang.}\,\tfrac{1}{2}\varphi}$$
$$+\frac{A'\,\text{tang.}\,\tfrac{1}{2}\varphi}{2\,\text{sin.}\,\tfrac{1}{2}\varphi}(\text{sin.}(a\pm(n+\tfrac{1}{2})\varphi)-\text{sin.}(a\pm\tfrac{1}{2}\varphi))$$
$$+\frac{B'\,\text{tang.}\,\tfrac{1}{2}\varphi}{2\,\text{sin.}\,\tfrac{3}{2}\varphi}(\text{sin.}(3a\pm(n+\tfrac{1}{2})3\varphi)-\text{sin.}(3a\pm\tfrac{3}{2}\varphi))$$

$$+\frac{C'\text{tang.}\frac{1}{2}\varphi}{2\,\text{fin.}\frac{5}{2}\varphi}(\text{fin.}(5a\pm(n+\tfrac{1}{2})5a)-\text{fin.}(5a\pm\tfrac{5}{2}\varphi))$$

$$+\frac{D'\text{tang.}\frac{1}{2}\varphi}{2\,\text{fin.}\frac{7}{2}\varphi}(\text{fin.}(7a\pm(n+\tfrac{1}{2})7\varphi)-\text{fin.}(7a\pm\tfrac{7}{2}\varphi))$$

$+\ldots\ldots\ldots\ldots\ldots\ldots\ldots\ldots\ldots$ &c.

Et plus ſimplement en réduiſant les termes des ſeconds membres par le n.° 15.

$$\varphi' = \pm\frac{1}{2\,\text{tang.}\frac{1}{2}\varphi}\,\text{log.}\left(\frac{\text{tang.}(45^\circ+\frac{1}{2}a\pm(\frac{n+1}{2})\varphi)}{\text{tang.}(45^\circ\pm\frac{1}{2}a\pm\frac{1}{2}\varphi)}\right)$$

$$\mp\frac{A'\text{tang.}\frac{1}{2}\varphi\,\text{fin.}\frac{1}{2}n\varphi\,\text{fin.}(a\pm(\frac{n+1}{2})\varphi}{\text{fin.}\frac{1}{2}\varphi}$$

$$\pm\frac{B'\text{tang.}\frac{1}{2}\varphi\,\text{fin.}\frac{3}{2}n\varphi\,\text{fin.}(3a\pm(\frac{n+1}{2})3\varphi)}{\text{fin.}\frac{3}{2}\varphi}$$

$$\mp\frac{C'\text{tang.}\frac{1}{2}\varphi\,\text{fin.}\frac{5}{2}n\varphi\,\text{fin.}(5a\pm(\frac{n+1}{2})5\varphi)}{\text{fin.}\frac{5}{2}\varphi}$$

$$\pm\frac{D'\text{tang.}\frac{1}{2}\varphi\,\text{fin.}\frac{7}{2}n\varphi\,\text{fin.}(7a\pm(\frac{n+1}{2})7\varphi)}{\text{fin.}\frac{7}{2}\varphi}$$

$\mp\ldots\ldots\ldots\ldots\ldots\ldots\ldots\ldots\ldots$ &c.

$$\varphi'' = \pm\frac{1}{2\,\text{tang.}\frac{1}{2}\varphi}\,\text{log.}\left(\frac{\text{tang.}(\frac{1}{2}a\pm(\frac{n+1}{2})\varphi)}{\text{tang.}(\frac{1}{2}a\pm\frac{1}{2}\varphi)}\right)$$

$$\pm\frac{A'\text{tang.}\frac{1}{2}\varphi\,\text{fin.}\frac{1}{2}n\varphi\,\text{cof.}(a\pm(\frac{n+1}{2})\varphi)}{\text{fin.}\frac{1}{2}\varphi}$$

$$\pm\frac{B'\text{tang.}\frac{3}{2}\varphi\,\text{fin.}\frac{3}{2}n\varphi\,\text{cof.}(3a\pm(\frac{n+1}{2})3\varphi)}{\text{fin.}\frac{3}{2}\varphi}$$

$$\pm\frac{C'\text{tang.}\frac{1}{2}\varphi\,\text{fin.}\frac{5}{2}n\varphi\,\text{cof.}(5a\pm(\frac{n+1}{2})5\varphi)}{\text{fin.}\frac{5}{2}\varphi}$$

$$\pm D'\text{tang.}\tfrac{1}{2}\varphi\,\text{fin.}\tfrac{7}{2}n\varphi\,\text{cof.}(7a\pm(\tfrac{n+1}{2})7\varphi)$$

$\pm\ldots\ldots\ldots\ldots\ldots\ldots\ldots\ldots\ldots$ &c.

44. Il faut bien faire attention que les logarithmes dont il s'agit ici, ſont les logarithmes hyperboliques & naturels, & que par conſéquent, dans la pratique de ces formules, ſi l'on veut faire uſage des logarithmes tabulaires, il faudra toujours réduire ces derniers aux logarithmes naturels, en les diviſant par le module 0, 43539448 (*Voyez* MODULE) ou ce qui revient au même, en les multipliant par le nombre 2, 30258509, logarithme naturel de 10.

Il ne ſeroit pas difficile de trouver des formules pour ſommer les ſuites dont les termes ſont des plus hautes puiſſances de tangentes, de co-tangentes, de ſécantes & de co-ſécantes d'arcs qui ſuivent notre progreſſion, ou des produits ſemblables de ces puiſſances; mais elles ſeroient ſi compliquées que nous n'avons pas cru devoir nous en occuper. Nous nous bornons, quant-à-préſent, à faire remarquer l'uſage bien ſimple qu'on peut faire de nos formules, ſoit dans la Géométrie, ſoit dans la navigation; quoique nous ne puiſſions les appliquer qu'à un très-petit nombre d'exemples, elles ne ſont pas moins un moyen de plus pour obtenir à la rigueur, ce qu'on n'obtient exactement que par le calcul infiniteſimal & une démonſtration auſſi de plus, de l'excellence & de la ſimplicité de ce dernier calcul.

45. Nous avons vu, n.° 39, l'application que nous avons faite des formules du n.° 29 à la quadrature d'un ſegment de poligone régulier, inſcrit au cercle & à celle d'un ſegment de poligone cycloïdal correſpondant, d'où nous avons conclu les ſurfaces entières de ces poligones & celles de ces deux courbes. On peut auſſi, par le moyen des formules des n.ºs 42 & 43, obtenir les ſurfaces des ſegmens, des poligones ciſſoïdaux & conchoïdaux, correſpondans à ceux des poligones réguliers, inſcrits dans les cercles, dont l'un eſt décrit ſur l'axe de la ciſſoïde & ſe termine à ſon aſymptote, & l'autre, ſur l'axe de la conchoïde, dont l'aſymptote paſſe par le centre. *Voyez* CISSOÏDE & CONCHOÏDE.

En effet, on ſait que, par la conſtruction de la ciſſoïde de Dioclès, chaque abſciſſe eſt moyenne proportionnelle entre l'ordonnée de la courbe & l'ordonnée correſpondante du cercle (*Voyez* ABSCISSE & ORDONNÉE; donc par tout ce que nous avons dit juſqu'ici en nommant z l'arc de cercle qui répond à chaque abſciſſe ou à chaque ordonnée, chaque côté du trapèze qu'on conſidère, aura pour expreſſion $\frac{(1-\text{cof.}\,z)^2}{\text{fin.}\,z}$; donc chaque trapèze déſigné par n, aura auſſi pour expreſſion générale & particulière $\frac{1}{2}\left(\frac{(1-\text{cof.}\,nK)^2}{\text{fin.}\,nK}+\frac{1-\text{cof.}(n-1)K)^2}{\text{fin.}(n-1)K}\right)$ $(\text{cof.}\,(n-1)K-\text{cof.}\,nK)$, en nommant K chacun des petits arcs de cercles égaux, compris dans chaque trapèze; ainſi, le terme à intégrer pour avoir la ſurface du demi-ſegment du polygone cycloïdal ſera, par le n.° 30,

$$\frac{1}{2}\left(\frac{1-\text{cof.}\,(n+1)K)^2}{\text{fin.}\,(n+1)}+\frac{(1-\text{cof.}\,nK)^2}{\text{fin.}\,nK}\right)$$

$(\text{cof.}\,nK-\text{cof.}\,(n+1)K)$, ce terme dégagé par les n.° 8, 9, 14, 15 & 16, ſe réduira à des expreſſions de coſécantes & de cotangentes, qui s'intégreront aiſément par nos formules.

De même, par la conſtruction de la conchoïde de Nicomède, ſi on nomme p la diſtance du pole de cette courbe au centre du cercle, décrit ſur ſon axe, la partie de l'ordonnée, compriſe entre la circonférence & la courbe, eſt en nommant z l'arc correſpondant tang. z; donc l'ordonnée entière a pour expression $\sin. z + p$ tang. z; donc aussi chaque trapèze, désigné par n, aura, pour expression générale & particulière, en donnant à k la même valeur que ci-dessus & par la même raison $\frac{1}{2}$ (sin. $n\,k$ + sin. $(n-1)k + p$ tang. $n\,k$ $+ p$ tang. $(n-1)k$ (cos. $(n-1)k$ — cos. $n\,k$), ainsi le terme à intégrer, pour avoir la surface du demi-segment du poligone conchoïdal, sera par le même n.° 30 $\frac{1}{2}$ (sin. $(n+1)\,k$ + sin. $n\,k$ $+ p$ tang. $(n+1)\,k + p$ tang. $n\,k$) cos. $n\,k$ — cos. $(n+1)\,k$) ce terme dégagé comme pour la cissoïde, se réduira à des expressions de sécantes, qui s'intégreront également sans difficulté par nos formules.

Nous n'entrerons point dans le détail de ces calculs, qui n'ont d'autre difficulté que leur longueur; il suffit d'avoir mis nos lecteurs dans la voie de les faire; ils trouveront, en supposant k infiniment petit, que la surface d'un demi-segment cissoïdal est $\frac{3nk}{2}$ — 2 sin. $n\,k$ + $\frac{1}{4}$ sin. 2 $n\,k$ & que celle d'un demi-segment conchoïdal est p log. tang. $(45° + \frac{1}{2} n\,k) - p$ sin. $n\,k - \frac{1}{4}$ sin. 2 $\frac{nk}{2}$ d'où ils concluront avec nous que la surface entière de le cissoïde, est triple de celle du cercle décrit sur son axe, & que celle de la conchoïde est infinie.

46. Il nous reste à faire voir comment on peut se servir de nos formules dans la navigation pour le calcul des latitudes croissantes & la construction des cartes réduites, dont l'usage est si exact & si commode pour la réduction des routes. (*Voyez la partie de la navigation aux mots* CARTES, LATITUDES CROISSANTES & ROUTE.

On sait, par tous les traités de navigation, que pour calculer des augmentations qu'on doit donner aux parties du méridien, relativement à celles qu'on donne aux parallèles dans les cartes réduites, on doit concevoir le méridien partagé en parties très-petites; & qu'en multipliant chacune de ces parties par la sécante de la latitude, on aura la valeur que cette partie doit avoir sur la carte réduite : donc, pour avoir l'étendue qu'on doit donner aux méridiens pour marquer une certaine latitude, il faut prendre la somme de toutes les sécantes, en suivant la progression arithmétique jusqu'au degré de latitude dont il s'agit, pour le nombre de parties ou d'arcs, dans lequel on suppose la division du méridien & multiplier cette somme par l'une de ces parties; ainsi, en nommant φ l'une de ces parties, & $n\,\varphi$ la latitude, séc. $n\,\varphi$ sera l'expression de la mesure de cette partie ou de l'intervalle des deux parallèles qui la terminent. (*Voyez* la partie de la Marine, aux articles cités, & le traité de navigation de M. Bezout, pag. 42); donc la somme de cette expression sera le nombre des parties de latitudes croissantes, ou l'étendue qu'on doit donner aux méridiens, pour marquer une certaine latitude $n\,\varphi$; or, pour avoir cette somme, il faut prendre l'intégrale de φ séc. $(n+1)\,\varphi$ qu'on trouve toute calculée & toute complète au n.° 43, en faisant dans la formule qui l'exprime $x = o$, & observant que φ étant supposé très-petit $= 2$ tang. $\frac{1}{2}\varphi$; on pourra donc facilement construire, au moyen de cette formule, des tables de latitudes croissantes ou des cartes réduites.

Il est aisé de voir que plus φ sera petit, plus la formule sera exacte. Si on le suppose presque infiniment petit, comme d'une quarte ou d'une quinte, la formule deviendra, en négligeant ce qui doit être négligé, & se rappellant que tang. 45.° $= 1$, $\varphi\Phi''' = \varphi \int$ séc. $n\,\varphi =$ log. (tang. 45.° $+ \frac{1}{2} n\,\varphi$) $=$ log. cot. (45.° $- \frac{1}{2} n\,\varphi$), c'est-à-dire que la latitude croissante est égale au logarithme de la cotangente de la moitié du complément de la latitude simple. Ce résultat est précisément celui que donne le calcul intégral (*voyez* le premier volume de la quatrième partie du cours de mathématiques de M. Bezout, à l'usage de la marine, pag. 117,) ce qui confirme la bonté & l'exactitude de nos formules.

Les principes & les résultats que nous avons exposés, & les conséquences que nous en avons tirées exigent qu'on soit bien instruit de tous les élémens qu'ils supposent; ainsi, ceux qui voudront les lire avec fruit, doivent auparavant, ou à mesure qu'ils avanceront, s'instruire ou se rappeller de tous les articles que nous avons cités, ou auxquels nous avons renvoyé, sur-tout de quelques-uns, & principalement de l'article *différences*, où son auteur, connu dans le monde savant par les recherches les plus profondes & les plus utiles, a développé, d'une manière aussi simple que facile, la doctrine générale du calcul infinitésimal.

(*Cet article est en entier de M.* DE LAGRAVE, *Avocat en Parlement.*)

SIRIUS, *Astronomie*, ou la canicule, est une étoile de la première grandeur, la plus brillante du ciel, qui est placée dans la gueule du chien. On croit que le nom de *Sirius* vient d'Osiris, divinité Égyptienne, ou du Nil qu'on appelloit aussi *Siris*, & dont le débordement paroissoit avoir, avec le lever de cette étoile, une correspondance remarquable.

Les Arabes la nomment *aschère*, *scera*, *alhabor*, *aliemini*, *lœlaps*, les Grecs σειριος, ἀστροκύων, & les Latins *canicula*. *Voy.* CANICULE, CHIEN, ETOILE. (*O*)

SITUATION, s. f. *en Géométrie & en Algèbre*, signifie la position respective des lignes, surfaces, *&c.*

Leibnitz parle dans les actes de Leipsick d'une espèce particulière d'analyse, qu'il appelle *analyse de situation*, sur laquelle on pourroit établir une sorte de calcul.

Il est certain que l'analyse de *situation* est une chose qui manque à l'algèbre ordinaire. C'est le défaut de cette analyse, qui fait qu'un problème paroît souvent avoir plus de solutions qu'il n'en doit avoir dans les circonstances limitées où on le considère. Par exemple, qu'on propose de mener par l'angle *C*, *fig.* 12. *Alg.* d'un quarré *ABCD* une ligne *FCG*, qui soit terminée par les côtés *AD* & *AB* prolongés, & qui soit égale à une ligne donnée *LM*. Il est certain que ce problême ainsi proposé n'a que deux solutions, & qu'on ne peut mener par le point *C* plus de deux lignes *ECH*, *GCF* qui satisfassent à la question. Cependant si on réduit ce problême en équation en prenant *AG* pour inconnue, on trouvera qu'il monte au quatrième degré. *Voyez l'application de l'Algèbre à la Géométrie* de M. Guisnée, & *le neuvième livre de sections coniques* de M. de l'Hôpital, d'où il s'ensuit que le problême a quatre solutions; & il en a quatre en effet; parce qu'on peut faire passer par le point *C* deux lignes *CO*, *CQ*, dont les parties *OP*, *QR*, terminées par les côtés *AD* & *AB* (prolongés ou non) soient égales à la ligne donnée *LM*; ce qui différentie les lignes *OP* & *QR* d'avec les lignes *GF*, *EH*, c'est que les extrémités de ces deux-ci se trouvent sur les côtés *AD* & *AB prolongés vers H & vers F*, au lieu que *OP* a une de ses extrémités sur *AD non prolongé*, & l'autre sur *AB prolongé vers O*; & de même *OR* a l'une de ses extrémités sur *AB non prolongée*, & l'autre sur *AD prolongée vers Q*. Le calcul algébrique ne peut exprimer autre chose que la condition que les exerémités *G*, *F*, *E*, *H*, soient sur *AD* & *AB prolongées ou non*; & voilà pourquoi le calcul donne quatre solutions du problême. Il est vrai que cette abondance de l'algèbre qui donne ce qu'on ne lui demande pas, est admirable & avantageuse à plusieurs égards, mais aussi elle fait souvent qu'un problême qui n'a réellement qu'une solution en prenant son énoncé à la rigueur, se trouve renfermé dans une équation de plusieurs dimensions, par-là ne peut en quelque manière être résolu. Il seroit à souhaiter que l'on trouvât moyen de faire entrer la *situation* dans le calcul des problêmes; cela les simplifieroit extrêmement pour la plupart; mais l'état & la nature de l'analyse algébrique ne paroissent pas le permettre. *Voyez* sur cela mon *Traité de dynamique*, *seconde édition*, *article* 176; *voyez* aussi *l'article* ÉQUATION *vers la fin*.

Dans le *tome VIII* des *Mémoires de l'académie de Pétersbourg*, on trouve un *mémoire* de M. Euler, qui a pour titre, *Solutio problematis ad Geometriam situs pertinentis*, c'est-à-dire, *solution d'un problême qui a rapport à la Géométrie des situations*. Mais on ne voit dans ce mémoire rien qui ait rapport à l'analyse de *situation* dont nous parlons; il s'agit seulement de savoir quel chemin on doit passer pour traverser des ponts disposés sur une rivière qui serpente, & les traverser de manière qu'on ne passe jamais deux fois sur le même. (*O*)

SIX, (*Arithmétique*) nombre pair composé de deux & de quatre, ou de deux fois trois, ou de trois fois deux, ou de cinq & un. Deux & quatre font *six*; trois & trois font *six*; deux & deux font quatre, & deux font *six*, cinq & un font *six*. *Six* se marque de cette manière en chiffres arabes *6*, en chiffres romain VI, & en chiffres françois de compte & de finance, de la sorte vj. *Le Gendre*. (*D. J.*)

SIXIEME, s. m. (*Arithmétique*) c'est la partie d'un tout divisé en six parties égales; en fait de fractions ou nombre rompu, de quelque tout que ce soit, un *sixième* de cette manière $\frac{1}{6}$, & trois *sixièmes*, cinq *sixièmes*, *&c.* ainsi $\frac{3}{6}$, $\frac{5}{6}$, *&c.* un *sixième* vaut un demi-tiers; ainsi, deux *sixièmes* font un tiers, trois *sixièmes* la moitié ou un tiers & demi-tiers; quatre *sixièmes* font deux tiers; cinq *sixièmes* font deux tiers & un demi-tiers, ou la moitié & un tiers; & six *sixièmes* font trois tiers qui est le tout; le *sixième* de vingt sols est trois sols quatre deniers. *Le Gendre*.

S O B

SOBIESKI (*Ecu de*), *Astron. scutum Sobiescianum*, constellation introduite par Hévélius, pour rassembler des étoiles qui sont entre l'aigle, antinoüs & le serpentaire, près du capricorne; il y a sept étoiles principales, dont plusieurs sont de la quatrième grandeur. Hévélius, qui étoit de Dantzick, c'est-à-dire, presque Polonois, voulut consacrer le nom de Jean III, roi de Pologne, de la maison de *Sobieski*, qui avoit délivré la ville de Vienne, assiégée par les Turcs, & de qui il espéroit aussi des secours, après le funeste incendie qui lui avoit fait perdre ses instrumens & ses livres. (*D. L.*)

SOIXANTE, (*Arithmét.*) nombre pair composé de six dixaines. En chiffre commun ou arabe; *soixante* s'écrit 60; en chiffre romain de cette manière LX; & en chiffre françois de compte & de finance lx. On dit *soixante* & un, *soixante*-deux, *soixante*-trois, & ainsi de suite jusqu'à quatre-vingt. *Irson*.

SOIXANTIEME, s. m. (*Arithmét.*) en matière de fractions ou nombres rompus, un *soixantième* s'écrit ainsi $\frac{1}{60}$. On dit aussi un *soixante-unième*, un *soixante & deuxième*, un *soixante & troisième*, &c. & ces différentes fractions se marquent de même que celle ci-dessus; avec cette différence néanmoins que l'on met un 1, un 2, un 3 au lieu du zéro qui suit le 6: ce qui se pratique de cette manière $\frac{1}{61}$, $\frac{1}{62}$, $\frac{1}{63}$, *&c.* On dit encore $\frac{3}{60}$, $\frac{5}{160}$, $\frac{7}{60}$, *&c.* *Irson*.

SOLAIRE, adj. (*Astron.*) se dit de ce qui a rapport au soleil. *Voy.* SOLEIL.

Systême *solaire*, est l'ordre & la disposition des différens corps célestes qui font leurs révolutions autour du soleil comme centre de leur mouvement:

ces corps célestes sont les planètes du premier & du second ordre, & les comètes.

L'année *solaire* est composée de 365 jours 5 heures 49 minutes, par opposition à l'année lunaire, qui n'est que de 354 jours.

SOLAIRE, s. f. est le nom que donne Bouguer à la courbe que décrivent les rayons de lumière en traversant l'atmosphère. *Voy.* RÉFRACTION. Taylor a donné dans son livre *methodus incrementorum directa & inversa*, la manière de trouver cette courbe; Bouguer, dans sa dissertation sur la manière d'observer en mer la hauteur des astres, qui remporta le prix de l'académie en 1729, a donné aussi l'équation de cette courbe par une méthode particulière, plus claire que celle de Taylor, & il montre dans cette dissertation l'usage qu'on en peut faire pour connoître la hauteur des astres. (*O*)

SOLEIL, s. m. *en Astronomie*, est le grand astre qui éclaire le monde, & qui, par sa présence, constitue le jour. *Voyez* JOUR.

On met ordinairement le *soleil* au nombre des planètes; mais on devroit plutôt le mettre au nombre des étoiles fixes. *Voyez* ETOILE, PLANÈTE.

Suivant le système de Copernic, qui est à-présent généralement reçu, & même démontré, le *soleil* est le centre du système des planètes & des comètes; autour duquel toutes les planètes & les comètes, & entr'autres notre terre, font leurs révolutions en des temps différens, suivant leurs différentes distances au *soleil*; il est au foyer de tous les orbites elliptiques des planètes & des comètes.

Il est 1384462 fois plus grand que toute la terre, son diamètre étant de 319314 lieues, 111 fois plus grand que celui de la terre; mais comme la densité du *soleil* n'est que le quart de celle de la terre, sa masse ou sa pesanteur réelle est seulement 352813 fois plus grosse que celle de la terre. Le *soleil* étant mille fois plus pesant que jupiter, qui est la plus grosse de toutes les planètes, il n'est pas étonnant qu'il les retienne toutes par sa force attractive.

Le diamètre apparent du *soleil* varie depuis trente-une minutes & trente-une secondes, jusqu'à 32′ 36″, à raison de l'excentricité, ou de la distance entre le centre & le foyer de l'orbite de la terre, qui est de 1680 parties, dont la moyenne distance est 100000; l'équation de l'orbite du *soleil* est de $1^d\ 55'\ 32''$; le lieu de son apogée pour 1780 est de $3^s\ 9^d\ 10'\ 49''$; & la longitude moyenne du *soleil*, au commencement de la même année $9^s\ 10^d\ 44'\ 4''$.

La parallaxe du *soleil* est de huit secondes & demie, suivant les dernières observations de 1769. *V.* PASSAGES *sur le soleil*; d'où il résulte que sa distance moyenne à la terre, est de 34357480 lieues, elle augmente & diminue de 577246.

On voit assez que le *soleil* est la source du feu & le réservoir de la lumière; mais il est difficile de décider si le fluide lumineux forme sa substance toute entière, ou s'il ne fait que couvrir sa surface; il semble, par la manière dont les taches du *soleil* changent de figure sans changer de place, qu'il y a dans le *soleil* un noyau solide & opaque, environné d'une couche de fluide, & dont les éminences étant successivement couvertes ou découvertes, forment les différentes apparences de ses taches. Il y a lieu de croire que toutes les étoiles fixes sont à cet égard semblables au *soleil*; voilà pourquoi l'on en a vu disparoître totalement, ou diminuer de lumière. *Voyez* ETOILE.

Le *soleil* étant l'objet le plus frappant de la nature, son mouvement sert à mesurer tous les autres; les années, les jours, les heures, les minutes se comptent par les révolutions annuelles ou diurnes du *soleil*. *Voyez* TEMPS. Les points équinoxiaux que le *soleil* marque dans le ciel, en traversant l'équateur, servent à compter les longitudes & les ascensions droites; la trace qu'il nous marque par sa révolution, est l'écliptique à laquelle on rapporte toutes les autres orbites planétaires. Les astronomes observent sans cesse des *hauteurs correspondantes* du *soleil* pour avoir l'heure de leurs observations; ils se servent de son diamètre pour évaluer les parties de leurs *micromètres*: les éclipses de *soleil* leur servent à trouver les longitudes géographiques, & les lieux de la lune au temps de ses éclipses. Les *passages* de vénus sur le *soleil*, servent à trouver la parallaxe du *soleil*, & de-là toutes parallaxes des planètes. On rapporte au centre du *soleil* toutes les observations faites sur les planètes & les comètes. (*Voyez* OPPOSITIONS, LONGITUDES.) Sa distance sert d'échelle pour mesurer toutes les autres distances, leur rapport étant donné par la loi de Képler. *Voyez la table au mot* PLANÈTE.

Pour observer le *soleil*, les astronomes se servent d'un morceau de glace passé sur la fumée d'une chandelle ou d'une lampe, qu'on recouvre d'une autre glace semblable; cela peut tenir lieu d'*hélioscopes* ou d'oculaires colorés: on a fait aussi des héliscopes, composés de quatre petites glaces, non polies parderrière, renfermées dans une boîte de cuivre bien noircie; elles sont placées de manière que la lumière du *soleil* n'arrive à l'œil qu'après quatre réflexions, qui suffisent pour affoiblir l'image du *soleil* & rendre sa lumière supportable à l'œil: sans ces précautions, les astronomes courroient risque de perdre les yeux. Gallilée & Cassini sont morts aveugles; mais Joseph de Lisle, âgé de 80 ans, lisoit continuellement & sans lunettes, ce qui prouve l'utilité des précautions que nous venons d'indiquer.

Les taches du *soleil* prouvent qu'il y a un mouvement de rotation autour de son axe, semblable à celui de la terre qui mesure le jour naturel, mais seulement plus lent. La durée de cette rotation est de 25 jours 10 heures, *voyez* TACHES, ROTATION.

Outre ce mouvement du *soleil* autour de son axe, il y en a encore d'autres, mais moins sensibles, suivant la théorie de l'attraction : car les planètes pèsent vers le *soleil*, & le *soleil* vers les planètes ; de sorte que si le *soleil*, qui est considérablement plus gros que toutes les planètes prises ensemble, attire les planètes à lui, les planètes doivent aussi attirer le *soleil* & le déranger du lieu qu'il occupe ; il est vrai que ce dérangement n'est pas fort considérable, mais il l'est pour en tenir compte dans les tables du soleil. Il y a 8″ par l'action de jupiter, 3″ par celle de la lune, & autant par l'action de vénus.

A l'égard du mouvement annuel que le *soleil* paroît avoir autour de la terre, les Astronomes ont reconnu que c'est le mouvement annuel de la terre qui occasionne cette apparence. Un observateur qui seroit dans le *soleil*, verroit la terre se mouvoir d'occident en orient, par la même raison que nous voyons le *soleil* se mouvoir autour de la terre ; & tous les phénomènes qui résultent de ce changement annuel dans quelque corps que ce puisse être, paroîtront les mêmes de l'un comme de l'autre. *Voyez* SYSTÊME DE COPERNIC.

Enfin le *soleil* doit avoir un mouvement de translation, ou un déplacement réel dont on commence à s'appercevoir, & dont on a vu la preuve au mot ROTATION.

La figure du *soleil* doit être celle d'un sphéroïde plus élevé sous son équateur que sous ses poles. En effet, le *soleil* a un mouvement autour de son axe, & par conséquent la matière solaire doit faire des efforts pour s'éloigner des centres des cercles dans lesquels elle se meut, avec d'autant plus de force que les circonférences sont plus grandes. Or l'équateur est le plus grand cercle, & les autres qui sont vers les poles, vont toujours en diminuant. Donc la matière solaire tend à s'éloigner du centre de l'équateur avec plus de force, que des centres des cercles parallèles. Par conséquent elle s'éloignera du centre, plus sous l'équateur que sous aucun des cercles parallèles ; & ainsi le diamètre du *soleil* qui passe par l'équateur, sera plus grand que celui qui passe par les poles, c'est-à-dire, que la figure du *soleil* n'est pas parfaitement sphérique, mais sphéroïde.

Cependant la différence des axes du *soleil* doit être fort petite, comme Maupertuis l'a fait voir dans son *Discours sur la figure des astres*, & cela, parce que la force centrifuge des parties du *soleil* est beaucoup moins grande que leur pesanteur vers le *soleil*. C'est pour cette raison que nous n'appercevons point cette inégalité entre les deux diamètres du *soleil* ; au contraire, j'ai cru appercevoir que le diamètre du nord au sud étoit plus grand de 2″ que le diamètre de l'équateur. Peut-être cela vient-il de la décomposition des rayons, plutôt que de la figure alongée du *soleil*.

Bouguer avoit déja trouvé une différence dans les diamètres du soleil. *Mém. de l'Ac.* 1748. (*D. L.*)

SOLIDE, s. m. *en Géométrie*, est une portion d'étendue qui a les trois dimensions, c'est-à-dire, longueur, largeur, & profondeur. *Voyez* DIMENSION.

Ainsi, comme tous les corps ont les trois dimensions, *solide* & *corps* sont souvent employés comme synonymes. *Voyez* SURFACE & LIGNE.

Les *solides* réguliers sont ceux qui sont terminés par des surfaces régulières & égales.

Sous cette classe sont compris le tétrahèdre, l'héxahèdre ou cube, l'octahèdre, le dodécahèdre, & l'icosahèdre. *Voyez ces mots*, & RÉGULIER, *&c.*

Les *solides* irréguliers sont tous ceux auxquels on ne peut pas appliquer la définition des *solides* réguliers. Tels sont le cylindre, le cône, le prisme, la pyramide, la parallélipide, *&c. Voyez* CYLINDRE, CÔNE, *&c.*

La cubature d'un *solide* est la mesure de l'espace qui est renfermé par ce *solide*. *Voyez* CUBATURE & SOLIDITÉ.

Un angle *solide* est composé de trois angles plans, ou davantage, qui se rencontrent en un point. *Voyez* ANGLE ; ou autrement un angle *solide* comme *B*, (*Planche gémét. fig. 30.*) est l'inclinaison de plus de deux lignes, *AB*, *BC*, *BF*, qui se rencontrent au même point *B*, & qui sont dans des plans différens.

Ainsi les angles *solides*, pour être égaux, doivent être contenus sous un nombre égal de plans égaux, de plans disposés de la même manière.

La somme de tous les angles plans qui composent un angle *solide*, est toujours moindre que 360° : autrement ils constitueroient le plan d'un cercle, & non pas un *solide*. *Voyez* ANGLE.

Figures solides semblables, *voyez* SEMBLABLE.

Lieu solide, *voyez* LIEU.

Les nombres *solides*, sont ceux qui naissent de la multiplication d'un nombre plan par un autre nombre quelconque.

Ainsi, 18 est un nombre *solide*, formé du nombre plan 6, multiplié par 3, ou de 9 multiplié par 2. *Voyez* NOMBRE. (*E*)

SOLIDE HYPERBOLIQUE AIGU, est un *solide* formé par la révolution de l'arc d'une hyperbole équilatère autour de son asymptote. Par cette révolution, il se forme une espèce de fuseau infiniment long, & cependant Torricelli qui lui a donné ce nom, a démontré évidemment qu'il est égal à un *solide* ou corps fini. (*O*)

SOLIDE, adj. (*Alg.*) problème *solide* est un problème où l'équation monte au troisième degré ; on l'appelle *problème solide*, parce que l'inconnue y est élevée à la troisième puissance, laquelle représente

présente un produit de trois dimensions. *Voyez* DIMENSIONS. (*O*)

SOLIDITÉ, s. f. *en Géométrie*, est la quantité d'espace contenue sous un corps solide. *Voyez* CUBATURE.

On a la *solidité* d'un cube, d'un prisme, d'un cylindre ou d'un parallélipipède, en multipliant la base par la hauteur. *Voyez* CUBE, PRISME, CYLINDRE, *&c.*

La *solidité* d'une pyramide ou d'un cône, se détermine en multipliant ou la base entière par la troisième partie de la hauteur, ou la hauteur entière par la troisième partie de la base. *Voyez* PYRAMIDE & CÔNE.

Trouver la *solidité* de tout corps irrégulier. Mettez le corps dans un vase prismatique droit, versez de l'eau dans le vase jusqu'à ce que le corps soit entièrement couvert, & observez la hauteur de l'eau dans le vase; ôtez le corps & observez de nouveau la hauteur de l'eau, le corps sera égal en *solidité* à un prisme dont la hauteur seroit la différence de ces hauteurs, & la base celle même du vase.

SOLITAIRE, (*Astron.*) constellation méridionale, introduite par M. le Monnier; son nom est celui d'un oiseau d'Amérique; elle est située entre les constellations de la balance, du scorpion & de l'hidre, & M. le Monnier a donné des positions exactes de 22 étoiles qui la composent, (*Mém. de l'Acad.* 1776.) Ces étoiles sont de la 6e, 7e, 8e & 9e grandeur, comme on le voit dans la planche gravée qui accompagne ce mémoire. La lune passe tous les mois près de cette constellation, en sorte qu'il étoit utile d'en bien désigner les étoiles. Celle de troisième grandeur, qui est englobée dans cette nouvelle constellation, appartient au scorpion : elle est marquée γ dans nos catalogues & dans nos cartes. (*D. L.*)

SOLSTICE, s. m. *en Astronomie*, est le temps où le soleil est dans un des points solsticiaux, c'est-à-dire, où il est à la plus grande distance de l'équateur, qui est d'environ 23 degrés $\frac{1}{2}$; on l'appelle ainsi *quasi à sole stante*, parce que le soleil quand il est proche du *solstice*, paroît, durant quelques jours, avoir à-peu-près la même hauteur méridienne; & que les jours avant & après le *solstice*, sont sensiblement de la même grandeur, comme si le soleil restoit dans le même parallèle à l'équateur. Cela vient de ce que la portion de l'écliptique que le soleil décrit alors pendant quelques jours, est presque parallèle à l'équateur. C'est de quoi on se convaincra facilement en jetant les yeux sur un globe.

Il y a deux *solstices* chaque année, le *solstice* d'été, & le *solstice* d'hiver. Le premier arrive quand le soleil est dans le tropique du cancer, ce qui tombe au 21 juin, auquel temps les jours sont les plus longs de l'année, dans nos régions septentrionales.

Le *solstice* d'hiver arrive quand le soleil entre dans le premier degré du capricorne, ce qui a lieu vers le 21 de décembre; il commence alors à revenir vers nous, & les jours sont les plus courts de l'année.

Les points des *solstices* sont ceux où se trouve le soleil dans les temps des *solstices*, c'est-à-dire, le premier degré du cancer & du capricorne.

Le *Colure* des *solstices* est celui qui passe par ces deux points.

Le cercle du haut *solstice* est le tropique.

SOLUTION, s. f. *en Mathématique*, est la réponse à une question, ou la résolution de quelque problême proposé. *Voyez* RÉSOLUTION, PROBLÊME, *&c.*

SOMMATION. (*Analyse*) C'est l'opération par laquelle on cherche la somme de plusieurs termes dont la loi est donnée. Quand cette somme est indéfinie, elle dépend presque toujours du calcul intégral, en différences finies, soit x le nombre des termes, dont on veut trouver la somme, & $\varphi(x)$ celui de ces termes, qui occupe le rang x; pour avoir la somme de x termes, il faut intégrer $\varphi(x+1)$, *voyez* DIFFÉRENCES FINIES. C'est-à-dire que, si on désigne cette somme indéterminée par $F(x)$, on a $Fx = \Sigma\varphi(x+1)$ (Σ est le signe d'intégration.)

Il peut arriver que $\varphi(x)$ soit donnée par une équation entre $\varphi(x+1) \ldots \varphi(x+n)$; alors il faut mettre, dans cette équation, pour $\varphi(x+1)$ sa valeur $F(x+1) - F(x)$, & ainsi de suite; & enfin, pour $\varphi(x+n)$, sa valeur $F(x+n) - F(x+n-1)$, & $F(x)$ dépendra d'une équation en différences finies du degré n.

Si $\varphi(x)$ étoit donnée par une équation en différences infiniment petites, $F(x)$ dépendroit d'une équation en différences infiniment petites & finies. *Voyez* SÉRIE, INTÉGRALE.

SOMME, s. f. *en Mathématique*, signifie la quantité qui résulte de l'addition de deux ou plusieurs grandeurs, nombres, ou quantités jointes ensemble. *Voyez* ADDITION.

On l'appelle quelquefois *total*, & en algèbre on l'exprime quelquefois par la lettre $\int$, qui signifie *somme*.

La *somme* d'une équation est l'assemblage de tous les termes d'une équation; lorsque le nombre absolu, ou terme tout connu, étant transporté d'un côté à l'autre avec un signe contraire, le tout devient égal à zéro; en sorte que zéro est un des membres de l'équation, comme dans cet exemple, $x^2+5x-3=0$. Descartes appelle x^2+5x-3, la *somme* de l'équation proposée, & c'est sous cette forme que l'on considère ordinairement les équations. *Voyez* ÉQUATION. (*O*)

SOMMER, v. a. (*Analyse*) C'est prendre la somme de plusieurs termes d'une suite. *Voyez* SOMMATION.

SOMMER, v. act. (*Arithmétique*) c'est ajouter, joindre plusieurs sommes ou nombres, pour connoître à combien ils peuvent monter ensemble; il y a plus de sûreté à *sommer* avec la plume, qu'avec le jetton. *Irson.* *Voyez* SOMME (*D. J.*)

SOMMET, s. m. (*Géom.*) c'est en général le point le plus élevé d'un corps ou d'une figure, comme d'un triangle, d'une pyramide, &c. Le *sommet* d'un angle est le point où viennent se réunir les deux lignes qui forment cet angle. On dit que deux angles sont opposés au *sommet*, quand l'un est formé par le prolongement des côtés de l'autre. Le *sommet* d'une figure est le *sommet* de l'angle opposé à la base.

SOMMET *d'une courbe*, est proprement l'extrêmité de l'axe d'une courbe qui a deux parties égales & semblables également, & semblablement situées par rapport à son axe.

SOMMET, en général est le point où une courbe est coupée par son axe ou son diamètre. Ainsi, une courbe a autant de *sommets* sur le même axe ou le même diamètre, qu'il y a de points où elle est coupée par cet axe ou ce diamètre. (*O*)

SOMMET du Ciel, *en Astrologie*, étoit le *point culminant* de l'écliptique, opposé au fond du *ciel*, l'un & l'autre étant dans le méridien.

SOTHIAQUE, *adj.* (*Astron.*) La période *sothiaque* ou caniculaire de 1460 ans, est celle qui, suivant les anciens, ramenoit les saisons aux mêmes jours de l'année civile des Egyptiens, qui étoit de 365 jours. *Voyez* PÉRIODE.

SON, *Voyez le Dictionnaire de Physique.*

SOUCHE (*Hyd.*) est le tuyau qui s'élève au milieu d'une bassine & d'où sort le jet; on le fonde à plomb sur la conduite & du même diamètre, & il est terminé par un ajutage de cuivre soudé, & qui se dévisse pour nettoyer les ordures qui empêchent la sortie de l'eau. (*K*)

SOUFFLURE, s. f. (*Dioptrique.*) On appelle ainsi dans le verre, & en particulier dans les vitres, certains défauts où la matière du verre a pris dans la fusion une figure courbe au lieu d'une figure plane.

Recherches sur l'effet des soufflures du verre par rapport à la réfraction de la lumière.

Ces recherches ont été occasionnées par un mémoire envoyé à l'académie royale des sciences de Paris, dans lequel l'auteur prétendoit prouver que la matière renfermée entre ces *soufflures*, & qu'on croit beaucoup plus rare que l'air, a cependant une force réfractive qu'on n'attendroit pas de son peu de densité, & que cette matière, moins dense que l'air, & à plus forte raison que le verre, réfracte les rayons en les approchant de la perpendiculaire; au lieu que, suivant toutes les loix admises jusqu'ici par les opticiens, elle paroîtroit devoir les écarter de la même perpendiculaire. Nous allons examiner cette question par le calcul, en supposant que *ABCD*, (*pl. I. d'Optique, fig. 2 & 3.*) est un verre plan des deux côtés, ou une vitre ordinaire, à travers laquelle la lumière passe, & au-dedans de laquelle il y a une *soufflure* *EF* concave ou convexe, comme dans l'une de ces deux figures.

Soit *A* la matière renfermée entre les surfaces *B* & *C*, *D* & *E* (*fig. 1*); & *a* la matière renfermée entre les surfaces *CD*; *P* le rapport du sinus d'incidence au sinus de réfraction, en passant de l'air dans la matière *A*, *p* le rapport qu'il y auroit entre le sinus d'incidence & celui de réfraction, si la lumière passoit de l'air dans la matière *a*; enfin r^{I}, r^{II}, r^{III}, r^{IV}, les rayons des surfaces, δ la distance *AB* de l'objet & *R* la distance focale *ER*, on fait que $\frac{1}{R} = (P-1)\left(\frac{1}{r^{I}} - \frac{1}{r^{II}} + \frac{1}{r^{III}} - \frac{1}{r^{IV}}\right) + (p-1)\left(\frac{1}{r^{II}} - \frac{1}{r^{III}}\right) - \frac{1}{\delta}$.

Si r^{I} & $r^{IV} = \infty$, c'est-à-dire, si les deux surfaces *B* & *E* sont planes, & si de plus δ est infinie ou censée telle, on aura $\frac{1}{R} = (P-1)\left(-\frac{1}{r^{II}} + \frac{1}{r^{III}}\right) + (p-1)\left(\frac{1}{r^{II}} - \frac{1}{r^{III}}\right)$ ou $\frac{1}{R} = (P-p)\left(-\frac{1}{r^{II}} + \frac{1}{r^{III}}\right)$.

Donc $dR = (dp - dP)\frac{RR}{S}$; en supposant $-\frac{1}{r^{II}} + \frac{1}{r^{III}} = \frac{1}{S}$.

D'où résultent les conséquences suivantes: 1.° si $\frac{1}{S}$ est positif, il faudra que $P-p$ soit positif, c'est-à-dire, $P > p$, pour que *R* soit positif, c'est-à-dire, pour que le foyer soit du côté de *R*, & si $\frac{1}{S}$ est négatif, il faudra au contraire que *P* soit $< p$, pour que *R* soit positif.

2.° *R* étant positif, *dR* pourra être négatif, quand même *P* seroit $>$ ou $< p$, pourvu que dans le premier cas dp soit $> dP$ & dans le second $dp < dP$; supposition qui n'a rien de contradictoire: car *P* pourroit être $>$ ou $< p$, tandis que dP seroit $<$ ou $> dp$; du moins c'est à l'expérience seule à nous éclairer sur ce point: car il pourroit y avoir telle matière plus réfringente que telle autre pour les rayons moyens, & dans laquelle pourtant la différence de réfrangibilité seroit moindre.

Donc si au milieu d'un verre plan *ABCD*, il y a (*fig. 2.*) une *soufflure* *EF*, & que cette *soufflure* soit biconvexe, alors comme r^{III} est négatif, $\frac{1}{S}$ l'est aussi; donc pour que le foyer soit positif, c'est-à-dire, pour que les rayons parallèles sortent convergens, il faudra que P soit $< p$, c'est-à-dire, que les rayons s'approchent de la perpendiculaire en passant du verre dans la *soufflure*; ce qui seroit d'autant plus singulier que la matière de la *soufflure* paroît plus rare que l'air même, & à plus forte raison que le verre. Mais il ne faut pas se hâter de tirer cette conséquence avant de s'être assuré si la figure EF de la matière qui renferme la *soufflure*, est biconvexe, ou en général telle que $-\frac{1}{r^{II}} + \frac{1}{r^{III}}$ soit négatif; car si elle étoit positive, par exemple, si la figure de la *soufflure* étoit biconcave, comme dans la *fig.* 3, ou en général si $\frac{1}{r^{III}}$ étoit $> \frac{1}{r^{II}}$, alors R pourroit être positif, sans que p fût $> P$.

D'ailleurs, si les surfaces du verre AB, CD, ne sont pas exactement planes, ce dont il est fort difficile de s'assurer, alors il faudra ajouter à la valeur de $\frac{1}{R}$ la quantité $(P-1)\left(\frac{1}{r^{I}} - \frac{1}{r^{IV}}\right)$; & il devient encore plus difficile de décider si $P-p$ est négatif.

Si la figure de la *soufflure* est telle que les rayons sortent divergens, alors, comme $\frac{1}{R}$ est négatif, il faudra, pour plus de commodité & pour traiter R comme positif, écrire $\frac{1}{R} = (P-p) \times -\frac{1}{S}$, le second membre étant positif, & on aura $\frac{dR}{R^2} = (-dP + dp) \times -\frac{1}{S}$ ou $\frac{dP-dp}{S}$.

D'où il est aisé de conclure, 1.° que si R est positif & dR positif, on aura, en se plaçant à une assez grande distance du foyer, une lumière circulaire blanche au-dedans, & entourée au-dehors d'un cercle coloré, dont l'extérieur sera rouge & l'intérieur violet.

2.° Que ce sera le contraire, si R est positif & dR négatif.

3.° Que si les rayons sont divergens, & que dR soit positif, le violet se trouvera à l'extérieur & le rouge à l'intérieur, & au contraire si dR est négatif.

En général, R étant regardé comme positif, si $dP - dp$ est du même signe que $P-p$, dR sera négatif, c'est-à-dire le foyer des rayons violets plus proche du verre que celui des rayons rouges & au contraire; donc si les rayons sortent divergens, le cercle violet sera intérieur & le rouge extérieur, & s'ils sortent convergens, le cercle violet sera extérieur & le rouge intérieur, ou au contraire selon qu'on recevra l'image en-deçà ou au-delà du foyer.

Mais encore une fois, ces conséquences supposent que les surfaces AB, CD soient planes, ce qu'il n'est pas facile de vérifier. Si elles sont sensiblement courbes, comme elles le paroissent souvent à la vue simple, il sera facile d'avoir égard à cette circonstance dans les formules précédentes, & de déterminer les phénomènes qui doivent en résulter. (*O*)

SOUPAPE, s. f. (*Hyd.*), est un couvercle de tuyau fait de manière qu'il s'ouvre d'un côté, & que de l'autre, plus il est pressé, plus il bouche exactement l'ouverture: de sorte que la soupape laisse entrer un fluide dans un tuyau, & l'empêche de retourner, ou bien le laisse sortir & l'empêche de rentrer. *Voyez* POMPE.

SOUPENTE, s. f. (*Méch.*) pièce de bois qui, retenue à plomb par le haut, est suspendue pour soutenir le treuil & la roue d'une machine. Telles sont les *soupentes* d'une grue, retenue par la grande morse, pour en porter le treuil & la roue à tambour. Dans les moulins à eau, ces *soupentes* se haussent & se baissent avec des coins & des crans, selon la crûe & décrûe des eaux, pour en faire tourner les roues par le moyen des alluchons.

SOURD, adj. *en terme d'Arithmétique*, signifie un nombre qui ne peut être exprimé, ou bien un nombre qui n'a point de mesure commune avec l'unité. *Voyez* NOMBRE.

C'est ce qu'on appelle autrement *nombre irrationel* ou *incommensurable*. *Voyez* IRRATIONEL & INCOMMENSURABLE.

Quand il s'agit d'extraire la racine proposée d'un nombre ou d'une quantité quelconque, si cette quantité n'est pas une puissance parfaite de la racine que l'on demande, c'est-à-dire, si l'on demande une racine quarrée, & que la quantité proposée ne soit pas un quarré; si c'est une racine cube, & que la quantité ne soit pas un cube, *&c.* alors il est impossible d'assigner en nombres entiers ou en fractions, la racine exacte de ce nombre proposé. *Voy.* RACINE, QUARRÉ, *&c.*

Quand cela arrive, les mathématiciens ont coutume de marquer la racine demandée de ces nombres ou quantités, en les faisant précéder du signe radical $\sqrt{}$: ainsi $\sqrt{2}$ signifie la racine quarrée de 2; & $\sqrt[3]{16}$ signifie la racine cubique de 16. Ces racines sont appellées proprement des racines *sourdes*, à cause qu'il est impossible de les exprimer en nombres, exactement, car l'on ne sauroit assigner de nombre entier ou fractionnaire, qui multiplié par lui-même produise 2; ou bien un nombre, qui multiplié cubiquement puisse jamais produire 16.

Il y a aussi un autre moyen fort en usage aujourd'hui d'exprimer les racines, sans se servir des signes radicaux; on a recours aux exposans. Ainsi, comme x^2, x^3, x^5, *&c.* signifient le quarré, le cube, & la cinquième puissance de x; de même aussi $x^{\frac{1}{2}}$, $x^{\frac{1}{3}}$, $x^{\frac{1}{5}}$ signifient la racine quarrée, cube, *&c.* de x.

La raison en est assez évidente; car puisque $\sqrt{x}$ est un moyen proportionnel géométrique entre 1 & x, pareillement $\frac{1}{2}$ est un moyen proportionnel arithmétique entre o & 1; c'est pourquoi, comme 2 est l'exposant du quarré de x, $\frac{1}{2}$ sera l'exposant de sa racine quarrée, &c. *Voyez* EXPOSANT.

Mais quoique ces racines *sourdes* soient inexprimables en nombres, elles sont néanmoins susceptibles des opérations arithmétiques, telles que l'addition, la soustraction, la multiplication, &c. Un algébriste ne doit pas ignorer avec quelle facilité on peut les soumettre à ces opérations.

Les quantités *sourdes* sont simples ou composées.

Les simples sont exprimées par un seul terme, comme $\sqrt[3]{2}$.

Les composées sont formées par une combinaison quelconque des simples irrationels: comme $\sqrt{3} + \sqrt{2}$, $\sqrt{5} - \sqrt{2}$, $\sqrt[3]{7 + \sqrt{2}}$: cette dernière signifie la racine cubique du nombre, qui est le résultat de l'addition de 7 à la racine quarrée de 2.

Réduire les quantités rationelles à la forme de racines *sourdes* quelconques proposées. Elevez la quantité rationelle au degré marqué par l'exposant de la puissance de l'irrationelle ou *sourde*, & ensuite mettez au-devant le signe radical de la quantité *sourde* proposée. Ainsi, pour réduire $a = 10$ à la forme de $\sqrt{15} = b$, quarrez $a = 10$; & le faisant précéder du signe radical, on aura de cette manière $\sqrt{aa} = \sqrt{100}$, qui est la forme de la quantité *sourde* demandée.

De même s'il falloit donner à 3 la forme de $\sqrt[4]{12}$; il faudroit élever 3 à sa quatrième puissance, & mettant au-devant le signe radical, on auroit $\sqrt[4]{81}$ ou $81^{\frac{1}{4}}$, qui a la même forme que $\sqrt[4]{12}$.

Et par ce moyen, une simple fraction *sourde*, dont le signe radical n'affecte que l'un de ses termes, peut être changée en un autre, dont le numérateur & le dénominateur soient affectés du signe radical. Ainsi, $\frac{\sqrt{2}}{5}$ se réduit à $\sqrt{\frac{2}{25}}$ & $\frac{5}{\sqrt[3]{4}}$ revient à $\sqrt[3]{\frac{225}{4}}$, où le signe radical affecte le numérateur & le dénominateur.

Réduire les irrationnels simples, qui ont des signes radicaux différens, à d'autres qui aient un signe radical commun. Multipliez les exposans l'un par l'autre, & élevez mutuellement la puissance de l'un au degré de l'exposant de l'autre: ainsi, pour réduire $\sqrt[2]{aa}$ & $\sqrt[4]{bb}$ à un signe radical commun; multipliez l'exposant 2 du radical $\sqrt[2]{aa}$ par l'exposant 4 du radical $\sqrt[4]{bb}$, & élevez en même tems la puissance aa du radical $\sqrt[2]{aa}$ au quatrième degré, & vous aurez $\sqrt[8]{a^8} = \sqrt[2]{aa}$: pareillement multipliant l'exposant 4 du radical $\sqrt[4]{bb}$ par l'exposant 2 du radical $\sqrt[2]{aa}$, vous éleverez la puissance bb du radical $\sqrt[4]{bb}$ au second degré, ce qui donnera $\sqrt[8]{b^4} = \sqrt[4]{bb}$; ainsi $\sqrt[2]{aa}$ & $\sqrt[4]{bb}$ se trouvent transformés en $\sqrt[8]{a^8}$ & $\sqrt[8]{b^4}$ qui ont un signe radical commun.

Pour réduire les irrationels aux plus petits termes possibles, divisez la quantité *sourde* par quelqu'une des puissances des nombres naturels 1, 2, 3, 4, &c. de même degré que l'exposant du radical, pourvu que cela puisse se faire sans aucun reste, en employant toujours la plus haute puissance possible: mettez ensuite la racine de cette puissance au-devant du quotient ou de l'irrationel ainsi divisé, vous aurez une nouvelle quantité *sourde*, de même valeur que la première; mais en termes plus simples. Ainsi $\sqrt{16aab}$, en divisant par $16aa$, & faisant précéder la racine $4a$, sera réduite à celle-ci $4a\sqrt{b}$; & $\sqrt{12}$ s'abaissera à $2\sqrt{3}$. de même $\sqrt[3]{cb^3r}$ s'abaisse à $b\sqrt[3]{cr}$.

Cette réduction est d'un grand usage par-tout où l'on peut la faire: mais si on ne peut pas trouver, pour un diviseur, des quarrés, des cubes, des quarrés quarrés, cherchez tous les diviseurs de la puissance de l'irrationelle proposée, & voyez ensuite si quelqu'un d'eux est un quarré, un cube, &c. ou une puissance telle que le signe radical l'indique: si l'on en peut trouver quelqu'un, que l'on s'en serve de la même manière que ci-dessus, pour dégager en partie du signe radical la quantité irrationelle: si l'on propose, par exemple, la quantité $\sqrt{288}$; parmi ses diviseurs on trouvera 4, 9, 16, 36 & 144; par lesquels divisant 288, on a les quotiens 72, 32, 18, 8 & 2; c'est pourquoi au lieu de $\sqrt{288}$, on peut mettre $2\sqrt{72}$, ou $3\sqrt{32}$, ou $4\sqrt{18}$, ou $6\sqrt{8}$, ou enfin $12\sqrt{2}$; & l'on peut faire la même chose en algèbre; mais pour connoître le calcul entier des irrationnels, *voyez* l'algèbre de Kersey & un grand nombre d'autres ouvrages sur le même sujet. (*E*)

SOUS-CONTRAIRE, adj. (*Géom.*) lorsque deux triangles semblables sont placés de façon qu'ils ont un angle commun. *Voyez* (*pl. de Géom. fig. 44*), au sommet, sans que leurs bases soient parallèles: on dit qu'ils ont une position *sous-contraire*. *Voyez* ANTI-PARALLELE, *au mot* PARALLELE.

Si le cône scalène $B\,V\,D$ est tellement coupé par le plan $C\,A$, que l'angle en C soit égal à l'angle en D, le cône est dit alors être coupé d'une manière *sous-contraire* à la base $B\,D$. (*E*)

SOUS-DOUBLE, adj. (*Math.*) on dit qu'une quantité est *sous-double*, ou en raison *sous-double* d'une autre quantité, quand la première est contenue deux fois dans la seconde: ainsi 3 est *sous-double* de 6, comme 6 est double de 3. *Voyez* RAISON & DOUBLE. (*E*)

SOUS-DOUBLÉ, adj. (*Math.*) deux grandeurs sont en raison *sous-doublée* de deux autres, quand elles sont dans le rapport ou la raison des racines quarrées de ces deux autres.

SOUS-MULTIPLE, adj. *en Mathémat. &c.* une quantité *sous-multiple* est celle qui est contenue dans une autre un certain nombre de fois, & qui par conséquent étant répétée un certain nombre de fois, lui devient exactement égale.

Ainsi, 3 est un *sous-multiple* de 21: dans ce sens, *sous-multiple*, revient au même que partie aliquote. *Voyez* ALIQUOTE.

Une raison *sous-multiple* est celle qui est entre la quantité *sous-multiple*, & la quantité qui la contient; ainsi la raison de 3 à 21, est *sous-multiple*. *Voyez* RAISON.

Dans ces deux cas *sous-multiple* est l'opposé de *multiple*: 21, par exemple, est *multiple* de 3, & la raison de 21 à 3, est une raison *multiple*. *Voyez* MULTIPLE. (*E*)

SOUS-NORMALE, s. f. (*Géom.*) est la même chose que sous-perpendiculaire. *Voyez* SOUS-PERPENDICULAIRE.

SOUS-PERPENDICULAIRE, adj. *en Géométrie*; la *sous-perpendiculaire* est une portion de l'axe d'une courbe interceptée entre l'extrémité de l'ordonnée & le point, où la perpendiculaire à la tangente, tirée de l'autre extrémité de l'ordonnée, coupe l'axe de cette courbe. *Voyez* TANGENTE.

La *sous-perpendiculaire* est donc une ligne qui détermine le point où l'axe d'une courbe est coupé par une perpendiculaire tirée sur une tangente, au point de contact.

Ainsi $T\,M$, *planch. d'analyse*, *fig.* 19, touchant la courbe en M, & $M\,R$ étant perpendiculaire à $T\,M$, au point de contingence, la ligne $P\,R$ comprise entre l'ordonnée $P\,M$ & la perpendiculaire $M\,R$, s'appelle *sous-perpendiculaire*. La *sous-perpendiculaire* $P\,R$ est à la demi-ordonnée $P\,M$, comme $P\,M$ à $P\,T$, ou comme $M\,R$ à $T\,M$; d'où on peut conclure que dans la parabole, la *sous-perpendiculaire* est sous-double du paramètre, & par conséquent constante; car $P\,R = \frac{\overline{PM}^2}{2\,AP} =$ dans la parabole $\frac{PM^2}{2\,AP} =$ en nommant le paramètre a, $\frac{a \times A\,P}{2\,A\,P} = \frac{a}{2}$.

En général, puisque la soustangente est $\frac{y\,dx}{dy}$ (*voyez* SOUSTANGENTE), on aura la sous-perpendiculaire $= y^2$ divisé par la soustangente, c'est-à-dire, $\frac{y\,dy}{dx}$.

SOUSTANGENTE, s. f. (*Géom.*) la *soustangente* d'une courbe est une portion de son axe interceptée entre l'extrémité d'une ordonnée & l'intersection de la tangente avec l'axe; cette ligne détermine le point où la tangente coupe l'axe prolongé. *Voyez* COURBE & TANGENTE.

Ainsi, dans la courbe $A\,M$, *&c.* (*planche d'anal. fig.* 10), la ligne $T\,P$, comprise entre la demi-ordonnée $P\,M$, & la tangente $T\,M$, en est la *soustangente*. Si on mène la perpendiculaire $M\,R$ à la tangente $M\,T$, on aura $P\,R$ à $P\,M$, comme $P\,M$ à $P\,T$, & $P\,M$ à $P\,T$, comme $M\,R$ à $T\,M$.

Il est aisé de voir que la *soustangente* est à l'ordonnée y, comme la différentielle dx de l'abscisse est à la différence dy de l'ordonnée, donc la *soustangente* $= \frac{y\,dx}{dy}$.

C'est une loi que, dans toute équation qui exprime la valeur d'une *soustangente*, si cette valeur est positive, le point d'intersection de l'axe & de la tangente, tombe du côté de l'ordonnée où est l'origine des abscisses.

Au contraire, si la valeur de la *soustangente* est négative, le point d'intersection de l'axe & de la tangente, tombe du côté de l'ordonnée, opposé à celui où est l'origine des abscisses.

En général, dans toutes les courbes dont l'équation est $y = x^m$, m marquant un nombre quelconque entier ou rompu, positif ou négatif, la *soustangente* est égale à l'abscisse multipliée par l'exposant m de la puissance de l'ordonnée. *Voyez* TANGENTE.

Ainsi, dans la parabole ordinaire dont l'équation est $x = y\,y$, la *soustangente* est égale à x multipliée par l'exposant 2 de $y\,y$; or x est l'abscisse donc la *soustangente* est égale au double de l'abscisse; & d'ailleurs comme cette valeur vient avec le signe $+$, ou est positive elle doit être prise du côté de l'ordonnée où la parabole a son sommet, au-delà duquel l'axe doit être prolongé.

De même dans une des paraboles cubiques dont

l'équation est $y = x^{\frac{2}{3}}$, la valeur de la *soustangente* est égale aux $\frac{2}{3}$ de l'abscisse.

SOUSTENDANTE, s. f. *en Géométrie*, est une ligne droite opposée à un angle, & que l'on suppose tirée entre les deux extrémités de l'arc qui mesure cet angle. *Voyez* ANGLE & ARC.

Ce mot est formé du latin *sub*, sous, & *tendo*, je tends.

La *soustendante* de l'angle répond à la corde de l'arc. *Voyez* CORDE.

Dans tout triangle rectangle, le quarré de la *soustendante* de l'angle droit, est égal aux quarrés des *soustendantes* des deux autres angles, par la 47e proposition d'Euclide. Cette merveilleuse propriété du triangle a été découverte par Pythagore. *Voyez* HYPOTHÉNUSE. (*E*)

SOUSTRACTION, s. f. *en Arithmétique*, la *soustraction* est la seconde règle, ou pour mieux dire, la seconde opération de l'arithmétique : elle consiste à ôter un nombre d'un autre nombre plus grand, & à trouver exactement l'excès de celui-ci sur celui-là.

En un mot, la *soustraction* est une opération par laquelle on trouve un nombre qui, ajouté au plus petit de deux nombres homogènes, fait avec lui une somme égale au plus grand de ces nombres. *Voyez* ARITHMÉTIQUE.

Voici ce qu'il faut observer dans cette opération.

Pour soustraire un plus petit nombre d'un plus grand. 1.° Ecrivez le plus petit nombre sous le plus grand, les unités sous les unités, les dixaines sous les dixaines, &c. en général les quantités homogènes les unes sous les autres, ainsi que nous l'avons prescrit pour l'*addition*. 2.° Tirez une ligne sous les deux nombres. 3.° Soustrayez séparément les unités des unités, les dixaines des dixaines, les centaines des centaines ; en commençant à droite, & procédant vers la gauche, écrivez chaque reste sous le caractère sur lequel vous avez opéré, & qui vous l'a donné. 4.° Si le chifre que vous avez à soustraire est plus grand que celui dont il doit être soustrait, empruntez une unité sur le chifre qui suit immédiatement en allant vers la gauche, cette unité empruntée vaudra 10 ; ajoutez cette dixaine au plus petit caractère, & soustrayez le plus grand de la somme. S'il se rencontroit un *zéro* immédiatement devant celui qui vous contraint d'emprunter, parce qu'il est trop petit ; l'emprunt se feroit sur le chifre qui suit immédiatement ce *zéro*, en allant vers la gauche. Mais, sans emprunter sur les nombres suivans, ce qui cause quelquefois de l'embarras, il vaut mieux ajouter une unité au nombre qui suit immédiatement, & qui vaut toujours dix unités, par rapport au nombre qui le précède ; & dans la colonne suivante, soustraire une unité de plus dans la quantité que l'on soustrait ; afin de détruire, par cette dernière opération, l'augmentation que l'on a faite par la première.

Il n'y a point de nombre qu'on ne puisse ôter d'un plus grand, en observant ces règles. Exemple.

soit. . .	9088403459.
d'où il faut soustraire	4743865263.
le reste sera	4344538196.

Car commençant par le premier caractère qui se présente à droite, & ôtant 3 de neuf reste 6, que j'écris au-dessous de la ligne. Passant au second caractère, je trouve 6 que je ne peux ôter de 5 ; c'est pourquoi j'emprunte sur le 4 qui suit le plus immédiatement 5, en allant vers la gauche, & qui marque des centaines, une unité, ou dix dixaines. J'ajoute ces dix dixaines, aux 5 dixaines que j'avois, ce qui me produit 15 dixaines, d'où soustrayant 6 dixaines, il m'en reste neuf, j'écris donc 9 sous la ligne & sous les dixaines. J'en suis aux centaines, je dis 2 & 1 que j'ai emprunté, font 3 ; 3 de 4, reste 1, que j'écris sous la ligne. J'avance & je dis, 5 ne se peut ôter de 3 ; j'emprunte, non sur le zéro, mais sur le 4 qui vient après le zéro, toujours en allant vers la gauche. Cet 1 vaut cent mille ; par conséquent si on le suppose à la place du zéro, il vaudra 10 dixaines de mille. J'emprunte sur ces 10 dixaines de mille, une unité qui vaudra 10 mille, & par conséquent le zéro se trouvera valoir 9 dixaines de mille : or, ces dix mille ajoutés à trois mille que j'ai, produisent 13 mille ; de ces 13 mille, j'ôte 5 mille, reste 8 mille, que j'écris sous la ligne. Je dis ensuite 6 de 9, reste 3, que j'écris sous la ligne. J'arrive au 4 sur lequel j'ai emprunté une unité, & qui ne vaut par conséquent que trois ; je ne dirai donc point 8 de 4, mais 8 de 3 : on achevera la *soustraction*, en continuant d'opérer, comme nous avons fait jusques-là.

Si l'on proposoit d'ôter un nombre hétérogène, d'un autre nombre hétérogène plus grand, on suivroit la même méthode, observant seulement que les unités que l'on emprunte, ne valent pas 10 unités ; mais autant qu'il en faut de la plus petite espèce, pour contenir une unité de la plus grande. Exemple.

liv.	sols.	d.
45	16	6
27	19	9
17	16	9

Je ne peux ôter 9 deniers de 6 deniers. J'emprunte 1 sol, sur les 16 qui précèdent les 6 deniers. Ce sol vaut 12 deniers. Ces 12 deniers joints aux 6 deniers que j'ai déja, font 18 deniers, d'où j'ôte 9 deniers, & il me reste neuf deniers, j'écris donc 9 sous la ligne. Pareillement 19 sols ne peuvent se soustraire des 15 sols restans. J'emprunte donc sur les 45 livres qui précèdent, une livre qui vaut 20 sols. Ces 20 sols joints aux 15 sols que j'ai, font 35 sols, d'où j'ôte 19 sols, & il me reste 16 sols que j'écris sous la ligne. Enfin j'ôte 27 livres, de 44 livres qui me restent, & j'écris la différence 17 sous la ligne.

Si le nombre à soustraire est plus grand que celui d'où il faut le soustraire, il est évident que l'opération est impossible. Dans ce cas, il faut ôter le plus petit nombre du plus grand, & écrire le reste avec un signe négatif. Exemple soient 8 livres à payer avec 3 livres; j'en paye 3 des 8 que je dois, avec les 3 que j'ai, & il en reste 5 de dûes; j'écris donc au-dessous de la ligne — 5.

La preuve de la *soustraction* se fait en ajoutant le nombre soustrait avec le reste; où l'excès du plus grand nombre sur le plus petit avec le plus petit. S'ils font une somme égale au plus grand, l'opération a été bien faite. Exemple.

		liv.	s.	d.	
9808403459		156	11	$3\frac{1}{4}$	
4743865263	nomb. souft.	21	17	$2\frac{1}{2}$	nomb. souft.
5054538196	reste	134	14	$0\frac{3}{4}$	reste
5054538196		156	11	$3\frac{1}{4}$	

SOUSTRACTION *en Algèbre*, pour faire une *soustraction* algébrique, quand il s'agit de *monomes*, on écrit ces quantités de suite, en changeant simplement le signe de la grandeur à soustraire; & l'on fait ensuite la réduction, si ces quantités sont semblables : ainsi, pour ôter $+ c$ de b, on écrit $b - c$; puisque — est le signe de la *soustraction* : & pour ôter $- b$ de a, on écrit $a + b$, en changeant le signe — en +; en sorte que la grandeur a est augmentée par cette *soustraction*; en effet, ôter des dettes, c'est augmenter les facultés de quelqu'un : soustraire des quantités négatives, est donc donner aussi des quantités positives.

S'il est question de *polinomes*, on disposera les termes de la grandeur à soustraire, sous ceux de la grandeur dont on soustrait; c'est-à-dire, les termes de l'une, sous les termes semblables de l'autre, en changeant simplement tous les signes de la grandeur à soustraire, en des signes contraires, c'est-à-dire que l'on mettra — où il y aura +, & le signe + où l'on verra le signe —. Ainsi, pour retrancher le polimone $- 2\,acx + 3\,cx^2 + 4\,a^3m - 5\,a^3b$ (A) du polinome $7\,cx^2 - 4\,a^3b + 5\,a^3m - acx + bd$, ($B$) on disposera comme on le voit ici.

$$\begin{array}{l} 7\,cx^2 - 4\,a^3b + 5\,a^3m - acx + bd\ (B). \\ - 3\,cx^2 + 5\,a^3b - 4\,a^3m + 2\,acx\ (A). \\ \hline 4\,cx^2 + a^3b + a^3m + acx + bd. \end{array}$$

Les termes du polinome A, sous les termes du polinome B; les termes semblables les uns sous les autres, en changeant tous les signes du polinome A, en des signes contraires. Cette préparation faite, on réduira les termes à leur plus simple expression; & cette réduction donnera $4\,cx^2 + a^3b + a^3m + acx + bd$, qui est la différence cherchée.

Quand il n'y a point de termes semblables, on écrit simplement la quantité à soustraire, dont on change les signes, à la suite du polinome, dont on fait la *soustraction* : ainsi, pour ôter $xx - 2\,cx + cc$ de $2\,a^4 - 3\,b^2$, écrivez $2\,a^4 - 3\,b^2 - xx + 2\,cx - cc$; en changeant simplement les signes de la grandeur $xx - 2\,cx + cc$, qui n'a aucuns termes semblables à ceux de la quantité $2\,a^4 - 3\,b^2$. (*E*).

SOUS-TRIPLE, *adj.* (*Mathémat.*) deux quantités sont en raison *sous-triple*, quand l'une est contenue dans l'autre trois fois. *Voyez* RAISON. Ainsi 2 est *sous-triple* de 6, ou en raison *sous-triple* de 6, de même que 6 est triple de 2, ou en raison triple de 2. (*E*)

SOUS-TRIPLÉE, adj. (*Mathémat.*) une raison *sous-triplée* est le rapport des racines cubiques. *Voyez* RAISON.

SOUSTYLAIRE, s. f. *en Gnomonique*, est une ligne droite, sur laquelle le style ou gnomon d'un cadran est très-élevé, & à laquelle il répond perpendiculairement.

Cette ligne est la section ou rencontre du plan du cadran, avec le plan d'un méridien ou cercle notoire qu'on suppose perpendiculaire au plan du cadran. Ce méridien est toujours différent du méridien du lieu, à moins que le plan du cadran ne soit horizontal, ou qu'il ne soit dans la ligne qui joint le levant au couchant : ainsi, la méridienne d'un cadran diffère presque toujours de la *soustylaire*; car la méridienne d'un cadran est la ligne de section du plan du cadran avec le méridien du lieu. Le point où ces deux lignes se rencontrent, est le centre du cadran; car le sommet du style représente le centre de la terre, & par conséquent un point commun aux deux méridiens; & le point de rencontre de la *soustylaire* & de la méridienne est encore un point commun aux deux méridiens, d'où il s'ensuit qu'une ligne menée par le sommet du style & par le point de rencontre des deux lignes dont il s'agit, seroit la ligne de section ou de rencontre de deux méridiens; & qu'ainsi cette ligne représente l'axe de la terre, c'est-à-dire lui est parallèle. Or le point où le plan d'un cadran est coupé par une ligne tirée du sommet du style parallèlement à l'axe de la terre, est toujours le centre du cadran, & le point de rencontre des lignes horaires. Donc le point de rencontre de la *soustylaire* & de la méridienne est toujours le centre du cadran.

Dans les cadrans polaires, équinoxiaux, horizontaux, méridionaux & septentrionaux, la ligne *soustilaire* est la ligne méridienne, ou ligne de douze heures, ou l'intersection du plan sur lequel le cadran est tracé, avec celui du méridien du lieu, parce que le méridien du lieu se confond alors avec le méridien du plan. *Voyez* CADRAN. (*O*)

SPA

SPARSILES, *adj.* pl. (*Astronomie.*) Les étoiles *sparsiles*, sporades ou informes, sont celles qui ne font point comprises dans les grandes constellations, auxquelles les astronomes ont donné des noms; les modernes ont fait plusieurs constellations moindres pour rassembler ces étoiles. *Voyez* CONSTELLATION. (*D. L.*)

SPÉCIEUSE, (*Alg.*) Arithmétique *spécieuse*, est cette espece d'Arithmétique qui enseigne à calculer les quantités exprimées par les lettres de l'alphabet, que les premiers algébristes appelloient *species, especes*, apparemment parce que ces lettres servent à exprimer généralement toutes les quantités, & en marquent ainsi l'espèce générale, pour ainsi dire. On appelle cette arithmétique *spécieuse*, pour la distinguer de celle où les quantités sont exprimées par des nombres, qu'on appelle *Arithmétique numéraire*. *Voyez* ARITHMÉTIQUE.

L'Arithmétique *spécieuse*, est ce que nous appelons communément *Algèbre*. *Voyez* ALGÈBRE. (*O*)

SPÉCIFIQUE (*Pesanteur*), s. f. *Méch.* Quand deux corps solides ou fluides ont différens poids sous même volume, ils sont dits avoir différentes *pesanteurs spécifiques*, & on dit alors que ces *pesanteurs spécifiques* sont entre elles comme leurs poids. Ainsi, ce mot est relatif & indique l'état relatif de deux corps considérés comme pesans. Néanmoins on considère quelquefois la *pesanteur spécifique*, comme une quantité absolue; & alors c'est le poids du corps sous un volume déterminé, par exemple sous un pied cube.

C'est à cette différence de *pesanteur spécifique* qu'est dûe la surnatation des corps solides sur les fluides, surnatation qui a lieu toutes les fois que le solide est moins pesant spécifiquement que le fluide dans lequel il est plongé. Dans ce cas, s'il y a équilibre, *le poids du corps est égal au poids du volume de fluide déplacé*; de plus, *le centre de gravité du corps & celui de la partie plongée, considérée comme homogène, doivent être dans la même ligne verticale.* Ce théorème peut se démontrer de la manière suivante :

Par un point N du corps pris dans la partie submergée (*Pl. hyd. fig.* 209), il faut élever une verticale qui rencontre le niveau du fluide en M, & par M mener une perpendiculaire MP sur une ligne donnée de position dans le plan de niveau. Soient maintenant $AP = x$, $PM = y$, $MN = z$, par le point M, il faut faire passer deux plans verticaux dirigés, l'un suivant PM, l'autre parallèle à AP. Ces plans couperont la partie submergée du corps suivant deux courbes, passant par N, dont je suppose que les normales en ce point rencontrent le plan de niveau en T & V. Cela posé, si on achève le rectangle $MTVR$, & si on mene NR, cette ligne sera perpendiculaire à la surface du corps, au même point N. Il faut prendre sur MT & MV les lignes infiniment petites $Mr = dx$ & $Ms = dy$, achever le rectangle $Mrsm$ & en faire la base d'un prisme vertical qui aura pour une de ses arrêtes MN, & qui comprendra entre ses faces une partie de la surface du corps $= dx\, dy \frac{NR}{MN}$. La pression qui s'exerce sur cette surface suivant NR, sera donc $NR\, dx\, dy$ (la *pesanteur spécifique* du fluide $= 1$); il faut mener la ligne MR & décomposer la pression, suivant NR, en deux autres; l'une, suivant MN, qui sera $z\, dx\, dy$; l'autre, parallèle à MR, qui sera $MR\, dx\, dy$: il faut encore décomposer cette dernière force en deux autres; l'une parallèle à MT & $= MT\, dx\, dy$, l'autre parallèle à MV & $= MV\, dx\, dy$; mais $MT = z \frac{\delta z}{dx}$ & $MV = z \frac{dz}{dy}$ (δ & d indiquent des différences parcielles, relativement à x & y.) La pression élémentaire du fluide en N est donc décomposée en trois autres parallèles aux trois coordonnées x, y, z; l'une $= z\, \delta z\, dy$, la seconde $= z\, dz\, dx$, la troisième $= z\, dx\, dy$. Mais $\int z\, \delta z\, dy = dy \int z\, \delta z = \ldots \frac{z^2\, dy}{2}$, intégrale qui s'évanouit aux deux points où la ligne MT, prolongée convenablement, coupe la surface du corps. Donc la résultante des forces représentées par $z\, \delta z\, dy$ est nulle pour toute tranche comprise entre deux plans verticaux, parallèles à MT & infiniment près; ainsi, cette résultante est nulle pour tout le corps. On démontreroit de même que la résultante des forces représentées par $z\, dz\, dx$ est aussi nulle. Quant aux troisièmes forces, on a évidemment $\int z\, dx\, dy =$ au volume du corps; donc la troisième force est égale au poids du volume de fluide déplacé.

Maintenant la distance de la résultante des forces $z\, dx\, dy$, au plan des x & z, est $\frac{\int y z\, dx\, dy}{\int z\, dx\, dy}$ & sa distance au plan des y & z est $\frac{\int x z\, dx\, dy}{\int z\, dx\, dy}$. Ces expressions expriment aussi les distances aux mêmes plans du centre de gravité de la partie submergée, considérée comme homogène. Donc la résultante des forces $z\, dx\, dy$, qu'on appelle plus communément la *poussée verticale du fluide*, passe par le centre de gravité de la partie submergée, considérée comme homogène.

COROLLAIRE. Si la pesanteur spécifique du corps étoit plus grande que celle du fluide, le corps ne pourroit pas surnager & s'enfonceroit entièrement dans le fluide; mais on démontreroit, comme ci-dessus, que la poussée verticale, ou, ce qui revient au même, l'effort du fluide pour faire monter le corps, est égal au poids du volume de fluide déplacé. *Voyez*, au surplus, *le Dictionnaire de Physique*.

SPECTRE COLORÉ. *Voyez le Dictionnaire de Physique.*

SPHERE, s. f. *en Géom.* est un corps solide contenu sous une seule surface, & qui a dans le milieu

milieu un point qu'on appelle *centre*, d'où toutes les lignes tirées à la surface, sont égales. *Voyez* SOLIDE, *&c.*

On peut supposer que la *sphère* est engendrée par la révolution d'un demi-cercle *A B C* (*Pl. de Géométrie*, *fig.* 238), autour de son diamètre *AC*, qu'on appelle ainsi *l'axe de la sphère*; & les points *A* & *C* qui sont les extrémités de l'axe, sont nommés les *poles de la sphère*.

Propriétés de la sphère. 1.° Une *sphère* est égale à une pyramide dont la base est égale à la surface de la *sphère*, & la hauteur au rayon de la *sphère*.

2.° Une *sphère* est à un cylindre circonscrit autour d'elle, comme 2 est à 3. *Voyez* CYLINDRE.

3.° Le cube du diamètre d'une *sphère* est au solide que contient la *sphère*, à-peu-près comme 300 à 157. On peut donc par-là mesurer à-peu-près la solidité d'une *sphère*.

4.° La surface d'une *sphère* est quadruple de l'aire d'un cercle décrit avec le rayon.

Le diamètre d'une *sphère* étant donné, trouver sa surface & sa solidité. 1.° Trouvez la circonférence du cercle, décrit par le rayon de la *sphère*. *Voyez* CIRCONFÉRENCE.

Multipliez ce que vous avez trouvé par le diamètre, le produit sera la surface de la *sphère*; Multipliez la surface par la sixième partie du diamètre, le produit sera la solidité de la *sphère*.

Ainsi, en supposant que le diamètre de la *sphère* est 56, la circonférence sera 175, qui multipliée par le diamètre, produira 9800 qui est la surface de la *sphère* : cette surface multipliée par la sixième partie du diamètre, donnera 91466, qui est la solidité.

Pour ce qui regarde les segmens & les secteurs des *sphères*, *voyez* SEGMENT & SECTEUR.

Projection de la sphère. Voyez PROJECTION.

Sphère d'activité d'un corps est un espace déterminé & étendu tout autour de lui, au-delà duquel les émanations qui sortent du corps, n'ont plus d'action sensible. *Voyez* ATHMOSPHÈRE.

Ainsi, nous disons que la vertu de l'aimant a de certaines bornes au-delà desquelles cette pierre ne peut point attirer une aiguille; mais par-tout où l'aiguille est placée, pourvu qu'elle puisse être mise en mouvement par l'aimant, on dit qu'elle est dans la *sphère* d'activité de l'aimant. *Voyez* AIMANT.

SPHERE, *en Astronomie*, est cet orbe ou étendue ronde & concave du ciel, qui entoure notre globe, & auquel les corps célestes, le soleil, les étoiles, les planètes & les comètes semblent être attachés. On l'appelle aussi la *sphère* du monde, & elle est l'objet de l'Astronomie sphérique.

Cette *sphère* est supposée renfermer les étoiles fixes; ce qui la fait quelquefois nommer la *sphère* des étoiles fixes. Le diamètre du globe de la terre est si petit, quand on le compare au diamètre de la *sphère* du monde, que le centre de la *sphère* ne soufre point de changement sensible, quoique l'observateur se place souvent dans les différens points de la terre : mais en tout temps & à tous les points de la surface de la terre, les habitans ont les mêmes apparences de la *sphère*; c'est-à-dire, que les étoiles fixes paroissent occuper le même point dans la surface de la *sphère*, *voyez* PARALLÈLE. Notre manière de juger de la situation des astres est de concevoir des lignes droites tirées de l'œil ou du centre de la terre à travers le centre de l'astre, & qui continuent encore jusqu'à ce qu'elles coupent cette *sphère*; les points où les lignes se terminent, sont les lieux apparens de ces astres.

Pour déterminer mieux les lieux que ces corps occupent dans la *sphère*, on a imaginé différens cercles sur sa surface, & qu'on appelle, par cette raison, *cercles de la sphère*. Nous en avons expliqué la génération au mot *Astronomie*. *Voy. fig.* 1.

Il y en a quelques-uns qu'on appelle *grands cercles*, comme l'écliptique, le méridien, l'équateur, *&c.* les autres, *petits cercles*, comme les tropiques, les parallèles, *&c. Voyez* chacun de ces cercles sous son nom particulier.

Les cercles qu'on a imaginés dans la *sphère* céleste se rapportent naturellement à la surface de la terre, où on les conçoit tracés directement sous ceux de la *sphère* & dans les mêmes plans, de manière que si les plans des cercles de la terre étoient continués jusqu'à la *sphère*, ils co-incideroient avec les cercles respectifs qui y sont placés : c'est ainsi que nous avons sur la terre un horizon, un méridien, un équateur, *&c.*

Comme l'équateur qui est dans le ciel divise la *sphère* en deux parties égales, l'une septentrionale, l'autre méridionale; de même aussi l'équateur qui est sur la surface de la terre, la divise en deux parties égales : & comme les méridiens qui sont dans la *sphère*, passent par les poles du monde, il en est de même de ceux qui sont sur la terre.

SPHÈRE se dit aussi de la disposition des cercles, par rapport aux différens pays de la terre.

La *sphère* droite est celle dans laquelle l'équateur est droit sur l'horizon ou coupe l'horizon du lieu à angles droits, comme dans la *fig.* 33 des planches d'*Astronomie*, où l'équateur *EV* est perpendiculaire à l'horizon *HO*. Dans cette situation, tous les cercles *PA*, parallèles à l'équateur, doivent couper directement l'horizon, sans s'incliner d'un côté plus que de l'autre. Réciproquement l'horizon coupe l'équateur, & tous les cercles parallèles à l'équateur en deux portions égales. Telle est la *sphère* droite, & voici ses effets. Les jours y sont égaux aux nuits, & durant toute l'année il y a douze heures de jour & autant de nuit. Le soleil y descendant directement sous l'horizon, s'en éloigne plus vîte que s'il s'y plongeoit obliquement; ainsi le crépuscule est le plus court.

La *sphère* parallèle est celle dans laquelle l'équateur est parallèle à l'horizon, *fig.* 34 : elle a lieu pour deux points de la terre, qui sont les poles, & le pole *P* concourt avec le zénit *Z* dans la *sphère* parallèle. Si le pole étoit habitable, on verroit l'horizon *HO* dans l'équateur *EQ*, puisque le pole & le zénit y étant la même chose, à 90 degrés de-là, on trouve également l'horizon & l'équateur qui se confondent, ou deviennent parallèles l'un à l'autre; ce qui fait donner à cette disposition du monde le nom de *sphère parallèle.* En voici les suites. Le soleil est six mois en-deçà de l'équateur vers le pole arctique, & six mois au-delà. Or l'équateur est l'horizon de l'observateur supposé sous le pole, il devroit donc voir le soleil tourner six mois de suite autour de lui, dans des parallèles comme *TR*, s'élever peu-à-peu durant trois mois jusqu'à la hauteur de $23\frac{1}{2}$ degrés, & pendant trois autres mois s'abaisser par des cercles disposés en forme de ligne spirale, jusqu'à ce que décrivant un parallèle qui commence à se détacher de l'équateur, en dessous de *EQ* ou *HO*, il abandonne aussi l'horizon.

La *sphère oblique* est celle dans laquelle l'équateur coupe l'horizon obliquement, *fig.* 31 & 32. Dans cette position, l'horizon & l'équateur *EQ* se coupent obliquement, faisant un angle aigu d'un côté, & obtus de l'autre; de sorte que les révolutions diurnes de la *sphère* se font obliquement par rapport à l'horizon. L'un des poles du monde est toujours élevé au-dessus de l'horizon, & toujours visible; mais l'autre est perpétuellement au-dessous & invisible, & la hauteur de l'un est toujours égale à l'abaissement de l'autre. Le zénit est entre l'équateur & le pole. Il en est de même du nadir, *N.*

Sphère armillaire, ou *artificielle* est un instrument, *fig.* 1 *des planches d'Astron.* qui représente les différens cercles de la *sphère* dans leur ordre naturel, & qui sert à donner une idée de l'usage & de la position de chacun d'eux, & à résoudre différens problêmes qui y ont rapport.

On l'appelle ainsi, parce qu'elle est composée d'un nombre de bandes, ou anneaux de cuivre ou de carton, appellés *armillæ*, à cause de la ressemblance qu'ils ont avec des bracelets ou anneaux.

On distingue la *sphère* d'avec le globe, *fig.* 12, en ce que quoique le globe ait tous les cercles de la *sphère* tracés sur sa surface, il n'est cependant pas coupé en bandes ou anneaux pour représenter les cercles purement & simplement; mais il offre aussi les espaces intermédiaires qui se trouvent entre les cercles. *Voy.* GLOBE.

Tout ce que nous voyons dans le ciel marche pour nous, comme étant vu dans une *sphère* concave. Un globe convexe, & qu'on ne voit que par dehors, n'étant pas naturellement propre à nous peindre cette concavité, on construisit la *sphère* évidée, où l'on peut voir intérieurement tous les points.

Il y a des *sphères armillaires* de deux sortes, suivant l'endroit où la terre y est placée; c'est pourquoi on les distingue en *sphère* de Ptolémée & *sphère* de Copernic : dans la première, la terre occupe le centre, & dans la dernière, c'est le soleil qu'on met au centre, la terre est sur la circonférence d'un cercle, suivant la place que cette planète remplit dans le systême solaire. *Voyez* SYSTÊME.

Mais la *sphère* de Ptolémée est celle dont on se sert communément, & qui est représentée, *Pl. astronomiques*, *fig.* 1. On y voit les noms de tous les cercles & de tous les points qu'on a coutume d'y considérer, & au milieu sur l'axe de la *sphère*, il y a une boule qui représente la terre. Tous les problêmes qui ont rapport aux phénomènes du soleil & de la terre peuvent se résoudre au moyen de cette *sphère*, à-peu-près comme nous l'avons fait par le moyen du GLOBE.

La *sphère* de Copernic diffère, à plusieurs égards, de celle de Ptolémée. Le soleil y occupe le centre, & autour de cet astre sont placées, à différentes distances, les planètes, au nombre desquelles est la terre. Cet instrument est de peu d'usage.

Il y a des *sphères* mouvantes, ou, par le moyen d'une horloge, on fait tourner toute la *sphère* en vingt-quatre heures, à l'exception du méridien & de l'horizon, quelquefois même le soleil & les planètes : telle est celle de Passement, à Versailles; mais ces machines fort compliquées ne sont d'aucune utilité.

SPHÈRE se dit quelquefois de l'ancienne disposition des cercles de la *sphère*, par rapport aux étoiles, ainsi l'on appelle *sphère d'Eudoxe*, celle qui avoit lieu 12 ou 1300 ans avant J. C. *Mém. de l'Acad.* 1733, temps où le point équinoxial répondoit aux étoiles du taureau.

On dit aussi *sphère persique*, *sphère indienne*; pour désigner les noms & les figures de constellations que les anciens Orientaux employoient dans leurs globes. *Voyez Scaliger sur Manilius.*

SPHÉRICITÉ, s. f. est la qualité qui constitue la figure sphérique, ou ce qui fait que quelque corps est rond ou sphérique. *Voyez* SPHÈRE.

La *sphéricité* des cailloux, des fruits, des graines, *&c.* & des gouttes d'eau, de vif-argent, *&c.* & des bulles d'air dans l'eau, *&c.* vient, suivant Hooke, du peu de convenance de leurs parties avec celles du fluide environnant; ce fluide, selon lui, les empêche de se mêler & les contraint de prendre une forme ronde en les pressant également de toutes parts. *Voyez* GOUTTE.

Les Newtoniens expliquent cette *sphéricité* par leur grand principe de l'attraction, suivant lequel les parties de la même goutte fluide, *&c.* se rangent naturellement le plus proche du centre de cette goutte qu'il est possible, ce qui occasionne nécessairement une figure ronde. *Voyez* ATTRACTION & COHÉSION. (*O*).

SPHÉRIQUE, adj. (*Géom. & Astron.*), se dit en général de tout ce qui a rapport à la sphère, ou qui lui appartient. Un angle *sphérique* est l'inclinaison mutuelle de deux plans qui coupent une sphère. *Voyez* PLAN & ANGLE.

Ainsi l'inclinaison des deux plans *CAF* & *CEF*, *Pl. de Trigonométrie*, *fig.* 21, forme l'angle *sphérique ACE*. *Voyez* SPHÈRE.

La mesure d'un angle *sphérique ACE*, est un arc de grand cercle *AE*, décrit du sommet *C*, comme pole, & compris entre les côtés *CA* & *CE*.

D'où il s'ensuit que puisque l'inclinaison du plan *CEF* au plan *CAF* est par-tout la même, les angles qui sont aux intersections opposées *C* & *F*, sont égaux.

Si un cercle de la sphère *AEBF* coupe un autre cercle *CEDF*, *fig.* 19, les angles adjacens *AEC* & *AED*, sont égaux à deux droits; & les angles opposés *AEC* & *DEB*, sont égaux entre eux. Ainsi, tous les angles *sphériques*, comme *AEC*, *AED*, *DEB*, *BEC*, *&c.* faits autour du même point *E*, sont égaux, pris ensemble à quatre angles droits.

Un triangle *sphérique* est un triangle compris entre trois arcs de grands cercles d'une sphère, qui se coupent l'un l'autre. *Voyez* TRIANGLE.

Propriétés des triangles sphériques. 1.° Si, dans deux triangles *sphériques*, *ABC* & *abc*, *Pl. de Trigonométrie*, *fig.* 10 & 11, l'angle $A = a$, $BA = ba$, & $CA = ca$; les angles B, b, & les côtés qui renferment les angles, seront respectivement égaux, & par conséquent les triangles entiers seront égaux, c'est-à-dire, $BC = bc$, $B = b$, & $C = c$.

De plus, si dans deux triangles *sphériques* $A = a$, $C = c$, & $AC = ac$, alors $B = b$, $AB = ab$, & $bc = BC$. Enfin, si dans deux triangles *sphériques* $AB = ab$, $AC = ac$, & $BC = bc$; donc A sera égal a, $B = b$ & $C = c$. Les démonstrations de ces propriétés sont les mêmes que celles des propriétés semblables qui se rencontrent dans les triangles plans; car les propositions sur l'égalité des triangles rectilignes, s'étendent à tous les autres, *&c.* pourvu que leurs côtés soient semblables. *Voyez* TRIANGLE *sphérique isocele*.

2.° Dans un triangle *ABC*, *fig.* 11, les angles à la base *B* & *C* sont égaux; & si, dans un triangle *sphérique*, les angles *B* & *C* à la base *BC* sont égaux, le triangle est isocele.

3.° Dans tout triangle *sphérique*, chaque côté est moindre qu'un demi-cercle; deux côtés quelconques, pris ensemble, sont plus grands que le troisième; les trois côtés, pris ensemble, sont moindres que la circonférence d'un grand cercle, le plus grand côté est toujours opposé au plus grand angle, & le moindre côté au moindre angle.

4.° Si, dans un triangle *sphérique BAC*, *fig.* 13, deux côtés *AB* & *BC*, pris ensemble, sont égaux à un demi-cercle, la base *AC* étant continuée en *D*, l'angle externe *BCD* sera égal à l'angle interne opposé *BAC*.

Si deux côtés, pris ensemble, sont moindres ou plus grands qu'un demi-cercle, l'angle externe *BCD* sera moindre ou plus grand que l'angle interne opposé *A*, & la converse de toutes ces propositions est vraie; savoir, si l'angle *BCD* est égal ou plus grand, ou moindre que *A*, les côtés *AB* & *BC* sont égaux, ou plus grands, ou moindres qu'un demi-cercle.

5.° Si, dans un triangle *sphérique ABC*, *fig.* 12, deux côtés *AB* & *BC* sont égaux à un demi-cercle, les angles à la base *A* & *C* sont égaux à deux angles droits; si les côtés sont plus grands qu'un demi-cercle, les angles sont plus grands que deux droits; & si les côtés sont moindres, les angles sont moindres, & réciproquement.

6.° Dans tout triangle *sphérique*, chaque angle est moindre que deux droits, & les trois ensemble sont moindres que six angles droits, & plus grands que deux.

7.° Si, dans un triangle *sphérique BAC*, les côtés *AB* & *BC* sont des quarts-de-cercle, les angles à la base *A* & *C* seront des angles droits; si l'angle *A* compris entre les côtés *AB* & *AC*, est un angle droit, *BC* sera un quart-de-cercle; si *A* est un angle obtus, *BC* sera plus grand qu'un quart-de-cercle; & s'il est aigu, *BC* sera moindre; & réciproquement.

8.° Si, dans un triangle *sphérique* rectangle, le côté *BC*, *fig.* 14, adjacent à l'angle droit *B*, est un quart-de-cercle, l'angle *A* sera un angle droit; si *BE* est plus grand qu'un quart-de-cercle, l'angle *A* sera obtus; & si *BD* est moindre qu'un quart-de-cercle, l'angle *A* sera aigu, & réciproquement.

9.° Si, dans un triangle *sphérique* rectangle, chaque côté est plus grand ou plus petit qu'un quart-de-cercle, l'hypothénuse sera moindre qu'un quart-de-cercle, & réciproquement.

10°. Si, dans un triangle *sphérique ABC*, *fig.* 15, rectangle seulement en *B*, un côté *CB* est plus grand qu'un quart-de-cercle, & l'autre côté *AB* moindre, l'hypothénuse *AB* sera plus grande qu'un quart-de-cercle, & réciproquement.

11.° Si, dans un triangle *sphérique* obliquangle *ABC*, *fig.* 16, les deux angles à la base *A* & *B*, sont obtus ou aigus, la perpendiculaire *CD*, qu'on laissera tomber du troisième angle *C* sur le côté opposé *AB*, tombera dans le triangle; si l'un d'eux *A* est obtus, & l'autre *B* aigu, la perpendiculaire tombera hors du triangle.

12.° Si, dans un triangle *sphérique ABC*, tous les angles *A*, *B* & *C*, sont aigus, les côtés sont chacun moindres qu'un quart-de-cercle. Ainsi, si dans un triangle *sphérique* obliquangle un côté est plus grand qu'un quart-de-cercle, il y a un angle obtus, savoir, celui qui est opposé à ce côté.

13.° Si, dans un triangle *sphérique* *ACB*, deux angles *A* & *B* sont obtus, & le troisième *C* aigu, les côtés *AC* & *CB*, opposés aux côtés obtus, sont plus grands qu'un quart-de-cercle; ainsi, si les deux côtés sont moindres qu'un quart-de-cercle, les deux angles sont aigus.

14.° Si, dans un triangle *sphérique*, tous les côtés sont plus grands qu'un quart-de-cercle, ou bien s'il y en a deux plus grands, & un qui soit égal à un quart-de-cercle, tous les angles sont obtus.

15.° Si, dans un triangle *sphérique* obliquangle, deux côtés sont moindres qu'un quart-de-cercle, & le troisième plus grand, l'angle opposé au plus grand sera obtus, & les autres aigus.

Sur la résolution des triangles *sphériques*, *voyez* TRIANGLE.

Les propriétés des triangles *sphériques* sont démontrées avec beaucoup d'élégance & de simplicité, dans un petit Traité qui est imprimé à la fin de l'*Introductio ad veram Astronomiam*, de M. Keill. M. Deparcieux, de l'académie royale des Sciences de Paris & de celle de Berlin, a donné au public, en 1741, un Traité de *Trigonométrie sphérique*, *in*-4.° imprimé à Paris chez Guérin; l'auteur démontre, dans cet ouvrage, les propriétés des triangles *sphériques*, en regardant leurs angles comme les angles formés par les plans qui se coupent au centre de la sphère, & les côtés des triangles *sphériques*, comme les angles que forment entr'elles les lignes tirées du centre de la sphère aux extrémités du triangle; c'est-à-dire, qu'il substitue aux triangles *sphériques* des pyramides qui ont leur sommet au centre de la sphère. L'académie royale des Sciences ayant fait examiner cet ouvrage par des Commissaires qu'elle nomma à cet effet, a jugé que, quoique l'idée de M. Deparcieux ne soit pas absolument nouvelle, & qu'elle l'ait obligé de charger quelques-unes de ses démonstrations d'un assez grand détail, elle lui avoit donné moyen d'en éclaircir & d'en simplifier un plus grand nombre d'autres, & que cet ouvrage ne pouvoit manquer d'être fort utile. Le plus complet est celui de M. Cagnoli, 1786. (*O*)

L'astronomie *sphérique* est la partie de l'astronomie qui considère l'univers dans l'état où l'œil l'apperçoit. *Voyez* ASTRONOMIE.

L'astronomie *sphérique* comprend tous les phénomènes & les apparences des cieux & des corps célestes, telles que nous les appercevons, sans en chercher les raisons & la théorie; en quoi elle est distinguée d'avec l'astronomie théorique, qui considère la structure réelle de l'univers, & les causes de ses phénomènes.

Dans l'astronomie *sphérique*, on conçoit le monde comme une surface *sphérique* concave, au centre de laquelle est la terre, autour de laquelle le monde visible tourne avec les étoiles & les planètes, qui sont regardées comme attachées à sa circonférence, & c'est sur cette supposition qu'on détermine tous les autres phénomènes.

L'astronomie théorique nous apprend, par les loix de l'optique, *&c.* à corriger ces apparences, & à réduire le tout à un systéme plus exact.

Compas sphérique. Voyez COMPAS.

Géométrie *sphérique*, est la doctrine de la sphère, & particulièrement des cercles qui sont décrits sur sa surface, avec la méthode de les tracer sur un plan, & d'en mesurer les arcs & les angles quand on les a tracés.

La trigonométrie *sphérique* est l'art de résoudre les triangles *sphériques*, c'est-à-dire, trois choses étant données dans un triangle *sphérique*, trouver tout le reste. Par exemple, deux côtés & un angle étant donnés, trouver les deux autres angles & le troisième côté. *Voyez* TRIANGLE & TRIGONOMÉTRIE.

SPHÉRIQUES, (*Géom.*) c'est proprement la doctrine des propriétés de la sphère, considérée comme un corps géométrique, & particulièrement des différens cercles qui sont décrits sur sa surface. *Voyez* SPHÈRE.

C'est sur cette matière que le mathématicien Théodose a écrit les livres qui nous restent encore de lui, & qu'on appelle les *sphériques* de Théodose.

Voici les principales propositions, ou les principaux théorêmes des *sphériques*.

1.° Si on coupe une sphère, de quelque manière que ce soit, le plan de la section sera un cercle dont le centre est dans un diamètre de la sphère.

D'où il suit, 1°. que le diamètre *HI* (*Pl. de Trigonom. fig.* 17), d'un cercle qui passe par le centre *C*, est égal au diamètre *AB* du cercle générateur de la sphère, & le diamètre d'un cercle, comme *FE*, qui ne passe pas le centre, est égal à quelque corde du cercle générateur.

2.° Que, comme le diamètre est la plus grande de toutes les cordes, un cercle qui passe par le centre est un grand cercle de la sphère, & tous les autres sont plus petits.

3.° Que tous les grands cercles de la sphère sont égaux les uns aux autres.

4.° Que, si un grand cercle de la sphère passe par quelque point donné de la sphère, comme *A*, il doit passer aussi par le point diamétralement opposé, comme *B*.

5.° Que, si deux grands cercles se coupent mutuellement l'un l'autre, la ligne de section est un diamètre de la sphère, & que, par conséquent, deux grands cercles se coupent l'un l'autre dans des points diamétralement opposés.

6.° Qu'un grand cercle de la sphère la divise en deux parties ou hémisphères égaux.

2.° Tous les grands cercles de la sphère se coupent l'un l'autre en deux parties égales, & réciproquement tous les cercles qui se coupent en deux parties égales, sont de grands cercles de la sphère.

3.° Un arc d'un grand cercle de la sphère, compris entre un autre arc *H I L* (*fig.* 18), & ses poles *A* & *B*, est un quart-de-cercle.

Celui qui est compris entre un moindre cercle *D E F*, & un de ses poles *A*, est plus grand qu'un quart-de-cercle; & celui qui est compris entre le même, & l'autre pole *B*, est plus petit qu'un quart-de-cercle.

4.° Si un grand cercle d'une sphère passe par les poles d'un autre, cet autre passe par les poles de celui-ci; & si un grand cercle passe par les poles d'un autre, ils se coupent l'un l'autre à angles droits, & réciproquement.

5.° Si un grand cercle *A F B D* passe par les poles *A* & *B* d'un plus petit cercle *D E F*, il le divise en parties égales, & le coupe à angles droits.

6.° Si deux grands cercles *A E B F*, & *C E D F*, (*fig.* 19), se coupent l'un l'autre aux poles *E* & *F*, d'un autre grand cercle *A C B D*, cet autre passera par les poles *H* & *h*, *I* & *i*, des cercles *A E B F* & *C E D F*.

7.° Si deux grands cercles *AEBF* & *CEDF*, en coupent chacun un autre mutuellement, l'angle d'obliquité *A C G* sera égal à la distance des poles *HI*.

8.° Tous cercles de la sphère, comme *G E* & *LK* (*fig.* 20), également distans de son centre *C*, sont égaux; & plus ils sont éloignés du centre, plus ils sont petits; ainsi, comme de toutes les cordes parallèles il n'y en a que deux qui soient également éloignées du centre, de tous les cercles parallèles au même grand cercle, il n'y en a que deux qui soient égaux.

9.° Si les arcs *EH* & *KH*, *GI* & *IL*, compris entre un grand cercle *IHM* & les cercles plus petits *GNE* & *LOK*, sont égaux, les cercles sont égaux.

10.° Si les arcs *EH* & *GI*, du même grand cercle *AIBH*, compris entre deux cercles *GNE* & *IMH*, sont égaux, les cercles sont parallèles.

11.° Un arc d'un cercle parallèle *IG* (*fig.* 21), est semblable à un arc d'un grand cercle *AE*, si chacun d'eux est compris entre les mêmes grands cercles *CAF* & *CEF*.

Ainsi, les arcs *AE* & *IG* ont la même raison à leur circonférence, & par conséquent contiennent le même nombre de degrés; & l'arc *IG*, est plus petit que l'arc *AE*.

12.° L'arc d'un grand cercle est la ligne la plus courte qu'on puisse tirer d'un point de la surface d'une sphère à un autre point de la même surface.

De-là il s'ensuit que la vraie distance de deux lieux sur la surface de la terre, est un arc d'un grand cercle compris entre ces lieux. *Voyez* NAVIGATION & CARTE. (*E*)

SPHÉROIDE, s. m. *en Géométrie*, est le nom qu'Archimede a donné à un solide qui approche de la figure d'une sphère, quoiqu'il ne soit pas exactement rond, mais oblong, parce qu'il a un diamètre plus grand que l'autre, & qu'il est engendré par la révolution d'une demi-ellipse sur son axe. Ce mot vient de σφαῖρα, *sphère*, & εἶδος, *figure*.

Quand il est engendré par la révolution d'une demi-ellipse sur son plus grand axe, on l'appelle *sphéroïde oblong* ou *alongé*; & quand il est engendré par la révolution d'une ellipse sur son petit axe, on l'appelle *sphéroïde applati*.

Pour ce qui regarde les dimensions solides d'un *sphéroïde* alongé, il est les deux tiers de son cylindre circonscrit.

Un *sphéroïde* alongé est à une sphère décrite sur son grand axe, comme le quarré du petit axe est au quarré du grand; & un *sphéroïde* applati est à une sphère décrite sur le petit axe, comme le quarré du grand axe est au quarré du petit.

On appelle aujourd'hui assez généralement *sphéroïde*, tout solide engendré par la révolution d'une courbe ovale autour de son axe, soit que cette courbe ovale soit une ellipse ou non. (*O*)

SPHÉROMETRE, instrument d'optique destiné à mesurer la courbure des verres. Il est composé de deux supports & d'une vis placée dans le milieu; cette vis porte une alidade de 2 $\frac{1}{2}$ pouces de longueur, qui marque, sur les divisions du cadran, la 360e partie d'un quart-de-ligne: on peut même y distinguer le tiers d'une de ces divisions, & par-là juger de l'élévation de la vis jusqu'à la 4320e partie d'une ligne. En plaçant un verre sur la vis & sur les deux supports, on est étonné d'entendre le bruit qu'elle fait lorsqu'on l'incline, quoi qu'il ne s'en faille que de la 4320e partie d'une ligne que le verre ne touche dans ses trois points. On se sert d'une glace bien plane pour mettre les trois supports en ligne droite, & lorsqu'ensuite on y place un objectif, on voit, avec la plus grande précision, la quantité de sa courbure; d'où l'on peut conclure son foyer; par exemple dans une lunette de trois pieds & qui a trois pouces de largeur, la courbure est d'un tiers de ligne; l'on pourra donc, avec le *sphéromètre*, trouver le foyer à un 1440e près, c'est-à-dire, à un tiers de ligne près. La première idée de cet instrument vint de feu M. de la Roue, miroitier dans la rue de la Verrerie, très-habile en optique. M. l'abbé Bouriot en avoit fait exécuter un avec lequel il détermina les six rayons de courbure d'une lunette de Dollond, tels que je les ai rapportés au mot *Achromatique*. (*D. L.*)

SPIRALE, s. f. (*Géom.*) est en général une ligne courbe, qui va toujours en s'éloignant de son centre, & en faisant autour de ce centre plusieurs révolutions.

On appelle plus proprement & plus particulièrement *spirale* en Géométrie, une ligne courbe dont Archimede est l'inventeur, & qu'on nomme pour cette raison *spirale d'Archimede*.

En voici la génération. On suppose le rayon d'un cercle divisé en autant de parties que sa circonférence, par exemple, en 360. Le rayon se meut sur la circonférence, & la parcourt toute entière. Pendant ce même tems, un point qui part du centre du cercle, se meut sur le rayon, & le parcourt tout entier; de sorte que les parties qu'il parcourt à chaque instant sur le rayon, sont proportionnelles à celles que le rayon parcourt dans le même instant sur la circonférence, c'est-à-dire que, tandis que le rayon parcourt, par exemple, un degré de la circonférence, le point qui se meut sur le rayon, en parcourt la 360e partie. Il est évident que le mouvement de ce point est composé; & si l'on suppose qu'il laisse une trace, c'est la courbe qu'Archimede a nommée *spirale*, dont le centre est le même que celui du cercle, & dont les ordonnées ou rayons sont les différentes longueurs du rayon du cercle, prises depuis le centre, & à l'extrémité desquelles le point mobile s'est trouvé à chaque instant; par conséquent les ordonnées de cette courbe concourent toutes en un point, & elles sont entr'elles comme les parties de la circonférence du cercle correspondantes, qui ont été parcourues par le rayon, & qu'on peut appeller *arcs de révolution*. *Voyez* la *fig.* 39 *de Géomet.* la courbe *CMmm* est une *spirale*. Lorsque le rayon *CA*, a fait une révolution, & que le point mobile parti de *C*, est arrivé en *A*, on peut supposer que ce point continue à se mouvoir, & le rayon à tourner, ce qui produira une continuation de la *spirale*, & on voit que cette courbe peut être continuée par ce moyen, aussi loin qu'on voudra. *Voy. fig.* 40.

Archimede, inventeur de la *spirale*, en l'examinant, en trouva les tangentes, ou, ce qui revient au même, les sous-tangentes, & ensuite les espaces. Il démontra qu'à la fin de la premiere révolution de la *spirale*, la sous-tangente est égale à la circonférence du cercle circonscrit, qui est alors le même que celui sur lequel on a pris les arcs de la révolution; qu'à la fin de la seconde révolution, la sous-tangente est double de la circonférence du cercle circonscrit, triple à la fin de la troisième révolution, & toujours ainsi de suite. Quant aux espaces, qui sont toujours compris entre le rayon qui termine une révolution, & l'arc *spiral* qui s'y termine aussi, pris depuis le centre, Archimede a prouvé que l'espace *spiral* de la première révolution, est à l'espace de son cercle circonscrit, comme 1 à 3; que l'espace de la seconde révolution est au cercle circonscrit, comme 7 à 12; celui de la troisième, comme 19 à 27, *&c.* Ce sont là les deux plus considérables découvertes du traité d'Archimede. Nous avons ses propres démonstrations: elles sont si longues & si difficiles, que, comme on le peut voir par un passage latin, rapporté dans la préface des infiniment petits de M. de l'Hôpital, Bouillaud avoue qu'il ne les a jamais bien entendues, & que Viette, par cette même raison, les a injustement soupçonnées de paralogisme; mais, par le secours des nouvelles méthodes, les démonstrations de ces propriétés de la *spirale*, ont été fort simplifiées & étendues à d'autres propriétés plus générales. En effet, l'esprit de la géométrie moderne est d'élever toujours les vérités, soit anciennes, soit nouvelles, à la plus grande universalité qu'il se puisse. Dans la *spirale* d'Archimede, les ordonnées ou rayons sont comme les arcs de révolution: on a rendu la génération de cette courbe plus universelle, en supposant que les rayons y fussent, comme telle puissance qu'on voudroit de ces arcs, c'est-à-dire, comme leurs quarrés, leurs cubes, *&c.* ou même leurs racines quarrées, cubiques, *&c.* car les Géomètres savent que les racines sont des puissances mises en fractions. Ceux qui souhaitent un plus grand détail sur l'universalité de cette hypothèse, le trouveront dans l'histoire de l'académie royale des Sciences, ann. 1704, p. 57 *& suiv.*

Spirale logarithmique, ou *logistique*. Voyez LOGARITHMIQUE. (*O*)

SPIRIQUES, LIGNES, (*Géom.*) espèces de courbes inventées par Perséus, & qu'il ne faut pas confondre avec les spirales. M. Montucla a trouvé dans Proculus ce que c'étoit que les *lignes spiriques*. Ce commentateur les décrit assez clairement. Il nous apprend que c'étoient des courbes qui se formoient en coupant le solide fait par la circonvolution d'un cercle autour d'une corde, ou d'une tangente, ou d'une ligne extérieure. De-là naissoit un corps en forme d'anneau ouvert ou fermé, ou en forme de bourlet; ce corps étant coupé par un plan, donnoit, suivant les circonstances, des courbes d'une forme fort singulière, tantôt alongées en forme d'ellipse, tantôt applaties & rentrantes dans leur milieu, tantôt se coupant en forme de nœud ou de lacet. Perséus considéra ces courbes, & crut avoir fait une découverte si intéressante, qu'il sacrifia à son bon génie. Montucla, *hist. de Mathém. tome I.*

SPORADES, s. f. pl. *en Astronomie*, est un nom que les anciens donnoient aux étoiles qui ne faisoient partie d'aucune constellation. *Voyez* SPARSILES, INFORMES.

STA

STABILITÉ, s. f. (*Méch.*) Quand un corps est abandonné à lui-même sur un plan horizontal ou sur un fluide, & en équilibre; si, venant à en être un peu écarté, il peut reprendre le même équilibre, sur-le-champ, ou après quelques oscillations, il est dit avoir de la stabilité. S'il se renverse, pour prendre un autre équilibre, il est dit n'avoir point de stabilité.

Exemple. Un cone droit, appuyé par sa base sur un plan horizontal a de la stabilité, ou ce qui revient au même, a un équilibre stable; car, si on l'écarte de cet équilibre, non-seulement un peu, mais même jusqu'à ce que sa base fasse, avec le plan horizontal, un angle extrêmement peu différent de celui qui a pour tangente le rayon de la base du cône, divisé par le quart de sa hauteur, il reprendra son premier équilibre.

Mais si on appuie ce cône par sa pointe, pour le mettre en équilibre, il n'y aura point de stabilité; car un dérangement quelconque suffira pour le faire culbuter & pour lui faire prendre un autre équilibre.

Il est essentiel que les vaisseaux aient une très-grande stabilité, pour qu'ils ne soient pas exposés à verser par les coups de vent & par le choc des vagues. On satisfait à cette condition, en faisant en sorte, dans l'arrimage, que le centre de gravité de la masse entière soit le plus bas possible.

STATION, *en Géométrie*, &c. est un lieu qu'on choisit pour faire une observation, prendre un angle ou autre chose semblable.

On ne peut mesurer une hauteur ou une distance inaccessible, qu'on ne fasse deux *stations* dans deux endroits, dont la distance est connue. Quand on fait des cartes géométriques de provinces, &c. on fixe les *stations* sur plusieurs éminences du pays, & de-là on prend les angles aux différentes villes, villages, &c.

Dans l'arpentage, on mesure la distance qu'il y a d'une *station* à une autre; & on prend l'angle que l'endroit où on se trouve forme avec la *station* suivante. *Voyez* ARPENTAGE. (*E*)

STATION, *en Astronomie*, est la position ou l'apparence d'une planète au même point du zodiaque lorsque son mouvement paroît nul. Comme la terre, d'où nous appercevons le mouvement des planètes, est placée hors du centre de leurs orbites, les planètes, vues de la terre, ont un cours irrégulier; quelquefois on les voit aller en avant, c'est-à-dire, d'occident en orient, c'est ce qu'on appelle *être directes*; quelquefois on les voit aller en arrière, c'est-à-dire, d'orient en occident, c'est ce qu'on appelle *être rétrogrades*, & dans l'intervalle elles sont stationnaires. *Voyez* RÉTROGRADATION, où nous avons expliqué la cause des *stations*.

STATIQUE, s. f. (*Ordre encyclop. entend. raison, philos. ou science, science de la nature, Mathématiq. Mathém. mixtes, Méchaniq. Statique*), est une partie de la méchanique, qui a pour objet les loix de l'équilibre des corps ou des puissances qui agissent les unes sur les autres.

La méchanique en général a pour objet les lois de l'équilibre & du mouvement des corps, mais on donne particulièrement le nom de *méchanique* à la partie qui traite du mouvement, & celui de *statique* à la partie qui traite de l'équilibre; ce nom vient du latin *stare*, s'arrêter, être en repos, parce que l'effet de l'équilibre est de produire le repos, quoiqu'il y ait dans le corps en équilibre une tendance au mouvement.

La *statique* se divise en deux parties, l'une qui conserve le nom de *statique*, a pour objet les loix de l'équilibre des solides. C'est dans cette partie qu'on traite des différentes machines simples ou composées, comme la poulie, le levier, le plan incliné, &c. l'autre partie, qu'on appelle *hydrostatique*, a pour objet les loix de l'équilibre des fluides.

Ceux qui voudront connoître ce qu'on a écrit de mieux sur la *statique*, & sur l'*hydrostatique*, pourront consulter la première partie de la *Méchanique* de M. l'Abbé Bossut, & la première partie de son *Hydrodynamique*.

STÉRÉOGRAPHIE, s. f. est l'art de dessiner la forme ou la figure des solides sur un plan. *Voyez* SOLIDE.

Ce mot est formé du grec γράφω, *solide*, & στέρεος, *je décris*. La *stéréographie* est une branche de la perspective, ou plutôt c'est la perspective même des corps solides; c'est pourquoi on en peut voir les règles aux *mots* PERSPECTIVE, & SCÉNOGRAPHIE. *Voyez aussi* STÉRÉOGRAPHIQUE, & PROJECTION. (*O*)

STÉRÉOGRAPHIQUE, adj. (*Perspect.*) projection *stéréographique* de la sphère, est celle dans laquelle on suppose que l'œil est placé sur la surface de la sphère. *Voyez* PROJECTION, où nous avons rapporté les principales propriétés de celle-ci.

La projection *stéréographique* est la projection des cercles de la sphère, sur le plan de quelque grand cercle, l'œil étant placé au pôle de ce cercle. Cette projection a deux avantages; 1.° Les projections de tous les cercles de la sphère, y font des cercles, ou des lignes droites, ce qui rend ces projections faciles à tracer. 2.° Les degrés des cercles de la sphère, qui sont égaux, sont à la vérité inégaux dans la projection, mais ils ne sont pas à beaucoup près si inégaux que dans la projection orthographique; c'est ce qui fait qu'on se sert par préférence de cette projection pour les mapemondes, ou cartes qui représentent le globe terrestre en entier.

Voici la méthode & la pratique de cette projection, dans tous les cas principaux, c'est-à-dire, sur les plans du méridien, de l'équateur, & de l'horizon.

Projection stéréographique sur le plan du méridien; soit $Z\,Q\,N\,E$ (*Pl. de perspect. fig.* 22), le méridien; Z & N les pôles, comme aussi le zénit & le nadir; $E\,Q$ l'équinoxial ou l'équateur; $Z\,N$ le colure des équinoxes, & le premier cercle vertical; Z 15 N, Z 30 N, Z 45 N, *&c.* sont les cercles horaires ou méridiens. Pour décrire ces cercles, trouvez d'abord les points 15, 30, 45, 60, *&c.* dans l'équinoxial, pour cela, il ne faudra que trouver les tangentes des moitiés des angles de 15 degrés, de 30, de 45, *&c.* dans le grand cercle $Z\,E\,N\,Q$, & les porter depuis Y, jusqu'aux points 15, 30, 45, *&c.* ou bien, ce qui abrégera encore l'opération, on divisera le grand demi-cercle $E\,N\,Q$ en 180 degrés, en commençant au point N, 90 de chaque côté, ensuite par le point Z, & par les points de 15, de 30, de 45 degrés, *&c.* on tirera des lignes droites qui couperont la ligne $Y\,Q$, aux points 15, 30, 45, *&c.* Ces points étant trouvés, il ne s'agira plus que de décrire par ces points, & par les points Z & N, des arcs de cercle Z 15 N; Z 30 N, Z 45 N, qui représenteront les méridiens, ce qu'on exécutera facilement par les méthodes connues de géométrie, pour tracer un cercle par trois points donnés. Si on ne veut pas se servir de ces méthodes pour décrire ces cercles, on pourra en employer d'autres qui seront encore plus simples : par exemple, pour tracer le méridien Z 15 N, on tirera du point Z au point 15, une ligne droite, & sur cette ligne droite, on élévera au point Z une perpendiculaire qui ira couper la ligne $Y\,E$, prolongée en quelque point; la distance entre ce point de rencontre & le point 15, sera le diamètre du cercle Z 15 N, dont on trouvera par conséquent le centre, en divisant cette distance en deux parties égales. On peut aussi avoir les centres d'une autre manière : par exemple, pour avoir le centre du cercle Z 45 N, on tirera par le point Y, & par le point de 45 degrés du quart-de-cercle $N\,Q$, une ligne droite ou diamètre, qu'on prolongera jusqu'au quart-de-cercle $Z\,E$; ensuite par le point Z, & par les points d'intersections de ce diamètre, avec les deux quarts-de-cercle $N\,Q$, $Z\,E$, on tirera deux lignes droites qui iront couper la ligne $Q\,Y\,E$, prolongée, s'il est nécessaire en deux points, & la distance de ces points donnera le diamètre; de-là, il est facile de conclure, par les principes de la Géométrie, que le diamètre du cercle Z 45 N est égal à la moitié de la somme de la tangente de la moitié de 45 degrés, & de la tangente du complément de cette moitié au quart-de-cercle; que la distance du point Y au centre du cercle Z 45 N, est égale à la tangente du complément de 45 degrés, c'est-à-dire, à la cotangente de 45 degrés, & que la distance du point 45 à ce même centre, est égale à la sécante du complément de 45 degrés, c'est-à-dire, à la cosécante de 45 degrés, & ainsi des autres, ce qui fournit encore de nouvelles méthodes pour déterminer les centres des projections des différens méridiens; car, pour déterminer par exemple le méridien Z 45 N, il n'y a qu'à prendre depuis le point 45, vers E, une ligne égale à la cosécante de 45 degrés, ou à la demi-somme des tangentes de la moitié de 45 degrés, & du complément de cette moitié; ou bien on prendra depuis le point Y vers E, une ligne égale à la cotangente de 45 degrés.

Dans cette même projection les arcs de cercle ♋, ♋, & rs, rs, sont les tropiques septentrional & méridional, qui se projetteront aussi par des arcs de cercle. Pour tracer ces cercles, par exemple ♋, ♋, on prendra d'abord sur le demi-cercle $E\,Z\,Q$, les arcs E ♋, Q ♋ de 23 degrés & demi, ensuite par le point E, & par le point ♋ qui en est le plus éloigné, on tirera une ligne qui coupera la ligne $Z\,N$ en un point; & par ce point, & les deux points ♋, on décrira un arc de cercle qui représentera le tropique du cancer. On peut aussi s'y prendre de la manière suivante, pour décrire le tropique ♋ o ♋; on portera de y vers o une ligne $y\,o$, égale à la tangente de la moitié de 23 degrés 30′, & du point o vers le point Z, on portera une ligne égale à la cosécante de 23° 30′, en prenant pour sinus total le rayon du tropique. On pourra décrire par une méthode semblable, tous les autres cercles parallèles à l'équateur.

Dans cette projection ♋, $Y\,s$ est l'écliptique, elle est représentée par une ligne droite & on la divisera en degrés, comme on a divisé la projection $E\,Q$ de l'équateur, on nommera ces degrés par les signes du zodiaque, en comptant 30°. pour chaque signe.

Projection stéréographique sur le plan de l'équinoxial ou équateur : soit $S\,C$ (*fig.* 23.) le méridien & le colure des solstices; $E\,N$ le colure équinoxial, & le cercle horaire de 6 heures; P le pôle septentrional; ♋, ♋, le tropique septentrional; E ♋ N, la moitié septentrionale de l'écliptique. Pour en trouver le centre, on divisera d'abord la ligne $P\,C$ en 90 degrés, comme on a divisé dans la *fig.* 22. la ligne $Y\,Q$; on prendra ensuite la portion P ♋, de 66 degrés & demi, & on portera depuis ♋ vers S, une ligne égale à la sécante de 23 degrés & demi, ensuite d'un rayon égal à cette sécante, on décrira un cercle qui passe par le point ♋; ou bien on portera depuis le point P, vers S, une ligne égale à la tangente de 23 degrés & demi; & de l'extrémité de cette ligne, comme centre, on décrira un arc de cercle qui passe par les points N, E. Le pôle a de l'écliptique est à l'intersection du cercle polaire & du méridien, parce que c'est le lieu par où doivent

passer

passer tous les cercles de longitude; & *E Z N* sera l'horizon du lieu, par exemple, de Paris. Pour la décrire, prenez depuis *P* jusqu'à *Z* la tangente de la demi-latitude; alors, la tangente de la colatitude, prise depuis *P* jusqu'à *O*, ou sa sécante depuis *Z* jusqu'à *O*, donne le centre du cercle qui doit représenter l'horizon, & son pole qui représente le zénith, sera éloigné du pole *P* d'une quantité égale à la tangente de la demi-colatitude.

Tracer tous les autres cercles dans cette projection : 1.° pour les cercles de longitude qui doivent tous passer par *a*, & par les différens degrés de l'écliptique; prenez la tangente de 66 degrés 30 minutes, depuis *a* vers *x* sur le méridien, ce qui donnera un point par lequel une perpendiculaire étant tirée au méridien, elle contiendra les centres de tous les cercles de longitude, & les distances de ces centres au rayon *P C*, seront les tangentes des degrés de leurs distances au méridien *SPC*. 2.° On décrit tous les paralèlles de déclinaison, en prenant les tangentes de leurs demi-distances au pole *P*, & décrivant du point *P* & de ces demi-distances, comme rayons, des cercles concentriques. 3.° Tous les cercles azimuthaux ou verticaux doivent passer par le zénith *h*: puis donc que le zénith de Paris est éloigné de *P* de 41° 30', prenez-en la cosécante, (ou la sécante de 48 degrés 50 minutes) depuis *h* vers *C*, & cela donnera le point *X*, qui est le centre de l'azimuth oriental & occidental, c'est-à-dire *E h N*. 4.° Les cercles de hauteur ou almicantarats, sont des cercles plus petits, dont les poles ne sont point dans le plan de la projection; ainsi, le cercle *O e* est un cercle de hauteur, élevé de 50 degrés au-dessus de l'horizon. 5.° Tous les cercles horaires sont des lignes droites, tirées du centre *P* à l'extrémité du grand cercle *S N X E*.

Projection stéréographique sur le plan de l'horizon. D'abord décrivez un cercle qui représente l'horizon; partagez-le en quatre parties par deux diamètres: *Z* (*fig.* 24.) sera le zénith du lieu; 12*z*12 sera le méridien; 6*z*6 sera le premier vertical ou azimuth d'orient & d'occident; faites *Z P* égal à la tangente de la moitié de 41° 10; *P* sera le pole du monde: faites *z Æ* = à la tangente de la moitié de 48° 30', & vous aurez le cercle équinoxial 6 *æ* 6.

Dans cette projection, les almicantarats sont tous parallèles au cercle de projection, & les azimutaux sont tous des lignes droites qui passent par *Z*, centre du cercle de projection. Les parallèles de déclinaison sont tous de petits cercles parallèles au cercle équinoxial; & on trouve leurs intersections avec le méridien, en prenant la tangente de leurs demi-distances du zénith, vers le midi ou vers le nord, ou des deux côtés depuis *Z*: leurs centres se trouvent en coupant en deux la distance qui est entre ces deux points: car le milieu sera le centre du parallèle.

Pour ce qui regarde les cercles horaires, faites *Z c* = à la tangente de 48° 50'; ou *P c* = à la sécante de 48° 50', tirez par le point *C* une perpendiculaire au méridien 12*Z C* prolongé; ensuite si vous prenez *Z C* pour rayon, & que sur la ligne *CT* vous portiez les tangentes de 15°, 30°, 45°, &c. d'un & d'autre côté, vous aurez les centres de chacun des cercles horaires, 7 & 5, 8, 4, &c.

Remarquez que dans toute projection *stéréographique*, tous les diamètres sont divisés en degrés, par les tangentes des demi-angles correspondans; ainsi, dans la *fig.* 22. on a divisé *Y Q* en degrés, aux points 15, 10, 45, &c. en portant depuis *Y* les tangentes des moitiés de 15 degr. de 30 degr. de 45 degr. &c. & c'est-là le fondement de la projection des cercles horaires de la sphère, sur un plan donné. *Voyez* GNOMONIQUE, &c.

Comme dans la projection *stéréographique* tous les cercles se projettent par des lignes droites, ou par d'autres cercles, on se sert beaucoup de cette sorte de projection. Il faut toujours imaginer dans ces sortes de projections, que l'œil est éloigné du plan, d'une quantité égale au rayon du grand cercle de la projection, & que la moitié de la sphère projettée est au-dessous du papier, en sorte que son centre se confonde avec le centre du grand cercle de projection. Au reste, cette espèce de projection, malgré tous ses avantages, a un inconvénient, c'est que l'on ne peut pas s'y servir d'une même échelle pour trouver les distances des lieux: car par exemple, dans la *fig.* 22, les points 15, 30, 45, &c. sont inégalement éloignés les uns des autres sur la projection; cependant les points de la sphère dont ces lieux sont la projection, sont tous à 15 degrés les uns des autres. Il en est de même de tous les autres points de la projection: car leurs distances se projettent par des arcs de différens cercles, & dans lesquels les degrés sont représentés par des divisions inégales. Ainsi, dans une mappemonde qui n'est pas à l'horizon de Paris, il faut bien se garder de se servir d'une échelle pour trouver la distance de Paris aux différentes villes de l'Europe; on ne peut se servir d'échelle pour mesurer ces distances, que dans les mappemondes dont Paris occupe le centre, c'est-à-dire, dans celles dont la projection est sur l'horizon de Paris; encore faudra-t-il se servir d'une échelle dont les divisions soient inégales, comme le sont celles de la ligne *Y Q*, *figure* 22, & cette échelle ne pourra donner que les distances de Paris à toutes les autres villes, & non pas la différence de ces autres villes entr'elles. (*O*)

STÉRÉOMÉTRIE, s. f. (*Géom.*) est une partie de la géométrie, qui enseigne la manière de mesurer les corps solides, c'est-à-dire, de trouver la solidité ou le contenu des corps; comme des globes, des cylindres, des cubes, des vases, des vaisseaux, &c. *Voyez* SOLIDE & SOLIDITÉ.

Ce mot est formé du grec στέρεος *solide*, & μέτρον *mesure*. *Voyez-en* la méthode sous les articles des différens corps, comme GLOBE, CYLINDRE, &c. *Voyez* aussi JAUGE. (*E*)

STEREOTOMIE, s. f. C'est l'art de couper les pierres pour les différens usages auxquels elles peuvent être employées dans l'architecture. *Voy. le Dictionnaire d'Architecture.*

SUB

SUBLIME, adj. (*Math. Transc.*) géométrie *sublime* ou transcendante, est le nom qu'on donne particulièrement à la géométrie infinitésimale, ou des infiniment petits. *Voyez* GÉOMÉTRIE, TRANSCENDANT, DIFFÉRENTIEL, &c. (*O*)

Ces expressions vieillissent de jour en jour. Le goût des mathématiques est si répandu, que des recherches de géométrie ne seroient plus regardées maintenant comme transcendantes, & sur-tout comme sublimes, précisément parce qu'on y emploieroit les calculs différentiel & intégral.

SUBSTITUTION, s. f. *en Algèbre*, consiste à mettre à la place d'une quantité qui est dans une équation, quelqu'autre quantité qui lui est égale, quoique exprimée d'une manière différente. Supposons, par exemple, que l'on ait ces deux équations $ax=yy$, & $x=b+c$, l'on aura par *substitution* $ab+ac=yy$, en mettant dans la première équation, en la place de x, sa valeur $b+c$. *Voyez* ÉQUATION. (*E*)

SUBSTITUTIONS, (*Calcul intégral.*) *Méthode des substitutions.* Cette méthode consiste en général à substituer dans une équation différentielle proposée à la place des variables qui y entrent, d'autres variables égales à des fonctions des premières, & telles qu'après la *substitution*, la proposée devienne d'une forme donnée, & pour laquelle on ait une méthode particulière d'intégrer.

Cette méthode a été employée, 1.° par plusieurs Géomètres, & particulièrement par M. d'Alembert, pour rappeller aux fractions rationnelles des fonctions d'une seule variable x, qui contenoit des radicaux, & cela est possible toutes les fois que la fonction proposée est la somme des fonctions qui ne contiennent que $\frac{a+bx}{c+ex}$ sous un radical quelconque, ou $a+bx+cx^2$ sous le radical $\frac{1}{2}$; dans le premier cas, on fera $\frac{a+bx}{c+ex}=z^m$; &, dans le second, $a+bx+cx^2=(x\sqrt{c}+z)^2$. Si on vouloit rechercher en général dans quels cas les fonctions sous le signe étant plus composées, on peut rappeller la fonction proposée aux fractions rationnelles; on commencera par examiner si, en faisant $z=x^m$, la proposée contient de nouveaux radicaux, quel que soit m, pourvu qu'il soit entier; ensuite, si cela a lieu, on supposera $x=\frac{a+by+cy^2\ldots}{a'+b'y+c'y^2\ldots}$, ou, si le contraire arrive, $z=\frac{a+by+cy^2\ldots}{a'+b'y+c'y^2\ldots}$, & il faudra que la fonction qui multiplie dx soit aussi de cette forme; ainsi, en supposant x ou z égal à une suite infinie, & par conséquent la fonction proposée à une autre, il faudra que toutes deux puissent à-la-fois être supposées récurrentes, ce qui n'arrivera pas toujours. Je ne crois même pas qu'on puisse, par ce moyen, rappeller aux fractions rationnelles la rectification des sections coniques; celui que j'ai indiqué à l'*article* QUADRATURE, est plus général. On pourra aussi rappeller des fonctions irrationnelles à des fonctions rationnelles, si on peut faire ici $dz=Y\frac{a+by+cy^2}{a'+b'y+c'y^2}dy$, & le coéficient de dz égal à une fonction $Y'\frac{a_{,}+b_{,}y\ldots}{a_{,}'+b_{,}'y\ldots}$ Y, Y' étant des fonctions de y, telles que YY' en soit une fonction rationnelle. Voyez le premier volume du *Calcul intégral* de M. Euler.

2.° La méthode des *substitutions* a encore été employée par M. d'Alembert pour trouver la forme des différentielles, dont l'intégration dépend de la rectification des sections coniques. L'utilité de ce travail est très-grande, quoiqu'on ne sache pas rectifier ces courbes, parce qu'on a, à très-peu près, la mesure de leurs arcs, & qu'on peut en déduire immédiatement les intégrales approchées des autres fonctions, sans avoir besoin d'une nouvelle approximation. Voyez le premier volume du *Calcul intégral* de M. de Bougainville, & le quatrième volume des *Opuscules* de M. d'Alembert.

3.° C'est par la méthode des *substitutions* qu'on a trouvé les cas connus d'intégration pour l'équation de Ricati, l'intégration des équations homogènes, celle des équations linéaires du premier ordre, quelques cas particuliers de celles du second. Voyez les *Œuvres* de Jean Bernoulli, & les *articles* RICATI, HOMOGENES, LINÉAIRES.

4.° On s'est encore servi des *substitutions* pour rappeller à ces différens cas des équations qui paroissent s'en éloigner, pour séparer différentes équations particulières, & pour trouver des cas d'intégration pour beaucoup d'autres.

Plus les formes des fonctions proposées sont générales, les *substitutions* simples, & la fonction qui en résulte d'une forme éloignée de celle de la proposée, plus la méthode a de mérite & d'élégance. Il n'y a aucune règle générale qui puisse servir à déterminer les *substitutions* convenables dans les différentes circonstances. Souvent il paroît au premier coup-d'œil que ce choix est l'effet d'une sorte de divination réservée aux grands maîtres; mais, en examinant avec attention, on trouvera toujours quelle chaîne d'idées les a conduits. Ainsi, quand le pere Castel reprochoit aux analystes modernes de prescrire des opérations dont ils ne disoient pas les raisons, il prouvoit, sans le savoir, qu'il ne voyoit dans leurs livres que le méchanisme du calcul, & que l'esprit de méthode lui avoit échappé. *Voyez*, sur ce sujet, les réflexions qui se trouvent dans l'ouvrage de M. Euler, sur les isopérimètres 1745, & les *œuvres* de M. d'Alembert, sur-tout pour ce qui regarde les différences partielles. (*M. D. C.*)

SUBSTITUTIONS, (*calcul des probabilités*). Il paroît difficile de refuser à la puissance législative le droit de changer les loix des successions; autrement il faudroit soutenir, 1.° que ces loix sont absolument arbitraires, puisqu'il seroit absurde de refuser à la puissance législative le droit de détruire les loix qui sont contraires à la raison. 2.° Que ces loix sont utiles, quelles qu'elles puissent être, pourvu qu'elles soient permanentes; puisqu'en supposant les loix arbitraires, c'est-à-dire, n'ayant d'autre motif que l'utilité générale, & non la justice, il seroit absurde de refuser à la puissance législative le droit de détruire des loix nuisibles. 3.° Parce qu'il faudroit regarder le droit qui résulte de ces loix, comme dépendans de la volonté commune des hommes qui existoient au moment où elles ont été faites, & lui supposer une autorité supérieure à celle de la volonté commune des hommes qui existent: ce qui seroit absurde, à moins de supposer ces loix les premières qui aient été jamais faites sur les successions.

Aussi les Jurisconsultes qui ont contesté ce droit, l'ont plutôt refusé à tel corps législatif & particulier, auxquels ils supposoient que la nature n'avoit confié qu'une autorité limitée, & qui étoit astreint à conserver les loix antérieures à son institution. Il est vrai qu'une constitution où il n'y auroit aucun moyen de réformer les mauvaises loix, cesseroit par cela seul d'être une constitution légitime; mais les Jurisconsultes n'ont pas toujours eu assez de lumières pour en sentir les raisons; & d'ailleurs, attachés par état aux tribunaux, l'esprit & l'intérêt de corps ou de métier, a dû les rendre favorables à la perpétuité des loix.

Mais, supposant même qu'il existe une autorité qui puisse changer les loix civiles, & en particulier, ces loix sur les successions; toutes les fois qu'il résultera de ce changement la lésion d'un droit acquis par les anciennes loix, la justice exige que ce droit soit évalué & remplacé par une valeur qui lui soit égale.

Il faut donc examiner dans quel cas il peut exister des droits de cette espèce, & ensuite le calcul des probabilités enseignera les moyens de les évaluer.

Nous supposerons qu'il n'y a qu'un être existant qui puisse avoir des droits, & qu'il n'y a de droits que ceux qui sont assurés par la loi; de manière qu'aucune volonté particulière n'en puisse priver; ce qui restreint les droits, & par conséquent les dédommagemens à ceux qui peuvent donner les *substitutions* & les donations éventuelles. Supposons en effet qu'il soit question du droit d'aînesse, & que la loi, en abrogeant ce droit, substituât un partage égal, il est clair que, dans le cas de la coutume ou de la loi ancienne, le pere pouvant vendre ses biens, & en partager le produit en argent ou en billet à ses enfans, & pouvant, après la loi nouvelle, disposer de ce même produit en faveur de l'aîné seul; la loi ne produit aucun changement que d'une manière subordonnée à la volonté du pere, & ne change par conséquent rien aux droits acquis des enfans.

Nous ne parlerons donc ici que du seul cas où la loi détruiroit des *substitutions* établies, parce que le cas des donations éventuelles se calculeroit facilement, d'après les mêmes principes.

Il faudroit d'abord borner le droit de *substitution* aux individus appellés actuellement *vivans*, de manière que le bien devienne libre entre les mains du dernier d'entr'eux, ou à la mort, si, suivant la règle de la *substitution*, il a dû passer à des personnes nées depuis la promulgation de la loi.

2.° Etablir que le possesseur actuel acquerroit la liberté de disposer, en remboursant aux appelés à la *substitution*, la valeur de leurs droits. Soit donc P le possesseur, S', S'', S''', S''''.... les appellés, en supposant que S' soit le premier, S'' le second, S''' le troisième; soit V la valeur de la *substitution*, & r une quantité telle que la valeur actuelle de V, à toucher au bout d'un an soit Vr, il est clair 1.° que si p', p'', p''', p'^n expriment la probabilité que S' survivra à P au bout d'1 an, de 2, de 5, &c. la valeur actuelle de V pour S' sera

$V.(p'r + p''r^2 + p'''r^3 \ldots + p'^n r^n)$ quantité qu'il faudra diviser par $r^{\frac{1}{2}}$ pour avoir la valeur moyenne qui résulte de l'hypothèse que l'époque de la vie peut arriver également à tous les momens de chaque année.

Si S' n'est pas appellé nécessairement (ce qui a lieu si S' n'est pas le fils aîné de P, & que P par conséquent puisse avoir un enfant qui soit appellé avant S'), p', p'', ... p'^n expriment alors la probabilité que S' survivra dans la première année, dans la seconde & dans la troisième aux enfans que P pourroit avoir. Mais le bien ne devient libre sur la tête de P' que dans le cas où il survit à S'', à S''', à S^{IV}; donc appellant $p_{,}'$, $p_{,}''$, $p_{,}'''$, $p_{,}'^n$, les probabilités qu'il leur survivra dans la première, dans la seconde, dans la troisième, dans la n^e année, nous aurons, pour la valeur du droit de S'

$$\frac{V}{r^{\frac{1}{2}}}\Big[p'(p_{,}'r + p_{,}''r^2 \ldots + p_{,}'^n r^n + \overline{1-r}(\overline{1-p'} + r.\,\overline{1-p'-p''} + r^2\,\overline{1-p'-p''-p'''} \ldots + \tfrac{n-1}{1-p'\ldots}))$$

$$+ p''(\overline{p_{,}'+p_{,}''}\,r^2 + p_{,}'''r^3 \ldots p_{,}''^n r^n + \overline{1-r}(r^2\,\overline{1-p'-p''}$$

$$+ r^{2} . \overline{1 - p' - p'' - p'''} \ldots + p^{n-1} . \overline{1 - p' \ldots}))$$

$$+ p''' (\overline{p'_{,} + p''_{,} p'''_{,}}\, r^{3} + p^{\text{IV}}_{,} . r^{4} \ldots + p'^{n} r^{2} \ldots$$

$$+ \overline{1-r} (r^{2} . 1 - p'_{,} - p''_{,} - p'''_{,} \ldots + p^{n-1}\, \overline{1-p' \ldots})) \ldots]$$

formule qu'il eſt facile de continuer, ou en ordonnant par rapport à *r*.

$$\frac{V}{r^{\frac{1}{2}}} . [p . p'_{,} r + (p' . p''_{,} + \overline{p'' . p'_{,} + p''_{,}}) r^{2} \ldots$$

$$+ (p' . p'''_{,} + p'' . p''_{,} + p''' \overline{p'_{,} + p''_{,} + p'''_{,}}) r^{3}$$

$$(\overline{+ p' + p'' + p'''}\, p^{\text{IV}}_{,} + p^{\text{IV}} . \overline{p'_{,} + p''_{,} + p'''_{,} + p^{\text{IV}}}) r^{4}$$

$$+ \overline{1 - r} (p' . \overline{1 - p'_{,}} + \overline{p' + p''} . \overline{1 - p'_{,} - p''_{,}}\, r +$$

$$\overline{p' + p'' + p'''}\, \overline{1 - p'_{,} - p''_{,} - p'''_{,}}\, r^{2} + \ldots\ldots\ldots$$

$$p' + p'' + p''' + p^{\text{IV}} . (1 - p'_{,} - p''_{,} - p'''_{,} - p^{\text{IV}}_{,} r^{3} \ldots).]$$

Et cette fonction exprime ce que *P* doit donner à *S'*. Pour avoir ce que *P* doit donner à *S''*, on formera une fonction ſemblable en ſuppoſant ſeulement que les p', p'', p''', repréſentent la probabilité que *S''* ſurvivra à *P* & *S'*, ainſi qu'à ceux qui, naiſſant d'eux, auroient droit à la ſubſtitution dans la 1re, la 2e, la 3e année, à $p'_{,}$, $p''_{,}$, $p'''_{,}$ ... les probabilités que *S''* ſurvivra à *S'''* *S*^IV^... dans la 1re, la 2e, la 3e année, & ainſi de ſuite pour les autres. Toutes les quantités ci-deſſus ſont données par les tables de mortalité, excepté celle qui dépendra de la probabilité qu'un homme marié ou non marié, d'un âge donné, n'aura pas d'enfans, ou que les enfans qu'il aura ſeront morts à un âge donné, quantité que l'on trouveroit facilement d'après les mêmes tables de mortalité, & des tables pour la fécondité des mariages, & le rapport des célibataires ou hommes mariés; mais juſqu'ici ces deux dernières eſpèces de tables ſont très-défectueuſes, parce que l'on n'y a point marqué l'âge des époux dont on cherche à déterminer la fécondité moyenne, & qu'on a mis ſeulement en gros & non pour chaque âge, le rapport des célibataires aux gens mariés.

On pourroit peut-être craindre que le poſſeſſeur ne fût jamais tenté de payer le dédommagement; & qu'ainſi une loi, telle que nous l'indiquons, n'accélérera point la deſtruction des *ſubſtitutions*. Mais, 1.° il eſt aiſé de voir, en ſuivant la méthode d'évaluation que nous avons expoſée, qu'il exiſte un grand nombre de circonſtances où ce dédommagement ſeroit très-foible & au-deſſous du tort que reçoit le propriétaire de la gêne attachée aux *ſubſtitutions*; que d'ailleurs un pere ſeroit ſeulement tenu de dédommager les collatéraux, & d'aſſurer à ſes enfans nés & appellés à la *ſubſtitutions*, la valeur de leurs droits après lui. 2.° Que les créanciers pourroient faire vendre les biens ſubſtitués, en ſe chargeant du dédommagement. (*M. D. C.*)

SUCCESSION, ſ. f. (*en Aſtronomie*) la *ſucceſſion* des ſignes, eſt l'ordre dans lequel ils ſe ſuivent, & ſuivant lequel le ſoleil y entre ſucceſſivement. On appelle auſſi cette *ſucceſſion*, ordre des ſignes, & en latin *conſequentia*.

Quand une planète eſt directe, on dit qu'elle va ſuivant l'ordre & la *ſucceſſion* des ſignes, ou *in conſequentia*, c'eſt-à-dire, d'*Aries* en *Taurus*, &c. Quand elle eſt rétrograde, on dit qu'elle va contre l'ordre & la *ſucceſſion* des ſignes, ou *in antecedentia*, c'eſt-à-dire, de *gemini* en *taurus*, enſuite en *aries*, &c. *Voyez* RÉTROGRADATIONS. (*O*).

SUCULÆ, (*Aſtron.*) nom des hyades; la plus belle étoile des hyades eſt ALDEBARAN; appellée auſſi *fulgens ſucularum*, ou l'œil du taureau.

SUD ou *midi*, côté du ciel vers lequel ſe trouve le ſoleil dans le milieu du jour. Côté du *pole antarctique*.

SUITE, ſ. f. (*Alg.*) *Voyez* SÉRIE.

SUPÉRATION, (*Aſtron.*) différence entre les mouvemens de deux planètes, qu'on appelloit auſſi autrefois *Elongation*. (*Ozanam.*)

SUPERFICIE, ſ. f. *en Géom.* eſt la même choſe que ſurface: ainſi, l'on dit la *ſuperficie* d'un cercle, d'un triangle, pour dire ſa ſurface ou ſon aire. *Voyez* AIRE & SURFACE. (*E*)

SUPERPATIENT, *adj.* (*Arithmét. & Géom.*) ſorte de rapport. On dit que deux nombres ou deux lignes ſont *ſuperpatientes*, lorſqu'une des deux contient l'autre un certain nombre de fois avec un reſte, & que ce reſte eſt une de ſes aliquotes.

SUPERPOSITION, ſ. f. (*Géom.*) manière de démontrer qui conſiſte à appliquer une figure ſur une autre. *Voyez* ſur cela l'*article* GÉOMÉTRIE.

SUPPLÉMENT *d'un arc*, en termes de Géométrie, ou de Trigonométrie, eſt le nombre de degrés qui manquent à un arc pour faire le demi-cercle entier, ou 180 degrés, ainſi que *complément* eſt ce qui manque à un arc pour faire un quart de cercle. *Voyez* COMPLÉMENT.

Ainſi, le ſupplément d'un arc ou angle de 30 degrés eſt de 150 degrés, & ſon complément eſt 60 degrés. (*E*)

SUPPUTATION, ſ. f. (*Arith.*) c'eſt l'action d'eſtimer ou de compter en général différentes quantités, comme l'argent, le temps, les poids, les meſures, *&c.* *Voyez* CALCUL.

SUPPUTER, v. act. (*Arithmét.*) action de compter, calculer, ou d'examiner par voie d'arithmétique, en additionnant, ſouſtrayant, multipliant, ou diviſant certaines ſommes ou nombres. (*D. J.*)

SURFACE, ſ. f. *en Géométrie*, c'eſt une grandeur qui n'a que deux dimenſions, longueur & largeur ſans aucune épaiſſeur. *Voyez* DIMENSION & GÉOMÉTRIE.

Dans les corps, la *surface* est tout ce qui se présente à l'œil. On considère la *surface* comme la limite ou la partie extérieure d'un solide. Quand on parle simplement d'une *surface*, sans avoir égard au corps ou au solide auquel elle appartient, on l'appelle ordinairement *figure*. *Voyez* FIGURE.

Une *surface rectiligne* est celle qui est comprise entre les lignes droites.

La *curviligne* est comprise entre des lignes courbes. *Voyez* COURBE.

Une *surface plane* est la même chose qu'un plan. *Voyez* PLAN.

L'*aire* d'une *surface* est l'étendue ou le contenu de cette *surface*. *Voyez* AIRE & MESURE ; & sa *quadrature* consiste à déterminer cette aire. *Voyez* QUADRATURE.

Pour la mesure des *surfaces* des différentes espèces de corps, comme les sphères, les cubes, les parallélipipèdes, les pyramides, les prismes, les cônes, *&c.* *Voyez* SPHÈRE, CUBE, *&c.*

On trouve sur le compas de proportion la ligne des *surfaces*, que l'on appelle communément *ligne des plans*. *Voyez* COMPAS DE PROPORTION.

Nous ne finirons point cet article, sans faire remarquer que l'on s'expose à des paralogismes très-grossiers, en considérant les lignes comme étant composées d'un nombre infini de points égaux ; les *surfaces* comme résultantes d'un nombre infini de lignes, & les solides comme engendrés par un nombre infini de surfaces, ainsi qu'on le fait dans la *Méthode des indivisibles*. *Voyez* INDIVISIBLE. « Ce point de vue est très-faux, dit » M. Stone dans l'édition de 1743 de son dictionnaire de Mathémat. au mot *superficies*, & peut » conduire à une multitude d'absurdités, lorsqu'on » s'applique à rechercher les rapports des surfaces » des corps, *&c.* Car si l'on conçoit une pyramide » ou un cône comme deux solides, dont l'un soit » composé d'un nombre infini de quarrés également » distincts ; & l'autre d'un nombre infini de cercles » également distans, parallèles à leurs bases respectives, & croissant continuellement comme les » quarrés des nombres naturels, il s'ensuivra que » les *surfaces* des deux pyramides, ou de deux » cônes quelconques de même base & de même » hauteur seront égales, ce que l'on sait être très-faux pour peu que l'on ait de teinture de Géométrie ; & la raison pour laquelle on tire quelquefois une conclusion vraie de cette fausse idée, » quand on cherche les rapports des *surfaces* planes » ou solides, compris entre les mêmes parallèles, » c'est que le nombre infini de parallélogrammes, » dont une figure plane peut être composée, & » de parallélipipèdes infiniment petits qui constituent un solide, sont tous d'une même hauteur » infiniment petite ; ils sont donc entr'eux comme » leurs bases : c'est pourquoi l'on peut, en ce cas, » prendre ces bases comme les parallélogrammes » ou les parallélipipèdes correspondans ; & il n'en » résultera aucune erreur. » Mais cela n'arrive que par accident, c'est-à-dire, qu'à cause de l'égalité des hauteurs. (*E*)

Une courbe étant donnée par l'équation entre des coordonnées x & y perpendiculaires entre elles, multipliez l'ordonnée y par la différencielle dx de l'abscisse, & l'intégrale $\int y\,dx$, prise de manière qu'elle s'évanouisse quand $x = b$ donnera la *surface* du quadrilatère mixtiligne, formé par les deux ordonnées correspondantes à l'abscisse x & à l'abscisse b, par la portion de l'axe, $x - b$ comprise entre ces deux ordonnées, & par l'arc de courbe correspondant.

Si ce quadrilatère tourne autour de l'axe des x & fait une révolution complète, on aura la *surface* engendrée par son côté curviligne, en intégrant la différentielle $2\,\pi\, y\, dx \sqrt{1 + \frac{dy^2}{dx^2}}$ de manière qu'elle s'évanouisse quand $x = b$ (π exprime le rapport de la circonférence au diamètre.)

En prenant l'équation précédente pour celle d'un polygone, ce polygone sera inscrit dans la courbe, & la distance de deux angles consécutifs, estimée suivant l'abscisse sera $= \Delta x$ (Δ est la caractéristique des différences finies.) L'intégrale $\Sigma \left(y + \frac{\Delta y}{2}\right) \Delta x$ prise de manière qu'elle s'évanouisse quand $x = b$ donnera la *surface* du polygone, pourvu que les abscisses b & x correspondent à des angles du polygone. (Σ indique l'intégration en différences finies.)

EXEMPLE.

Soit $y = \frac{x^2}{g}$ & $\Delta x = a$, on aura $\Delta y = \frac{2ax + a^2}{g}$, la quantité à intégrer est donc $\frac{a}{g} x (x + a) + \frac{a^3}{2g}$, ainsi la surface cherchée est

$$\frac{(x - a) x (x + a) - (b - a) b (b + a)}{3g} + \frac{a^2 (x - b)}{2g}$$

Voy. DIFFÉRENCE.

Une *surface* étant donnée par l'équation entre trois coordonnées x, y, z, perpendiculaires entre elles, on peut proposer de déterminer la portion de cette *surface*, comprise dans le périmètre d'une courbe à double courbure, dont on connoîtroit la projection sur le plan B des x & y.

Dans ce cas, il faut mener du point A de la *surface* une perpendiculaire sur le plan B qui sera $= z$, & correspondra aux coordonnées primitives x & y ; il faut mener par le même point A deux plans perpendiculaires au même plan B, le premier parallèle à l'axe des x, le second parallèle à l'axe des y. Ces plans couperont la *surface* suivant des courbes, pour chacune desquelles il faudra mener la normale au point A. Ces normales doivent généralement rencontrer le plan B. Si, par les points de rencontre, on mène des parallèles aux plans des courbes réciproquement, leur intersection sera le point où la perpendiculaire à la *surface*, menée du point A rencontre le plan B.

Maintenant soit $dz = p\,dx + q\,dy$, l'équation différentielle de la *surface*; $dx\,dy\sqrt{1+p^2+q^2}$ sera l'élément de cette *surface*, puisque, par ce qui vient d'être dit, la perpendiculaire au point A de la *surface* est $z\sqrt{1+p^2+q^2}$.

Soit $y^2 - Xy + X = 0$ l'équation de la projection que je suppose courbe ovale pour plus de simplicité, il faut prendre l'intégrale $dx\int dy\sqrt{1+p^2+q^2}$, relativement à y, de manière qu'elle s'évanouisse quand y devient l'une des valeurs, donnée par l'équation de la projection, & qu'elle soit complète, quand x devient l'autre valeur. Soit $P\,dx$ cette intégrale, il faut intégrer $P\,dx$, de manière que l'intégrale s'évanouisse quand $x = b$ & soit complète quand $x = b'$ (b & b' correspondent aux points où les tangentes de la projection sont parallèles à l'axe des y; cette intégrale ainsi déterminée sera la *surface* demandée.

EXEMPLE.

Soit $z\sqrt{g} = \frac{2}{3}(a+mx+ny)^{\frac{3}{2}}$, & $(x-f)^2 + (k-y)^2 = h^2$, on aura $p = m\sqrt{\frac{a+mx+ny}{g}}$, & $q = n\sqrt{\frac{a+mx+ny}{g}}$. L'élément de la *surface* sera $dx\,dy\sqrt{[1+\frac{a}{g}(m^2+n^2)+\frac{mx}{g}(m^2+n^2)+\frac{ny}{g}(m^2+n^2)]}$, ou $dx\,dy\sqrt{\frac{m^2+n^2}{g}}\ldots\sqrt{[\frac{g}{m^2+n^2}+a+mx+ny]}$; donc $P\,dx = \frac{2dx}{3}\sqrt{\frac{n^2+m^2}{gn^2}}\left(\frac{g}{m^2+n^2}+a+nk+mx+n\sqrt{h^2-(x-f)^2}\right)^{\frac{3}{2}} - \frac{2dx}{3}\sqrt{\frac{n^2+m^2}{gn^2}}\left(\frac{g}{m^2+n^2}+a+nk+mx-n\sqrt{h^2-(x-f)^2}\right)^{\frac{3}{2}}$, il faudra prendre $\int P\,dx$, de manière que l'intégrale s'évanouisse quand $x = f-h$, & soit complète quand $x = f+h$.

Cette intégrale sera réductible aux fractions rationnelles par deux transformations, quand on aura $h\sqrt{m^2+n^2} = \frac{g}{m^2+n^2}+a+mf+nk$. *Voyez* VOUTE.

SUR SOLIDE, *adj. en Arithmétique*, est la cinquième puissance d'un nombre, ou la quatrième multiplication d'un nombre considéré comme racine. *Voyez* PUISSANCE & RACINE.

Le nombre 2, par exemple, considéré comme une racine, & multiplié par lui-même, produit 4, qui est le quarré ou la seconde puissance de 2; & 4 multiplié par 2 donnent 8, la troisième puissance, ou le cube de 2; ensuite 8 multiplié par 2, produit 16, la quatrième puissance, ou le quarré quarré de 2; & multiplié encore une fois par 2, produit 32, la cinquième puissance, ou bien le *sur-solide* de 2.

Un problême *sur-solide* est celui qui ne peut être résolu que par des courbes plus élevées que les sections coniques. *Voyez* PROBLÊME, EQUATION & CONSTRUCTION. *Ch.* (*E*)

SUSPENSION. s. f. *en Méchanique*, le point de *suspension* d'une balance est le point où la balance est arrêtée & suspendue. Les points de *suspension* des poids de la balance sont les points où sont attachés ces poids. Le point de *suspension* d'une balance à bras égaux est le point de milieu de la balance. Il n'en est pas de même de la balance romaine, dont le point de *suspension* est fort près d'une de ces extrémités. *Voyez* APPUI, BALANCE, LEVIER, PESON, ROMAINE. (*O*)

SYDÉRAL, *Voyez* SIDÉRAL.

SYNCHRONE, *adj.* Ce mot est d'usage *en Méchanique & en Physique*, pour marquer les mouvemens ou effets qui se font dans le même tems. On peut dire en ce sens, que des vibrations ou des chûtes qui se font dans le même tems ou dans des tems égaux, sont *synchrones*; cependant les mots d'*isochrone* ou de *tautochrone* sont plus usités pour marquer des effets qui se font en tems égal, & le mot de *synchrone* pour marquer des effets qui se font, non-seulement dans un tems égal, mais dans le même tems; ce mot venant de χρόνος, *tems*, & de σύν, *ensemble*.

M. Jean Bernoulli a nommé *courbe synchrone*, une courbe telle qu'un corps pesant parti du centre C, *fig.* 217 *Méch.* & décrivant successivement les courbes CM, Cm, &c. arrive aux différens points D, m, M, de cette courbe dans le même tems, & dans le plus court tems possible; *voyez les actes de Leipsick, année* 1697, & le premier volume des *Œuvres* de M. Bernoulli, *imprimées à Lausanne, en* 4 *vol.* in-4°. 1743. (*O*)

SYNCHRONISME, s. m. (*Méchan.*) terme dont on se sert pour exprimer l'égalité ou l'identité des tems dans lesquels deux ou plusieurs choses se font.

Ce mot est formé du grec σύν, *avec*, & de χρόνος, *tems*, & ainsi les vibrations d'une pendule se faisant toutes en tems égal, on peut exprimer cette propriété par le mot de *synchronisme* des vibrations; cependant elle s'appelle plus proprement *isochronisme* ou *tautochronisme*, quoique certains auteurs confondent ces deux termes. *Voyez* SYNCHRONE, ISOCHRONE & TAUTOCHRONE. (*O*)

SYNODIQUE, (*Astr.*) On appelloit synode dans l'*ancienne Astronomie*, la *conjonction* de deux ou de plusieurs étoiles ou planètes dans le même lieu du ciel. Ce mot étoit formé du grec συνόδος, *assemblée*, & il vient de σύν, *avec*, & ὁδὸς, *voie* ou *chemin*. On dit encore le *mois synodique*, ou la *révolution synodique* de la lune, pour désigner l'intervalle entre deux conjonctions successives de la lune au soleil. *Voyez* RÉVOLUTION.

SYNTHESE, s. f. (*Mathém.*) ce mot est formé de la préposition grecque συν, *avec*, & du mot aussi grec θεσις, *position*; ainsi, il signifie composition, & dans ce sens est opposé au mot décomposition en grec αναλυσις. *Voyez* ANALYSE.

Cela posé, quand on combine entr'elles plusieurs substances simples pour obtenir un résultat composé, on procède par *synthèse*, ou par composition; quand, le résultat étant donné, on le décompose dans ses élémens, on procède, par analyse, ou décomposition.

Quand on se propose de résoudre un problême de Mathématiques, on rassemble & combine les propositions simples nécessaires pour obtenir la solution ou résultat; ainsi, on procède réellement par *synthèse*, quelque soit d'ailleurs la méthode: si un mathématicien à qui on communiqueroit la solution veut connoître les propositions simples qui ont été combinées, il doit employer la méthode d'analyse ou de décomposition. De cette manière, il trouvera, dans un ordre renversé, les propositions qui ont été combinées, ou qui ont pu être combinées pour mener à la solution.

Les mots *synthèse* & *analyse* s'emploient en Mathématiques dans un sens un peu différent de celui que nous venons de leur donner. Ce qui vient principalement de ce que l'analyse proprement dite n'a presque point lieu en Mathématiques, & sert plus à satisfaire la curiosité, qu'aux vrais progrès de la science. Mais comme la suite des propositions, formée par l'analyste ou décomposireur, est la même, quoique dans un ordre renversé, que celle du synthétiste ou compositeur, on donne le nom d'analyste au compositeur, quand il développe la suite ou la liaison des propositions qui l'ont conduit à la solution de son problême, c'est-à-dire, la marche qu'il a suivi. On lui conserve le nom de synthétiste, ou (pour parler suivant l'usage) on dit qu'il procède par *synthèse*, quand il démontre son résultat, de manière à ne pas laisser appercevoir la chaîne des propositions qui l'ont conduit à ce ce résultat.

EXEMPLE.

Soient les deux équations $x^2 - y^2 = f^2$ & $xy = \frac{g^2}{2}$ où f & g sont des lignes données, il faut trouver géométriquement les valeurs de x & de y.

Solution synthétique.

Prenez $KL = f$? (*Planche géomét. fig.* 242), par une des extrémités, menez la perpendiculaire $AK = \frac{g^2}{f}$; du point L comme centre, & du rayon AL; décrivez un arc qui coupe en H, KL prolongée; prenez le milieu F de cet arc; abaissez la perpendiculaire IF sur HL; sur cette ligne HL, comme diamètre, décrivez une demi-circonférence, qui coupera AK en B; menez BL; prenez $DL = IF$; des points I & D menez les perpendiculaires IM & DE sur BL; ML sera la valeur de x, & EL sera celle de y.

DÉMONSTRATION.

$ML\,(x) = \frac{KL \cdot IL}{BL}$ & $EL\,(y) = \frac{KL \cdot IF}{BL}$; donc 1.° $x^2 - y^2 = \frac{KL^2}{BL^2}(IL^2 - IF^2) = \frac{HL \cdot KL^3}{BL^2}$ par la trigonométrie, $= \frac{HL \cdot KL^3}{HL \cdot KL} = KL^2 = f^2$.

2.° $xy = \frac{KL^2}{BL^2} IL \cdot IF$, & par la trigonométrie, $= \frac{KL^2 \cdot HL \cdot AK}{2\,BL^2} = \frac{KL \cdot AK}{2} = \frac{g^2}{2}$ C.Q.F.D.

Ce problême est résolu par *synthèse* (ce mot étant pris dans le sens que les mathématiciens lui donnent ordinairement), parce que nous démontrons notre construction d'une manière qui ne laisse pas voir la marche qui nous y a conduit.

Solution analytique.

Nos deux équations sont $x^2 - y^2 = f^2$ & $xy = \frac{g^2}{2}$ multipliez la seconde par $2\sqrt{-1}$; Ajoutez-la à la première & extrayez la racine, vous aurez $x + y\sqrt{-1} = \sqrt{f^2 + g^2\sqrt{-1}}$. Retranchez au lieu d'ajouter, vous aurez $x - y\sqrt{-1} = \sqrt{f^2 - g^2\sqrt{-1}}$; donc $2x = \sqrt{f^2 + g^2\sqrt{-1}} + \sqrt{f^2 - g^2\sqrt{-1}}$, & $2y\sqrt{-1} = \sqrt{f^2 + g^2\sqrt{-1}} - \sqrt{f^2 - g^2\sqrt{-1}}$; faites $f^2 = p^2 \text{cof. } \varphi$, & $g^2 = p^2 \text{f} \varphi$; l'angle φ sera donné & vous aurez $\frac{2x}{p} = (\text{cof. } + \text{fin. } \varphi\sqrt{-1})^{\frac{1}{2}} + (\text{cof. } \varphi - \text{fin. } \varphi\sqrt{-1})^{\frac{1}{2}}$ & $2\frac{y}{p}\sqrt{-1} = (\text{cof. } \varphi + \text{fin. } \varphi\sqrt{-1})^{\frac{1}{2}} - \ldots\ldots (\text{cof. } \varphi - \text{fin. } \varphi\sqrt{-1})^{\frac{1}{2}}$; donc $x = p\,\text{cof. } \frac{\varphi}{2}$, & $y = p\,\text{fin. } \frac{\varphi}{2}$. *Voyez* SINUS. Ces valeurs comparées entre elles donnent $y = x \frac{\text{fin. } \frac{\varphi}{2}}{\text{cof. } \frac{\varphi}{2}}$; mais $x^2 - y^2$

$= f^2$; donc $x^2 \left(1 - \left(\frac{\text{sin.} \frac{\varphi}{2}}{\text{cos.} \frac{\varphi}{2}}\right)^2\right) = f^2$; donc $x = \frac{f \text{ cos.} \frac{\varphi}{2}}{\sqrt{\text{cos.} \varphi}}$.

Soit $KL = f$, $AK = \frac{g^2}{f}$, l'angle ALK sera $= \varphi$; décrivez l'arc AH; prenez le milieu & menez la perpendiculaire IF, vous aurez cos. $\frac{\varphi}{2} = \frac{IL}{AL}$ & cos. $\varphi = \frac{KL}{AL}$; donc substituant,

1.° $x = \frac{KL . IL}{\sqrt{AL . KL}}$. Décrivez sur HI, comme diamètre, une demi-circonférence qui coupe AK en B, vous aurez $BL = \sqrt{AL . KL}$; donc $x = \frac{KL . IL}{BL} = ML$ en menant la perpendicu- IM sur ML.

2.° $y = \frac{g^2}{2x} = \frac{g^2}{KL} \cdot \frac{BL}{2IL} = \frac{AK . BL}{2IL} = \frac{2IF . IL}{AL} \cdot \frac{BL}{2IL} = \frac{IF . BL}{AL} = \frac{IF . KL}{BL} = EL$, en prenant $DL = IF$ & menant la perpendiculaire ED. (T)

SYNTHÉTIQUE, *adj.* (*Géom.*) qui a rapport à la synthèse, méthode *synthetique*. *Voyez* SYNTHESE.

SYRIUS, *Voyez* SIRIUS.

SYSTÊME, *en terme d'Astronomie*, est la supposition d'un certain arrangement des différentes parties qui composent l'univers; d'après laquelle hypothèse les Astronomes expliquent tous les phénomènes ou apparences des corps célestes.

Il y a dans l'astronomie trois *systêmes* principaux sur lesquels les philosophes ont été partagés : le *systême* de Ptolémée, celui de Copernic, & celui de Tycho-Brahé; c'est celui de Copernic qui est le véritable.

Le *systême* du monde, ou la disposition des corps célestes & des orbites planétaires, est un des objets qui ont été les plus discutés par les Astronomes, & qui méritoient le plus de l'être: *Digna res est contemplatione ut sciamus in quo rerum statu simus : pigerrimam sortiti an velocissimam sedem : circa nos Deus omnia an nos agat.* Sen. *Quæst. nat.* VII. 2.

Mais la question n'étoit pas difficile pour de véritables Physiciens; elle ne l'est que par la difficulté que les esprits ont si souvent à s'élever au-dessus de leurs anciens préjugés; le scrupule mal-entendu des Théologiens a aussi retardé long-temps le progrès de la vérité; mais, depuis environ un siecle, il n'y a pas eu d'astronome, un peu distingué, qui se soit refusé à l'évidence du *systême* de Copernic: *Hodierno tempore præstantissimi quique philosophorum & astronomorum Copernico adstipulantur; secta est hæc glacies; vincimus suffragiis melioribus : cæteris penè sola obstat superstitio, aut metus à Cleantibus.* (Kepler).

C'est donc celui-là que nous appellerons le *systême* du monde, & nous ne parlerons des autres, que parce que l'histoire des progrès de l'esprit est toujours liée avec l'histoire de ses erreurs.

Le *systême* du monde comprend les planètes principales, les satellites & les comètes. Les planètes principales sont, 1.° le soleil, ou la terre à la place du soleil dans le *systême* de Copernic; 2.° mercure; 3.° vénus; 4.° mars; 5.° jupiter; 6.° saturne : on y doit ajouter actuellement la planète de *Herschel.* Leurs élémens particuliers, ou les détails de chacune, se trouvent à leurs articles respectifs, & au mot *planète* : il ne s'agit ici que de leur disposition générale. La lune est réputée un satellite, par rapport à la terre, & comme elle a des inégalités d'une espèce toute différente, elle a fait seule la matière d'un long article. La théorie des satellites de jupiter & de saturne, & celle des *comètes* ont été aussi expliquées dans leur lieu.

Mais, avant que de parler de la véritable situation des orbites planétaires, qui, pour être connue, exigeoit des observations & des réflexions approfondies, nous parlerons de ce qu'il y a de plus apparent, de plus simple à concevoir, & d'abord de l'hypothèse ancienne, imaginée pour représenter le mouvement annuel du soleil : c'est le systême suivant lequel Ptolémée & plusieurs anciens astronomes expliquoient la disposition générale du monde.

Systême de Ptolémée. Les anciens philosophes qui connoissoient très-peu les circonstances du mouvement des planètes, n'avoient pas des moyens sûrs pour connoître la véritable disposition de leurs orbites, & ils varièrent beaucoup sur ce sujet. Pithagore & quelques-uns de ses disciples supposèrent d'abord la terre immobile au centre du monde, comme chacun est porté à le croire, avant que d'avoir discuté les preuves du contraire; mais dans la suite, plusieurs disciples de Pithagore s'écartèrent de ce sentiment, firent de la terre une planète & placèrent le soleil immobile au centre du monde. Platon fit revivre le *systême* de l'immobilité de la terre; Eudoxe, Calippus, Aristote, Archimède, Hipparque, Sosigènes, Ciceron, Vitruve, Pline, Macrobe & Ptolémée suivirent ce sentiment (*Riccioli, almagestum*, Tom. II, p. 276). On peut voir dans Pline (Lib. II, c. 22), & dans Censorinus (*de die natali*, cap. 13), la manière dont Pithagore appliquoit les intervalles des tons à ceux des distances des planètes à la terre.

Ptolémée, qui écrivit environ l'an 140 de J.C. ou vers les dernières années de Pline le Naturaliste, est celui qui a donné son nom à ce *systême*, parce que son *Almageste* est le seul livre détaillé qui

qui nous soit parvenu de l'ancienne astronomie : il essaie de prouver dans deux chapitres de cet ouvrage (Lib. I, c. 5 & 7), que la terre est véritablement immobile au centre du monde, & il place les autres planètes autour d'elle dans l'ordre suivant : la lune, mercure, vénus, le soleil, mars, jupiter & saturne ; il n'y avoit guère de motif pour placer mercure & vénus au-dessous du soleil, plutôt qu'au-dessus ; mais on mettoit le soleil au milieu, ou entre les planètes, qui ne s'en écartoient jamais que jusqu'à un certain point, (mercure & vénus), & celles qui lui paroissoient opposées (Ptol. Lib. IX, c. I). Pour ce qui est de l'ordre des trois autres planètes, il pensa qu'elles devoient être d'autant plus près de nous, qu'elles tournoient plus vîte : cette loi étoit du moins indiquée par l'exemple de la lune, qui, tournant beaucoup plus vîte que le soleil, étoit plus près de nous, puisqu'elle éclipsoit si souvent le soleil : les anciens voyoient aussi que saturne étoit la moins lumineuse de toutes les planètes, ce qui la faisoit présumer la plus éloignée, en même tems qu'elle étoit la plus lente de toutes. C'est à cela que se réduisent les neuf raisons apportées par le P. Riccioli, en faveur de cette partie du *système* de Ptolémée.

Le *système* de Ptolémée est représenté dans la figure 14 des planches d'astronomie, d'après le dix-neuvième livre de son Almageste ; chaque planète y est marquée sur son orbite par le signe qui lui convient ; en sorte que cette figure n'a besoin d'aucune explication.

Platon avoit changé quelque chose au *système* de Pithagore ; plusieurs autres disent qu'il mettoit mercure & vénus au-delà du soleil (*Plut. de Plac. Phil.* Lib. II, ch. 15, Macrobe ; *Som. Scip.* Lib. I, c. 19) ; sa raison, dit-il, étoit que vénus & mercure n'avoient jamais éclipsé le soleil, ce qui devoit arriver si ces planètes étoient, aussi-bien que la lune, plus basses que le soleil. Ce *système* fut soutenu par Théon, dans son commentaire sur l'Almageste (Liv. IX, c. 7), & ensuite par Géber (*Astronomiæ*, Lib. VII, c. I) ; c'est le seul entre les auteurs Arabes, qui se soit écarté du *système* de Ptolémée, dont les ouvrages formoient toute l'astronomie de ce temps-là.

Système des Egyptiens. Les premiers observateurs remarquèrent certainement que vénus ne s'écartoit jamais du soleil que d'environ 45^d ; mais il étoit naturel de croire que, si elle eût tourné, comme le soleil, autour de la terre, elle auroit paru très-souvent opposée au soleil ; ou éloignée de lui de 180^d, comme les autres planètes : aussi les Egyptiens imaginèrent que vénus devoit tourner autour du soleil, comme dans un épicycle, au moyen de quoi ils expliquoient très-bien pourquoi elle paroissoit plus ou moins brillante dans certains temps, sans jamais cesser d'accompagner le soleil ; & il en étoit de même de mercure. C'est Macrobe qui raconte avec éloge ce sentiment des anciens Egyptiens (*Somn. Scip.* Lib. I, c. 19) ; mais ce qu'il ajoute, que presque tout le monde adoptoit le système qu'il vient d'expliquer : *Persuasio ista convaluit & ab omnibus pœnè hic ordo in usum receptus est*, se rapporte, ce me semble, au *système* de Ptolémée.

Cicéron, en faisant parler Scipion sur le *système* du monde, paroît dire aussi que les orbites de vénus & de mercure accompagnent & suivent le soleil : *Hunc ut comites sequuntur veneris alter, alter mercurii cursus* (*Somn. Scip.*) Le P. Riccioli (*Almag.* I, 493), avoit d'abord pensé que Cicéron & Platon avoient supposé, avec les Egyptiens, que mercure & vénus tournent autour du soleil ; mais il dit ensuite (II, 291), qu'après avoir mieux examiné la chose, il croit que Cicéron & Platon n'ont point fait tourner vénus autour du soleil. Macrobe dit que Platon mettoit le soleil immédiatement au-dessus de la lune, mais que Cicéron avec Archimède & les Caldéens le plaçoient au-dessus de mercure & de vénus.

Vitruve dit formellement que mercure & vénus entourent le soleil & tournent autour de son centre, ce qui produit leurs stations & leurs rétrogradations apparentes (*Archit. Lib. IX, c. 4*) ; en sorte qu'on peut le regarder comme un des anciens qui ont soutenu ce *système* des Egyptiens.

Martianus Capella, auteur que l'on croit avoir vécu dans le cinquième siècle, développe encore mieux ce *système*, & il y a un chapitre exprès de ces mélanges, dont voici le titre : *Quod tellus sit centrum omnibus planetis.* Il explique très-bien, dans ce chapitre, que les orbites de vénus & de mercure n'environnent point la terre, mais seulement le soleil qui est au centre de leur cercle ; que ces planètes sont quelquefois au-delà du soleil, quelquefois en-deçà ; que, dans le premier cas, mercure est moins éloigné de nous que vénus, que dans l'autre il est plus loin de nous : (*Martiani Minei felicis Capellæ Cartaginiensis, viri proconsularis satyricon, in quo de nuptiis Philologiæ & Mercurii, Libri duo, & de septem artibus liberalibus, Libri singulares, Lugd. Bat.* 1599.

Le vénérable Bede, vers l'an 720, & Argoli, en 1634, adoptèrent également ce *système* : il fut le principe des belles idées de Copernic, dont nous allons rendre compte.

L'hypothèse des Egyptiens est représentée dans la figure 15 : elle satisfaisoit aux inégalités les plus remarquables de mercure & de vénus, & faisoit disparoître les épicycles qu'on employoit pour expliquer les rétrogradations : à l'égard de mars, jupiter & saturne, il restoit à expliquer des inégalités pareilles, & qui devoient paroître bien étranges, soit dans le *système* de Ptolémée, soit dans celui des Egyptiens. Toutes les fois que ces planètes approchent de leur conjonction avec le soleil, ou qu'elles sont dans la même région du ciel, elles ont un mouvement prompt & direct, c'est-à-dire, vers l'orient, elles paroissent alors petites & sont éloignées de nous; lorsqu'elles sont opposées au soleil, ou à 180^d de cet astre, elles sont plus grosses & plus brillantes; elles paroissent reculer vers l'occident, & leur mouvement propre paroît rétrograde.

Dans les temps intermédiaires, elles sont stationnaires, paroissent immobiles dans le ciel & d'une grandeur moyenne. Ces inégalités revenant toujours les mêmes, toutes les fois que les planètes paroissent à même distance du soleil, & toutes les années dans saturne, il sembloit à quelques philosophes que les aspects & les rayons du soleil avoient une force ou influence qui produisoit dans les planètes toutes ces alternatives, qui étoient en effet toujours les mêmes quand les planètes étoient à même aspect, à même élongation ou distance apparente, par rapport au soleil : c'est ce qu'ils appelloient la seconde inégalité, la première étant de même espèce que celle du soleil & n'ayant lieu toute seule que dans les oppositions. Ils expliquoient cette seconde inégalité par un épicycle, porté sur un cercle excentrique : c'est l'absurde complication de ce *systême* qui donna lieu à celui de Copernic.

Systême de Copernic. C'est celui dans lequel on fait tourner la terre & toutes les planètes autour du soleil : il est représenté dans la figure 16. On ne devroit point l'appeller *systême*, ainsi que l'hypothèse de Ptolémée, puisque c'est l'ordre véritable de l'univers, démontré aujourd'hui d'une manière incontestable.

Quoique ce *systême* porte le nom de Copernic, les anciens en ont eu quelque idée. Cicéron dit que Nicétas de Syracuse, au rapport de Théophraste, avoit pensé que le ciel, le soleil, la lune, les étoiles ne tournoient point chaque jour autour de la terre, mais que la terre seule tournant sur son axe avec une très-grande vîtesse, faisoit paroître tout le reste en mouvement. Plutarque raconte aussi que Philolaüs le pithagoricien vouloit que la terre eût un mouvement annuel autour du soleil, dans un cercle oblique, tel que celui qu'on attribuoit au soleil. Héraclide de Pont & Ecphantus pithagoricien attribuoient à la terre un mouvement sur son axe, semblable à celui d'une roue. Héraclite, & les autres pithagoriciens soutenoient que chaque étoile étoit un monde, qui avoit, comme le nôtre, une terre, une atmosphère & une étendue immense de matière éthérée. Aristote (*de cœlo, Lib. II, cap. 13*), dit aussi que les philosophes d'Italie, appellés *Pithagoriciens*, plaçoient le feu au milieu de l'univers, & mettoient la terre au nombre des planètes qui tournoient autour du soleil, comme leur centre commun.

Diogène Laërce, dans la vie de Philolaüs, dit que les uns lui attribuoient la première idée du mouvement de la terre, & que les autres l'attribuoient à Nicétas : Philolaüs avoit été disciple de Pithagore & vivoit environ 450 ans avant J. C; d'abord à Métaponte, ensuite à Héraclée, (Plut. *de genio Socratis.*)

On peut ajouter à ces idées des plus anciens philosophes, les passages où Séneque explique, de la manière la plus philosophique, les rétrogradations des planètes (*quæst. nat. Lib. 7, cap. 25 & 26.*)

Le Cardinal Cusa, qui écrivoit long-temps avant Copernic, regardoit comme une chose manifeste le mouvement de la terre.

Des autorités si positives donnèrent de la confiance à Copernic & lui firent adopter d'abord le mouvement diurne ou le mouvement de rotation de la terre sur son axe : ce simple mouvement retranchoit de la physique des millions de mouvemens à chaque jour, la simplicité de cette hypothèse suffisoit pour la rendre vraisemblable, & c'est une véritable démonstration pour celui qui veut s'affranchir des préjugés de son enfance.

En effet, quand on voit cette concavité immense de tout le ciel, remplie d'une multitude d'étoiles qui sont toutes à des distances prodigieuses de nous, des planètes & des comètes, qui ont toutes des mouvemens contraires à ce mouvement de tous les jours; quand on réfléchit à la petitesse de la terre, en comparaison de toutes ces énormes distances, il devient impossible de s'imaginer que tout cela puisse tourner à-la-fois d'un mouvement commun, régulier & constant en 24 heures de temps, autour d'un atome, tel que la terre; non-seulement le mouvement diurne de tous les astres, en vingt-quatre heures de temps autour de la terre, est une chose peu vraisemblable; j'ose dire qu'elle est absurde, & qu'il faut être aveuglé par le préjugé ou l'ignorance, pour pouvoir se prêter à cette idée : toutes ces planètes, qui sont à des distances si différentes, dont les mouvemens propres sont si différens les uns des autres : toutes ces comètes qui semblent n'avoir presque aucune ressemblance avec les corps célestes : toutes ces étoiles fixes que les lunettes nous font voir par millions dans toutes les parties du ciel; tous ces corps, dis-je, qui n'ont aucun rapport les uns avec les autres, qui different tous entr'eux autant que le ciel & la terre, qui sont indépendans l'un de l'autre, & à des distances que l'imagination a peine à concevoir, se réuniroient donc pour tourner chaque jour tout ensemble, & comme tout d'une pièce, autour d'un axe ou essieu, lequel même change de place; cette égalité dans le mouvement de tant de corps, si inégaux d'ailleurs à tous égards, devoit seule indiquer aux philosophes qu'il n'y avoit rien de réel dans ces mouvemens; & quand on y réfléchit, elle prouve la rotation de la terre d'une manière qui ne laisse point de soupçon, & à laquelle il n'y a point de réplique.

Enfin, depuis qu'à l'aide des lunettes nous voyons, sans aucune espèce d'incertitude, le soleil & jupiter tourner sur leur axe, comme on l'a dit au mot ROTATION, il est encore plus difficile de révoquer en doute la rotation de la terre.

Le P. Riccioli (*Almag.* T. 1, p. 51,) n'oppose rien à tout cela, si ce n'est les passages de l'Ecriture Sainte, où il est dit que le soleil se lève & se couche. Nous verrons bientôt qu'il n'y a rien dans cette façon de parler qui ne soit facile à expliquer; & il seroit ridicule de prétendre que les Ecrivains sacrés eussent pû s'expliquer autrement. Riccioli propose 77 argumens contre le mouvement de la terre, & il en réfute 49, qu'il suppose que l'on peut faire en faveur de *systême* de Copernic. De toutes les preuves qu'il produit contre le mouvement de la terre, les seules qui me paroissent mériter quelque considération, se réduisent toutes à l'argument de Ptolémée (*Almag.* Lib. 1., c. 7), que Buchanan a exprimé en vers dans le premier Livre de son poëme *de sphæra.* Les oiseaux dans les airs verroient la terre & les rochers fuir sous leurs pieds; ils verroient leurs nids, leurs petits, & peut-être leurs femelles, entraînés par le mouvement diurne de la terre, vers l'occident; la tourterelle n'oseroit jamais s'éloigner de la surface de la terre, par la crainte de perdre sa demeure. On peut ajouter qu'une pierre ou un boulet de canon, jettés en l'air, ne retomberoient point au même endroit; mais il y a long-temps qu'on a répondu à cette objection. Le mouvement de la terre se communique à l'air, aux oiseaux, à la pierre, au boulet: celui-ci conserve l'impression ou le mouvement qu'il a reçu, avant de quitter la terre; tout comme une pierre qu'on laisse tomber du haut du mât, tombe au pied malgré le mouvement. Ceux qui sont sur le rivage, lui voient décrire une diagonale, en accompagnant le mât qui est en mouvement; mais ceux qui sont dans le vaisseau, la voient descendre le long du mât, comme s'il étoit en repos. Un boulet de canon qui seroit lancé bien perpendiculairement vers le zénit, retomberoit dans la bouche du canon; quoique, pendant le tems que le boulet étoit en l'air, le canon ait avancé vers l'orient avec la terre de plusieurs lieues (il doit faire six lieues & un quart par minute sous l'équateur); la raison en est évidente; ce boulet, en s'élevant en l'air, n'a rien perdu de la vitesse que le mouvement de la terre lui a communiqué. Ces deux impressions ne sont point contraires, il peut faire une lieue vers le haut, pendant qu'il en fait six vers l'orient; son mouvement dans l'espace absolu est la diagonale du parallélogramme, dont un côté a une lieue & l'autre six; il retombera par sa pesanteur naturelle, en suivant une autre diagonale, & il retrouvera le canon qui n'a point cessé d'être situé, aussi-bien que le boulet sur la ligne qui va du centre de la terre, jusqu'au sommet de la ligne où il a été lancé.

Le petit charriot de Steiz que l'on trouve dans plusieurs cabinets de physique, rend cette explication évidente; le charriot, en roulant sur le pavé, fait partir en l'air, par un ressort, une petite balle; mais la balle, au lieu de s'élever perpendiculairement & de retomber de même, avance obliquement; & quoiqu'en l'air elle accompagne le charriot, elle retombe dans la même coquille ou dans le même trou d'où elle étoit partie, comme si le charriot n'eût pas changé de place.

Le mouvement diurne de la terre sur son axe une fois admis, il devenoit plus facile d'admettre un second mouvement de la terre dans l'écliptique: celui-ci étoit indiqué par les phénomènes des rétrogradations des planètes qui deviennent de pures apparences, quand on admet le mouvement de la terre, comme nous l'avons fait voir au mot RÉTROGRADATION, & qui sont des bizarreries incroyables dans chaque planète, lorsqu'on suppose la terre immobile.

C'est un phénomène observé dès le temps d'Hipparque dans toutes les planètes, qu'après avoir paru se mouvoir d'occident en orient, suivant l'ordre des signes, elles s'arrêtent peu-à-peu & rétrogradent. La rétrogradation de saturne dure environ 140 jours, celles de jupiter 120; celle de mars, 70 jours, celle de vénus, 43; ces rétrogradations reviennent toutes les fois que les planètes se trouvent en conjonction avec le soleil, c'est-à-dire, qu'elles dépendent du mouvement annuel du soleil: pour les expliquer dans le *systême* de Ptolémée, il falloit faire mouvoir chaque planète dans un épicycle, par un mouvement qui dépendoit de la longueur de l'année, & qui étoit différent pour chaque planète; toute cette complication disparoît dans le *systême* de Copernic; ainsi, cet astronome devoit être bien plus porté à l'admettre que les anciens Pithagoriciens, qui ne connoissoient pas ces inégalités des planètes, & ce fut en effet la première raison qu'eut Copernic de chercher d'autres hypothèses que celle de Ptolémée, pour expliquer les mouvemens planétaires, nous entrerons dans le détail de l'explication des phénomènes dans le *systême* de Copernic, après que nous aurons parlé du *systême* de Tycho.

Systême de Tycho. Nous ne parlons du *systême* de Tycho qu'après avoir parlé de celui de Copernic, pour suivre l'ordre des temps & celui des ouvrages qui ont été faits là-dessus: il est vrai que le *systême* de Tycho a du rapport avec celui de Ptolémée, puisque l'un & l'autre adoptent le mouvement du soleil & supposent la terre fixe; mais il a encore plus de rapport avec le *systême* de Copernic, puisque dans tous les deux les cinq planètes tournent autour du soleil, & que Tycho s'est conformé à cet égard aux démonstrations de Copernic, sans lequel il ne se seroit point élevé aussi haut.

Le *systême* de Tycho est représenté dans la fig. 17 que j'ai tirée de l'ouvrage de Tycho sur la comète de 1577, imprimé à la suite de ses lettres astronomiques, & qui est intitulé : *Tychonis Brahe Dani. de mundi ætherei recentioribus phenomenis, liber secundus.* Voici le titre fastueux qu'il donne à cette figure : *Nova mundani systematis hypotyposis ab autore nuper adinventa, qua tum vetus illa ptolemaica redundantia & inconcinnitas tum etiam recens copernicana in motu terræ physica absurditas excluduntur, omniaque apparentiis cœlestibus aptissimè correspondent.*

La terre *T* est placée au centre de la figure; elle est environnée d'abord par l'orbite de la lune, ensuite par celle du soleil. Autour du soleil *S*, comme centre, sont décrits cinq autres cercles pour représenter les orbites de mercure, de vénus, de mars, de jupiter & de saturne; & le soleil accompagné de toutes ces orbites, est supposé tourner autour de la terre *T*, qui est cependant beaucoup plus près de lui que les orbites de jupiter & de saturne. Je n'ai point représenté dans cette figure les satellites de jupiter & de saturne, de même que je n'ai point observé les proportions qui ont lieu dans les grandeurs des orbites, pour ne pas faire une trop grande figure.

Le *systême* de Tycho-Brahé avoit été déja soutenu, du moins en partie, par les Egyptiens. Tycho ayant reconnu comme eux que vénus & mercure tournoient évidemment autour du soleil, jugea qu'il en devoit être de même des trois autres planètes; la conclusion étoit assez naturelle, elle rendoit uniforme les hypothèses de toutes les planètes, & supprimoit tous les épicycles de la seconde inégalité, par le seul mouvement du soleil.

Tycho-Brahé avoit une raison de plus pour soutenir ce *systême* : Copernic avoit démontré, 50 ans avant lui, que l'on expliquoit de la manière la plus naturelle & la plus simple, les phénomènes bizarres & singuliers des stations & rétrogradations de toutes les planètes, en les faisant tourner toutes autour du soleil. Tycho-Brahé étoit trop éclairé pour ne pas voir la beauté, la simplicité, &, par conséquent, la vérité de ce *systême*; mais son respect pour quelques passages de l'Ecriture qu'on interprétoit mal, l'empêchoit d'adopter le mouvement de la terre; enfin, il avoit peine à concevoir ce déplacement de notre globe : accoutumé avec le vulgaire à le considérer comme la base éternelle & le fondement immobile de toute stabilité : c'est en effet à cela que se réduisent toutes les raisons qu'il en donne dans ses progymnasmes, Tom. I, p. 661; il conserva donc tout ce qu'il put du *systême* de Copernic, c'est-à-dire, le mouvement de toutes les planètes autour du soleil; mais il fit tourner le soleil lui-même, accompagné de toutes ces planètes, autour de la terre. Tycho ne vouloit pas cependant qu'on crût qu'il n'avoit fait que retourner le *systême* de Copernic pour former le sien : voici à quelle occasion il dit l'avoir imaginé, c'est dans une lettre du 21 février 1589 qu'il écrivoit à Rothmann. (*Epist. astron.* p. 149), il observa soigneusement, en 1582, mars en opposition, il jugea qu'il étoit plus près de nous que le soleil, & dès-lors les hypothèses de Ptolémée ne pouvoient plus avoir lieu; car, suivant Ptolémée, mars devoit être plus loin que le soleil. D'un autre côté, Tycho crut remarquer que les comètes observées en opposition, par rapport au soleil, n'étoient point affectées du mouvement annuel de la terre, comme cela devoit arriver dans le *systême* de Copernic; cela lui fit rejetter l'hypothèse de Copernic, & dès-lors il ne resta plus d'autre moyen d'expliquer la proximité de mars à la terre, si ce n'est par le *systême* qu'il conçut alors, c'est-à-dire, en 1582.

Ces deux motifs allégués par Tycho n'avoient rien de solide; d'un côté, il lui étoit impossible de juger de la distance de mars; de l'autre, il est bien prouvé que les comètes sont affectées par le mouvement de la terre; mais, si elles tournoient autour du soleil, dans le *systême* de Tycho-Brahé, les mêmes apparences auroient lieu. Un des principaux argumens de Tycho étoit tiré de la distance énorme à laquelle doivent se trouver les étoiles dans le *systême* de Copernic, pour que l'orbe annuel de la terre y paroisse absolument insensible, comme nous l'avons dit au mot ÉTOILE; il n'est pas vraisemblable, dit-il « que l'espace » compris depuis le soleil jusqu'à saturne, soit 700 » fois plus petit que la distance des étoiles fixes, » sans qu'il y ait d'autres astres dans l'intervalle : » c'est cependant ce qu'il faut supposer : d'ailleurs » les étoiles de la troisième grandeur, dont le » diamètre apparent est d'une minute, seroient » égales à l'orbe annuel de la terre tout entier; si » elles ont seulement une parallaxe annuelle d'une » demi-minute, que ce sera-ce des étoiles de la pre- » mière grandeur, qui ont jusqu'à 2 ou 3 minutes » de diamètre apparent? »

Les objections de Tycho n'auroient peut-être pas eu lieu dans ce siècle-ci; il auroit appris que les comètes, par des orbites beaucoup plus grandes que celle de saturne, remplissent une partie de cet espace immense dont le vide lui paroissoit inconcevable; il auroit su, par la découverte des lunettes, que le diamètre apparent des étoiles de la première grandeur n'est pas d'une seconde, & qu'ainsi on n'est point obligé de les supposer d'une grandeur si prodigieuse; mais quand il faudroit admettre un intervalle immense, vide d'étoiles & de planètes, & convenir que les étoiles fixes que nous appercevons, sont incomparablement plus grosses que le soleil, je ne vois pas qu'il en résultât rien contre le *systême* de Copernic; les étoiles plus rapprochées, & plus petites dans le *systême* de Tycho, sont une chose trop indifférente pour former une preuve en sa faveur, puisque nous n'avons d'ailleurs aucune idée de leur grandeur réelle, non plus que de leur distance.

Tycho demande encore, dans la même lettre, comment on peut concevoir le mouvement de parallélisme de l'axe de la terre, & comment un seul & même corps peut avoir ainsi deux mouvemens différens, l'un qui transporte le centre du globe, & l'autre qui change la position de son axe. A cela je réponds que le parallélisme de l'axe de la terre n'est point un mouvement particulier, comme le suppose Tycho, qui en fait toujours ce qu'il appelle un troisième mouvement de la terre; c'est une situation de l'axe qui ne change point, parce qu'il n'y a aucune cause qui le fasse changer; il suffit que l'axe ait été dirigé une fois vers un point du ciel, pour qu'il continue d'y être toujours dirigé, quoique la terre ait un mouvement annuel, suivant une certaine direction.

Tycho croyoit trouver dans les comètes une objection très-forte contre le *système* de Copernic, en disant qu'elles n'étoient point affectées par le mouvement annuel de la terre : *Cometas insuper cœlitus conspectos & in solis opposito versantes, motui terræ non reddi obnoxios, quamvis non in tantum distent ut planè is evanescat, sicut in fixis fit sideribus : copernicanam quoque assumptionem in motu terræ collabescere* (*Epistolæ astron.* p. 149.) Il paroît même que, dans le temps où Tycho songea, en 1582, à former une hypothèse pour expliquer la proximité de mars à la terre, la raison qui lui fit rejetter le *système* de Copernic, fut que les comètes ne paroissoient point affectées par des inégalités apparentes, telles qu'il devoit y en avoir si la terre avoit eu un mouvement annuel. Cette raison étoit grave assurément; si elle eût été vraie, elle eût été sans réplique; mais Tycho avoit observé peu de comètes; on peut citer aujourd'hui celle de 1681, dont la route fut si compliquée & si bizarre en apparence, que Cassini en fit deux comètes différentes, tandis qu'elle devient une courbe exacte & régulière, quand on tient compte du mouvement de la terre. On a vu des comètes dont la route tortueuse est représentée, avec la dernière précision, par une seule courbe décrite autour du soleil & combinée avec le mouvement de la terre, comme on l'a dit au mot COMETE. Si Copernic en eût vu de semblables, il eût changé probablement de langage, & ce qui fut pour lui une raison de rejetter le *système* de Copernic, en eût été au contraire la plus forte démonstration.

Tycho étoit obligé, pour faire tourner les planètes autour du soleil, d'imaginer une espèce de force centrale ou de tendance vers cet astre: « Quel » est, je vous prie, écrit-il à Rothmann, la matière te- » nace, par laquelle certains corps, comme le fer & » l'aimant, s'unissent & se cherchent mutuellement, » malgré les corps même interposés? Si cela a lieu » dans les corps terrestres inanimés, pourquoi ne » l'imagineroit-on pas dans les corps célestes, que » les Platoniciens ont regardé comme étant, pour » ainsi dire, animés ou doués d'une vertu divine? » Lisez attentivement Pline à la fin du 16ᵉ chapitre » de son second Livre sur la cause des rétrogradations » des trois planètes supérieures: ce qu'il en dit, » quoiqu'obscur & même absurde, mérite quelqu'at- » tention, & fait voir que, parmi les plus grands » Mathématiciens, & ceux même qui ont placé la » terre immobile au centre du monde, il y en a » eu qui n'ont point employé les épicycles, mais » ont cru que ces apparences, par une certaine » cause occulte, pouvoient se rapporter au soleil » & s'expliquer par leur dépendance, sans qu'il y » eût, entre le soleil & les planètes, aucune ma- » tière capable de les unir ensemble. »

Tycho concevoit donc une certaine force entre les planètes & le soleil; or cette force s'étend jusqu'à saturne, c'est-à-dire, bien au-delà de la terre. Comment donc imaginer que la force du soleil, capable de retenir des planètes plus grosses que la terre & à de plus grandes distances, ne puisse cependant rien sur celle-ci; & qu'au contraire le soleil armé de ce vaste cortège, & étendant sa force jusqu'aux extrémités de ce *système* immense, soit cependant forcé de tourner sans cesse autour d'une terre plus petite & moins éloignée que les planètes sur lesquelles il étend son action : j'ose dire que c'est dans le *système* de Tycho-Brahé une véritable absurdité.

En matière de physique, on ne sauroit donner une démonstration rigoureuse & précise, comme dans la géométrie pure. Si un homme, placé fortuitement & pour la première fois dans un bateau & sur un fleuve, s'étoit persuadé d'avance fortement, par quelque motif de prévention, que ce vaisseau est immobile, on auroit beau lui montrer la terre, les arbres & le rivage en mouvement, lui dire que tout cela ne sauroit être emporté à-la-fois du même sens, que le mouvement seul de son navire est la cause de toutes ces apparences, & suffit pour expliquer tous les mouvemens qu'il apperçoit; s'il ne l'a jamais éprouvé lui-même en descendant à terre, s'il n'a point vu avancer le navire, s'il a oui-dire cent fois le contraire, il pourra vous répondre que peut-être vous avez raison; mais qu'il n'a jamais éprouvé si cela est bien vrai. Tel est le cas du physicien qui voudroit démontrer au peuple le mouvement de la terre; il lui fera voir des milliers d'étoiles qui paroissent toutes avancer du même sens, quoiqu'elles soient à des distances prodigieuses les unes des autres; il lui dira qu'on ne peut même imaginer une cause commune pour tant de corps isolés & indépendans les uns des autres, capable de les entraîner à-la-fois, de leur faire faire un tour entier tous les jours autour d'une petite masse de terre, que l'on n'appercevroit pas si l'on étoit placé vers une étoile: le physicien lui dira encore qu'un seul mouvement de rotation dans le petit globe de la terre, qui n'a 1432 lieues de rayon, suffit pour causer cette infinité de mouvemens apparens. Tout cela ne sauroit convaincre ceux qui n'ont pas assez de physique pour secouer un peu ces préjugés ; ce n'est pas une démonstration proprement dite, on n'en sauroit savoir en physique ; mais le physicien ne les exige pas, & il lui suffit d'avoir une foule de raisons à proposer, tandis qu'on ne sauroit lui faire une seule objection physique contre le mouvement de la terre.

Au reste, on doit regarder comme des démonstrations directes & positives du mouvement de la terre, le phénomène de l'*aberration* des étoiles ; la figure applatie de la terre, l'accourcissement des pendules sous l'équateur, & tous les phénomènes qui prouvent l'attraction générale des corps célestes, parce que cette loi ne sauroit subsister sans le mouvement de la terre, qui est le premier fondement de toute astronomie céleste : ainsi, l'on peut dire qu'un traité d'astronomie, est lui-même l'assemblage de mille preuves différentes du mouvement de la terre ; l'enchaînement de toutes les parties de cette science se trouveroit rompu & leur cohérence désunie, si l'on cessoit d'admettre ce mouvement.

Le P. Riccioli emploie plus de 200 pages *in-fol.* dans le second volume de son Almageste, à disserter sur le *systême* de Copernic ; il propose 77 argumens contre le mouvement de la terre, sans compter les témoignages sacrés qui y sont présentés dans toute leur force ; & il n'y a rien de remarquable parmi ces argumens qui ne soit renfermé dans ce que nous venons de dire. Nous n'insisterons pas beaucoup sur les passages de l'Ecriture, où il semble que l'on affirme le mouvement du soleil. Il nous paroît trop étrange qu'on en ait fait une objection sérieuse contre le *systême* de Copernic : auroit-on prétendu que les Ecrivains sacrés dussent bannir les expressions reçues dans la société, & par lesquelles on se fait entendre de tout le monde. Les astronomes disent comme les autres, le soleil se lève, & le soleil se couche : ils le diront éternellement, sans prétendre méconnoître le véritable état de la nature & l'immobilité du soleil. Dieu même conversant parmi les hommes, le diroit avec eux, & Josué ne pouvoit dire autrement. Il me semble qu'il y a de la stupidité à prétendre qu'un général d'armée, tel que Josué (dans le moment qu'il s'agissoit de manifester à ses soldats la gloire & la puissance de Dieu par une victoire), dût leur faire une leçon d'astronomie, & quittant le langage que ses soldats pouvoient entendre, dire à la terre de s'arrêter ; il auroit fallu en même temps leur apprendre en détail pour quoi cette singularité d'expression ; & jamais digression n'eût été plus hors de place : ainsi, dans le cas même où l'on prétendroit que Josué, comme prophète, auroit été instruit par la toute-puissance de Dieu de ce qu'on ignoroit de son temps, & sur-tout dans son pays, il n'auroit pas pu s'exprimer autrement qu'il n'a fait : il en est de même des autres passages de l'Ecriture, où les auteurs sacrés ont dû nécessairement parler comme l'on parle, & comme nous parlons nous-même dans nos Livres d'astronomie, quand nous disons le lever, le coucher, le mouvement, l'inégalité du soleil. Il n'y a qu'une manière de s'exprimer : il ne résulte donc rien de ces textes contre le *systême* de Copernic.

Au reste, Saint Augustin & Saint Thomas n'étoient point d'avis que l'on gênât les Philosophes sous prétexte de défendre le sens littéral de l'Ecriture ; & la cour de Rome a même retranché de l'index l'article qui renfermoit les Livres où le mouvement de la terre est soutenu : mais on a été trop long-temps à en venir là.

Fontenelle remarque dans les *Mondes*, que *Copernic* mourut le jour même qu'on lui apporta le premier exemplaire imprimé de son Livre : il semble, dit-il que *Copernic* voulut éviter les contradictions qu'alloit subir son *systême*. Galilée fut mis à l'inquisition, & son opinion du mouvement de la terre, condamnée comme hérétique ; les inquisiteurs, dans le décret qu'ils rendirent contre lui, n'épargnèrent pas le nom de *Copernic*, qui l'avoit renouvellé depuis le cardinal de Cusa, ni celui de Diégue de Zuniga, qui l'avoit enseignée dans ses commentaires sur Job, ni celui du P. Foscarini, carme Italien, qui venoit de prouver dans une savante lettre adressée à son général, que cette opinion n'étoit point contraire à l'Ecriture. Galilée, nonobstant cette censure, ayant continué de dogmatiser sur le mouvement de la terre, fut condamné de nouveau, obligé de se rétracter publiquement, & d'abjurer sa prétendue erreur de bouche & par écrit, ce qu'il fit le 22 juin 1633 ; & ayant promis, à genoux, la main sur les évangiles, qu'il ne diroit & ne feroit jamais rien de contraire à cette ordonnance, il fut remené dans les prisons de l'inquisition, d'où il fut bientôt élargi. Cet événement effraya si fort Descartes, très-soumis au saint siège, qu'il l'empêcha de publier son traité du monde qui étoit prêt à voir le jour. *Voyez tous ces détails dans la vie de* Descartes *par* Baillet. Cet auteur accuse le P. Scheiner jésuite, d'avoir dénoncé Galilée à l'inquisition sur son opinion du mouvement de la terre. Ce pere, en effet, étoit mécontent de Galilée au sujet de la découverte des taches du soleil que Galilée lui disputoit ; mais cette dénonciation n'eût pas été suffisante pour occasionner cette persécution. Tout cela n'a point empêché des auteurs très-orthodoxes de soutenir le *systême* de Copernic : Gassendi distingue fort à ce sujet deux Livres sacrés ; l'un écrit qu'on appelle *la bible*, l'autre qu'on appelle *la nature* ou *le monde* ; c'est ce qu'il développe dans ce passage singulier. « Dieu s'est manifesté lui-» même par deux lumières, l'une celle de la révé-» lation, & l'autre celle de la démonstration ; or » les interprètes de la première sont les théologiens, » & les interprètes de l'autre sont les mathématiciens ; » ce sont des derniers qu'il faut consulter sur les » matières dont la connoissance est soumise à l'es-

» prit, comme sur les points de foi on doit consulter les premiers ; & comme on reprocheroit aux mathématiciens de s'éloigner de ce qui est de leur ressort, s'ils prétendoient révoquer en doute, ou rejetter les articles de foi, en vertu de quelques raisonnemens géométriques, aussi doit-on convenir que les théologiens ne s'écartent pas moins des limites qui leur sont marquées, quand ils se hasardent à prononcer sur quelque point des sciences naturelles au-dessus de la portée de ceux qui ne sont pas versés dans la géométrie & dans l'optique, en se fondant seulement sur quelque passage de l'Ecriture-Sainte, laquelle n'a prétendu nous rien apprendre là-dessus. »

Explication des phénomènes dans le système de Copernic. Le mouvement *diurne* est le premier qu'il s'agit d'expliquer, par le moyen de la révolution *diurne* de la terre autour de son axe en 24 heures. Supposons que le cercle *P R T H* (*Pl. astron. fig.* 113.) représente la terre, dont *C* est le centre, & qu'au travers du point *C* passe son axe perpendiculairement au plan de la figure, autour duquel elle fait sa révolution *diurne* ; soit *P* un lieu quelconque de la terre, *E W* l'horizon visible de ce lieu, *E* le point est de cet horizon, *W* le point ouest ; que le cercle *a b c d e f* représente la circonférence du ciel, le cercle *S* le Soleil, le demi-cercle *P R T* l'hémisphère que la terre présente au soleil, & qui en est éclairé ; & enfin le demi-cercle *P H T*, l'hémisphère de la terre non-éclairé. Nous supposons ici que le soleil éclaire tout une hémisphère à-la-fois : ce qui n'est pas rigoureusement vrai ; mais à cause de la grande distance du soleil à la terre, la partie éclairée differe si peu d'un hémisphère exact, qu'on peut la prendre sensiblement pour telle.

Supposons présentement que la terre dans cette situation vienne à se mouvoir autour de son axe, le lieu *P* avançant vers *S*, il est évident que l'observateur *P* commencera précisément au premier instant de cette rotation à être éclairé par le soleil, & que cet astre paroîtra se lever sur l'horizon de ce lieu. La terre continuant à se mouvoir sur son axe, de sorte que le point *P* qui étoit auparavant sous le point *a*, vienne sous le point *b*, l'horizon du lieu *P* sera pour lors situé de manière que le spectateur placé en *P* verra le soleil considérablement élevé par rapport au point Est de son horizon ; & tandis que, par la révolution *diurne* de la terre autour de son axe, le lieu *P* passe sous le point *b*, & de-là sous le point *c*, l'horizon du lieu *P* baissera continuellement par rapport au soleil, de manière que le soleil paroîtra monter de plus en plus au-dessus, jusqu'à ce que le point *P* vienne sous le point *c*, auquel cas le soleil paroîtra être à sa plus grande hauteur pour ce jour-là, & il sera alors midi pour l'observateur *P* qui est arrivé en *R*. La terre continuant sa rotation, le lieu *P* passera sous le point *d*, & le point ouest de l'horizon paroîtra monter toujours de plus en plus, comme il est représenté par l'horizon du point de la terre qui est sous *d*. Enfin, quand le lieu *P* sera parvenu sous le point *e*, le soleil paroîtra en *W*, c'est-à-dire au point ouest de l'horizon, & par conséquent paroîtra se coucher. Quand le lieu *P* sera parvenu sous *f*, il sera minuit pour l'observateur. Le point *P* étant retourné au-dessous du point *a*, l'observateur verra de nouveau le soleil se lever. La même chose a lieu pour le lever & le coucher apparent des autres corps célestes : car le cercle qu'on a pris pour le soleil, peut représenter une planète ou une étoile quelconque.

Si l'observateur n'est pas dans le plan même de l'équateur, non plus que le soleil, il faut une autre figure pour concevoir que le soleil doit, en vertu du mouvement de la terre, décrire un parallèle à l'équateur. Soit *B D A E*, *fig.* 74, le globe de la terre, *B A* l'axe de la terre dirigé vers le point *P* du ciel ; *D E*, le parallèle circulaire qui décrit un point *D* de la terre par son mouvement *diurne* ; *F* est le point de la sphère céleste, qui répond verticalement au point *D* de la terre, *G* le point qui répond verticalement au point *E* ; la ligne *C D F*, qui est la ligne du zénit, ou la verticale du point *D*, tourne avec ce point autour du centre *C* & de l'axe *C P* ; elle décrit, par ce mouvement, la surface d'un cone, dont le sommet est au centre *C* de la terre, & dont la base s'étend de *F* en *G* ; le cercle céleste *F G H*, parallèle à l'équateur, est la base du cone que décrit la ligne du zénit *C D F* ; le cercle *F G H* n'est pas dans le même plan que le parallèle terrestre *D E*, mais il lui correspond essentiellement, puisque tous les points de ce parallèle céleste *F G* sont éloignés du pôle céleste *P* du même nombre de degrés que le point *D* est éloigné du pole *A* de la terre ; la ligne du zénit *C D F* rencontrera dans les 24 heures tous les points qui sont à la même distance du pole *P*, c'est-à-dire, tous les points qui sont sur le parallèle *F H G*, & ils paroîtront tous à son zénit ; c'est ainsi qu'à Paris nous voyons successivement passer au zénit, les constellations de Cassiopée, d'Andromede, de Persée, du Cocher, de la grande Ourse & du Dragon, parce que notre verticale, ou la ligne de notre zénit, va les rencontrer tour-à-tout & se placer sur ces différentes constellations, qui sont toutes à 41 degrés du pole du monde *P* ou du point vers lequel est dirigé l'axe *C A* de notre mouvement *diurne*. C'est ainsi que, par la rotation de la terre, tous les astres paroissent décrire des parallèles à l'équateur.

Le mouvement annuel du soleil s'explique avec la même facilité : quand la terre est du côté de la balance *B*, fig. 77, nous voyons répondre le soleil *S* au bélier *A*, c'est-à-dire, dans le point opposé ; si la terre avance du côté du sagittaire

D, le soleil paroît répondre au Capricorne *C*, & ainsi des autres signes; ainsi la terre, parcourant son orbite en un an, le soleil paroîtra la parcourir.

Il est plus difficile de comprendre comment le mouvement de la terre produit les phénomènes de l'obliquité de l'écliptique, les changemens de déclinaison du soleil & l'inégalité des saisons; cependant il ne faut supposer pour cela que l'inclinaison & le *parallélisme* de l'axe de la terre, & c'est ce qu'il s'agit d'expliquer.

Le *parallélisme* de l'axe de la terre & les effets qui en résultent, ont été très-bien développés dans le Livre de Keill, ou dans les *institutions astronomiques* de M. le Monnier, & nous allons transcrire ici tout cet endroit, quoiqu'un peu long, parce qu'il ne nous a pas paru possible de l'abréger, en s'expliquant clairement.

Le *parallélisme* de l'axe de la terre doit arriver naturellement, si la terre parcourant son orbite, n'a d'autre mouvement propre que celui de la rotation autour de son axe. Car soit une planète quelconque, dont le centre parcoure une petite portion de son orbite, qu'on peut regarder ici comme une ligne droite *A B*, *fig.* 75 *astron.* cet astre étant en *A*, si l'on tire un diamètre *C D* incliné sous un certain angle à la ligne *A B*; on comprend que si cette planète n'a d'autre mouvement que celui par lequel elle s'avance de *A* vers *B*, son diamètre *C D* ne doit jamais avoir d'autre direction que celle de la ligne *d c*, parallèle au premier diamètre *D C*: mais si, outre ce mouvement de translation, on imagine que la planète en ait un autre de rotation autour de son axe *C D*, quoiqu'il soit vrai de dire en ce cas que tous les autres diamètres de cette planète changent continuellement de direction, le vrai axe *C D* ou *c d*, est néanmoins exempt de ce mouvement de rotation, il ne sauroit changer sa direction, mais il doit toujours demeurer parallèle à lui-même en quelqu'endroit qu'il se trouve, puisque les poles *C* & *D* ne participent point au mouvement de rotation.

Le *parallélisme* de l'axe terrestre & son inclinaison de 66° $\frac{1}{2}$ sur le plan de l'écliptique, est la cause de l'inégalité des jours & de la différence des saisons : supposons en effet que l'œil regarde obliquement le plan de l'orbite de la terre, dont la projection, selon les règles de la perspective, doit paroître alors une ovale ou ellipse, au milieu de laquelle se trouve le soleil en *S* : si l'on mène par le centre de cet astre la droite ♈ *S* ♎, *fig.* 76, parallèle à la section commune de l'écliptique & de l'équateur, & qui rencontre l'écliptique en deux points ♈ & ♎; il est clair que lorsque la terre paroîtra dans l'un de ces deux points, la ligne ♈ *S* ♎ qui joint les centres de la terre & du soleil, sera pour lors dans la section commune des deux plans; cette ligne, dis-je, de même que la section commune des plans de l'écliptique & de l'équateur ne doivent former qu'une même ligne droite : elle sera donc en ce cas perpendiculaire à l'axe de la terre, puisque c'est une de celles qui se trouvent dans le plan de l'équateur. Mais cette même ligne droite étant aussi perpendiculaire au plan du cercle, que nous avons dit être le terme de la lumière & de l'ombre, il suit que l'axe de la terre se trouvera pour lors dans le plan de ce cercle, & passera par conséquent par les poles; en sorte qu'il divisera tous les parallèles à l'équateur en deux parties égales. La terre étant donc au commencement de ♎, & le soleil paroissant pour lors au commencement du ♈ dans la commune section des plans de l'écliptique & de l'équateur, cet astre par conséquent nous paroîtra alors dans l'équateur céleste sans aucune déclinaison, soit au nord, soit au midi, étant à égale distance des poles. Ainsi, le soleil paroîtra décrire par son mouvement diurne le cercle équinoxial dont nous avons parlé ci-dessus; de manière que, dans cette situation, la lumière répandue sur la terre doit se terminer également aux deux poles *A* & *B*, & le grand cercle où se termine cette lumière, divisera en deux parties égales tous les petits cercles, parallèles à l'équateur : mais parce que tous les lieux de la terre sont emportés d'un mouvement uniforme par la rotation qui se fait autour de son axe en 24 heures; il s'ensuit qu'on y appercevra pour lors des jours égaux aux nuits, chaque point de la surface de la terre, demeurant autant de temps dans les ténèbres, qu'exposé aux rayons qui émanent du soleil.

Le mouvement annuel de la terre sur son orbite détruit bientôt cette uniformité; car cette planète étant transportée depuis ♎, ♏, ♐, jusqu'en ♑, il arrive pour lors que la section des plans de l'équateur & de l'écliptique, qui reste, comme nous l'avons dit, parallèle à elle-même, sans changer de direction, ne passe plus par le centre du soleil, mais s'en écarte peu-à-peu considérablement. Elle forme bien en ♑ un angle droit avec la ligne *S T N* tirée du centre du soleil au centre de la terre; mais parce que cette ligne *S T* est dans le plan de l'écliptique, & non pas dans celui de l'équateur, l'angle *B* ♑ *S* formé par l'axe *B A* de la terre & la ligne *B* ♑ n'est plus un angle droit, mais un angle aigu de 66° $\frac{1}{2}$; c'est-à-dire, égal à l'inclinaison de cet axe sur le plan de l'écliptique. Faisant donc au centre un angle droit *S* ♑ *L*, il est clair que le terme de la lumière & de l'ombre passera par le point *L*, & que l'arc *B L* sera de 23° $\frac{1}{2}$, savoir égal au complément à 90° de l'angle *B* ♑ *S*. Mais faisant aussi l'angle droit *B* ♑ *E*, il suit que la ligne ♑ *E* sera dans le plan de l'équateur; d'où l'on voit que puisque l'arc *B E* est égal à *L T*, l'un & l'autre étant de 90°, & que l'arc *B T* de 66° $\frac{1}{2}$ leur est commun, les deux autres arcs *T E*, *L B* seront chacun de 23° $\frac{1}{2}$, & par conséquent égaux. Il faut faire maintenant *E M* égal *E T*, & décrire par les points *T* & *M* les deux parallèles à l'équateur *T C*, *M N* qui seront les

les deux tropiques, dont l'inférieur *MN* ſe nomme le *tropique du capricorne* ♑, & l'autre *TC*, le *tropique du cancer* ou de *l'écréviſſe* ♋. Or, dans cette ſituation de la terre, le ſoleil eſt à plomb ou perpendiculairement élevé ſur le point *T*, & c'eſt le temps où il eſt le plus éloigné de l'équateur, c'eſt-à-dire dans ſa plus grande déclinaiſon poſſible vers le pole boréal. Le cercle qu'il paroît pour lors décrire par ſon mouvement diurne, ſe trouve dans le ciel directement au-deſſus du cercle *TC* de la terre, & ſe nomme par conſéquent le *tropique céleſte* du ♋; mais la révolution diurne de la terre autour de ſon axe immobile, eſt cauſe que tous les points de la terre qui ſont ſous ce même parallèle à l'équateur, doivent paſſer ſucceſſivement par ce point *T*, où l'œil apperçoit le ſoleil perpendiculaire: ainſi, le ſoleil paroîtra pour lors à plomb ou vertical à tous les habitans de ce parallèle, ſucceſſivement. Enfin, tant que la terre demeurera dans cette ſituation, il eſt néceſſaire que le cercle qui repréſente le terme de la lumière & de l'ombre, ſe trouve au-delà du pole boréal *B*, étant parvenu juſqu'en *L*; & qu'au contraire, il ſoit écarté juſqu'en *F* du pole auſtral *A*, & cela pendant pluſieurs jours. Si l'on décrit donc enfin par les points *L* & *F*, deux parallèles à l'équateur, on aura les deux cercles polaires, qu'on nomme *arctique* & *antarctique*, & c'eſt toute cette région de la terre compriſe entre le pole boréal & le cercle polaire arctique *KL*, qui aura pour lors un jour perpétuel, malgré la rotation diurne de la terre autour de ſon axe. Car le ſoleil répand alors toujours ſa lumière, juſqu'à ce cercle polaire qui eſt tout entier au-delà du terme de la lumière & de l'ombre, les rayons ne pouvant plus, malgré la rotation de la terre, s'étendre au-delà du cercle polaire arctique. Au contraire, l'autre région oppoſée de la terre, laquelle eſt compriſe dans l'eſpace *FG* entre le pole auſtral & le cercle polaire antarctique, ſe trouvera pour lors dans les ténèbres: on n'y verra plus le ſoleil, & le jour qu'on aura vu diminuer, ou qu'on a perdu peu-à-peu dans l'eſpace de trois mois, aura été changé en une nuit continuelle. On voit auſſi que, dans les autres cercles parallèles compris entre l'équateur & le cercle polaire arctique ou antarctique, il ſe trouve une partie d'autant plus grande de ces cercles plongée dans la lumière ou dans la nuit, qu'ils ſont plus éloignés de l'équateur ou plus avancés vers les poles. C'eſt pourquoi, dans cette ſituation de la terre où l'on ſuppoſe que le ſoleil paroît au ♋, il eſt néceſſaire que tous les habitans de l'hémiſphère ſeptentrional, depuis l'équateur juſqu'au cercle polaire, jouiſſent des plus longs jours, & qu'ils n'aient que des nuits très-courtes, ce qui eſt à leur égard la ſaiſon qu'on nomme l'*été*. Au contraire, dans l'hémiſphere méridional, les nuits y ſont alors fort longues, & les habitans s'y trouvent dans cette ſaiſon qu'on nomme l'*hiver*, puiſque leurs jours ſont les plus courts.

Suppoſons que la terre s'avance ſur ſon orbite depuis ♑ ♒ ♓, juſqu'au ♈, pendant lequel temps le ſoleil paroîtra parcourir les ſignes ♋, ♌ & ♍, alors on verra cet aſtre ſe rapprocher peu-à-peu de l'équateur; de manière que la terre étant en ♈, le ſoleil paroîtra pour lors en ♎, & ſe trouvera, pour la ſeconde fois, dans la commune ſection de l'écliptique & de l'équateur, puiſque cette ligne s'eſt toujours avancée dans une ſituation parallèle. C'eſt pourquoi le ſoleil doit alors paroître dans le cercle équinoxial, ce qui doit donner encore les jours égaux aux nuits dans toute l'étendue de la ſurface de la terre, & cela préciſément de la même manière qu'il eſt arrivé lorſque la terre étoit en ♎, ou que le ſoleil paroiſſoit en ♈. Dans ce cas, le terme de la lumière & de l'ombre paſſera encore par les deux poles, & l'on a pu remarquer, par ce que nous avons dit juſqu'ici, qu'il n'y a que le pole ſeptentrional *B*, qui s'eſt trouvé continuellement éclairé du ſoleil pendant l'eſpace de ſix mois que la terre a employé à parcourir la moitié de ſon orbite depuis ♎ juſqu'en ♈; & qu'au contraire le pole méridional a été conſtamment plongé dans l'ombre ou dans la nuit pendant le même intervalle de temps.

Enfin, la terre venant à s'avancer ſelon la ſuite des ſignes ♈ ♉ & ♊; c'eſt-à-dire, le ſoleil paroiſſant parcourir les ſignes ♎, ♏, & ♐, il doit s'éloigner peu-à-peu de l'équateur, de manière que la terre étant parvenue en ♋, le ſoleil paroîtra pour lors répondre au commencement du ♑ dans la ſphère des étoiles fixes. D'ailleurs l'axe de la terre n'ayant point changé ſa direction, puiſqu'il a conſervé ſon *parallèliſme*, la terre ſe préſentera pour lors au ſoleil avec la même inclinaiſon de ſon axe, qu'elle s'y préſentoit ſix mois auparavant, lorſqu'elle étoit au commencement du ♋, mais avec cette différence qu'au lieu que la région renfermée dans le cercle *KL*, étoit éclairée du ſoleil lorſque la terre étoit au point ♑ de ſon orbite, cette même région ſe trouvera entièrement plongée dans l'ombre, quand la terre ſera en ♋; & enfin celle qui lui eſt oppoſée, ou qui eſt terminée par le cercle *FG*, ſe trouvera éclairée du ſoleil dans toute ſon étendue, au lieu qu'elle étoit ſix mois auparavant dans les ténèbres.

De même tous les parallèles qui ſont entre l'équateur & le pole ſeptentrional *B*, auront alors leur plus grande partie dans l'ombre, au contraire de ce qu'on remarquoit ſix mois auparavant; au lieu que vers le pole méridional *A*, plus de la moitié de la circonférence de ces cercles parallèles ſera éclairée du ſoleil, là où ſix mois auparavant on a pu remarquer que c'étoit la plus grande portion de la circonférence de ces mêmes cercles qui étoit plongée dans l'ombre. Enfin, le ſoleil paroîtra pour lors à plomb, ou vertical pour les habitans du tropique *MN*, comme s'il avoit effectivement deſcendu à l'égard de la ſurface de la terre, depuis le parallèle ou tropique qui répond à TC, jusqu'à l'autre tropique céleste qui répond à MN, c'est-à-dire selon l'arc CQN, de 47°. Ainsi, par les deux diverses manières dont la terre se présente au soleil tous les six mois, il en doit résulter cette règle générale; savoir que dans les lieux de l'hémisphère septentrional ou méridional, compris entre les poles & les tropiques, le soleil doit paroître de 47° plus près du zénit dans un tems de l'année, que dans l'autre, c'est-à-dire, qu'il doit s'approcher du pole, ou monter tous les jours dans le méridien depuis le solstice d'hiver jusqu'à celui d'été, comme s'il ne parcouroit autre chose que l'arc de ce méridien, lequel est d'environ 47°. Il ne faut donc pas s'imaginer pour cela que c'est la terre qui tantôt s'élève, & tantôt s'abaisse par un mouvement particulier; au contraire ces changemens n'arrivent que parce qu'elle ne s'élève, ni ne s'abaisse, mais qu'elle se présente toujours de la même manière par rapport au reste de l'univers, ou plutôt à l'égard des étoiles. Il n'y a qu'à l'égard du soleil qu'elle est inclinée différemment, parce qu'elle parcourt chaque année (son axe étant dans une inclinaison constante) une orbite à l'entour de cet astre, & qu'elle doit par conséquent lui présenter ce même axe en différens sens à mesure qu'elle tourne autour de lui.

On peut faire une expérience assez simple pour mieux comprendre ce que nous venons de dire: elle consiste à exposer dans une chambre obscure un globe terrestre à une bougie (qui dans ce cas représentera le soleil); de manière que son axe, au lieu d'être perpendiculaire au plan de l'horizon, qu'il faut regarder ici comme l'écliptique, il soit incliné de 66°; alors, tournant ce globe de manière qu'un de ses poles regarde le nord, & l'autre le midi; & que la lumière de la bougie éclaire également l'un & l'autre pole (il faut tâcher de conserver exactement dans cette opération le *parallélisme* ou la même position de l'axe); on le fera tourner ainsi autour de la bougie dans la circonférence d'un plan circulaire, parallèle à l'horizon; or on pourra observer à loisir la manière dont le pole, les parallèles, & l'équateur de ce globe seront éclairés; car il sera facile de remarquer les mêmes phénomènes que nous venons d'expliquer.

M. Pluche, auteur du Spectacle de la Nature, prétend que l'axe de la terre n'a pas toujours été incliné au plan de l'écliptique; qu'avant le déluge, il lui étoit perpendiculaire, & que les hommes jouissoient alors d'un printemps perpétuel; que Dieu voulant les punir de leurs désordres & les détruire entièrement, se contenta d'incliner quelque peu l'axe de la terre vers les étoiles du nord, que par ce moyen l'équilibre des parties de l'atmosphère fut rompu, que les vapeurs qu'elle contenoit retombèrent avec impétuosité sur le globe, & l'inondèrent. On ne voit pas trop sur quelles raisons M. Pluche, d'ailleurs ennemi déclaré des systêmes, a appuyé celui-ci: aussi a-t-il trouvé plusieurs adversaires; un d'entr'eux a fait imprimer dans les mémoires de Trévoux de 1745, plusieurs lettres contre cette opinion.

Il y a réellement dans l'axe de la terre, en vertu de l'action de la lune & du soleil, un mouvement de *libration* ou de balancement, mais ce mouvement est très-petit, & c'est celui qu'on appelle proprement *nutation*; la différence n'allant jamais qu'à 18″, n'empêche pas que l'axe ne soit toujours sensiblement parallèle à lui-même. *Copernic*, qui le premier imagina cette explication des saisons par le mouvement de la terre (*de Revolutionibus*, *Lib.* 1, *c.* 11), appelle ce *parallélisme* de l'axe un troisième mouvement, ou mouvement de déclinaison, contraire au mouvement annuel; il arrive, dit-il, par ces deux mouvemens égaux & qui se contrarient mutuellement, que l'axe de la terre & son équateur, sont toujours dirigés de la même manière & vers le même côté du ciel. Mais *Copernic* auroit bien pu se dispenser de nommer cela un troisième mouvement, la mécanique nous fait voir plutôt que le *parallélisme* de l'axe, n'est que la négation d'un troisième mouvement: il en faudroit un en effet, pour que l'axe cessât d'être parallèle à lui-même, comme nous l'avons dit au mot ROTATION.

Plusieurs personnes ont représenté, par des machines ou planétaires, le mouvement annuel de la terre autour du soleil & le mouvement diurne sur son axe, constamment parallèle à lui-même. *Voyez* GEOCYCLIQUE & LOXOCOSME. Sur le déplacement du *systême* solaire. *Voyez* ROTATION. (*D. L.*)

SYZYGIES, s. f. pl. (*en Astronomie*) c'est un terme dont on se sert pour indiquer la conjonction & l'opposition d'une planète avec le soleil. Ce terme s'emploie sur-tout en parlant de la lune.

Les éclipses n'arrivent que dans les *syzygies*. La pesanteur de la lune est diminuée par l'action du soleil, d'une partie qui est à la pesanteur totale, comme 1 est à 89, au lieu que dans les quadratures sa pesanteur augmente d'une quantité qui est à la pesanteur totale, comme 1 est à 178.

Quand la lune est dans les *syzygies*, ses apsides sont rétrogrades; ses nœuds se meuvent plus vite contre l'ordre des signes, ensuite leur mouvement se ralentit.

Quand les nœuds arrivent dans la ligne des *syzygies*, l'inclinaison de l'orbite est la plus petite.

Ces différentes inégalités ne sont pas égales à chaque *syzygie*, mais toutes un peu plus grandes dans la conjonction que dans l'opposition.

C'est à Newton que nous devons l'explication de toutes ces inégalités que les Astronomes avoient observées, sans en pouvoir pénétrer la cause. Il a fait voir qu'elles étoient la suite de l'action du soleil. *Voyez* LUNE. (*O*)

TAB

TABLES. s. f. (*Mathém.*) On entend par ce mot la suite de toutes les valeurs particulières d'une fonction, qu'on obtient en donnant à la variable principale ou aux variables principales, s'il y en a plusieurs, toutes les valeurs particulières renfermées dans la suite la plus convenable à l'objet qu'on se propose. *Voyez* FONCTION.

Quand la fonction n'a qu'une variable principale, on place ordinairement la suite des valeurs de la variable principale dans une même colonne verticale, & à chacune de ces valeurs on fait correspondre horizontalement la valeur de la fonction.

EXEMPLE.

Soit $\varphi(x) = \log. x$ & 1, 2, 3, &c. la suite des valeurs de x, on formera la *table* ainsi :

x	log. x
1	0.000000
2	0.301030
3	0.477121
4	0.602060
&c.	&c.

Si la fonction a deux variables principales, la *table* doit être à double entrée. On place, dans une colonne verticale, la suite appartenante à l'une des variables principales, dans une ligne horizontale la suite appartenante à l'autre variable, & à l'intersection de deux lignes horizontales & verticales correspondantes à deux valeurs particulières des variables principales, la valeur de la fonction.

EXEMPLE.

Soit $\varphi(x, y) = yx$; 1, 3, 6, & les autres nombres triangulaires, la suite appartenante à x; 1, 4, 9, & les autres nombres quarrés, la suite appartenante à y, on formera la *table* ainsi :

x \ y	1.	4.	9.	16	&c.
1	1.	4.	9.	16	&c.
3	3.	12.	27.	48	&c.
6.	6.	24.	54.	96	&c.
10	10.	40.	90.	160	&c.
&c.	&c.	&c.	&c.	&c.	&c.

Si la fonction contenoit un plus grand nombre de variables principales, les *tables* ne pourroient pas se former d'une manière si simple, aussi sont-elles peu en usage dans les Mathématiques. Celles qui sont les plus importantes pour la pratique de Astronomie & de la géodésie, sont les *tables* des logarithmes des nombres, & les *tables* des logarithmes des sinus.

TABLE, (*Astron.*) montagne de la *table*, *mons mensæ*, constellation méridionale, introduite par M. de la Caille; il a pris son nom d'une montagne très-remarquable au Cap de Bonne-espérance, où son travail, sur les étoiles fixes, a été fait; il l'a mise au-dessous du grand nuage, pour faire allusion à un nuage blanc qui vient couvrir cette montagne en forme de nape, aux approches des grands vents de S. E. La principale étoile de cette constellation est de 6e grandeur, elle avoit, en 1750, 94° 25′ d'ascension droite, & 74° 39′ de déclinaison australe.

TABLES ASTRONOMIQUES. Suites des nombres qui indiquent les situations & les mouvemens des astres, ou qui servent à les calculer.

Les plus anciennes *tables* dont on ait connoissance, sont contenues dans l'*Almageste* de Ptolémée, on y trouve des *tables* de sinus, des *tables* du mouvement du soleil, de la lune & des cinq planètes.

Les *tables* des *sinus* sont celles dont les Astronomes font le plus d'usage; les plus étendues sont celles de Rhéthicus, publiées en 1613 par Pitiscuset, contenues dans l'ouvrage, intitulé : *Thesaurus Mathematicus*, où l'on trouve, de dix en dix secondes, les sinus calculés jusqu'à 15 chiffres, & les 35 premières minutes de 20 en 20 secondes jusqu'à 22 chiffres.

Ces *tables* avoient été complétées par *Valentinus Otho*, qui publia, en 1596, dans l'ouvrage intitulé: *Opus Palatinum*, les sinus, cosinus & sécantes en dix chiffres, les cosécantes & les cotangentes à sept chiffres, le tout de dix en dix secondes.

Ces grandes *tables* sont fort rares, mais on en a fait un grand nombre d'extraits en petits volumes. Au reste, on en fait bien moins d'usage depuis l'invention des LOGARITHMES, dont les *tables* sont aujourd'hui l'instrument universel de tous les calculs astronomiques.

Les *tables* de logarithmes dont les Mathématiciens font actuellement le plus d'usage, sont celles de Brigs, pour les nombres jusqu'à 100000, *Arithmetica logarithmica* 1628, & celles d'Ulacq dont voici le titre: *Trigonometria artificialis sive magnus canon triangulorum logar. ad radium* 10000000000 *& ad dena scrupula secunda, ab Adriano Ulaco Goudano constructus, Goudæ* 1633, *in-fol.*

Les logarithmes de Brigs & d'Ulacq, soit pour les nombres, soit pour les sinus de dix en dix secondes, ont été publiés à Londres en 1742, par *Gardiner*, avec 8 chiffres seulement: & réimprimés à Avignon en 1770.

Enfin M. Jombert le jeune, Libraire à Paris, en a donné, en 1783, une édition *in*-8.° très-portative & très-bien exécutée, & qui ne coûte que 9 liv.

On conserve dans la bibliothèque de l'académie des Sciences, un manuscrit dans lequel Mouton a calculé les logarithmes des sinus & des tangentes avec 11 chiffres pour toutes les secondes des 4 premiers degrés.

M. Robert, curé de Sainte Geneviève à Toul, m'a envoyé, au mois d'avril 1784, un volume qui contient les sinus pour toutes les secondes du quart-de-cercle; & peu de tems après les tangentes. Mais, dans le même tems, j'apprends par des lettres d'Angleterre, que M. Taylor, célèbre calculateur Anglois, qui a déjà donné un volume de *tables*, est occupé à publier les logarithmes des sinus & des tangentes pour toutes les secondes, & le bureau des longitudes lui a fait un présent de 300 louis pour contribuer aux frais.

Parmi les *tables* astronomiques, proprement dites, celles dont les Astronomes font le plus d'usage, sont les *tables du soleil;* la première *table* contient les *époques* des longitudes moyennes du soleil pour le premier jour de janvier à midi moyen, lorsque l'année est bissextile, ou pour le jour précédent quand l'année est commune; j'en ai expliqué la construction, les fondemens & les calculs dans le sixième livre de mon *Astronomie.*

La seconde est pour le mouvement du soleil, de jour en jour, tout le long de l'année, à raison de 59′ 8″ par jour.

La troisième présente le même mouvement pour les heures, minutes & secondes.

La quatrième est la *table* de *l'équation* de l'orbite pour le soleil, calculée pour chaque degré d'anomalie moyenne, dans l'hypothèse de Kepler, c'est-à-dire, dans une ellipse, dont l'excentricité est 0,01681; cette équation est ce qu'il faut ajouter à la longitude moyenne, ou en ôter pour avoir la longitude vraie.

La cinquième est la *table* des logarithmes des distances du soleil à la terre, pour chaque degré d'anomalie; ces distances ne sont autre chose que les *rayons vecteurs* de la même ellipse, calculés aussi dans l'hypothèse de Kepler.

Ce sont-là les seuls élémens qu'on ait employés dans les *tables du soleil* de Kepler, de Boulliaud, de Street, de la Hire, de Cassini, de Halley, *&c.* mais depuis que les calculs de l'attraction ont fait connoître les perturbations ou les dérangemens causés dans le mouvement de la terre par les attractions de la lune, de vénus, de jupiter, & le changement des points équinoxiaux par l'effet de la *nutation*, il a fallu ajouter quatre autres *tables* pour les inégalités de la longitude du soleil; elles se trouvent dans les *tables* de Mayer, publiées à Londres, & dans celles de la Caille, qui sont dans mon *Astronomie;* ce sont-là les seules *tables* du soleil dont les Astronomes fassent usage actuellement.

Les *tables* des planètes contiennent précisément la même chose que les *tables* du soleil, quant aux cinq premiers articles; & l'équation étant ajoutée à la longitude moyenne, donne la longitude vraie de la planète vue du soleil dans son orbite.

On y ajoute la *réduction à l'écliptique*, & l'on a la longitude vraie de la planète réduite à l'écliptique: on ajoute aussi une réduction semblable au logarithme de la distance pour la réduire au plan de l'écliptique. Connoissant pour le même instant le lieu du soleil, on en conclut, par la résolution d'un seul triangle, la longitude géocentrique de la planète, c'est-à-dire, sa longitude vue de la terre, aussi réduite à l'écliptique.

L'on ajoute aux *tables* des planètes celle de la *latitude* héliocentrique pour chaque degré de distance au nœud ou d'argument de latitude; & l'on trouve ensuite, par la résolution d'un second triangle, la latitude géocentrique, ou vue de la terre.

Les plus anciennes *tables* que nous ayons du mouvement des planètes, sont celles de Ptolémée, qui vivoit à Alexandrie l'an 140 de J. C.; elles sont comprises dans son *Almageste*, livre où l'auteur rassembla tout ce qui s'étoit fait avant lui, en y joignant ses propres observations.

Alphonse, roi de Castille, fut le premier qui rectifia les *Tables astronomiques* de Ptolémée, vers l'an 1252, après un grand nombre d'observations faites par lui ou sous ses yeux; les *Tables Alphonsines* ont été imprimées à Venise en 1492, à Paris en 1545. *Voyez* ALPHONSINES.

Copernic, le premier restaurateur de l'astronomie, dans le XVIe siècle, après trente ans d'observations & de calculs, publia de nouvelles *tables* des mouvemens célestes en 1543, dans son ouvrage *de Revolutionibus orbium cœlestium*, qui a été réimprimé en 1566, 1593 & 1617.

Mais Tycho-Brahé surpassa infiniment tous ceux qui l'avoient précédé, par le nombre prodigieux d'observations qu'il fit dans son île d'Huene, sur la fin du XVIe siècle, & il fournit la matière d'une nouvelle suite de *tables* plus parfaites en tout que les anciennes. Kepler, qui fit dans l'astronomie de si belles découvertes, par le secours des observations de Tycho, est aussi celui auquel nous devons les fameuses *Tables Rudolphines*, qu'il fit imprimer à ses frais à Lintz, sur le Danube, dans la haute Autriche, (1627, *in-folio*, 115 pages de *tables*; & 121 de préceptes.)

Kepler travailla à ce grand ouvrage pendant plusieurs années, en se faisant même aider dans ses calculs; il avoit fort à cœur de suivre le projet de Tycho, qui, dès l'année 1564, s'étoit proposé de publier de nouvelles *tables*: on voit combien cette entreprise avoit coûté de peines à Kepler, dans une lettre qu'il écrivit à Bernegger, lors même qu'il y mettoit la dernière main; voici ses termes: *Tabulas ex patre Tychone Brahe conceptas totis 22 annis utero gessi, formavique ut pedetentim formaretus fœtus, & ecce me dolores partûs opprimunt*, (*Epist. Joan. Kepleri & Mat. Berneggeri mutuæ, Argentorati*, 1672, *in-16*.)

La publication de ces *tables* fut une époque pour le renouvellement de l'astronomie, elles furent réimprimées à Paris en 1650, & elles donnerent lieu à un grand nombre d'autres *tables*, publiées vers ce tems-là, dans lesquelles on s'efforça d'en rendre la forme plus commode. Voici les principales *Tables* publiées par différens auteurs.

Tabulæ motuum cœlestium, Lansbergius, 1632.

Nouvelle théorie des planètes, avec les *tables richeliennes* & *parisiennes*, Duret, 1635.

Tabulæ mediceæ, Renerius, 1639, 1647.

Tabulæ harmonicæ, Eichstadius, 1644.

Urania propitia. Maria Cunitia, 1650. Cette muse vivoit en Silésie; elle étoit femme d'un médecin, nommé *Loewen*.

Ismaël Boulliaud publia, en 1645, à Paris, son grand ouvrage, intitulé : *Astronomia philolaica*, dans lequel il y a 209 pages de *tables*, qu'il avoit disposées en partie sur ses propres observations; il y donne aussi les fondemens sur lesquels il les avoit calculées.

Les *tables carolines* de Street parurent à Londres en 1661, elles ont été réimprimées en 1705 à Nuremberg, & en 1710 à Londres; on les a employées long-tems comme étant les plus parfaites.

Celles de la Hire parurent en 1687, & la suite en 1702, sous le titre de *Tabulæ astronomicæ Ludovici magni*; l'auteur les avoit assujetties à ses propres observations; elles étoient en effet supérieures à tout ce qui avoit précédé, & l'on s'en est servi jusqu'au tems où celles de Cassini ont été publiées avec ses *Elémens d'Astronomie*, en 1740, en deux volumes *in*-4.°; celles-ci occuperent à leur tour le premier rang.

Les *tables* de Halley parurent à Londres en 1749, & je les ai fait réimprimer à Paris en 1759 *in*-8.°, elles étoient le résultat des observations faites par Flamsteed, à l'observatoire royal de Greenwich, jusqu'à l'année 1719 qu'il mourut, comme celles de Cassini sont le fruit des observations qui se faisoient en même tems à l'observatoire royal de Paris.

Enfin j'ai donné en 1771, dans la seconde édition de mon *Astronomie*, de nouvelles *tables* des planètes que je crois les plus exactes qui eussent encore paru, quoique je n'y aie point fait d'usage des équations ou des inégalités produites par les attractions réciproques des planètes les unes sur les autres.

Ces *tables* des planètes ne donnent que la longitude héliocentrique; &, comme nous l'avons dit, pour en conclure la longitude géocentrique, il est nécessaire de résoudre un triangle ou de calculer la parallaxe annuelle; on a également construit des *tables* de la parallaxe annuelle pour dispenser de ces calculs, elles sont très-utiles à ceux qui calculent les éphémérides. Riccioli, dans son *Astronomie réformée*, a donné des *tables* de la plus grande parallaxe annuelle pour chaque planète, en degrés & minutes; pour saturne & jupiter, elles sont de 15 en 15^{d} d'anomalie du soleil, & de 3 en 3^{d}, ou de 6 en 6^{d} d'anomalie de la planète. Pour mars & mercure elles sont pour chaque signe seulement de l'anomalie du soleil, & pour 2, 3 ou 6^{d} de celle de la planète; pour vénus de 3 en 3^{d} de l'anomalie du soleil, & de signe en signe de celle de vénus; il y a ensuite une *table* générale qui est en degrés, minutes & secondes, calculée par Saint-Légier, qui occupe douze pages *in-folio*, dans laquelle, pour chaque degré de la plus grande équation, & pour chaque degré de la distance à la conjonction, l'on a l'équation actuelle ou la parallaxe du grand orbe, qu'il appelle *prostaphæresis orbis*.

On trouve encore des *tables* de la parallaxe du grand orbe, dans Longomontanus *Astronomia Danica*; dans Wing, *Astronomia Britannica*; dans Renerius, *Tabulæ mediceæ*; & Lansberge, *Tabulæ perpetuæ*.

Les *tables* de la lune contiennent un bien plus grand nombre d'équations; on trouve, dans mon *Astronomie*, celles de Mayer, qui sont les meilleures de toutes, j'en ai donné les fondemens au *mot* LUNE.

La *table* des élémens des planètes est celle qui contient les nombres fondamentaux des *tables* des planètes, comme la longitude moyenne, l'aphélie, l'excentricité, le nœud, l'inclinaison; on la trouvera au *mot* PLANETE.

La *table* des dimensions des planètes contient leurs diamètres, leurs grandeurs, leurs distances; on trouve aussi cette *table* au *mot* PLANETE.

Les *tables* des satellites de jupiter sont au nombre des plus importantes de l'Astronomie. Les premières *tables* que l'on ait eues des satellites de jupiter, sont celles que Cassini publia en 1668, avant son départ de Bologne; les dernières sont celles de M. Wargentin; il les publia d'abord en 1746. Ces *tables* étoient toutes dans la forme que Cassini avoit donnée à celles du premier satellite pour pouvoir en calculer les éclipses par la simple addition de quelques nombres, & M. Wargentin augmenta encore la facilité du culcul. Je publiai ces *tables*, en 1759, avec celles de Halley pour les planètes; mais, en 1771, j'en ai donné, dans mon *Astronomie*, une nouvelle édition, corrigée par l'auteur sur de nouvelles observations & avec un soin tout nouveau; j'en ai parlé au *mot* SATELLITES.

Les *tables* des comètes se réduisent à trois *tables* principales; la première est la *table* des élémens de toutes les comètes qui ont été calculées jusqu'à ce jour, au nombre de soixante & douze; elle se trouve au *mot* COMETE. La seconde est une *table* pour calculer les anomalies dans une orbite parabolique : une seule *table* suffit pour toutes les paraboles, parce que, pour un même degré d'anomalie vraie, les carrés des tems sont comme les cubes des distances périhélie. Cette *table* se trouve, avec une très-grande étendue, dans le 19e livre de mon *Astronomie*, depuis un quart de jour, jusqu'à cent mille jours de distance au périhélie, en supposant la comète de cent neuf jours, ou celle dont la distance périhélie est égale à la moyenne distance de la terre au soleil. M. Pingré en a publié une nouvelle dans son grand traité des comètes; M. de Lambre en prépare une plus étendue.

La troisième *table* est celle que Halley a calculée pour les ellipses; elle contient les segmens d'ellipses pour différens degrés d'anomalie excentrique, avec les logarithmes des sinus verses qui servent à trouver l'anomalie vraie & la distance, pour une comète quelconque, dont l'excentricité & le grand axe sont donnés. Halley y avoit ajouté deux *tables* particulières pour les comètes de 1680, & 1682; mais ces *tables* ne seront jamais d'un usage assez commode pour dispenser les astronomes de calculer chaque anomalie dont ils auront besoin.

La *table* de *l'équation du tems* est une *table* générale pour toutes les opérations de l'Astronomie. *Voyez* ÉQUATION DU TEMS.

L'équation des hauteurs correspondantes forme aussi une des *tables* les plus usuelles dans l'Astronomie. Nous en avons expliqué la construction & l'usage au *mot* HAUTEURS CORRESPONDANTES. Sur les autres *tables* des astronomes, *Voyez* RÉFRACTION, ABERRATION, NUTATION, ASCENSION DROITES, DÉCLINAISONS, LEVERS & COUCHERS, FIGURE DE LA TERRE, CATALOGUES D'ÉTOILES, *&c.*

Le recueil de *tables* astronomiques le plus étendu & le plus complet que nous ayons, est celui que l'académie de Berlin a publié en 1776 en 3 volumes *in*-8.°; on y trouve toutes les *tables* dont les astronomes peuvent avoir besoin dans toutes les parties de l'Astronomie.

Le calcul des éclipses est l'objet d'un grand nombre de *tables* que les astronomes ont calculées; *table* des épactes astronomiques, pour trouver les conjonctions moyennes; *table* des parallaxes; *table* de la grandeur & de la durée des éclipses de lune, *&c.* On les trouve dans le P. Riccioli, *Astronomia reformata*; dans les *tables* de Cassini; le P. Pilgram a donné, dans les *Ephémérides de Vienne en Autriche*, des *tables* pour calculer les projections dans les éclipses, & les dimensions des ellipses qui représentent les différens parallèles de la terre. Les *tables* du nonagésime, calculées beaucoup plus en détail pour tous les degrés de latitude par M. Lévêque, professeur d'Hydrographie à Nantes, ont paru à Avignon en 2 vol. *in*-8.° en 1777.

La *table* des angles de position, celle des amplitudes & des arcs demi-diurnes ont été expliquées, & se trouvent dans divers volumes de la *Connoissance des tems.*

La *table* des hauteurs & des azimuts, pour Paris, se trouve dans la *Connoissance des tems* de 1762; j'en ai publié de M. Trébuchet, pour plusieurs autres latitudes, à la fin des *tables* du nonagésime, Avignon 1777.

Le plus gros volume de *tables* qui ait paru jusqu'à présent, est celui que le bureau des longitudes d'Angleterre a fait calculer à grands frais, & publié en 1773, pour trouver la correction de la réfraction & de la parallaxe sur les distances de la lune aux étoiles observées en mer. Ces *tables* contiennent 1200 pages *in-folio*, & sont principalement importantes pour trouver la longitude en mer par le moyen de la lune.

Les *tables* des longitudes & latitudes célestes, pour les différens degrés d'ascension droite & de déclinaison, se trouvent, avec beaucoup d'étendue, dans l'*Histoire céleste de Flamsteed.* Celles qui donnent l'ascension droite & la déclinaison, & l'angle de position pour chaque degré & minute de la longitude du soleil, se trouvent dans le septième volume des *Ephémérides* que j'ai publié en 1774; & dans le 8e, 1784; elles ont été calculées par M. Guérin, mais elles ne sont que pour les degrés de l'écliptique.

Les *tables* auxiliaires sont celles qui servent dans la plupart des calculs, comme les *tables* de logarithmes, de parties proportionnelles, d'interpolation, *&c.* Les *tables* de logarithmes que M. Callet vient de publier en 1783, à Paris chez Jombert, sont les plus commodes. Pour les parties proportionnelles, il y a deux ouvrages modernes très-commodes, à *sexentenary table*, Bernoulli, 1779; à *sexagesimal table*, Taylor, 1780, *in*-4.°

Les *tables* d'observations sont les plus importantes de toutes, pour les astronomes; mais ce ne sont pas des *tables* proprement dites, dans le sens de celles dont nous venons de parler, qui sont plutôt destinées à faciliter les calculs qu'à leur servir de fondement. Les plus grands recueils d'observations sont ceux de Tycho-Brahé, Hévélius, Flamsteed, Halley, Bradley, Maskelyne, le Monnier, Darquier.

Enfin, il n'y a aucun article de l'Astronomie qui ne renferme des *tables* plus ou moins étendues, & l'explication de toutes ces *tables* pourroit faire un vaste traité d'Astronomie-pratique, ou plutôt de calcul astronomique. Aussi M. Bernoulli, habile astronome de Berlin, avoit mis, dans les supplémens de l'Encyclopédie *in-folio*, un article TABLES qui occupoit plus de 40 pages *in-folio*, les astronomes y trouveront une vaste érudition au sujet de toutes les espèces de *tables*, des étoiles, des planètes, des réfractions, des parallaxes, *&c.* Mais ces détails nous semblent d'une étendue qui seroit tout au plus convenable dans un cours d'astronomie, auquel on consacreroit plusieurs volumes *in-folio*. Il n'étoit donc pas possible de conserver ici cet article. (*D. L.*)

TABLEAU, s. m. (*Perspect.*) c'est une surface plane, que l'on suppose perpendiculaire à l'horizon. *Voyez* PERSPECTIVE.

On imagine toujours ce *tableau* placé à une certaine distance entre l'œil & l'objet : on y représente l'objet par le moyen des rayons visuels qui viennent de chacun des points de l'objet à un œil, en passant à travers le *tableau*.

TACHES, *en Astronomie*, ou *maculæ*, endroits obscurs qu'on remarque sur les surfaces lumineuses du soleil, de la lune, & même de quelques planètes. En ce sens, *taches*, *maculæ*, est opposé à FACULES, *faculæ*, qui est le nom qu'on donne aux parties les plus claires.

Les *taches* du soleil sont des endroits obscurs d'une figure irrégulière & changeante qu'on observe sur la surface du soleil : elles furent apperçues en 1611, peu après la découverte des lunettes, & observées en même tems par Galilée, Scheiner & Fabricius; le premier ouvrage qui parut sur les *taches* du soleil, est celui de Fabricius, intitulé: *Joh. Fabricii phrysii de maculis in sole observatis, & apparente earum cum sole conversione naratio*, Wittebergæ, 1611, petit *in*-4.°

L'épître dédicatoire est datée du 13 juin; mais dans cet ouvrage, qui a 43 pages, il n'y en a que huit où il soit question des *taches* du soleil; voici un extrait où j'ai renfermé, en peu de mots, tout ce que l'auteur dit sur ce sujet.

« Après que les lunettes ont été découvertes en Hollande, on a commencé à regarder la lune, ensuite jupiter & saturne, & Galilée y a trouvé des choses singulières. Poussé par la même curiosité, je m'occupois à regarder le soleil, dont les bords me paroissoient avoir des inégalités remarquables, que mon père, David Fabricius, avoit déjà remarquées, comme je l'ai appris par ses lettres. Dans le tems que je m'en occupois, j'apperçus une *tache* noirâtre sur le soleil, plus rare & plus pâle d'un côté, & assez grande par rapport au disque du soleil. Je crus d'abord que c'étoit un nuage; mais l'ayant regardé dix fois avec différentes lunettes, & ayant appellé mon père pour la lui faire voir, nous fûmes assurés que ce n'étoit point un nuage. Le soleil s'élevant de plus en plus, nous ne pouvions plus le regarder; car, lors même qu'il est à l'horizon, il affecte les yeux au point que, pendant plus de deux jours, la vue des objets est altérée; c'est pourquoi j'avertis ceux qui voudroient faire de pareilles observations, de commencer à recevoir la lumière d'une petite portion du soleil, afin que l'œil s'y accoutume peu-à-peu, & puisse supporter la lumière du disque entier du soleil.

Nous passâmes le reste de la journée & la nuit suivante avec une extrême impatience, & en rêvant sur ce que pouvoit être cette *tache*; si elle est dans le soleil, disois-je, je la reverai sans doute; si elle n'est pas dans le soleil, son mouvement nous la rendra invisible; enfin, je la revis dès le matin avec un plaisir incroyable; mais elle avoit un peu changé de place, ce qui augmenta notre incertitude; cependant nous imaginâmes de recevoir les rayons du soleil par un petit trou dans une chambre obscure, & sur un papier blanc, & nous y vîmes très-bien cette *tache* en forme de nuage alongé : le mauvais tems nous empêcha de continuer ces observations pendant trois jours. Au bout de ce temps-là nous vîmes la *tache* qui étoit avancée obliquement vers l'occident. Nous en apperçumes une autre plus petite vers le bord du soleil; celle-ci, dans l'espace de peu de jours, parvint jusqu'au milieu. Enfin, il en survint une troisième; la première disparut d'abord, & les autres quelques jours après. Je flottois entre l'espérance & la crainte de ne pas les revoir; mais, dix jours après, la première reparut à l'orient. Je compris alors qu'elle faisoit une révolution, & depuis le commencement de l'année je me suis confirmé dans cette idée, & j'ai fait voir ces *taches* à d'autres, qui en sont persuadés comme moi. Cependant j'avois un doute qui m'empêcha d'abord d'écrire à ce sujet, & qui me faisoit même repentir du tems que j'avois employé à ces observations. Je voyois que ces *taches* ne conservoient pas entr'elles les mêmes distances, qu'elles changeoient de forme & de vitesse; mais j'eus d'autant plus de plaisir lorsque j'en eus senti la raison. Comme il est vraisemblable, par ces observations, que les *taches* sont sur le corps même du soleil, qui est sphérique & solide, elles doivent devenir plus petites & ralentir leur mouvement lorsqu'elles arrivent sur les bords du soleil.

Nous invitons les amateurs des vérités physiques à profiter de l'ébauche que nous leur présentons; ils soupçonneront sans doute que le soleil a un mouvement de conversion, comme l'a dit Jordanus Bruno (*), & en dernier lieu Kepler, dans son livre sur les mouvemens de mars, car sans cela je ne sais ce que nous ferions de ces *taches*. Je ne suis pas d'avis qu'elles soient des nuages, je ne pense pas non plus comme ceux qui ont placé les comètes dans le soleil, comme des émissaires destinés à y revenir bientôt; j'aime mieux me taire sur tout cela que de parler au hazard; je suis même tenté de regarder ce mouvement du soleil comme la cause des autres mouvemens célestes, suivant les paroles d'Aristote, qui dit, dans ses problèmes : que le soleil est le père & l'auteur des mouvemens. »

On voit, par ces passages du livre de Fabricius, qu'il étoit bien peu avancé sur la nature des *taches* que le hasard lui avoit fait appercevoir; Galilée, qui les apperçut vers le même tems, alla bien plus loin, comme il étoit naturel de l'attendre. Dans

(*) C'est celui qui fut brûlé comme convaincu d'athéisme ou d'irréligon, en 1600.

la préface d'un livre, intitulé : *Istoria dimostrazioni, intorno alle macchie solari*, Rome, 1613, Galilée dit qu'étant à Rome, au mois d'avril 1611, il avoit fait voir les *taches* du soleil à plusieurs personnes dans le jardin quirinal du cardinal Bandini, & qu'il en avoit parlé quelques mois auparavant à ses amis de Florence ; ce qui remonte à-peu-près au commencement de 1611, ainsi que les premières observations de Fabricius, au lieu que l'anonyme, caché sous le nom d'Apelles, (ou le P. Scheiner) ne cite que des observations du mois d'octobre 1611, quoiqu'il dise qu'au mois de mars il les avoit apperçues.

On voit aussi, dans l'ouvrage de Gallilée, que Marc Velser, duumvir d'Ausbourg, avoit envoyé à Galilée, le 6 janvier 1612, les trois lettres qui portoient le nom d'*Apelles*, sur les *taches* du soleil, en lui demandant son avis à ce sujet ; Galilée, qui craignoit les ennemis des nouveautés, n'osoit qu'à peine s'expliquer, & encore moins faire imprimer ses idées sur les choses qu'il n'avoit pas parfaitement approfondies. Cependant on voit dans sa lettre à Velser, du 4 mai 1612, des raisonnemens solides contre l'idée de Scheiner, qui ne croyoit pas possible que les *taches* fussent dans le corps même du soleil, & qui les regardoit alors comme des planètes tournantes autour du soleil à une petite distance, ainsi que mercure & vénus. Galilée le réfute, quoiqu'en lui donnant beaucoup d'éloges, & le traitant de génie sublime. Il observe que ces *taches* ne sont pas permanentes, qu'elles se condensent ou se divisent, s'augmentent & se dissipent ; il les compare à des fumées ou à des nuages ; quelquefois, dit-il, il y en a beaucoup, quelques fois point du tout. Il pense qu'elles sont à la surface du soleil, qu'elles n'ont pas de hauteur sensible, qu'elles décrivent toutes des cercles parallèles entr'eux, quoiqu'il y en ait quelques fois une trentaine à-la-fois ; que le soleil, en tournant chaque mois, les ramène à notre vue ; qu'il y en a qui durent un ou deux jours, d'autres 30 ou 40 & plus ; qu'elles se rétrécissent & se rapprochent les unes des autres sur les bords du soleil, sans changer de longueur ou de distance du nord au sud, & que ce rétrécissement est celui des différentes parties d'un globe vu de loin. Galilée y parle des poles de la rotation du soleil ; mais il n'avoit pas encore remarqué la différence de 7 degrés qu'il y a entre ces poles & ceux de l'écliptique, & il croyoit que l'écliptique étoit le plus grand cercle de leur conversion.

Dans sa lettre du 14 août 1612, Galilée observe que les *taches* ne s'écartent pas de plus de 30° de l'équateur solaire, ce qui a été confirmé par la plupart des observations qu'on a faites, (Scheiner, *p.* 568, Hévélius, *p.* 88.) quoique j'en aie vu à 40° au mois de juillet 1780. Il y donne aussi la manière d'observer les *taches*, en recevant, sur un papier, l'image du soleil au travers d'une lunette ; il attribue cette idée à un de ses élèves, *Benedetto Castelli* : il ajoute aussi que les plus belles *taches* se voient sans instrument, en faisant entrer par un petit trou, l'image du soleil dans une chambre obscurcie, ce qu'il avoit fait sur-tout le 20 août 1712. Il explique, par les *taches* du soleil, le prétendu passage de mercure sur le soleil, dont il est parlé dans la vie de Charlemagne.

Dans sa troisième lettre, du 1er décembre 1612, Galilée répond aux argumens par lesquels Scheiner soutenoit que les *taches* étoient éloignées du soleil. Il assure que toutes les *taches* sont visibles le même espace de tems, un peu plus de 14 jours, ou $14\frac{1}{2}$, quoique Scheiner prétendît en avoir vu qui employoient 14 jours & d'autres 16, à traverser le disque du soleil, & qu'il en voulût conclure qu'elles étoient éloignées du soleil. Galilée dit s'en être assuré par plus de cent dessins faits en grand & avec soin.

Il assure que l'on voit quelques fois, dans le soleil, de petits endroits plus clairs que le reste, & dans lesquels s'observe le même mouvement que dans les *taches*, ce qui étoit bien suffisant pour démontrer le mouvement de rotation du soleil, & par conséquent la cause du mouvement des *taches* ; ainsi, il ne manquoit dès-lors à la théorie des *taches* du soleil, qu'une suite d'observations détaillées pour bien constater la durée de la rotation du soleil, & l'inclinaison de son équateur ; c'est ce que fit le P. Scheiner dans son grand ouvrage, intitulé : *Rosa ursina, in-folio*, 1630.

Le mouvement des *taches* du soleil est d'occident en orient, mais il ne se fait pas précisément dans le plan de l'orbite de la terre : ainsi, l'axe autour duquel tourne le soleil, n'est pas perpendiculaire à cet orbite. Si l'on fait passer par le cercle du soleil une ligne parallèle à celle de l'orbite terrestre, on trouve que cette ligne fait, avec l'axe du soleil, un angle de 7 degrés ou environ : ainsi, l'équateur du soleil, c'est-à-dire, le cercle qui est également éloigné des deux extrémités de son axe, ou de ses deux poles, fait un angle de 7 degrés avec l'équateur ; & si on imagine la ligne où ces deux plans se coupent, prolongée de part & d'autre jusqu'à la circonférence de l'orbite terrestre, lorsque la terre arrivera dans l'un ou l'autre de ces deux points diamétralement opposés, la trace apparente des *taches*, observée sur le soleil, sera pour lors une ligne droite : ce qui est évident, puisque l'œil sera alors dans le plan où se fait leur vrai mouvement ; mais dans toute autre situation de la terre sur son orbite, l'équateur solaire sera tantôt élevé au-dessus de notre œil, & tantôt abaissé, & pour lors la trace apparente des *taches* observées sur le soleil, sera une ligne courbe.

Il y a des *taches* qui ne commencent à paroître que vers le milieu du disque, & d'autres qui disparoissent entièrement après s'être détruites peu-à-peu, à mesure qu'elles se sont avancées. Souvent plusieurs *taches* se ramassent ou s'accumulent en une seule, & souvent une même *tache* se résout en une infinité d'autres extrêmement petites. Quelques-unes, après avoir disparu long-tems, reparoissent au même endroit; Cassini pensoit que la *tache* du mois de mai 1702, étoit encore la même que celle du mois de mai 1695, (*Mém. Acad.* 1702,) c'est-à-dire, qu'elle étoit au même endroit; on n'en a guère vu qui aient paru plus long-tems que celle qui fut observée à la fin de 1676 & au commencement de 1677, elle dura pendant plus de 70 jours, & parut dans chaque révolution. (Cassini, *Elémens d'Astron.*) Depuis l'année 1650, jusqu'en 1670, il n'y a pas de mémoire qu'on en ait pu trouver plus d'une ou deux qui furent observées fort peu de tems. Depuis le mois de décembre 1676 jusqu'au mois d'avril 1684, Flamsteed n'en vit point (*Philos. trans. Abr. I.* 279). Depuis 1686 jusqu'en 1688, Cassini ne put en découvrir. (*Anciens Mém. X.* 727). On en a vu plus souvent dans le mois de mai. (*Mém.* 1703.)

Pour moi, depuis 1749 jusqu'à 1774, je ne me rappelle pas d'avoir jamais vu le soleil sans qu'il y eût des *taches* sur son disque, & souvent un grand nombre; c'est vers le milieu du mois de septembre 1763; que j'ai apperçu la plus grosse & la plus noire que j'eusse jamais vue; elle avoit une minute au moins de longueur, en sorte qu'elle devoit être trois fois plus large que la terre entière; j'en ai vu aussi de très-grosses le 15 avril 1764 & le 11 avril 1766.

Galilée, qui n'étoit point attaché au systême de l'incorruptibilité des cieux, pensa que les *taches* du soleil étoient une espèce de fumée, de nuage ou d'écume qui se formoit à la surface du soleil, & qui nageoit sur un océan de matière subtile & fluide. Hévélius étoit aussi de cet avis (*Selénogr. p.* 83.), & il réfute fort au long, à cette occasion, le systême de l'incorruptibilité des cieux.

Mais il me paroît évident que si ces *taches* étoient aussi mobiles que le supposent Galilée & Hévélius, elles ne seroient point aussi régulières qu'elles le sont dans leurs cours; d'ailleurs elles reparoissent quelquefois précisément au même point où elles avoient disparu; ainsi, je trouve beaucoup plus probable le sentiment de la Hire, (*Hist. de l'Acad.* 1700, *p.* 118, *Mém.* 1702, *p.* 138); il pense que les *taches* du soleil ne sont que les éminences d'une masse solide, opaque, irrégulière, qui nage dans la matière fluide du soleil, & s'y plonge quelquefois en entier. Peut-être aussi ce corps opaque n'est que la masse du soleil recouverte communément par le fluide igné, & qui par le flux & le reflux de ce fluide, se montre quelquefois à la surface, & fait voir quelques-unes de ses éminences. On explique par-là d'où vient que l'on voit ces *taches* sous tant de figures différentes pendant qu'elles paroissent, & pourquoi, après avoir disparu pendant plusieurs révolutions, elles reparoissent de nouveau à la même place qu'elles devroient avoir, si elles eussent continué de se montrer. On explique par-là cette nébulosité blanchâtre, dont les *taches* sont toujours environnées, & qui sont les parties du corps solide sur lequel il ne reste plus qu'une très-petite couche de fluide. La Hire pensoit, d'après quelques observations, qu'il falloit admettre plusieurs de ces corps opaques dans le soleil, ou supposer que la partie noire pouvoit se diviser, & ensuite se réunir: il me semble qu'on explique tout, en supposant une seule masse solide, irrégulière, dont les éminences peuvent être découvertes ou recouvertes par le fluide. Cela me semble prouvé par de belles *taches* observées en 1752, 1764, 1777 & 1778, qui me paroissent avoir reparu au même point physique du disque solaire, quoiqu'elles eussent disparu pendant plusieurs années; suivant les observations & les calculs que j'ai donnés dans les *Mém. de l'acad.* pour 1776 & 1778, où l'on peut voir un travail très-considérable sur les *taches* du soleil.

Cependant M. Wilson, professeur d'Astronomie à Glascow, ayant observé plusieurs *taches* qui, en approchant à une minute du bord du soleil, perdoient leur nébulosité dans la partie tournée du côté du centre du soleil, en conclut que les *taches* sont des cavités ou des gouffres dans lesquels se précipite la matière lumineuse, sous la forme de nébulosité; (*Philos. trans.* 1774, *p.* 7); mais j'ai observé souvent que ce phénomène n'a pas lieu; d'ailleurs il n'est jamais assez sensible & assez certain pour pouvoir servir de base à un systême, comme je l'ai fait voir dans les *Mémoires* de 1776 & 1778. Cependant M. Wilson m'a répondu dans les *Transactions* de 1783.

On voit, dans le soleil, des parties qui semblent être plus lumineuses que le reste de son disque. *Voy.* Facules. Kirker, Scheiner, *&c.* supposent que ces facules sont des éruptions de flammes; c'est pourquoi ils représentent la face du *soleil* comme couverte de volcans, *&c.* Mais avec de meilleurs télescopes, on n'a jamais rien pu trouver de semblable, quoiqu'on ait remarqué quelquefois, même dans les macules ou *taches*, des endroits plus brillans que le reste. Les *taches* du soleil ont fait connoître que le soleil tournoit sur lui-même autour de deux points, qu'on doit appeller les poles du soleil, *voyez* Rotation; le cercle du globe solaire, qui est à même distance des deux poles, s'appelle l'*équateur solaire*, & c'est à cet équateur que plusieurs physiciens ont cru devoir rapporter tous les mouvemens des corps célestes; c'est par le mouvement apparent des *taches* qu'on détermine la situation de cet équateur, c'est-à-dire, son inclinaison & ses nœuds sur l'écliptique.

Nous avons parlé des *taches* de la lune aux *mots* Libration & Sélénographie, & des *taches* des autres planètes au *mot* Rotation.

Les satellites même ont des *taches*, à en juger

par les variations qu'on apperçoit dans leur lumière, sur-tout dans les satellites de saturne, dont un disparoît totalement; mais ces *taches* ne peuvent s'observer, & les satellites sont trop petits pour qu'on puisse y rien distinguer, non plus que dans mercure & dans la planète de Herschel. (*D. L.*)

TAMBOUR, f. m. (*Méch.*) Deux roues d'égale grandeur & ayant même arbre, placées à une distance l'une de l'autre égale à-peu-près au quart de leur rayon, couvertes par des lattes contiguës, clouées à leur circonféreence, forment ce qu'on appelle un *tambour*, dans la méchanique pratique; le *tambour* s'applique très-souvent à la grue; un ou plusieurs hommes, introduits dans l'intérieur, le font tourner & monter le poids qu'on doit élever. Pour que l'homme agisse avec le plus d'avantage, il ne doit pas éloigner son centre de gravité de la verticale qui passe par l'axe du *tambour* d'une quantité plus grande que le sixième du rayon. Il y a des provinces où on emploie des petits chiens, dans les cuisines, pour faire tourner la broche par ce moyen.

TANGENTE, f. f. (*Géométrie*) menez à la courbe *M S* (*plane. Géom. fig.* 241) une sécante *Mm V* qui la coupe en *M* & *m*; faites tourner cette sécante autour du point *M* jusqu'à ce que le point *m* tombe sur le point *M*; la ligne *M m V* parvenue à sa dernière position *M V'* est une *tangente*.

Si la courbe a une inflexion, *fig.* 242, ou un rebroussement, *fig.* 243; la ligne *MV'* pourra être en même-tems tangente & sécante, & après avoir touché la courbe en *M*, aller la couper en *R*.

Dans les élémens de *Géométrie* on ne s'occupe guères que de la *tangente* au cercle. On y démontre que cette *tangente* est perpendiculaire au rayon. Effectivement, soit la ligne *DE*, *fig.* 244 perpendiculaire en *M* au rayon *MC* de la circonférence *M F G*. Ce rayon étant perpendiculaire à *D E* sera la plus courte de toutes les lignes qui y aboutissent du point *C*. Si donc on mène les lignes *D C* & *C E*, ces lignes étant plus grandes que *M C*, les points *D* & *E* seront hors du cercle, & comme on peut dire la même chose de tout autre point, tous les points de la ligne *D M* sont hors du cercle excepté le point *M*, qui est sur la circonférence même; donc cette ligne est *tangente*.

Si d'un même point *D* on mène une *tangente* *M D* & une *sécante* *D F G* au cercle; la *tangente* est moyenne proportionnelle entre la *sécante* entière & sa partie extérieure; car si on mène les lignes *F M* & *G M*; les triangles *F D M* & *D M G* seront semblables, parce que l'angle *D* est commun; de plus les angles *D M F* & *D G M* sont, chacun, mesurés par la moitié de l'arc *F M*, don $DG : DM = DM : DE$.

La portion *M E* de la *tangente* au point *M* extrêmité de l'arc *M I*, comprise entre ce point *M* & le rayon prolongé qui passe par le point *I*, autre extrêmité de cet arc, s'appelle *tangente* de l'arc *M I* ou de l'angle *M C I* mesuré par cet arc. *Voyez* SINUS.

Tangentes des sections coniques.

Si du point *M* de la parabole *A M*, *fig.* 245, on mène deux lignes, l'une *FM* à son foyer, l'autre *M V* qui rencontre sa directrice, perpendiculairement en *V*, ces lignes sont égales. *Voyez* CONIQUE ET PARABOLE.

Cela posé, je dis que la ligne *M Y* qui divise l'angle *V M F* en deux parties égales est *tangente* à la parabole au point *M*. Pour le démontrer, il suffit de faire voir que tout point de la ligne *M Y m* autre que le point *M*, *m* par exemple, est hors de la parabole relativement au foyer. Menez de ce point *m* les lignes *m V*, *m K* perpendiculaires sur la directrice & *m F*; $mV = mF$; donc mK est $< mF$; donc le point *m* n'est pas à la parabole; donc l'intersection de *K m* avec la parabole est de l'autre côté du point *m* relativement au point *K*.

Si du point *M* de l'ellipse, *fig.* 246, on mène les lignes *M F* & *M f* aux foyers *F*, *f*, la somme de ces lignes sera constante & égale au grand arc. *Voyez* CONIQUE.

Cela posé, je dis que la ligne *M Y* qui divise en deux parties égales le supplément de l'angle *F M f* est *tangente*, je supprime la démonstration, parce qu'elle est la même à-peu-près que pour la parabole.

Si du point *M* de l'hyperbole, *fig.* 247, on mène les lignes *MF* & *M f*, aux foyers *F*, *f*, la différence de ces lignes est constante & égale à l'axe des foyers. *Voyez* CONIQUE.

Cela posé, je dis que la ligne *M Y* qui divise en deux parties égales l'angle *F M f* est *tangente*, même démonstration que pour l'ellipse.

Archimède a aussi déterminé la *tangente* de sa spirale, par des moyens puisés dans l'ancienne *Géométrie*, sur quoi *voyez ses œuvres*, édition de Barrow.

Ces courbes sont à-peu-près les seules dont on puisse ainsi trouver les *tangentes*; pour les autres, il faut employer le calcul différentiel ou une méthode analogue, moyennant quoi le problême n'a aucune difficulté, quand l'équation de la courbe est donnée d'une manière quelconque. *Voyez l'Analyse des Infinimens petits* du marquis de l'Hôpital, qui ne laisse presque rien à desirer sur cette matière.

Nous parlerons ici de deux cas seulement qui se rencontrent le plus souvent, celui où l'équation de la courbe est donnée entre des coordonnées parallèles à deux lignes données, & celui où les coordonnées ſont, la diſtance du point indéterminé de la courbe à un point fixe, & la diſtance angulaire de ce point à une ligne donnée.

Menez à l'axe APp (*fig.* 241), les lignes MP & mp parallèles entr'elles, & par le point M, MR parallèle à AP; ſoit $AP = x$ $PM = y$; $Pp = \Delta x$; $Rm = \Delta y$ (Δ eſt la caractériſtique des différences finies); prolongez la ſécante MV & la tangente MV' juſqu'à ce qu'elles rencontrent l'axe des x en O & en T, vous aurez évidemment la ſous-ſécante $PO = y\frac{\Delta x}{\Delta y}$; donc quand le point m vient à tomber ſur le point M, la ſous-tangente $PT = y\frac{dx}{dy}$.

Soit $y^2 = \frac{x^3}{2a-x}$ on aura $\frac{ydx}{dy}$ ou $PT = \frac{2ax - x^2}{3a-x}$. Si les coordonnés étoient perpendiculaires entr'elles, cette courbe ſeroit la ciſſoïde de Dioclès.

Menez au point fixe P, *fig.* 248, les ordonnées PM, Pm; décrivez l'abſciſſe circulaire ANn, qui ait pour centre le point P, & pour origine le point A, placé ſur une ligne AP donnée de poſition; menez la perpendiculaire MS ſur Pm; & décrivez l'arc MR qui ait pour centre le point P; prolongez la ſécante MV & la tangente MV' juſqu'à ce qu'elles rencontrent en O & T des perpendiculaires menées ſur Pm & PM; cela poſé, ſoit $AP = PN = r$, $AN = x$; $PM = y$, on aura $Sm = y\left(1 - \text{coſ.}\frac{\Delta x}{r}\right) + \Delta y$, & $MS = y$ ſin. $\frac{\Delta x}{r}$; donc la ſous-ſécante $PO = \ldots\ldots\ldots$ $\frac{(y^2 + y\Delta y)\,\text{ſin.}\frac{\Delta x}{r}}{y\left(1-\text{coſ.}\frac{\Delta x}{r}\right)+\Delta y}$. Donc quand le point m vient à tomber ſur le point M, la ſous-tangente $PT = \frac{y^2dx}{rdy}$.

Soit $y = mx$, on aura $\frac{y^2dx}{rdy}$ ou $PT = \frac{mx^2}{r}$, ſi m = le rapport du rayon à la circonférence, cette courbe ſera la ſpirale d'Archimède.

TANGENTES. (*Méthode inverſe des*) Les problèmes que nous venons de réſoudre appartiennent à la méthode directe des tangentes; mais on peut renverſer la queſtion, & demander l'équation de la courbe dont la ſous-tangente ſeroit une fonction connue des coordonnées; alors le problème appartiendra à la méthode inverſe des *tangentes*. Soient x & y ces coordonnées, que nous ſuppoſerons parallèles à deux lignes données; $\frac{y}{p}$ la ſous-*tangente* (p étant une fonction quelconque, mais donnée, de x & y), on aura $\frac{ydx}{dy} = \frac{y}{p}$, ou $dy = pdx$, équation qu'il faut intégrer pour avoir celle de la courbe, & réciproquement l'intégration de l'équation $dy = pdx$ ſe réduit à trouver la courbe ou les courbes dans leſquelles la ſous-*tangente* eſt $\frac{y}{p}$.

C'eſt pourquoi les premiers géomètres qui ſe ſont occupés des équations différentielles du premier ordre, ont appellé méthode inverſe des *tangentes*, le calcul intégral de ces ſortes d'équations. Nous en donnerons quelques principes en faveur des commençans. Pour remplir cet objet, nous établirons le théorême ſuivant.

Soit V une fonction finie de x & de y & $dV = Adx + Bdy$, on a $\frac{dA}{dy} = \frac{\delta B}{dx}$; δ & d indiquent des différences partielles relatives à x & y.

DÉMONSTRATION.

On a évidemment $V = \int Adx + Y = \int Bdy + X$; donc différenciant relativement à x, on a $Adx = dX + \delta\int Bdy = dX + \int(B' - B)dy = dX + \int\delta Bdy$; ($B'$ vient de B, dans lequel on a changé x en $x + dx$); différentiant enſuite relativement à y, on a $dAdx = \delta Bdy$, & enfin $\frac{dA}{dy} = \frac{\delta B}{dx}$ C.Q.F.D.

Soit notre équation différentielle $dy = pdx$ ou $dy - pdx = o$, nous pouvons la regarder comme provenant de l'équation V = conſtante, qui auroit été différenciée & diviſée après la différenciation par un facteur φ; dans ce cas, on a $dV = \varphi dy - p\varphi dx$; donc $-\frac{\delta\varphi}{dx} = \frac{d(\varphi p)}{dy}$, équation en différences partielles à laquelle il ſuffit de ſatisfaire, & on y parvient dans pluſieurs cas. Un de ceux qui ſe rencontrent le plus ſouvent, remarqué par Jean Bernoulli, eſt celui où on auroit $p = yX + X'$; alors, faiſant φ fonction de x ſeul, on aura $-\frac{d\varphi}{dx} = \varphi X$; donc...... $-\frac{d\varphi}{\varphi} = Xdx$; donc $\varphi = e^{-\int Xdx}$; (e eſt la baſe des logarithmes algébriques), & $dV = e^{-\int Xdx}dy - e^{-\int Xdx}dx\,(yX + X')$ l'intégrale de notre équation eſt donc conſtante $= ye^{-\int Xdx} - \int X'dxe^{-\int Xdx}$. *Voyez* le dernier *mot* QUADRATURE.

REMARQUE. Quand une fois on a trouvé un multiplicateur φ qui rend $\varphi dy - p\varphi dx$ différentielle exacte d'une fonction finie V, il eſt clair qu'on peut en trouver une infinité; car au lieu de multiplier $dy - pdx$ par φ ſimplement, on peut multiplier par $\varphi\Psi(\int\varphi dy - \varphi pdx)$. Cette remarque eſt d'un grand uſage dans le calcul intégral; car ſouvent il eſt très-difficile de trouver immédiatement φ dans le cas où, ſi on donne à l'équation différentielle la forme $dy - p'dx + qdy - p''dx = o$, on peut trouver facilement les multiplicateurs φ' & φ'', qui rendent $\varphi' dy - \varphi' p' dx$ & $\varphi'' q dy - \varphi'' p'' dx$, différentielles exactes. Donc par ce qui vient d'être remarqué, la première partie de l'équation différentielle sera intégrable si on la multiplie par $\varphi' \Psi \left(\int \varphi' dy - \varphi' p' dx\right)$, & la seconde si on la multiplie par .... $\varphi'' \Psi' \left(\int \varphi'' q dy - \varphi'' p'' dx\right)$. Par conséquent, si on peut trouver des fonctions Ψ & Ψ' qui rendent ces facteurs identiques, on aura le multiplicateur, qui rend intégrable l'équation différentielle.

EXEMPLE.

On propose d'intégrer l'équation différentielle $dy + my\frac{dx}{x} + ax^{mp} y^p dy + y^{p+1} X dx = 0$. Multipliant & divisant les deux premiers termes par x^m, on peut mettre l'équation sous cette forme

$$\frac{d(yx^m)}{x^m} + ax^{mp} y^p \left(dy + y\frac{X}{ax^{mp}} dx\right) = 0.$$

Maintenant il est clair que la première partie devient intégrable si on la multiplie par $x^m \Psi(yx^m)$, & la seconde si on la multiplie par $\frac{e^{\int \frac{X}{ax^{mp}} dx}}{x^{mp} y^p} \Psi'\left(ye^{\int \frac{Xdx}{ax^{mp}}}\right)$, expressions qu'il faut tâcher de rendre identiques; or, comme l'exponentielle $e^{\int \frac{Xdx}{ax^{mp}}}$ n'est pas dans la première, il faut la faire évanouir dans la seconde; ainsi, il faut faire nécessairement ....

$$\Psi'\left(ye^{\int \frac{Xdx}{ax^{mp}}}\right) = \frac{1}{ye^{\int \frac{Xdx}{ax^{mp}}}},$$

& alors on aura l'équation $x^m \Psi(yx^m) = \frac{1}{x^{mp} y^{p+1}}$; ce qui donne $\Psi(yx^m) = \frac{1}{x^{mp+m} y^{p+1}}$ ou $\Psi(yx^m) = \left(\frac{1}{x^m y}\right)^{p+1}$.

Multipliant donc par $\frac{1}{x^{mp} y^{p+1}}$, on aura pour l'intégrale $Aye^{\int \frac{Xdx}{ax^{mp}}} = e^{\frac{1}{apy^{p+1} x^{mp}}}$, A est la constante introduite dans l'intégration.

Des équations homogènes.

Si p est une fonction de $\frac{y}{x}$, l'équation $dy = pdx$ est homogène. L'intégrale de cette espèce d'équation dépend toujours des quadratures. Soit $dy = dx\,\varphi\left(\frac{y}{x}\right)$, multipliant par x & retranchant ydx à chaque membre, on a $xdy - ydx = xdx\,\varphi\left(\frac{y}{x}\right) - ydx = xdx\left(\varphi\left(\frac{y}{x}\right) - \frac{y}{x}\right)$ &, divisant par x^2, $d\left(\frac{y}{x}\right) = \frac{dx}{x}\left(\varphi\left(\frac{y}{x}\right) - \frac{y}{x}\right)$; donc $\frac{dx}{x} = \frac{d\left(\frac{y}{x}\right)}{\varphi\left(\frac{y}{x}\right) - \frac{y}{x}}$

EXEMPLE.

On propose de déterminer la courbe à coordonnées rectangles, dans laquelle la tangente est dans un rapport donné avec la resecte, c'est-à-dire, avec la partie de l'axe comprise entre la rencontre de la *tangente* & l'origine des coordonnées.

L'équation du problême est $n\left(\frac{ydx - xdy}{dy}\right) = \frac{y\sqrt{dx^2 + dy^2}}{dy}$, & par conséquent $n(y - px) = y\sqrt{1 + p^2}$; parce que $dy = pdx$ (n exprime le rapport donné.)

On tire de cette équation p ou $\varphi\left(\frac{y}{x}\right) = \frac{\frac{y}{x}\sqrt{(n^2-1)\frac{y^2}{x^2} + n^2} - n^2\frac{y}{x}}{\frac{y^2}{x^2} - n^2}$; donc ......

$$\frac{dx}{x} = \frac{\left(\frac{y^2}{x^2} - n^2\right) d\left(\frac{y}{x}\right)}{\frac{y}{x}\left(\sqrt{(n^2-1)\frac{y^2}{x^2} + n^2} - \frac{y^2}{x^2}\right)}.$$

Cette fraction peut être rendue rationnelle en faisant $(n^2-1)\frac{y^2}{x^2} + n^2 = z^2$, & on a alors $-\frac{dx}{x} = \frac{z\,dz}{z^2 - n^2}\ \frac{z + n^2}{(z+1)}$, d'où on tire, en intégrant; remettant pour z sa valeur & supposant qu'à $x = 0$ répond $y = b$ l'équation ....

$$\frac{x}{\sqrt{n^2-1}} + \sqrt{y^2 + \frac{x^2 n^2}{n^2-1}} = b \ \ldots\ldots\ldots\ldots \left(\frac{\frac{nx}{\sqrt{n^2-1}} + \sqrt{y^2 + \frac{x^2 n^2}{n^2-1}}}{y}\right)^n$$

pour celle de la courbe cherchée. *Voyez*, sur les autres équations qui se rapportent à la méthode inverse des *tangentes*, le calcul intégral de M. Euler.

Outre les équations différentielles qui se rapportent à la méthode inverse des *tangentes*, il y en a encore d'autres importantes à considérer ; telles sont certaines équations à plusieurs variables, & les équations d'un ordre supérieur au premier.

Méthode de M. d'Alembert pour intégrer les équations linéaires.

Soient les équations,

$$dy = (my + nv + p\,z)\,dx$$
$$dv = (m'y + n'v + p'z)\,dx$$
$$dz = (m''y + n''v + p''z)\,dx$$

Ces équations s'appellent *équations linéaires*, parce que les variables & leurs différentielles y sont à la première dimension, en ne comptant pas la variable principale x; ces équations sont importantes, & se rencontrent très-souvent dans les recherches physico-mathématiques. Pour les intégrer, M. d'Alembert multiplie la seconde par un coëfficient indéterminé μ, la troisième par un coëfficient indéterminé ν, & les ajoute toutes trois ensemble, ce qui donne, $dy + \mu dv + \nu dz = [(m + m'\mu + m''\nu)\,y + (n + n'\mu + n''\nu)\,v + (p + p'\mu + p''\nu)\,z]\,dx = (m + m'\mu + m''\nu)\left(y + \frac{n + n'\mu + n''\nu}{m + m'\mu + m''\nu}\,v + \frac{p + p'\mu + p''\nu}{m + m'\mu + m''\nu}\,z\right)dx$; ensuite M. d'Alembert suppose $\mu = \frac{n + n'\mu + n''\nu}{m + m'\mu + m''\nu}$ & $\nu = \frac{p + p'\mu + p''\nu}{m + m'\mu + m''\nu}$ ce qui lui donne trois valeurs de μ & autant de valeurs ν; soient μ, μ', μ'' les valeurs de μ; ν, ν', ν'' les valeurs de ν, & M, M', M'' les trois valeurs correspondantes de $m + m'\mu + m''\nu$; on aura d'abord $dy + \mu dv + \nu dz = M\,dx\,(y + \mu v + \nu z)$, ce qui donne, en intégrant, $y + \mu v + \nu z = A e^{Mx}$, A est la constante, & e la base des logarithmes hyperboliques. Mettant au lieu de μ & ν, μ' & ν' & ensuite μ'' & ν'', on aura les deux autres équations intégrales $y + \mu' v + \nu' z = A' e^{M'x}$; $y + \mu'' v + \nu'' z = A'' e^{M''x}$ qui, combinées avec la première, donneront les valeurs de x, y, z.

Quelques-unes des valeurs de μ, & par conséquent de celles de ν, pourroient devenir égales, ou bien elles pourroient devenir imaginaires, ce qui rendroit le résultat précédent indéterminé. Nous donnerons plus bas les moyens de faire cesser cette indétermination.

Au lieu d'employer la méthode de M. d'Alembert, on auroit pu éliminer deux variables quelconques, par exemple, z & v, & on auroit eu, en supposant dx constant, une équation du troisième ordre aussi linéaire, de la forme suivante, $\frac{d^3y}{dx^3} + \frac{a\,ddy}{dx} + \frac{b\,dy}{dx} + gy = o$; a, b, g sont des constantes qu'on connoît par l'élimination. Ce moyen n'est pas le plus court, néanmoins comme cette dernière équation se présente souvent immédiatement, nous allons donner la méthode pour l'intégrer. Supposez $y = A e^{Mx}$; substituez & divisez par $A e^{Mx}$, vous trouverez $M^3 + aM^2 + bM + g = o$. Il faut donc prendre pour M une des trois racines de cette équation; ainsi on satisfera à l'équation différentielle en faisant $y = A e^{Mx}$ ou $y = A' e^{M'x}$ ou $y = A'' e^{M''x}$, & par conséquent l'intégrale complète sera $y = A e^{Mx} + A' e^{M'x} + A'' e^{M''x}$; M, M', M'' sont les trois racines de l'équation $M^3 + aM^2 + bM + g = o$

Pour déterminer les constantes A, A', A'' on doit donner trois valeurs de y correspondantes à trois valeurs de x aussi données.

EXEMPLES.

Soient les trois valeurs de y; o, 1, 2, & les trois valeurs de x, aussi o, 1, 2, & supposons, pour abréger un peu, $e^{M} = p$, $e^{M'} = q$ $e^{M''} = r$, nous aurons $A + A' + A'' = o$ $Ap + A'q + A''r = 1$ $Ap^2 + A'q^2 + A''r^2 = 2$, ce qui donnera

$$y = \frac{(q-r)(2-q-r)\,p^x - (p-r)(2-p-r)\,q^x + (p-q)(2-p-q)\,r^x}{(p-q)(p-r)(q-r)}.$$

Maintenant, si $q = p$, c'est-à-dire, $M' = M$ le dénominateur de y devient o; & on a, comme il est aisé de s'en convaincre, $y = \frac{o}{o} + \frac{2r^x(1-p)}{(p-r)^2}$. Pour déterminer cette fraction il faut différencier son numérateur & son dénominateur relativement à q, diviser la première différentielle par la seconde, & faire ensuite $q = p$. *Voy.* fraction indéterminée, *au mot* INDÉTERMINÉ, on aura, de cette manière, la valeur de $\frac{o}{o}$ qu'il falloit trouver, & substituant, on aura $y = \ldots\ldots\ldots$

$$\frac{x\,p^{x-1}(p-r)(2-p-r) - 2(1-p)\,p^x + 2(1-p)\,r^x}{(p-r)^2}$$

enfin si on a de plus $r = p$, la valeur de y devient encore $\frac{o}{o}$; il faudra différentier deux fois, & on trouvera $y = x\,p^{x-2}(2p - 1 + (1-p)\,x)$.

S'il y a deux racines imaginaires, par exemple, p & q, on a nécessairement $p = e^{H + K\sqrt{-1}}$ & $q = e^{H - K\sqrt{-1}}$, H & K étant des quantités réelles, alors il faut donner à la valeur de y la forme suivante :

$$y = \frac{r^2(p^x - q^x) + (r^2 - 2r)\,qp\,(p^{x-1} - q^{x-1}) - q^2p^2\,(p^{x-2} - q^{x-1})}{(p-q)(p-r)(q-r)} + \frac{(2-p-q)\,r^x}{(p-r)(q-r)}.$$

Maintenant on a $pq = e^{2H}$; $p + q = 2e^{H}\,\text{cos.}\,K$;

voyez SINUS; $(p-r)(q-r)=e^{2H}-2re^{H}\cos. K+r^2$; $p^x-q^x=2e^{Hx}\sqrt{-1}\sin. Kx$. Substituant toutes ces valeurs, on trouvera .....

$$y=\frac{e^{\frac{H(x-1)}{\sin. K}}(r^2\sin. Kx+(2-r)e^{H}\sin. K(x-1)-e^{2H}\sin. K(x-2))+2r^x(1-e^{H}\cos K)}{e^{2H}-2re^{H}\cos. K+r^2}$$

La méthode des coëfficiens indéterminés qu'on doit à M. d'Alembert, s'appliqueroit avec avantage à notre dernière équation, si elle contenoit de plus un terme, fonction de x seul, c'est-à-dire, si elle étoit $\frac{d^3y}{dx^3}+\frac{addy}{dx^2}+\frac{bdy}{dx}+gy=X$, pour le prouver, soit $dy=pdx$, $dp=qdx$, la proposée deviendra $dq+(gy+bp+aq)dx=Xdx$. Multipliant la seconde des équations hypothétiques par μ, la proposée par ν & les ajoutant toutes trois ensemble, on a $dy+\mu dp+\nu dq+(g\nu y+(b\nu-1)p+(a\nu-\mu)q)dx=\nu Xdx$, ou $dy+\mu dp+\nu dq+g\nu\left(y+\frac{b\nu-1}{g\nu}p+\frac{a\nu-\mu}{g\nu}q\right)dx=\nu Xdx$; faisant $\mu=\frac{b\nu-1}{g\nu}$; $\nu=\frac{a\nu-\mu}{g\nu}$ ce qui donnera trois valeurs de μ & trois valeurs de ν, on aura l'équation $dy+\mu dp+\nu dq+g\nu(y+\mu p+\nu q)dx=\nu Xdx$, qui est celle de Bernoulli, multipliant par $e^{g\nu x}$, & intégrant, on aura $y+\mu p+\nu q=Ac^{-g\nu x}+\nu e^{-g\nu x}\int e^{g\nu x}Xdx$, & deux autres de même forme, en changeant μ & ν en leurs seconde & troisième valeurs; d'où on tirera y, & même p & q si on en a besoin.

Le lecteur qui sera curieux de connoître plusieurs méthodes pour intégrer cette équation, pourra consulter le troisième *mot* INTÉGRAL de ce dictionnaire, & sur-tout le calcul intégral de M. Euler, second volume.

Les équations linéaires sont bien plus difficiles à intégrer quand les coëfficiens ne sont pas constans, mais sont fonctions de x, & on n'a pu encore y parvenir généralement.

Pour donner une idée à nos lecteurs des recherches que les analystes ont fait sur cette matière, nous rappellerons aux premières différences l'équation du second ordre $ddy+Pdydx+Qydx^2=Xdx^2$ dans laquelle P, Q, X sont des fonctions données de x.

Soit $y=uz$, ce qui donne $dy=udz+zdu$; $ddy=uddz+2dudz+zddu$, substituant, on a $u(ddz+Pdzdx+Qzdx^2)+zddu+2dudz+Pzdudx=Xdx^2$; or comme il n'y a point encore d'équation supposée entre u & z, on peut faire $ddz+Pdzdx+Qzdx^2=o$, & on aura $\frac{ddu}{dx}+\frac{du}{dx}\left(\frac{2dz}{zdx}+P\right)dx=\frac{Xdx}{z}$. Cette équation deviendra évidemment celle de Bernoulli, quand on aura trouvé z en x; la question se réduit donc à intégrer la première, c'est-à-dire, l'équation $ddz+Pdzdx+Qzdx^2=o$; pour y parvenir, soit $z=e^{\int pdx}$, ce qui donne ... $dz=pdx.e^{\int pdx}$, & $ddz=(dpdx+p^2dx^2)e^{\int pdx}$, on aura la transformée $dp+(p^2+Pp+Q)dx=o$, équation qui s'intègre dans quelques cas.

TAUGOURS, s. m. pl. (*Méchan.*) petits leviers dont on se sert pour tenir un essieu de charrette bandé sur les brancards. (*D. J.*)

TAUREAU, c'est le nom du second signe du zodiaque, & d'une constellation qui lui a donné son nom. Le *taureau* porte aussi différens noms, *Portitor europæ*, *Amasius pasiphaës*, *princeps Armenti*, *Bubulum caput*, ou tête de bœuf; *Io*, *Inachis* (fille d'Inachus), *Isis*, *Chironis filia*, *Osiris*, *Veneris sidus*, & M. Dupuis prétend prouver que ce *taureau* étoit le premier des signes, dans ce que nous appellons le regne fabuleux, & que c'est sur lui que furent faites les fables de Bacchus aux cornes de bœuf; c'est par le *taureau* que commencent les voyages de Bacchus dans les dyonisiaques de Nonnus (*astron. t. IV, p.* 505); il a donné lieu aux fables d'Osiris, d'Io & d'Europe. C'est le *taureau* que les Egyptiens adoroient sous le nom d'Apis; les Juifs sous l'image du veau d'or; les Perses l'invoquent encore aujourd'hui dans toutes leurs prières, & il fut généralement adoré dans l'univers comme le génie dépositaire de la force créatrice qui s'exerce tous les ans au printems, & comme fixant le départ des sphères & le commencement des générations. Aussi le *taureau* équinoxial a été adoré chez tous les peuples du monde (*ibid. p.* 452). Suivant les Grecs, c'est le *taureau* dont Jupiter prit la forme pour enlever Europe, fille d'Agénor, roi des Phéniciens: on explique aussi cette fable en disant que le *taureau* étoit l'enseigne ou le nom d'un vaisseau sur lequel Europe fut enlevée par des marchands Crétois. On a dit encore que c'étoit la vache dont Io avoit reçu la forme, & l'on a expliqué cette fable en disant qu'Io ou Isis, avoit enseigné l'agriculture aux Egyptiens, & par reconnoissance avoit été déifiée sous la figure d'une vache, symbole de l'agriculture.

Le commencement de l'année végétative étoit annoncé par le lever héliaque du *taureau* & par le coucher héliaque de sirius, comme il paroît par ces deux vers de Virgile, *Georg. I*, 217.

Candidus auratis aperit cum cornibus annum
Taurus, & averso cedens canis occidit astro.

J'ai déja disserté sur la signification de ce passage. *Voyez* CHIEN. Mais il semble actuellement qu'on doit l'entendre du *taureau* qui monte à rebours ou qui tourne le dos au méridien, quand il se lève; cela est indiqué par Manilius, qui dit *aversum surgere taurum*, & emploie plusieurs fois la même expression, *I.* 264, *II.* 198, *IV.* 519 *V.* 140. Or le chien disparoît le soir dans les rayons du soleil, à-peu-près quand le *taureau* en sort le matin, à la fin d'avril ou au commencement de mai. *Voyez* le calendrier, pages 263 & 264. Ainsi, ce passage qui a paru si difficile à expliquer me paroît actuellement mieux éclairci.

L'écliptique passe entre les deux étoiles ζ & β qui font les deux extrémités des cornes du *taureau*, comme Ovide nous l'apprend dans ces vers adressés à phaéton par son père, qui lui trace sa route le long de l'écliptique,

Per tamen adversi gradieris cornua tauri.

MÉTAM. II, 80.

Les pleyades sont un amas d'étoiles situées sur le dos du *taureau*. *Voyez* PLEYADES.

Les hyades sont un autre assemblage d'étoiles, placées sur le front du *taureau*, *voyez* HYADES.

Suivant le catalogue de Ptolémée, il y a quarante-quatre étoiles dans la constellation du *taureau*; mais il y en a cent quarante-une dans le catalogue anglois de Flamsteed.

TAUREAU ROYAL DE PONIATOWSKI, (*astron.*) constellation boréale, proposée aux astronomes en 1776, par M. l'abbé Poczobut, astronome du roi de Pologne, dans ses *Observations de Wilna*; l'espace du ciel renfermé entre le serpent, l'aigle, la tête & l'épaule gauche d'Ophiucus présente une dixaine d'étoiles assez belles, que l'on voit à la vue simple, qui n'appartenoient à aucune constellation, & auxquelles on n'avoit donné aucun nom; il y en a une entr'autres de la quatrième grandeur, marquée *W* dans l'atlas de Doppelmayer, qui passe 16′ 43″ de tems après *B* d'Ophiucus, & presque sur le même parallèle, c'est celle que M. Poczobut appelle α du *taureau royal* de Poniatowski; ces étoiles ont par leur configuration mutuelle une ressemblance marquée avec la tête du *taureau* zodiacal; elles sont peu éloignées de la constellation introduite par Hévélius, sous le nom de l'*écu de Sobieski*, à l'honneur du roi de Pologne qui vivoit alors, & qui s'étoit distingué par des exploits militaires: la protection que le roi Stanislas-Auguste Poniatowski accorde aux sciences, & en particulier ce qu'il a fait pour l'astronomie en Pologne, méritoit encore davantage l'honneur qui lui est déféré de voir son nom placé dans le ciel à côté de celui d'un de ses illustres prédécesseurs. M. Poczobut se propose d'observer exactement les positions de toutes les étoiles qui composent sa nouvelle constellation, même de celles qu'on n'apperçoit qu'avec des lunettes. (*D. L.*)

TAUTOCHRONE, s. m. se dit *en Méchanique & en Physique*, des effets qui se font dans le même tems, c'est-à-dire, qui commencent & qui finissent en tems égaux.

Ce mot vient des mots grecs ταυτὸς, *idem*, le même, & χρόνος, *tems*.

Les vibrations d'un pendule, lorsqu'elles n'ont pas beaucoup d'étendue, sont sensiblement *tautochrones*, c'est-à-dire, se font en tems égaux. *Voyez* VIBRATION.

TAUTOCHRONE, COURBE, *en Méchanique*, est une courbe *ACB*, (*fig.* 218,) dont la propriété est telle, que si on laisse tomber un corps pesant le long de la concavité de cette courbe, il arrivera toujours dans le même tems au point le plus bas *A*, de quelque point qu'il commence à partir, de sorte que s'il met, par exemple, une seconde à venir de *B* en *A*, il mettra pareillement une seconde à venir de *C* en *A*, s'il ne commence à tomber que du point *C*, & de même une seconde à venir de *M* en *A*, s'il ne commence à tomber que du point *M*, & ainsi de tous les autres points.

On appelle encore courbe *tautochrone*, une courbe telle que si un corps pesant part de *A* avec une vitesse quelconque, il emploie toujours le même tems à remonter le long de l'arc *AM*, ou *AC*, ou *AB*, lequel arc sera d'autant plus grand, que la vitesse avec laquelle il est parti de *A* est plus grande.

On nomme la première espèce de tautochrones, *tautochrones en descendant*, & la seconde espèce, *tautochones en montant*.

Huyghens a trouvé le premier que la cycloïde étoit la *tautochrone* dans le vuide, soit en montant, soit en descendant, en supposant la pesanteur uniforme. *Voyez* son *horologium oscillatorium*.

Neuton & Herman ont aussi trouvé les *tautochrones* dans le vuide, en supposant que la gravité tendît vers un point, & fût réglée suivant une loi quelconque.

Pour ce qui regarde les *tautochrones* dans les milieux résistans, Neuton a aussi fait voir que la cycloïde étoit encore la *tautochrone*, soit en montant soit en descendant, lorsque le milieu résiste en raison de la simple vitesse. *Voyez* le *II livre des principes mathématiques*, *prop. xxvj.* & on pourroit démontrer ce que personne, que je sache, n'a encore fait, que la cycloïde seroit aussi la *tautochrone* dans un milieu dont la résistance seroit constante. Il est vrai que le point où les chûtes *tautochrones* se terminent, ne seroit pas alors le point plus bas, ou le sommet de la cycloïde, mais un point placé entre le sommet de la cycloïde & son origine.

M. Euler est le premier qui ait déterminé la *tautochrone* dans un milieu résistant, comme le quarré de la vitesse. *V. les mém. de l'ac. de Pétersb. t. IV.* Son mémoire est du mois d'octobre 1729; & dans les *mém. de l'ac. des Sciences de Paris*, *pour l'année* 1730; on trouve un mémoire de Jean Bernoulli, où il résout le même problème par la même méthode. On n'attend pas de nous que nous entrions, sur ce sujet, dans un détail qui ne pourroit être à portée que des seuls géomètres. M. Euler a continué cette matière dans le *II. vol.* de sa *méchan-*

nique, imprimée à Pétersbourg en 1736, & on y trouve un grand nombre de très-beaux problêmes sur ce sujet.

Enfin M. Fontaine a donné, dans les *mém. de l'acad. de* 1734, un écrit sur cette matière, dans lequel il résout ce problême par une méthode toute nouvelle, & au moyen de laquelle il découvre la *tautochrone* dans des hypothèses de résistance, où on ne peut la trouver par d'autres méthodes. Nous croyons devoir saisir cette occasion de faire connoître aux géomètres un si excellent ouvrage, qu'on peut regarder comme un des plus beaux qui se trouvent parmi les mémoires de l'académie des Sciences de Paris. C'est ce que nous ne craignons point d'assurer, après avoir lu ce mémoire avec attention, & nous pourrions nous appuyer ici du témoignage que lui a rendu un géomètre célèbre, qui a travaillé sur cette matière fort long-tems, & avec beaucoup de succès.

Lorsque le milieu ne résiste point, ou que la résistance est constante, la *tautochrone* est assez facile à trouver, parce qu'il ne s'agit alors que de trouver une courbe AM, telle que la force accélératrice qui meut le corps en chaque point M soit proportionnelle à l'arc AM; c'est ce qu'on trouve démontré dans plusieurs ouvrages. Quelques géomètres ont voulu appliquer cette méthode à la recherche des *tautochrones* dans des milieux résistans; & se sont imaginés les avoir trouvées. Mais il faut prendre garde que quand le milieu est résistant comme une puissance ou une fonction quelconque de la vîtesse, la force accélératrice se combine alors avec la résistance, qui est plus ou moins grande, selon que la vîtesse l'est plus ou moins. Ainsi, pour un même point M, la force accélératrice est différente, selon que le corps a plus ou moins de vîtesse en ce point, c'est-à-dire, selon qu'il est tombé d'un point plus ou moins élevé. On ne sauroit donc supposer alors qu'en général la force accélératrice M soit proportionnelle à l'arc AM. Nous avons cru devoir avertir de cette erreur, où pourroient tomber des géomètres peu attentifs, en voulant résoudre ce problême. (O)

* Il est très-vrai, comme le dit M. d'Alembert, qu'on ne doit pas faire les forces accélératrices proportionnelles aux arcs à parcourir, quand la résistance du milieu n'est pas constante; mais la raison qu'il en donne pourroit paroître abstraite à quelques lecteurs, ainsi nous la déveloperons de la manière suivante.

Supposons la résistance proportionnelle aux quarrés des vîtesses, nous aurons, par le principe des forces accélératrices, $\left(\frac{g\,dx}{ds} - nu^2\right) dt = du$; équation dans laquelle g est la gravité, x l'abcisse indéterminée verticale comptée du point le plus bas, s l'arc de la courbe correspondant, u la vîtesse, n le coëfficient de la résistance & t le tems. De plus, nous considérons la *tautochrone* descendante; faisons la force accélératrice proportionnelle à l'arc qui reste à parcourir, & nous aurons $g\,dx - nu^2 ds = \frac{s\,ds}{m}$, & comme $-dt = \frac{ds}{u}$, la première équation devient $g\,dx - nu^2 ds = -u\,du$; donc $u\,du = \frac{-s\,ds}{m}$; donc $u^2 = \frac{1}{m}(S^2 - s^2)$, en nommant S l'arc entier parcouru qui correspond à $u = o$; l'expression du tems sera donc

$$\frac{dt}{\sqrt{m}} = -\frac{\frac{ds}{S}}{\sqrt{1 - \frac{s^2}{S^2}}}; \text{ donc } \frac{t}{\sqrt{m}} = \frac{\pi}{2} - \text{arc sin. } \frac{s}{S}$$

en nommant π la demi-circonférence pour le rayon 1; car ce tems doit s'évanouir quand $s = S$; donc le tems le long de l'arc entier $= \frac{\pi\sqrt{m}}{2}$, en faisant $s = o$; donc ce tems est indépendant de l'arc parcouru. Pourquoi donc le problême n'est-il pas résolu? C'est que si on met pour u^2 sa valeur dans l'équation $\frac{g\,dx}{ds} - nu^2 = \frac{s}{m}$; on aura $g\,dx = \left(\frac{n}{m}(S^2 - s^2) + \frac{s}{m}\right) ds$ pour l'équation de la courbe qui devroit être *tautochrone*. Or cette équation ne peut pas être celle qu'on demande, puisqu'elle contient l'arc S, dont elle devroit être indépendante.

Le problême qu'on résout, en supposant, dans ce cas, la force accélératrice proportionnelle à l'arc à parcourir peut donc s'énoncer ainsi.

Trouver une famille de courbes dont les individus résultent de la variation d'un paramètre & qui concourent toutes au point le plus bas, telles que les arcs égaux à ce paramètre, comptés jusqu'au point de concours, soient descendus en tems égaux.

Quand la résistance est constante, le problême est résolu; car en faisant $g\frac{dx}{ds} - a = \frac{s}{m}$, ($a$ est la résistance) on aura pour l'équation de la *tautochrone*, $2gmx = 2ams + s^2$, où S ne se trouve pas, & cette équation donne $s + am = \ldots \sqrt{a^2m^2 + 2gmx}$; $ds = \frac{mg\,dx}{\sqrt{a^2m^2 + 2gmx}}$; & par conséquent $dy = dx\sqrt{\frac{m^2g^2 - a^2m^2 - 2gmx}{a^2m^2 + 2gmx}}$, en nommant y l'ordonnée horizontale; on a $\ldots$

$$2gm\,dy = \frac{d(a^2m^2 + 2gmx)(m^2g^2 - (a^2m^2 + 2gmx))}{\sqrt{2(a^2m^2 + 2gmx)\frac{m^2g^2}{2} - (a^2m^2 + 2gmx)^2}},$$

$$\text{donc } y = \sqrt{2\left(x + \frac{a^2m}{2g}\right)\frac{mg}{4} - \left(x + \frac{a^2m}{2g}\right)^2} - \frac{am}{2}\sqrt{1 - \frac{a^2}{g^2}} + \frac{mg}{4}\left(\text{Arc sin. } v\,\frac{x + \frac{a^2m}{2g}}{\frac{mg}{4}}\right.$$

— Arc

$- \text{Arc fin. } v \frac{2a^2}{g^2} \Big)$ en déterminant la conſtante pour que y & x s'évanouiſſent en même-tems.

La *tautochrone* eſt donc une cycloïde dont le cercle générateur a pour rayon $\frac{mg}{4}$, dont l'axe eſt vertical & éloigné de l'origine des coordonnées de la quantité $\frac{am}{2} \sqrt{1 - \frac{a^2}{g^2}}$, dont le ſommet eſt plus bas que l'origine des coordonnées de la quantité $\frac{a^2 m}{2g}$.

Puiſque cette équation contient $\sqrt{1 - \frac{a^2}{g^2}}$ & arc ſin. $v \frac{2a^2}{g^2}$, on conclura qu'il n'y auroit point de *tautochrone* ſi a étoit plus grand que g.

Il eſt clair que les arcs ſynchrones, doivent ſe terminer à l'origine des coordonnées, & non au ſommet de la cycloïde, comme on va le voir encore plus clairement par la détermination des tems.

Effectivement, on a $gdx - ads = -udu = \frac{sds}{m}$; donc $u^2 = \frac{S^2 - s^2}{m}$, en nommant S l'arc entier qui eſt deſcendu; donc $dt = - \frac{\sqrt{m} \cdot \frac{ds}{S}}{\sqrt{1 - \frac{s^2}{S^2}}}$; donc $t = \sqrt{m} \left(\frac{\varpi}{2} - \text{Arc fin. } \frac{s}{S} \right)$. Donc il faut faire $s = 0$ pour avoir un tems indépendant de S: ce tems en ſeroit bien encore indépendant, il eſt vrai, ſi on prenoit s dans un rapport donné avec S; mais alors les arcs n'auroient aucune extrémité commune. Or la coïncidence d'origine eſt une des conditions du problême.

Cette explication ſuffit pour faire comprendre qu'il ne faut pas ſuppoſer la force proportionnelle à l'arc qui reſte à parcourir, quand la réſiſtance eſt fonction de la viteſſe; mais comme ce problême eſt des plus célèbres, nous croyons faire plaiſir à nos lecteurs en entrant dans de plus grands détails à cet égard. C'eſt pourquoi nous leur ferons connoître d'abord la méthode de MM. Euler & Bernoulli, qu'on lit dans les mémoires, déjà cités, de ces deux grands Géomètres; enſuite nous donnerons celle de M. Fontaine, méthode que M. Euler n'a pas dédaigné d'expliquer & de mettre à la portée d'un plus grand nombre de lecteurs, dans un très-beau mémoire inſéré parmi ceux de Péterſbourg, pour l'année 1764.

Méthode de MM. Euler & Bernoulli.

Soit a la réſiſtance, & ſuppoſons que la *tautochrone* eſt deſcendue; on aura $gdx - ads = -udu$; donc $u^2 = 2gX - 2aS + 2as - 2gx$ (X & S ſont les valeurs de x & s correſpondantes à $u = 0$); mais $dt = - \frac{ds}{u}$, parce que t croiſſant, s diminue, donc $t = - \frac{\int \frac{ds}{\sqrt{2gX - 2aS}}}{\sqrt{1 - \left(\frac{2gx - 2as}{2gX - 2aS}\right)}}$. L'intégrale doit s'évanouir quand $x = X$ & $s = S$, elle doit être complète quand x & $s = 0$; & de plus indépendante de X & S. Il eſt clair qu'on ſatisfera à cette condition, en faiſant $\frac{ds}{\sqrt{2gX - 2aS}}$ = la différentielle d'une fonction de $\frac{2gx - 2as}{2gX - 2aS}$, ou $\frac{S + \text{conſt.}}{\sqrt{2gX - 2aS}}$ = une fonction de $\frac{2gx - 2as}{2gX - 2aS}$ que je repréſente ainſi, $f\left(\frac{2gx - 2as}{2gX - 2aS}\right)$; car, dans ce cas, on aura $t = \text{conſt.} -$ une autre fonction que je repréſente ainſi, $F\left(\frac{2gx - 2as}{2gX - 2aS}\right)$. Cette valeur de t devient $F(1) - F(0)$, en déterminant la conſtante & complétant l'intégrale. Cette intégrale complète ſera donc indépendante de X & S. Ainſi, l'équation de la *tautochrone* eſt...

$$\frac{s + \text{conſt.}}{\sqrt{2gX - 2aS}} = f\left(\frac{2gx - 2as}{2gX - 2aS}\right);$$

mais cette équation doit auſſi être indépendante de X & S. (*Voyez* ce que nous avons dit plus haut.) Donc $f\left(\frac{2gx - 2as}{2gX - 2aS}\right)$ ne peut être que $\sqrt{m} \sqrt{\frac{2gx - 2as}{2gX - 2aS}}$, m étant une conſtante abſolue qui ne doit contenir par conſéquent ni X ni S. Dans ce cas, nous aurons $s + \text{conſt.} = \sqrt{m} \sqrt{2gx - 2as}$, & l'équation de la *tautochrone* ſera $s^2 = m(2gx - 2as)$, qui eſt la même que nous avons trouvé ci-deſſus. On néglige la conſtante, parce que s & x doivent s'évanouir en même-tems.

Soit ku^2 la réſiſtance, & ſuppoſons que la *tautochrone* eſt deſcendue par le corps, on aura $udu - ku^2 ds = -gdx$. Multipliant par $2e^{-2ks}$ & intégrant, (e eſt la baſe des logarithmes algébriques) on a $u^2 = 2ge^{2ks}(X - \int e^{-2ks} dx)$ (X eſt la valeur de $\int e^{-2ks} dx$ correſpondante à $u = 0$). On aura donc..................

$$dt \sqrt{2g} = - \frac{\frac{e^{-ks} ds}{\sqrt{X}}}{\sqrt{1 - \frac{\int e^{-2ks} dx}{X}}};$$

l'intégrale doit s'évanouir quand $\int e^{-2ks} dx = X$, & devenir complète & indépendante de X quand $x = 0$. Nous ſatisferons à cette dernière condition en ſuivant un procédé analogue à celui que nous avons employé dans l'hypothèse précédente. Ainsi, il faut supposer d'abord

$$\frac{m+\frac{e^{-ks}}{k}}{\sqrt{X}} = \ldots\ldots \sqrt{b}\sqrt{\frac{\int e^{-2ks}dx}{X}};$$

donc $\left(m+\frac{e^{-ks}}{k}\right)^2 = b\int c^{-2ks}dx$, équation qui sera celle de la *tautochrone* quand on aura déterminé la constante m. Pour y parvenir, mettons dans l'expression différentiée du tems, pour $\int e^{-2ks}dx$ sa valeur, & nous aurons

$$dt\sqrt{\frac{2g}{b}} = \frac{d\left(\frac{m+\frac{e^{-ks}}{k}}{\sqrt{Xb}}\right)}{\sqrt{1-\left(\frac{m+\frac{e^{-ks}}{k}}{\sqrt{Xb}}\right)^2}};$$

donc

$$t\sqrt{\frac{2g}{b}} = \text{const.} + \text{Arc sin.}\ \frac{m+\frac{e^{-ks}}{k}}{\sqrt{Xb}};$$

donc

$$\text{const.} = -\text{Arc sin.}\ \frac{m+\frac{e^{-kS}}{k}}{\sqrt{Xb}}.$$

(S est l'arc entier descendu); mais, quand $s=S$, $\int e^{-2ks}dx = X$; donc, puisqu'on a généralement........

$$\frac{m+\frac{e^{-ks}}{k}}{\sqrt{Xb}} = \sqrt{\frac{\int e^{-2ks}dx}{X}},$$

on aura........

$$\frac{m+\frac{e^{-kS}}{k}}{\sqrt{Xb}} = \pm 1;$$

donc $T\sqrt{\frac{2g}{b}} = \text{Arc. sin.}\ \frac{m+\frac{1}{k}}{\sqrt{Xb}} \pm \frac{\varpi}{2}$, en nommant T le tems le long de l'arc S. Or ce tems doit être indépendant de X & l'équation de la *tautochrone* en doit être aussi indépendante; donc il faut faire $m+\frac{1}{k}=0$, & on aura alors $T\sqrt{\frac{2g}{b}} = \frac{\varpi}{2}$; je supprime le double signe, parce que ce tems ne doit pas être négatif.

L'équation différentielle de la *tautochrone* sera donc $\frac{kbdx}{2} = ds(e^{ks}-1)$ & intégrant de manière que x & s s'évanouissent en même-tems, l'équation finie sera $\frac{kbx}{2} = \frac{e^{ks}-1}{k} - s$, qui deviendra celle de la cycloïde, si on suppose $k=0$, comme on verra dans la suite de cet article.

Les deux hypothèses, que nous venons de considérer, pouvoient se réunir en un seul cas, en supposant tout de suite la résistance $= a+ku^2$; mais nous les avons traité séparément pour la plus grande facilité des lecteurs, qui d'ailleurs vont les voir réunies par la méthode de M. Fontaine, que nous nous proposons d'expliquer & de généraliser.

Mais, avant tout, nous observerons que si la méthode ci-dessus ne peut donner la *tautochrone* qu'en supposant la résistance $= a+ku^2$, c'est que cette supposition est la seule dans laquelle on puisse avoir l'expression de la vîtesse. L'équation que donnent les forces accélératrices étant alors $udu-(a+ku^2)ds+gdx=0$, & devenant intégrable ou, pour parler plus correctement, séparable, relativement à u, si on la multiplie par $2e^{-2\int kds}$ (k & a sont ici supposées des fonctions quelconques de x & de s). Effectivement, on a alors $u^2e^{-2\int kds} = 2g\left(X-\int e^{-2\int kds}\left(dx-\frac{ads}{g}\right)\right)$ ou X est la valeur de l'intégrale $\int e^{-2\int kds}\left(dx-\frac{ads}{g}\right)$ quand $u=0$.

Passons à la méthode de M. Fontaine.

M. Fontaine suppose la résistance une fonction de la vîtesse. En conséquence, nommant V cette résistance, le principe des forces accélératrices lui donne l'équation $udu \pm Vds + gdx = 0$, dans laquelle s représente l'arc indéterminé parcouru ou qui reste à parcourir, faisant partie de l'arc S monté ou descendu, u & x représentent la vîtesse & l'abscisse verticale correspondantes à s. Le signe $+$ est pour le cas où la *tautochrone* est montée, & le signe $-$ pour celui où elle est descendue; mais, la méthode étant la même dans les deux cas, nous ne nous occuperons que du dernier, pour fixer davantage les idées de nos lecteurs.

Cela posé, M. Fontaine considère un arc entier descendu $S+\Delta S$ infiniment peu différent du premier, & prend dans ce nouvel arc l'indéterminé $s+\Delta s$ synchrone à s, c'est-à-dire, qui doit être descendu en même tems que s, (Δ est ici, comme on voit, une caractéristique de différentiation qu'on ne doit pas confondre avec la caractéristique ordinaire d.) alors l'équation donnée par le principe des forces accélératrices sera, le long du second arc $S+\Delta S$, $(u+\Delta u)d(u+\Delta u) - (V+\Delta V)d(s+\Delta s) + gd(x+\Delta x) = 0$; ce qui donnera, si on en retranche la première, la nouvelle équation $du\Delta u + ud\Delta u - ds\Delta V - Vd\Delta s + gd\Delta x = 0$, qui n'est autre chose que celle qui a lieu le long de l'arc S, différentiée relativement à la caractéristique Δ.

Toute la méthode de M. Fontaine est contenue dans cette double différentiation, idée bien simple & pourtant si heureuse, qu'elle va nous fournir la solution du problème des *tautochrones* dans une multitude d'hypothèses auxquelles on auroit osé à peine penser auparavant. Elle s'applique même à un problème plus général; car on peut supposer que le tems le long de l'arc entier descendu, au lieu d'être constant, comme dans le problême dont il s'agit ici, est une fonction de cet arc ; aussi cette méthode fit-elle la plus grande sensation quand elle parut dans les *Mém. de l'Acad. des Sciences pour l'année* 1734, comme M. Fontaine semble nous le dire lui-même, dans le recueil de ses œuvres imprimé en 1770, pour servir de suite aux mémoires de l'académie. Il s'exprime ainsi : *M. Bernoulli venoit d'envoyer à l'académie son mémoire sur les* tautochrones, *qui est un chef-d'œuvre, tout le monde en parloit ; je donnai la méthode que voici, & on n'en parla plus.* Ces expressions ne sont pas modestes ; mais il faut avouer que, si l'orgueil, qui est souvent le partage de la médiocrité, indique quelquefois, dans un homme, le sentiment de ses propres forces, c'étoit dans cette occasion.

Il faut finir cette digression, où nous a conduit l'exposé de la méthode de M. Fontaine, reprendre son équation, & lui donner la forme convenable pour en faire usage.

L'arc s qui reste à parcourir après un tems quelconque, est une fonction de ce tems & de l'arc entier descendu S; donc différentiant, relativement à la caractéristique Δ, on aura $\Delta s = N \Delta S$, N étant une certaine fonction du tems & de S. On fait le tems constant dans cette différentiation ; parce que Δs exprime la différence de deux arcs synchrones. Puisque s est une fonction du tems & de S, on peut dire réciproquement que le tems est une fonction de s & de S. Ainsi, substituant, on pourra supposer $\Delta s = M \Delta S$, M étant la fonction de s & de S dans laquelle N se change par la substitution. $\Delta s = 0$ quand $s = 0$ & $\Delta s = \Delta S$ quand $s = S$; donc, dans la première supposition, $M = 0$, & dans la seconde $M = 1$; soit t le tems employé à parcourir l'arc $S - s$, on aura $\Delta dt = 0$; mais $dt = -\frac{ds}{u}$; donc .... $ud\Delta s - ds\Delta u = 0$; donc $\Delta u = \frac{ud\Delta s}{ds} = u\Delta S \frac{dM}{ds}$, en mettant pour Δs sa valeur. $\Delta x = \frac{\Delta x}{\Delta s} . M\Delta S$; mais soit qu'on différentie x en supposant que s devienne $s + ds$, c'est-à-dire, relativement à la caractéristique d, soit qu'on le différentie, en supposant que s devienne $s + \Delta s$, c'est-à-dire, relativement à la caractéristique Δ; les coëfficients de ds, dans le premier cas, & de Δs dans le second, seront indépendants de ds & de Δs; donc $\frac{\Delta x}{\Delta s} = \frac{dx}{ds}$; ainsi, $\Delta x = \frac{dx}{ds} . M\Delta S$; donc $d\Delta x = ds\Delta S\left(\frac{dM}{ds} . \frac{dx}{ds} + \frac{Mddx}{ds^2}\right)$. On a aussi $\Delta V = \frac{dV}{du}\Delta u = \frac{udV}{du} \frac{dM}{ds}\Delta S$, en mettant pour Δu sa valeur. Substituant toutes ces valeurs dans l'équation de M. Fontaine, qui est...... $du\Delta u + ud\Delta u - ds\Delta V - Vd\Delta s + gd\Delta x = 0$, & divisant par ΔS, elle devient..............

$$2udu \frac{dM}{ds} + u^2 \frac{ddM}{ds} - \frac{udV}{du} . dM - \ldots$$

$$VdM + g\frac{(Mddx + dxdM)}{ds} = 0;$$ mettant dans cette équation pour $2udu$ sa valeur $2Vds - 2gdx$, & divisant par ds, elle deviendra..........

$$\left(V - \frac{udV}{du}\right)\frac{dM}{ds} + u^2 \frac{ddM}{ds^2} \ldots$$

$$+ g\frac{Mddx - dxdM}{ds^2} = 0.$$

EXEMPLE.

Soit $V = a + bu + cu^2$; a, b, c, sont des coëfficients constants. On aura $V - \frac{udV}{du} = a - cu^2$; & l'équation sera $u^2\left(\frac{ddM}{ds^2} - c\frac{dM}{ds}\right)$.........

$+ g\frac{(Mddx - dxdM)}{ds^2} + \frac{adM}{ds} = 0$. Soit le coëfficient de u^2 ou $\frac{ddM}{ds^2} - c\frac{dM}{ds} = 0$, on aura $g(Mddx - dxdM) + adMds = 0$; divisant par M^2 & intégrant, $g\frac{dx}{M} = \frac{ads}{M}$ + une constante R multipliée par ds; donc $MR = g\frac{dx}{ds} - a$, ce qui donne $R\frac{dM}{ds} = g\frac{ddx}{ds^2}$, & $R\frac{ddM}{ds^2} = g\frac{d^3x}{ds^3}$; donc $\frac{d^3x}{ds^2} - c\frac{ddx}{ds} = 0$; donc $\frac{ddx}{ds} = \left(\frac{cdx}{ds} + A\right)ds$. Multipliant par e^{-cs}, & intégrant de nouveau, on a $e^{-cs}\frac{dx}{ds} = -\frac{A}{c}e^{-cs} + B$; ou $\frac{dx}{ds} = Be^{cs} - \frac{A}{c}$. Les constantes A & B ne sont pas toutes deux arbitraires; car mettant pour $\frac{dx}{ds}$ sa valeur dans celle de M, on aura $MR = gBe^{cs} - \frac{gA}{c} - a$; M & s doivent s'évanouir en même-tems; donc $\frac{gA}{c} = gB - a$. Cette équation, de condition, est la seule qui ait lieu nécessairement entre A & B, parce que la constante R, jusqu'à présent indéterminée, suffit pour rendre $M = 1$ quand $s = S$.

L'équation différentielle de la *tautochrone* sera donc $\frac{gdx}{ds} = gBe^{cs} + a - gB$; & intégrant, l'équation finie sera $gx = \frac{gB}{c}(e^{cs} - 1) + (a - gB)s$, en déterminant la nouvelle constante, de manière que x & s s'évanouissent en même-tems. Soit $x = h$ quand $s = f$, on aura $gh - af = gB\frac{(e^{cf} - 1 - cf)}{c}$; donc.........

$$gB = \frac{c(gh - af)}{e^{cf} - 1 - cf}$$; donc ....

$$gx = \frac{(a(e^{cf} - 1) - cgh)s + (gh - af)(e^{cs} - 1).}{e^{cf} - 1 - cf}$$

Nous ferons remarquer à nos lecteurs que le coëfficient b de la première puissance de u ne se trouve pas dans notre équation ; de sorte que la courbe qui est *tautochrone* dans l'hypothèse de résistance $V = a + cu^2$, l'est aussi quand $V = a + bu + cu^2$.

Si $c = 0$, la valeur de gx devient $\frac{0}{0}$, & par conséquent indéterminée ; c'est pourquoi il faut différencier deux fois, relativement à c, numérateur & dénominateur. (*V. fractions indéterminées* au mot INDÉTERMINÉ) : car, si on différentie une fois, on trouve $\frac{(afe^{cf} - gh)s + se^{cs}(gh - af)}{f(e^{cf} - 1)}$, expression qui devient encore $\frac{0}{0}$ quand $c = 0$; donc il faut encore différentier une fois, alors on aura $\frac{sf^2 a e^{cf} + s^2 e^{cs}(gh - af)}{f^2 e^{cf}}$; on aura donc, en faisant $c = 0$, $f^2 gx = f^2 as + (gh - af)s^2$; équation qui est celle de la cycloïde.

Si on veut appliquer le méthode de M. Fontaine au cas où on auroit $V = a + bu + cu^2 + fu^n$, on trouvera que f ne peut pas être quelconque, mais doit être une fonction de s telle que la vitesse s'évanouisse dans l'équation............ $(V - \frac{udV}{ds})\frac{dM}{ds}$, &c. & alors la *tautochrone* est la même que si f étoit 0.

Comme quelques-uns de nos lecteurs pourroient trouver la méthode de M. Fontaine un peu abstraite, je vais leur en expliquer une moins générale, mais plus facile, qui leur fera connoître, dans plusieurs hypothèses de résistance, non-seulement les courbes *tautochrones*, mais celles dont les arcs sont descendus en tems proportionnels à des puissances de ces arcs.

Pour y parvenir, supposons $V = ku^{2n}s^m$ & $dx = hs^p ds$ l'équation de la courbe cherchée.

L'équation donnée par le principe des forces accélératrices, deviendra alors $udu - ku^{2n}s^m ds + ghs^p ds = 0$, & si on nomme v la hauteur dûe à la vitesse u, ce qui donne $u^2 = 2gv$, on aura $dv - 2k(2g)^{n-1} v^n s^m ds + hs^p ds = 0$.

Maintenant soit $v = z^\lambda$, on aura la transformée $\lambda dz - bz^{n\lambda - \lambda + 1} s^m ds + hz^{1-\lambda} s^p ds = 0$. (Je fais, pour abréger, $b = 2k.(2g)^{n-1}$). Or cette transformée sera homogène si on suppose .... $m + n\lambda - \lambda + 1 = 0$ & $p - \lambda + 1 = 0$; ce qui donne $\lambda = \frac{p-m}{n}$ & l'équation de condition $(p+1)n = p - m$; alors on aura..........

$$\lambda dz = \left(b\left(\frac{s}{z}\right)^m - h\left(\frac{s}{z}\right)^p\right)ds$$; donc, multipliant par s, retranchant $\lambda z ds$ de part & d'autre, & divisant par s^2, on aura...............

$$\lambda d\frac{z}{s} = \frac{ds}{s}\left(b\left(\frac{s}{z}\right)^m - h\left(\frac{s}{z}\right)^p - \lambda\frac{z}{s}\right)$$ &

$$\frac{ds}{s} = \frac{\lambda\left(\frac{z}{s}\right)^p d\frac{z}{s}}{b\left(\frac{z}{s}\right)^{p-m} - \lambda\left(\frac{z}{s}\right)^{p+1} - h}$$

Maintenant si on suppose p & m positifs & rationnels, on aura $\log. s = \text{const.} + \log. \varphi\left(\frac{z}{s}\right)$, où $\varphi\left(\frac{z}{s}\right)$ indique une fonction de $\frac{z}{s}$ qui n'est pas divisible par $\frac{z}{s}$, & qui, par conséquent, ne s'évanouit pas en y faisant $z = 0$. Or, $s = S$ donne $v = 0$; donc aura, dans la même supposition, $z = 0$ si on suppose de plus $p > m$; ainsi, on aura $\text{const.} = \log. S - \log. \varphi(0)$, & par conséquent $\frac{s}{S} = \frac{\varphi\left(\frac{z}{s}\right)}{\varphi(0)}$; donc $\frac{z}{s}$ est une fonction de $\frac{s}{S}$; donc $\frac{z^\lambda}{s^\lambda}$ ou $\frac{v}{s^\lambda}$ est une fonction de $\frac{s}{S}$; donc enfin $\frac{\sqrt{v}}{s^{\frac{\lambda}{2}}}$ est aussi une fonction de $\frac{s}{S}$, que je représenterai par $F\left(\frac{s}{S}\right)$. Mais $dt\sqrt{2g} = -\frac{ds}{\sqrt{v}}$; donc $dt\sqrt{2g} = -\frac{ds}{s^{\frac{\lambda}{2}} F\left(\frac{s}{S}\right)}$ ou ....

$$dt\sqrt{2g} = -S^{1-\frac{\lambda}{2}} \frac{\frac{ds}{S}}{\left(\frac{s}{S}\right)^{\frac{\lambda}{2}} F\left(\frac{s}{S}\right)}$$; donc

$t\sqrt{2g} = S^{1-\frac{\lambda}{2}}\left(\text{const.} - f\left(\frac{s}{S}\right)\right)$ f indiquant une nouvelle fonction de $\frac{s}{S}$; donc.........

$T\sqrt{2g} = S^{1-\frac{\lambda}{2}}(f(1) - f(0))$ en nommant T le tems le long de l'arc entier S ; & mettant pour λ sa valeur, on a $T\sqrt{2g} = S^{\frac{1-p}{2}}(f(1) - f(0))$. T est donc proportionel à une puissance de S, dont l'exposant est $\frac{1-p}{2}$ & en est indépendant quand $p = 1$, c'est-à-dire, quand $dx = hsds$, ou quand $2x = hs^2$; mais alors on a $2n = 1 - m$ ou $m = 1 - 2n$; la cycloïde est donc *tautochrone* quand $V = ku^n s^{1-n}$.

Nous renvoyons le lecteur, qui desireroit plus de détails sur cette matière, aux ouvrages déjà cités, à deux Mémoires de M. de la Grange, imprimés parmi ceux de l'académie de Berlin, l'un dans le volume de l'année 1765, & l'autre dans celui de 1770, à un Mémoire de M. d'Alembert, Berlin, 1765; à des lettres à M. de la Grange, du même auteur, imprimées parmi les Mémoires de Berlin, 1763; enfin à un Mémoire que nous avons lu depuis peu à l'académie des Sciences de Paris, qui sera imprimé dans les Mémoires de cette académie pour l'année 1785. (*r*.)

TAUTOCHRONISME, s. m. (*Méch.*) est la propriété par laquelle deux ou plusieurs effets sont tautochrones, ou la propriété par laquelle une courbe est tautochrone; ainsi, on dit le *tautochronisme* des vibrations d'un pendule, le *tautochronisme* de la cycloïde, *&c.* (*O*).

TEL

TÉLESCOPE, s. m. (*Optiq. & Astron.*) *telescopium*, ce nom au commencement du dernier siècle ne signifioit qu'une lunette d'approche, un instrument formé de différens verres ou lentilles ajustés dans un tube, pour voir les objets fort distans. Aujourd'hui, il se dit en France plus spécialement d'un instrument fait avec deux miroirs; mais les étrangers comprennent sous le nom de *telescopium*, ou ces deux espèces d'instrumens, ou en général tout ce qui sert à voir des objets très-éloignés, soit directement au travers de plusieurs verres, soit par réflexion au moyen de plusieurs miroirs. Ce mot vient de τῆλε, *procul*, & σκοπέω, *video*.

L'invention du *télescope* est une des plus belles & des plus utiles dont les derniers siècles puissent se vanter; car c'est par son moyen que les merveilles du ciel nous ont été découvertes, & que l'astronomie est montée à un degré de perfection dont les siècles passés n'ont pas pu seulement se former une idée. *Voyez* Astronomie.

Quelques savans ont cru que les anciens avoient eu l'usage des *télescopes*, & que d'une tour fort élevée de la ville d'Alexandrie, on découvroit les vaisseaux qui en étoient éloignés de 600 milles; mais cela est impossible, puisque la rondeur de la terre empêche de voir de dessus une tour, de cent cinquante piés, un objet situé sur l'horizon à une plus grande distance que 12 ou 13 mille toises, & que cette courbure est de 747 piés pour un degré ou 57 mille toises de distance.

Jean-Baptiste Porta, noble napolitain, si l'on en croit Wolfius, est le premier qui ait fait un *télescope*, comme il paroît par ce passage de sa *magie naturelle*, imprimée en 1549.

» Pourvu que vous sachiez la manière de joindre ou de bien ajuster les deux verres; savoir, le concave & le convexe, vous verrez également les objets proches & éloignés, plus grands & même plus distinctement qu'ils ne paroissent au naturel. C'est par ce moyen que nous avons soulagé beaucoup de nos amis, qui ne voyoient les objets éloignés ou proches, que d'une manière confuse, & que nous les avons aidés à voir très-distinctement les uns & les autres. »

Ces paroles de Porta, prises dans un certain sens (que depuis la découverte du *télescope* on peut leur donner), pourroient bien faire penser qu'il en est l'inventeur, comme le prétend Wolfius. Mais il n'entendoit pas lui-même les conséquences résultantes de la construction que ces paroles indiqueroient, si elles avoient été écrites dans le sens qu'on leur donne aujourd'hui; il traite de ces lentilles convexes & concaves d'une manière si obscure & si confuse, que Kepler, chargé de l'examiner par ordre exprès de l'empereur Rodolphe, déclara que Porta étoit parfaitement inintelligible. On est donc fort tenté de croire qu'il n'imagina point le *télescope*, & que ce qu'il dit là-dessus avoit trait à autre chose.

Soixante ans après on présenta au prince Maurice de Nassau un *télescope* de douze pouces de long, fait par un lunetier de Middelbourg; mais les auteurs ne sont point d'accord sur le nom de cet artiste. Sirturus, dans son traité du *télescope*, imprimé en 1618, veut que ce soit Jean Lipperson. Borel, dans un volume qu'il a composé exprès sur l'inventeur du *télescope*, & qu'il a publié en 1655, fait voir que c'est Zacharie Jansen, ou suivant l'orthographe de Wolfius, Hansen. Voici de quelle manière on raconte cette histoire de la découverte du *télescope* par Jansen.

Des enfans en se jouant dans la boutique de leur père, lui firent, dit-on, remarquer que quand ils tenoient entre leurs doigts deux verres de lunettes, & qu'ils mettoient les verres l'un devant l'autre à quelque distance, ils voyoient le coq de leur clocher beaucoup plus gros que de coutume, & comme s'il étoit tout près d'eux, mais dans une situation renversée. Le père frappé de cette singularité, s'avisa d'ajuster deux verres sur une planche, en les y tenant debout, à l'aide de deux cercles de laiton, qu'on pouvoit approcher ou éloigner à volonté. Avec ce secours, on voyoit mieux & plus loin. Bien des curieux accoururent chez le lunetier; mais cette invention demeura quelque tems informe & sans utilité. D'autres ouvriers de la même ville firent usage à l'envi de cette découverte, & par la nouvelle forme qu'ils lui donnèrent, ils s'en attribuèrent l'honneur. L'un d'eux, attentif à l'effet de la lumière, plaça les verres dans un tuyau noirci en dedans. Par-là, il détourna & absorba une infinité de rayons, qui en se réfléchissant de dessus toutes sortes d'objets, ou de dessus les parois du tuyau, & n'arrivant pas au point de réunion, mais à côté, brouilloient ou absorboient la principale image. L'autre, enchérissant encore sur ces précautions, plaça les verres dans des tuyaux rentrans & emboîtés l'un dans l'autre, tant pour varier les points de vue, en alongeant l'instrument à volonté, selon les besoins de l'observateur, que pour rendre la machine portative, & commode par la diminution de la longueur quand on la voudroit transporter, ou qu'on n'en feroit pas usage.

Jean Lappuy, autre artiste de la même ville, passe pour le troisième qui ait travaillé au *télescope*, en ayant fait un en 1610, sur la simple relation de celui de Zacharie.

En 1620, Jacques Métius, frère d'Adrien Métius, professeur de mathématiques à Franecker, se rendit à Middelbourg avec Drebel, & y acheta des *télescopes* des enfans de Zacharie, qui les rendirent publics. Cependant Adrien Métius attribue à son frère l'honneur de la découverte du *télescope*, & a fait donner Descartes dans cette erreur.

Mais aucun de ceux qu'on vient de nommer n'ont fait des lunettes de plus d'un pié & demi de long. Galilée en Italie, & Simon Marius en Allemagne, sont les premiers qui aient fait de longs *télescopes*, propres pour les observations astronomiques.

Rossi raconte que Galilée étant à Venise apprit que l'on avoit fait en Hollande une espèce de verre optique, propre à rapprocher les objets: sur quoi s'étant mis à réfléchir sur la manière dont cela pouvoit se faire, il tailla deux morceaux de verre du mieux qu'il lui fut possible, & les ajusta aux deux bouts d'un tuyau d'orgue; ce qui lui réussit au point que peu après il fit voir à la noblesse vénitienne, dans le clocher de S. Marc, les découvertes les plus singulières. Rossi ajoute que, depuis ce tems-là, Galilée se donna tout entier à la perfection du *télescope*, & que c'est par-là qu'il se rendit digne de l'honneur qu'on lui fait assez généralement de l'en croire l'inventeur, & d'appeller cet instrument *le tube de Galilée*. Ce fut par ce moyen que Galilée apperçut les satellites de jupiter, les phases de vénus, les taches du soleil, *&c.*

Le P. Mabillon rapporte, dans son voyage d'Allemagne, qu'il avoit vu à l'abbaye de Scheir, dans le diocèse de Freisingue, une histoire scholastique de *Petrus Comestor*, à la tête de laquelle étoient les figures des arts libéraux, & que pour signifier l'astronomie, Ptolémée y étoit représenté, observant les étoiles avec une lunette, comme nos lunettes d'approche. Celui qui a écrit le mémoire se nommoit *Chonradus*, & étoit mort au commencement du xiij siècle, comme D. Mabillon l'a prouvé par la chronique de ce monastère, que Chonrad avoit continuée jusqu'à ce tems-là. Cette date est d'autant plus remarquable, que les simples lunettes qui semblent avoir dû être inventées les premières, ne l'ont été que plus de 100 ans après, comme on le peut voir par une lettre très-curieuse de Carlo Dati, florentin, que Spon a insérée dans ses *recherches d'antiquité*, *p.* 213, elle contient un passage remarquable d'une chronique de Barthelemi de S. Concorde, de Pise, qui marque qu'en 1312 un religieux, nommé *Alessandro Despina*, faisoit des lunettes, & en donnoit libéralement, tandis que celui qui les avoit inventées refusoit de les communiquer. *Mém. de l'acad. des inscr. tom. II.*

Il y a deux remarques à faire sur ce récit du P. Mabillon; la première, que ce savant a pu se laisser séduire par les apparences, & prendre pour lunette, ce qui n'en étoit pas une; il seroit à desirer qu'il en eût copié le dessein. 2.° Qu'il se pourroit très-bien faire que les figures des arts libéraux eussent été faites long-tems après que le manuscrit avoit été écrit. Cela paroît d'autant plus vraisemblable, que si on suppose que cette espèce de lunette ne représentât qu'un tuyau, qui servoit à regarder les astres, & à défendre l'œil de la lumière des objets étrangers; il seroit assez singulier que les auteurs d'astronomie n'en eussent point parlé. M. Ameilhon a lu en 1785, à l'académie des inscriptions, un mémoire où il réfute cette idée d'ancienneté pour la découverte des lunettes.

Au reste, l'usage des verres convexes & concaves étant connu, & les principes d'optique sur lesquels sont fondés les *télescopes*, se trouvant renfermés dans Euclide, il sembleroit que c'est faute d'y avoir réfléchi, que le monde a été privé si long-tems de cette admirable invention. Mais il falloit connoître la loi de la réfraction, pour y être conduit par la théorie, & on ne la connoissoit pas encore. On ne doit donc pas s'étonner, si nous devons cette découverte uniquement au hasard, & si nous en ignorons l'auteur, puisqu'il n'a dans cette découverte que le mérite du bonheur, & non celui de la sagacité. Telle est la marche lente & pénible de l'esprit humain. Il faut qu'il fasse des efforts incroyables pour sortir des routes ordinaires, & s'élancer dans des routes inconnues; encore n'est-ce presque jamais que le hasard qui le tire des premières pour le conduire dans les secondes. Et l'on ne peut douter que nos connoissances actuelles, soit en physique, soit en mathématique, ne renferment un nombre infini de découvertes, qui tiennent à une réflexion si naturelle, ou à un hasard si simple, que nos neveux ne pourront comprendre comment elles nous sont échappées; telle est la découverte des globes de Montgolfier.

Divers savans, tels que Galilée, Képler, Descartes, Grégory, Huygens, Newton, *&c.* ont contribué successivement à porter le *télescope* au point de perfection où il est aujourd'hui. Képler commença à perfectionner la construction originaire du *télescope*, en proposant de substituer un oculaire convexe à un oculaire concave. C'est ce qui paroît par sa dioptrique imprimée en 1611; car, dans cette dioptrique, il décrit un *télescope* composé de deux verres convexes, auquel on a donné depuis le nom de *télescope* astronomique.

Il y a différentes sortes de *télescopes*, qui se distinguent par le nombre & par la forme de leurs verres, & qui reçoivent leurs noms de leurs différens usages.

Tel est le premier *télescope* ou le *télescope* hollandois; celui de Galilée, qui n'en diffère que par sa longeur: le *télescope* céleste ou astronomique, le *télescope* terrestre, & le *télescope* aërien. Il y a encore, comme nous l'avons dit, le *télescope* composé de miroirs, ou à réflexion, qui s'appelle plus particulièrement encore *télescope*. Nous allons donner successivement la description de ces différens *télescopes*, & expliquer les principes sur lesquels sont fondés leurs effets, leurs avantages, & les causes d'où naissent leurs différentes imperfections.

Le *télescope* de Galilée, ou allemand, est composé d'un tuyau dont on peut voir la structure à l'*article* TUBE, dans lequel est à l'un de ses bouts un verre objectif convexe, & à l'autre un verre oculaire concave.

C'est la plus ancienne de toutes les formes des *télescopes*, & la seule qui leur ait été donnée par les inventeurs, ou qui ait été pratiquée avant Huygens.

Construction du télescope de Galilée ou allemand. Au bout d'un tube est ajusté un verre objectif, convexe d'un côté ou de deux côtés, & qui est un segment d'une sphère fort grande: à l'autre bout est ajusté de même un verre oculaire concave des deux côtés, mais formé d'un segment d'une moindre sphère, & placé à une telle distance de verre objectif, que le foyer virtuel de ce verre oculaire réponde au même point que le foyer réel du verre convexe. *Voyez* LUNETTE & FOYER.

Théorie du télescope de Galilée. Par le moyen de ce *télescope*, tout le monde, excepté les myopes, ou ceux qui ont la vue courte, doivent voir distinctement les objets dans leur situation droite, naturelle, & grossis à proportion de la distance du foyer virtuel du verre oculaire, à celle du foyer du verre objectif.

Mais pour que les myopes puissent voir distinctement les objets au travers d'un tel instrument, il faut rapprocher le verre oculaire du verre objectif.

Voici les causes de ces différens effets.

1.° Comme on ne regarde avec le *télescope* que des objets éloignés, les rayons qui partent du même point d'un objet tombent sur le verre objectif sous des lignes si peu divergentes entr'elles, qu'on peut regarder ces rayons comme parallèles, & conséquemment par la réfraction qu'ils subissent dans ce verre convexe, il faut qu'ils deviennent convergens, comme on l'a vu à l'*article* FOYER; c'est-à-dire, qu'ils se rapprochent, en tendant vers un certain point qui se trouve par la construction, ainsi qu'on l'a dit, au-delà du verre oculaire. Or, par la seconde réfraction qu'ils subissent dans ce verre concave, il faut qu'ils deviennent de nouveau parallèles, & que, dans cette disposition, ils entrent dans l'œil. *Voyez* RAYON, CONCAVITÉ, CONVEXITÉ & CONVERGENT. Et tout le monde, à l'exception des myopes, voient distinctement les objets dont les rayons entrent parallèlement dans l'œil. *Voyez* VISION & PARALLELE; ce premier point ne souffre point de difficulté.

2.° On suppose qu'*A* (*Pl. d'Optiq. fig.* 41.) est le foyer du verre objectif, & que de la droite de l'objet vienne un rayon *cAC*, le plus éloigné de ceux qui passent par le tube: après la réfraction, ce rayon devient parallèle à l'axe *BI*, & conséquemment après une seconde réfraction qu'il subit en passant par le verre concave, il devient divergent comme *ML*, c'est-à-dire, qu'il s'éloigne du foyer virtuel: c'est pourquoi, comme tous les rayons qui viennent de la même extrêmité vers l'œil, placé derrière le verre concave, sont parallèles à *ML*, & que ceux qui partent du milieu de l'objet sont parallèles à *FG*, comme on l'a observé ci-dessus, le centre de l'objet doit être vu dans l'axe *GA*, & l'extrêmité droite doit être vue du côté droit; savoir, dans la ligne *LM*, ou parallèle à ce côté; c'est-à-dire, que l'on doit voir l'objet droit ou debout, ce qui est le second point que nous avions à prouver.

3.° Comme toutes les lignes parallèles à *LM* coupent l'axe sous le même angle, le demi-diamètre de l'objet doit être vu à travers le *télescope* sous l'angle *CMF* ou *MFI*: les rayons *FL* & *IG* entrant dans l'œil de la même manière que si la prunelle se trouvoit placée dans le point *F*. Or si l'œil nud étoit placé dans le point *A*, il verroit le demi-diamètre de l'objet sous l'angle *cAb* ou *CAB*; mais comme on suppose l'objet fort éloigné, sa distance *AF* ne fait rien à cet égard, & par conséquent l'œil nud, fût-il même dans le point *F*, verroit le demi-diamètre de l'objet sous un angle égal à l'angle *A*. Ainsi, menant *FN* parallèle à *Ac*, le demi-diamètre de l'objet vu de l'œil nud est à celui qui est vu par le *télescope*, comme *IN* à *IO*, ou comme *IF* est à *BF*; c'est-à-dire, que le demi-diamètre vu de l'œil nud, est au demi-diamètre vu à travers le *télescope*, comme la distance du foyer virtuel du verre oculaire, ou *FI* est à la distance du foyer du verre objectif, ou *AB*, ce qui prouve le troisième point.

Enfin, comme les myopes ont la rétine trop éloignée du crystallin, que les rayons divergens se rassemblent dans l'œil à une plus grande distance que ne font les rayons parallèles, & que ceux-ci deviennent divergens, en rapprochant le verre oculaire du verre objectif; c'est par le moyen de ce rapprochement que les myopes voient distinctement les objets à travers le *télescope*; ce qui fait la preuve du quatrième point.

D'où il suit, 1.° que pour voir l'objet tout entier, le demi-diamètre de la prunelle ne doit pas être plus petit que n'est la distance des rayons *LM*

& *GI*, par conséquent plus la prunelle est dilatée, plus grand doit être le champ, ou l'étendue que l'on voit par cette espèce de *télescope;* & au contraire, plus la prunelle est contractée, plus cette étendue doit être petite. De sorte que si l'on sort d'un lieu obscur, ou que l'on ferme l'œil quelque tems avant de l'appliquer au verre, la vue embrassera une plus grande étendue du premier coup-d'œil, qu'elle ne fera dans la suite, & après que la prunelle aura été contractée de nouveau par l'augmentation de lumière. *Voyez* PRUNELLE.

2.° Puisque la distance des rayons *ML* & *IG* est plus grande quand l'œil est à une plus grande distance du verre, il s'ensuit que plus on s'éloignera du verre, moins il entrera de rayons dans l'œil; par conséquent l'étendue que la vue embrasse d'un coup-d'œil, augmentera à mesure que l'œil sera plus près du verre concave.

3.° Puisque le foyer d'un verre objectif plan convexe, & le foyer virtuel d'un verre oculaire plan concave, sont à la distance du diamètre; & que le foyer d'un verre objectif convexe des deux côtés, & le foyer virtuel d'un verre oculaire concave des deux côtés sont à la distance d'un demi-diamètre; si le verre objectif est plan convexe, & le verre oculaire plan concave, le *télescope* augmentera le diamètre de l'objet à proportion du diamètre de la concavité au diamètre de la convexité.

Si le verre objectif est convexe des deux côtés, & le verre oculaire concave des deux côtés, le *télescope* augmentera le diamètre de l'objet à proportion du demi-diamètre de la concavité, au demi-diamètre de la convexité. Si le verre objectif est plan convexe, & le verre oculaire concave des deux côtés, le demi-diamètre de l'objet augmentera à proportion du demi-diamètre de la concavité, au diamètre de la convexité; & enfin si le verre objectif est convexe des deux côtés, & le verre oculaire plan concave, l'augmentation se fera suivant la proportion du diamètre de la concavité au demi-diamètre de la convexité.

4.° Puisque la proportion des demi-diamètres est la même que celle des diamètres entiers, les *télescopes* grossissent les objets de la même manière, soit que le verre objectif soit plan convexe, & le verre oculaire plan concave, ou que l'un soit convexe des deux côtés, & l'autre concave des deux côtés.

5.° Plus le diamètre de la courbure du verre objectif est grand, & celui de l'oculaire petit, plus la proportion du diamètre de l'objet vu à travers un *télescope* est petite, & par conséquent plus le *télescope* doit grossir l'objet.

7.° Puisque le demi-diamètre de l'objet s'aumente, suivant la proportion de l'angle *OFI*, & que plus cet angle est grand, plus la partie de l'objet qu'on embrasse d'un coup-d'œil est petite; à mesure que ce demi-diamètre sera grossi ou augmenté, le *télescope* représentera une moindre partie de l'objet.

C'est cette raison qui a déterminé les mathématiciens à chercher une autre espèce de *télescope*, après avoir reconnu l'imperfection du premier qui avoit été découvert par hasard; leurs efforts n'ont point été infructueux, comme il paroît par les effets du *télescope* astronomique, dont la description est ci-dessous.

Si le demi-diamètre d'un verre oculaire est trop petit par rapport au demi-diamètre du verre objectif; l'objet ne sera point vu assez clairement à travers le *télescope;* parce que le grand écart des rayons fait que les différens pinceaux qui représentent sur la rétine les différens points de l'objet, sont en trop petit nombre.

On a trouvé aussi que des verres objectifs égaux, ne font point le même effet avec des verres oculaires de même diamètre, quand ils sont d'une transparence, ou d'un poli différent. Un verre objectif moins transparent, ou moins parfaitement taillé ou formé, demande un verre oculaire moins courbe, que ne demande un autre verre objectif plus transparent & mieux poli.

Ainsi, quoiqu'on ait l'expérience qu'une lunette est bonne, lorsque la distance du foyer d'un verre objectif est de six pouces, & que le diamètre du verre oculaire plan concave, est de trois quarts de pouce, ou que le diamètre d'un verre oculaire également concave des deux côtés est d'un pouce & demi: cependant l'artiste ne doit jamais s'attacher à ces sortes de combinaisons, comme si elles étoient fixes & invariables; il doit au contraire essayer des verres objectifs, & choisir celui avec lequel on voit le plus clairement & le plus distinctement les objets.

Hévélius recommande un verre objectif convexe des deux côtés, & dont le diamètre soit de quatre piés, mesure de Dantzick, & un verre oculaire concave des deux côtés, & dont le diamètre soit de quatre pouces & demi, le pié étant de dix pouces. Il observe qu'un verre objectif également convexe des deux côtés, & dont le diamètre est de cinq piés, demande un verre oculaire de cinq pouces & demi; & il ajoute que le même verre oculaire peut servir aussi à un verre objectif de huit ou de dix piés.

Ainsi comme la distance du verre objectif & du verre oculaire, est la différence entre la distance du foyer du verre objectif, & celle du foyer virtuel du verre oculaire; la longueur du *télescope* se règle par la soustraction que l'on fait de l'une à l'autre, c'est-à-dire, que la longueur du *télescope* est la différence qu'il y a entre les diamètres du verre objectif, & du verre oculaire, supposé que le premier soit plan convexe, & le second plan concave; ou c'est la différence qu'il y a entre les demi-diamètres du verre objectif & du verre oculaire; supposé que le premier soit convexe des deux côtés, deux côtés, & que le second soit concave des deux côtés : ou c'est la différence qu'il y a entre le demi-diamètre du verre objectif, & le diamètre du verre oculaire, supposé que le premier soit convexe des deux côtés, & que le second soit plan concave; ou enfin, c'est la différence qu'il y a entre le diamètre du verre objectif, & le demi-diamètre du verre oculaire, supposé que le premier soit plan convexe, & que le second soit concave des deux côtés. Par exemple, si le diamètre de la courbure d'un verre objectif convexe des deux côtés est de quatre piés, & que le diamètre d'un verre oculaire concave des deux côtés, soit de quatre pouces, la longueur du *téléscope* sera d'un pié dix pouces. On n'emploie aujourd'hui les verres concaves que pour les lorgnettes d'opéra.

Le téléscope, ou la *lunette astronomique*, differe du *téléscope* hollandois ou de Galilée, en ce que l'oculaire y est convexe comme l'objectif. *Voyez* Convexité.

On lui a donné ce nom, parce qu'on ne s'en sert que pour les observations astronomiques, à cause qu'il renverse les objets. On a vu plus haut que Képler fut le premier qui en donna l'idée; & il paroît que le P. Scheiner fut le premier qui exécuta réellement ce *téléscope*.

Construction du téléscope astronomique. Le tube étant fait de la longueur nécessaire, on ajuste dans un de ses bouts un verre objectif, soit plan convexe, soit convexe des deux côtés; mais qui doit être un segment d'une grande sphère : à l'autre bout on ajuste de même un verre oculaire convexe des deux côtés, mais qui doit être le segment d'une petite sphère, & on le place dans le tube de façon qu'il soit au-delà du verre objectif, précisément d'un espace égal à la distance de son propre foyer.

Théorie du téléscope astronomique. Le *téléscope* étant ainsi construit, l'œil placé près du foyer du verre oculaire verra distinctement les objets, mais renversés, & grossis dans le rapport de la distance du foyer du verre oculaire, à la distance du foyer du verre objectif.

Car, 1.° comme les objets qu'on voit par le *téléscope* sont extrêmement éloignés, les rayons qui partent d'un point quelconque de l'objet, viennent frapper parallélement le verre objectif, & par conséquent après la réfraction ils se réunissent derriere ce verre dans un point qui est le foyer du verre oculaire. Depuis ce point, ils commencent à devenir divergens, & en s'écartant ainsi, ils viennent frapper le verre oculaire, où ayant subi une autre réfraction, ils entrent parallélement dans l'œil.

Ainsi, comme tout le monde, excepté les myopes, voit distinctement par des rayons paralleles, un *téléscope* disposé de la maniere ci-dessus, doit représenter distinctement les objets éloignés.

Supposé le foyer commun des verres en *F*, (*fig.* 42 *d'optiq.*) & faites *AB* égal à *BF*; puisqu'un des rayons *AC* partant du côté droit *c* de l'objet, passe par *A*, le rayon *CE* sera paralléle à l'axe *AI*, & conséquemment, après la réfraction qu'il aura subi dans le verre oculaire, il tombera avec l'axe dans le foyer *G*. Comme l'œil est placé contre ce foyer, & que tous les autres rayons, qui, avec *EG*, partent du même point de l'objet, subissent une réfraction, qui les envoie parallélement de ce côté-là, le point qui se trouve dans le côté droit de l'objet doit être vu dans la ligne droite *GE*.

De même, il faut que le point du milieu de l'objet se voie dans l'axe *GB*, de sorte que l'objet paroît renversé.

2.° Il paroît par ce qu'on a déja prouvé ci-dessus, que le demi-diametre de l'objet sera vu à travers le *téléscope* sous l'angle *EGI*, & que l'œil nud, placé en *A*, le voit sous l'angle *bAc*. Supposez maintenant *IF*, égal à la distance du foyer *IG* de l'oculaire. Comme les angles droits en *I* sont égaux, il s'ensuit que l'angle *EGF* est égal à *EFI*; or, en tirant la ligne *FM*, parallele à *AC*, vous aurez l'angle *IFM*, égal à *BAC*; par conséquent le demi-diametre de l'objet vu de l'œil nud, est à ce même demi-diametre vu par le *téléscope*, comme *IM* est à *IE*. Tirez la ligne *kE*, parallele à *FM*; vous trouverez qu'*IM* est à *IE*, comme *IF* est à *IK*. Ainsi, le demi-diametre de l'objet vu à la vue simple, est au demi-diametre vu à travers le *téléscope*, comme la distance *IF* du foyer du verre oculaire, est à la distance *Ik* du foyer du verre objectif; ce qu'il falloit prouver.

Il suit de tout ce qui vient d'être exposé, 1.° que si ce *téléscope* est moins propre pour représenter les corps terrestres, puisque leur renversement empêche souvent de les reconnoître; il n'en est pas moins commode pour observer les astres, qu'il est assez indifférent de voir droits ou renversés.

2.° Que si entre le verre oculaire & son foyer *G*, il se trouve un miroir plan de métal poli *LN*, de la longueur d'un pouce, & d'une figure ovale, incliné sur l'axe sous un angle de 45 degrés, les rayons *EP* & *MQ* seront réfléchis de maniere que venant à se joindre en *g*, ils formeront un angle *PgQ*, égal à *PGQ*; & par conséquent l'œil étant placé en *g*, il verra l'objet de la même grandeur qu'auparavant, mais dans une situation droite ou redressée. Ainsi, en ajoutant un pareil miroir au *téléscope* astronomique, on le rend commode pour observer les corps terrestres. *Voyez* Miroir.

3.° Comme le foyer d'un verre convexe des deux côtés est éloigné d'un demi-diametre de ce même verre, & que le foyer d'un verre plan convexe en est éloigné d'un diametre, si ce verre objectif est convexe des deux côtés ainsi que le verre oculaire, le *téléscope* grossira le diametre de l'objet suivant la proportion qu'il y a du demi-diamètre de la sphéricité du verre oculaire, au demi-diamètre de celle du verre objectif; mais si le verre objectif est plan convexe, il le grossira suivant la proportion qu'il y a du demi-diamètre du verre oculaire au diamètre du verre objectif.

4.° Ainsi, comme le demi-diamètre du verre oculaire a une plus grande proportion au demi-diamètre du verre objectif, qu'à son diamètre, un *télescope* grossit davantage quand le verre objectif est plan convexe, que lorsqu'il est convexe des deux côtés, parce que la lunette devient plus longue. Par la même raison, un *télescope* grossit davantage lorsque l'oculaire est convexe des deux côtés, que lorsqu'il est plan convexe.

5.° La proportion du demi-diamètre du verre oculaire au diamètre, ou au demi-diamètre du verre objectif, diminue à mesure que le verre oculaire est un segment d'une moindre sphère, & que le verre objectif est le segment d'une plus grande sphère. C'est pourquoi un *télescope* grossit d'autant plus que le verre objectif est un segment d'une plus grande sphère, & le verre oculaire le segment d'une moindre sphère. Cependant la proportion du demi-diamètre du verre oculaire au verre objectif ne doit pas être trop petite, car si elle l'étoit, la réfraction ne pourroit pas se faire de manière que les rayons, partant de chaque point de l'objet, entrassent dans l'œil séparément & en quantité suffisante, ce qui par conséquent rendroit la vision obscure & confuse.

A quoi l'on peut ajouter ce que nous avons dit de la proportion du verre objectif au verre oculaire, en parlant du *télescope* de Galilée.

De Chales dit qu'un verre objectif de 2 ½ piés, demande un verre oculaire de 1 ½ pouce, & que pour un verre objectif de 8 ou 10 piés, il faut un verre oculaire de 4 pouces; c'étoit aussi l'avis d'Eustache de Divinis, opticien célèbre.

Le télescope aérien est une espèce de *télescope* astronomique, dont les verres ne sont point renfermés dans un long tuyau. Ce n'est, à proprement parler qu'une façon particulière de monter des verres objectifs (dont le foyer est très-long) & leurs oculaires, de façon qu'on puisse les diriger avec facilité pour observer les corps célestes pendant la nuit, & éviter les embarras des tuyaux, qui deviennent fort incommodes & fort gênans, lorsqu'ils sont très-longs. C'est au célèbre Huygens que nous sommes redevables de cette invention.

Construction du télescope aérien. 1.° On plante perpendiculairement un mât *AB* (*fig.* 46, *n.°* 2.) de la longueur dont devroit être le tuyau du *télescope*. Avant de l'élever on l'applanit d'un côté, l'on y attache deux règles parallèles entr'elles, & éloignées l'une de l'autre d'un pouce & demi, de sorte que l'espace qu'elles laissent entr'elles, forme une espèce de rainure ou canal (un peu plus large en dedans qu'en dehors), qui règne presque du haut de ce mât jusqu'en bas. Au haut de ce mât est une roulette ou poulie *A*, qui tourne sur son axe, & sur laquelle passe une corde *GC*, deux fois plus longue que le mât. Cette corde, de la grosseur du petit doigt, ou à-peu-près, est ce que l'on appelle *une corde sans fin;* elle est garnie d'un morceau de plomb *H*, dont le poids est égal au verre objectif, & à tout l'équipage qui doit le soutenir.

Une latte, longue de deux piés, & formée de manière qu'elle puisse glisser librement, mais sans jeu, le long du canal, porte à son milieu un bras de bois *E*, qui s'éloigne d'un pié du mât, & qui soutient à angles droits un autre bras *Ff* d'un pié & demi de long, qui tourne autour d'un axe parallèle à l'horizon.

2.° On ajuste un verre objectif dans un cylindre *FI*, de trois pouces de long; on fait tenir ce cylindre sur un bâton fort droit d'un pouce d'épais, & qui le déborde de 8 ou 10 pouces. A ce bâton est attaché une boule de cuivre; cette boule est portée & se meut librement dans une portion de sphère creuse, où elle est emboîtée. Cette portion de sphère est ordinairement faite de deux pièces, que l'on serre ensemble par le moyen d'une vis, ce qui forme une espèce de genou; & afin que le verre objectif puisse être mis en mouvement avec plus de facilité, on suspend un poids d'environ une livre, à un gros fil de laiton; de sorte qu'en pliant ce fil d'un côté ou de l'autre, on parvienne facilement à faire rencontrer ensemble le centre de gravité commun du poids, & du verre objectif, & celui de la boule de cuivre. Pour que l'on puisse d'en bas diriger l'objectif vers un astre, on attache, à l'extrémité *f*, un fil *LA*, qui va jusqu'à l'observateur, & qui réunit les deux extrémités de la lunette, l'objectif & l'oculaire.

3.° On ajuste un verre oculaire *Q*, dans un cylindre fort court, auquel on attache le bâton *PS*. A celui-ci pend un petit poids *S*, qui est suffisant pour le contre-balancer; en *Q* on attache une poignée *R*, traversée par un axe que l'astronome tient à la main; & le bâton *PA*, tourné du côté du verre objectif, est attaché au fil *AL*. Ce fil est roulé sur une petite cheville *A*, attachée au milieu du bâton, de sorte qu'en la tournant, on augmente & on diminue, comme on veut, la longueur du fil.

4.° Afin que l'astronome puisse tenir ferme le verre oculaire, il appuie son bras sur un support *X*.

Enfin pour écarter la foible lumière dont l'air pourroit frapper l'œil, on couvre le verre oculaire d'un cercle, troué au milieu, & ajusté à un bras mobile & flexible.

Le grand *télescope* de Huygens, qui a fait connoître d'abord l'anneau de saturne, & un de ses satellites, consistoit en un verre objectif de 12 piés, & un verre oculaire de 3 pouces & quelque choſe de plus. Cependant il ſe ſervoit ſouvent d'un *téleſcope* de 20 piés de long, avec deux verres oculaires joints enſemble, & ayant chacun un pouce & demi de diamètre.

Le même auteur obſerve qu'un verre objectif de 30 piés, demande un verre oculaire de trois pouces & trois ſeizièmes de pouce; & il nous donne une table de proportion pour la conſtruction des *téleſcopes* aſtronomiques, dont voici un abrégé.

Diſtance du foyer des verres objectifs.	Diamètre de l'ouverture.		Diſtance du foyer de verres oculaires.		Rapport dans lequel les diamètres des objets ſont groſſis.
Piés.	Pouc.	Dixie. & cent. de pouc.	Pouc.	Dixiem. & cent. de pouc.	
1	0	55	0	61	20
2	0	77	0	85	28
3	1	95	1	5	34
4	1	9	1	20	40
5	1	23	1	35	44
6	1	34	1	47	49
7	1	45	1	60	53
8	1	55	1	71	56
9	1	64	1	80	60
10	1	73	1	90	63
15	2	12	2	23	72
20	2	45	2	45	89
25	2	74	2	74	100
30	3	0	3	1	109
40	3	46	3	56	126
50	3	87	4	26	141
60	4	24	4	66	154
70	4	58	5	4	166
80	5	90	5	39	178
90	5	5	5	56	183
100	5	48	6	3	189

Si dans deux ou pluſieurs *téleſcopes*, la proportion entre le verre objectif & le verre oculaire eſt la même, ils groſſiront également les objets.

On pourroit en conclure qu'il eſt inutile de faire de grands *téleſcopes*; mais il faut ſe ſouvenir de ce qui a été dit ci-deſſus, ſavoir, qu'un verre oculaire peut avoir une moindre proportion, à un plus grand verre objectif, qu'à un plus petit. Par exemple, dans le *téleſcope* de 25 pieds, l'oculaire eſt de 2 pouces & $\frac{3}{4}$; & ſuivant cette proportion, un *téleſcope* de 50 piés devroit avoir un verre oculaire de $5\frac{1}{2}$ pouces: cependant la table fait voir qu'il ſuffit d'en prendre un de quatre pouces & demi. Il paroît par la même table, qu'un *téleſcope* de 50 piés groſſit dans la proportion d'un à 141, au lieu qu'un *téleſcope* de 25 piés ne groſſit que dans la proportion d'un à 100. D'ailleurs, plus les lentilles ou verres ſont ſegmens d'une grande ſphère, plus ils réuniſſent exactement les rayons, & plus par conſéquent l'image eſt diſtincte.

Il faut ajouter encore, & c'eſt ce qu'il y a de plus important, que plus les lentilles ſont partie d'une grande ſphère, plus on peut leur donner d'ouverture & plus elles reçoivent de rayons; de façon qu'une lentille dont le foyer eſt deux fois plus diſtant que celui d'une autre, reçoit (en ſuppoſant que les épaiſſeurs ſoient proportionnelles à la diſtance des foyers), quatre fois plus de rayons. Ceci donne la raiſon pour laquelle les objectifs d'un plus grand foyer peuvent avoir des oculaires d'un foyer plus court que ne le comporteroient les proportions qui ſe trouvent entre les objectifs d'un plus court foyer & leurs oculaires.

Comme la diſtance des verres eſt égale à la ſomme des diſtances des foyers des verres objectifs & oculaires; que le foyer d'un verre convexe des deux côtés en eſt éloigné d'un demi-diamètre, & que le foyer d'un verre plan convexe en eſt éloigné d'un diamètre, la longueur d'un *téleſcope* eſt égale aux ſommes des demi-diamètres des courbures des verres, quand ils ſont tous les deux convexes des deux côtés.

Mais comme le demi-diamètre du verre oculaire eſt fort petit, en comparaiſon de celui du verre objectif, on règle ordinairement la longueur d'un *téleſcope* aſtronomique ſur la diſtance du foyer de ſon verre objectif; c'eſt-à-dire, ſur ſon demi-diamètre, ſi cet objectif eſt convexe des deux côtés, ou ſur ſon diamètre, s'il eſt plan convexe. Ainſi, l'on dit qu'un *téleſcope* eſt de 12 piés, quand le foyer ou demi-diamètre du verre objectif, convexe des deux côtés, eſt de 12 piés, *&c.*

Comme les myopes voient mieux les objets de près, il faut rapprocher pour eux le verre oculaire du verre objectif, afin qu'en ſortant de cet oculaire, les rayons ſoient encore divergens.

Manière de racourcir le téleſcope *aſtronomique*; c'eſt-à-dire, de faire un *téleſcope* qui étant plus court que les autres, groſſira cependant autant les objets.

Dans un tuyau de lunette dont le verre objectif eſt *EO*, *fig.* 43, & le premier verre oculaire *BD* concave des deux côtés, on ſuppoſe que le foyer *A* du verre objectif ſe trouve derrière, mais plus près du centre *G* de la concavité; alors l'image viendra ſe peindre au point *Q*, tel que *GA* ſera à *GI*, comme *AB* eſt à *QI*; ajuſtez dans le même tube un autre verre oculaire convexe des deux côtés, & qui ſoit un ſegment d'une moindre ſphère, de ſorte que ſon foyer ſoit en *Q*.

Ce *téleſcope* groſſira davantage le diamètre de l'objet, que ſi le verre objectif devoit repréſenter ſon image à la même diſtance *EQ*, & par conſéquent un pareil *téleſcope* ſera plus court qu'un *téleſcope* ordinaire, en produiſant le même effet que ce dernier. Cependant cette conſtruction n'a pas réuſſi dans la pratique.

Le *téleſcope* terreſtre ou *téleſcope* de jour, que l'on doit au P. Rheita, eſt un *téleſcope* compoſé de plus de deux verres, dont l'un est ordinairement un verre objectif convexe, & les trois autres des verres oculaires convexes. C'est un *télescope* qui représente les objets dans leur situation naturelle, comme celui de Galilée, mais qui en diffère cependant, comme on vient de le voir, par le nombre & la forme de ses verres. On lui donne quelquefois le nom de *terrestre*, parce qu'il sert à faire voir pendant le jour les objets terrestres.

Pour faire un *télescope* de cette espèce, ajustez dans un tube un verre objectif, qui soit convexe des deux côtés, ou plan convexe, & qui soit un segment d'une grande sphère; ajoutez-y trois verres oculaires, tous convexes des deux côtés, & segmens de sphères égales, mais plus petites, & disposez-les de manière que la distance de deux de ces verres soit la somme des distances de leurs foyers, c'est-à-dire, que les foyers des deux verres voisins se répondent.

Théorie du télescope *terrestre*; l'œil appliqué au foyer du dernier verre doit voir les objets d'une manière très-distincte, droits, & grossis, suivant la proportion de la distance du foyer d'un des verres oculaires *LD*, *fig.* 44, à la distance du foyer du verre objectif *AB*.

Car, 1.° suivant ce que nous avons déjà dit, les rayons venant frapper parallélement l'objectif, l'image de l'objet doit être représentée renversée à la distance du foyer principal; ainsi, comme cette image est au foyer du premier verre oculaire, les rayons, après une seconde réfraction, deviennent parallèles, & venant à frapper le troisième verre, après y avoir subi une troisième réfraction, ils représentent l'image renversée de nouveau, c'est-à-dire, une image droite de l'objet. Cette image se trouvant donc dans le foyer du troisième verre oculaire, les rayons, après une quatrième réfraction, deviennent parallèles, & l'œil les reçoit dans cette situation; par conséquent la vision doit être distincte, & l'objet doit paroître dans sa situation naturelle.

2.° Si *IQ* est égal à *IK*, c'est-à-dire, à la distance du foyer du verre objectif, un œil placé en *M* doit voir le demi-diamètre de l'objet grossi dans la proportion de *LM* à *KI*; mais le rayon *AQ* partant du foyer *Q* du verre objectif *AB*, après la réfraction, devient parallèle à l'axe *IL*; par conséquent le premier verre oculaire *CD* joint ce rayon à l'axe en *M*, qui est la distance d'un demi-diamètre.

Et comme le foyer du second verre oculaire *EF* est aussi en *M*, le rayon *FH*, après la réfraction, devient parallèle à l'axe *NO*; de sorte que le troisième verre oculaire joint le rayon à l'axe en *P*; mais les demi-diamètres des verres *GH* & *CD*, sont supposés égaux; par conséquent *PO* est égal à *LM*; ainsi, comme les angles droits en *O* & en *L* sont égaux, & que *HO* est égal à *CL*, l'angle *OPH* est égal à *CML*; c'est pourquoi le demi-diamètre de l'objet paroît le même en *P* & en *M*; & par conséquent il est grossi dans la proportion de *LM*, ou de *PO* à *KI*, foyer de l'objectif.

D'où il suit, 1.° qu'un *télescope* astronomique peut aisément être changé en *télescope* terrestre, en y mettant trois verres oculaires au lieu d'un seul; & le *télescope* terrestre en *télescope* astronomique, en supprimant deux verres oculaires, la faculté de grossir demeurant toujours la même, & la lunette devenant un peu plus courte.

2.° Cette construction fait connoître que la longueur du *télescope* terrestre se trouve en ajoutant cinq fois le foyer d'un des verres oculaires avec celui du verre objectif.

Huygens a observé le premier que c'est une chose qui contribue beaucoup à la perfection des *télescopes*, tant astronomiques que terrestres, que de placer un diaphragme à l'endroit où se trouve l'image qui rayonne sur le dernier oculaire, ou celui qui est le plus près de l'œil; c'est un petit anneau de bois ou de métal, ayant une ouverture un peu plus petite que la largeur du verre oculaire. Par ce moyen on empêche les couleurs étrangères de troubler la clarté de l'objet, dont toute l'étendue renfermée dans ses propres bornes, vient frapper l'œil d'une manière plus distincte & plus précise qu'elle ne pourroit faire sans cet anneau.

On fait quelquefois des *télescopes* terrestres à trois verres, dont Képler donna aussi la première idée. Ces *télescopes* représentent également les objets droits & grossis; mais les objets y paroissent teints de fausses couleurs & défigurés vers les bords. On en fait encore à cinq oculaires, & jusqu'ici il avoit paru qu'ils ne devoient représenter les objets que d'une manière plus foible à cause des rayons qui doivent être interceptés en passant par chacun de ces verres. Cependant Dollond, célèbre opticien anglois, fit voir vers 1760, par d'excellentes lunettes à six verres, que l'interception de ces rayons n'étoit point autant qu'on l'imaginoit, un obstacle à la perfection des *télescopes*. On peut voir ces combinaisons & beaucoup d'autres dans la dioptrique de M. Euler, en 3 vol. *in-4.°*, imprimée à Pétersbourg en 1769—1771. Enfin on a fait vers le même-tems, en Angleterre, des lunettes de nuit, qui servent principalement sur mer pour suivre un vaisseau dans l'obscurité, reconnoître une côte, l'entrée d'un port, *&c.* Ces lunettes, dont la première idée nous paroît dûe au docteur Hook, sont composées d'un objectif d'un grand diamètre, afin qu'il puisse recevoir beaucoup de rayons, & d'un ou plusieurs oculaires. S'il n'y en a qu'un, on voit les objets renversés. Cet inconvénient est moindre qu'on ne le croiroit d'abord, parce que pour l'usage auquel on les destine, il suffit qu'elles puissent faire reconnoître & distinguer sensiblement les masses. De plus, l'habitude de s'en servir doit bientôt diminuer, ou faire disparoître cet inconvénient. Les imprimeurs & les graveurs, comme on sait, par l'usage qu'ils ont de composer en renversant les lettres pour l'impression, lisent aussi bien dans ce sens que si les lettres étoient droites.

LE TÉLESCOPE, proprement dit, c'est-à-dire, le *télescope* à réflexion, catoptrique ou cata-dioptrique, est principalement composé de miroirs en place de verres ou de lentilles; & au lieu de représenter les objets par réfraction comme les autres, il les représente par réflexion. *Voyez* CATOPTRIQUE.

On attribue ordinairement l'invention de ce *télescope* à l'illustre Newton. Ses grandes découvertes en optique, les voies par lesquelles il a été mené à l'imaginer, le succès qu'il a eu en l'exécutant, ayant été le premier qui en ait fait un; enfin, sa célébrité, sont des titres auprès de beaucoup de personnes pour l'en regarder comme l'inventeur.

Cependant, s'il l'inventa, comme on n'en peut presque pas douter, par ce que nous rapporterons dans la suite, il ne fut pas le premier qui eut cette belle idée. Il ne commença à penser à ce *télescope*, comme il le dit lui-même, qu'en 1666; & trois ans auparavant, c'est-à-dire en 1663, Jacques Gregory, savant géomètre écossois, avoit donné dans son *optica promota*, la description d'un *télescope* de cette espèce. Cassegrain, en France, avoit eu aussi à-peu-près dans le même-tems, une idée semblable; mais, ce qu'on aura peut-être de la peine à croire, c'est que la première ievention de ce *télescope* date de plus de vingt ans auparavant, & appartient véritablement au P. Mersenne, minime françois.

En effet, on trouve dans la proposition septième de sa catoptrique, où il parle de miroirs composés, ces paroles remarquables. « On compose un » grand miroir concave parabolique, avec un petit » convexe, ou concave aussi parabolique, y ajoutant, si on veut, un petit miroir plan, le tout » à dessein de faire un miroir ardent qui brûlera » à quelque distance aux rayons du soleil. La » même composition peut aussi servir pour faire » *un miroir à voir de loin, & grossir les espaces,* » *comme les lunettes de longue vue.* » Immédiatement après, il dit encore la même chose, en supposant seulement qu'au lieu du petit miroir parabolique, on en substitue un hyperbolique. Dans sa ballistique, il donne la figure de cette espèce de miroir, & on voit distinctement dans cette figure une grande parabole, au foyer de laquelle, ou plutôt un peu plus loin, se trouve une petite parabole qui réfléchit parallélement au travers d'une ouverture, faite dans le fond de la première, les rayons parallèles qui tombent sur celle-ci. Or ce qui montre que cette idée d'un *télescope* de réflexion n'étoit point, comme on le pourroit croire, de ces idées vagues qui passent par la tête d'un savant, & dont il parle souvent sans s'en être occupé, c'est ce qu'on trouve dans deux lettres de Descartes, *tome II*, *lettres xxix & xxxij*, où il semble répondre au P. Mersenne, qui apparemment lui avoit demandé son sentiment touchant ces nouveaux *télescopes*.

« Les lunettes, dit-il, que vous proposez avec » des miroirs, ne peuvent être ni si bonnes ni si » commodes que celles que l'on fait avec des » verres; 1.° pour ce que l'œil n'y peut être mis » fort proche du petit verre ou miroir, ainsi qu'il » doit être; 2.° qu'on n'en peut exclure la lumière comme aux autres avec un tuyau; 3.° qu'elles » ne devroient pas être moins longues que les » autres, pour avoir les mêmes effets, & ainsi ne » seroient guère plus faciles à faire; & s'il se perd » des rayons sur les superficies des verres, il s'en » perd aussi beaucoup sur celles des miroirs.

Dans la seconde lettre, il ajoute: « vos difficultés touchant les lunettes par réflexion, viennent » de ce que vous considérez les rayons qui viennent parallèles d'un même côté de l'objet, & » s'assemblent en un point, sans considérer avec » cela ceux qui viennent des autres côtés, & s'assemblent aux autres points dans le fond de l'œil où » ils forment l'image de l'objet. Car cette image » ne peut être aussi grande, par le moyen de vos » miroirs, que par les verres, si la lunette n'est » aussi longue; & étant si longue, l'œil sera fort » éloigné du petit miroir, à savoir de toute la longueur de la lunette, & on n'exclut pas si bien » la lumière collatérale par votre tuyau ouvert de » toute la largeur du grand miroir que par les » tuyaux fermés des autres lunettes. »

Ces deux passages sont si importans, que j'ai cru devoir les rapporter en entier. En effet, ils prouvent que le P. Mersenne, comme nous l'avons dit, s'étoit fort occupé du *télescope* de réflexion, & que la construction qu'il comptoit lui donner, étoit semblable à celle qu'ils ont aujourd'hui; le grand miroir devant être (comme on le voit par les objections de Descartes) dans le fond d'un tuyau, & le petit miroir à une certaine distance. Ils montrent encore que, dans la construction de son *télescope*, il n'y auroit point eu d'oculaire, les rayons devant être réfléchis parallélement par le petit miroir, & entrer ainsi dans l'œil. Car Descartes insiste sur ce que l'œil ne pourroit être mis aussi proche de ce miroir, qu'il étoit nécessaire, devant par cette construction en être éloigné de toute la longueur de la lunette.

Lorsque Descartes prétendoit que, pour voir les objets distinctement avec ces nouveaux *télescopes*, il falloit qu'ils fussent aussi longs que les autres; il se trompoit. Un objectif convexe des deux côtés a son foyer au centre de la sphère dont il fait partie, pendant qu'un miroir concave, & dont la concavité fait aussi partie de la même sphère, a son foyer à la moitié du rayon. Il n'étoit pas moins facile de répondre à la plupart de ses autres objections: cependant il est vraisemblable qu'elles empêchèrent le P. Mersenne de s'occuper plus long-tems de ces nouveaux *télescopes*, & lui firent abandonner le dessein de les perfectionner, ou d'en faire exécuter. Tel est le poids des raisons d'un grand homme, qu'à peine ose-t-on en appeller. Nous avons dit que ce père avoit imaginé ce *télescope* plus de vingt ans avant que Grégory en eût parlé; c'est ce qui est prouvé par le tems où ces lettres de Descartes, que nous avons rapportées, ont été écrites. On voit par la date de celles qui suivent, qu'elles le furent à-peu-près vers le milieu de l'année 1639. Cependant elles ne furent publiées que plus de vingt ans après, au commencement de 1666. Ainsi Grégory ne pouvoit les avoir vues; mais il auroit bien pu avoir connoissance du traité de l'optique & de la catoptrique du P. Mersenne, où se trouve le passage que nous avons rapporté: car la publication de ce traité est antérieure de quinze ans, ayant été imprimé dans l'année 1651.

Il paroît, par les paroles de Descartes, que la considération des rayons qui se perdent en passant à travers le verre, engagea le P. Mersenne à imaginer le *télescope* à réflexion. Grégory y fut conduit par une raison à-peu-près semblable; mais qui étoit d'autant mieux fondée, qu'elle portoit sur l'impossibilité qui paroissoit alors de donner aux *télescopes* dioptriques une certaine perfection. En effet, comme les verres hyperboliques qu'on vouloit substituer aux verres sphériques, pour produire une réunion plus parfaite des rayons, avoient eux-mêmes un très-grand inconvénient, en ce qu'il falloit les faire fort épais, ce nouvel obstacle à la perfection de ces *télescopes*, donna donc à Grégory, comme il le rapporte lui-même, l'idée de substituer des miroirs aux verres, & de faire un *télescope* de réflexion. Il fit beaucoup de tentatives, mais faute d'être aidé par d'habiles artistes, il ne put jouir de sa découverte, & voir avec ce nouveau *télescope*. Il étoit réservé à Newton d'en prouver la possibilité par des essais heureux, & d'en montrer incontestablement les avantages par sa théorie. Car comme elle lui apprit que les différens rayons ne sont pas également réfrangibles; il en conclut qu'il étoit impossible, quelque forme qu'eût une lentille, soit sphérique, soit hyperbolique, qu'elle pût réunir tous les rayons dans un même point, & par conséquent qu'il n'y eût de fausses couleurs. Il trouva, comme on le voit dans son optique, que les plus grandes erreurs dans la réunion des rayons au foyer, qui viennent de la figure sphérique d'une lentille, sont à celles qui naissent de l'inégale réfrangibilité de différens rayons, comme 1 à 1200; il résultoit de-là que toutes les peines que l'on s'étoit données pour avoir des verres hyperboliques, étoient inutiles; puisque l'erreur qui naissoit de la sphéricité des lentilles étoit peu sensible par rapport à l'autre, & que l'inégale réfrangibilité des rayons limitoit entièrement la perfection des *télescopes* dioptriques. Mais ces difficultés ne devoient point avoir lieu, lorsque ces objets seroient vus par réflexion, la lumière dans ce cas ne se décomposant point; Newton devoit donc être conduit en conséquence à imaginer une manière de les voir de cette façon, c'est-à-dire, à inventer le *télescope* de réflexion, & c'est ce qu'il fit. Il en construisit même un d'un peu plus de six pouces de long, avec lequel il pouvoit lire de plus loin qu'avec une bonne lunette de quatre piés. Ce *télescope* avoit seulement le défaut de représenter les objets d'une manière un peu obscure, ce qu'il attribue à ce qu'il grossissoit un peu trop, & à ce que plus de rayons se perdoient en se réfléchissant de dessus le miroir, qu'en passant à travers un verre, ce qui a été confirmé depuis. Plus bas, il nous dit que cette invention n'attendoit que la main d'un habile artiste, pour être portée à sa perfection. Par cet exposé, il paroît presque hors de doute que Newton imagina le *télescope* de réflexion, comme l'avoient fait avant lui le P. Mersenne, Grégory & Cassegrain. Mais s'il ne fut pas le premier qui en eut l'idée, on ne lui en doit pas moins cet instrument, par la manière dont il en établit & en prouva les avantages, & par les soins qu'il se donna pour l'exécuter. Cependant, malgré ce qu'on en pouvoit espérer, il se passa un long tems, sans que personne tentât d'en faire. Ce ne fût qu'en 1719 que Hadley, de la société royale de Londres, parvint à en faire deux de 5 piés 3 pouces d'Angleterre, qui réussirent si bien, qu'avec un de ces *télescopes* il voyoit les satellites de saturne aussi distinctement qu'avec un *télescope* ordinaire de 123 piés. Hadley ayant communiqué ses idées à Bradley, astronome du roi d'Angleterre, & à Molineux; ils s'associèrent pour tâcher de si bien perfectionner l'art des *télescopes*, que les plus habiles artistes de Londres pussent en faire à un prix raisonnable, & sans s'exposer à se ruiner par des essais infructueux. Ce noble dessein eut le plus grand succès (optique de Smith, art. 783) ils communiquèrent en conséquence à M. Scarlet, habile opticien, & à M. Hearne, ingénieur pour les instrumens de mathématique, tout ce qu'ils savoient sur cette matière. Depuis ce tems-là ces *télescopes* sont devenus communs de plus en plus: on en a fait non-seulement en Angleterre, mais encore en France & en Hollande; Short en Angleterre se distingua principalement.

En France, Paris & Gonichon, associés, & Passement, tentèrent de faire de ces *télescopes*, & y réussirent sans avoir les secours qu'avoient eus les opticiens anglois. Les premiers *télescopes* de Paris & Gonichon furent faits vers l'année 1733; ceux de Passement un an ou deux après.

On verra dans l'article du *télescope* de Grégory, qui est aujourd'hui le plus en usage, la théorie de ses effets. Il nous suffit de dire ici qu'il est composé d'un tube, dans le fond duquel est un miroir concave percé à son centre d'une ouverture; à l'autre extrémité est un autre miroir concave beaucoup plus petit, & dont la concavité fait partie d'une plus petite sphère que le grand miroir; il est placé de façon que son foyer se trouve un peu au-delà du foyer du grand miroir.

L'objet y est grossi dans la raison composée de la distance du foyer du grand miroir, à celle du foyer du petit, & de la distance du foyer du petit miroir au lieu de l'image après la seconde réflexion, à la longueur du foyer de l'oculaire. Comme il y a deux réflexions, on voit que l'objet doit être vu dans sa situation naturelle: car si, après la première, il est renversé, il l'est encore de nouveau après la seconde; & par conséquent l'image se trouve dans la même situation que l'objet. Telle est en général la théorie de ce *télescope*.

Télescope de Cassegrain. Le *télescope* proposé en France par Cassegrain, ne diffère de celui de Grégory, que nous venons de décire, que par la forme du petit miroir, qui est convexe dans ce *télescope*, au lieu d'être concave; il résulte de cette forme deux choses; 1.° qu'on peut le faire plus court que celui de Grégory; 2.° qu'au lieu de représenter comme celui-ci, les objets dans leur situation naturelle, il les renverse. On concevra facilement le premier point, si l'on fait attention que le petit miroir étant convexe, il ne peut faire tomber les rayons qu'il réfléchit, sur l'oculaire, sous le même angle, que le petit miroir concave de la même sphéricité, & auquel on le suppose substitué, qu'autant qu'il est placé plus près du grand miroir, d'un espace égal au double de la distance de leur foyer. Car dans le *télescope* de Grégory, le petit miroir doit être placé de façon que son foyer soit un peu au-delà de celui du grand miroir, afin que les rayons après la réflexion soient convergens vers le foyer de l'oculaire. Le petit miroir convexe dans le *télescope* de Cassegrain, doit donc être placé en-deçà du foyer du grand miroir, d'une quantité telle que son foyer virtuel tombe au même point où se seroit trouvé celui du petit miroir concave. Par-là les rayons, après la réflexion de dessus ce petit miroir, convergeront vers le même point, que s'ils avoient été réfléchis de dessus le petit miroir concave. Il suit de-là qu'on peut faire ce *télescope* plus court que celui de Grégory, de deux fois la distance du foyer du petit miroir. En second lieu, nous avons dit, qu'il renversoit les objets; car après la seconde réflexion sur le petit miroir convexe, les parties de l'image se trouveront encore du même côté de l'axe du *télescope*, qu'elles se seroient trouvées au foyer du grand miroir, c'est-à-dire, que celles qui se seroient trouvées à droite, seront de même à droite, après cette réflexion. Parce que les rayons ne se croisent pas pour arriver à leur foyer, comme ils auroient fait pour arriver au foyer du grand miroir. Or, comme nous l'avons dit, en parlant du *télescope* de Grégory, l'image de l'objet est renversée à ce foyer, elle le sera donc encore après la seconde réflexion, & aussi en entrant dans l'œil, après avoir traversé l'oculaire. Comme ce *télescope* peut être plus court que celui de Grégory, de deux fois la distance du foyer du petit miroir, & qu'il grossit un peu plus, il s'ensuit qu'on peut l'employer avec avantage dans l'astronomie, où, comme nous l'avons déja dit, il est indifférent que les objets soient renversés; par exemple, dans la chaise marine proposée par Irwin, où il importe que l'instrument soit le plus court possible. Au reste, cette construction paroît jusqu'ici avoir été assez négligée, malgré les avantages dont nous venons de parler; on lui a préféré celle de Grégory & celle de Newton, quoique pour l'astronomie, le *télescope* de Cassegrain paroît avoir quelque avantage sur celui de Newton, du moins par la plus grande facilité que l'on a de trouver les objets. En effet, dans celui de Newton on est obligé de fixer sur le tube une lunette, dont l'axe est parallèle à celui du *télescope*, pour le diriger avec plus de facilité vers l'objet qu'on veut observer. Mais on peut dire aussi en faveur du *télescope* de Newton, qu'il est plus commode pour observer les astres près du zénit.

Télescope de Neuton ou *neutonien.* Il diffère de celui de Grégory & de Cassegrain, en ce que le grand miroir concave n'est point percé; le petit miroir n'est ni convexe, ni concave; mais simplement plan, elliptique, & incliné à l'axe du *télescope* de 45 degrés; l'oculaire convexe est placé sur le côté du *télescope* dans la perpendiculaire à cet axe, tirée du centre du petit miroir. Ainsi, dans ce *télescope*, le grand miroir réfléchit les rayons qui viennent de l'objet, sur le petit, qui les réfléchit à son tour sur l'oculaire, d'où ils sortent parallèles. Pour cet effet, le petit miroir est placé en-deçà du foyer du grand, d'un espace tel qu'il est égal à la distance du centre de ce petit miroir au foyer de l'oculaire. De façon, que les rayons, après avoir été réfléchis sur ce miroir, allant se réunir en un point entre lui & l'oculaire, ce point est le foyer de ce dernier.

Par cette construction, on comprendra facilement que, dans ce *télescope*, on doit voir les objets renversés. En effet, comme nous l'avons déja dit, l'image de l'objet est renversée au foyer du grand miroir, & comme sa position ne change point, par la réflexion sur le petit, les parties de cette image qui étoient en haut, restant encore en haut; de même celles qui étoient en bas restent encore en bas. Il s'ensuit que l'œil doit voir cette image dans la même situation qu'avant cette réflexion, & ainsi voir les objets renversés; un oculaire convexe, comme nous l'avons dit plusieurs fois, ne changeant rien à la situation de l'image peinte à son foyer.

Par la position de l'œil dans ce *télescope*, il est assez difficile de le diriger vers un objet; c'est pourquoi pour y parvenir avec plus de facilité, on place dessus une petite lunette dioptrique, dont l'axe est parallèle à celui du *télescope*. Les anglois l'appellent un *trouveur*, nous pourrions l'appeller en françois un *directeur*, un *chercheur*. Cependant, malgré ce secours, on a encore quelquefois de la peine à diriger cet instrument. Sans cet inconvénient, ce *télescope* seroit préférable, à plusieurs égards, aux deux autres; car le grand miroir n'étant point percé, & le petit miroir étant placé dans une position oblique, il s'ensuit, qu'il y a bien moins des rayons du centre perdus, & ceux-ci sont les plus précieux, parce qu'ils sont les seuls qui se réunissent véritablement en un point, c'est-à-dire, au quart du diamètre. Aussi Neuton prétendoit-il que son *télescope* étoit fort supérieur à celui de Grégory, & qu'avec celui-ci on devoit voir les objets fort imparfaitement. En effet, la théorie sembloit l'annoncer ainsi; cependant l'expérience a montré que lorsqu'il est bien exécuté, il représente les objets avec beaucoup de netteté, aussi-bien que celui de Newton: une partie des inconvéniens qu'une rigueur géométrique y faisoit voir dans la théorie, disparoissant dans la pratique. Cependant M. Herschel, qui a surpassé tous les autres dans la construction de ses *télescopes*, les fait à la manière de Newton.

On trouve, dans l'optique de Smith, toutes les règles nécessaires pour fixer les dimensions des *télescopes*, la grandeur du petit miroir, & l'ouverture du grand pour que l'image de l'objet soit la plus vive & la plus uniforme. Short, célèbre opticien de Londres, & qui l'avoit emporté sur tous les artistes qui l'avoient précédé, préféroit de donner au petit miroir un peu plus de largeur qu'à l'ouverture du grand, & cela dans la raison de 6 à 5.

Le diamètre du grand est une des parties du *télescope* qui doit être déterminée avec le plus d'attention; car s'il est trop grand pour la distance de son foyer, l'image sera confuse, les rayons qui la composeront n'étant pas assez parfaitement réunis; s'il est trop petit, l'image ne sera pas assez éclairée, & il n'embrassera pas un assez grand champ. Newton prescrit néanmoins de le faire un peu plus grand que les proportions des autres parties ne le comportent, voulant que le champ du *télescope* soit limité d'une autre manière, c'est-à-dire, par une petite plaque percée & située près de l'oculaire. Il détermine l'ouverture de cette plaque, de manière qu'en écartant tous les rayons qui pourroient troubler ou altérer la netteté de l'image, elle ne diminue cependant point trop le champ du *télescope*, ce qui n'est pas moins important que la grandeur de ce miroir; & comme il y a encore plusieurs parties qui méritent également d'être déterminées, nous croyons ne pouvoir mieux faire que de donner ici la table calculée par Smith; pour les dimensions des diverses parties de *télescopes* de différentes longueurs, depuis 5 pouces jusqu'à 5 piés. *Voyez* son *Optique*. Elle est calculée en mesure d'Angleterre, dont le pié est plus petit d'un seizième que celui de Paris.

TABLE des dimensions de quelques télescopes *de la forme de ceux de Grégory, & des rapports dans lesquels ils grossissent.*

Distances du foyer du grand miroir.	Distance de l'image au-delà de ce miroir, après la seconde réflexion.	Distance du foyer du grand miroir au petit miroir.	Distances du foyer du petit miroir.	Demi-diamètres du grand miroir.	Demi-diamètres du petit & pareillement du trou du grand miroir.	Distances du foyer de l'oculaire.	Rapports dans lesquels les objets sont grossis.
Pouces & décimales.	Pouces & décimales.	Pouces & décimales.	Pouces & décimales.	Pouces & décimales.	Pouces & décimales.	Pouces & décimales.	
5, 65.	2, 987.	1, 131.	1, 106.	0, 773.	0, 155.	1, 223.	30, 69.
9, 60.	4, 923.	1, 653.	1, 5.	1, 15.	0, 198.	1, 565.	60,
15, 50.	7, 948.	2, 343.	2, 148.	1, 652.	0, 250.	1, 973.	86, 46.
36,	4,	3, 724.	3, 432.	3, 132.	0, 324.	2, 561.	165, 2.
60,	6,	5, 391.	5, 912.	4, 605.	0, 414.	3, 271.	242, 94.

La table que nous venons de donner n'a été calculée que pour un oculaire, afin de simplifier le calcul. Mais comme on en emploie toujours deux actuellement, voici une autre petite table qui enseignera la distance de leurs foyers respectifs, celle où ils doivent être l'un de l'autre, l'ouverture du modérateur de la lumière, &c.

Table des dimensions & des positions des deux oculaires.

Distance du foyer du grand miroir.	Distances du premier oculaire de la face extérieure du grand miroir.	Distances de la face postérieure du premier oculaire à la face postérieure du second.	Distance du foyer du premier oculaire.	Distance du foyer du second oculaire, & du point où l'on doit placer le modérateur de la lumière.	Distance de l'ouverture à l'ouverture par laquelle on doit regarder.	Demi-diamètre du trou du modérateur de la lumière.
Pouces & décimales.	Pouces & décimales.	Pouces & décimales.	Pouces & décimales.	Pouces & décimales.	Pouces & décimales.	Pouces & décimales.
5, 65.	1, 764.	1, 631.	2, 446.	0, 815.	0, 408.	0, 136.
9, 60.	3, 358.	2, 087.	3, 130.	1, 043.	0, 522.	0, 174.
15, 50.	5, 975.	2, 631.	3, 946.	1, 315.	0, 658.	0, 220.
36,	1, 439.	3, 415.	5, 122.	1, 707.	0, 854.	0, 286.
60,	2, 783.	4, 289.	6, 434.	2, 144.	1, 072.	0, 359.

Ces tables ont été calculées d'après un excellent *télescope* de M. Short, de 9 pouces de foyer, dont voici les dimensions.

	pouc.	décim.
Distance focale du grand miroir,	9,	6.
Son diamètre,	2,	3.
Distance focale du petit miroir,	1,	5.
Sa largeur,	0,	6.
Diamètre du trou dans le grand miroir,	0,	5.
Distance du petit miroir au premier oculaire,	14,	2.
Distance entre les deux oculaires,	2,	4.
Distance focale du premier oculaire,	3,	8.
Distance focale du second ou du plus près de l'œil,	1,	1.

La pratique a tant d'influence dans la perfection de cet instrument, que si les miroirs ne sont pas d'une forme très-régulière, si le poli n'en est pas dans la plus grande perfection, quand même on auroit observé, avec précision, toutes les proportions requises dans sa construction, il ne feroit qu'un effet médiocre. Bradley & Molineux, dont nous avons parlé, quoique parfaitement instruits de ces proportions, & éclairés des lumières que Hadley avoit acquises sur la fabrication de cet instrument, & leur avoit communiquées, firent, avant de réussir, beaucoup d'essais infructueux. En effet, lorsque ces miroirs ne sont pas d'un métal assez compact, assez dur pour prendre le plus beau poli, & réfléchir la plus grande quantité de rayons possibles, lorsqu'ils ne sont pas de la forme la plus exacte, ils rendent les images des objets d'une manière tout-à-la-fois confuse & obscure. Les irrégularités, dans la forme des miroirs, produisent des erreurs six fois plus grandes que celles que produiroient les mêmes irrégularités dans un verre objectif. Cette difficulté d'avoir des miroirs de métal, qui n'absorbassent pas beaucoup de rayons, a fait conseiller par Neuton, dans son optique, de faire les miroirs de *télescope* avec du verre étamé; il tenta même de faire un *télescope* de quatre piés, avec un miroir de cette espèce; mais, comme il nous l'apprend, quoique ce miroir parût d'une forme très-régulière & bien poli, aussi-tôt qu'on l'eut mis au teint, on y découvrit un grand nombre d'irrégularités; il ne réfléchissoit les objets que d'une manière fort obscure & fort confuse. Cependant, Short a fait plusieurs *télescopes* avec ces miroirs de verre, qui ont fort bien réussi, & un entr'autres de quinze pouces de foyer, avec lequel on lisoit *les Transactions philosophiques* à deux cens trente piés; mais l'extrême difficulté de faire ces miroirs, la peine qu'on a à rendre les deux surfaces convexes & concaves, bien parallèles l'une à l'autre, les a fait abandonner: on n'en fait presque plus aujourd'hui que de métal. Ce seroit peut-être ici le lieu d'exposer les moyens nécessaires pour les bien former & les bien polir; cependant, comme le dit Neuton, c'est un art que la pratique peut beaucoup mieux enseigner, que les préceptes: au reste, on trouvera, à l'*article* MIROIR, ce qu'il est nécessaire de savoir pour faire ces miroirs. Quant à leur composition, il y en a un si grand nombre, qu'il seroit difficile de déterminer quelle est la meilleure. Hadley rapporte qu'il en a essayé plus de cent cinquante, & qu'il n'en a trouvé aucune qui fût exempte de toutes espèces de défauts. En voici une de M. Passement qui réussissoit très-bien. Un miroir de cette composition ayant été exposé aux injures de l'air, pendant plusieurs années, n'en fut ni altéré ni terni.

Prenez vingt onces de cuivre, neuf onces d'étain de mélac, le tout étant en fusion un quart-d'heure, après l'avoir remué deux ou trois fois avec une barre de fer, versez-y sept gros de bon antimoine crud, remuez le tout, & le laissez en fusion pendant quinze ou vingt minutes, en prenant garde aux vapeurs qui s'en élèvent. On voit ici la liaison des sciences les unes avec les autres: car ce seroit un beau présent que la chymie feroit à l'optique, si elle lui fournissoit un métal compact, dur, peu susceptible des impressions de l'air, & capable de recevoir le plus beau poli, & de réfléchir le plus grand nombre de rayons. M. l'abbé Rochon, en 1786, a très-bien réussi avec la platine, métal du Pérou qui a la pesanteur de l'or. Cette circonstance de réfléchir le plus grand nombre de rayons est si importante, & mérite tant d'attention, que, dans les *téléscopes* de réflexion, les objets ne paroissent jamais éclairés d'une manière aussi vive que dans les *téléscopes* de réfraction ou lunettes, parce que, dans ces derniers il y a moins de lumière de perdue par son passage à-travers plusieurs verres, qu'il n'y a dans les premiers, par l'imperfection de la réflexion. Cet effet est tel que dans un *télescope* de réflexion, construit pour grossir autant qu'un *télescope* de réfraction, l'image paroît toujours moins grande que dans celui-ci. Cette différence d'apparence de grandeur de deux images, dans ces deux différents *telescopes*, a surpris Molineux & plusieurs autres; cependant cet effet n'a rien d'extraordinaire, il est facile à expliquer; il résulte de cette vérité expérimentale d'optique, que les corps qui sont plus éclairés que les autres, quoique vus sous le même angle, paroissent toujours plus grands.

En exposant les raisons qui ont déterminé Neuton à l'invention du *télescope* de réflexion, nous avons dit que c'étoit particulièrement la décomposition que les rayons éprouvoient dans les *télescopes* dioptriques, en passant à-travers l'objectif, ou les oculaires, & qu'il regardoit cette décomposition comme un obstacle insurmontable à la perfection de ces instruments. Cependant, en 1747, Euler imagina de former des objectifs de deux matières différemment réfringentes, espérant que, par l'inégalité de leur vertu refractive, ils pourroient compenser mutuellement leurs effets, c'est-à-dire, que l'un serviroit à rassembler les rayons désunis, ou séparés par l'autre. Il forma en conséquence des objectifs de deux lentilles de verre, qui renfermoient de l'eau entr'elles; ayant formé une hypothèse sur la proportion des qualités réfractives de ces deux matières, relativement aux différentes couleurs, il parvint à des formules générales pour les dimensions des lunettes, dans tous les cas proposés. Dollond entreprit de tirer parti de cette nouvelle théorie d'Euler; mais ne s'en tenant point aux dimensions mêmes des objectifs qu'il avoit données, parce qu'elles étoient fondées sur des loix de réfraction purement hypothétiques, il leur substitua celles de Neuton; & les ayant introduites dans les formules d'Euler, il en tira un résultat fâcheux pour sa théorie; c'est que la réunion desirée des foyers de toutes les couleurs, ne pouvoit se faire qu'en supposant au *télescope* une longueur infinie; cette objection étoit sans réplique, à moins que les loix de réfraction, données par Neuton, ne fussent pas exactes. Autorisées d'un si grand nom, Euler n'osa pas les révoquer en doute; il prétendit seulement qu'elles ne s'opposoient à son hypothèse que de quantités trop petites pour renverser une loi qui, suivant lui, étoit fondée sur la nature de la chose. Il paroissoit d'ailleurs d'autant moins ébranlé par l'expérience de Neuton, que l'on rapportoit, & par le résultat qu'on en tiroit, que l'un & l'autre n'alloient pas moins qu'à détruire toute possibilité de remédier à la décomposition des rayons par un milieu, en les faisant passer ensuite par un autre: cependant la vérité de cette correction des effets d'un milieu sur les rayons, par un autre milieu, lui paroissoit d'autant plus nécessaire, qu'elle étoit prouvée par le fait; l'œil étant composé d'humeurs différemment réfringentes, disposées ainsi par la nature, pour employer les inégalités de leurs vertus réfractives à se compenser mutuellement.

Quelques physiciens, peu contens de voir que Dollond n'opposoit jamais aux raisonnemens métaphysiques d'Euler, que le nom de Neuton & ses expériences, engagèrent Clairaut à lire avec soin le mémoire d'Euler, sur-tout la partie de ce mémoire où le sujet de la contestation étoit portée à des calculs trop compliqués, pour qu'il fût permis à tout le monde d'en juger. Par l'examen qu'il en fit, il parvint à une équation qui lui montra que la loi d'Euler ne pouvoit point avoir lieu, & qu'ainsi il falloit rejetter les rapports de réfraction qu'il en avoit conclus, généralement pour tous les rayons colorés. Cependant, en 1755, M. Klingenstierna, professeur en l'université d'Upsal, fit remettre à Dollond, un écrit où il attaquoit l'expérience de Neuton, par la métaphysique & par la géométrie, & d'une telle manière, qu'elle força Dollond de douter de l'expérience qu'il avoit si long-temps opposée à Euler. Les raisonnemens de Klingenstierna firent plus, ils obligerent Dollond à changer de sentiment; & ayant en conséquence recommencé les expériences en question, il les trouva fausses, & ne douta plus de la possibilité de parvenir au but qu'Euler s'étoit proposé; la proposition expérimentale de Neuton, qui persuada pendant tant de tems à Dollond, que ce que proposoit Euler étoit impraticable, se trouve à la page 145 de son optique, édition françoise *in*-4.° Neuton s'y exprime dans les termes suivans: « Toutes les fois que les rayons de lumière traversent deux milieux de densité différente, de manière que la réfraction de l'un détruise celle de l'autre, & que par conséquent les rayons émergens soient parallèles aux incidens, la lumière sort toujours blanche; » ce qui est vraiment remarquable, & qui montre qu'on ne doit jamais s'en laisser imposer par l'autorité des grands hommes, c'est que la fausseté de cette expérience, que Neuton cite, est très-facile à reconnoître, & qu'il est étonnant que lui, qui avoit à un si haut degré le talent de faire des expériences, se soit trompé : car lorsque la lumiere sort blanche, ce n'est point lorsque les rayons émergens sont paralleles aux rayons incidens. En effet, par l'expérience que Dollond en fit, avec un prisme d'eau renfermé entre deux plaques de verre, le tranchant tourné en bas, auquel on joint un prisme de verre dont le tranchant est tourné en haut; lorsque les objets à travers ces prismes paroissent à la même hauteur que si on les voyoit à la vue simple, ils sont alors teints des couleurs de l'iris; lorsque, par la position des prismes, on fait cesser ces iris, on ne voit plus ces objets dans le même lieu. Convaincu par-là de la possibilité du projet d'Euler, il entreprit de le remplir lui-même : les tentatives qu'il fit avec des objectifs composés de verre & d'eau, n'eurent aucun succès; mais il réussit, lorsqu'yant remarqué que différentes especes de verre ayant des vertus réfractives différentes, il conçut qu'en les combinant ensemble, on pourroit en obtenir des objectifs composés, qui ne décomposeroient pas la lumiere; il s'assura de la vérité de cette conjecture, & de son succès, en construisant des prismes de deux sortes de verres, & en changeant leurs angles jusqu'à ce qu'il en eut deux prismes qui, appliqués l'un contre l'autre en ordre renversé, produisissent, comme le prisme composé d'eau & de verre, une réfraction moyenne & sensible, sans cependant décolorer les objets. Enfin il parvint tellement à vaincre les difficultés que la pratique offroit dans l'exécution de cette théorie, qu'il a fait, suivant ces principes, des lunettes d'approche extrêmement supérieures à toutes celles qu'on a faites jusqu'ici; *voyez* ACROMATIQUE & LUNETTES.

Nous nous sommes crus obligés d'ajouter ceci, (que nous avons tiré d'un mémoire de Clairaut), pour ne laisser rien à desirer sur ce qui regarde les *télescopes*, instruire le public du progrès de l'optique, & sur-tout montrer, par cette histoire, combien on doit se défier des propositions générales, & n'abandonner les choses que lorsque des expériences réitérées & incontestables en ont démontré l'impossibilité; enfin qu'il ne faut jamais regarder la vérité que comme le fruit du tems & de la nature, ainsi que le dit Bacon, & qu'il ne faut regarder les décisions des grands hommes comme infaillibles, que lorsqu'elles sont marquées du sceau de la vérité par des démonstrations sans réplique, ou des expériences incontestables. (*Art. de M.* LE ROY.)

TÉLESCOPE, (*Astronomie*) instrument composé de deux miroirs de métal & d'un occulaire à réfraction, disposés pour bien voir les objets éloignés. Quoiqu'en latin le mot de *telescopium* s'applique également aux lunettes d'approche, sa signification est bornée en françois aux instrumens à réflexion, ou aux lunettes catoptriques.

On voit, dans la *fig.* 218 *des planches d'astron.* la direction des rayons de lumiere dans un *télescope* grégorien : un miroir concave *RR*, dont la courbure fait partie d'une sphere de quatre pieds de rayon à son foyer *F*, éloigné de deux pieds de la surface du miroir, les rayons paralleles *SR*, *SR* qui arrivent d'un astre ou d'un point lumineux, sont réfléchis de *R* en *F*, & ils se réunissent au point *F*; au-delà de ce point de réunion ils vont en divergeant : on les reçoit sur un petit miroir concave *HH* de trois pouces de foyer, & on le place de maniere que son foyer *G* soit éloigné du foyer *F* d'une quantité qui se trouve par cette proportion : le foyer du grand miroir est à celui du petit comme ce dernier est à l'intervalle *FG* qu'il doit y avoir entre les deux foyers : dans notre exemple, on dira, 24 pouces sont à 3, comme 3 sont à $\frac{3}{8}$ de pouce, qui est l'intervalle *FG* : dans cet état, les rayons tombant en *H* sur le petit miroir vont se réunir au point *C* où est placé le foyer de l'oculaire *D*, en supposant qu'il n'y ait qu'un seul oculaire. Ces rayons partant du point *C*, traversent l'oculaire *D*, & arrivent à l'œil *O* paralleles entre eux; c'est ce qui est nécessaire à un œil bien constitué pour voir distinctement un point lumineux. Dans les *télescopes* ordinaires il y a deux oculaires, dont le premier reçoit les rayons du petit miroir, avant leur réunion, & les rassemble au foyer *C* du second oculaire.

Dans les *télescopes* neutoniens, l'œil est placé en *A* sur le côté, & le petit miroir *HH* est incliné pour réfléchir les rayons de côté.

Le *télescope* grégorien est représenté avec sa monture & son pied dans la *fig.* 219. *ABCD*, est un tuyau de cuivre ou de bois, *AB* la place du grand miroir, *CD* l'ouverture qui reçoit les rayons, *E* la place du grand miroir qui est audedans du tube, *EFG* la tringle qui sert à rapprocher le petit miroir du grand, ou à disposer le *télescope* pour des objets voisins & pour ceux qui ont la vue basse; *P* le tuyau des oculaires qui entre à vis dans la base *AB* du grand tuyau; *O* la place de l'œil. *HH* est une piece de cuivre qui est représentée séparément en *hh* (*fig.* 220), elle se termine par deux rainures dans lesquelles passent des vis qui la fixent sur le tuyau du *télescope*; cette piece porte une petite boule de cuivre *I* qui est serrée dans la concavité *KK* du genou (*fig.* 219), recouverte d'une calotte de cuivre qui est seulement percée pour laisser passer & mouvoir sa tige *I*; cette calotte est serrée par trois vis, dont deux paroissent en *K* & donnent un frottement dur à la boule qui porte le *télescope*. La tige du pied se termine au bas par une vis *N* que l'on serre au-dessous, au moyen d'un écrou & que l'on visse dans la base *LL* du pied. Sur cette base, il y a trois pieds *LM*, qui tournent à charniere pour pouvoir se rapprocher de la tige *N* & se placer commodément dans une boîte. On verra, dans la *figure* 224, une monture plus composée, pour le pied d'un *télescope* plus pesant.

Le petit miroir du *télescope* est représenté séparément en *Q* (*fig.* 220,) vu par-derrière, porte à l'extrémité d'une tige de cuivre; cette tige passe dans un écrou, auquel tient une pièce de cuivre *S R* qui s'applique contre la paroi intérieure du *télescope* où elle glisse dans une rainure ou coulisse faite en queue d'aronde; elle reçoit son mouvement par la tringle extérieure *E F G* (*fig.* 219,) au moyen d'un écrou qui sort du tuyau vers le point *E*, & que l'on voit encore mieux en *G* (*fig.* 222). Cet écrou passe au travers de la pièce *S R* *fig.* 220, & au-dedans du *télescope*, il se termine par un collet dans lequel on fait passer une pince *X* qui l'empêche de quitter le trou de la pièce *S R*.

Dans les *télescopes* qui porte un micromètre objectif, on est obligé d'avoir en *E* une division de vernier pour reconnoître facilement & en tout tems la situation du petit miroir. Cette division est représentée dans la *fig.* 222 de la grandeur convenable à un *télescope* d'un pied. *A B* est une pièce de cuivre fixée à l'extérieur du tuyau & à l'endroit ou répond ce petit miroir; elle est divisée sur un espace de deux pouces, en vingtièmes de pouce; pour subdiviser ces vingtièmes de pouce chacun en 25 parties on a pris 24 divisions sur *A B* qu'on a partagées en 25 comme on le voit de *C* au *D* sur une pièce de cuivre; celle-ci se meut avec le petit miroir par le moyen de l'écrou *G* qui passe au travers du tuyau & de la plaque qui porte le petit miroir, pour l'obliger de monter & de descendre quand la tringle tourne dans son écrou. *H I* marque une rainure pratiquée dans le tube du *télescope* pour le mouvement de l'écrou *G*. Afin d'empêcher que cet écrou ne vacille on le fait passer au travers d'une pièce *K L* qui recouvre la largeur de la rainure & sur laquelle est fixé, par deux vis, le vernier *C D*. Dans les petits *télescopes* à la main, on produit le mouvement par une pièce en spirale qui se voit en *V*, *fig.* 219, & qui se place au bout du tuyau.

Le grand miroir du *télescope* est contenu dans la culasse du tuyau par un couvercle de cuivre vissé & par une pièce de cuivre *T* (*fig.* 220,) triangulaire & un peu convexe, qui fait ressort sur le miroir sans le gêner dans sa situation. Quelquefois aussi l'on fixe, dans l'intérieur du couvercle, trois petits ressorts qui pressent le miroir quand on ferme le tuyau: autrefois on y mettoit des vis de pression qui passoient au travers du couvercle; mais on a reconnu que ces vis pouvoient quelquefois forcer le miroir, lui faire prendre une situation génée & rendre les objets confus.

A l'extrémité du tuyau des oculaires on place un petit œilleton, percé au centre d'un très-petit trou. Cet œilleton empêche que l'œil ne reçoive les rayons extérieurs, & l'oblige de se placer toujours sur l'axe du *télescope* où la vision est plus distincte; on voit en *O L* (*fig.* 221,) le *tube* des oculaires sur un *télescope newtonien* où l'on regarde de côté, avec son œilleton, on y voit aussi la vis *V* qui fait mouvoir le petit miroir *M*.

Dans les *télescopes* de trois à quatre pieds, l'on pratique souvent une autre espèce de pied ou de support destiné à leur donner des mouvemens doux & réglés par le moyen des vis de rappel; on en voit le dessin dans la *fig.* 224. *R R* est un demi-cercle de cuivre fixé sur le tuyau du *télescope* par quatre bras perpendiculaires au plan du demi-cercle, qui reçoivent chacun une vis pour le fixer contre le tuyau; ce demi-cercle tourne sur un axe *X*, & il est reçu dans l'épaisseur d'une machoire double *X Z* qui forme comme une charnière, après quoi cette machoire se termine par une tige qui descend jusques dans celle du pied, c'est-à-dire de *X* en *Y*. La base *e f* est d'une seule pièce avec sa tige *X Z*. Le demi-cercle *R R* est garni sur l'épaisseur de sa circonférence de filets égaux à ceux de la vis *V* qui engrene dans cette circonférence, & l'oblige à tourner lentement, ce qui fait mouvoir verticalement le *télescope*, pour suivre les astres qui montent ou qui descendent.

Outre le mouvement lent que cette vis *V* procure au demi-cercle *R R* & par conséquent au *télescope*; on est maître de lui donner un mouvement prompt en faisant désengrener la vis *V*; pour cela on desserre la vis *a*, on l'élève au-dessus de son point d'appui *e*; cette vis demeurant ainsi sans action, le chassis *c b d* qui porte l'autre vis *V* n'est plus pressé contre le demi-cercle; parce que le même chassis n'est plus soutenu alors que par une charnière portée par la base *e f* & dans laquelle il tourne à frottement dur; on l'abaisse facilement avec la main; la vis *V* se trouve ainsi totalement désengrenée, & le *télescope* en état de tourner à la main aussi promptement que l'on veut.

Pour pouvoir donner au *télescope* un mouvement horizontal, on se sert d'un autre canon qui entre dans le pied *Y* du *télescope* & qui porte une base *g h k*: ce canon intérieur reçoit la tige *X Z* dont nous avons parlé; il est reçu lui-même dans le pied de l'instrument, & on l'arrête par le moyen d'une vis de pression *m*. L'extrémité de la base *k h g* porte un écrou cylindrique mobile autour d'un axe; au travers de l'écrou passe une vis de rappel *g f* fixée en *f* dans un petit cylindre qui tourne sur la pièce *e f* à cause des différentes inclinaisons de la vis *g f*. Cette vis de rappel en tournant dans l'écrou *g* oblige l'extrémité *f* de la pièce *e f* de se rapprocher du point *g* en tournant dans le canon intérieur de la pièce *g h k*, & celle-ci est arrêtée & immobile dans le pied *Y* du *télescope* par la vis m; lorsqu'on veut donner le mouvement lent par le moyen de la vis gf. Si l'on veut donner un mouvement prompt horizontalement à tout le *télescope*, on lâche la vis de pression m, alors le canon de la pièce $g\ h\ k$ tourne librement dans le pied Y & emporte avec lui le pivot ou la tige $X\ Z$ liée à ce canon par la vis fg & par conséquent obligée d'en suivre les mouvemens.

Le CHERCHEUR est une petite lunette que l'on adapte aux *télescopes* ou aux fortes lunettes acromatiques où le champ est petit, & cela pour trouver plus facilement les astres; on en voit un en $E\ E$, *fig.* 224 des planches d'astronomie. Le *chercheur* à un très-grand champ, & l'on y met l'astre fort aisément, on le fait venir sur les fils qui se croisent au foyer du *chercheur*, & si son axe est exactement parallèle à celui du *télescope*, l'astre se voit au milieu du champ du *télescope*. (*D. L.*)

TÉLESCOPE, *Telescopium*, constellation méridionale introduite par l'abbé de la Caille, entre le scorpion & le sagittaire; la principale étoile est de 4e grandeur, son ascension droite en 1750, étoit de 272° 6′ 25″ & sa déclinaison de 46° 4′ 17″. (*D. L.*)

TÉLESCOPIQUE, adj. (*Astron.*) étoiles *télescopiques* sont des étoiles qui sont invisibles à la vue simple, & qu'on ne peut découvrir que par le secours d'une lunette ou d'un télescope.

Toutes les étoiles au-dessous de la sixième grandeur sont *télescopiques* pour des yeux ordinaires, & le nombre de ces étoiles *télescopiques* est immense.

TEMS, (*Astron.*) se mesure par le mouvement du soleil; sa révolution d'orient en occident forme un jour; sa révolution d'occident en orient forme l'année; leurs subdivisions forment les mois, les heures, *&c.*

Quelques auteurs distinguent le *tems* en astronomique & civil.

Le *tems* astronomique se compte, d'un midi à l'autre, par la révolution diurne du soleil.

Le *tems* civil n'est autre chose que le *tems* astronomique, accommodé aux usages de la société civile, & divisé en années, mois & jours, que l'on compte d'un minuit à l'autre, *&c. Voy.* JOUR, SEMAINE, MOIS, ANNÉE.

On distingue aussi dans l'Astronomie le *tems* vrai ou apparent, & le *tems* moyen ou uniforme; on en peut voir l'explication à l'*article* EQUATION DU TEMS. Le *tems* du premier mobile est plus court de 4 minutes sur 24 heures, que le *tems* solaire.

TERME, *en Géométrie*, se prend quelquefois pour un point, pour une ligne, *&c.* un point est le *terme* d'une ligne, une ligne est le *terme* d'une surface, & la surface est le *terme* d'un solide. *Voyez* POINT, LIGNE, SURFACE, *&c.*

C'est ce qu'on appelle, dans les écoles, *terme de quantité.*

TERME, dans une quantité algébrique, comme $a + b - c - d$, ce sont les différentes parties a, b, c, d, séparées par les signes $+$ & $-$.

TERMES *d'une équation, en Algèbre*, sont les différens monomes dont elle est composée; ainsi, dans l'équation $a + b = c$, a, b, c, sont les *termes*.

Lorsque l'équation renferme une inconnue élevée à différentes puissances, on ne prend alors d'ordinaire que pour un *terme* la somme ou l'assemblage de tous les *termes*, où l'inconnue se trouve à la même puissance.

Ainsi, dans cette équation $xx + bx = R$, les trois *termes* sont xx, bx & R.

Et dans celle-ci $xx + bx + cx = dR + dc$, les *termes* sont xx, $bx + cx$, & $Rd + dc$, qui ne font que trois *termes*, parce que $xb + xc$, où x se trouve dans la même dimension en l'une & l'autre partie, ne sont comptés que pour un *terme*.

Dans une équation, on prend ordinairement pour le premier *terme* celui où la lettre inconnue a la plus haute dimension: le *terme* qui contient la racine élevée à la puissance plus basse immédiatement après, est appellée le *second terme*, &c. Ainsi, dans l'équation $x^3 + axx + bbx = c^3$, axx est le second *terme*, bbx le troisième, *&c.* si le *terme* axx manque, ou le *terme* bbx, ou tous les deux, en ce cas on dit que l'équation n'a pas de second ou de troisième *terme*, ou manque du second ou du troisième *termes*. *Voyez* SECOND TERME.

TERMES DE PROPORTION, *en Mathématiques*, signifient des nombres, lettres ou quantités que l'on veut comparer les unes aux autres. *Voyez* PROPORTION.

Par exemple, si $\begin{matrix} 4 : 8 :: 6 : 12 \\ a : b :: c : d, \end{matrix}$

Alors a, b, c, d, ou 4, 8, 6, 12, sont appellés les *termes de la proportion*, desquels a ou 4 est appellé le *premier terme*, b ou 8 le *second terme*, &c.

a & c s'appellent aussi les *antécédens*, & b & d les *conséquens*. *Voyez* ANTÉCÉDENT & CONSÉQUENT. (*O*)

TERMES ÉCLIPTIQUES, sont les limites des distances de la lune à son nœud, nécessaires pour qu'il y ait éclipse. *Voyez* ECLIPSES.

TERNAIRE, NOMBRE, (*Arithm. anc.*) c'est un nombre parfait, dit Plutarque; mais il ne faut pas entendre ces paroles suivant la définition du *nombre parfait* d'Euclide, qui veut que le nombre parfait soit celui qui est égal à toutes ses parties aliquotes jointes ensemble, comme sont 6 & 28. En ce sens le nombre *ternaire* est plutôt un nombre défaillant que parfait: lorsque Plutarque dit encore que le nombre *ternaire* est le commencement de multitude, il parle à la mode des Grecs, qui ont trois nombres dans leur déclinaison, le singulier, le duel & le pluriel, & ne se servent du dernier que lorsqu'il s'agit de plusieurs choses, c'est-à-dire, trois au moins. Enfin quand cet auteur ajoute que le *ternaire* comprend en soi les premières différences des nombres, il faut entendre par ces premières différences, le pair & l'impair, parce que ce sont effectivement les premières différences remarquées entre les nombres.

On dit, pour prouver la perfection du nombre *ternaire* dans l'opinion des payens, qu'ils attribuoient à leurs dieux un triple pouvoir, témoin les *tria virginis ora Dianæ*, le trident de Neptune, le cerbère à trois têtes, les trois parques, les trois furies, les trois graces, &c. Enfin le nombre de trois étoit employé dans les lustrations & les cérémonies les plus religieuses; d'où vient que Virgile, *Æneid. liv. II, v. 188*, dit:

Ter circùm accensos, cunctì fulgentibus armis
Decurrere rogos. (*D. J.*)

TERRE, *en Astronomie;* c'est, suivant le système de Copernic, l'une des planètes qu'on appelle *premières.* Voici le caractère par lequel on la désigne ♁.

Dans l'hypothèse de Ptolémée, la *terre* est le centre du système solaire. *Voyez* SYSTÊME.

L'axe de la *terre* a un petit mouvement autour des poles de l'écliptique; c'est de ce mouvement que dépend la précession des points équinoxiaux. *Voyez* PRÉCESSION, OBLIQUITÉ DE L'ÉCLIPTIQUE.

La *terre* est applatie vers les poles de $\frac{1}{230}$, *Voy.* FIGURE DE LA TERRE. Elle a 9000 lieues de circonférence, chaque lieue de 2283 toises.

Elle est troublée, dans son mouvement, par les attractions de la lune, de jupiter & de vénus.

Sur les différentes parties de la *terre*, *Voyez* SAISONS, SPHÈRE, ZONE, GLOBE. (*D. L.*)

TESTA, *testudo*, tortue, nom de la constellation de la LYRE.

TÊTE DU DRAGON, nœud ascendant de la lune; on l'exprime par ce caractère ☊.

TETRACTIS, (*Arithmét. pythagoric.*) je ne sais comment on rendroit ce mot en françois, si ce n'est par celui de quaternaire, nombre sur lequel le fils de Pythagore composa, dit-on, quatre livres. L'amour des Pythagoriciens, pour les propriétés des nombres, est connu des savans. Il est vrai que les recherches des questions que présentent les rapports des nombres, supposent la plupart une théorie utile; mais il faut convenir que le foible des Pythagoriciens, pour ce genre de subtilités, fut extrême, & quelquefois ridicule.

Erhard Weigelius s'est imaginé que cette *tetractis* fameuse, étoit une arithmétique quaternaire, c'est-à-dire, usant seulement du période de 4, comme nous employons celle de 10. Il a fait sur cela deux ouvrages, l'un intitulé: *Tetractis summum tùm ariht. tùm philos. compendium, artis magnæ sciendi, genina radix:* l'autre, *Tetractis, tetracti Pythagoricæ respondens*, 1672, 4. Ienæ. On voit, par le premier, que cet écrivain, entrant dans les idées pythagoricienne, croyoit tirer de grandes merveilles de cette espèce d'arithmétique; mais il est, sans doute, le seul qui en ait conçu une idée si fort avantageuse.

L'illustre Barow a formé une ingénieuse conjecture, au sujet de cette *tetractis*, ou de cette quaternaire, si fameux chez Pithagore, & qui occupa tant son fils. Il pense qu'ils avoient voulu désigner par-là les quatre parties des Mathématiques, qui n'étoient pas alors plus étendues; il explique donc ainsi cette forme de serment pythagoricien, *assevero per illum qui animæ nostræ tradidit* quaternarium: je le jure par celui qui nous a instruit des quatre parties des Mathématiques; il y a quelque vraisemblance dans cette conjecture. *Montucla.* (*D. J.*)

TÉTRAGONE, s. m. *en Géométrie*, c'est une figure de quatre angles. *Voyez* QUADRANGULAIRE.

Ce mot est formé du grec τετρα, *quatre*, & γωνια; *angles.* Ainsi le quarré, le parallélogramme, le rhombe, le trapèse, sont des figures *tétragones.* *Voyez* QUARRÉ, &c.

TÉTRAGONISME, s. m. (*Géométr.*) c'est un terme dont quelques auteurs font usage, pour exprimer la quadrature du cercle. *Voyez* QUADRATURE.

TÉTRAHEDRE, s. m. *terme de Géométrie*, c'est un des cinq solides, ou corps réguliers, compris sous quatre triangles égaux & équilatéraux. *Voyez* SOLIDE & RÉGULIER.

On peut concevoir la *tétrahèdre* comme une pyramide triangulaire, dont les quatre faces sont égales. *Voyez* PYRAMIDE & RÉGULIER.

TETRASPASTON, s. m. *en Méchanique*, c'est une machine composée de quatre poulies. *Voyez* POULIE.

Ce mot τετρασπάστον, qui est grec, vient de τετρα, *quatre*, & σπάω, *je tire.* *Voyez* MOUFFLE.

THE

THEME, *en terme d'Astrologie*, est la figure que tracent les astrologues, lorsqu'ils veulent tirer l'horoscope de quelqu'un, en représentant l'état du ciel par rapport à un certain point, ou par rapport au moment dont il est question, en marquant le lieu où sont à ce moment-là les étoiles & les planètes. *Voyez* HOROSCOPE.

Le *thême* céleste consiste en douze triangles, *fig. 232 des pl. d'Astron.*, que l'on enferme dans deux carrés; ils désignent les *douze maisons*, & l'on y marque les planètes qui dominent dans chacune. *Voyez* MAISON.

THÉMIS, nom de la constellation de la *vierge*.

THÉODOLITE, s. m. (*Arpentage*) instrument en usage dans l'arpentage, pour prendre les hauteurs & les distances; il est composé de plusieurs parties, 1.° un cercle de cuivre divisé en quatre quarts de 90^d, représentant les quatre points cardinaux de la boussole, l'est, l'ouest, le nord & le sud, & marqué des lettres E, O, N, S; chacun de ces quarts est divisé en 90 degrés, & subdivisé autant que la grandeur de l'instrument le peut permettre communément par les transversales. Les quatre quarts doivent être marqués de 10, 20, 30, *&c.* deux fois, commençant au point du nord & du sud, finissant à 90 aux points de l'est & de l'ouest; 2.° une boîte & une aiguille placées justement sur le centre du cercle, sur lequel centre de l'instrument, l'index avec ses guidons, doivent être mis de sorte qu'ils puissent tourner & se mouvoir en rond; mais la boîte & l'aiguille demeurent fixes. Au fond de la boîte il faut qu'il y ait une boussole attachée de sorte qu'elle réponde aux lettres E, O, N, S, marquées sur l'instrument; 3.° parderrière, un emboîtement ou plan, ou, ce qui est le mieux, un cercle, pour entrer dans la tête d'un pié à trois branches, sur lesquelles l'instrument est porté; 4.° ce bâton ou ce pié pour poser l'instrument dessus, & dont le cou ou manche vers la tête doit entrer dans l'emboîtement qui est derrière l'instrument.

Au reste, il y a plusieurs autres manières de faire les *théodolites*; il faut préférer la plus simple, la plus exacte, la plus prompte, & celle dans laquelle l'instrument mathématique soit du transport le plus facile.

L'usage du *théodolite* est abondamment justifié par celui du demi-cercle, qui est seulement un demi-*théodolite*; mais M. Sisson a perfectionné cet instrument par de nouvelles vues: on trouvera la description de son *théodolite* dans le livre anglois de M. Gardner, intitulé : *Practical surveying improved*, & dans un traité de géométrie-pratique, publié en anglois à Edimbourg, 1745, *in*-8.°, par le célèbre M. Maclaurin. (*D. J.*)

THÉORÊME, s. m. *en Mathématique*, c'est une proposition qui énonce & démontre une vérité. Ainsi, si l'on compare un triangle à un parallélogramme appuyé sur la même base & de même hauteur, en faisant attention à leurs définitions immédiates, aussi-bien qu'à quelques-unes de leurs propriétés préalablement déterminées, on en infere que le parallélogramme est double du triangle: cette proposition est un *théorême*. *Voyez* DÉFINITION, *&c.*

Le *théorême* est différent du problême, en ce que le premier est de pure spéculation, & que le second a pour objet quelque pratique. *Voyez* PROBLÊME.

Il y a deux choses principales à considérer dans un *théorême*, la proposition & la démonstration; dans la première, on exprime la vérité à démontrer. *Voyez* PROPOSITION.

Dans l'autre, on expose les raisons qui établissent cette vérité.

Il y a des *théorêmes* de différente espèce: le *théorême* général est celui qui s'étend à un grand nombre de cas; comme celui-ci, le rectangle de la somme & de la différence de deux quantités quelconques, est égal à la différence des quarrés de ces mêmes grandeurs.

Le *théorême* particulier est celui qui ne s'étend qu'à un objet particulier; comme celui-ci, dans un triangle équilatéral rectiligne, chacun des angles est de 60 degrés.

Un *théorême* négatif exprime l'impossibilité de quelqu'assertion; tel est celui-ci : un nombre entier qui n'est pas quarré ne sauroit avoir pour racine quarrée un nombre entier plus une fraction.

Le *théorême* réciproque est celui dont la converse est vraie; comme celui-ci : si un triangle a deux côtés égaux, il faut qu'il ait deux angles égaux: la converse de ce *théorême* est aussi vraie, c'est-à-dire, que si un triangle a deux angles égaux, il a nécessairement deux côtés égaux. *Voyez* RÉCIPROQUE, INVERSE & CONVERSE.

THÉORIE, s. f. ce mot, synonyme à-peu-près avec le mot *spéculation*, s'emploie en Mathématiques pour désigner un certain assemblage de propositions, dont la combinaison mène à la découverte d'une nouvelle, ou à la solution de quelque problême.

Ensuite, si on emploie ces propositions pour parvenir à un certain but, & si l'emploi qu'on en fait consiste moins dans la recherche de nouvelles propositions, que dans des pratiques qui demandent de l'habitude & de la dextérité, cet emploi est regardé comme appartenant à la *pratique*, mot qui, dans ce sens, est opposé au mot *théorie*.

EXEMPLE. La trigonométrie est divisée en trigonométrie-théorique & trigonométrie-pratique. (*Voyez ce mot.*) L'assemblage des propositions qu'on emploie dans la trigonométrie, comme celles qui donnent le rapport des côtés avec les sinus des angles opposés, celles qui ont pour objet les propriétés des logarithmes, &c. forment la trigonométrie-théorique. La dextérité qu'on emploie, & l'habitude acquise pour bien mesurer les côtés & les angles qui doivent être donnés, & pour choisir les plus faciles à bien déterminer, d'après la nature du terrein sur lequel on doit opérer, (s'il est question d'opérations géodesiques) appartiennent à la trigonométrie-pratique. Joignez-y l'art de choisir, pour chaque cas donné, la meilleure des méthodes que fournit la *théorie*.

On conclura de-là qu'on ne peut se regarder comme, possédant bien un art ou une science, que quand on en posséde la *théorie*, & quand on est bien exercé dans la pratique. Au reste, il y a des arts où la *théorie* n'est presque rien, & où la pratique est tout, tel est l'arpentage. Il y a des sciences où la *théorie* est tout & la pratique n'est presque rien, telle est l'astronomie-physique.

L'expression *géométrie-théorique* ou *géométrie-spéculative*, s'emploie encore dans un autre sens, aujourd'hui sur-tout.

Les anciens, jusqu'au tems d'Huygens & de Newton exclusivement, connoissoient fort peu l'application de la géométrie transcendante aux sciences naturelles; ils cultivoient la géométrie pour elle-même, parce qu'ils étoient attirés vers elle par un penchant irrésistible pour ces *théories* profondes & abstraites, si puériles aux yeux de ces hommes communs, qui ne connoissent d'autres plaisirs que ceux des sens.

Archimède, si on en croit Plutarque, avoit inventé plusieurs machines qui désolèrent les soldats de Marcellus au siège de Syracuse; mais il les avoit faites, pressé par le besoin qu'en avoient ses concitoyens. D'ailleurs il regrettoit les instans qu'il étoit obligé d'enlever à ses spéculations abstraites, pour composer ces machines.

Huygens & Newton sont les premiers, à-peu-près, qui aient appliqué la géométrie transcendante aux sciences naturelles. Le dernier sur-tout en a fait, au système du monde, une application si si brillante & si sublime, que les siècles à venir n'en fourniront pas peut-être un second exemple.

Le livre des principes, dans lequel est développée cette application merveilleuse; donna lieu à une révolution dans les Mathématiques.

A compter de cette époque, on a souvent entendu par *géométrie-théorique* ou *spéculative*, ou plus précisément par *géométrie purement spéculative*, ces spéculations qui ne semblent point applicables aux sciences naturelles, ou même aux sciences morales & politiques. (On a porté l'application des Mathématiques jusques-là. *Voyez* les mots PROBABILITÉ de ce Dictionnaire, & l'ouvrage de M. le Marquis de Condorcet, sur la probabilité des décisions rendues à la pluralité des voix.)

Nous croyons à propos de faire ici quelques observations. L'ouvrage de Newton fut à peine connu, que les grands Géomètres sentirent qu'ils pouvoient espérer de rendre quelques fois leurs spéculations utiles. En conséquence, ils les dirigèrent vers les sciences physico-mathématiques, la méchanique, l'hydrodynamique, l'astronomie, &c. autant du moins que la flexibilité de leur génie put le permettre; & ces sciences, très-peu avancées avant Newton, prenant une nouvelle forme dans les mains de ce grand Géomètre, s'étendirent considérablement dans celles de ses successeurs.

Voilà le bien, voici l'abus.

Si la géométrie transcendante est par elle-même si épineuse, & s'il n'appartient qu'aux hommes supérieurs de moissonner dans ce champ, stérile pour tous les autres, on conçoit que l'application aux sciences mixtes doit être plus difficile encore; cependant le prétexte de l'*utilité publique*, un desir secret d'en imposer à la multitude & de compter les suffrages plutôt que de les peser, enfin l'illusion qui tient à la médiocrité, tous ces accidens ont égaré plusieurs auteurs, & les ont portés à appliquer les Mathématiques aux sciences naturelles de la manière la plus vaine & la plus ridicule.

Au reste, il faut avouer qu'on pourroit citer des Géomètres d'un vrai mérite, qui ne sont pas absolument irréprochables à ce sujet. Un des plus grands de ce siècle a fait plusieurs ouvrages qui ont pour objet une certaine science physico-mathématique. Je ne nommerai ni le Géomètre ni la science, pour ne pas faire crier à l'hérésie; mais, en vérité, le lecteur, s'il m'a deviné, conviendra qu'après avoir lu & conçu ces ouvrages, on n'a guères plus de connoissances sur la science en question qu'avant les avoir lus.

N'est-ce pas faire un tort réel à la Géométrie que de la supposer plus importante qu'elle n'est réellement? Elle n'a pas besoin qu'on lui rende un tel service.

Si l'application faite à la physique, par ce grand Géomètre, est illusoire; ses ouvrages, relatifs à cet objet, contiennent au moins une sublime géométrie, bien capable de dédommager; de manière qu'à vrai dire, ils n'ont de mauvais que le titre. Mais que faut-il penser de ces applications trop multipliées de nos jours, qui, comme nous l'avons déjà fait connoître, n'ont aucune utilité, si on regarde à leur objet, & sont sans difficulté & sans intérêt, quant à la géométrie qu'elles contiennent?

Ces applications illusoires ont donné lieu à un plus grand abus encore. Des savans, trompés par les apparences & par une promptitude à décider, contre laquelle ceux qui ont acquis des connoissances ne sauroient trop se tenir en garde, ou quelquefois même, sollicités par des motifs plus répréhensibles, se sont crus permis de rejetter toute géométrie qui ne présentoit pas un objet d'application, au moins éloigné. Ils n'ont pas fait attention que les applications les plus heureuses de la géométrie aux sciences naturelles, ont été toutes faites par les Géomètres qui ont cultivé, avec le plus de soin, cette géométrie, qu'ils dédaignent, par Huygens, Newton, Euler. Ils n'ont pas fait attention qu'un grand Géomètre peut espérer tout au plus de faire, dans le cours de sa vie entière, une ou deux applications réellement importantes; ils n'ont pas fait attention enfin, que détourner le grand Géomètre des spéculations purement abstraites, c'est lui empêcher d'en faire l'application aux sciences naturelles, quand le hasard lui fournira l'occasion; c'est couper les ailes du génie; c'est le rendre cul-de-jatte pour lui empêcher de faire des pas inutiles. Ces savans ne connoissent pas, sans doute, cette belle maxime d'un de nos plus grands philosophes : *On a rarement les vertus dont on n'a pas les scrupules.*

Newton vit tomber des pommes dans un verger: supposons, pour un instant, que l'habitude des spéculations abstraites n'entra pour rien dans les réflexions si neuves que fit ce grand Géomètre, sur un phénomène si commun : oui, supposons qu'il auroit pu être conduit naturellement à soupçonner que la cause de la chûte des pommes pouvoit bien s'étendre jusqu'à la lune : croira-t-on que cette idée auroit tant fructifié dans les mains de Newton sans sa profonde géométrie ? Non sans doute. Ou supposera-t-on qu'il étoit tems de l'acquérir, cette géométrie, lorsqu'il a eu cette idée? Non sans doute. Newton, plein de cette prudence que les savans, dont je combats ici l'opinion, aiment tant à trouver dans un Géomètre, & qui cependant a tant de rapport avec la médiocrité, n'auroit pas certainement entrepris des travaux de plusieurs années, dans l'espérance d'obtenir un résultat d'une utilité peu sensible pour la multitude, un résultat sur-tout, dont la médiocrité, que je lui suppose, ne lui auroit pas permis de connoître toute l'importance.

Au reste, nous n'adressons pas ces observations aux grands Géomètres; elles leur sont inutiles; ils sauront bien, sans nos avis, mépriser ces babillards inconséquens qui admirent les faits, & rejettent les causes les plus nécessaires pour les produire. Mais il falloit garantir ces jeunes gens qui, dignes de pénétrer dans le sanctuaire des sciences, sont cependant encore à l'entrée : il falloit les consoler du ridicule que les hommes médiocres aiment à jetter sur l'enthousiasme & le génie. Or, à cet égard, nos observations sont d'autant plus essentielles, qu'on peut compter parmi les détracteurs des Mathématiques spéculatives, non-seulement ces savans qui, sans aucun vrai talent, ont su cependant se faire une réputation, & il n'y en a que trop; mais des hommes de mérite, à qui le desir d'abaisser un rival & de prendre avantage sur lui à quel prix que ce soit, suggérera quelquefois ces mauvaises objections.

Quel effet ne doivent pas faire de telles déclamations sur un jeune homme qui entre dans la carrière des sciences? Voyant tourner son enthousiasme en ridicule par des personnes qu'il croit estimables, il s'abandonne à une honteuse paresse, ou devient un charlatan, comme tant d'autres. (r)

THERMOMETRE. On connoît la nécessité & l'importance de rendre les *thermomètres* de chaque auteur comparables entr'eux. Voici une formule générale & très-simple, que je n'ai vu nulle part, pour faire cette comparaison. Soit T & T' les degrés quelconque correspondans de deux *thermomètres* différens; $\frac{t'}{t}$ le rapport qu'ils ont entr'eux, ou ce qu'un nombre de degrés de l'un vaut de degrés de l'autre; G & G' les degrés au terme de la glace; B & B' les degrés au terme de l'eau bouillante : on aura évidemment $t' = \left(\frac{B'-G'}{B-G}\right) \times t$, & par conséquent $T' = G' \pm \frac{t'}{t} \times \overline{T-G}$, ou $T' = G' \pm \left(\frac{B'-G'}{B-G}\right) \times \overline{T-G}$; le signe supérieur donne les degrés au-dessus de la glace, & le signe inférieur les degrés au-dessous. Pour faire usage de cette formule, il faut savoir seulement que *la base fondamentale* de chacun des huit *thermomètres* suivans, par exemple, qui sont les plus connus, *est telle*, qu'on trouve marqués sur leurs échelles,

	Réaumur.		Fareinh.	De Lille.		La Hire.	Neuton.	Amontons
	à merc.	à esp. de v.	à mercure	à merc.	à esp. de v.	esp. de v.	à huile.	à bulle d'air.
Le terme de l'eau bouillante, par	80	100	212	0	0	200	34	73
Le terme de la glace, par	0	0	32	150	$113\frac{1}{2}$	28	0	$51\frac{1}{2}$

En conséquence de ces données, si on veut savoir, par exemple, à quel degré le *thermomètre* à mercure de Réaumur doit se trouver, lorsque celui de Fareinheit marque 77^d au-dessus de la glace; on substituera pour G, G'; B, B' les nombres constans de l'échelle ci-dessus qui s'y rapportent, & on mettra (pour plus de facilité si l'on veut) en place de T & T' la lettre initiale du nom de chaque auteur de ces différentes machines, ce qui donnera, $R = 0 \pm \left(\frac{80-0}{212-32}\right) \times \overline{F-32} = \frac{4}{9} \times \overline{77-32} = 20^d$: c'est-à-dire, que 77^d de Fareinheit répond à 20^d de Réaumur, qui est la chaleur des bains. Alors $t' = \left(\frac{B'-G'}{B-G}\right) \times t$, deviendra $r = \left(\frac{80-0}{212-32}\right) \times f = \frac{4}{9} f$; c'est-à-dire, que 4^d de Réaumur font 9^d de Fareinheit.

Par exemple, on a observé à Londres, pendant l'hiver rigoureux de 1776, que le *thermomètre* de Neuton marquoit 6 degrés au-dessous de la glace; on a alors constamment $N = 6$; ce qui donne, pour le *thermomètre* de Réaumur à esprit-de-vin, $R = 0 \pm \left(\frac{100-0}{34-0}\right) \times \overline{N-0} = 17\frac{2}{3}{}^d$; pour celui de Fareinheit à mercure, $F = 32 \pm \left(\frac{212-32}{34-0}\right) \times \overline{N-0} = 0^d$; pour celui de Lille à mercure, $L = 150 \pm \left(\frac{0-150}{34-0}\right) \times \overline{N-0} = 176\frac{1}{2}{}^d$; pour celui de la Hire à esprit-de-vin, $H = 28 \mp \left(\frac{200-28}{34-0}\right)$

$\times \overline{N-o} = 2\frac{6}{7}^d$; pour celui d'Amontons à bulle d'air, $A = 51\frac{1}{2} \pm \left(\frac{73 - 51\frac{1}{2}}{34 - o}\right) \times \overline{N-o} = 48\frac{2}{5}^d$; c'est-à-dire, que 6^d de Neuton sont correspondans à $17\frac{2}{5}^d$ de Réaumur; à zéro de Fareinheit; à $176\frac{1}{2}^d$ de Lille; à $2\frac{6}{7}^d$ de la Hire; à $48\frac{2}{5}^d$ d'Amontons......&c. (*Cet article est de M. Dez, professeur de Mathématiques à l'Ecole royale militaire.*)

THÉSÉE, nom de la constellation d'*Hercule*, ou, selon d'autres, d'un des *gemeaux*.

THOTH, nom du premier mois de l'année égyptienne.

TIE

TIERS, (*Arithmétique*) c'est la troisième partie d'un tout, soit nombre, soit mesure; le *tiers* de vingt sols est six sols huit deniers, qui est une des parties aliquotes de la livre tournois. L'aune est composée de trois *tiers*. Dans les additions de fractions d'aunages, un *tiers* se met ainsi $\frac{1}{3}$, & deux *tiers* de cette manière $\frac{2}{3}$ (*D. J.*)

TIRAGE *des traîneaux & des chariots*, (*Méch.*) M. Couplet nous a donné, sur ce sujet, des réflexions dans plusieurs volumes des mémoires de l'académie. Son principe général est que la puissance tirante doit se décomposer en deux, dont l'une soit parallèle au terrein, & l'autre perpendiculaire à ce même terrein. De ces deux puissances il n'y a que la première qui agisse pour tirer, l'autre étant détruite ou par le poids du corps, ou par la résistance du terrein. De-là il est aisé de déduire (abstraction faite du frottement), le rapport de la puissance tirante au poids qu'elle doit mouvoir; si on veut avoir égard au frottement, on le peut encore, & le supposant environ $\frac{1}{3}$ du poids; il est vrai que cette supposition ne peut pas être fort exacte. Sur quoi *voyez l'article* FROTTEMENT. *Voyez* aussi CHARIOT.

TITUBATION. *Voyez* TRÉPIDATION.

TOI

TOISE (*Astron.*) mesure usitée en France & qui a servi a évaluer la grandeur de la terre & la distance des corps célestes, en lieues de 2283 *toises*. *Voyez* PLANÈTE. Nous ne pouvons en donner ici une idée qu'en disant que la justification de ce livre, ou la hauteur des pages, est de sept pouces 5 lignes & demi, & qu'il y a 72 pouces ou 6 pieds dans la toise. Nous rapporterons aussi à la toise les principales mesures de l'Europe, comme l'a déja fait M. Cristiani, *delle misure* 1760, & M. Paucton dans sa *métrologie* 1780. C'est l'ouvrage le plus étendu qu'on ait fait sur les mesures de toute espèce, & dont je lui avois fourni l'idée & les principaux matériaux.

La toise de Paris est la mesure la plus célèbre en Europe, depuis les grandes opérations du *degré* & de la figure de la terre; mais il seroit à souhaiter que les nations policées convinssent d'une mesure universelle: la longueur du pendule simple, quantité invariable & facile à retrouver dans tous les tems, semble donnée par la nature pour servir de mesure dans tous les pays. *Voyez* MESURE.

La toise de Paris est l'ancienne toise du tems de Charlemagne; mais, en 1668, elle fut reformée & accourcie de 5 lignes. (Auzout, *divers ouvrages*, &c. pag. 368. Picard, *ibid.* La Hire, *Mém.* 1714. *Mém. de l'acad.* depuis 1666, *Tom. IV*, pag. 536), l'on eut soin pour lors de placer au pied de l'escalier du grand Châtelet de Paris, un *étalon* ou espèce de compas d'épaisseur, c'est-à-dire, une barre de fer terminée par deux éminences, deux redents ou talons qui s'élèvent perpendiculairement à la toise, entre lesquels devoit entrer une toise juste; on comprit dès-lors que c'étoit la meilleure manière d'avoir une égalité parfaite entre toutes les toises qu'on présenteroit entre les deux rebords; mais l'étalon du grand Châtelet, abandonné pour ainsi dire au public, étoit usé & même faussé, de manière que, dès l'année 1735, il ne pouvoit plus désigner une mesure sûre & exacte. (*Mém.* 1757, page 354). La toise de Picard étoit perdue, la base même qu'il avoit mesurée, entre Villejuive & Juvisy, n'étoit plus déterminée comme autrefois, & l'une de ses extrémités étoit douteuse, en sorte qu'elle ne pouvoit servir à faire retrouver la longueur de cette toise. Il est vrai que la longueur du pendule à secondes, déterminée par Picard, auroit dû servir à reconnoître la longueur de la toise. Mais il avoit pu se glisser une petite erreur dans cette détermination & l'on avoit besoin de la plus grande précision.

Lorsqu'il fut question d'un voyage en Amérique pour la *mesure* du degré de la terre, la Condamine fit faire, avec grand soin, deux toises de fer par Langlois (*Mém. acad.* 1747, pag. 499, 1772, *part.* 2, pag. 487). Godin alla en vérifier une sur l'étalon du Châtelet de Paris (*mesure* des 3 degrés, pag. 75), aussi exactement qu'on le pouvoit faire sur un modèle défiguré par un frottement & une usure de 65 ans; la Condamine vit ces deux toises chez Langlois présentées au même étalon, elles furent comparées aussi dans l'Académie; Mairan en fit faire une pareille qui resta en dépôt à Paris, & qui est actuellement entre mes mains. Mais, lorsqu'au bout de vingt ans l'on a rassemblé ces trois toises, il s'est trouvé un onzième de ligne de différence entre la première & la dernière, ce qui feroit six toises de différence sur le degré, & la seconde qui avoit été emportée sous le cercle polaire tenoit presqu'un milieu entre les deux extrêmes. Mais on a choisi celle du Pérou, & en vertu d'une déclaration du roi, du 16 mai 1766, rendue par les soins de M. Trudaine de Montigny, M. de Montaran, Intendant du commerce, & M. Tillet, de l'académie des Sciences, firent construire environ quatre-vingt toises semblables à celle de l'équateur, qui furent envoyées, de même que l'aune de Paris & le poids de marc, aux Procureurs-généraux des Parlemens, de la part du Contrôleur-général, en sorte que dans les principales villes du royaume, cette *mesure* existe dans toute son exactitude; on l'a déposée au greffe du Châtelet; on l'a envoyée également en Guyane, en Corse, à Vienne, où le P. Liesganig l'a employée à ses mesures du degré dans la Hongrie & l'Autriche; en Saxe en 1781, en Espagne en 1783; le P. Beccaria s'en est servi pour son degré du Piémont. M. Maskelyne y a rapporté la mesure faite dans l'Amérique Angloise.

Ainsi, notre toise ne peut plus actuellement se perdre & l'on est sûr de sa véritable longueur, du moins à un trentième de ligne près.

Mais comme le fer se dilate en été par la chaleur, on trouveroit 10 toises de plus pour dix degrés du thermomètre (qui marque zero à la glace & 80 à l'eau bouillante), si l'on opéroit en hiver. Aussi, pour mesurer une base avec la toise, il faut toujours avoir soin d'avertir du degré de température par lequel on a opéré.

Nous finirons cet article en comparant, avec notre toise, les principales mesures de l'Europe évaluées en pouces, lignes & décimales de lignes. Il y a 12 lignes dans le pouce, 12 pouces dans le pied, & 6 pieds dans la toise.

Le pied de France	12.p	0.lig
Le pied d'Angleterre (*Philos. trans.* 1768, *p.* 326)	11	3,1154
Le pied du Rhin, de Leyde & de Danemarck, suivant Lulofs	11	7,183
Le pied de Bologne, suivant Auzout, la 10e partie de la perche	14	0,60
Le pied de Turin, suivant le P. Beccaria : *gradus Taurinensis, p.* 161	18	11,70
Le *braccio da Panno* de Florence, suivant le P. Ximenez	21	6,454
Le pied de Venise, suivant M. Cristiani, (*delle misure*)	12	10,0
Le pied de Padoue, suivant M. Cristiani	15	9,9
Le pied de Vienne en Autriche, suivant le P. Hell	11	8,117
La vare de Castille, (*Mém. acad.* 1747)	30	11,0
Le palme romain moderne, suivant le P. Boscovich	8	3,033
Le palme de Naples, suivant Auzout	9	8,15
Le pied de Suède, (*Mém. acad.* 1714)	10	11,75
L'archine de Russie, suivant les manuscrits de Delisle	26	6,30
Le pied royal de la Chine, *ing-cao-chi*, ou *ing-ts'ao-tchi* : (*Observationes Astronomicæ Pekini factæ*, tome I, p. 363	11	9,9

Il n'y a aucun pays où l'on ait pris autant de soin qu'en France, pour assurer la durée & l'uniformité d'une mesure. L'original de notre *toise* se conserve avec soin à l'académie, & j'en ai une pareille sur laquelle nos artistes viennent ordinairement vérifier celles qu'on leur demande pour des mesures exactes (*D. L.*)

TOISÉ, s. m. (*Géom.*) on appelle ainsi la partie de la Géométrie qui enseigne à mesurer les surfaces & les solides. *Voyez* SOLIDE, SURFACE & STÉRÉOMÉTRIE.

TOMBEREAU *à gravier qui se charge lui-même* (*Méchanique.*) Cette machine (*fig.* 4, *pl. I. Méchanique.*) qui est de l'invention de M. Duguet, est composée de pièces suivantes.

AB le coffre d'un *tombereau* ordinaire, dont l'aissieu *D* est emboîté dans le moyeu, de manière qu'il ne forme, pour ainsi dire, qu'une seule pièce avec la roue : ce même aissieu porte deux autres roues plus petites qui ont chacune deux chevilles, dont on va voir l'usage.

Il y a sur le devant du *tombereau* un autre aissieu *HI* qui lui est parallèle, dans le milieu duquel est attaché le manche de la cuiller *L*; à ses extrémités sont deux léviers *MN*, que les chevilles *F*, & de petites roues font mouvoir, de manière que lorsque les léviers sont dans la direction *O P*, le manche de la cuiller prend la direction *L R* : on conçoit aisément que les chevilles ne mordant point sur les léviers, la cuiller tombe par son propre poids; comme leur direction de part & d'autre est parallèle, & que les léviers correspondent exactement avec elles, tous deux agissent de concert pour faire l'ouvrage.

Le char ainsi construit, on y attèle un cheval, que l'on fait avancer ou reculer; les léviers baissent, la cuiller se lève & se vuide elle-même dans le *tombereau*; on doit la placer de façon qu'elle se présente toujours de front, & il convient même pour en accélérer l'effet, de rendre le gravier le plus meuble qu'il est possible, pour qu'elle le pénètre plus aisément. Les boueurs & les maçons peuvent se servir utilement de cette machine. *Article extrait des papiers Anglois.*

TOPOGRAPHIE, s. f. (*Arpent.*) description ou plan de quelque lieu particulier ou d'une petite étendue de terre, comme celle d'une ville, d'un bourg, manoir, ferme, champ, jardin, château, maison de campagne, *&c.* tels sont les plans que lèvent les Arpenteurs. *Voyez* CARTE, PLAN, ARPENTAGE, *&c.* Ce mot est formé du grec τόπος, *lieu*, & γράφω, *je décris.*

La *topographie* diffère de la chorographie, comme le moins étendu diffère du plus étendu; la chorographie étant la description d'une contrée, d'un diocèse, d'une province, & de quelque autre étendue considérable. *V.* CHOROGRAPHIE.

TORICELLI. (*tube de*) On trouve cette expression employée dans quelques livres de Physique, pour désigner le baromètre, parce que *Toricelli* est l'auteur du premier baromètre. *Voyez* les détails de son expérience dans le *Dictionnaire de Physique*. Nous remarquerons seulement ici qu'on peut, dans quelques circonstances, employer cet instrument avec avantage; pour mesurer les différences de niveau, quand elles sont considérables, & nous ferons connoître les moyens.

Le mercure est soutenu, dans le tube de *Toricelli*, par la force élastique de l'air qui agit sur l'orifice de la cuvette; or la force élastique & la densité d'une masse d'air comprimée par un poids, sont proportionnelles chacune à ce poids. (Voyez le *Dictionnaire de Physique*.) Mais on peut regarder ce poids comme celui d'une colonne d'air, supérieure à l'orifice de la cuvette, & qui auroit pour base cet orifice. Donc en quelque point de l'athmosphère que soit situé le baromètre, le poids de la colonne de mercure élevée dans le baromètre sera toujours égal au poids de la colonne d'air, supérieure & correspondante. On suppose le tube parfaitement cylindrique; s'il ne l'étoit pas, il faudroit prendre, pour le poids de la colonne de mercure, le produit de l'orifice de la cuvette par la hauteur de cette colonne.

Cela posé, soit x la hauteur verticale de l'orifice de la cuvette sur un point pour lequel le poids de la colonne de mercure, élevée dans le baromètre, est Π, P le poids indéterminé correspondant à x, & par conséquent celui de la colonne d'air supérieure, ϖ la pesanteur spécifique correspondante, a^2 l'orifice de la cuvette; on aura évidemment $\varpi a^2 dx = -dP$, mais ϖ est proportionnel à P, ou, ce qui revient au même, $= mP$, m étant un nombre constant. On aura donc $m a^2 dx = -\frac{dP}{P}$; ce qui donne $m a^2 x = \log. \frac{\Pi}{P}$, & prouve que les différences de niveau entre deux points de l'atmosphère sont proportionnelles aux différences entre les logarithmes des élévations correspondantes du mercure dans le baromètre.

MM. Bouguer & Godin ont employé cette méthode avec succès en Amérique, dans la partie supérieure des Cordillières; mais l'application n'est pas si heureuse en Europe, parce que les hauteurs étant moins considérables, l'homogénéité de l'air est troublée par la chaleur. *Voyez* le livre de M. de Luc, intitulé: *Recherches sur les modifications de l'atmosphère*.

TORQUETUM, s. m. (*Astronomie*) est un instrument d'astronomie, imaginé par les Arabes, qui représentoit le mouvement diurne de l'équateur & de l'écliptique autour des poles du monde. On s'en servoit pour observer le lieu du soleil, des planètes, & des étoiles, tant en longitude qu'en latitude, la hauteur des astres au-dessus de l'horizon, l'angle que l'écliptique faisoit avec l'horizon, &c. On trouvoit aussi avec cet instrument la longueur du jour & de la nuit, & le tems qu'une étoile reste sur l'horizon, comme on le fait par l'usage de la sphère armillaire & du globe céleste. Regiomontanus a donné la description & l'usage de cet instrument *scripta Regiomontani*, *in-4.°* 1544. Maurolycus en traite encore dans ses œuvres où il décrit les instrumens de mathématiques, de même que Jean Gallacius, dans son livre *de mathematicis instrumentis*. *Voyez* ASTROLABE.

TORTUE, *voyez* LYRE.

TOUCAN, (*Astron.*) *Tucana*, *Anser americanus*, avis *piperivora*, pie du Brésil, constellation méridionale, située entre l'Indien, le phénix, & l'hydre; la principale étoile de cette constellation est une étoile de la 3.e grandeur qui avoit, en 1750, 330°, 16′ 46″ d'ascension droite, & 61° 29′ 32″ de déclinaison boréale. (*D. L.*)

TOUCHANTE, s. f. *en Géométrie*, on dit qu'une ligne droite est *touchante* d'un cercle, quand elle le rencontre, de manière qu'étant prolongée des deux côtés indéfiniment, elle ne coupe point le cercle, mais tombe au-dehors.

La *touchante* d'une ligne courbe quelconque est plus proprement appellée *tangente*. *V.* TANGENTE.

TOUR, s. m. *en méchanique*, est une roue ou cercle concentrique à la base d'un cylindre, avec lequel il peut se mouvoir autour d'un même axe. Telle est la roue *A B*, *Pl. méchan. fig.* 44. qui est mobile sur l'axe *E F*.

L'axe, la roue & les léviers qui y sont attachés pour se mouvoir en même-tems, forment la puissance méchanique, appellée *axis in peritrochio*, axe dans le tambour, ou simplement *tour*. *Voyez* AXE DANS LE TAMBOUR.

Cette machine s'appelle proprement *tour* ou *treuil*, lorsque l'axe ou arbre *E F* est parallèle à l'horizon; lorsque cette arbre est perpendiculaire à l'horizon, la machine s'appelle alors *vindas* ou *cabestan*. & alors au lieu de la roue, on se contente souvent de passer des axes plus ou moins longs, & en plus ou moins grand nombre. Ces deux machines sont employées fréquemment aux puits, aux carrières, aux bâtimens pour élever les pierres & les autres matériaux, sur les vaisseaux & dans les ports pour lever les ancres, &c. & quand on y fait attention, on les retrouve en petit dans une infinité d'autres endroits, où elles ne sont différentes que par la façon ou par la matière dont elles sont faites. Les *tambours*, les fusées, les bobines sur lesquelles on enveloppe les cordes ou les chaînes pour remonter le poids ou les ressorts des horloges, des pendules, des montres mêmes, doivent être regardés comme autant de petits treuils ou de petits cabestans. (*O*)

TOURNEVIRE, s. f. (*Méch.*) est un cordage médiocre que l'on dévide sur l'aissieu du cabestan, & qui est garnie de nœuds assez proches auxquels est saisie successivement avec des *garcettes*, une certaine longueur du cordage amarré à l'autre, lequel est beaucoup plus gros que la *tournevire*. *Voyez* CABESTAN. (*O*)

TOUR-TERRIERE, s. m. (*Méchan.*) les *tour-terrières* sont de gros rouleaux de bois, qui servent dans les atteliers à transporter de gros fardeaux. (*D. J.*)

TRA

TRACER, v. act. on dit *en Géométrie pratique*, *tracer* une ligne, c'est la marquer avec de l'encre, du crayon, ou toute matière semblable. Dans la géométrie spéculative, que les lignes soient bien ou mal *tracées*, cela n'y fait rien: on y suppose toujours que les lignes données soient exactement telles qu'on les demande. (*E*)

TRACTION, s. f. (*Méchan.*) est l'action d'une puissance mouvante, par laquelle un corps mobile est attiré vers celui qui le tire. Ainsi, le mouvement d'un chariot tiré par un cheval est un mouvement de *traction*. La *traction* n'est proprement qu'une sorte d'impulsion dans laquelle le corps poussant paroît précéder le corps poussé; ainsi, dans la *traction* d'un chariot, le cheval pousse le harnois attaché à son poitrail, & cette impulsion fait avancer le chariot.

Traction se dit donc principalement des puissances qui tirent un corps par le moyen d'un fil, d'une corde, d'une verge ou autre corps semblable, au lieu qu'*attraction* se dit de l'action qu'un corps exerce, ou paroît exercer sur un autre pour l'attirer à lui, sans qu'il paroisse un corps visible intermédiaire, par le moyen duquel cette action s'exerce. *Voyez* ATTRACTION. (*O*)

TRACTOIRE, *ou* TRACTRICE, s. f. (*Géom.*) est une courbe dont la tangente est égale à une ligne constante.

On la nomme *tractoire*, parce qu'on peut l'imaginer comme formée par l'extrémité d'un fil que l'on tire par son autre extrémité le long d'une ligne droite. Mais il faut supposer pour cela que le frottement détruise à chaque instant la force d'inertie du petit corps ou point qui décrit la courbe; car autrement la direction de ce point ne sauroit être celle de la tangente de la courbe. *Voyez les mém. acad.* 1736.

La *tractoire* a beaucoup d'analogie avec la logarithmique, dont la soutangente est constante; ce que la soutangente est dans celle-ci, la tangente l'est dans celle-là, les arcs de la tractoire répondent aux abscisses de la logarithmique, & sont les logarithmes des ordonnées. (*O*)

* Soient x & y les coordonnées rectangles de cette *tractoire*, & s l'arc de la courbe, la tangente sera $\frac{y\,ds}{dy} = \text{const.} = a$; ce qui donne $ds = \frac{a\,dy}{y} = \dot{a}$; donc $\frac{s}{a} = \log.\left(\frac{y}{b}\right)$ en nommant b l'ordonnée qui correspond à $s = 0$; (*v.* LOGAR.) donc $y = b\,h^{\frac{s}{a}}$, en nommant h la base des logarithmes algébriques. Cette courbe, tournant autour de son axe, engendrera une surface de révolution, dont l'élément $2\pi y\,ds$ sera $2\pi a\,dy$; cette surface sera donc $2\pi a y =$ la surface convexe d'un cylindre, dont la hauteur seroit l'ordonnée, & dont la base auroit pour rayon la tangente.

L'équation $ds = \frac{a\,dy}{y}$ donne ....

$y\,dx = dy\sqrt{a^2 - y^2}$; donc l'aire de la courbe comprise entre l'arc & les coordonnées est ....

$\int y\,dx = \int dy\sqrt{a^2 - y^2}$. *Voyez*, pour l'intégration de cette formule, le dernier *mot* QUADRATURE.

Le solide de révolution ou $\int y^2\,dx =$ ...

$$\int y\,dy\sqrt{a^2 - y^2} = \frac{(a^2 - b^2)^{\frac{3}{2}} - (a^2 - y^2)^{\frac{3}{2}}}{3}.$$

L'équation différentielle de la courbe est $dx = \frac{dy}{y}\sqrt{a^2 - y^2}$. (*Voyez* le dernier *mot* QUADRATURE.)

Si le frottement sur le plan n'étoit pas suffisant pour anéantir, à chaque instant, la vîtesse acquise, la corde, comme le dit M. d'Alembert, ne seroit pas tangente; car cette vîtesse acquise se combine avec la force de traction, & fait qu'en un point quelconque le côté infiniment petit de la courbe est la diagonale du parallélogramme, dont l'un des côtés est l'élément précédent, qui représente la vîtesse, si la différentielle du tems est constante; l'autre côté est la petite ligne, qui représente la force de traction correspondante.

Pour donner une idée à nos lecteurs de la courbe décrite par le corps, dans ce dernier cas, nous allons résoudre le problême suivant. Nous nous y déterminons d'autant plus volontiers, que, notre solution bien entendue, le lecteur sera en état, à peu de choses près, de mettre en équation un problême de dynamique quelconque. J'entends parler ici d'un de ces problêmes où on demande le mouvement de plusieurs corps qui agissent, les uns sur les autres, d'une manière quelconque, par le moyen de fils ou de verges inflexibles.

PROBLÊME.

De deux corps placés sur un plan horizontal, & attachés aux deux extrémités d'un même fil, l'un est forcé de se mouvoir dans une rainure rectiligne. On donne à ces corps des impulsions qui tendent le fil; il faut trouver les vîtesses des corps à chaque instant, & la courbe décrite par le second.

SOLUTION.

Soit AP la rainure (*fig.* 218, *planc. méch.*), Pp & Mm deux petites lignes décrites dans un tems infiniment petit dt, par ces corps que nous appellerons P & M; pp' & mm' les lignes décrites dans un ſecond inſtant dt égal au premier.

Si, à l'inſtant que les corps ſont arrivés en p & m, on avoit coupé le fil, ils auroient ceſſé d'agir l'un ſur l'autre; &, par conſéquent, ils ſe feroient mus uniformément, de manière que, dans le ſecond inſtant dt, ils auroient parcourus l'un $p\varpi = Pp$, & l'autre $m\mu = Mm$ & dans la même direction. C'eſt-à-dire, ils auroient eu des vîteſſes repréſentées par ces lignes.

Il faut regarder la vîteſſe $m\mu$ comme compoſée de deux autres, l'une mm', qui reſte au corps M, l'autre mh, qui eſt détruite & dirigée, par conſéquent, le long du fil mp. Il faut regarder la vîteſſe $p\varpi$, comme compoſée de la vîteſſe pp' qui reſte, & de la vîteſſe $p'\varpi$ qui eſt détruite. Puiſque ces vîteſſes ſont détruites, les corps animés de ces vîteſſes ſe feroient équilibre; donc les quantités de mouvement $P.p'\varpi$ & $M.mh$ dirigées, l'une ſuivant $p'\varpi$, l'autre ſuivant mh ſe feroient équilibre. Mais, la quantité de mouvement ſuivant mh ou pm, n'étant pas dans le ſens de la rainure, n'eſt pas toute employée à s'oppoſer au mouvement du corps P; il eſt clair que, ſi on la décompoſe en deux dirigées, l'une ſuivant la rainure, & l'autre perpendiculairement, il ſuffira de conſidérer la première ſeulement, l'autre étant détruite par la rainure. On a donc $M.mh \cos. Apm = P.p'\varpi$.

Maintenant ſoit $Mp = a$, $AP = x$ (A étant un point fixe, par exemple le lieu de départ du corps P, $Mm = ds$, l'angle $AMP = \varphi$.)

Il faut mener par le point m la parallèle $m\varpi$ à MP, & par les points P & p les perpendiculaires PS & $p\Sigma$ ſur cette parallèle; on aura $p\Sigma = ad\varphi$, $p\pi = \frac{ad\varphi}{\sin.\varphi}$, & par conſéquent $P\pi = dx + \frac{ad\varphi}{\sin.\varphi}$; donc $dx \sin.\varphi + ad\varphi = PS = mR$, cette dernière ligne étant perpendiculaire ſur MP. $S\Sigma = dx \cos.\varphi$; donc mS ou $RP = m\Sigma - dx \cos.\varphi = a - dx \cos.\varphi$, parce que la différence entre les lignes mp & $m\Sigma$ eſt du ſecond ordre; donc $MR = a - RP = dx \cos.\varphi$. Faiſant la ſomme des quarrés de MR & de mR, on a Mm^2 ou $ds^2 = dx^2 + 2adxd\varphi \sin.\varphi + a^2 d\varphi^2$. Dans le triangle $hm\mu$, on a $m\mu = ds$, $h\mu = ds + dds$, angle $mh\mu = RMm + dRMm$; il faut du point m mener la petite perpendiculaire $m\nu$ ſur $h\mu$, & on aura $h\nu = dds$; $hm = \frac{dds}{\cos.(RMm + dRMm)} = \frac{dds}{\cos. RMm}$, (en négligeant les différences du troiſième ordre,) $= \frac{dsdds}{RM} = \frac{dsdds}{dx \cos.\varphi}$. Mettant cette valeur de hm dans l'équation d'équilibre trouvée ci-deſſus, & obſervant que $p\varpi = -ddx$, on aura $Mdsdds + Pdxddx = 0$, & intégrant $\frac{Mds^2 + Pdx^2}{dt^2} = \text{conſt. } A$. Cette équation eſt celle des forces vives.

L'angle $pm\varpi = d\varphi$; donc l'angle $pm\mu = RMm + d\varphi$; Or cet angle $=$ auſſi $mh\mu + h\mu m = RMm + dRMm + h\mu m$; donc $h\mu m = d\varphi - dRMm$. Par conſéquent on aura $hm = \ldots \frac{ds(d\varphi - dRMm)}{\sin. RMm}$; mais $\sin. RMm = \ldots \frac{ad\varphi + dx \sin.\varphi}{ds}$ & $\cos. RMm = \frac{dx \cos.\varphi}{ds}$; donc $dRMm = \frac{ds\, d\left(\frac{ad\varphi + dx \sin.\varphi}{ds}\right)}{dx \cos.\varphi}$. *Voyez* SINUS.

Subſtituant dans la nouvelle valeur de hm, elle devient $\frac{dsdds}{dx \cos.\varphi} - \frac{(add\varphi + ddx \sin.\varphi)ds^2}{(ad\varphi + dx \sin.\varphi)dx \cos.\varphi}$; la première valeur eſt $\frac{dsdds}{dx \cos.\varphi}$; donc $add\varphi + ddx \sin.\varphi = 0$. Cette équation étant trouvée, il faut différencier la première, $ds^2 = dx^2 + 2adxd\varphi \sin.\varphi + a^2 d\varphi^2$, enſuite mettre au lieu de $dsdds$ ſa valeur $-\frac{Pdxddx}{M}$, donnée par l'équation d'équilibre, pour ddx ſa valeur $-\frac{add\varphi}{\sin.\varphi}$, que nous venons de trouver & diviſer par dx; alors on aura la nouvelle équation $(P + M \cos.\varphi^2)dd\varphi = Md\varphi^2 \cos.\varphi \sin.\varphi$, qui, miſe ſous cette forme $\frac{dd\varphi}{d\varphi} = -\frac{M \cdot \cos.\varphi \cdot d \cos.\varphi}{P + M \cos.\varphi^2}$, donne la ſeconde équation intégrale $\frac{d\varphi}{dt} = \frac{\text{la conſtante } B}{\sqrt{P + M \cos.\varphi^2}}$.

On cherchera les vîteſſes initiales de chaque corps au premier inſtant, afin de déterminer les conſtantes introduites dans l'intégration.

EXEMPLE.

Le corps M ne reçoit aucune impulſion initiale, (*fig.* 219), celle du corps P lui donneroit la vîteſſe V le long de la rainure, ſans la réſiſtance du corps M. λ eſt la valeur initiale de φ.

Maintenant ſoit BA la première ſituation du fil, Aa' l'eſpace qu'auroit parcouru le corps P dans la rainure, pendant le premier inſtant dt, Aa celui qu'il parcourt réellement, Bb l'eſpace que parcourt le corps M dans le même inſtant. Cette ligne Bb eſt dirigée ſuivant BA. $\frac{Aa}{dt}$ $\frac{Bb}{dt}$ feront les vîteſſes initiales des corps, & on aura entre les mouvemens perdus & gagnés l'équation $M\frac{Bb}{dt} \cos.\lambda = P\left(V - \frac{Aa}{dt}\right)$. Du point b, comme centre avec les rayons bA & $ba = a$, il faut décrire les arcs Aa''' & aa'', on aura $Aa'' = Aa \cos.\lambda$ & $Aa''' = Aa \sin.\lambda = a$. angle Aba'''; mais $Aa'' = Bb$ & l'angle $Aba''' =$ la différentielle initiale de φ; donc $\frac{Bb}{dt} = \frac{Aa}{dt} \cos.\lambda$, & $\frac{d\lambda}{dt} = \frac{Aa}{adt} \sin.\lambda$; employant convenablement ces équations, on trouvera $\frac{Aa}{dt} = \frac{PV}{P+M\,\text{cos}.\lambda^2}$; $\frac{Bb}{dt} = \frac{PV\,\text{cos}.\lambda}{P+M\,\text{cos}.\lambda^2}$; $A = \frac{P^2 V^2}{P+M\,\text{cos}.\lambda^2}$ & $B^2 = \frac{A\,\text{sin}.\lambda^2}{a^2}$.

Enfin, mettant dans la première équation intégrale, pour ds sa valeur en x & ϕ, pour $A\,dt^2$ ou $\frac{B^2 dt^2 . a^2}{\text{sin}.\lambda^2}$ sa valeur $a^2 d\phi^2 \frac{P+M\,\text{cos}.\lambda^2}{\text{sin}.\lambda^2}$, on aura une équation entre x & ϕ, qui dépendra en général de la rectification de l'ellipse, & de celle du cercle dans le ces particulier où B seroit infini par rapport à M.

TRAJECTOIRE, s. f. (*géométrie.*) On a donné ce nom aux courbes qui coupent, sous un angle donné, une famille de courbes du même genre, dont les individus résultent de la variation d'un paramètre.

D'après cette définition, on voit que la normale à la *trajectoire*, pour le point où elle coupe un des individus, doit faire un angle constant, dont j'appellerai m la tangente, avec la tangente de cet individu pour le même point.

Maintenant soit x & y les coordonnées de la courbe coupée & de la *trajectoire*, il faut déterminer la soutangente d'un individu (*voyez* TANGENTE), & en éliminer le paramètre variable, par le moyen de l'équation générale des courbes coupées. Soit R la valeur de cette soutangente après l'élimination, on aura $\frac{R + y\frac{dy}{dx}}{y - R\frac{dy}{dx}} = m$ pour l'équation de la *trajectoire*; car l'angle constant est égal à la différence de deux angles, dont l'un formé par la tangente de l'individu & par l'ordonnée y, a pour tangente $\frac{R}{y}$, & dont l'autre formé par la normale de la *trajectoire* & par l'ordonnée, a pour tangente $-\frac{dy}{dx}$; de plus la tangente de la différence de deux angles, est égale à la différence des tangentes divisée par l'unité plus le produit des tangentes. (*Voyez* SINUS.)

M. Leibnitz proposa, en 1715, aux géomètres anglois de déterminer en général la *trajectoire* d'une famille de courbes qui auroient le même point pour sommet, & dans lesquelles le rayon de la développée seroit coupé par l'axe en raison donnée. C'est-à-dire, seroit en raison donnée avec la normale. Cela posé, l'équation de la courbe est facile à trouver; car l'expression générale du rayon de la développée est $\frac{dy}{d\left(\frac{dx}{ds}\right)}$, celle de la normale est $\frac{y\,ds}{dx}$; donc $n \frac{dy}{d\left(\frac{dx}{ds}\right)} = \frac{y\,ds}{dx}$, en prenant n pour le rapport donné; cette équation, intégrée une fois, donne évidemment $\frac{dx}{ds} = \frac{y^n}{A}$; ou....

$dx = \frac{y^n dy}{\sqrt{A^2 - y^{2n}}}$, équation séparée, dont la seconde intégrale sera algébrique, quand n sera $= \frac{1}{2r+1}$, r étant un nombre entier positif. On déterminera la valeur de la seconde constante en supposant que x & y s'évanouissent en même-tems. Alors la valeur de A, c'est-à-dire, du paramètre variable, dépendra d'une équation algébrique. Elle en dépendroit encore si $n = -\frac{1}{2(r+1)}$.

Soit $n = \frac{1}{2}$ on aura $dx = \frac{dy\sqrt{y}}{\sqrt{2a-y}}$, (je change la forme de la constante pour plus de facilité,) & l'intégrale sera, $\frac{x}{a} = -\sqrt{\frac{2y}{a} - \frac{y^2}{a^2}} + \ldots\ldots$ Arc sin. $v\frac{y}{a}$. Cette équation est évidemment celle d'une cycloïde, & donne R ou la soutangente de l'individu $= \frac{y\sqrt{y}}{\sqrt{2a-y}}$; ainsi, le problême n'auroit aucune difficulté si on pouvoit avoir a en x & y; mais la chose est impossible, au moins sans approximation. Ainsi, il faut changer un peu le procédé expliqué plus haut. L'équation générale devient, en mettant pour R sa valeur, ...

$$dx = dy \frac{\sqrt{2 - \frac{y}{a}} + m\sqrt{\frac{y}{a}}}{m\sqrt{2 - \frac{y}{a}} - \sqrt{\frac{y}{a}}} = dy F\left(\frac{y}{a}\right),$$

(pour abréger.) Différenciant l'équation des courbes coupées, en faisant varier a, on a.....

$$dx = da\left(\text{Arc sin. } v\frac{y}{a} - \sqrt{\frac{2y}{a} - \frac{y^2}{a^2}}\right) + \frac{ad\left(\frac{y}{a}\right)\sqrt{\frac{y}{a}}}{\sqrt{2 - \frac{y}{a}}},$$ ou plus simplement.......

$dx = da\,\phi\left(\frac{y}{a}\right) + a\,\Psi\left(\frac{y}{a}\right) d\left(\frac{y}{a}\right)$; donc $da\,\phi\left(\frac{y}{a}\right) + a\,\Psi\left(\frac{y}{a}\right) d\left(\frac{y}{a}\right) = dy\,F\left(\frac{y}{a}\right)$. Multipliant par a, retranchant de part & d'autre la quantité $y\,da\,F\left(\frac{y}{a}\right)$, & divisant par a^2, on aura $\frac{da}{a} = \frac{F\left(\frac{y}{a}\right) - \Psi\left(\frac{y}{a}\right)}{\phi\left(\frac{y}{a}\right) - \frac{y}{a}F\left(\frac{y}{a}\right)} d\left(\frac{y}{a}\right)$; donc $a = AF'\left(\frac{y}{a}\right)$.

Multipliant cette dernière équation par $\frac{y}{a}$, elle devient $y = A\frac{y}{a}F'\left(\frac{y}{a}\right)$; & la multipliant par

$\varphi\left(\frac{y}{a}\right)$, elle devient $x = AF'\left(\frac{y}{a}\right)\varphi\left(\frac{y}{a}\right)$, la *trajectoire* est donc constructible, puisqu'on a x, & y en fonction d'une troisième variable $\frac{y}{a}$. (*Voyez* le mot VARIABLE.) (*r*)

TRAJECTOIRE RÉCIPROQUE. Est le nom que M. Jean Bernoulli a donné à une courbe BAD, décrite sur un axe Av (*fig.* 243, *planc. géom.*), dont la propriété est telle, que si on la place dans la situation opposée $B'AD'$, & si on la fait glisser parallélement à elle-même, elle coupe toujours sa première position, c'est-à-dire, la courbe BAD sous un même angle.

Pour trouver l'équation de cette *trajectoire*, considérons la position indéterminée bad, & soit M le point où elle coupe BAD, l'angle DMd sera égal à l'angle DAD'. Maintenant, si on mène à AV la parallèle ML, qui coupe $B'AD'$ en Q, on aura $AQ = aM$, & par conséquent $LQD' = LMd$; mais si on prend $AN = AQ$, & si on mène NT parallèle à AV, on aura $DNT = LQD'$; donc la somme des angles DNT & DML est égale à l'angle DAD'. Menons par un point Z de l'axe AV, la droite TZL, qui fasse avec Av l'angle $AZT = DAD'$? Menons les lignes tn & ml infiniment près des correspondantes TN & ML, & les lignes nR & mK parallèles à TL, nous aurons $TZ = ZL$ & $nNR + mMK = AZL$. De plus, $nNR + NnR = AZT = nNR + mMK$; donc $NnR = mMK$; donc $-\frac{dz}{dx} = \frac{dx}{dy}$; donc enfin $1 = -\frac{dy}{dx}\cdot\frac{dz}{dx}$. (Je suppose $ZL = x$, $LM = y$, $TN = z$). On satisfera à cette équation en faisant $\frac{dy}{dx} = \frac{P+Q}{P-Q}$. P étant une fonction de x, qui reste la même quand on y met $-x$ au-lieu de x, & Q une fonction de x qui change de signe dans la même hypothèse. Ainsi, on aura facilement autant de *trajectoires* réciproques qu'on voudra.

Il est clair que la logarithmique représentée par l'équation $y = ah^{\frac{x}{a}}$ est *trajectoire* réciproque.

Le problème seroit plus difficile à résoudre, si l'on demandoit que la *trajectoire* fût algébrique; mais nous n'entrerons pas dans de plus grands détails. Le lecteur curieux pourra consulter les opuscules de M. Euler.

TRAJECTOIRE, s. f. *en Méchanique*, se dit de la courbe que décrit un corps animé par une pesanteur quelconque, & jettée suivant une direction donnée, & avec une vîtesse donnée, soit dans le vuide, soit dans un milieu résistant.

Galilée a le premier démontré que dans le vuide, & dans la supposition d'une pesanteur uniforme, toujours dirigée suivant les lignes parrallèles, la *trajectoire* des corps pesans étoit une parabole. *Voyez* PROJECTILE, BALISTIQUE, *&c.*

M. Newton a fait voir dans ses principes que les *trajectoires* des planètes, ou ce qui revient au même, leurs orbites sont des ellipses. *Voyez* PLANÈTE, & PHILOSOPHIE NEWTONIENNE; & ce philosophe a enseigné dans le même ouvrage, *prop. xlj. du liv. I.* une méthode générale pour déterminer la *trajectoire* d'un corps qui est attiré vers un point donné dans le vuide par une force centripète réglée suivant une loi quelconque. M. Jean Bernoulli, dans les *mém. de l'Acad. des Sciences, de* 1710, a résolu ce même problême par une méthode qui ne diffère presque point de celle de M. Newton; & différens auteurs en ont donné des solutions plus ou moins simples.

A l'égard des *trajectoires* dans le vuide, M. Newton a déterminé dans le *II. livre de ses principes*, celles que doivent décrire les corps pesans, dans un milieu résistant en raison de la vîtesse; M. Keill proposa, en 1719, à M. Jean Bernoulli de trouver les *trajectoires* dans un milieu résistant comme une puissance quelconque de la vîtesse, & M. Bernoulli résolut assez promptement ce problême, comme on peut le voir dans le second volume *in*-4.° du recueil *de ses œuvres*, imprimées à Lausanne en 1742. Ce qu'il y a de singulier, c'est qu'il ne paroît pas que M. Keill eût trouvé de son côté la solution qu'il proposoit à d'autres: du moins il n'en a donné aucune. M. Euler, dans le *tom. II. de sa méchanique*, imprimée à Pétersbourg en 1736, a aussi déterminé en général les *trajectoires* dans un milieu résistant, comme une puissance quelconque de la vîtesse. On trouve dans le *traité de l'équilibre & du mouvement des fluides*, imprimé à Paris, chez David, 1744, une solution fort simple de ce problême, d'où l'on déduit la construction des *trajectoires* dans quelques hypothèses de résistance, où on ne les avoit point encore déterminées. (*O*)

* Quelques lecteurs ne seront pas fâchés, peut-être, d'apprendre comme on détermine la *trajectoire* dans l'hypothèse Newtonienne. Ainsi, nous allons exposer la méthode dans le problême suivant.

PROBLÊME.

Un corps est lancé en A suivant la direction AZ, *planc. méchan.* avec une vîtesse capable de lui faire parcourir uniformément l'espace E dans le tems θ, s'il étoit abandonné à l'impulsion primitive; mais à l'instant de la projection, & pendant tout le tems de son mouvement, il sera sollicité par une force dirigée au point fixe F, & variable en raison inverse du quarré de sa distance au point F. La quantité absolue de cette force est telle que si elle devenoit accélératrice constante avec l'intensité qu'elle a à la distance b du point F, elle feroit parcourir à un corps abandonné à sa seule action, l'espace a dans le tems θ.

Il faut

Il faut trouver l'équation de la *trajectoire*, le lieu du corps à chaque instant, enfin tout ce qui est relatif à son mouvement.

SOLUTION.

Soit M le lieu du corps après le tems t compté de l'instant du départ & m le lieu de ce corps, après le tems infiniment peu différent $t + dt$, menez les perpendiculaires MP & mp sur AF prolongée s'il est nécessaire; & MK perpendiculaire sur mp. Supposez $AF = h$; $FP = x$, $PM = y$; $FM = r$, l'arc $AM = s$.

Si la force étoit accélératrice constante avec l'intensité qu'elle a à la distance r, elle feroit parcourir dans le tems θ l'espace $\frac{ab^2}{r^2}$ de M en F. Si donc on décompose cet effet en deux autres dirigés, l'un suivant MP & l'autre perpendiculairement, l'effet suivant MP sera $\frac{ab^2 y}{r^3}$, & l'effet perpendiculaire sera $\frac{ab^2 x}{r^3}$. Or la vîtesse du corps arrivé au point M est $\frac{\theta\, dx}{dt}$ dans le sens de x, & $\frac{\theta\, dy}{dt}$ dans le sens perpendiculaire; donc on aura $ddy = -2ab^2 \frac{y}{r^3}\frac{dt^2}{\theta^2}$, & $ddx = -2ab^2 \frac{x}{r^3}\frac{dt^2}{\theta^2}$, pour les deux équations fondamentales du problême. J'ai mis — dans ces deux équations, parce que les forces composantes sont évidemment retardatrices.

Développement du calcul.

Multipliez la première de ces équations par x, & la seconde par y, vous aurez $y\,ddx - x\,ddy = 0$. Et intégrant $y\,dx - x\,dy = Eh\frac{\text{sin.}\,\lambda}{\theta}dt$. λ exprime l'angle de AZ avec AF.

Ajoutez & retranchez la même quantité $y\,dx$, divisez par 2 & intégrez, vous $\int y\,dx - \frac{xy}{2} = \frac{Eht\,\text{sin}\,\lambda}{2\theta}$, c'est-à-dire, l'aire $AFM = \frac{Eht.\,\text{sin.}\,\lambda}{2\theta}$. Cette aire est appellée, aire parcourue par le corps pendant le tems t. Donc les aires parcourues sont proportionnelles au tems. Newton a démontré, le premier, ce théorême géométriquement dans son livre des principes; mais Képler avoit déjà observé qu'il se vérifioit, du moins à-peu-près, dans le mouvement des planètes. C'est pourquoi il est connu des Astronomes sous le nom de première loi de Képler.

Différentiant, on a $dAFM$ ou $FMm = \frac{Eh\,\text{sin.}\,\lambda}{2\theta}dt$; donc en supposant l'angle $AFM = z$, on aura $\frac{r^2 dz}{2} = \frac{Eh\,\text{sin.}\,\lambda}{2\theta}.dt$; donc $\frac{dz}{dt} = \ldots \frac{Eh.\,\text{sin.}\,\lambda}{\theta r^2}$. Donc la vîtesse angulaire est en raison inverse du quarré du rayon vecteur. (*Voy.* RAYON). On a aussi $FMm = \frac{p\,ds}{2}$, en supposant la perpendiculaire menée du centre des forces sur la tangente au point $M = p$; donc $\frac{ds}{dt} = \frac{Eh\,\text{sin.}\,\lambda}{\theta p}$; donc la vîtesse absolue est en raison inverse de p.

Remarque. Les trois théorêmes que nous venons de démontrer ne sont point particuliers à l'hypothèse Newtoniene, mais sont vrais pour une force centrale quelconque.

Multipliez la première des équations fondamentales par $2dy$; la seconde par $2dx$ & ajoutez les ensemble, vous aurez $2dy\,ddy + 2dx\,ddx = -4ab^2\frac{dt^2}{\theta^2}\frac{y\,dy + x\,dx}{r^3} = -4ab^2\frac{dt^2}{\theta^2}.\frac{dr}{r^2}$, parce que $x^2 + y^2 = r^2$; intégrez & déterminez la constante convenablement, vous aurez......

$$\frac{ds^2}{dt^2} = \frac{4ab^2}{\theta^2}\left(\frac{1}{r} + \frac{E^2}{4ab^2} - \frac{1}{h}\right).$$

Maintenant, vous avez trouvé $\frac{dt}{\theta} = \frac{r^2 dz}{Eh\,\text{sin.}\,\lambda}$, de plus $ds^2 = dr^2 + r^2 dz^2$. Vous aurez donc $dr^2 + r^2 dz^2 = 4ab^2\frac{r^4 dz^2}{E^2 h^2\,\overline{\text{sin.}\,\lambda}^2}\left(\frac{1}{r} + \frac{E^2 h - 4ab^2}{4ab^2 h}\right)$, & prenant tout de suite la forme nécessaire pour intégrer.................................

$$-dz = \frac{d\left\{\dfrac{\dfrac{1}{r} - \dfrac{2ab^2}{E^2 h^2\,\text{sin.}\,\lambda^2}}{\sqrt{\dfrac{E^2 h - 4ab^2}{E^2 h^3\,\text{sin.}\,\lambda^2} + \dfrac{4a^2 b^4}{E^4 h^4\,\overline{\text{sin.}\,\lambda}}}}\right\}}{\sqrt{1 - \left\{\dfrac{\dfrac{1}{r} - \dfrac{2ab^2}{E^2 h^2\,\overline{\text{sin.}\,\lambda}^2}}{\sqrt{\dfrac{E^2 h - 4ab^2}{E^2 h^3\,\text{sin.}\,\lambda^2} + \dfrac{4a^2 b^4}{E^4 h^4\,\text{sin.}\,\lambda^4}}}\right\}^2}}$$

$$\text{Donc sin.}\,(z - D) = \frac{\dfrac{2ab^2}{E^2 h^2\,\text{sin.}\,\lambda^2} - \dfrac{1}{r}}{\sqrt{\dfrac{E^2 h - 4ab^2}{E^2 h^3\,\text{sin.}\,\lambda^2} + \dfrac{4a^2 b^4}{E^4 h^4\,\overline{\text{sin.}\,\lambda}^4}}}$$

$$\text{Donc sin.}\,D = \frac{1 - \dfrac{2ab^2}{E^2 h\,\text{sin.}\,\lambda^2}}{\sqrt{\dfrac{E^2 h - 4ab^2}{E^2 h\,\text{sin.}\,\lambda^2} + \dfrac{4a^2 b^4}{E^4 h^2\,\text{sin.}\,\lambda^2}}}$$

$$\text{Cos.}\,D = \frac{\text{Cotang.}\,\lambda}{\sqrt{\dfrac{E^2 h - 4ab^2}{E^2 h\,\text{sin.}\,\lambda^2} + \dfrac{4a^2 b^4}{E^4 h^2\,\text{sin.}\,\lambda^4}}}.$$

Maintenant menez FL qui fasse, avec AF, l'angle $AFL = 90° + D$; nommez Z l'angle restant LFM, vous aurez sin. $(z - D) = \text{cos.}\,Z$, & par conséquent $m\,\text{cos.}\,Z = \frac{2ab^2}{E^2 h^2\,\text{sin.}\,\lambda^2} - \frac{1}{r}$, (faisant, pour abréger, le radical $= m$). Menez du point indéterminé M la perpendiculaire MP' ſur FL, & nommez X l'abſciſſe FP'. La nouvelle équation de la *trajectoire* ſera........................

$$r = \frac{m E^2 h^2 \text{ſin.} \lambda^2}{2 a b^2} X + \frac{E^2 h^2 \text{ſin.} \lambda^2}{2 a b^2}.$$

Cette équation nous apprend que la *trajectoire* eſt une ſection conique dont l'axe des foyers eſt FL en direction, & dont le point F eſt foyer.

Si on nomme Y l'ordonnée MP', on aura

$$Y^2 = \left(\frac{m E^2 h^2 \text{ſin.} \lambda^2}{2 a b^2} X + \frac{E^2 h^2 \text{ſin.} \lambda^2}{2 a b^2} \right)^2 - X^2;$$

& on obſervera à cet égard que le quarré de X ſe détruit dans le ſecond membre de l'équation, ſi le coëfficient de X dans le binome $= 1$; que ce quarré eſt affecté du ſigne $-$ ſi le coëficient eſt moindre que l'unité; enfin qu'il eſt affecté du ſigne $+$ ſi le coëfficient eſt plus grand que l'unité. La *trajectoire* eſt donc une parabole dans le premier cas, c'eſt-à-dire, quand $E^2 h = 4 a b^2$.

Une ellipſe dans le ſecond cas, c'eſt-à-dire, quand $E^2 h < 4 a b^2$.

Une hyperbole dans le troiſième cas, c'eſt-à-dire, quand $E^2 h > 4 a b^2$.

Si on veut déterminer l'axe des foyers pour la *trajectoire* elliptique, il faut faire dans l'équation, $Y = 0$, ce qui donne deux valeurs de X répondantes aux interſections de la *trajectoire* avec ſon axe. La première de ces valeurs eſt poſitive; & $+ \frac{E^2 h^2 \text{ſin.} \lambda^2}{2 a b^2 - m E^2 h^2 \text{ſin.} \lambda^2}$; la ſeconde eſt négative, & $= - \frac{E^2 h^2 \text{ſin.} \lambda^2}{2 a b^2 + m E^2 h^2 \text{ſin.} \lambda^2}$; maintenant il n'y a qu'à ajouter ces quantités, ſans avoir égard au ſigne $-$ de la ſeconde, & la ſomme $\frac{4 a b^2 h}{4 a b^2 - E^2 h}$ ſera l'axe des foyers. (On a remis pour m ſa valeur). Ceci fait, on trouvera facilement le ſecond axe $= \frac{2 E h^{\frac{3}{2}} \text{ſin.} \lambda}{(4 a b^2 - E^2 h)^{\frac{1}{2}}}$.

Mais l'aire d'une ellipſe eſt égale au produit des demi-axes, par le rapport du diamètre à la circonférence. Donc nommant ϖ ce rapport & A l'aire de la *trajectoire*, on aura........................

$$A = \frac{2 \varpi a b^2 . E h^{\frac{5}{2}} \text{ſin.} \lambda}{(4 a b^2 - E^2 h)^{\frac{3}{2}}}.$$

Nous avons trouvé, au commencement de cet article, l'aire $AFM = \frac{E h t \text{ ſin.} \lambda}{2 \theta}$; donc $\frac{T}{\theta} = \frac{2 A}{E h \text{ ſin.} \lambda}$, en nommant T le tems d'une révolution complète; donc, mettant pour A ſa valeur, on a........................

$$\frac{T}{\theta} = 4 \varpi a b^2 \left(\frac{h}{4 a b^2 - E^2 h} \right)^{\frac{3}{2}};$$

donc les quarrés des tems périodiques, dans deux *trajectoires* elliptiques, ſont comme les cubes des grands axes. Képler a, le premier, obſervé que ce théorême ſe vérifioit à-peu-près dans le mouvement des planètes; c'eſt pourquoi il eſt connu des Aſtronomes ſous le nom de ſeconde loi de Képler.

La *trajectoire* étant une ſection conique, quand la force centrale varie en raiſon inverſe des quarrés des diſtances, cette propriété a déterminé Newton à donner pluſieurs méthodes, toutes très-ingénieuſes, pour décrire ces *trajectoires*, d'après des conditions données. Il y a conſacré les quatrième & cinquième ſections du premier livre de ſes principes. Pour donner une idée à nos lecteurs de la marche qu'ils doivent ſuivre dans la réſolution de cette ſorte de problêmes, nous lui apprendrons à faire paſſer la *trajectoire* par cinq points donnés.

L'équation générale des ſections coniques eſt $y^2 + m x^2 + n x y + P y + Q x \pm R^2 = 0$ (*Voyez* CONIQUE.) Ainſi on pourra, généralement, mener un axe quelconque dans le plan des cinq points donnés, prendre ſur cet axe un point fixe, mener par les points donnés des ordonnées à l'axe ſous un même angle; ces ordonnées ſeront données. Les diſtances de leur rencontre avec l'axe, au point fixe ſeront auſſi données; mettant donc ſucceſſivement dans l'équation générale, chacune des ordonnées pour y & les diſtances au point fixe correſpondantes pour x, on aura cinq équations linéaires entre les coefficients inconnus, m, n, *&c.* & par conſéquent on pourra les déterminer. Mais le calcul ſera long & faſtidieux ſi on ne met quelque choix dans la poſition des coordonnées, dans celle de l'axe, *&c.*

Soient A, B, C, D, E, (*pl. d'anal. fig.* 20) les cinq points donnés; faites paſſer l'axe des x par les points A & B, l'axe des y par les points C & D, de manière qu'il coupe celui des x en un point F, qui ſera l'origine des coordonnées. Enfin, par le cinquième point E, menez ſur l'axe des x, EE' parallèle à l'axe des y, ou, ce qui revient au même, l'ordonnée EE'.

Soient $FG = g$; $FD = f$; $FA = a$; $FB = b$; $FE' = p$; $EE' = q$.

Maintenant, 1.° quand $x = 0$ on a $y = g$ & $y = f$; donc $y^2 + P y \pm R^2 = (y - g)(y - f)$ & l'équation devient $(y - g)(y - f) + m x^2 + n x y + Q x = 0$.

2.° Quand $y = 0$, on a $x = a$ & $x = b$; donc $m x^2 + Q x + g f = m (x - a)(x - b)$, ce qui donne $g f = m a b$, & l'équation devient........

$$(y - g)(y - f) + \frac{g f}{a b} (x - a)(x - b) + n x y = g f.$$

3.° Enfin quand $x = p$, on a $y = q$; donc

$$n = \frac{g f p (a + b - p) - a b (q - g)(q - f)}{a p b q}.$$

TRAMONTANE, ancien nom de l'étoile polaire, ou de la petite ourſe.

TRANCHE, ſ. f. (*Géom.*) quand on conçoit qu'un priſme, un cylindre, une pyramide, un cône, *&c.* ſont coupés par des plans parallèles à la baſe, les ſections qui en naiſſent s'appellent des *tran-*

ches : on donne même quelquefois ce nom aux portions solides comprises entre deux coupes. (*E*)

TRANSCENDANTES, (*Equations*,) sont celles qui ne renferment point, comme les équations algébriques, des quantités finies, mais des différentielles ou fluxions de quantités finies, bien entendu que ces équations entre les différentielles, doivent être telles qu'elles ne puissent se réduire à une équation algébrique. Par exemple, l'équation $dy = \frac{x\,dx}{\sqrt{aa+xx}}$ qui paroît être une équation *transcendante*, est réellement une équation algébrique, parce qu'en intégrant séparément les deux membres, on a $y = \sqrt{aa + xx}$. Mais l'équation $dy = \frac{dx}{\sqrt{aa-xx}}$ est une équation *transcendante*, parce qu'on ne peut exprimer, en termes finis, les intégrales de chaque membre de cette équation : l'équation qui exprime le rapport entre un arc de cercle & son sinus, est une équation *transcendante*; car Newton a démontré (*voyez* QUADRATURE), que le rapport ne pouvoit être représenté par aucune équation algébrique finie, d'où il s'ensuit qu'il ne peut l'être que par une équation algébrique d'une infinité de termes, ou par une équation *transcendante*.

On met ordinairement au rang des équations *transcendantes*, les équations exponentielles, quoique ces équations puissent ne renfermer que des quantités finies (*v.* EXPONENTIEL ;) mais ces équations different des algébriques en ce qu'elles renferment des exposans variables, & on ne peut faire disparoître ces exposans variables qu'en réduisant l'équation à une équation différentielle. Par exemple, soit $y = a^x$ qui est une équation exponentielle, il faut, pour faire disparoître l'exposant x, différencier l'équation, ce qui donnera $dx = \frac{dy}{y}$; équation différentielle & *transcendante*.

Courbe transcendante, est celle que l'on ne sauroit déterminer par aucune équation algébrique, mais seulement par une équation *transcendante*.

Ces courbes sont celles que M. Descartes, & plusieurs autres, à son exemple, appellent *courbes méchaniques*, & qu'ils voudroient exclure de la géometrie ; mais MM. Newton & Leibnitz sont d'un autre sentiment. En effet, dans la construction des problêmes géométriques, une courbe ne doit point être préférée à une autre, en tant qu'elle est déterminée par une équation plus simple, mais en tant qu'elle est plus aisée à décrire. *Voyez* GÉOMÉTRIE. (*O*)

TRANSFORMATION, s. f. *en Géométrie*, c'est le changement ou la réduction d'une figure ou d'un corps en un autre de même aire ou de même solidité, mais d'une forme différente. Par exemple, l'on transforme un triangle en quarré, une pyramide en parallélipipède, *&c.*

Si, dans une équation déterminée, on substitue au lieu de l'inconnue une fonction d'une nouvelle inconnue, l'opération s'appelle aussi *transformation*, & le résultat s'appelle équation *transformée*, ou plus simplement la *transformée*. Il faut entendre la même chose des équations indéterminées, finies ou différentielles, si, au lieu de l'une des variables, on substitue une fonction des autres en tout ou en partie, & d'une nouvelle variable. (*Voyez* SUBSTITUTION.)

TRANSFORMATION DES AXES, (*Géom.*) c'est l'opération par laquelle on change la position des axes d'une courbe. Par exemple, si on a x & y pour les coordonnées d'une courbe ; en faisant $y = z \pm a$, on changera l'axe des x de position, en le reculant de la quantité a. Ce sera le contraire, si on fait $x = u \pm a$; alors l'axe des x reste en place, & c'est l'axe des y qui change. Si on fait en général $x = mu + nz + a$, & $y = ku + gz + c$; m, n, k, g étant des nombres à volonté, & a, c, des constantes quelconques, alors les deux axes changeront tous deux de position & d'origine tout-à-la-fois. Si a & c sont $= o$ les axes ne changeront que de position ; si $k = o$ l'axe des x changera d'origine & non de position, & ainsi du reste. *Voyez* COURBE.

TRANSMISSION, s. f. *en Optique*, signifie la propriété par laquelle un corps transparent laisse passer les rayons de lumière à travers sa substance ; dans ce sens, *transmission* est opposée à *réflexion*, qui est l'action par laquelle un corps renvoie les rayons de lumière qui tombent sur sa surface. *Voyez* RÉFLEXION.

Transmission se dit aussi dans le même sens que réfraction, parce que la plupart des corps, en transmettant les rayons de lumière, leur font subir aussi des réfractions, c'est-à-dire, les brisent au point d'incidence, & les empêchent de se mouvoir au-dedans de la substance du corps, suivant la même direction suivant laquelle ils y sont entrés. *Voyez* RÉFRACTION.

Pour ce qui est de la cause de la *transmission*, ou pourquoi certains corps transmettent, & pourquoi d'autres réfléchissent les rayons, *voyez les articles* DIAPHANÉITÉ, TRANSPARENCE & OPACITÉ.

Neuton prétend que les rayons de lumière sont susceptibles de *transmission* & de réflexion. Il appelle cette vicissitude, à laquelle les rayons de lumière sont sujets, des accès de facile réflexion & de facile *transmission* ; & il se sert de cette propriété pour expliquer, dans son optique, des phénomènes curieux & singuliers, que ce philosophe expose dans un assez grand détail. *Voyez* RAYON & LUMIERE. (*O*)

TRANSMUTATION, *dans la sublime Géométrie*, est le changement d'une courbe en un autre de même genre ou de même ordre.

M. Newton dans le premier livre de ses *principes*

sect. ij. a donné la méthode pour la *transmutation* d'une courbe en une autre, & se sert avec beaucoup d'élégance de cette *transmutation* pour résoudre différens problêmes qui ont rapport aux sections coniques.

On peut remarquer que le problême de M. Newton sur la *transmutation* des courbes, est le même que celui que M. l'abbé de Gua a résolu dans les *usages de l'analyse de Descartes*; sur la courbe ou l'ombre que forme la projection d'une courbe quelconque, exposée à un point lumineux. (*O*)

TRANSPOSITION, s. f. *en Algebre*, se dit de l'opération qu'on fait en transposant, dans une équation, un terme d'un côté à l'autre; par exemple, si $a + c = b$, on aura, en retranchant de part & d'autre, c, $a + c - c = b - c$, ou $a = b - c$, où l'on voit que le terme c est transposé du premier membre au second, avec un signe contraire à celui qu'il avoit. On ne fait aucun changement dans une équation, en transposant ainsi les termes d'un membre dans l'autre, pourvu qu'on observe de leur donner des signes contraires. Par exemple, si on avoit $a - c = b$, on auroit, en ajoutant de part & d'autre, c, $a - c + c = b + c$, ou $a = b + c$; les règles des *transpositions* sont fondées sur cet axiome, que si à des quantités égales on en ajoute d'égales, ou qu'on en retranche d'égales, les tous, dans le premier cas, seront égaux, & les restes dans le second. (*O*)

TRANSVERSAL *ou* TRANSVERSE, adject. (*Géom.*) se dit en général de quelque chose qui passe dessus une autre, c'est-à-dire, qui la croise & la coupe. Ce mot est principalement d'usage dans la Géométrie: on dit l'axe *transverse* d'une hyperbole, pour désigner le premier axe de cette courbe. *Voyez* AXE. (*O*)

TRANSVERSALES, (*Astronomie*) lignes que l'on trace sur le limbe d'un quart-de-cercle entre deux circonférences concentriques & qui servent à subdiviser les degrés. *Voyez* INSTRUMENT.

TRAPÈZE, s. m. C'est un quadrilatère qui a deux côtés parallèles.

TRAVERSIER, partie de l'arbalète.

TREIZE, (*Arithmétique*) nombre impair, composé de dix & de trois. En chiffre arabe on l'écrit de cette manière, 13; en chiffre romain, XIII; & en chiffre françois de finances ou de compte, de la sorte, xiij. *Savary.*

TREIZIÈME, (*Arithmétique*) en fait de fractions, un nombre rompu, de quelque tout que ce soit, faisant un *treizième*, se marque de cette manière, $\frac{1}{13}$; on dit aussi deux *treizièmes*, trois *treizièmes*, quatre *treizièmes*, &c. que l'on écrit ainsi, $\frac{2}{13}$, $\frac{4}{13}$, &c.

TRENTE, adj. numér. (*Arithmét.*) nombre qui renferme en soi trois fois dix, ou dix fois trois, en chiffre arabe, il s'exprime en posant un 3 devant un zéro, comme il se voit par ces figures 30; en chiffre romain, il se marque de cette manière, XXX, & en chiffre françois de finance, ou de compte, de la sorte, xxx. *Savary.* (*D. J.*)

TRENTIÈME, adj. (*Arithmét.*) lorsqu'il s'agit de fractions, ou nombres rompus de quelque tout ou entier que ce puisse être, un *trentième* s'écrit ainsi, $\frac{1}{30}$; on dit aussi deux *trentièmes*, trois *trentièmes*, quatre *trentièmes*, & un trente-unième, un trente-deuxième, un trente-troisième, &c. & toutes ces différentes fractions se marquent de cette manière, $\frac{2}{30}$, $\frac{3}{30}$, $\frac{4}{30}$, & $\frac{1}{31}$, $\frac{1}{32}$, $\frac{1}{33}$, &c. (*D. J.*)

TRÉPIDATION, s. f. TITUBATION *ou* LIBRATION, *terme de l'ancienne Astronomie*; c'est une espèce de balancement que les anciens astronomes attribuoient aux différens cieux qu'ils avoient imaginés pour expliquer les mouvemens célestes. Par cette *titubation* ils expliquoient quelques mouvemens & quelques inégalités qu'on croyoit avoir lieu dans la précession des équinoxes, & dans l'obliquité de l'écliptique; mais ils ont varié beaucoup à ce sujet.

TREUIL, s. m. (*Méch.*) n'est autre chose que la machine autrement appellée *axis in peritrochio* (*fig.* 221, *Méch.*) dont l'axe EF est situé parallèlement à l'horizon. Dans cette machine la puissance appliquée à l'extrémité du rayon A, est au poids comme le rayon de l'axe EF est au rayon de la roue. *Voyez* AXE DANS LE TAMBOUR.

TRIANGLE, s. m. (*Géom.*) C'est une figure comprise entre trois lignes ou côtés, & qui, par conséquent, a trois angles. (*Voyez* FIGURE & ANGLE.)

Si les trois côtés du *triangle* sont des lignes droites, on l'appelle *triangle rectiligne.* (*Voyez* RECTILIGNE.)

Si les côtés sont courbes, le *triangle*, toujours supposé plan, est appellé curviligne.

Si tous les côtés ne sont pas courbes, le *triangle* est appellé mixtiligne.

Quand le *triangle* est portion de la surface d'une sphère, on l'appelle *triangle sphérique.* Jusqu'à présent on n'a guère fait usage que de ceux dont les côtés sont des arcs de grands cercles.

Des triangles rectilignes.

La somme des trois angles d'un *triangle* quelconque, est égale à deux droits.

Pour le démontrer, il faut mener par l'un des angles A du *triangle* ABD, la parallèle LAM à la base BD (*fig.* 244, *planc. géom.*). De cette manière, on aura l'angle $LAB = ABD$, & l'angle $MAD = ADB$. Les trois angles formés au point A équivalent donc, pris ensemble, à la somme des trois angles du *triangle*; mais la première somme égale évidemment deux angles droits; donc, &c.

L'angle formé par un côté du *triangle* & le prolongement d'un autre côté, est appellé angle extérieur. D'après cette définition, il est évident que l'angle extérieur est égal à la somme des intérieurs opposés.

Deux *triangles* de même base & de même hauteur sont égaux. (*Voyez* PARALLÉLOGRAMME.)

Donc un *triangle* est la moitié d'un parallélogramme de même base & de même hauteur.

Donc un *triangle* est égal au produit de sa base par la moitié de sa hauteur.

Donc enfin les *triangles* de même base sont entre eux comme les hauteurs; & réciproquement les *triangles* de même hauteur sont entr'eux comme les bases.

Deux *triangles* sont égaux en tout, quand ils ont les angles égaux & les côtés égaux. Cela posé,

1.° Deux *triangles* sont égaux en tout, quand ils ont un angle égal compris entre deux côtés égaux. Effectivement, soient ABD & abd (*fig.* 245), deux *triangles* dans lesquels $a = A$, $ab = AB$ & $ad = AD$, à cause de $a = A$, on pourra disposer le *triangle* abd sur le *triangle* ABD, de manière que ab convienne parfaitement avec AB, & ad avec AD, alors bd conviendra avec BD. Donc les *triangles* étant superposés, conviendront parfaitement.

2.° Deux *triangles* sont égaux en tout, lorsqu'ils ont un côté égal adjacent à deux angles égaux.

Soient les deux *triangles* ABD, abd, dans lesquels $b = B$, $d = D$, & $bd = BD$. En disposant le *triangle* abd sur le *triangle* ABD, de manière que le point b tombe sur le point B, & le point d sur le point D, le côté ba tombera sur le côté AB, & le côté ad sur le côté AD, le point a tombera donc sur le point A; ainsi les *triangles* conviendront parfaitement.

3.° Deux *triangles* sont égaux en tout, lorsqu'ils ont les côtés égaux, chacun à chacun.

Soient les deux *triangles* ABD, abd, dans lesquels $ab = AB$, $ad = AD$, $bd = BD$. Il faut disposer le *triangle* abd sur le *triangle* ABD, de manière que le point b tombe sur le point B, le point d sur le point D, & le point a du même côté que A, relativement à BD. Cette disposition faite, si du point B, comme centre, avec le rayon BA, on décrit une circonférence de cercle, elle passera par les points A & a; si du point D, comme centre, & du rayon AD, on décrit une circonférence, elle passera aussi par les points A & a; or deux circonférences ne se coupent qu'en un point d'un même côté de la ligne des centres; donc les points A & a tombent l'un sur l'autre, ainsi les *triangles* conviennent parfaitement.

4.° Deux *triangles* sont égaux en tout, quand ils ont deux côtés égaux, chacun à chacun, & l'angle opposé au plus grand de ces côtés égal de part & d'autre.

Soient les *triangles* ABD & abd, dans lesquels $d = D$, $ab = AB$, $ad = AD$. Disposez le *triangle* abd de manière que ad convienne avec AD en quantité & en direction, & bd avec BD en direction, ce qu'on peut toujours faire, puisque $d = D$. Le point b sera donc quelque part sur BD. Maintenant, si du point A, comme centre avec le rayon AB, on décrit une circonférence de cercle, elle passera par les points B & b; de manière que le point b est à l'une des deux intersections de la circonférence avec BD; mais, de ces deux intersections, l'une seule, qui est le point B, tombe sur BD, l'autre tombe sur le prolongement de l'autre côté de D, & ne peut pas être, par conséquent, le point b; donc ce point se confond avec B; donc, &c.

Si l'angle égal de part & d'autre étoit opposé au plus petit côté, l'égalité des *triangles* n'auroit pas lieu nécessairement. Effectivement, soit $b = B$ au lieu de $d = D$, la circonférence décrite du point A, comme centre, coupera BD en deux points D & S, tous placés du même côté relativement au point B. Le *triangle* abd conviendra donc avec le *triangle* ABD ou avec le *triangle* ABS; donc, pour qu'il convienne avec ABD, il faut, de plus, que les angles d & D soient de même espece, c'est-à-dire, tous deux aigus ou tous deux obtus.

Les quatre caractères d'égalité que nous venons d'examiner, indiquent autant de moyens de faire un *triangle* égal en tout, à un *triangle* donné.

Par exemple, pour faire le *triangle* abd égal en tout au *triangle* ABD, après avoir pris $bd = BD$, on pourra des points b & d, comme centres, avec les rayons AB & AD, décrire des circonférences de cercle qui se coupent en d, & mener les lignes ab & ad; alors le troisième caractère d'égalité que nous avons examiné, se vérifiera entre les *triangles* abd & ABD. Si on donnoit trois lignes pour en faire les côtés d'un *triangle*, on le construiroit par la méthode précédente; mais, dans ce cas, on doit observer que l'une quelconque de ces trois lignes doit être moindre que la somme des deux autres, autrement le problême seroit impossible.

Si on coupe un *triangle* ABD (*fig.* 246), par une ligne EF parallèle à sa base, les côtés AB & AD seront coupés proportionnellement par cette parallèle. C'est-à-dire qu'on aura, $AB.AE: BE = AD:AF:FD$. De plus $AB:AE = BD:EF$. Menez les lignes BF, ED? Les *triangles* EBF & DEF seront égaux, parce qu'ils ont même base & même hauteur. Maintenant les *triangles* EBF & AEF ayant leur base sur AB, ont même hauteur; donc $EBF:AEF = EB.AE$. Par la même raison, on aura $EFD:AEF$ ou $EBF: AEF = FD:AF$; donc $EB:AE = FD:AF$ & *componendo*, $AB:AD = AE:AF$. De plus, si on mène par E la parallèle Ex à AD, on aura aussi $AB:AE = BD:xD$, & par conséquent $= BD:EF$; & réciproquement, si on a $AB:AD = AE:AF$, la ligne EF sera parallèle à BD.

Deux *triangles* sont dits semblables, quand ils ont les angles égaux & les côtés proportionnels. Cela posé,

1.° Deux *triangles* sont semblables, quand ils ont les angles égaux. Soient *ABD* & *abd* (*fig.* 247), deux *triangles* dans lesquels $a=A, b=B, d=D$. On pourra disposer le petit *triangle* sur le grand, de manière que *ab* tombe sur *AB* de *A* en *b'*, & *ad* sur *AD* de *A* en *d'*, à cause de $a=A$; alors le côté *bd* tombera sur *b'd'*, & sera parallèle à *BD*, parce que $b=B$ & $d=D$. Ainsi, il pourra être regardé comme une sécante qui coupe le *triangle* *ABD* parallélement à sa base. Ainsi, par le théorème qui vient d'être démontré, les *triangles* *ABD* & *Ab'd'*, ou son égal *abd* auront les côtés proportionnels; donc, &c.

2.° Deux *triangles* sont semblables, lorsqu'ils ont un angle égal compris entre les côtés proportionnels.

Soient $a=A$, & $ab:ad=AB:AD$. En plaçant le petit *triangle* sur le grand, comme ci-dessus, les points *b'* & *d'* couperont *AB* & *AD* en parties proportionnelles; donc la ligne *b' d'* sera parallèle à *BD*, par le réciproque du théorème; donc les *triangles* *ABD* & *Ab'd'*, ou son égal *abd*, seront équiangles; donc, &c.

Deux *triangles* sont semblables, quand ils ont deux côtés proportionnels, l'angle opposé à l'un de ces côtés égal de part & d'autre; l'angle opposé à l'autre côté de même espèce.

Soient $d=D$ & $AB:AD=ab:ad$; il faut disposer le *triangle* *abd* de manière que *ad* tombe de *A* en *d'*, alors la ligne *bd* prendra la position *b'd'*, &, à cause de $d=D$, sera parallèle à *BD*. Ainsi, les *triangles* *ABD* & *Ab'd'* seront semblables. Donc on aura $AB:AD=Ab':Ad'$ ou ad; donc $Ab'=ab$; donc les *triangles* *Ab'd'* & *abd* sont égaux en tout (*Voyez l'article ci-dessus*); mais *Ab'd'* est semblable à *ABD*; donc, &c.

On peut employer la similitude des *triangles* pour mesurer des hauteurs, des distances inaccessibles, &c. Mais, comme les méthodes de la trigonométrie sont plus exactes, nous renvoyons à cet article.

Nous ne dirons rien des *triangles curvilignes* & *mixtilignes*.

Triangles sphériques.

Nous pourrions dire, sur l'égalité & la similitude de ces *triangles*, les mêmes choses à-peu-près que nous avons dit sur les *triangles* rectilignes; mais ces théorêmes sont d'un usage bien moins important. Ainsi, nous nous bornerons ici à déterminer la surface du *triangle* sphérique, qui est formé par des arcs de grands cercles, problême utile dans le toisé des voûtes, & nous emploierons la méthode très-courte & très-elégante que M. l'abbé Bossut donne dans sa Géométrie. Pour cela il faut se rappeller que,

La surface de la sphère est égale au produit de de son diamètre par la circonférence de son grand cercle, ou par l'arc appartenant au grand cercle qui mesure 360°.

Donc si on divise cette circonférence en un certain nombre de parties, & si par les points de division & par l'axe de ce grand cercle, c'est-à-dire, par le diamètre de la sphère qui lui est perpendiculaire, on fait passer des plans, la surface de la sphère sera divisée en un certain nombre de côtes; & ces côtes seront entr'elles comme les arcs compris entre les plans qui les forment. L'une d'elles sera donc égale au produit du diamètre de la sphère par l'arc du grand cercle correspondant; c'est-à-dire, par l'arc qui mesure l'angle compris entre les plans qui la forment.

Cela posé, soit *ABCD* une de ces côtes, (*pl. géom. fig.* 248); *BD* l'arc de grand cercle correspondant qui mesure l'angle sphérique *A*, formé par les deux plans *ABC* & *ADE*; la surface de cette côte sera égale à $AC.BD$ à $AC.A$, en nommant *A* la mesure de l'angle sphérique.

Maintenant soit l'arc $AM=$ l'arc *EC*, menons par les points *M* & *D* l'arc de grand cercle *ME*, nous aurons un *triangle* sphérique *AME*, dans lequel les deux côtés *AM* & *AE* sont supplémens l'un de l'autre. De plus, il est évident que nous aurons l'arc $MC=$ l'arc *AE*; d'ailleurs l'angle $C=$ l'angle *A*, &, par hypothèse, l'arc $EC=$ l'arc *AM*; donc le triangle *AME* égale en tout le *triangle* *MEC*; donc chacun d'eux est la moitié de la côte; donc $AMD=AF.A$, (*F* est le centre de la sphère), c'est-à-dire que,

1.° La surface d'un *triangle* sphérique, dont deux côtés valent ensemble 180°, est égale au produit du rayon de la sphère par l'arc du grand cercle, qui mesure l'angle compris entre les côtés supplémens l'un de l'autre.

Soit maintenant (*fig.* 249), le *triangle* sphérique *AML* rectangle en *M*, il faut prendre $MN=AM$, & mener l'arc de grand cercle *NL*, les *triangles* *MNL* & *AML* seront égaux en tout; donc les hypothénuses *NL* & *AL* sont égales; donc les arcs *NL* & *LC* sont supplémens l'un de l'autre; donc, par le premier cas, $NLC=AF \times$ angle $NLC=AE$, ($AMC-2$ angles MLA); donc le *triangle* $NLA=AE$ ($2A-AMC+$ 2 angles MLA); donc enfin $MLA=AE\left(A+MLA-\frac{AMC}{2}\right)$; c'est-à-dire, que,

2.° La surface d'un *triangle* sphérique rectangle est égal au produit du rayon de la sphère, par la somme des arcs qui mesurent les angles aigus, diminuée du quart de la circonférence.

Soit enfin *APL* un *triangle* quelconque, il faut le diviser en deux *triangles* rectangles *PML* & *AML*, en menant l'arc *ML* de grand cercle, perpendiculaire sur *AP*; & alors on aura, par le second cas, $AML=AE\left(A+MLA-\frac{AMC}{2}\right)$,

$PML = AE\left(P + PLM - \frac{AMC}{2}\right)$; donc, en ajoutant, on aura $APL = AE(A + P + PLA - AMC)$, c'est-à-dire, que,

3.° La surface d'un *triangle* sphérique quelconque est égale au produit du rayon de la sphère par la somme des arcs qui mesurent les trois angles, diminuée de la demi-circonférence.

TRIANGLE *différentiel d'une courbe.* Dans la géométrie des courbes, c'est un triangle rectiligne-rectangle, dont l'hypothénuse est une partie de la courbe. Supposons, par exemple, l'ordonnée *PM*, (*pl. d'analyse*, *fig.* 18), & une autre ordonnée *pm* qui en soit infiniment proche, alors *Pp* sera la différentielle de l'abscisse, & abaissant une perpendiculaire $MR = Pp$, *Rm* sera la différentielle de l'ordonnée; tirez donc une tangente *TM*, & l'arc infiniment petit ne sera pas différent d'une ligne droite; par conséquent *MmR* est un *triangle* rectiligne-rectangle, & constitue le *triangle* différentiel de cette courbe. *Voyez* TANGENTE & SOUTANGENTE. (*O*)

TRIANGLE, (*Arithmétique.*) On appelle ainsi un *triangle* fait de la manière suivante:

1 . 1.
1 . 2 . 1
1 . 3 . 3 . 1
1 . 4 . 6 . 4 . 1
1 . 5 . 10 . 10 . 5 . 1
1 . 6 . 15 . 20 . 15 . 6 . 1
&c.

La première colonne verticale renferme l'unité; la seconde, la suite des nombres naturels 1.2.3, &c. la troisième, la suite des nombres triangulaires 1.3.6, &c. la quatrième, la suite des nombres pyramidaux, & ainsi des autres. *Voyez* FIGURÉ, TRIANGULAIRE, PYRAMIDAL. Pascal a fait un traité du *triangle* arithmétique. Les bandes horizontales, qui occupent un certain rang, sont formées des coëfficiens des puissances du binome, qui ont pour exposans ce même rang. Ainsi, les nombres 1.6.15, &c. qui forment la dernière bande, sont les coëfficiens des termes de la sixième puissance du binome. *Voyez* BINOME. (*O*)

TRIANGLES, (*Astronom.*) Les triangles dont les astronomes font le plus d'usage, sont: 1.° le triangle formé au pole, au zénit & à un astre. *Voyez* HAUTEUR.

2.° *Le Triangle* formé au soleil, à la terre & à une planète. *Voyez* LONGITUDE.

3.° *Le Triangle* de la *Parallaxe*. 4.° *Le Triangle* d'*Aberration*.

TRIANGLE BORÉAL, (*Astronomie*) constellation située au-dessus du bélier, appellée par les auteurs, *triangulus*, *trigonus*, *triquetrum*, *tricuspis*, *nili donum*, *Ægyptus*, Sicilia, *trinacria*, *orbis terrarum tripartitus*, en grec, Δελτωτὸν. Il n'a pas fallu d'autres raisons pour lui donner ce nom, que la situation des trois étoiles principales qui forment cette constellation; les poëtes disent que Cérès demanda à Jupiter de mettre dans le ciel la figure de la Sicile, qui est triangulaire; mais d'autres prétendent que le triangle désignoit les trois parties de la terre. Cette constellation, réunie avec celle du petit triangle qui est au-dessous, contient 16 étoiles dans le catalogue britannique.

Petit Triangle, constellation ajoutée, par Hévélius, auprès du *triangle* boréal.

Triangle Austral, est une constellation située dans l'autre hémisphère, à 20 degrés du pole méridional au-dessus de l'autel, au midi du scorpion & du loup. La principale étoile de cette constellation est de seconde grandeur; elle avoit, en 1750, 245° 37′ 11″ d'ascension droite, & 68° 31′ 22″ de déclinaison australe. (*D. L.*)

Triangle Indien, Ozanam donne ce nom à une constellation méridionale, appellée communément INDIEN.

Triangle des arcs diurnes & nocturnes, figure composée de treize lignes qui concourrent en un même point, & qui font, avec celle du milieu de côté & d'autre, des angles égaux à la déclinaison que le soleil devroit avoir s'il se levoit à chaque heure du jour; on s'en sert aussi très-commodément dans la gnomonique pour tracer sur les cadrans les parallèles des arcs diurnes & nocturnes. (*Ozanam.*)

TRIANGLE DES SIGNES. *Voyez* TRIGONE.

TRIANGULAIRE, adj. (*Géom.*) se dit en général de tout ce qui a rapport au triangle.

Les compas *triangulaires* ont trois branches; on en fait un grand usage dans la construction des mappemondes, des globes, &c. lorsqu'il s'agit de prendre un triangle tout d'un coup. *Voy.* COMPAS.

Les nombres *triangulaires* sont une espèce de nombres polygones; ce sont les sommes des progressions arithmétiques, dont la différence des termes est 1. *Voyez* NOMBRE, POLYGONE & FIGURÉ.

Ainsi, de la progression arithmétique 1.2.3.4.5.6 on forme les nombres *triangulaires* 1.3.6.10.15.21.

TRICEPHALE, symbole astronomique; c'étoit un chien à trois têtes, de chien, de loup, & de lion, qui exprimoit la route du soleil dans les signes supérieurs. Ou bien la disposition du ciel dans le solstice; le loup au levant, le chien au couchant, & le lion au méridien. *Voyez le T. IV. de mon* ASTRONOMIE. (*D. L.*)

TRIDENT, f. m. (*Géom.*) est une courbe qu'on appelle autrement *parabole* de Descartes; son équation est $xy = ax^3 + bx^2 + cx + e$. On la nomme *trident*, parce qu'elle en a à-peu-près la figure; elle forme une des quatre divisions générales des lignes du troisième ordre, suivant Newton. *Voyez* COURBE; *voyez* aussi l'*enumeratio linearum tertii ordinis* de Newton, & *l'analyse des lignes courbes* de M. Cramer. (*O*)

TRIGONE, adj. *en Astronomie*, signifie l'*aspect* de deux planètes lorsqu'elles sont éloignées l'une de l'autre de la troisième partie du zodiaque, c'est-à-dire de 120 degrés. On appelle plus communément cet aspect *trine*. Ce mot vient de τρίγωνον, triangle, celui-ci de γωνία angle & de γόνυ.

TRIGONE *des signes*, est un instrument dont on se sert en gnomonique, pour tracer les arcs des signes. *Voyez* CADRAN.

TRIGONOMETRIE, s. f. est l'art de trouver les parties inconnues d'un triangle, par le moyen de celles qu'on connoît.

Connoissant, par exemple, deux côtés d'un triangle & l'angle opposé, on trouve, par la *trigonométrie*, les autres angles & le troisième côté.

Le mot *trigonométrie* signifie proprement mesure des triangles; il est composé du mot grec τρίγωνος, *triangle*, & de μέτρον, *mesure*. Cependant il ne signifie pas aujourd'hui la mesure de l'aire des triangles, ce qui appartient à la planimétrie; mais la détermination d'angles ou de côtés, quelques-unes de ces choses étant données.

On distingue deux espèces de *trigonométrie*, la *trigonométrie* rectiligne ou plane, qui a pour objet les triangles rectilignes, & la *trigonométrie* sphérique, qui a pour objet les triangles sphériques, formés sur la surface de la sphère par des arcs de grands cercles. Parlons d'abord de la *trigonométrie* rectiligne; elle est fondée sur les trois propositions suivantes. Dans un triangle quelconque,

1.re Les sinus des angles sont entr'eux comme les côtés opposés.

2.e La somme de deux côtés est à leur différence, comme la tangente de la demi-somme des angles opposés à ces côtés est à la tangente de la demi-différence des mêmes angles.

3.e Un côté est à la somme des deux autres, comme la différence des mêmes côtés est à la somme ou à la différence des segmens faits par la perpendiculaire, qu'on meneroit par le premier côté de l'angle opposé, selon que cette perpendiculaire tombe en-dessous ou en-dedans du triangle.

La première proposition est démontrée à l'*article* SINUS. *Voyez ce mot.*

Pour la seconde, dans le triangle ABD (*pl. trigonom. fig.* 22), prolongez BA d'une quantité AE, égale à l'autre côté AD; menez DE, & sur cette ligne deux autres par le point A, l'une AG qui lui soit perpendiculaire, & l'autre AF qui soit parallèle à BD. Enfin, par G menez HG aussi parallèle à BD. Cela posé, on aura évidemment $EH = \frac{AB+AD}{2}$, $AH = \frac{AB-AD}{2}$, $GAE =$ la demi-somme des angles B & D, parce que l'angle DAE extérieur est égal à la somme entière; $GAF =$ la demi-différence des mêmes angles, parce que $EAF =$ le plus petit; donc le triangle EHG étant coupé parallèlement à sa base par la ligne AF, on a $AB + AD : AB - AD = \text{tang.} \frac{D+B}{2} : \text{tang.} \frac{D-B}{2}$. *C. Q. F. D.*

Pour la troisième, du point A, comme centre; *fig.* 23, avec le petit côté AD du triangle ABD, décrivez une demi-circonférence de cercle $MIKD$; prolongez le grand côté AB jusqu'à cette circonférence en M; enfin menez la perpendiculaire AL qui tombe ici dans le triangle; cela posé, BD & BM sont deux sécantes qui se coupent hors du cercle en B. Elles sont donc en raison inverse de leurs parties extérieures; donc $BD : BM = BI : BK$, c'est-à-dire, $BD : AB + AD = AB - AD : BL - LD$. Le théorême ne seroit pas plus difficile à démontrer si la perpendiculaire tomboit en dehors; ainsi, nous ne nous y arrêterons pas.

Usage des propositions précédentes pour la résolution des triangles.

PROBLÊME I.er

Déterminer la hauteur MB d'une tour dont le pied est accessible.

SOLUTION.

Mesurez sur le terrein, supposé horizontal, à partir du pied M de la tour, *fig.* 24, une distance arbitraire MN. Au point N placez un graphomètre, (*Voyez ce mot*), de manière que son plan passe par MB; mettez l'alidade fixe dans une position horizontale; ensuite faites tourner l'alidade mobile jusqu'à ce qu'on puisse appercevoir à travers les pinules ou la lunette dont elle est garnie, le sommet B de la tour; alors imaginez par le centre O du graphomètre, une horizontale OK qui aille couper la verticale BM en K; le graphomètre donnera la mesure de l'angle BOK.

On connoîtra, dans le triangle BOK *rectangle en* K, *le côté* OK *& l'angle adjacent.*

Mais, par la première proposition, on a sin. B : sin. $O = OK : BK$; c'est-à-dire, à cause du triangle rectangle, cos. O : sin. $O = OK : BK$; le côté BK sera donc connu; ajoutant la hauteur ON du pied du graphomètre, on aura la hauteur de la tour.

PROBLÊME II.

Déterminer la hauteur BM d'une tour, quand le pied M est inaccessible.

SOLUTION.

Première hypothèse. On peut voir le point K, du point O & d'un autre point P accessible, & dans le plan horizontal par K; alors on placera le centre du graphomètre en O & en P successivement, de manière que son plan soit horizontal, & dirigeant l'alidade fixe suivant OP, & la mobile suivant OK, ensuite la première suivant PO, & la seconde suivant PK, on mesurera les angles KOP & OPK; de plus on mesurera TN, (N & T étant

T & N étant les points où tombent successivement le pied de l'instrument, supposé vertical, quand le centre est en O & en P), de cette manière.

On connoîtra dans le triangle POK, *le côté* PO *avec les deux angles adjacens*, KOP & KPO.

Or on a, par la première proposition, sin. K : sin. $KPO = PO : KO$; donc, par la propriété des triangles & des sinus, (*Voyez* ANGLE & SINUS) on aura sin. OKP : sin. $KPO = PO : OK$, le côté OK sera connu par conséquent, & ce problême sera ramené au précédent.

REMARQUE.

Nous venons de donner une méthode très-expéditive pour résoudre le triangle OPK ou son égal MTN; mais elle n'est pas toujours la plus sûre, sur-tout quand le graphomètre est petit & médiocre, ce qui arrive fort souvent.

Si le terrein qui contient le triangle MTN est très-uni & facile à mesurer, on pourra prendre sur MT & MN deux points R & S, qu'on peut, en bornoyant, placer avec la plus grande précision, & on mesurera les lignes NT, RT, RN, TS, SN: &

On aura un triangle RNT, *dans lequel on connoîtra les trois côtés.*

Cela fait, imaginant une perpendiculaire RF menée du point R sur TN, (je dis imaginant car il n'est point nécessaire de mesurer cette perpendiculaire sur le terrein), on aura, par la troisième proposition, $TN : RN + RT = RN - RT : FN - TF$; donc $FN - TF = \ldots\ldots \frac{(RN+RT)(RN-RT)}{TN}$, une donnée K; mais $FN + TF = TN$; donc $TF = \frac{TN-K}{2}$, & par conséquent connue.

On connoîtra donc, dans le triangle rectangle RTF, *l'hypothénuse & un des côtés.*

Mais on a, par la première proposition, $RT : TF =$ sin. tot. : sin. TRF, c'est-à-dire, $RT : TF =$ sin. tot. : cos. RTF. Cet angle RTF ou MTN est donc connu; on connoîtra de même l'angle MNT en imaginant la perpendiculaire du point S.

L'angle KOB sera donc le seul qu'on sera obligé de mesurer pour avoir la hauteur de la tour; mais s'il étoit seulement question de déterminer la distance du pied M au point N ou au point T, on n'auroit à résoudre que le triangle MTN, & on y parviendroit sans graphomètre, en n'employant qu'un cordeau & des jallons.

Seconde hypothèse. Le point K n'est pas visible du point O.

Il faut imaginer la ligne BP, & mesurer les angles BPO & BOP avec un graphomètre ou un autre instrument analogue. (Ici on ne sauroit employer la méthode qui vient d'être expliquée, au moins avec avantage.) On mesurera $TN = PO$, & par conséquent on connoîtra BO, par la première proposition. Cela fait, on mesurera l'angle BOK, formé par BO & par l'horizontale OK, située dans le plan vertical de la tour; &

On aura un triangle rectangle BOK, *dans lequel on connoîtra l'hypothénuse & un angle aigu.*

Ainsi, on connoîtra BK, puisqu'on aura, par la première proposition, sinus total : sin. $BOK = BO : BK$.

PROBLÊME III.

Déterminer la hauteur du soleil par le moyen de l'ombre d'un style.

SOLUTION.

Soit BK un style vertical, dont la hauteur est connue; OK l'ombre de ce style occasionnée par le soleil, l'angle KOB exprimera la hauteur du soleil sur l'horizon. On mesurera l'ombre OK, alors;

On connoîtra, dans le triangle rectangle KBO, *les deux côtés formans l'angle droit.*

Mais, par la première proposition, on a $KO : BK =$ sin. B : sin. O; c'est-à-dire, $=$ cos. O : sin. O; donc $KO : BK = R : \frac{R \text{ sin. } O}{\text{cos. } O} = R$: tang. O. Cet angle de hauteur est donc connu.

PROBLÊME IV.

Etant donnés deux points M & R visibles & inaccessibles, on propose de déterminer leur distance MR.

SOLUTION.

Mesurez une base NV; &, par son moyen, déterminez MN & NR comme dans la première hypothèse du problême II; mesurez l'angle MNR avec le graphomètre, ou comme il a été expliqué dans la remarque précédente; alors,

Vous aurez un triangle dans lequel vous connoîtrez deux côtés MN & NR *avec l'angle compris* MNR.

Vous connoîtrez donc la somme $180° - MNR$ des deux autres; & comme, par la seconde proposition, $NR + MN : NR - MN =$ tang. $90° - \frac{MNR}{2}$: tang. $\frac{NMR - NRM}{2}$, vous connoîtrez la tangente de la demi-différence des angles NMR & NRM, & par conséquent cette demi-différence même. Donc comme vous connoissez la demi-somme, vous connoîtrez chacun d'eux; & par la proportion sin. NRM : sin. $MNR = MN : MR$, vous connoîtrez la distance cherchée NR.

Le cas où on connoîtroit deux côtés du triangle avec un angle opposé à l'un d'eux, se présente rarement dans la *trigonométrie* pratique; au reste, il se résout sans difficulté; car, dans la proportion qui a lieu entre les côtés donnés & les sinus des angles oppoſés, il y aura trois termes de connus; ainſi, on connoîtra le quatrième, qui eſt le ſinus de l'angle oppoſé à l'autre côté donné. Ce cas eſt douteux, ſi l'angle donné eſt oppoſé au plus petit côté; & on ne connoîtra pas le triangle qu'on ne ſache d'ailleurs ſi l'angle, dont on a trouvé le ſinus, eſt aigu ou obtus.

PROBLÊME V.

Les trois côtés AB, AC, BC, (*fig.* 25), du triangle donné ABC, étant vus d'un point D ſous les angles connus ADB, ADC, BDC; trouver la poſition du point D, c'eſt-à-dire, les angles & les côtés du triangle ADC.

SOLUTION.

Soit $AB = a$, $BC = b$, $BAC = \varphi$, $BCA = \Psi$, $ADB = p$, $BDC = q$; l'angle inconnu $DAC = x$, on aura $BAD = x + \varphi$, $DCA = 180° - p - q - x$, & $BCD = 180° - p - q - x + \Psi$.

Maintenant, dans le triangle ABD, on a $\text{ſin.}\, p : \text{ſin.}\,(x + \varphi) = a : BD = \frac{a\,\text{ſin}\,(x + \varphi)}{\text{ſin.}\, p}$. Dans le triangle BDC, on a $\text{ſin.}\, q : \text{ſin.}\,(180° - p - q - x + \Psi)$, ou $\text{ſin.}\, q : \text{ſin.}\,(p + q + x - \Psi)$; $b : BD = \frac{b\,\text{ſin.}\,(p + q + x - \Psi}{\text{ſin.}\, q}$; donc $a\,\text{ſin.}\, q\,\text{ſin.}\,(x + \varphi) = b\,\text{ſin.}\, p\,\text{ſin.}\,(x + \varphi + p + q - \varphi - \Psi)$, faiſant, pour abréger, l'angle connu $p + q - \varphi - \Psi = \lambda$, on aura $\text{ſin.}\,(x + \varphi)\,(a\,\text{ſin.}\, q - b\,\text{ſin.}\, p\,\text{coſ.}\,\lambda) = b\,\text{ſin.}\, p\,\text{ſin.}\,\lambda\,\text{coſ.}\,(x + \varphi)$; (*voy.* SINUS) donc $\text{tang.}\,(x + \varphi) = \frac{b\,\text{ſin.}\, p\,\text{ſin.}\,\lambda}{a\,\text{ſin.}\, q - \text{ſin}\, p\,\text{coſ.}\,\lambda}$, en faiſant le ſinus total $= 1$.

REMARQUE I.

Si on vouloit ſe contenter de réſoudre ce problême par une ſimple opération graphique, voici à quoi ſe réduit cette opération. Elevez par le point A, une perpendiculaire AO à la droite BA; par le point B, menez la droite BO, qui faſſe, avec BA, un angle égal au complément de l'angle donné ADB; diviſez BO en deux parties égales au point K; de ce point, comme centre, avec le rayon KB, décrivez un cercle. De même, élevez CM perpendiculaire à BC; faites l'angle CBM égal au complément de l'angle donné BDC; diviſez BM en deux parties égales au point H, & de ce point, comme centre, avec le rayon HB, décrivez un ſecond cercle. Le point D, où les circonférences des deux cercles ſe couperont, ſera le point demandé.

REMARQUE II.

Il y a un cas où le problême précédent eſt indéterminé; c'eſt celui où les quatre points A, B, C, D, *fig.* 126, ſont placés ſur une même circonférence de cercle; car tous les points D, placés ſur l'arc ADC, ſatisfont également aux conditions du problême, qui eſt par conſéquent alors ſuſceptible d'une infinité de ſolutions.

Le caractère auquel on connoîtra que les quatre points A, B, C, D, ſont placés ſur une même circonférence, ou que le point D eſt placé ſur la circonférence de cercle, qui paſſe par les trois points A, B, C, eſt l'égalité de l'angle ADB avec l'angle BCA, ou de l'angle BDC avec l'angle BCA. Si cette égalité n'a pas lieu, le point D ſera placé hors de la circonférence dont on vient de parler, & le problême n'aura qu'une ſeule ſolution.

REMARQUE III.

Ce problême eſt utile pour placer, ſur une carte marine, un écueil voiſin des côtes, quand on peut obſerver, de cet écueil, trois points ſur la côte, bien connus de poſition.

De la TRIGONOMÉTRIE *ſphérique.*

Soit ABD (*fig.* 27), un triangle ſphérique formé par trois arcs de grands cercles ſur la ſurface de la ſphère, $AB = x$, $AD = y$, $BD = z$, l'angle ſphérique $A = \varphi$, c'eſt-à-dire, l'angle formé par les plans EAD & EAB; (AE eſt le rayon de la ſphère) l'angle ſphérique $B = \chi$, l'angle ſphérique $D = \Psi$.

Suppoſons, pour fixer les idées, que l'arc AB ou le ſecteur AEB, eſt dans le plan de la figure; AE ſera l'interſection des plans AEB & AED; EB ſera l'interſection des plans AEB & EDB.

Cela poſé, ſi du point D on abaiſſe la perpendiculaire LD ſur le plan AEB, & du pied L de cette perpendiculaire les lignes LF & LN, auſſi perpendiculaires, l'une ſur AE, l'autre ſur EB; enfin ſi l'on mène les lignes FD & ND, ces lignes ſeront encore perpendiculaires, la première ſur AE, la ſeconde ſur ND; donc $FD = \text{ſin.}\, y$ & $LFD = \varphi$, $ND = \text{ſin.}\, z$ & $LND = \chi$.

Maintenant, prenant la valeur de LD dans les deux triangles rectangles EFD & LND, le premier donne $LD = \text{ſin.}\,\varphi\,\text{ſin.}\, y$, & le ſecond $LD = \text{ſin.}\,\chi\,.\,\text{ſin.}\, z$. (On ſuppoſe le ſinus total $= 1$). Donc $\text{ſin.}\,\varphi.\text{ſin.}\, y = \text{ſin.}\,\chi\,\text{ſin.}\, z$; donc $\text{ſin.}\,\varphi : \text{ſin.}\,\chi = \text{ſin.}\, z : \text{ſin.}\, y$; donc,

Dans un triangle ſphérique, les ſinus des angles ſont entre eux comme les ſinus des côtés oppoſés.

Cette propoſition eſt fondamentale.

Menez, par le point F, la perpendiculaire FV ſur EN, &, par le point L, la parallèle à EN, qui rencontre FV prolongée en G, vous aurez EN ou $\text{coſ.}\, z = EV + VN = EV + GL$; mais $EF = \text{coſ.}\, y$; donc $EV = \text{coſ.}\, y\,.\text{coſ.}\, x$; $GFL = FEL = x$, & $FL = \text{coſ.}\,\varphi\,\text{ſin.}\, y$; donc $GL = \text{coſ.}\,\varphi\,\text{ſin.}\, y\,.\text{ſin.}\, x$; donc $\text{coſ.}\, z = \text{coſ.}\,\varphi\,.\,\text{ſin.}\, y\,.\,\text{ſin.}\, x + \text{coſ.}\, y\,.\,\text{coſ.}\, x$. On aura de même, $\text{coſ.}\, y =$

$\cos.\chi \sin.x \,.\, \sin.z + \cos.x \,.\, \cos.z$, & $\cos.x = \cos.\psi \sin.y \,.\, \sin.z + \cos.y \,.\, \cos.z$.

Au moyen de ces trois équations, qui contiennent celle qui a été trouvée dans l'article précédent, on résoudra facilement toutes les questions qui peuvent se proposer sur la *trigonométrie* sphérique; car trois choses étant données, on aura trois équations entre les trois autres inconnues; ainsi, on pourra déterminer chacune d'elles, sauf le cas où quelques-unes devroient rester indéterminées ou douteuses par la nature de la question.

Ces formules se simplifieroient beaucoup si le triangle étoit rectangle. En effet, soit l'un des angles, par exemple, $\chi = 90^\circ$, on aura $\cos.y = \cos.x \,.\, \cos.z$. Substituant cette valeur dans les deux autres, on aura $\sin.x \,.\, \cos.z = \cos.\varphi \sin.y$, & $\sin.z \,.\, \cos.x = \cos.\psi \,.\, \sin.y$.

Ces formules se simplifieroient encore s'il y avoit un côté de 90°. Par exemple, soit y de 90°, on aura $\cos.z = \cos.\varphi \sin.x \cos.x = \cos.\psi \sin.z$; $\cos.\chi \sin.x \sin.z + \cos.x \cos.z = 0$.

Usage de ces formules.

PROBLÊME I.er

Etant donnée la longitude du soleil, on demande son ascension droite, sa déclinaison, & l'angle du cercle de déclinaison avec l'écliptique? (*Voyez ces mots*).

SOLUTION.

Soit D le soleil (*fig.* 27), AD sa longitude, & AB son ascension droite. Le point A sera cette interfection de l'écliptique & de l'équateur, dont on compte les longitudes. L'angle A sera égal à l'obliquité de l'écliptique, & par conséquent donné (*Voyez* ECLIPTIQUE), l'arc DB exprimera la déclinaison du soleil, & sera, par conséquent, perpendiculaire sur AB; l'angle D sera celui du cercle de déclinaison avec l'écliptique. La question se réduit donc à

Résoudre le triangle ADB, *rectangle en* B, *dans lequel on connoît l'hypothénuse* AD, & *l'angle* DAB.

On a, par la première proposition fondamentale, $1 : \sin.AD = \sin A :$ au sinus de la déclinaison DB; donc $\sin.DB = \sin.A.\sin.AD$. Cela posé, la première des formules qui appartiennent aux triangles rectangles, (*Voyez*, ci-dessus, la première simplification), donnera

$$\cos.AB = \frac{\cos.AD}{\cos.BD}$$. & la troisième ....

$$\cos.D = \frac{\sin.BD \cos AB}{\sin.AD} = \text{tang}.BD.\text{cot}.AD.$$

PROBLÊME II.

Etant donné la déclinaison, on demande l'ascension droite & la longitude?

SOLUTION.

On connoît, dans le triangle rectangle ADB, *le côté* BD & *l'angle opposé* A, *qui est l'obliquité de l'écliptique.*

Or on a $\sin.A : \sin.BD = 1 : \sin.AD$; donc la longitude AD est connue. Ensuite nous aurons, comme dans le problème précédent, ...

$$\cos.AB = \frac{\cos.AD}{\cos.BD}.$$

PROBLÊME III.

Etant donné l'ascension droite, on demande la longitude & la déclinaison?

SOLUTION.

On connoît, dans le triangle rectangle ABD, *le côté* AB & *l'angle adjacent* A.

Or, la première des formules qui appartiennent aux triangles rectangles, donne $\cos.AD = \cos.AB \,.\, \cos.DB$. La seconde donne ....

$$\cos.BD = \frac{\cos.A \cdot \sin.AD}{\sin AB}$$; mettant cette valeur de BD dans la première formule, on aura

$$\cos.AD = \cos.A \,.\, \frac{\cos.AB \cdot \sin.AD}{\sin.AB}$$; donc

$$\text{tang}.AD = \frac{\text{tang}.AB}{\cos.A}$$, ainsi, la longitude est connue; on connoîtra la déclinaison par la seconde formule.

PROBLÊME IV.

Connoissant l'angle du cercle de déclinaison avec l'écliptique, on demande la longitude, l'ascension droite & la déclinaison?

SOLUTION.

On connoît deux angles dans le triangle rectangle ADB, *sans compter l'angle droit* B.

La première proposition donne $\sin D : 1 = \sin.AB : \sin.AD = \frac{\sin.AB}{\sin.D}$. La seconde des formules, pour les triangles rectangles, donne $\sin.AB \cos.BD = \cos.A \,.\, \sin.AD$; mettant pour $\sin.AD$ sa valeur, on aura $\cos.BD = \frac{\cos.A}{\sin.D}$. Par la troisième formule, on trouvera .... $\cos.AB = \frac{\cos.D}{\sin.A}$. Enfin, par la première, on trouvera $\cos.AD = \text{cotang}.A \,.\, \text{cotang}.D$.

PROBLÊME V.

L'élévation du pole étant donnée avec la déclinaison du soleil, on demande la hauteur du soleil, à six heures, & son azimut?

SOLUTION.

Soit B le pole, D le zénit, A le soleil, ABD sera l'angle horaire, & par conséquent de 90°.

Il faut donc résoudre le triangle rectangle ADB, *dans lequel on connoît les deux côtés* AB *&* DB, *formans l'angle droit.*

La première formule des triangles rectangles donnera, cof. de la hauteur cherchée $AD =$ cof. AB . cof. BD, & la troisième donnera cof. $D = \frac{\text{fin. } BD \cdot \text{cof. } AB}{\text{fin. } AD}$; or, l'angle D est l'azimut ; donc, &c.

Problème VI.

On connoît la hauteur, à six heures, & la déclinaison, il faut trouver la hauteur du pole, l'azimut & l'angle du cercle de déclinaison avec le vertical ?

Solution.

On connoît, dans le triangle rectangle ADB, *l'hypothénuse* AD *& le côté* AB.

La première formule donnera cof. $BD = \frac{\text{cof. } AD}{\text{cof. } AB}$, la troisième cof. D, comme dans le problème précédent ; enfin on aura fin. $AD : 1 =$ fin. $BD :$ fin. A.

Problème VII.

L'élévation du pole étant donnée, on demande la durée du plus grand jour d'été astronomique ; c'est-à-dire, sans égard au crépuscule & à la réfraction ?

Solution.

Soit B le pole, D le zénit, A le soleil dans l'horizon,

On connoît dans le triangle ABD, BD *c'est la distance du pole au zénit,* AB *complément de l'obliquité de l'écliptique,* AD *de* 90°.

On aura donc, par la troisième des formules qui appartiennent à ce cas, cof. $ABD =$ — cotang. AB . cotang. BD; mais ADB est l'angle horaire ; donc, en le convertissant en tems à raison de 15 degrés par heure & doublant, on aura, &c.

On n'a pas égard au changement de déclinaison, parce qu'on peut le regarder comme nul, le jour du solstice.

Problème VIII.

Etant donnée la hauteur du pole, celle du soleil, & l'angle horaire, on demande la déclinaison du soleil, l'azimut & l'angle du cercle de déclinaison avec le vertical ?

Solution.

Soit B le pole, D le zénit, A le soleil;

On connoîtra dans le triangle ABD, BD, *l'angle* B *& le côté opposé* AD.

Une simple proportion donne tout de suite l'angle A ; car on a fin. AD : fin. $BD =$ fin. B : fin. A. Pour achever la résolution, rappellons nos trois formules générales ;

$$\text{cof. } z = \text{cof. } \varphi \text{ fin. } y \text{ fin. } x + \text{cof. } y \text{ cof. } x ;$$
$$\text{cof. } y = \text{cof. } \chi \text{ fin. } x \text{ fin. } z + \text{cof. } x . \text{cof. } z ,$$
$$\text{cof. } x = \text{cof. } \Psi \text{ fin. } y \text{ fin. } z + \text{cof. } y . \text{cof. } z ,$$

les lettres x, y, z, φ, &c. désignent ici les mêmes côtés & les mêmes angles du triangle que dans le théorême général. Il faut regarder les deux premières formules comme deux équations linéaires, dont les inconnues seroient fin. x & cof. x, &, en les résolvant, on aura.........................

$$\text{fin. } x = \frac{\text{cof. } z^2 - \text{cof. } y^2}{\text{cof. } \varphi . \text{cof. } z \text{ fin. } y - \text{cof. } \chi \text{ cof. } y \text{ fin. } z}$$

$$\& \text{ cof. } x = \frac{\text{cof. } \varphi . \text{cof. } y \cdot \text{fin. } y - \text{cof. } \chi . \text{cof. } z . \text{fin. } z}{\text{cof. } \varphi . \text{cof. } z \text{ fin. } y - \text{cof. } \chi . \text{cof. } y . \text{fin. } z}$$

$$\text{donc tang. } x = \frac{2 (\text{cof. } z^2 - \text{cof. } y^2)}{\text{cof. } \varphi \text{ fin. } 2 y - \text{cof. } \chi \cdot \text{fin. } 2 z}$$

On connoît donc le côté x, c'est-à-dire, la déclinaison du soleil AB. Substituant dans la troisième formule, on connoîtra l'angle Ψ, c'est-à-dire, l'azimut.

Autre Solution.

Du point D menez l'arc DN perp. sur AB prolongée dans la figure, parce qu'on y suppose l'angle ABD obtus ; BDN sera un triangle rectangle dans lequel vous connoîtrez l'hypothénuse BD & l'angle DBN, supplément de ABD ; donc vous connoîtrez la perpendiculaire DN, le segment BN & l'angle BDN. (*Voyez* Problème Ier). Ceci trouvé, vous aurez un triangle ADN aussi rectangle, dans lequel vous connoîtrez l'hypothénuse AD & le côté DN. Donc vous connoîtrez l'angle A, l'angle ADN & le côté AN ; (*Voyez* problême VI) ; mais la résolution du premier triangle rectangle vous fait connoître BN & l'angle BDN ; donc vous connoîtrez AB & l'angle ADB.

Problème IX.

Les latitudes de deux villes étant connues avec leur différence en longitude, on propose de trouver la plus courte distance qui est entre elles ?

Solution.

Cette plus courte distance est un arc de grand cercle, en supposant la terre sphérique. Soit B l'une de ces villes, D l'autre, A le pole de la terre.

On connoîtra, dans le triangle ABD, *les côtés* AB *&* AD *& l'angle compris* A.

Car les côtés sont les complémens de latitude & l'angle est la différence en longitude. Dans la première formule, cof. $z =$ cof. φ fin. y . fin. x + cof. y . cof. x, le second membre est connu. Ainsi, on connoîtra l'arc z. Cet arc, converti en lieues à raison de 57000 toises par degrés, donnera à peu-près la distance cherchée ; ou mieux encore, on prendra pour le degré une valeur moyenne entre celles qui répondent aux latitudes des villes , données, suivant la table qu'on trouve *au mot* DEGRÉ *de ce Dictionnaire.*

AUTRE SOLUTION.

Menez de B l'arc perpendiculaire BM sur AD, & vous aurez un triangle rectangle dans lequel vous connoîtrez l'angle A & l'hypothénuse AB; donc vous connoîtrez AM & BM; (Problème I.er) ainsi, dans le triangle BMD vous connoîtrez les deux côtés formant l'angle droit; donc vous connoîtrez l'hypothénuse BD, (Probléme V).

EXEMPLE. On demande la distance de Paris à Constantinople. Soit B Paris, D Constantinople, on aura, en négligeant les secondes, AB 41° 10'; $AD = 48° 59'$, $A = 26° 36'$. (Voyez *la Connoissance des tems.*)

Sinus total : sin. 41° 10' = sin. 26° 36' :

$$\text{sin. } BM = \frac{\text{sin } 26° 36' \times \text{sin. } 41° 10'}{\text{sinus total.}}.$$ Prenant des tables des sinus, par exemple, celles de l'abbé de la Caille, dans lesquelles on trouve les logarithmes des sinus au lieu des sinus naturels, calculés pour le sinus total dont la caractéristique est 10, nous trouverons

log. sin. 26° 36' = 9.651044

log. sin. 41° 10' = 9.818392;

ajoutant ces deux logarithmes & retranchant 10, on aura log. sin. BM = 9.469436, (*voyez* LOGARITHMES) ce qui donne, pour BM, 17° 8',

on aura $$\text{cos. } AM = \frac{\text{sinus total . cos. } 41° 10'}{\text{cos. } 17° 8'};$$

log. cos. 41° 10' = 9.876678,

log. cos. 17° 8' = 9.980286;

ajoutant 10 au premier logarithme & retranchant le second, on aura log. cos. AM = 9.896392, ce qui donne, pour AM, 38° 1'; retranchant de AD, on aura MD = 10° 58'.

$$\text{Cos. } BD = \frac{\text{cos. } 17° 8' \text{ . cos. } 10° 58'}{\text{sinus total.}}.$$

log. cos. 17° 8' = 9.980286,

log. cos. 10° 58' = 9.991996; donc ...

log. cos. BD = 9.972282; ce qui donne BD = 20° 15'.

Maintenant on trouvera, dans la table des degrés citée ci-dessus, que le quarante-unième est de 57026 toises, le quarante-neuvième est de 57129; donc le moyen est de 57077; ainsi l'arc BD sera égal en longueur à 1155809 toises, ce qui donne, pour la distance cherchée de Paris à Constantinople, 385 lieues & un tiers environ, en faisant la lieue de 3000 toises.

REMARQUE. En employant la première méthode, c'est-à-dire, directement l'équation cos. z = cos. φ. sin. y. sin. x + cos. y . cos. x, on seroit arrivé au même but plus simplement & presque aussi-tôt.

PROBLÈME X.

On demande la durée du crépuscule à Paris, le jour du solstice d'hiver.

SOLUTION.

Soit B le pole, D le zénit, A le soleil 18° au-dessous de l'horizon, (*voy.* CRÉPUSCULE).

On connoît dans le triangle A D B *les trois côtés, & il faut connoître l'angle horaire* B,

Dans deux hypothèses quand $y = 108°$, & quand $y = 90°$. La différence de ces angles convertis en tems, donnera ce qu'on cherche. La seconde formule cos. y = cos. χ sin. z . sin. x + cos. z . cos. x,

donne $$\text{cos. } \chi = \frac{\text{cos. } y - \text{cos } z \text{ . cos } x}{\text{sin. } z \cdot \text{sin. } x}.$$

Application numérique.

z = 41° 10', x = 90° + l'obliquité de l'écliptique = 90° + 23° 28', (Voyez *la Connoissance des tems*); y d'abord 90° & ensuite 90° + 18°. La première valeur de cos. χ sera donc.........

$$\frac{\text{cos. } 41° 10' \times \text{sin. } 23° 28'}{\text{sin. } 41° 10' \text{ . cos. } 23° 28'}, \text{ ou } \ldots\ldots$$

$$\frac{\text{tang. } 23° 28' \times \text{cotang. } 41° 10'}{\text{sinus total}} \ldots\ldots$$

log. tang. 23° 28' = 9.637611,

log. cotang. 41° 10' = 10.0[illegible]287,

donc log. cos. χ = 9.695898; donc χ = 60° 14'.

On aura ensuite ....

$$\text{cos. } \chi = \frac{\text{cos. } 41° 10' \times \text{sin. } 23° 28' - \text{sin. } 18° \times \text{sin. total}}{(\text{sin. } 41° 10' \times \text{cos. } 23° 28') : \text{sin. total}}$$

log. (cos. 41° 10' × sin. 23° 28') = 19.476796,

log. (sin. 18° sinus total) = 19.489982, ...

$$\frac{\text{log. (sin. } 41° 10' \times \text{cos. } 23° 28')}{\text{sinus total}} = 9.780900;$$ donc

log. (χ − 90°) = 8.184866; donc χ = 90° + 53'.

Ainsi, la différence avec la première sera 30° 39'. La durée du crépuscule est donc de deux heures & deux minutes, en négligeant les secondes.

AUTRE SOLUTION, *quand* y *n'est pas de* 90°.

La formule générale donne..................

$$\text{sin. } \chi = \frac{\sqrt{\text{sin. } z^2 \text{ . sin. } x^2 - (\text{cos. } y - \text{cos } z \text{ . cos. } x)^2}}{\text{sin. } z \text{ sin. } x},$$

ou sin. χ = ...

$$\frac{\sqrt{(\text{cos } y + \text{sin } z \text{ sin } x - \text{cos } z \text{ cos } x)(\text{sin } z \text{ sin } x + \text{cos } z \text{ . cos } x - \text{cos } y)}}{\text{sin. } z \cdot \text{sin } x}$$

ou sin. χ = ...

$$\frac{\sqrt{(\text{cos. } y - \text{cos. } (z + x))(\text{cos. } (z - x) - \text{cos } y)}}{\text{sin. } z \text{ sin. } x}.$$

Mais cos. $(a - b)$ − cos. $(a + b)$ = 2 sin. a sin. b, (*voyez* SINUS). Faisant ici un usage convenable de cette formule, & supposant $x + y + z = s$, on trouvera..............................

$$\mathrm{sin.}\ \chi = \frac{2\sqrt{\mathrm{sin.}\frac{s}{2}\left(\frac{s}{2}-x\right)\left(\frac{s}{2}-y\right)\left(\frac{s}{2}-z\right)}}{\mathrm{sin.}\ z\ \mathrm{sin.}\ x}.$$

COROLLAIRE. *Si les trois angles du triangle étoient donnés, & s'il falloit conclure les côtes, le problême seroit de même genre que celui que nous venons de résoudre.*

Pour s'en convaincre, il faut chasser cos. z de la seconde & de la troisième formule générale, par le moyen de la première, & on aura ......
$\mathrm{cos.}\chi.\mathrm{sin.}z = -\mathrm{cos.}\varphi\,\mathrm{sin.}y.\mathrm{cos.}x + \mathrm{sin.}x.\mathrm{cos.}y$, & $\mathrm{cos.}\Psi\,\mathrm{sin.}z = +\mathrm{sin.}y.\mathrm{cos.}x - \mathrm{cos.}\varphi\,\mathrm{sin.}x.\mathrm{cos.}y$; multipliant la première de ces nouvelles équations par cos. φ, & ajoutant, on aura .... $(\mathrm{cos.}\Psi + \mathrm{cos.}\chi.\mathrm{cos.}\varphi)\ \mathrm{sin.}z = \mathrm{sin.}\ \varphi^2\ \mathrm{sin.}\ y.\mathrm{cos.}x$, de plus $\mathrm{sin.}\ z : \mathrm{sin.}y = \mathrm{sin.}\ \varphi : \mathrm{sin.}\ \chi$; donc $\mathrm{cos.}\Psi + \mathrm{cos.}\chi\,\mathrm{cos.}\varphi = \mathrm{sin.}\varphi\,\mathrm{sin.}\chi\,\mathrm{cos.}x$. Donc enfin $\mathrm{cos.}\ 180^\circ - x = \ldots\ldots\ldots\ldots\ldots\ldots$

$$\frac{\mathrm{cos}(180^\circ-\Psi)-\mathrm{cos}(180^\circ-\chi)\,\mathrm{cos}(180^\circ-\varphi)}{\mathrm{sin.}(180^\circ-\varphi)\,\mathrm{sin.}(180^\circ-\chi)}$$

La question pour résoudre un triangle dont les angles sont donnés, se réduit donc à en résoudre un autre, dont les côtés seroient donnés, & supplémens de ces angles.

REMARQUE. Nous avons donnés jusqu'ici tous les cas possibles des triangles sphériques rectangles, & les plus essentiels des obliquangles. Nous supprimons les autres pour n'être pas trop longs; d'ailleurs ils peuvent se résoudre facilement par les trois formules générales.

Ces formules servent aussi à résoudre ensemble plusieurs triangles qui ont des parties communes, quand on ne peut pas les résoudre séparément. Voici un exemple.

PROBLÊME XI.

Trois hauteurs d'une étoile étant données avec les différences d'azimut correspondantes, on demande la hauteur du pole & la méridienne.

SOLUTION.

Soit *B* le pole, *D* le zénit, *A* le lieu de l'étoile, lors de la première observation; l'angle *D* sera l'azimut, *BD* la distance du pole au zénit, & *BA* la déclinaison de l'étoile.

Cela posé, soit p & q les différences d'azimut observées, y, y' & y'' les distances au zénit, la première observation donnera ....
$\mathrm{cos.}\ x = \mathrm{cos.}\ \Psi.\ \mathrm{sin.}\ y\ \mathrm{sin.}\ z + \mathrm{cos.}\ y.\ \mathrm{cos.}\ z$, la seconde..............................
$\mathrm{cos.}\ x = \mathrm{cos.}\ (\Psi + p)\ \mathrm{sin.}\ y'\ \mathrm{sin.}\ z + \mathrm{cos.}\ y'\ \mathrm{cos.}\ z$, la troisième..............................
$\mathrm{cos.}\ x = \mathrm{cos.}\ (\Psi + q)\ \mathrm{sin.}\ y''\ \mathrm{sin.}\ z + \mathrm{cos.}\ y''\ \mathrm{cos.}\ z$.
La première & la seconde équation combinées donnent $\mathrm{tang.}\ z = \dfrac{\mathrm{cos}\ y' - \mathrm{cos.}\ y}{\mathrm{cos.}\ \Psi\ \mathrm{sin.}\ y - \mathrm{cos.}\ \overline{\Psi + p}\ \mathrm{sin.}\ y'}$.
La première & la troisième donnent..........

$\mathrm{tang.}\ z = \dfrac{\mathrm{cos.}\ y'' - \mathrm{cos}\ y}{\mathrm{cos.}\ \Psi\ \mathrm{sin.}\ y - \mathrm{cos.}\ (\Psi + q)\ \mathrm{sin}\ y''}$; donc $(\mathrm{cos.}\ y' - \mathrm{cos.}\ y)(\mathrm{cos.}\ \Psi\ \mathrm{sin.}\ y - \mathrm{cos.}\ \overline{\Psi + q}\ \mathrm{sin.}\ y'') = (\mathrm{cos.}\ y'' - \mathrm{cos.}\ y)(\mathrm{cos.}\ \Psi\ \mathrm{sin.}\ y - \mathrm{cos.}\ \overline{\Psi + p}\ \mathrm{sin.}\ y')$ d'où on tirera tangente Ψ. Mais Ψ est l'azimut de l'étoile lors de la première observation, c'est-à-dire, l'angle que fait la méridienne avec le vertical de l'étoile; ce vertical est donné; donc, &c.

REMARQUE. On peut résoudre aussi cette question par la *trigonométrie* rectiligne, & même les calculs numériques s'adaptent plus facilement à cette dernière solution. Nous abandonnons cette recherche à la sagacité du lecteur.

TRILATERE, adj. *dans la Géométrie*, se dit d'une figure qui a trois côtés. Ce mot est peu en usage; celui de *triangle* est le seul usité.

TRILLION, s. m. c'est la dénomination que l'on donne, *en Arithmétique*, au chiffre qui se trouve dans la cinquième classe, ou cinquième ternaire, quand il s'agit de numération. Ainsi, on dit (nombre, dixaines, centaines), première classe.

(Mille, dixaines de mille, centaines de mille), seconde classe.

(Million, dixaines de millions, centaines de millions), troisième classe.

(Billion, dixaines de billions, centaines de billions), quatrième classe.

(Trillion, dixaines de trillions, centaines de trillions), cinquième classe, &c. comme on le voit dans l'exemple suivant :

Trillion	billion	million	mille	unité.
541,	203,	976,	402,	165.

Voyez NUMÉRATION. (*O*)

TRINOME, *en terme de Mathématiques*, est l'assemblage de trois termes, ou monomes, joints les uns aux autres par les signes + ou —. Tels sont $a + b - c$, $a^2 b + cad - b^3$, &c.

TRIONES, s. f. pl. *en Astronomie*, étoiles qui forment la grande & la petite ourse, *septemtriones* ou *Teriones*; de-là est venu la dénomination de *septentrion*, pour le côté du NORD ou du POLE ÉLEVÉ.

TRIOPAS, nom de la constellation du *Serpentaire*.

TRIPARTITION, s. f. (*Arithmét. & Géom.*) c'est l'action de diviser une grandeur quelconque en trois parties égales, ou d'en prendre la troisième partie. *Voyez* TRISECTION.

TRIPLÉ, adj. (*Mathém.*) On appelle ainsi le rapport que des cubes ont entr'eux : les solides semblables sont en raison *triplée* de leurs côtés homologues, c'est-à-dire, comme les cubes de ces côtés; il ne faut pas confondre une raison *triplée* avec une raison *triple*. La raison *triple* est le rapport d'une grandeur à une autre grandeur qu'elle contient, ou dans laquelle elle est contenue trois fois; or il est très-évident que le rapport des cubes, qui est la raison *triplée*, est fort différent; ainsi, le rapport de 1 à 8 est une raison *triplée* de 1 à 2; & le rapport de 3 à 1 est une raison *triple*. (*E*)

TRIPTOLÈME, nom de la constellation des *Gémeaux*.

TRISECTION, s. f. (*Géom. & Alg.*) division d'une chose en trois parties.

Ce terme est principalement employé en Géométrie pour la division d'un angle en trois parties égales.

La *trisection* géométrique des angles, telle que les anciens la demandoient, c'est-à-dire, en n'employant que la seule règle & le compas, est un de ces problèmes qu'on a cherché envain depuis plus de deux mille ans, & qui, à cet égard, ainsi que la duplication du cube, peut être comparé à la quadrature du cercle.

La solution de ce problème dépend d'une équation du troisième degré. *Voyez* cette équation à l'*article* SINUS, n.° 25.

TRISPASTON, s. m. *en Méchanique*, est une machine qui a trois poulies, ou un assemblage de trois poulies pour soulever de grands fardeaux. *Voyez* POULIE & MOUFFLE. Ce mot est composé de τρεῖς, *trois*, & σπάω, *traho*, *je tire*.

TROCHOIDE, s. f. *en Géométrie*, est une courbe dont la génération se conçoit ainsi. Si une roue ou un cercle se meut avec un mouvement composé d'un mouvement en ligne droite & d'un mouvement circulaire autour de son centre, & que ces deux mouvemens soient égaux, un point de la circonférence de ce cercle décrira, pendant ce mouvement, une courbe appellée *trochoïde*. Ainsi, le clou d'une roue qui tourne décrit une *trochoïde*.

La *trochoïde* est la même courbe qu'on appelle autrement ou plus communément *cicloïde*, dont on peut voir les propriétés, &c. sous l'*article* CICLOÏDE.

On appelle aussi *trochoïde* une courbe *FA*, *fig.* 250, *pl. Géom.* dans laquelle les ordonnées *AO* seroient égales aux arcs correspondans *Fd* du cercle *Fdc*; & cette dernière courbe est aussi nommée *compagne de la cicloïde*, ou *courbes des arcs*. Pitot a donné la quadrature d'une portion de cette courbe dans les *Mém. de l'Acad. de* 1724.

La *trochoïde* ne diffère pas essentiellement de la *courbe des sinus*. Si les ordonnées de la courbe sont augmentées en raison de *n* à 1, la courbe se nomme alors *trochoïde alongée*. M. Taylor a prétendu que cette courbe étoit celle que formoit une corde de musique mise en vibration. Sur quoi *voyez* les *Mém. de l'acad. de Berlin* 1747, 1749, 1750. (*O*)

TROCHOLIQUE, s. f. (*Méchan.*) terme peu usité, par lequel quelques auteurs anciens entendent cette partie des Méchaniques qui traite des propriétés de tous les mouvemens circulaires. Ce mot vient du grec τρέχω, *tourner*.

TROIS, *terme d'Arithmétique*, nombre impair, composé d'un & deux; en chiffre arabe, il s'exprime par cette figure 3; en chiffre romain de cette manière III, & en chiffre françois de compte ou de finance, ainsi iij. *Savary*. (*D. J.*)

TRONQUÉ, (*Géom.*) On appelle pyramide *tronquée*, une pyramide dont on a retranché la partie supérieure par un plan, soit parallèle à la base, soit incliné d'une manière quelconque. Il en est de même d'un prisme *tronqué*.

Ce mot vient du latin *truncare*, qui signifie ôter une partie du tout.

Quand le plan qui forme le tronc de la pyramide est parallèle à sa base, ce tronc est égal à la somme de trois pyramides, toutes de même hauteur que lui; les bases sont, 1.° la base inférieure du tronc; 2.° la base supérieure; 3.° une surface moyenne entre les deux premières. *Démonstration*. Soit *H* & *h* la hauteur de la pyramide entière & de la pyramide retranchée, a^2 la base de la pyramide entière, $\frac{a^2 h^2}{H^2}$ sera la base de la pyramide retranchée; donc, en nommant *T* le tronc, on aura $T = \frac{a^2 H}{3} - \frac{a^2 h^3}{3 H^2} = \frac{a^2}{3 H^2}(H^3 - h^3) = \frac{a^2 (H - h)}{3 H^2}(H^2 + Hh + h^2)$; (*voyez* DIVISION ALGÉBRIQUE); donc, en dernière analyse,

$$T = (H - h)\frac{a^2}{3} + (H - h)\frac{a^2 h^2}{3 H^2} + \ldots\ldots \frac{(H - h)\sqrt{a^2 \frac{a^2 h^2}{H^2}}}{3}.$$

Le tronc du prisme triangulaire droit est égal à un prisme de même base, qui auroit pour hauteur le tiers de la somme des trois arêtes.

DÉMONSTRATION. Soit a^2 la base de ce prisme, *H*, *h* & *h'* les arêtes suivant leur ordre de grandeur; imaginons que par l'extrémité de la plus petite *h'* on mène un plan parallèle à la base du prisme; le tronc (*T*) sera composé d'un prisme égal à $a^2 h'$, & d'une pyramide quadrangulaire; cette pyramide aura son sommet à l'extrémité de la petite arrête, à l'un des angles de la base supérieure du prisme partiel $a^2 h'$; elle aura pour base un trapèze dont la hauteur sera le côté de la base du prisme opposé à l'angle où est le sommet de la pyramide, & dont les côtés parallèles seront les différences des deux autres arrêtes avec la plus petite. La valeur de ce trapèze sera donc le produit de $\frac{H + h - 2h'}{2}$ par sa hauteur; & si on multiplie ce produit par le tiers de la hauteur de la pyramide, on aura sa solidité; mais cette hauteur étant dirigée dans le triangle, base supérieure du prisme, est aussi la hauteur de ce triangle, en prenant celle du trapèze pour base; la valeur de la pyramide sera donc $a^2 \frac{H+h-2h'}{3}$. Ainsi, on aura $T = a^2 \frac{H+h+h'}{3}$.

TROUBLÉE, adj. (*Mathémat.*) On dit que des grandeurs sont en raison *troublée*, quand étant étant proportionnelles, elles ne le sont pas dans le même ordre où elles sont écrites.

Supposons les trois nombres 2, 3, 9, dans un rang, & trois autres, 8, 24, 36, dans un autre rang, proportionnels aux trois précédens, mais dans un ordre différent, en sorte qu'on écrive 2 : 3 :: 24 : 36; & 3 : 9 :: 8 : 24, on dit en ce cas que ces grandeurs sont en raison *troublée*; mais cette expression est peu en usage & peu utile. *Voyez* RAISON.

TROPIQUES, s. m. *terme d'Astronomie*, ce sont deux petits cercles de la sphère, parallèles à l'équateur, & passant par les points solsticiaux, c'est-à-dire par des points éloignés de l'équateur de 23 degrés 28 minutes. Ils sont marqués dans la sphère, figure 1. des *Planches d'Astronomie*, ce sont les parallèles que le soleil atteint & décrit lorsqu'il est dans sa plus grande déclinaison, soit septentrionale, soit méridionale.

Celui des deux cercles qui passe par le premier point du cancer s'appelle *tropique du cancer.* Celui qui passe par le solstice d'hiver ou par le premier point du capricorne est le *tropique* du capricorne.

Tropique vient de τροπὴ, *conversio*, retour; on l'a nommé ainsi à cause que le soleil, après s'être écarté continuellement de l'équateur semble retourner sur ses pas pour s'en rapprocher dès qu'il atteint le *tropique*.

La distance des deux *tropiques*, est double de la plus grande déclinaison du soleil, ou de l'obliquité de l'écliptique; ainsi, la distance des *tropiques* est d'environ 47 degrés, & c'est aussi la largeur de la zone torride, que ces deux *tropiques* renferment sur la terre.

Le soleil est vertical aux habitans du *tropique* du cancer le jour du solstice d'été; & le jour du solstice d'hiver, il domine sur les habitans du *tropique* du capricorne.

Les *tropiques* renferment la route du mouvement du soleil dans l'écliptique; ce sont comme deux barrières que cet astre ne passe jamais. C'est dans les mêmes cercles que le soleil fait sur la terre le plus long & le plus court jour de l'année, de même que la plus longue & la plus courte nuit. Ils marquent les lieux de l'écliptique où se font les solstices, & auxquels le soleil a sa plus grande déclinaison, sa plus grande & sa plus petite hauteur méridienne. Ils montrent dans l'horizon les plus grandes amplititudes orientales & occidentales du soleil, c'est-à-dire l'orient & l'occident d'été, l'orient & l'occident d'hiver; enfin ils déterminent les limites de la zone torride & des zones tempérées.

On a la distance des *tropiques* par observation, en retranchant la hauteur méridienne du soleil dans le solstice d'hiver, de sa hauteur méridienne dans le solstice d'été. *Voyez* OBLIQUITÉ DE L'ÉCLIPTIQUE.

Tropique est aussi adjectif. *Année tropique. Voyez* ANNÉE.

TUB

TUBE, (*Astronomie*) en latin *Tubus*, se dit quelquefois au lieu de lunette d'approche; mais plus ordinairement on appelle *tube* ou *tuyau*, cette partie de la lunette, dans laquelle on met les verres lenticulaires, & par laquelle on les met en œuvre. *Voyez* TÉLESCOPE.

Il faut que le *tube* ne soit point incommode par sa pesanteur, ni sujet à se déjetter & à déranger la position des verres; d'où il s'ensuit qu'aucune espèce de *tube* ne peut servir dans tous les cas.

1.° Si le *tube* est petit, il vaut mieux qu'il soit fait de plaques de cuivre, minces, couvertes d'étain, & formées en tuyaux propres à entrer les uns dans les autres.

2.° Pour les longs *tubes*, le fer seroit trop pesant : c'est pourquoi on aime mieux les faire de papier. Ainsi, on tourne un cylindre de bois de la longueur du papier qu'on veut employer, & d'un diamètre égal à celui du plus petit tuyau; on roule le papier autour de ce cylindre jusqu'à ce qu'il soit d'une épaisseur suffisante. Quand un tuyau est sec, on en fait d'autres de la même manière, observant toujours que le dernier serve d'étui à son plus proche voisin, jusqu'à ce qu'on en ait assez pour la longueur du *tube* qu'on veut faire. Enfin aux extrêmités des tuyaux, on doit coller des anneaux de bois, afin de pouvoir les tirer plus facilement.

3.° Comme les rouleaux de papier sont sujets à se renfler à l'humidité, de façon à ne pouvoir pas être tirés, & à se relâcher dans le tems sec, ce qui les fait vaciller, & que, dans l'un & l'autre cas, il est fort aisé que la situation des verres se trouve dérangée; voici la meilleure manière de fabriquer ces *tubes*. Collez un parchemin autour d'un cylindre de bois, & ayez soin que le parchemin du côté où il est appliqué sur le cylindre soit peint en noir, pour empêcher les rayons réfléchis de faire aucune confusion. Prenez de petites lames de bois de hêtre bien fines, & les tournant autour en cylindre, collez-les avec soin au parchemin, couvrez cet étui de bois avec du parchemin blanc, & faites un petit anneau ou rebord à son extrémité en dehors; faites ensuite un autre tuyau par-dessus le premier, & ensuite un autre jusqu'à ce que vous en ayez assez pour la longueur du *tube*.

Aux extrémités intérieures de chaque morceau du *tube*, placez une virole de bois, afin que les rayons

rayons superflus frappent sur les côtés & se perdent. Il sera à propos de garnir les viroles d'une vis dans les endroits où l'on doit placer les verres. Ayez un étui de bois pour couvrir le verre objectif, & le garantir des saletés; & plaçant l'objectif dans sa virole, appliquez-le avec une vis au *tube*. Enfin ayez un étui de bois d'une longueur égale à la distance à laquelle l'oculaire est de la prunelle, & placez-le à l'autre extrêmité du *tube*.

On a dit plus haut, à l'article second, que les longs *tubes* devoient se faire de papier; mais depuis plus de cinquante ans, on en a fait avec du laiton bien écroui, de 4, 5, 6, 8 piés, &c. de long, tant pour des lunettes ordinaires, que pour des télescopes à réflexion, & on doit toujours préférer les *tubes* de laiton bien écrouis aux autres, lorsqu'ils ne sont pas d'une grandeur extraordinaire, & qu'on veut avoir un *tube* qui ne se déjette point, & qui reste constamment le même. *Voyez* SECTEUR. (*T*)

TYC

TYCHO, SYSTÊME DE, (*Astron.*) c'est une hypothèse sur la disposition & le mouvement des corps célestes, qui tient un milieu entre le système de Copernic & celui de Ptolémée. *Voyez* SYSTÊME.

TYGRE, *fleuve du tygre*, constellation introduite par Royer dans ses cartes célestes en 1679, entre pégase & le serpentaire, passant entre la lyre & l'aigle. Cette constellation n'a point été conservée dans les cartes modernes.

TYMPAN *de machine*, (*Méchan.*) roue creuse qu'on nomme aussi *roue à tambour*, dans laquelle un ou plusieurs hommes marchent pour la faire tourner, & qui sert aux grues, aux calandres & à certains moulins. *Voyez* TAMBOUR.

ULU

ULULANS, nom de la constellation du *bouvier*.

UN, s. m. (*Arithmétique*) unité de nombre; *un* multiplié par lui-même ne produit jamais qu'un; une fois *un* est *un*, *un* joint à un autre *un* fait deux; *un* & *un* font deux. *Un* en chiffre arabe s'écrit ainsi (1), en chiffre romain (I) & en chiffre françois, de compte ou finance, ainsi (j). (*D. J.*)

UNIFORME, adj. (*Méchan.*) le mouvement *uniforme* est celui d'un corps qui parcourt des espaces égaux en tems égaux; telle est, au moins sensiblement, le mouvement d'une aiguille de montre ou de pendule. *Voyez* MOUVEMENT.

C'est dans le mouvement *uniforme* que l'on cherche ordinairement la mesure du tems. En voici la raison; comme le rapport des parties du tems nous est inconnu en lui-même, l'unique moyen que nous puissions employer pour découvrir ce rapport, c'est d'en chercher quelqu'autre plus sensible & mieux connu, auquel nous puissions le comparer; on aura donc trouvé la mesure du tems la plus simple, si on vient à bout de comparer, de la manière la plus simple qu'il soit possible, le rapport des parties du tems, avec celui de tous les rapports que l'on connoît le mieux. De-là il résulte que le mouvement *uniforme* est la mesure du tems la plus simple: car, d'un côté, le rapport des parties d'une ligne droite est celui que nous saisissons le plus facilement; & de l'autre, il n'y a point de rapports plus aisés à comparer entr'eux, que des rapports égaux. Or, dans le mouvement *uniforme*, le rapport des parties du tems est égal à celui des parties correspondantes de la ligne parcourue. Le mouvement *uniforme* nous donne donc tout-à-la-fois le moyen, & de comparer le rapport des parties du tems, au rapport qui nous est le plus sensible, & de faire cette comparaison de la manière la plus simple; nous trouvons donc, dans le mouvement *uniforme*, la mesure la plus simple du tems.

Je dis, outre cela, que la mesure du tems par le mouvement *uniforme*, est indépendamment de la simplicité, celle dont il est le plus naturel de penser à se servir. En effet, comme il n'y a point de rapport que nous connoissions plus exactement que celui des parties de l'espace, & qu'en général un mouvement quelconque dont la loi seroit donnée, nous conduiroit à découvrir le rapport des parties du tems, par l'analogie connue de ce rapport avec celui des parties de l'espace parcouru; il est clair qu'un tel mouvement seroit la mesure du tems la plus exacte, & par conséquent celle qu'on devroit mettre en usage préférablement à toute autre. Donc, s'il y a quelque espèce particulière de mouvement, où l'analogie entre le rapport des parties du tems & celui des parties de l'espace parcouru, soit connue indépendamment de toute hypothèse, & par la nature du mouvement même, & que cette espèce de mouvement soit la seule à qui cette propriété appartienne, elle sera nécessairement la mesure du tems la plus naturelle. Or il n'y a que le mouvement *uniforme* qui réunisse les deux conditions dont nous venons de parler: car le mouvement d'un corps est *uniforme* par lui-même; il ne devient accéléré ou retardé qu'en vertu d'une cause étrangère, & alors il est susceptible d'une infinité de loix différentes de variation. La loi d'uniformité, c'est-à-dire, l'égalité entre le rapport des tems & celui des espaces parcourus, est donc une propriété du mouvement considéré en lui-même; le mouvement *uniforme* n'en est par-là que plus analogue à la durée, & par conséquent plus près à en être la mesure, puisque les parties de la durée se succèdent aussi constamment & uniformément. Au contraire, toute loi d'accélération ou de diminution dans le mouvement, est arbitraire, pour ainsi dire, &

dépendante des circonſtances extérieures; le mouvement non *uniforme* ne peut être par conſéquent la meſure naturelle du tems; car, en premier lieu, il n'y auroit pas de raiſon pourquoi une eſpèce particulière de mouvement non *uniforme*, fût la meſure première du tems, plutôt qu'une autre; en ſecond lieu, on ne pourroit meſurer le tems par un mouvement non *uniforme*, ſans avoir découvert auparavant, par quelque moyen particulier, l'analogie entre le rapport des tems & celui des eſpaces parcourus, qui conviendroit au mouvement propoſé. D'ailleurs, comment connoître cette analogie autrement que par l'expérience, & l'expérience ne ſuppoſe-t-elle pas qu'on eût déjà une meſure du tems fixe & certaine?

Mais le moyen de s'aſſurer, dira-t-on, qu'un mouvement ſoit parfaitement *uniforme?* Je réponds d'avance qu'il n'y a non plus aucun mouvement non *uniforme* dont nous ſachions exactement la loi, & qu'ainſi cette difficulté prouve ſeulement que nous ne pouvons connoître exactement & en toute rigueur le rapport des parties du tems; mais il ne s'enſuit pas de-là que le mouvement *uniforme* n'en ſoit, par ſa nature ſeule, la première & la plus ſimple meſure. Auſſi ne pouvant avoir de meſure du tems préciſe & rigoureuſe, c'eſt dans les mouvemens à-peu-près *uniformes* que nous en cherchons la meſure au moins approchée. Nous avons deux moyens de juger qu'un mouvement eſt à-peu-près *uniforme*, ou quand nous ſavons que l'effet de la cauſe accélératrice ou rétardatrice ne peut être qu'inſenſible; ou quand nous le comparons à d'autres mouvemens, & que nous obſervons la même loi dans les uns & dans les autres: ainſi, ſi pluſieurs corps ſe meuvent de manière que les eſpaces qu'ils parcourent durant un même tems ſoient toujours entr'eux, ou exactement, ou à-peu-près dans le même rapport, on juge que le mouvement de ces corps eſt ou exactement, ou à très-peu-près *uniforme*.

UNITÉ, ſ. f. (*Math.*) c'eſt ce qui exprime une ſeule choſe ou une partie individuelle d'une quantité quelconque. Quand on dit *individuelle*, ce n'eſt pas que l'*unité* ſoit indiviſible, mais c'eſt qu'on l'a conſidère comme n'étant pas diviſée, & comme faiſant partie d'un tout diviſible. *Voyez* NOMBRE.

Quand un nombre a quatre ou cinq chiffres, celui qui eſt le plus à la droite; c'eſt-à-dire, le premier en allant de droite à gauche, exprime ou occupe la place des *unités*. *Voyez* NUMÉRATION. Et, ſelon Euclide, on ne doit pas mettre au rang des nombres l'*unité*; il dit que *le nombre eſt une collection d'unités*; mais c'eſt-là une queſtion de mots.

URANIBOURG, nom célèbre de l'obſervatoire bâti par Tycho-Brahé en 1580, dans l'île de Hueen vers le détroit du Sund, 10 lieues au nord de Copenhague. *Voyez* ſon ouvrage, intitulé: *Aſtronomiæ inſtauratæ mechanica*.

URION. *Voyez* ORION.

URANOGRAPHIE, deſcription du ciel ou des conſtellations; c'eſt le titre des cartes céleſtes de Bayer. *Voyez* CARTES.

VAI

VAISSEAU, (*Aſtron.*). *Voyez* NAVIRE.

VALVULE, ſ. f. (*Méch.*) eſt la même choſe que ſoupape. *Voyez* SOUPAPE. Ce mot vient du mot latin *valvæ*, porte à deux battans, parce que les *valvules* s'ouvrent & ſe referment à-peu-près comme ces ſortes de portes.

VANNE, ſ. f. (*Hyd.*) ce ſont de gros ventaux de bois de chêne que l'on hauſſe ou que l'on baiſſe dans des couliſſes, pour lâcher ou retenir les eaux d'une écluſe, d'un étang, d'un canal. On appelle encore *vannes* les deux cloiſons d'ais ſoutenues d'une foule de pieux dans un batardeau. (*K*)

VARIABLE, adj. (*Alg. & Géom.*) on appelle *quantités variables*, en Géométrie, les quantités qui varient ſuivant une loi quelconque. Telles ſont les abſciſſes & les ordonnées des courbes, leurs rayons oſculateurs, *&c.*

On les appelle ainſi par oppoſition aux quantités conſtantes, qui ſont celles qui ne changent point, comme le diamètre d'un cercle, le paramètre d'une parabole, *&c.*

On exprime communément les *variables* par les dernières lettres de l'alphabet x, y, z.

Quelques auteurs, au-lieu de ſe ſervir de l'expreſſion de *quantités variables*, diſent des *fluentes*. *Voyez* FLUENTE & FLUXION.

La quantité infiniment petite, dont une *variable* quelconque augmente ou diminue continuellement, eſt appellée, par les uns, ſa *différence* ou *différencielle*; &, par les autres, ſa *fluxion*. Le calcul de ces ſortes de quantités eſt ce qu'on appelle le *calcul différenciel* ou le *calcul intégral*. *Voyez* DIFFÉRENTIEL & FLUXION. (*O*)

Les mots *fluentes* & *fluxions* ne ſont guères en uſage qu'en Angleterre.

VARIATION, ſ. f. Avant de définir ce terme il convient de faire l'hiſtorique ſuivant.

Jean Bernoulli propoſa, à la fin du ſiècle dernier, de trouver entre toutes les courbes qu'on peut faire paſſer par deux points donnés, ſitués dans un même plan vertical, celle le long de laquelle un corps deſcendant arriveroit du point le plus haut au point le plus bas, dans le moins de tems poſſible.

Or, ſi on nomme x l'abſciſſe verticale qui paſſe par le plus haut des points donnés, y l'ordonnée horizontale, l'expreſſion de ce tems ſera proportionnelle à $\int \frac{\sqrt{dx^2 + dy^2}}{\sqrt{x}}$, l'intégrale étant étendue depuis le point le plus haut juſqu'au point le plus bas. Ainſi, cette intégrale doit être un *mi-*

nimum. Mais on conçoit que, pour obtenir ce *minimum*, il n'est pas question de différencier la formule $\int \frac{\sqrt{dx^2 + dy^2}}{\sqrt{x}}$, en ôtant le signe d'intégration, & d'écrire $\frac{\sqrt{dx^2 + dy^2}}{\sqrt{x}} = 0$, ce qui évidemment ne donne rien, parce qu'en différenciant de cette manière, on reste dans la même courbe, ou, pour parler plus clairement, on considère plusieurs points consécutifs de la courbe, tandis qu'au contraire on doit, par la différenciation, passer d'une courbe à l'autre, puisqu'on doit choisir, entre toutes les courbes qui peuvent passer par les points donnés, celle qui a la propriété demandée.

Cela posé, les premiers Géomètres qui ont résolu ce problême, ont remarqué qu'il suffisoit de rendre le tems un *minimum* pour deux élémens consécutifs de la courbe; en conséquence ils ont employé une méthode qui revient à-peu-près à la suivante.

Soient x, x' & x'' trois abscisses verticales consécutives, y, y' & y'' les ordonnées correspondantes; le tems pour les deux élémens correspondans à l'abscisse $x'' - x$ sera $\frac{\sqrt{(x'-x)^2 + (y'-y)^2}}{\sqrt{x}} + \frac{\sqrt{(x''-x')^2 + (y''-y')^2}}{\sqrt{x'}}$, expression qu'il faut rendre un *minimum* entre toutes celles qui correspondent à la même abscisse $x'' - x$; il n'y a donc qu'à différencier cette expression, en faisant x, x', x'', y, y'' constans, & l'ordonnée du milieu y' variable, & faire cette différentielle $= 0$. De cette manière on passera de la courbe dans laquelle trois coordonnées consécutives étoient y, y' & y'', à celle dans laquelle les coordonnées, correspondantes aux mêmes abscisses, sont $y, y' + \delta y'$ & y'', ($\delta y'$ étant l'augmentation infiniment petite de y'); on aura donc ....

$$\delta y' \left(\frac{y'-y}{\sqrt{x}\sqrt{(x'-x)^2 + (y'-y)^2}} - \ldots\ldots \frac{(y''-y')}{\sqrt{x'}\sqrt{(x''-x')^2 + (y''-y')^2}} \right) = 0, \ldots\ldots\ldots$$

$$\frac{dy'}{\sqrt{x'}\sqrt{dx'^2 + dy'^2}} - \frac{dy}{\sqrt{x}\sqrt{dx^2 + dy^2}} = 0,$$

ou enfin $d\left(\frac{dy}{\sqrt{x}\sqrt{dx^2 + dy^2}} \right) = 0$, ce qui donne $\frac{dy}{\sqrt{x}} = \frac{\sqrt{dx^2 + dy^2}}{\sqrt{x}}$; a est la constante introduite dans l'intégration.

Jacques Bernoulli proposa ensuite de trouver les courbes qui ont certaine propriété de *maximum* ou de *minimum*, non pas entre toutes les courbes possibles, mais entre celles de même périmètre. Dans ce cas, la différentielle de $\int \sqrt{dx^2 + dy^2}$, prise en passant d'une courbe à l'autre, doit aussi être égal à 0, & il faut faire varier deux ordonnées consécutives au lieu d'une. (Voyez le *Discours préliminaire.*)

M. Euler parut ensuite, & traita ces questions avec une généralité à laquelle on auroit à peine osé penser avant lui, dans son excellent livre, intitulé : *Methodus inveniendi lineas curvas maximi minimi ve proprietate gaudentes, sive solutio problematis isoperimetrici latissimo sensu accepti.* Il apprend à déterminer la courbe dans laquelle une formule intégrale $\int Z dx$ est un *maximum* ou un *minimum*; d'abord entre toutes les courbes possibles, & ensuite entre celles dans lesquelles d'autres formules intégrales, comme $\int Z' dx$, $\int Z'' dx$, $\int Z''' dx$, auroient une même valeur, (Z, Z', Z'', &c.) étant des fonctions de x, y, $\frac{dy}{dx}$, $\frac{ddy}{dx^2}$, &c. telles que les formules $Z dx$, $Z' dx$, $Z'' dx$, &c. ne soient pas des différentielles exactes. Cela posé, par le premier cas, c'est-à-dire, quand le *maximum* ou *minimum* est demandé entre toutes les courbes possibles. M. Euler suppose que l'ordonnée y' correspondante à $x + dx$ augmente d'une certaine quantité infiniment petite que nous avons appellé plus haut $\delta y'$, & trouve pour la différentielle de $\int Z dx$, en supposant tout constant, & faisant $dZ = M dx + N dy + P d\left(\frac{dy}{dx}\right) + Q d\left(\frac{ddy}{dx^2}\right)$, $\delta \int Z dx = \delta y' dx \left(N - \frac{dP}{dx} + \frac{ddQ}{dx^2} - \text{\&c.}\right)$, & par conséquent pour l'équation de la courbe $N - \frac{dP}{dx} + \frac{ddQ}{dx^2}$ &c. $= 0$.

Pour le second cas, M. Euler prouve que la question se réduit à faire $\delta \int Z dx + m \delta \int Z' dx + n \delta \int Z'' dx +$ &c. $= 0$; m, n &c. étant des nombres constans.

Les choses en étoient-là quand M. de la Grange remarqua, dans les *Mém. de Turin pour les années* 1760 & 1761, que dans la formule $\int Z dx$, on pouvoit faire varier toutes les ordonnées & même l'abscisse x, au-lieu de faire varier la seule ordonnée y'. De cette manière la courbe infiniment près de celle qu'on cherche, à laquelle on passe par cette différentiation, peut n'avoir aucun point de commun avec celle du *maximum* ou *minimum*, & est par conséquent prise plus généralement. Il faut donc différencier à l'ordinaire la formule $\int Z dx$, ce qui ne veut pas dire, comme je l'ai déja observé, qu'on doive écrire $Z dx$; mais il faut différencier sous le signe, & on aura $\delta \int Z dx = \int \delta (Z dx)$, δ étant une caractéristique de différenciation différente de la caractéristique d.

C'est cette manière de différencier, relativement à la caractéristique δ, qu'on appelle *variation* depuis la remarque faite par M. de la Grange.

Pour connoître la forme que M. de la Grange donne à cette *variation*, dans les différens cas qui peuvent se présenter, on pourra lire son Mémoire déjà cité.

Car M. Euler ayant depuis traité ce même sujet dans le troisième volume de son Calcul intégral, & sa méthode de calcul fort peu différente au fond de celle de M. de la Grange, étant cependant un peu moins concise & moins abstraite, & par conséquent plus à la portée des commençans, nous croyons devoir l'adopter dans un Dictionnaire, dont la partie Mathématique leur est principalement destinée.

Reprenons donc la formule $\delta \int Z dx = \int \delta (Z dx) = \int Z d \delta x + \int dx \delta Z = Z \delta x + \int (dx \delta Z - \delta x dZ)$, (en intégrant par parties) & faisons, pour plus de facilité, $\frac{dy}{dx} = p$, $\frac{dp}{dx} = q$, $\frac{dq}{dx} = r$, $\frac{dr}{dx} = s$. Cela posé, il convient de distinguer plusieurs cas.

I.

Z est fonction de x, y, p, q, r. Soit $dZ = M dx + N dy + P dp + Q dq + R dr$ &c. on aura $\delta Z = M \delta x + N \delta y + P \delta p + Q \delta q + R \delta r$; donc $dx \delta Z - \delta x dZ = dx (N \delta y - p \delta x + P \delta p - q \delta x + Q \delta q - r \delta x + R \delta r - s \delta x)$ &c. Soit $\delta y - p \delta x = \delta \omega$, on aura, en différentiant relativement à la caractéristique d, $d \delta \omega = d \delta y - p d \delta x - q dx \delta x$; mais si on différentie l'équation $dy = p dx$, relativement à la caractéristique δ, on trouvera $d \delta y - p d \delta x = dx \delta p$; donc, substituant, on trouvera $d \delta \omega = dx \delta p - q dx \delta x = dx (\delta p - q \delta x)$. On trouvera, par un calcul semblable, $dd \delta \omega = dx^2 (\delta q - r \delta x)$, $d^3 \delta \omega = dx^3 (\delta r - s \delta x)$ &c.; mettant ces valeurs, on aura $\int (dx \delta Z - \delta x dZ) = \int dx (N \delta \omega + P \frac{d \delta \omega}{dx} + Q \frac{dd \delta \omega}{dx^2} + R \frac{d^3 \delta \omega}{dx^3})$ &c.

Maintenant, en intégrant par parties, on a $\int P d \delta \omega = P \delta \omega - \int \delta \omega dx \frac{dP}{dx}$; $\int Q \frac{dd \delta \omega}{dx} = Q \frac{d \delta \omega}{dx} - \int \frac{dQ \, d \delta \omega}{dx} = Q \frac{d \delta \omega}{dx} - \delta \omega \frac{dQ}{dx} + \int \delta \omega dx \frac{ddQ}{dx^2}$, & de même $\int R \frac{d^3 \delta \omega}{dx^2} = R \frac{dd \delta \omega}{dx^2} - \frac{dR}{dx} \frac{d \delta \omega}{dx} + \delta \omega \frac{ddR}{dx^2} - \int \delta \omega dx \frac{d^3 R}{dx^3}$ &c.; mettant toutes ces valeurs, on aura..........

$$\delta \int Z dx = Z \delta x + \int dx \delta \omega (N - \frac{dP}{dx} \ldots\ldots$$
$$+ \frac{ddQ}{dx^2} - \frac{d^3 R}{dx^3} + \&c.)$$
$$+ \delta \omega (P - \frac{dQ}{dx} + \frac{ddR}{dx^2} - \&c.)$$
$$+ \frac{d \delta \omega}{dx} (Q - \frac{dR}{dx} + \&c.)$$
$$+ \frac{dd \delta \omega}{dx^2} (R - \&c.)$$

II.

Z est fonction de x, y, p, q, r, &c. & de $v = \int z dx$, (la formule $z dx$ n'étant pas différentielle exacte); soient $dZ = L dv + M dx + N dy + P dp + Q dq + R dr +$ &c., & $dz = \mu dx + \nu dy + \varpi dp + \chi dq + \rho dr$, on aura $\delta \int Z dx = Z \delta x + \int L (dx \delta v - \delta x dv) + \int dx (N \delta \omega + P \frac{d \delta \omega}{dx} + Q \frac{dd \delta \omega}{dx^2} + R \frac{d^3 \delta \omega}{dx^3} +$ &c.) $\delta v = z \delta x + \int (dx \delta z - \delta x dz)$; donc $dx \delta v - \delta x dv = dx \int (dx \delta z - \delta x dz)$; donc $\int L (dx \delta v - \delta x dv) = \int (L dx \int (dx \delta z - \delta x dz)) = I \int (dx \delta z - \delta x dz) - \int I (dx \delta z - \delta x dz) =$ en en faisant $L dx = dI$. Soit A la valeur de I, correspondante à la valeur complète de $\int Z dx$, on pourra écrire $\int L (dx \delta v - \delta x dv) = \int A (dx \delta z - \delta x dz) - \int I (dx \delta z - \delta x dz) = \int (A - I)(dx \delta z - \delta x dz) =$ enfin à $\int ((A - I) dx (\nu \delta \omega + \varpi \frac{d \delta \omega}{dx} + \chi \frac{dd \delta \omega}{dx^2} + \rho \frac{d^3 \delta \omega}{dx^3} +$ &c.) Substituant dans $\delta \int Z dx$ cette valeur de $\int L (dx \delta v - \delta x dv)$, & faisant, pour abréger, $N - (A - I) \nu = N'$, ... $P + (A - I) \pi = P'$, $Q + (A - I) \chi = Q'$, $R + (A - I) \rho = R'$ &c. on aura ....

$$\delta \int Z dx = Z \delta x + \int dx \delta \omega (N' - \frac{dP'}{dx} \ldots\ldots$$
$$+ \frac{ddQ'}{dx^2} - \frac{d^3 R'}{dx^3} + \&c.)$$
$$+ \delta \omega (P' - \frac{dQ'}{dx} + \frac{ddR'}{dx^2} - \&c.)$$
$$+ \frac{d \delta \omega}{dx} (Q' - \frac{dR'}{dx} + \&c.)$$
$$+ \frac{dd \delta \omega}{dx^2} (R' - \&c.)$$

Z pourroit contenir d'autres formules intégrales, comme v', v'', &c.; les formules z, z', z'' pourroient elles-mêmes contenir d'autres formules intégrales, comme $\int \varphi dx$, $\int \varphi' dx$, $\int \varphi'' dx$, &c.; mais le lecteur attentif ramenera facilement ces cas à celui que nous venons de résoudre. D'ailleurs M. Euler les a discutés avec beaucoup de détail, dans le troisième volume de son calcul intégral, déjà cité.

III.

Z est fonction de x, y, p, q, r, &c. & de v; v est donnée pour l'équation du premier ordre, $dv = V dx$, V étant une fonction de v, y, p, q, r, &c., telle que l'équation $dv = V dx$ n'est pas séparable relativement à v.

Soit $dZ = L dv + M dx + N dy + P dp + Q dq + R dr$, & $dV = T dv + \mu dx + \nu dy + \varpi dp + \chi dq + \rho dr +$ &c., on aura $\delta \int Z dx = Z \delta x + \int L (dx \delta v - \delta x dv) + \int dx (N \delta \omega + P \frac{d \delta \omega}{dx} + Q \frac{dd \delta \omega}{dx^2} + R \frac{d^3 \delta \omega}{dx^3})$. Maintenant

$\delta v = V\delta x + \int(dx\,\delta V - \delta x\,dV)$; donc $\delta v - V\delta x = \int T(dx\,\delta v - \delta x\,dv) + \int dx\left(v\,\delta\omega + \varpi\frac{d\delta\omega}{dx} + \chi\frac{dd\delta\omega}{dx^2} + \rho\frac{d^3\delta\omega}{dx^3}\right.$ $+$ &c.). Mettant pour V sa valeur $\frac{dv}{dx}$, & multipliant par $Tdx\,e^{-\int Tdx}$, (e est la base des logarithmes), cette équation deviendra....... $e^{-\int Tdx}\,T(dx\,\delta v - \delta x\,dv)$ — .... $Tdx\,e^{-\int Tdx}\int T(dx\,\delta v - \delta x\,dv) =$ ... $e^{-\int Tdx}\,Tdx\int dx\,(v\,\delta\omega +$ &c.). Intégrant, on aura $e^{-\int Tdx}\int T(dx\,\delta v - \delta x\,dv) =$ .... $\int e^{-\int Tdx}\,Tdx\int dx\,(v\,\delta\omega +$ &c.) Multipliant par $e^{\int Tdx}$, différentiant & multipliant ensuite par $\frac{L}{T}$, on aura $L(dx\,\delta v - \delta v) =$ .... $Ldx\int dx\,(v\,\delta\omega +$ &c.) $+$ .... $Ldx\,e^{\int Tdx}\int e^{-\int Tdx}\,Tdx\int dx\,(v\,\delta\omega +$ &c.); mais on a $\int e^{-\int Tdx}\,Tdx\int dx\,(v\,\delta\omega +$ &c.) $=$ $-e^{-\int Tdx}\times\int dx\,(v\,\delta\omega +$ &c.) $+$ .... $\int e^{-\int Tdx}\,dx\,(v\,\delta\omega +$ &c.); donc $L(dx\,\delta v - \delta x\,\delta v)$ $= Ldx\,e^{\int Tdx}\int e^{-\int Tdx}\,dx\,(v\,\delta\omega +$ &c.); donc en faisant $Ldx\,e^{\int Tdx} = dI$, on aura $\int L(dx\,\delta v - \delta x\,dv) = \int(A - I)\,e^{-\int Tdx}\,dx\left(v\,\delta\omega + \varpi\frac{d\delta\omega}{dx} + \chi\frac{dd\delta\omega}{dx^2} + \rho\frac{d^3\delta\omega}{dx^3}\right.$ $+$ &c.). (A est la valeur de I correspondante à la valeur complète de $\int Z dx$). Il ne reste plus qu'à supposer...... $N + (A - I)\,v\,e^{-\int Tdx} = N'$; $P + (A - I)\,\varpi\,e^{-\int Tdx} = P'$; $Q + (A - I)\,\chi\,e^{-\int Tdx} = Q'$; $R + (A - I)\,\rho\,e^{-\int Tdx} = R'$; & on formera la valeur de $\delta\int Z\,dx$ sans difficulté.

M. de la Grange considere le cas où V dépendroit d'une équation du second ordre.

Pour obtenir ensuite le *maximum* ou *minimum*, il suppose $=$ o la partie qui est sous le signe d'intégration, & qui dépend de toute la courbe (à cause du signe $\int$) $=$ o; ce qui lui donne............ $N - \frac{dP}{dx} + \frac{ddQ}{dx^2} - \frac{d^3R}{dx^3} +$ &c., & la partie déterminée qui répond aux points extrêmes de l'intégrale, aussi $=$ o; c'est-à-dire,..........

$$\delta\omega\left(P - \frac{dQ}{dx} + \frac{ddR}{dx^2} - \text{\&c.}\right) + Z\,\delta x = o$$

$$+ \frac{d\delta\omega}{dx}\left(Q - \frac{dR}{dx} + \text{\&c.}\right)$$

$$+ \frac{dd\delta\omega}{dx^2}\left(R - \text{\&c.}\right.$$

Mais comme il y a eu des intégrations, il est clair que si on nomme M' la valeur de $Z\,\delta x +$ $\delta\omega\left(P - \frac{dQ}{dx} + \text{\&c.}\right) + \frac{d\delta\omega}{dx}(Q - \text{\&c.})$ pour le premier point de l'intégrale $\int Z\,dx$, & M'' sa valeur pour le dernier point, il faudra faire $M' - M'' = o$. Cette équation sert à vérifier les conditions auxquelles les derniers points de la courbe peuvent être assujétis.

Exemple.

Soit $Z = \frac{\sqrt{1 + p^2}}{\sqrt{x}}$, on aura $\delta\int Z\,dx =$ $-\int dx\,\delta\omega\,d\left(\frac{p}{\sqrt{x}\sqrt{1 + p^2}}\right) + \frac{p\,\delta y}{\sqrt{x}\sqrt{1 + p^2}} +$ $\frac{\delta x}{\sqrt{x}\sqrt{1 + p^2}}$; donc on aura............... $d\left(\frac{p}{\sqrt{x}\sqrt{1 + p^2}}\right) = o$, & $\left(\frac{p\,\delta y + \delta x}{\sqrt{x}\sqrt{1 + p^2}}\right)' -$ $\left(\frac{p\,\delta y + \delta x}{\sqrt{x}\sqrt{1 + p^2}}\right)'' = o$. (Les accens ′ & ″ indiquent les valeurs des quantités qui en sont affectées aux premier & dernier points de l'intégrale).

Cela posé, l'équation $d\left(\frac{p}{\sqrt{x}\sqrt{1 + p^2}}\right) = o$ donne $y = b + \int\frac{x\,dx}{\sqrt{2ax - x^2}}$; ensuite si le premier point & le dernier sont fixes, δy & δx seront o pour ces points; l'équation $\left(\frac{p\,\delta y + \delta y}{\sqrt{x}\sqrt{1 + p^2}}\right)'' - \left(\frac{p\,\delta x + \delta x}{\sqrt{x}\sqrt{1 + p^2}}\right)' = o$, se vérifiera sans utilité, & on déterminera les constantes a & b à la maniere ordinaire, par la condition que la courbe passe par deux points donnés, ou d'autres équivalentes.

Si le premier point de la courbe est fixe, & si son point, qui répond à la valeur complete de $\int Z\,dx$ doit être dans une courbe donnée, le δy & le δx seront o au premier point de l'intégrale, & dépendront l'un de l'autre au dernier point, de maniere qu'en passant de la courbe du *minimum* à celle qui en est infiniment près, les points extrêmes restent dans la courbe donnée; la relation qui doit exister entre δy & δx est donc celle qui résulte de celle de la courbe donnée rapportée aux mêmes coordonnées, & différentiée relativement à la caractéristique δ. Soit donc $\delta y = -K\,\delta x$, on aura $pK = 1$. Or p exprime la tangente de l'angle que fait la courbe du *maximum* avec l'axe, K la tangente de l'angle que fait la courbe donnée avec le même axe; donc ces angles sont complémens l'un de l'autre; donc la courbe du *maximum* est perpendiculaire sur la courbe donnée. Si la formule qui doit être un *minimum* devoit s'étendre d'une courbe donnée à une autre aussi donnée, on trouveroit de même que la courbe du *minimum* doit être perpendiculaire à chacune des courbes données.

Cette facilité d'étendre l'intégrale entre deux courbes données, est un des avantages de la méthode de M. de la Grange. Cependant Leibnitz & Jean Bernoulli y étoient parvenus dans le cas de l'exemple dont il est ici question. Il y a plus; dès qu'on a obtenu l'équation de la courbe du *maximum* ou *minimum*, contenant les constantes arbitraires, on peut toujours résoudre la question au moins implicitement ou par approximation. Effectivement, soit $y = \varphi\,(x, a, b)$ l'équation de la courbe du *maximum* ou *minimum*, (a & b sont les constantes arbitraires) & $y = F(x)$ une courbe où doit se terminer l'intégrale $\int Z\,dx$. Il faut supposer $F(x) = \varphi\,(x, a, b)$, ce qui donnera x en a & b; ensuite prendre la valeur de $\int Z\,dx$, de manière qu'elle commence suivant des conditions données, (ce qui déterminera en a & b la constante ajoutée dans cette intégration), & qu'elle devienne complète quand x arrive à la valeur déterminée par l'équation $F(x) = \varphi(x, a, b)$. Or, cette intégrale ainsi déterminée en a & b doit être un *maximum* ou un *minimum*; on aura donc $A\,da + B\,db = 0$, & si on ne doit pas satisfaire à d'autres conditions, on fera $A = 0$ & $B = 0$, ce qui déterminera a, b; si l'intégrale doit s'étendre entre deux courbes données, soit $y = F'(x)$ l'équation de la courbe donnée, qui doit contenir le premier point de l'intégrale; on supposera.... $\varphi(x, a, b) = F'(x)$; on fera commencer l'intégrale $\int Z\,dx$ quand x arrive à la valeur déterminée par l'équation $F'(x) = \varphi(x, a, b)$, & cette intégrale devant être un *maximum*, on aura, comme ci-dessus, $A\,da + B\,db = 0$.

Telle est la méthode qu'on avoit avant M. de la Grange; mais il est facile de voir que les transcendantes la rendront souvent de difficile application, & éloigneront des résultats qu'on obtient d'une manière beaucoup plus élégante par celle des *variations*.

REMARQUE.

Cette règle, *que pour rendre une formule comme* $\int Z\,dx$ *maximum ou minimum, on doit faire la variation nulle*, ne doit pas s'entendre sans exception & n'est pas générale, comme j'ai déjà eu occasion de le remarquer dans un Mémoire lu à l'académie royale des Sciences de Paris en 1784.

Pour nous en convaincre, soit $Z = (ax - y^2)y$; nous aurons $\delta \int Z\,dx = (ax - y^2)\,y\,\delta x + \int dx\,\delta\,\omega\,(ax - 3y^2)$. Regardons les points extrêmes de l'intégrale comme fixes, & la valeur de $\delta \int Z\,dx$ sera $\int dx\,\delta\,\omega\,(ax - 3y^2)$ qui, supposée $= 0$, donne $y^2 = \frac{ax}{3}$ & $\frac{4}{15}\,ax^2 \sqrt{\frac{ax}{3}}$ pour la valeur de $\int Z\,dx$. Or, cette expression n'est ni un *maximum* ni *minimum*, même relatifs. *Voy.* MAXIMUM.

Effectivement, soit $y = \sqrt{\frac{ax}{3}} + v$ la valeur de $\int (ax - y^2)\,y\,dx$ sera alors $\frac{4}{15}\,ax^2 \sqrt{\frac{ax}{3}} - \int v^2\,dx \sqrt{3ax} - \int v^3\,dx$; maintenant on peut supposer $v = mX$, & m un coëfficient constant si petit, que la valeur de $\int v^3\,dx$, ajoutée à celle de $\int v^2\,dx \sqrt{3ax}$, ne puisse pas en changer le signe. Cela posé, quand on prendra pour X une fonction de x, telle que l'intégrale $\int X^2\,dx \sqrt{3ax}$ soit positive, les valeurs de $\int Z\,dx$ seront moindres que $\frac{4}{15}\,ax^2 \sqrt{\frac{ax}{3}}$. Ainsi, entre toutes les courbes comprises dans l'équation $y = \sqrt{\frac{ax}{3}} + mX$, l'intégrale $\int X^2\,dx \sqrt{3ax}$ étant positive, celle où $m = 0$, donnera un *maximum* relatif pour $\int Z dx$; mais si l'intégrale $\int X^2\,dx \sqrt{3ax}$ est négative, les valeurs de $\int Z\,dx$ seront plus grandes que $\frac{4}{15}\,ax^2 \sqrt{3ax}$. Ainsi, entre toutes les courbes comprises dans l'équation $y = \sqrt{\frac{ax}{3}} + mX$, l'intégrale $\int X^2\,dx \sqrt{3ax}$ étant négative, celle où $m = 0$, donnera un *minimum* relatif pour $\int Z\,dx$. Donc la fonction $\frac{4}{15}\,ax^2 \sqrt{\frac{ax}{3}}$ n'est ni *maximum* ni *minimum*, même relatifs.

Par exemple, soit $y = \sqrt{\frac{ax}{3}} + \ldots\ldots\ldots\ldots$ $m\sqrt{(x-b)(2b-x)}\sqrt{\frac{x}{a}}$, on aura ..... $\int X^2\,dx \sqrt{3ax} = -(2bx - x^2)^2 \frac{\sqrt{3}}{2}$, en faisant commencer l'intégrale quand $x = 0$.

Plus généralement, soit $Z = \varphi(x, y)$, & $Z' = \varphi(x, y + mX)$, on aura $\int Z'\,dx = \int Z\,dx + m\int X\,dx\,\frac{dZ}{dy} + \frac{m^2}{1.2}\int X^2\,dx\,\frac{ddZ}{dy^2} + \ldots\ldots \frac{m^3}{1.2.3}\int X^3\,dx\,\frac{d^3Z}{dy^3} + \&c.$ (*Voyez* le lemme qui est démontré *au mot* MAXIMUM). Soit $\frac{dZ}{dy} = 0$, c'est-à-dire, $\delta \int Z\,dx = 0$, & $(Z)\left(\frac{dZ}{dy}\right), \left(\frac{ddZ}{dy^2}\right)$ &c. les valeurs correspondantes de Z, $\frac{dZ}{dy}$, $\frac{ddZ}{dy^2}$ &c. on aura $\int (Z')\,dx = \int (Z)\,dx + \ldots\ldots\ldots \frac{m^2}{1.2}\int X^2\,dx\left(\frac{ddZ}{dy^2}\right) + \frac{m^3}{1.2.3}\int X^3\,dx\left(\frac{d^3Z}{dy^3}\right) + \&c.$

Cela posé, si les différentielles $\left(\frac{ddZ}{dy^2}\right), \left(\frac{d^3Z}{dy^3}\right)$ &c. s'évanouissent jusqu'à $\left(\frac{d^{\mu}Z}{dy^{\mu}}\right)$ exclusivement. On démontrera, comme on a fait pour les *maxima* & *minima*, de plus grandes ordonnées que, dans le cas de μ impair, il n'y a ni *maximum* ni *mi-*

nimum même relatifs. Dans le cas de μ pair, c'est-à-dire, quand la première différentielle qui ne s'évanouit pas est d'un ordre pair, cette différentielle peut être positive, & alors, entre toutes les courbes comprises dans l'équation, $y = (y) + mX$. ((y) est la valeur donnée pour l'équation $\frac{dZ}{dy} = 0$); celle où $m = 0$, donnera, pour $\int Z\,dx$, un *minimum* rélatif, si l'intégrale $\int X^{\mu}\,dx \left(\frac{d^{\mu}Z}{dy^{\mu}}\right)$ est positive, & un *maximum* si cette intégrale est négative. Le contraire aura lieu si $\left(\frac{d^{\mu}Z}{dy^{\mu}}\right)$ est négatif.

Le seul cas où la formule $\int Z\,dx$ pourra devenir *maximum* ou *minimum* sera donc celui où on ne pourra pas, par différentes valeurs de X, obtenir pour $\int X^{\mu}\left(\frac{d^{\mu}Z}{dy^{\mu}}\right)$ des valeurs de différens signes.

Nous pourrions étendre ces réflexions au cas bien plus général où Z seroit fonction de x, y, p, q, r, &c.; mais ce détail nous meneroit trop loin. (r)

VARIATION. (*Astron.*) Nom que les astronomes donnent à la troisième inégalité de la lune, découverte par Tycho-Brahé en 1601; cette équation est de 37′ 4″ dans les tables de Mayer; elle est la plus grande dans les octans, c'est-à-dire, à 45° des syzygies & des quadratures; mais les 37′ 4″ sont le résultat de plusieurs inégalités, dont la principale est égale à 35′ 43″, multipliées par le sinus du double de la distance de la lune au soleil. Elle est additive dans les six premiers signes de cet argument. Cette équation de la lune, que Boulliaud appelle *reflexio luminis*, est la troisième inégalité du mouvement de la lune, celle par laquelle le vrai lieu de cette planète, excepté dans les syzygies & les quadratures, diffère de celui qu'on a trouvé par l'équation de l'orbite & l'évection. *Voyez* LUNE.

Pour avoir la plus grande *variation* de la lune, il ne falloit qu'observer cet astre dans ses octans, & calculer le lieu de la lune, pour cet instant, par les deux inégalités que l'on connoissoit. La différence entre le lieu vrai trouvé par l'observation, & celui que donne le calcul, est la plus grande *variation*. Tycho faisoit la plus grande *variation* de 40′ 30″; Flamsteed de 40′ 34″; M. d'Alembert 37′ 50″.

On remarque, comme une singularité, que la *variation* est la moitié de l'évection. Cette inégalité auroit lieu quand même les orbites de la lune & de la terre seroient circulaires & concentriques, elle ne dépend que des masses & des distances moyennes. (*D. L.*)

VARIÉ, adj. (*Méchan.*) On appelle en général mouvement *varié*, celui qui n'est pas uniforme, suivant quelque loi que se fasse d'ailleurs ce mouvement. *Voyez* MOUVEMENT & UNIFORME.

VASE, (*Astron.*) *Voyez* COUPE.

VAUTOUR, nom de la constellation de la LYRE, & de celle de l'AIGLE.

VECTEUR, (*rayon*), adj. *en Astronomie*, est la distance d'une planète, ou une ligne qu'on suppose tirée d'une planète qui se meut autour d'un centre ou du foyer d'une ellipse, à ce centre ou à ce foyer; ce mot vient du latin *vehere*, porter; parce que c'est celle par laquelle la planète paroît, pour ainsi dire, être portée, & avec laquelle décrit des aires proportionnelles au tems, autour du foyer de son orbite que le soleil occupe. La manière de trouver la longueur de ce rayon, dépend du calcul des anomalies.

VENDREDI, s. m. (*Astronom.*) est le sixième jour de la semaine, consacré autrefois par les payens à Vénus, dont il a conservé le nom; il est appellé, dans l'office de l'Eglise, *feria sexta*; c'est le jour consacré à Dieu chez les Turcs, comme le dimanche chez les Chrétiens.

VENTRE DU DRAGON, nom que l'on donnoit, dans l'ancienne astronomie, aux points de l'orbite lunaire les plus éloignés de l'écliptique, c'est-à-dire, aux limites.

VÉNUS, s. f. (*Astronomie*) l'une des planètes inférieures qui tourne autour du Soleil en 224 jours, à une distance de 25 millions de lieues. On la représente par ce caractère ♀.

Vénus est aisée à reconnoître par son éclat & sa blancheur, qui surpassent celles de toutes les autres planètes. Sa lumière est si considérable, que lorsqu'on la reçoit dans un endroit obscur, elle donne certains tems une ombre sensible, & qu'on l'apperçoit à la vue simple en plein jour.

Cette planète est située entre la Terre & Mercure. Elle accompagne constamment le Soleil, & ne s'en écarte jamais de plus de 48 degrés. Lorsqu'elle précède le Soleil, c'est-à-dire, lorsqu'elle paroît le matin, on l'appelle *Phosphore*, ou *Lucifer*, ou *l'étoile du matin*. Lorsqu'elle suit le Soleil, & qu'elle se couche après lui, on la nomme *Hesperus* ou *Vesper*, ou *étoile du soir*.

Le diamètre de *Vénus* est à celui de la Terre, comme 24 à 35; sa distance du Soleil est $\frac{7233}{10000}$ de celle de la Terre au Soleil. Son excentricité est de $\frac{688}{100000}$ de sa moyenne distance, l'équation de de son orbite 47′ 20″

Le tems de sa révolution dans son orbite est de 224 jours 16 heures 41′ 27″; son mouvement autour de son axe se fait en 23 heures, suivant M. Cassini.

Le diamètre de *Vénus* vu à la distance du Soleil, ne seroit que d'environ 16″ ½. Lorsque cette planète s'approche le plus de la Terre, son diamètre apparent est de 58″, d'où il suit que le diamètre de *Vénus* est à celui du Soleil, comme 1 à 116 environ.

L'orbite de *Vénus* n'est pas dans le même plan que l'écliptique; mais elle est inclinée à ce plan, avec lequel elle fait un angle de 3 degrés 23′ & 35″; mais vu de la Terre, sa latitude paroît quelquefois de 9 degrés.

Les passages de *Vénus* sur le Soleil en 1761 & 1769 nous ont fait connoître les véritables distances du Soleil & de toutes les planètes au Soleil. *Voyez* PASSAGE.

Vénus a des phases comme la Lune; on les apperçoit facilement avec le télescope; quelquefois elle est ronde, quelquefois en croissant; ainsi, ces phases prouvent que *Vénus* est quelquefois au-delà du Soleil, quelquefois en deça; elles démontrent la fausseté du système de Ptolémée, qui suppose que l'orbite de *Vénus* enveloppe la Terre, & qu'elle est placée entre le Soleil & Mercure. Car suivant ce système *Vénus* ne devroit jamais paroître au-delà du Soleil, ce qui arrive cependant, ainsi que le prouvent les observations de la phase ronde. *Voyez* SYSTÈME.

Le tems où *Vénus* jette plus de lumière, n'est pas celui où elle est pleine, c'est au contraire dans le croissant; ce qui vient de ce qu'elle se trouve alors beaucoup plus près de la Terre, que quand elle est pleine, c'est-à-dire par-de-là le Soleil; dans ce dernier cas, sa distance devenant trop grande, fait qu'elle paroît trop petite & que la force de la lumière par rapport à la Terre, diminue plus que la partie lumineuse & visible n'augmente.

Supposons que la Terre soit en *T*. *fig.* 93 *des planches d'Astron.* & que *M E N* soit l'orbite de *Vénus*, le plus grand éclat de *Vénus* n'arrive pas lorsque *Vénus* est en *N* & qu'elle est pleine par rapport à la Terre qui est en *T*; mais lorsque cette planète est environ au point *P* de son orbite, où elle paroît en croissant; je suppose, par exemple, que *Vénus* soit quatre fois plus proche de la Terre au point *P*, que lorsqu'elle étoit en *N*; il est évident qu'une même partie du disque lumineux de *Vénus* sera seize fois plus grande; ainsi, quoique nous ne puissions appercevoir, lorsque *Vénus* est en *P*, qu'environ la quatrième partie de son disque éclairé; il est cependant vrai de dire, que son éclat est bien plus augmenté, à cause de sa proximité, qu'il ne doit être affoibli par la perte que nous faisons d'une partie du disque.

Si l'on veut connoître plus précisément quelle doit être la situation de *Vénus*, pour qu'elle nous paroisse dans son plus grand éclat, on peut voir dans les Transactions philosophiques, n°. 349, & dans mon *Astronomie*, la solution que Halley a donnée de ce problème; mais en voici une encore plus simple de M. Cagnoli, habile Astronome de Vérone.

Les distances de *Vénus* & de la terre au soleil étant données, trouver la situation de *Vénus* par rapport à la terre, lorsque cette planète nous paroît dans son plus grand éclat.

Soit *S* le soleil, *fig.* 93, *T* le lieu de la terre, *V* celui de *Vénus*. Appellons *D* la surface du disque apparent de cette planète, *P* la partie éclairée de ce disque vue de la terre, *V* la parallaxe annuelle *TVS*, *y* la distance *TV*, *m* la distance *TS*, & *n* la distance *SV*.

L'on a cette proportion démontrée dans mon *Astr.* 1771, *art.* 1409, $D : P :: 2 : \text{sin. } V . TVX :: 2 : 2 \text{ sin.}^2 \tfrac{1}{2} TVX :: 1 : \text{cos.}^2 \tfrac{1}{2} V$. Les surfaces sont comme les carrés des diamètres; & les diamètres sont en raison inverse des distances; donc $D = \frac{1}{y^2}$; & par conséquent $\frac{1}{y^2} : P :: 1 : \text{cos.}^2 \tfrac{1}{2} V = P y^2$. Prenant les différentielles, $- dV \text{ sin. } \tfrac{1}{2} V \text{ cos. } \tfrac{1}{2} V = y^2 dP + 2y P dy$. Suivant la loi du *maximum*, lorsque la lumière de *Vénus* est la plus grande, $dP = 0$. Donc il reste $2y P dy = - \text{sin. } \tfrac{1}{2} V \text{ cos. } \tfrac{1}{2} V dV$, & substituant la valeur de $P = \frac{\text{cos.}^2 \frac{1}{2} V}{y^2}$, $2 dy \text{ cot. } \tfrac{1}{2} V = - y dV$, d'où l'on tire, $dy : - dV :: y : 2 . \text{cot. } \tfrac{1}{2} V$. Le signe négatif est indifférent ici; car il n'indique autre chose que la diminution de l'angle *V*, lorsque la distance *TV* augmente. Mais les distances *TS* & *SV* étant données, & par conséquent constantes, l'on a, pour un triangle rectiligne, $dy : dV :: y : \text{cot. } T$. Comparant cette analogie avec la précédente, il en résulte qu'au moment du plus grand éclat de *Vénus*, $\text{cot. } T = 2 \text{ cot. } \tfrac{1}{2} V$.

On pourroit se contenter de cette solution, qui seroit bientôt calculée par des fausses positions. Mais si l'on veut avoir directement la valeur de *y* en *m* & *n*, il est aisé de la tirer de la dernière équation.

$2 \text{ cot. } \tfrac{1}{2} V = \text{cot. } T = \frac{\text{cos. } T}{\text{sin. } T} = \frac{m \text{ cos. } T}{n \text{ sin. } V}$. Donc $\frac{m \text{ cos. } T}{2n} = \text{sin. } V \text{ cot. } \tfrac{1}{2} V = 2 \text{ cos.}^2 \tfrac{1}{2} V$. Mais $\text{cos. } T = \frac{y^2 + m^2 - n^2}{2my}$ & $\text{cos.}^2 \tfrac{1}{2} V = \frac{y^2 + n^2 - m^2 + 2ny}{4yn}$. Substituant & réduisant, l'on trouve $y^2 + 4ny = 3mm - 3nn$, d'où l'on tire $y = \sqrt{3mm + nn} - 2n$. C'est l'équation de Halley, qui fait connoître la distance de *Vénus* à la terre par le moyen des rayons vecteurs de ces deux planètes. Mais cette distance ne sert à autre chose, qu'à trouver l'élongation par les trois côtés du triangle; au lieu que M. Cagnoli trouve immédiatement l'élongation, par les rayons vecteurs; & cette solution mène plus directement au but.

En partant de l'équation $\text{cot. } T = 2 \text{ cot. } \tfrac{1}{2} V$, on a $\text{tang. } \tfrac{1}{2} V = 2 \text{ tang. } T$; mais $\text{tang. } \tfrac{1}{2} V = \frac{\text{sin. } V}{1 + \text{cos. } V}$, (*Astron. art.* 3636). Donc $\frac{\text{sin. } V}{1 + \text{cos. } V} =$

$= \frac{2\,\text{ſin.}\,T}{\text{coſ}\,T}$, d'où l'on tire $\text{coſ.}\,T = \frac{2\,\text{ſin.}\,T}{\text{ſin.}\,V}(1+\text{coſ.}\,V) = \frac{2n}{m}(1+\text{coſ.}\,V)$. Mais $\text{coſ.}\,V = \sqrt{1-\text{ſin.}^2 V} = \sqrt{1-\frac{m^2\,\text{ſin.}^2 T}{n^2}} = \frac{1}{n}\sqrt{n^2-m^2\,\text{ſin.}^2 T}$. Donc $\text{coſ.}\,T = \frac{2n}{m}\left(1+\frac{1}{n}\sqrt{n^2-m^2\,\text{ſin.}^2 T}\right)$, d'où l'on tire $m\,\text{cot.}\,T - 2n = 2\sqrt{n^2-m^2\,\text{ſin.}^2 T}$, ou $m^2\,\text{coſ.}^2 T - 4mn\,\text{coſ.}\,T + 4n^2 = 4n^2 - 4m^2\,\text{ſin.}^2 T$. Mettant $1-\text{coſ.}^2 T$ au lieu de $\text{ſin.}^2 T$, réduiſant, & tranſpoſant, on a $3m^2\,\text{coſ.}^2 T + 4mn\,\text{coſ.}\,T = 4m^2$, & diviſant par $3m^2$, $\text{coſ.}^2 T + \frac{4n}{3m}\,\text{coſ.}\,T = \frac{4}{3}$. Réſolvant cette équation par les méthodes ordinaires, on trouve $\text{coſ.}\,T = \frac{2n}{3m}\left(\sqrt{1+\frac{3m^2}{n^2}}-1\right)$.

Pour calculer cette formule avec facilité, appellant A un arc quelconque, on ſe rappellera que $\text{ſec.}^2 A = 1+\text{tang.}^2 A$, ce qui donne $\frac{1}{\text{coſ.}\,A} = \sqrt{1+\text{tang.}^2 A}$. Donc ſi l'on fait $\frac{3m^2}{n^2} = \text{tang.}^2 A$, on aura $\sqrt{1+\frac{3m^2}{n^2}} = \frac{1}{\text{coſ.}\,A}$, & par conſéquent $\text{coſ.}\,T = \frac{2n}{3m}\left(\frac{1}{\text{coſ.}\,A}-1\right) = \frac{2n}{3m}\left(\frac{1-\text{coſ}\,A}{\text{coſ.}\,A}\right)$. Mais par l'hypothèſe $\text{tang.}\,A = \frac{m\sqrt{3}}{n}$, d'où l'on tire $\frac{1}{\text{coſ.}\,A} = \frac{m\sqrt{3}}{n\,\text{ſin}\,A}$. Subſtituant cette valeur dans l'équation précédente, on a $\text{coſ.}\,T = \frac{2n}{3m} \times \frac{m\sqrt{3}}{n\,\text{ſin.}\,A} \times \overline{1-\text{coſ.}\,A} = \frac{2}{\sqrt{3}} \times \frac{1-\text{coſ.}\,A}{\text{ſin.}\,A} = \frac{2\,\text{tang.}\,\frac{1}{2}A}{\sqrt{3}}$, (3636). Ainſi, le problême de la plus grande lumière de *Vénus* eſt réſolu par deux formules bien ſimples, dont la première donne un angle A, qui ſert enſuite dans l'autre pour faire connoître l'angle T, ou l'élongation cherchée, pour le moment de la plus grande lumière.

Taches de Vénus. Caſſini & Campani, dans les années 1665 & 1666, découvrirent les taches ſur le diſque de *Vénus*, par le moyen deſquelles on a tâché de déterminer le mouvement que cette planète a autour de ſon axe. On peut voir ſur les taches de *Vénus*, l'ouvrage de *Bianchini* publié à Rome, en 1728, *in-fol.* ſous ce titre: *Heſperi & phoſphori phænomena, ſive obſervationes circa planetam venerem, &c.* c'eſt-à-dire, nouveau phénomène de la planète de *Vénus*, ou la deſcription de ſes taches, le tournoyement ſur ſon axe en vingt-quatre jours & huit heures, le parallèliſme du même axe, & la parallaxe de cette planète, dédié à Dom Juan V, Roi de Portugal. On y trouve ſur-tout l'obſervation des taches de *Vénus*, qu'il fit en 1726; il les vit, & les diſtingua aſſez nettement pour y établir, ſelon lui, vers le milieu du diſque, ſept mers, qui ſe communiquent par quatre détroits, & vers les extrémités des autres mers ſans communication avec les premières; les parties qui ſembloient ſe détacher du contour de ces mers, il les appella promontoires; il en compta huit, & il donna des noms à ces mers, à ces détroits, & à ces promontoires. Les aſtronomes ſe ſervent du privilège des célèbres navigateurs qui font des découvertes de terres inconnues, auxquelles ils impoſent des noms.

Bianchini y détermine auſſi l'axe de la rotation de *Vénus*, & ſa rotation même, qu'il fixe à vingt-quatre jours & huit heures, avec un parallèliſme conſtant de l'axe de *Vénus* ſur ſon orbite, pareil à celui que Copernic reconnut pour la terre. On peut voir encore ce qu'en a dit Fontenelle, & les extraits qu'on a donné de l'ouvrage de Bianchini, dans la *bibliothèque Italique*; mais nous devons avertir que Caſſini eſt fort éloigné d'admettre les réſultats de Bianchini. *Voyez* ROTATION.

On a cru appercevoir un ſatellite près de *Vénus*. *Voyez* SATELLITE. (*D. L.*)

VERGE D'OR. *Voyez* ARBALÈTE.

VERGE DE RAPPEL. *Voyez* QUART-DE-CERCLE MOBILE.

VERGÉE, ſ. f. *terme d'Arpentage*, eſt, en Normandie, une meſure de 538 toiſes carrées.

VERGILIÆ, nom des PLÉIADES.

VÉRIFICATION des inſtrumens *d'Aſtronomie*. *Voyez* QUART-DE-CERCLE, *&c.*

VERLE, ſ. f. (*terme de Jaugeur*) eſpèce de jauge ou inſtrument qui ſert à jauger les tonneaux & futailles remplies de liqueur, ou propres à les contenir. (*D. J.*)

VERNIER, (*Aſtronomie*) eſpèce de diviſion que l'on emploie dans les inſtrumens pour ſubdiviſer les dégrés & diſtinguer facilement les minutes & les ſecondes. On l'appelloit ci-devant NONIUS; nous en avons parlé au mot *inſtrument*, & à l'occaſion du QUART-DE-CERCLE MURAL. (*D. L.*)

VERRE À FACETTES, *en Optique*, eſt un *verre* ou une lentille qui fait paroître le nombre des objets plus grands qu'il n'eſt en effet. *Voyez* LENTILLE.

Ce *verre*, appellé auſſi *polyhèdre*, eſt formé de différentes ſurfaces planes, inclinées les unes aux autres, à travers leſquelles les rayons de lumière venant d'un même point, ſouffrent différentes réfractions, de manière que, ſortant de chaque ſurface du *verre*, ils viennent à l'œil ſous différentes directions, comme s'ils partoient de différens points; ce qui fait que le point d'où ils ſont partis eſt en pluſieurs lieux à-la-fois, & paroît multiplié. *Voyez* RÉFRACTION; pour les phénomènes de ces ſortes de *verres*, *voy.* POLYHÈDRE.

VERSE, adj. (*Géom.*) Le sinus *verse* d'un arc est la partie du diamètre qui passe par une extrémité de l'arc, comprise entre cette extrémité & la perpendiculaire, qui tombe sur ce diamètre de l'autre extrémité de l'arc. Le sinus *verse* d'un arc est donc l'excès du rayon sur le cosinus.

VERSEAU, (*Astronomie*) onzième signe du Zodiaque. La constellation du même nom est appellée aussi *Aquarius*, *Junonis astrum*, *Deucalion*, *Aristæus*, *Ganymedes*, *Puer Iliacus*, *Jovis Cynædus*, (favori de Jupiter) *Cecrops*, *Fusor aquæ*, *Amphora*, *Urna*, *aquæ tyrannus*. Plusieurs auteurs ont pensé que cette constellation tiroit son nom de la saison des pluies qui ont lieu, dans l'Europe, à l'entrée de l'hiver. Les Poëtes ont prétendu que c'étoit *Deucalion*, le réparateur & le père du genre-humain, que les hommes déifièrent par reconnoissance. Quelques-uns veulent que ce soit *Cécrops* qui, venu d'Egypte en Grèce, bâtit la ville d'Athènes, & eut le surnom de *Biformis*. D'autres ont dit que c'étoit *Ganymède*, jeune homme d'une extrême beauté, que *Jupiter* fit enlever par un aigle pour servir le nectar à la table des dieux, après qu'Hébé s'en fut rendue indigne par une faute. *Virg. Æneid. III & V. Ovide Met. X. Voyez* l'origine Égyptienne de cette constellation dans le mémoire de M. Dupuis, qui la tire du débordement du Nil. Il y a 108 étoiles du *verseau* dans le catalogue de Flamsteed.

Manilius, à l'occasion du *verseau*, *lib. IV*, *v.* 259, parle des jets d'eau.

Ille quoque inflexâ fontem qui projicit urnâ,
Cognatas tribuit juvenilis aquarius *artes*,
Cernere sub terris undas, *inducere terris*,
Ipsaque conversis aspergere fluctibus astra.

C'est-à-dire « le *verseau*, ce signe qui, panché » sur son urne, en fait sortir des torrens impé» tueux, influe sur les avantages que nous pro» cure la conduite des eaux : c'est à lui que nous » devons l'art de connoître les sources cachées » dans le sein de la terre, & c'est lui qui nous » apprend à les élever à sa surface, & à les élan» cer vers les cieux, où elles semblent se mêler » avec les astres. Ce passage de Manilius prouve » que ce n'est point au siècle de Louis XIV » qu'on doit l'art des eaux jaillissantes, comme » Perrault l'a imaginé. (*D. L.*)

VERTICAL, adj. (*Géomét.*) se dit, en général, de ce qui est perpendiculaire à l'horizon, ou, pour parler d'une manière plus vulgaire, de ce qui est à-plomb.

Ce mot vient du latin *vertex*, sommet, parce qu'une ligne tirée par le sommet de notre tête, & par la plante de nos pieds, est toujours perpendiculaire à l'horizon. (*O*)

VERTICAL, cercle *vertical*, (*Astronomie*) est un grand cercle de la sphère passant par le zénit, par le nadir, & par un autre point de la surface de la sphère.

Les cercles verticaux ont été aussi appellés autrefois *azimuts*, & ils servent en effet à marquer sur l'horizon l'azimut des astres. Le méridien d'un lieu quelconque est un vertical. Tous les cercles *verticaux* se coupent mutuellement au zénit & au nadir.

L'usage des cercles *verticaux* est de mesurer la hauteur des astres & leur distance au zénit, qui se comptent sur ces cercles mêmes, & de mesurer les *azimuts* & les amplitudes ortives & occases par la distance de ces cercles au méridien, *&c.*

Le premier *vertical* est celui qui coupe perpendiculairement le méridien ; il passe par les points d'orient & d'occident.

Le *vertical* du soleil est celui qui passe par le centre du soleil au moment d'une observation. Il sert dans la Gnomonique pour trouver la déclinaison du plan sur lequel on veut tracer un cadran.

La ligne *verticale*, ou ligne *à-plomb* est celle qui va du zénit au nadir & qui se dirige vers le centre de la terre, ou perpendiculairement à la surface. Elle est marquée par un fil auquel on suspend un poids.

Cadran vertical, est un cadran solaire fait sur un plan *vertical* ou perpendiculaire à l'horizon.

On l'appelle de plus *oriental* ou *occidental*, ou *méridional*, ou *septentrional*, s'il se trouve exposé directement à l'un des quatre points cardinaux, *&c.*

Si le plan du cadran n'est pas exactement *vertical*, on dit qu'il est *incliné*.

Le point *vertical en Astronomie*, est la même chose que le zénit.

Un astre est *vertical*, lorsqu'il passe au zénit d'un lieu.

La ligne *verticale* dans la *Gnomonique*, est la ligne qui marque la section du plan du cadran, & d'un cercle *vertical*, c'est-à-dire, d'un plan perpendiculaire à l'horizon.

Pour tracer cette ligne sur un plan quelconque, la meilleure manière est de laisser pendre un fil à-plomb auprès du plan, & de marquer deux points de son ombre sur le plan donné ; ensuite tirer une ligne par ces deux points. *Voyez* CADRAN. (*D. L.*)

V I B

VIBRATION, s. f. *en Méchanique*, est le mouvement régulier & réciproque d'un corps, par exemple d'un pendule, qui étant suspendu en liberté, balance tantôt d'un côté, tantôt d'un autre.

Si on éloigne le poids d'un pendule de son repos, il retombe par sa pesanteur ; & avec la vîtesse qu'il a acquise, il monte de l'autre côté jusqu'à la même hauteur, d'où sa pesanteur le fait retomber encore, & ainsi de suite. *Voyez* Pendule.

Les autres méchaniciens se servent du mot *oscillation*, au lieu de *vibration*, quand il est question d'un pendule, & conservent plus volontiers celui de *vibration*, quand le mouvement réciproque est produit par l'élasticité. *Voyez* Oscillation.

Les *vibrations* du même pendule sont toutes à-peu-près isochrones, c'est-à-dire, se font en des tems égaux, du-moins sous le même climat; car du côté de l'équateur, on trouve qu'elles sont un peu plus lentes. *Voyez* Pendule.

Les *vibrations* d'un pendule plus long, durent plus de tems que celle d'un plus court, & cette différence est en raison soudoublée de leurs longueurs. Ainsi, un pendule de trois pieds de long, fera dix *vibrations*, tandis qu'un autre de neuf pouces de longueur en fera vingt; car les longueurs de ces deux pendules sont entr'elles comme 36 pouces à 9 pouces, c'est-à-dire, comme 4 à 1, & la raison soudoublée de ces longueurs, ou ce qui est la même chose, le rapport des racines quarrées est celui de 2 à 1; donc les termes des *vibrations* seront comme 2 est à 1, ainsi le premier pendule mettra une fois plus de tems que le second à faire une *vibration;* par conséquent il ne fera que 10 *vibrations* tandis que l'autre en fera 20.

On exprime la même chose d'une autre manière, en disant que le nombre des *vibrations* des pendules dans un tems donné, est en raison réciproque soudoublée de leurs longueurs. Ainsi, dans l'exemple précédent, le nombre des *vibrations* du premier pendule, dans un certain tems est au nombre des *vibrations* du second pendule dans le même tems, comme 1 est à 2, c'est-à-dire, comme la racine de neuf longueurs du second pendule, est à la racine de 36 longueurs du premier pendule.

M. Mouton, prêtre de Lyon, a fait un traité pour montrer qu'au moyen du nombre connu des *vibrations* d'un pendule donné dans un certain tems, on pourroit établir par-tout le monde une mesure commune, & fixer les différentes mesures qui sont en usage parmi nous, de manière qu'on pourroit les recouvrer si, par hasard, il arrivoit un tems où elles fussent perdues, comme il est arrivé à la plupart des anciennes mesures, que nous ne connoissons que par conjecture. *Voyez* Mesure.

On se sert aussi du mot de *vibration* pour exprimer en général tout mouvement d'un corps qui va alternativement en sens contraire: par exemple, une corde à boyau tendue, étant frappée avec un archet, fait des *vibrations;* le ressort spiral des montres fait des *vibrations*, *&c.* En général tout corps fait des *vibrations*, lorsqu'il est éloigné par quelque agent d'un point où il est retenu en repos par quelque autre agent: car quand le corps est éloigné de son point de repos, l'action du premier agent tend à l'y faire revenir; & quand il est arrivé à ce point de repos, la vitesse qu'il a acquise, le fait passer au-delà, jusqu'à ce que l'action réitérée du premier agent, lui a't fait perdre toute sa vitesse, après quoi il revient à son point de repos, repasse au-delà de ce même point, en vertu de la vitesse qu'il a acquise pour y revenir ensuite, & ainsi de suite, de manière que, sans la résistance de l'air & les frottemens, ces *vibrations*, ou ces allées & venues alternatives dureroient toujours.

Les *vibrations* d'une corde tendue, ou d'un ressort, viennent de son élasticité. Les *vibrations* de la même corde également tendue, quoique d'une longueur inégale, sont isocrones, c'est-à-dire, se font en des tems égaux, & les quarrés des tems des *vibrations*, sont entr'eux en raison inverse des puissances par lesquelles elles sont également tendues. *Voyez* Corde, Elasticité, *&c.*

Les *vibrations* d'un ressort sont aussi proportionelles aux puissances par lesquelles il est bandé; elles suivent les mêmes loix que celle de la corde & du pendule, & par conséquent sont isocrones. *Voyez* Ressort.

VIERGE, (*Astron.*) sixième signe du zodiaque. La constellation du même nom est appellée aussi *Cérès*, *Isis*, *Érigone*, *la Fortune*, *la Concorde*, *Astrée*, *Thémis*, *Atergatis*, *Thespia.* Les anciens ne sont point d'accord sur l'origine du nom de cette constellation. Au reste, comme Cérès étoit prise pour la déesse des moissons, de la justice & des loix, rien n'empêche qu'on ne la regarde comme étant celle que les astronomes grecs ont prétendu déifier, & comme l'Astrée qui tenoit la balance.

M. Dupuis le regarde comme le signe ou le symbole hyérogliphique des moissons qu'elle annonça autrefois. On lui met encore un épi dans la main. Les anciennes sphères représentoient un enfant nouveau-né entre les mains de la *vierge;* son ascension à minuit fixa long-tems le solstice d'hiver & la naissance du tems & de l'année solaire. Le mal étoit entré dans le monde lorsqu'Astrée étoit retournée dans le ciel; cette fable a pu être faite dans le tems où la balance occupoit l'équinoxe d'automne. C'étoit alors l'ascension de la *vierge* qui annonçoit le passage du soleil dans les signes inférieurs, c'est-à-dire, suivant l'ancienne allégorie, la naissance du mal.

Cette constellation a 110 étoiles dans le catalogue britannique. (*D. L.*)

VINDAS, s. m. (*Méch.*) n'est autre chose qu'un tour ou treuil, dont l'axe est perpendiculaire à l'horizon. On l'appelle autrement *cabestan. Voyez* Treuil & Cabestan. (*O*)

VINGT, *mot indéclinable*, (*Arithmét.*) nombre pair, composé de deux fois dix, ou dix fois deux, ou de quatre fois cinq, ou de cinq fois quatre. *Vingt* en chiffre arabe s'exprime en posant un zero après un deux, comme il ſe voit par ces deux caractères (20). En chiffre romain, il s'écrit ainſi (XX), & en chiffre françois, de compte ou de finance, de cette manière (xx). Pour mettre *vingt* pour cent en écriture mercantille abrégée, il faut l'écrire de la ſorte (20 pour $\frac{0}{0}$). (*D. J.*)

VINGTIEME, (*Arithmétique*) en fait de fractions ou nombre rompus, un *vingtième* ſe marque ainſi ($\frac{1}{20}$); on dit auſſi trois *vingtièmes*, cinq *vingtièmes*, ſept *vingtièmes*, un vingt & unième, un vingt-troiſième, un vingt-cinquième, &c. & toutes ces différentes fractions ſe marquent de cette manière $\frac{3}{20}$ $\frac{5}{20}$ $\frac{7}{20}$ $\frac{1}{21}$ $\frac{1}{23}$ $\frac{1}{25}$.

Le *vingtième* de 20 ſols eſt un ſol, qui eſt une des parties aliquotes de la livre tournois, & dix deniers eſt un vingt-quatrième de vingt ſols, qui eſt auſſi une des parties aliquotes de la livre tournois. (*D. J.*)

VIS, la *vis* (*fig.* 125), eſt un cylindre droit autour duquel s'enveloppe ou s'entortille ſpiralement un ſolide qui a, ſuivant ſa groſſeur, la forme d'un priſme parallélogrammique ou triangulaire. L'une des faces parallélogrammiques de ce ſolide s'applique ſur la ſurface convexe du cylindre; & ſi l'on conçoit que ce même ſolide eſt composé, dans le ſens de ſa longueur, d'une infinité de filets parallèles entr'eux, tous ces filets, en s'entortillant autour du cylindre, à différentes diſtances de l'axe CK, forment des angles aigus & égaux entr'eux, avec des droites qui les rencontreroient, & qui ſeroient parallèles à l'axe CK.

Le relief ſpiral, formé ainſi ſur la ſurface du cylindre, s'appelle *filet de la vis*. Nous nous ſervirons du mot *ſpire*, pour déſigner la partie d'un filet élémentaire du priſme, laquelle correſpond à un tour ſur le cylindre. La diſtance AB qu'il y a parallèlement à l'axe CK, entre deux ſpires correſpondantes, ſe nomme *hauteur du pas de la vis*, ou ſimplement, *pas de la vis*. Il eſt clair que tous les pas de la vis ſont égaux entr'eux.

La vis entre dans une pièce MN qu'on nomme *écrou*. Cette pièce doit donc être creuſée intérieurement d'une quantité égale & ſemblable au filet de la vis, en ſorte que l'ecrou peut être regardé comme le moule du filet de la vis.

On emploie la vis & ſon écrou pour comprimer les corps, quelquefois auſſi pour élever des poids. L'effet revient au même dans les deux cas. La puiſſance Q qui meut la machine, eſt appliquée ordinairement à une barre qui traverſe la vis, ou l'écrou; & l'une de ces deux pièces eſt mobile, tandis que l'autre eſt immobile. Comme la puiſſance agit toujours de la même manière, ſoit que la vis ſoit fixe & l'écrou mobile, ou la vis mobile & l'écrou fixe, il ſuffit ici de conſidérer l'un de ces deux cas.

Je ſuppoſe que la vis ſoit fixe & l'écrou mobile; & pour établir clairement l'état de la queſtion, je regarde la vis comme verticale, & l'écrou comme chargé d'un poids P qu'il faut élever, à l'aide de la puiſſance Q, qui agit perpendiculairement à l'extrémité de la barre CQ, & dans un plan perpendiculaire à l'axe de la vis. Il s'agit de trouver le rapport de la puiſſance Q au poids P. On peut comprendre dans ce poids celui de l'écrou.

Le poids P étant ſoutenu par les filets de la vis, nous pouvons le décompoſer en une infinité de petits poids diſtribués ſur les différents points des filets de la vis, aux endroits où ces filets ſont touchés par les points correſpondants des filets de l'écrou. Repréſentons-nous la courbe ſpirale que forme chaque filet élémentaire du priſme générateur, comme partagée en une infinité d'éléments, par des plans horizontaux. Il eſt clair que ces élémens pourront être regardés comme de petites lignes droites, ou de petits plans inclinés dont l'angle d'inclinaiſon conſtante avec l'horizon eſt le complément de celui que chaque filet élémentaire du priſme forme avec une ligne droite parallèle à l'axe du cylindre. Soit p l'un des poids élémentaires dans leſquels le poids P a été décompoſé; & concevons d'abord que ce petit poids p eſt retenu en équilibre ſur l'un des petits plans inclinés dont nous venons de parler, au moyen d'une puiſſance r, parallèle à la baſe, ou tangente en p à la circonférence qui a Cp pour rayon. En nommant b la baſe du plan incliné, h ſa hauteur, on aura $p : r :: b : h$. Or, il eſt évident qu'à un pas de la vis répond une infinité de plans inclinés, & que la ſomme de leurs baſes eſt égale à * *circ.* Cp, tandis que la ſomme de leurs hauteurs eſt le pas même AB de la vis. Donc, puiſque tous ces plans ſont également inclinés, on aura $b : h ::$ *circ.* $Cp : AB$, & par conſéquent auſſi, $p : r ::$ *circ.* $Cp : AB$.

Maintenant, au lieu de ſuppoſer que le poids p eſt ſoutenu par la puiſſance r, imaginons que la puiſſance Q ayant été décompoſée en une infinité de puiſſances q, qui lui ſont parallèles, & qui ſont appliquées en Q, l'une de ces puiſſances élémentaires q retient le corps p, au moyen d'un levier CpQ qui empêche le corps de gliſſer. Les deux puiſſances r & q, dont chacune en particulier fait équilibre au poids p, peuvent être regardées comme appliquées aux points p, Q, du levier CpQ, dont le point d'appui eſt dans l'axe de la vis, autour duquel la rotation tend à ſe faire. Ainſi, puiſque ces puiſſances ſe contrebalanceroient mutuellement, ſi elles agiſſoient en ſens contraire, on aura $r : q :: CQ : Cp$; ou bien, $r : q ::$ *circ.* CQ : *circ.* Cp. Multipliant cette proportion par la précédente $p : r ::$ *circ.* $Cp : AB$, on trouvera, $p : q ::$ *circ.* $CQ : AB$; c'eſt-à-dire, que chaque poids élémentaire du poids P, eſt à chaque puiſſance élémentaire correſpondante de la puiſſance Q,

* Cette expreſſion abrégée *circ.*, miſe au-devant d'une ligne déſigne la circonférence qui a cette ligne pour rayon.

dans le rapport constant de la circonférence qui a pour rayon la distance du point d'application de la puissance à l'axe de la vis, à la hauteur du pas de la vis. Donc, *le poids* P *est à la puissance* Q, *comme la circonférence du cercle qui a pour rayon la distance du point d'application de la puissance à l'axe de la vis, est à la hauteur du pas de la vis.*

On voit par-là que, dans le simple état d'équilibre, le poids est plus grand que la puissance, dans le rapport de *circ. CQ* à *AB*. Mais lorsque la machine passe du repos au mouvement, il est clair que le poids ne s'élève que de la quantité *AB*, tandis que la puissance parcourt horizontalement un espace égal à *circ. CQ*; on perd donc alors en tems ce qu'on gagne en force.

La même proportion *P : Q :: circ. CQ : AB*, fait voir que la hauteur du pas de la vis diminuant, la puissance doit diminuer aussi, tout restant d'ailleurs le même. Ainsi, une même vis comprime avec d'autant plus d'effort, ou élève un poids d'autant plus grand, que la hauteur de son pas est plus petite.

Si la vis, toujours fixe, étoit inclinée, il faudroit décomposer le poids à élever, en deux forces, l'une perpendiculaire à l'axe de la vis, l'autre dirigée suivant cet axe. La première seroit detruite par l'appui qui soutient la vis, & devroit être négligée; la seconde seroit la seule qui fût contrebalancée par la puissance que je suppose toujours agir dans un plan perpendiculaire à l'axe, & devoit lui être comparée de la même manière que le poids *P* a été comparé à la puissance *Q*. Comme on connoît le rapport de la partie du poids, qui agit suivant l'axe, à ce poids, l'angle que l'axe de la vis avec l'horison étant donné, il s'ensuit qu'on connoitra aussi le rapport du poids à élever, à la puissance.

Il arrive quelquefois que la puissance tire obliquement par rapport à un plan perpendiculaire à l'axe de la vis. Alors elle se décompose en deux autres forces, l'une parallèle à l'axe, l'autre dirigée dans un plan perpendiculaire à cet axe. Ces deux forces seront connues, puisqu'on est censé connoître la quantité & la direction de la puissance. La première force s'ajoute à l'effort que la vis doit soutenir dans le sens de son axe, ou bien s'en retranche, selon que la puissance tire de haut en bas, ou de bas en haut; & la seconde fait équilibre à l'effort résultant suivant l'axe, de la même manière que la puissance *Q* fait équilibre au poids *P*, dans le cas précédent. En établissant la proportion que cet équilibre demande, & faisant le produit des extrêmes & celui des moyens, on parviendra à une équation du premier degré; d'où l'on tirera le rapport du poids, à la puissance primitive. Je ne développe pas ce calcul en détail, parce qu'il est facile, & que d'ailleurs il n'est pas d'un grand usage dans la pratique.

L'action de la vis ne se transmet pas toujours immédiatement au poids qu'il faut élever, ou en général à la résistance qu'il faut vaincre. Par exemple, la figure 127 représente une machine dans laquelle le filet d'une vis engrène avec une roue dentée garnie d'un tambour *T*, autour duquel s'enveloppe une corde qui soutient le poids *P*. Une puissance *Q* appliquée à la manivelle *M* empêche le poids de descendre. Le tambour *T* pourroit porter lui-même une seconde vis dont le filet engrenât avec une seconde roue dentée, garnie d'un second tambour qui soutint un poids, ou qui portât une troisième vis, ainsi de suite. Quand on aura trouvé le rapport du poids *P* à la puissance *Q*, pour la *fig.* 127, on appliquera sans peine les mêmes raisonnemens aux autres cas.

On appelle ces sortes de vis, qui s'engrènent avec des roues dentées, *vis sans fin*, parce que l'engrenage n'a pas de fin, & demeure toujours le même, tant que la machine tourne.

Cherchons le rapport du poids *P* à la puissance *Q* (*fig.* 127). Tout le système étant supposé en équilibre, il est évident que le poids est contrebalancé immédiatement par la résistance que le filet de la vis oppose en *h* à la dent de la roue, suivant la direction *hg* perpendiculaire au rayon *Ch*, ou parallèle à l'axe de la vis. Ainsi, en nommant *h* cette résistance, & la regardant comme une force appliquée à la roue d'un tour, & en équilibre avec le poids *P*, on aura *P : h :: Ch : Cd*.

De même que le filet de la vis pousse la dent de la roue suivant la direction *hg*, ce filet est repoussé à son tour suivant la direction contraire *hi*, & avec la même force, par la dent de la roue. Cette dernière force peut être regardée comme un poids qui agit parallèlement à l'axe de la vis, & qui est en équilibre avec la puissance *Q*. Par conséquent, *hz* étant la hauteur du pas de la vis, on aura *h : Q :: circ. EM : hz*.

Multipliant ces deux proportions par ordre, il viendra, *P : Q :: Ch circ. EM : Cd. hz*. Ainsi, *le poids est à la puissance, comme le produit du rayon de la roue, par la circonférence que décrit la manivelle, est au produit du rayon du cylindre, par la hauteur du pas de la vis.*

VIS D'ARCHIMEDE *ou* POMPE SPIRALE, (*Méc.*) c'est une machine propre à l'élévation des eaux, inventée par Archimède. *Voyez* POMPE & SPIRALE.

La description suivante en fera connoître la structure. C'est un tube ou canal creux qui tourne autour d'un cylindre *A B* (*pl. Hydrauliq. fig.* 1.), de même que le cordon spiral dans la *vis* ordinaire, que l'on a décrite ci-dessus. Le cylindre est incliné à l'horizon sous un angle d'environ 45 degrés. L'orifice du canal *B* est plongé dans l'eau. Si par le moyen d'une manivelle on fait tourner la *vis*, l'eau s'élevera dans le tube spiral, & enfin se déchargera en *A*; & l'invention de cette machine est si simple & si heureuse, que l'eau monte dans le tube spiral par sa seule pesanteur. En effet lorsqu'on tourne le cylindre, l'eau descend le long du tuyau, parce qu'elle s'y trouve comme sur un plan incliné.

Cette machine est fort propre à élever une grande quantité d'eau avec une très-petite force; c'est pourquoi elle peut être utile pour vuider des lacs ou des étangs.

Une seule *vis* ou pompe ne suffit pas, quand il s'agit d'élever l'eau à une hauteur considérable, parce que cette *vis* étant nécessairement inclinée, ne peut porter l'eau à une grande élévation sans devenir elle-même fort longue & par-là très-pesante, & sans courir les risques de se courber & de perdre son équilibre; mais alors on peut, avec une seconde pompe, élever l'eau qu'une première a fournie, & ainsi de suite.

M. Daniel Bernoulli, dans la section neuvième de son hydrodynamique, a donné une théorie assez étendue de la *vis d'Archimède* & des effets qu'elle peut produire.

VIS SANS FIN, (*Méch.*) *Voyez* le mot *vis* ci-dessus.

VISION. *Voyez le Dictionnaire de Physique.*

VISUEL, adj. (*Opt.*) se dit de ce qui appartient à la la vue ou à la faculté de voir.

Les rayons *visuels* sont des lignes de lumière qu'on imagine venir de l'objet jusque dans l'œil. Les rayons *visuels* sont des lignes droites, car l'expérience prouve qu'on ne sauroit voir un objet dès qu'il y a, entre cet objet & l'œil, quelque corps opaque qui empêche les rayons de venir à nos yeux; & c'est en quoi la propagation de la lumière diffère de celle du son, car le son se transmet jusqu'à l'oreille par toutes sortes de lignes, droites ou courbes, & malgré toutes sortes d'obstacles. *Voyez* RAYON.

Point visuel, en Perspective, est un point sur la ligne horizontale, & dans lequel les rayons *visuels* s'unissent. *Voyez* POINT & PERSPECTIVE.

VITESSE, s. f. (*Méch.*) affection du mouvement, par laquelle un corps est capable de parcourir un certain espace en un certain tems. *Voyez* MOUVEMENT.

Leibnitz, Bernoulli, Wolfius, & les autres partisans des *forces vives*, prétendent qu'on doit estimer la force d'un corps en mouvement, par le produit de sa masse & par le quarré de sa *vitesse*; ceux qui n'ont pas admis le sentiment de ces savans, veulent que la force ne soit autre chose que la quantité de mouvement, ou le produit de la masse par la *vitesse*. *Voyez* FORCES VIVES.

La *vitesse* uniforme est celle qui fait parcourir au mobile des espaces égaux en tems égaux. *Voyez* UNIFORME. Il n'y a qu'un espace qui ne feroit aucune résistance, dans lequel un mouvement parfaitement uniforme pût s'exécuter, de même qu'il n'y a qu'un tel espace dans lequel un mouvement perpétuel fût possible; car dans cet espace, il ne se pourroit rien rencontrer qui pût accélérer ou retarder le mouvement des corps. L'inégalité ou la non uniformité de tous les mouvemens que nous connoissons, est une démonstration contre le mouvement perpétuel méchanique, que tant de gens ont cherché; il est impossible, vu les pertes continuelles de forces que font les corps en mouvement, par la résistance des milieux dans lesquels ils se meuvent, le frottement de leurs parties, &c. Ainsi, afin qu'un mouvement perpétuel méchanique pût s'exécuter, il faudroit trouver un corps qui fût exempt de frottement, ou qui eût reçu du Créateur une force infinie, par laquelle il surmontât des résistances à tous momens répétées. Au reste, quoiqu'à parler exactement, il n'y ait point de mouvement parfaitement uniforme, cependant lorsqu'un corps se meut dans un espace qui ne résiste pas sensiblement, & que ce corps ne reçoit ni accélération ni retardement sensible, on considère son mouvement comme s'il étoit parfaitement uniforme. *M. Formey.*

La *vitesse* est considérée ou comme absolue, ou comme relative; la définition que nous avons donnée convient à la *vitesse* simple ou absolue, celle par laquelle un certain espace est parcouru en un certain tems.

La *vitesse* propre ou absolue d'un corps, est le rapport de l'espace qu'il parcourt, & du tems dans lequel il se meut. La *vitesse* respective est celle avec laquelle deux corps s'approchent ou s'éloignent l'un de l'autre d'un certain espace dans un tems déterminé, quelques soient leurs *vitesses* absolues. Ainsi, la *vitesse* absolue est quelque chose de positif; mais la *vitesse* respective n'est qu'une simple comparaison que l'esprit fait de deux corps, selon qu'ils s'approchent ou s'éloignent plus l'un de l'autre. *M. Formey.*

La *vitesse* avec laquelle deux corps s'éloignent ou s'approchent l'un de l'autre, est leur *vitesse* relative ou respective, soit que chacun de ces corps soit en mouvement, soit qu'il n'y en ait qu'un seul. Quoiqu'un corps soit en repos, on peut le regarder comme ayant une *vitesse* relative par rapport à un autre corps supposé en mouvement; si deux corps, en une seconde, se trouvent plus proches qu'ils n'étoient de deux piés, leur *vitesse* respective sera double de celle qu'auroient deux corps, qui n'auroient fait, dans le même tems, qu'un pié l'un vers l'autre, le mouvement étant supposé uniforme.

Une *vitesse* non uniforme est celle qui reçoit quelque augmentation ou quelque diminution; un corps a une *vitesse* accélérée, lorsque quelque nouvelle force agit sur lui, & augmente sa *vitesse*. Il faut, pour cet effet, que la nouvelle force qui agit sur lui, agisse en tout ou en partie dans la direction suivant laquelle le corps se meut déja.

La *vitesse* d'un corps est retardée, lorsque quelque force opposée à la sienne lui ôte une partie de sa *vitesse*.

La *vitesse* d'un corps est également ou inégalement accélérée, selon que la nouvelle force qui agit sur lui, y agit également ou inégalement en tems égal; & elle est également ou inégalement retardée, selon que les pertes qu'il fait sont égales ou inégales en tems égaux.

Vitesse des corps parcourans des lignes courbes. Suivant le système de Galilée sur la chûte des corps, système reçu aujourd'hui de tout le monde, la *vitesse* d'un corps qui tombe verticalement, est à chaque moment de sa chûte, proportionnelle à la racine de la hauteur d'où il est tombé. Après que Galilée eut découvert cette proposition, il reconnut que si le corps tomboit le long d'un plan incliné, la *vitesse* seroit la même que s'il étoit tombé par la verticale qui mesure sa hauteur, & il étendit la même conclusion jusqu'à l'assemblage de plusieurs plans inclinés qui feroient entr'eux des angles quelconques, en prétendant toujours que la *vitesse*, à la fin de la chûte faite le long de ces différens plans, devoit être la même que s'il étoit tombé verticalement de la même hauteur.

Cette dernière conclusion a été admise par tous les Mathématiciens, jusqu'en 1693, que M. Varignon en démontra la fausseté, en faisant remarquer que le corps qui vient de parcourir le premier plan incliné, & qui arrive sur le second, le frappe avec une partie de la *vitesse* qui se trouve perdue, & l'empêche par conséquent d'être dans le même cas que s'il étoit tombé par un seul plan incliné, qui n'auroit point eu de pli. M. Varignon, après avoir relevé cette erreur, éclaircit la matière de manière à empêcher qu'on ne tombât dans l'erreur opposée, & à laquelle on étoit porté tout naturellement, qui étoit de croire que la chûte d'un corps le long d'une ligne courbe; c'est-à-dire, le long d'une infinité de plans inclinés, ne pouvoit pas non plus produire des *vitesses* égales à celles d'un corps qui seroit tombé verticalement de la même hauteur. Pour montrer la différence de ces deux cas, il fit voir que quand les plans inclinés font ensemble des angles infiniment petits, ainsi qu'il arrive dans les courbes, la *vitesse* perdue à chacun de ces angles, est un infiniment petit du second ordre, en sorte qu'après une infinité de ces chûtes; c'est-à-dire, après la chûte entière par la courbe, la *vitesse* perdue n'est plus qu'un infiniment petit du premier ordre, qu'on peut négliger, par conséquent, auprès d'une *vitesse* finie; on peut voir aussi, sur ce sujet, notre *traité de dynamique*, première partie, vers la fin.

De même qu'une équation entre deux variables, peut exprimer une courbe quelconque, dont les co-ordonnées sont les variables de cette équation: on peut exprimer aussi par les variables d'une équation, les différentes *vitesses* que deux forces produiroient séparément dans un même corps; & si ces forces sont supposées agir parallèlement aux deux lignes données de position, sur lesquelles on suppose prises ces variables, la courbe exprimée par l'équation sera alors celle que le corps décrit, en vertu de deux forces combinées ensemble. Si, par exemple, on suppose que l'une des forces est la gravité, & que l'autre ne soit qu'une première impulsion finie, à laquelle ne succède aucune accélération, la courbe ayant des ordonnées proportionnelles aux racines des abscisses, sera une parabole. *Voyez* PARABOLE.

Pour mesurer une *vitesse* quelconque, d'une manière constante qui puisse servir à la comparer à toute autre *vitesse*, on prend le quotient de l'espace par le tems, supposant que cet espace soit parcouru, en vertu de cette *vitesse* supposée constante. Si, par exemple, un corps, avec sa *vitesse* actuelle, pouvoit parcourir 80 piés en 40 secondes de tems, on auroit $\frac{80}{40}$, ou 2, pour exprimer sa *vitesse* à celle d'un autre corps qui feroit 90 piés en 3 secondes, comme on trouveroit, de la même manière, $\frac{90}{3}$ ou 3, pour cette nouvelle *vitesse*; on reconnoîtroit, par ce moyen, que le rapport de ces *vitesses* est celui de 2 à 3.

s étant en général l'espace, & t le tems, s/t est la *vitesse*; pourvu que le mouvement soit uniforme, on peut faire une objection assez fondée sur cette mesure de la *vitesse*: on dira que l'espace & le tems sont deux quantités hétérogènes, qui ne peuvent être comparées, & qu'on n'a point une idée claire du quotient s/t; à cela il faut répondre que cette expression de la *vitesse* ne signifie autre chose, sinon que les *vitesses* de deux corps sont toujours entr'elles comme les quotiens des espaces divisés par les tems, pourvu que l'on représente les espaces & les tems par des nombres abstraits qui aient entr'eux le même rapport que ces espaces & que ces tems. *Voyez* la fin de l'*article* EQUATION.

Si le mouvement est variable, on le suppose constant pendant la description d'une partie infiniment petite ds de l'espace, & on exprime alors la *vitesse* par ds, dt. *Voyez* MOUVEMENT.

VOI

VOIE-LACTÉE, (*Astron.*) espèce de bande lumineuse qui fait le tour du ciel, coupe l'écliptique vers les deux solstices & s'en écarte de 60° environ. Sa blancheur est très-sensible quand il fait beau. On l'a appellé cercle de Junon, chemin de saint Jacques, *fascia*, *vestigium solis*, *zona*, *via perusta*, *cœli cingulum*, *orbis lacteus*; les Grecs l'appellent galaxie Γαλαξίας κύκλος, qui vient de γάλα, *lait*; Les Arabes l'ont appellée aussi-bien que les Latins, *via lactis*.

Suivant Ovide, c'est le chemin qui conduit à l'empire & au palais de Jupiter.

Est via sublimis cœlo manifesta sereno,
(Lactea nomen habet), candore notabilis ipsa.
Hac iter est superis ad magni regna tonantis
Regalemque domum. MÉTAM. I. 168.

D'autres poëtes en rapportoient l'origine à l'embrasement que Phaéton avoit causé; au lait de Junon qu'Hercule avoit laissé tomber de sa bouche. Il y en a qui en faisoient le séjour des ames des héros, comme on le peut voir dans Manilius, qui décrit fort au long la situation & la tracé de la *voie-lactée*.

Alter in adversum positus succedit ad Arctos.
L. II. v. 682.

Aristote regardoit la *voie-lactée* comme un météore placé dans la moyenne région. Mais Démocrite, bien plus ancien, jugea que cette blancheur céleste devoit être produite par une multitude d'étoiles, trop petites pour être apperçues distinctement; c'étoit le sentiment de Manilius, qui après avoir raconté les fables des anciens, ajoute plus philosophiquement:

An major densa stellarum turba corona
Contexit flammas & crasso lumine candet
Et fulgore nitet collato clarior orbis?
MAN. I. 753.

Mais quoique l'on pût dire, avec Manilius, que ce sont des étoiles fort voisines les unes des autres, bien des astronomes ont pensé que cela n'étoit point démontré; on voit, disoient-ils, avec les télescopes des étoiles dans toutes les parties du ciel; une partie de l'éclat & de la blancheur de la *voie-lactée*, peut bien provenir de la lumière des petites étoiles qui s'y trouvent, en effet, par millions; cependant on n'en distingue pas assez, elles n'y sont pas assez rapprochées les unes des autres pour qu'on puisse attribuer uniquement à celles qu'on distingue la blancheur de la *voie-lactée*, si sensible à la vue simple. L'on n'osoit donc affirmer que les étoiles fussent la seule cause de cette blancheur; je pensois moi-même qu'il y avoit dans l'immensité du ciel une matière lumineuse éparse qui produisoit les *nébuleuses* dont nous avons parlé, & qui formoit principalement la blancheur de la *voie-lactée*; mais les observations de M. Herschel sur la multitude immense des étoiles qui sont dans la *voie-lactée*, me persuade, comme à lui, que c'est véritablement la cause de cette blancheur. *Voyez* NÉBULEUSE. Il y a compté 50,000 étoiles dans un espace de 15° de long sur 2° de large.

La *voie-lactée* coupe l'écliptique vers les deux solstices & s'en écarte d'environ 60 degrés au nord & au midi. En partant du solstice d'hiver, où elle a deux branches, dont l'une passe sur l'arc du sagittaire, elle traverse l'aigle, la flèche, le cygne; le serpentaire, la tête de Céphée, Cassiopée, Persée, le cocher, les pieds des gémeaux, la licorne, le vaisseau, la croix australe, le loup, le scorpion; là, elle se divise en deux parties, dont la plus orientale traverse l'arc du sagittaire, & l'autre le serpentaire; elles vont se réunir dans le cygne. (*D. L.*)

VOIE DU SOLEIL, (*Astron.*) *via regia*, terme dont se sont servi quelques astronomes, pour signifier l'*écliptique*, dont le soleil ne sort jamais. *Voyez* ECLIPTIQUE.

VOILIERE, s. f. (*Géom.*) c'est le nom que donne Jean Bernoulli à la courbe formée par une voile que le vent enfle. Il a démontré que cette courbe est la même que la chainette. *Voyez* CHAINETTE, & l'*essai sur la manœuvre des vaisseaux* de cet illustre auteur.

VOITURE *qui marche seule*, (*Méchanique.*) Un professeur du collège de la Trinité de Dublin imagina, il y a quelques années, une *voiture* qui marchoit seule, sans cheval. On voit cette ingénieuse machine sur la *planche II*, *fig.* 4 & 5 *de Méchanique*.

Sur le milieu de l'essieu de devant *EF*, *fig.* 5, est une lanterne garnie tout autour de fuseaux, sur lesquels mordent les dents d'une roue horizontale *G*, laquelle est traversée par une manivelle de fer *HL*, dont le mouvement fait tourner la lanterne & les deux roues de devant.

Les deux roues de derrière *BB*, *fig.* 4, sont emboîtées de façon que l'une ne peut tourner sans l'autre; entre-deux sont deux autres petites roues *QQ*, placées dans un caisson qui est derrière la chaise; au-dessus est un rouleau *PP*, attaché à l'impériale, lequel traverse une poulie *R*, sur laquelle passe une corde, dont les extrémités sont attachées à deux planches *ST*. Sur ces deux planches sont deux plaques de fer qui mordent dans les deux petites roues *QQ*, & les font tourner.

Voici le moyen qu'on emploie pour faire marcher cette *voiture*; celui qui est dedans se saisit de la manivelle pour la diriger, tandis qu'un autre qui est sur le siège, pesant alternativement sur des planches qui sont derrière, fait que les plaques qu'elles portent mordent dans les petites roues, & fait tourner les grandes plus ou moins vîte, selon le plus ou le moins de mouvement qu'il leur imprime avec les pieds. (*Cet article est tiré des journaux anglois, traduit par V.*)

VOITURE OU CHAISE ROULANTE, *avec laquelle un homme qui a perdu l'usage de ses jambes, peut se mener soi-même sans cheval sur les grands chemins*, (*Méchanique.*) L'auteur de cette machine ingénieuse, M. Brodier, qu'une infirmité avoit privé, d'assez bonne heure, de l'usage de ses jambes, a occupé le loisir forcé de sa situation à l'étude des Mathématiques, qui lui ont rendu, pour

pour ainsi dire, le mouvement progressif dont il étoit privé; comme sa santé étoit très-bonne d'ailleurs, & ses bras très-vigoureux, il a conçu le dessein d'une chaise qu'il pourroit faire mouvoir avec des manivelles; il a calculé la force qu'il y pourroit employer, ce que les différens frottemens en pouvoient faire perdre, la résistance que la *voiture*, chargée de son poids, éprouveroit dans les chemins unis, montans ou descendans, & il a trouvé qu'il lui restoit encore suffisamment de forces. Il a donc fait exécuter sa *voiture* avec la plus grande attention; il a fait la plus grande partie des mouvemens lui-même, & n'a rien négligé pour y introduire tous les avantages dont une exécution parfaite pouvoit la rendre susceptible; aussi n'a-t-il rien eu à rabattre de son calcul; sa machine supplée parfaitement à l'organe qu'il a perdu, & lui rend une grande partie des avantages dont il sembloit devoir être privé pour jamais : exemple bien propre à faire voir quelles ressources l'étude des Mathématiques & de la Physique peut procurer à ceux qui s'y appliquent, & combien ces sciences sont dignes de l'attention & du travail de ceux qui ont reçu, de l'Auteur de la nature, un génie propre à y pénétrer. On voit une représentation de cette chaise roulante sur la *planche I de Méchanique*.

La *figure* 1 présente les deux grandes roues, qui ont 44 pouces de diamètre; le moyeu, qui a sept pouces, est garni d'un canon de cuivre, & ensuite tourné sur son axe & sur celui des rais, lesquels ont un pouce de grosseur, & des épaulemens à chaque bout, ils sont vissés dans le moyeu & attachés à la jante avec des vis de fer: cette jante est toute d'une pièce, & les deux bouts sont assemblés l'un sur l'autre à queue d'aronde: le bandage est aussi tout d'une pièce, & tient à la jante avec des clous à vis & écrou. Les rouleaux ont 39 lignes de diamètre & 12 d'épaisseur, avec des paliers de cuivre : les tourillons sont placés sur les rais à égales distances; ils sont tournés & attachés aux rais & sur l'anneau plat avec des écrous.

Le support de l'arbre de la manivelle est garni de deux paliers de cuivre, & fortement attaché aux brancards avec des boulons à vis & écrou. Le pignon a 7 pouces 4 lignes de rayon vrai, deux pouces d'engrénage, 2 lignes de jeu, & les dents 4 pouces 10 lignes dans leur plus grande largeur; ce pignon est attaché sur un quarré de l'arbre de la manivelle avec deux plaques qui se croisent à angles droits.

La petite roue est construite comme les grandes; sa tige perpendiculaire tourne sur un pivot renversé, & dans un palier de cuivre placé dans une pièce de fer, attachée aux points *A*, *a* (*fig.* 2), de la traverse du brancard, & à l'essieu par le moyen de la tringle *B*, *b*. Au-devant des brancards il y a des étriers de fer, afin de placer le brancard pour le cheval, derrière des poignées de fer pour pousser; *h* est un cric, avec sa détente, pour lâcher le brancard & le cheval à volonté.

La *fig.* 2 fait voir l'essieu, qui a 4 pieds de long, 14 lignes d'écarrissage au milieu: les bras sont tournés & ont la figure de cônes tronqués de 8 & 12 lignes de diamètre, garnis de rondelles de fer & de cuivre; il est encastré dessus les brancards, & soutenu par deux plaques de fer, attachées avec deux boulons à vis & écrou. Les brancards sont ceintrés de 4 pouces, ils ont deux pouces de largeur, & 2 pouces & demi d'épaisseur; ils sont liés à la traverse avec des boulons à vis & écrou. Les soupentes sont attachées sur la traverse & sur les deux crics, lesquels sont soutenus en l'air par une tringle de fer qui se lève & se baisse par le moyen d'une charnière.

La chaise, *figure* 3, porte une tige ceintrée, sur laquelle il y a un parasol qui s'attache aussi au bout des brancards avec des cordons. Cette chaise peut s'avancer & se reculer, elle est liée à vis & écrou sur quatre traverses qui portent sur ces soupentes. Le marche-pied est attaché par en haut à vis, sur une de ces traverses & au milieu de sa longueur, par deux tringles qui tiennent à deux autres traverses. La portion de jante, pour empêcher la chaise de se renverser, est attachée à charnière au marche-pied, & elle se hausse & se baisse par le moyen d'un arc de fer qui s'arrête en différens points.

Toute la *voiture* peut se démonter; l'inventeur s'en est servi pendant huit mois & plus, sans que rien se dérangeât, & ce qui peut s'user à la longue, peut aisément se réparer. *Voyez le tome IV des Mémoires présentés à l'académie royale des Sciences de Paris, d'où cet article est extrait.*

VOLER, s'élever en l'air, à la manière des oiseaux, est une chose que les hommes ont tenté souvent, mais sans succès; les promesses faites encore en 1782 dans les journaux, nous engagent à dire ici quelque chose à ce sujet.

Roger Bacon avoit eu l'idée d'un char volant; le P. Fabri s'étoit occupé d'un vaisseau volant aussi bien que plusieurs autres physiciens, dont Georges Paschius indique les noms & les ouvrages dans ses *Inventa nov. antiqua*, chap. VII, pag. 636, édit. de 1700, *in*-4.° L'on y trouve aussi des observations curieuses sur l'art de voler dans les airs, sur ceux qui ont tenté de voler, sur plusieurs automates volans, tels que le pigeon de bois d'Architas de Tarente, celui du P. Kircker, Jésuite: la mouche & l'aigle, dont on attribue l'invention au célèbre Regiomontanus. Cette mouche de fer vola, dit-on, sur plusieurs personnes à Nuremberg; & l'aigle, après être allé au-devant de l'empereur Charles-Quint à une distance assez considérable de cette ville, y ramena ce prince.

Le P. Lana, qui s'étoit fort occupé de méchanique, emploie tout le chapitre VIe de son *Prodromo all'arte maestra* à prouver la possibilité d'un vaisseau qui iroit en l'air comme les bateaux vont sur l'eau; ce vaisseau devoit être à mâts & à voiles, l'auteur en donne la figure à la fin de son volume, il avoit à la poupe & à la proue deux montans de bois portant chacun un globe de cuivre qui devoit être exactement purgé d'air.

Des inductions tirées de la pesanteur de l'air & de la légèreté qu'acquiert un vase qui en est purgé, persuadèrent au P. Lana que quatre globes dont il armoit son vaisseau, contrebalançant suffisamment par leur légèreté le poids de cette machine & des hommes qu'elle renfermoit, ce vaisseau monteroit nécessairement en l'air dès que l'on couperoit les cables qui le retenoient sur le chantier, qu'il s'y soutiendroit & qu'il iroit en l'air aussi facilement que les bateaux sur l'eau. L'auteur ajoute que la théorie sur laquelle il établit la possibilité de son vaisseau ayant été soigneusement examinée par des personnes habiles, elles n'ont trouvé aucune erreur dans ses calculs.

Le *Prodromo* du P. Lana est fort difficile à trouver actuellement; mais Jean-Christophe Sturmius en a traduit le chapitre entier sur la construction du vaisseau volant; cette traduction qui, par la comparaison que M. l'abbé de Saint-Léger en a faite avec l'original italien, lui a paru exacte, est réimprimée dans le livre de Paschius.

Cependant il ne faut pas beaucoup de calculs pour renverser les idées du P. Lana. L'air est au moins six cens fois plus léger que l'eau. Ainsi, le bateau qui se soutiendroit dans l'eau devroit être non-seulement vide d'air, mais avoir six cents fois plus de volume pour la même masse. Un homme a besoin d'occuper environ deux pieds cubes dans l'eau pour s'y soutenir; supposons que le bateau pese seulement autant que l'homme, il faudroit qu'il occupât 4 pieds cubes dans l'eau & 2400 dans l'air; ainsi, il faudroit une chambre qui eût 14 pieds en tout sens, qu'elle fût vide d'air, & qu'elle ne pesât pas plus qu'un homme, ce qui est humainement impossible. Les expériences faites depuis quelques années sur l'air ou gas inflammable, ont occasionné une expérience fort singulière faite le 5 juin 1783 par M. Montgolfier, à Annonay en Vivarais; il a fait construire un globe de 35 pieds de diamètre, avec de la toile montée sur une charpente de bois & de fil de fer, enduite de papier collé; il a raréfié l'air contenu dans son globe ou dans son ballon, en faisant brûler de la paille mouillée, ou toute autre substance, & aussi-tôt que le globe a été libre, il s'est élevé à perte de vue, à une hauteur qu'on estimoit 500 ou 1000 toises; il est redescendu 10 minutes après, sans doute par la condensation de l'air qui y étoit renfermé. Suivant M. Montgolfier, le globe occupoit l'espace d'un volume d'air du poids de 2156 livres; mais raréfié il ne pesoit que 1078 livres & le globe 500, il y avoit un excès de 578 livres pour la force avec laquelle le globe tendoit à s'élever.

Cet excédent de force auroit suffi pour élever plusieurs hommes; mais l'impossibilité de se diriger dans les airs par ce moyen, & le péril toujours prochain, avec un pareil moyen, rendront peut-être cette belle découverte inutile pour le projet de voler.

On a cherché à suppléer au volume par le moyen du choc des ailes, à la manière des oiseaux. Dans le journal des Savans, du 12 décembre 1678, on annonçoit une machine pour voler, inventée par un serrurier nommé *Besnier.* On ajoutoit : *l'on a vu dans Paris* un homme qui avoit tenté (infructueusement à ce qu'il paroît) de voler; & je ne sais pas le détail de ce fait là, que l'on trouveroit peut-être en cherchant dans les mémoires du tems; ce journal, de 1678, termine son annonce, en disant, que malgré les chûtes de voleurs en l'air, *il se pourroit enfin trouver quelqu'un qui seroit plus industrieux que ceux qui jusqu'alors avoient tenté l'expérience;* après avoir dit que *les suites* de l'invention de Besnier *pourront peut-être devenir aussi prodigieuses* que celles des premiers essais de la navigation. Depuis ce tems-là j'ai oui dire souvent que M. le baron de Bagge avoit volé depuis sa maison, *quai des Théatins,* jusqu'au milieu de la rivière; mais, après beaucoup d'informations, je suis demeuré convaincu que le fait n'est pas vrai. Je le crois d'ailleurs impossible, à raison de la foiblesse des muscles de l'homme, relativement à la masse qu'il s'agit d'élever, à la quantité d'air qu'il faudroit frapper, & à la vîtesse qu'il faudroit donner au mouvement des ailes.

M. Coulomb, habile ingénieur, actuellement de l'académie des Sciences, y a lu un mémoire en 1780, dans lequel il prouve l'impossibilité de voler. Il y examine le plus grand effet que les hommes puissent produire pendant quelques secondes, en considérant le produit de la vîtesse, du tems & du poids, & en y appliquant les expériences, il trouve qu'un homme ne peut exercer une pression égale à son poids, qu'avec une vîtesse de trois pieds par seconde; & dans les expériences que j'ai faites moi-même, je n'ai trouvé que 2 $\frac{1}{4}$ pieds par seconde.

Or, dans les nouvelles expériences sur la résistance des fluides par M. l'abbé Bossut, (chez Jombert 1777, p. 173), on voit que la résistance directe qu'éprouve un plan qui se meut dans un fluide, est égale au poids d'une colonne de ce même fluide, qui auroit pour base le plan frappé, & pour hauteur celle dont un corps venant à tomber, acquerroit la vîtesse du plan. Donc le produit de cette hauteur en pieds par la surface du plan en pieds carrés, & par 70 livres, qui est le poids d'un pied cube d'air, divisé par 600, parce que l'air pèse 600 fois moins que l'eau, donnera la résistance qu'éprouveroit le plan des ailes en frappant l'air perpendiculairement; il faut, pour que l'homme ne tombe pas, que cette résistance soit égale au poids de l'homme, que nous supsons 140 livres. Il ne s'agit donc que de chercher la hauteur d'où un corps doit tomber pour acquérir la vîtesse qu'un homme est capable d'employer en frappant l'air.

L'expérience nous a appris que par la plus grande action, un homme ne peut exercer une pression de 140 livres, même pendant quelques instants, qu'avec une vîtesse de deux ou trois pieds par seconde, la vîtesse de 3 pieds est dûe à une chûte de $\frac{15}{100}$ de pieds. Car la vîtesse des corps graves, dûe à une hauteur de 15 pieds, est de 30 pieds par seconde, & les vîtesses sont comme les racines des hauteurs; ainsi, à une vîtesse de 3 pieds répond une hauteur de $\frac{15}{100}$ de pied; donc si le point où l'homme exerce sa pression étoit le même que le centre de résistance du plan, pour qu'un homme se soutînt seulement pendant quelques instants, il faudroit que la surface de ce plan fût de 8000 pieds carrés, ce qui résulte évidemment de l'équation $\frac{15}{100} \cdot \frac{70}{600}$. surf. = 140 liv. M. Coulomb trouve même 12000 pieds. L'homme ne pourroit jamais augmenter sa pression sans diminuer sa vîtesse; ainsi, il n'y a aucun bras de levier, ni aucune machine, qui puisse augmenter cet effet. Mais, comme il y auroit nécessairement du tems & des forces perdues pour relever les ailes, & plusieurs autres effets à déduire de ce résultat, M. Coulomb pense qu'il faudroit peut-être doubler & tripler les ailes. Or il est visiblement impossible qu'un homme puisse, sans avoir d'autre point d'appui que lui-même, soutenir & manœuvrer des plans d'environ 90 pieds de long, c'est-à-dire, plus étendus que les voiles d'un vaisseau; cela suffit pour assurer qu'aucune tentative de ce genre ne sauroit réussir, & qu'il n'y a que des ignorans qui puissent l'entreprendre. Les oiseaux ont les muscles des ailes beaucoup plus forts à proportion du poids de leur corps, & ils peuvent donner à leurs ailes une plus grande vîtesse que celle dont un homme est capable, d'après l'expérience; ainsi, l'impossibilité de se soutenir, en frappant l'air, est encore plus certaine que l'impossibilité de s'élever par la légéreté spécifique des corps vides d'air. *Voyez* le Journal des Savans, juin 1782.

Mais la découverte de M. Montgolfier, faite en 1783, a suppléé à ce qui nous manquoit, en procurant aux hommes le moyen de s'élever par la raréfaction de l'air dans un grand ballon, ou par le moyen du gas inflammable, qui est plus léger que l'air, & qui a la même élasticité. (*D. L.*)

VOLUME, s. f. (*Méchan.*) c'est l'espace qu'occupe un corps, la masse; c'est la quantité de matière qu'il contient. Un pié cube d'or & un pié cube de liège sont égaux en *volume;* mais leur masse est fort différente.

VRAI, adj. (*Algèbre*); autrefois on entendoit par racine *vraie*, ce qu'on entend maintenant par racine positive, & par racine fausse, ce qu'on entend par racine négative. Ces expressions vicieuses s'étoient introduites, parce qu'on regardoit mal-à-propos les racines appellées *fausses*, comme inutiles.

WEG

WEGA, (*Astron.*) nom que l'on donne à la belle étoile de la lyre. (*D. L.*)

XIP

XIPHIAS, (*Astron.*) *Voyez* DORADE.

YED

YED, nom de la belle étoile à l'aile de pégase.

YERDEGERDIQUE, adj. (*Astron.*) année *yerdegerdique*, *jezdegerdique*, est l'année ancienne dont les Perses se sont servis jusqu'à l'an 1089 ou 1075, & dont l'époque étoit fixée à l'an 632 de J. C. au commencement du règne d'Yerdegerd, roi des Perses, & petit-fils de Cosroës. Ce Prince est appellé, par quelques auteurs, *Jezdegerde* ou *Jesdagir. Voy.* ANNÉE, persienne, *p.* 72.

ZED

ZEDARON, (*Astron.*) nom de la principale étoile de seconde grandeur sur la poitrine de Cassiopée. Quelques astronomes la connoissent sous le nom de *Schédir* ou *Schedar*.

ZENIT *ou* ZENITH, s. m. (*Astron.*) c'est le point du ciel qui répond verticalement au-dessus de notre tête : on l'appelle *vertex*, c'est le point de la surface de la sphère où aboutit la ligne menée du centre de la terre par le lieu de l'observateur. Cette ligne, prolongée au-dessous, va passer ensuite au nadir. Le mot *zénit* est arabe, & vient du mot *semt*, qui signifie le *point*. Dans les élémens d'Astronomie d'Alfergan, il est appellé *semt ras*, point d'en haut. Il y a autant de *zénit* qu'il y a de lieux sur la terre, d'où l'on peut voir le ciel; & toutes les fois qu'on change de lieu on change de *zénit*.

Le *zénit* est encore appellé le *pole de l'horizon*, parce qu'il est distant de 90 degrés de chacun des points de ce grand cercle. Il est aussi le pole des almicantarats, c'est-à-dire, des parallèles à l'horizon.

Tous les cercles verticaux ou azimuts passent par le *zénit*.

Le point diamétralement opposé au *zénit*, est le nadir; c'est celui qui répond à nos piés perpendiculairement; le nadir est le *zénit* de nos antipodes. Cela est vrai du moins dans la supposition que la terre soit exactement sphérique. Mais, comme il s'en faut un peu qu'elle ne le soit, on ne peut pas dire proprement que notre *zénit* & celui de nos antipodes soient exactement opposés ; car notre *zénit* est dans une ligne qui est perpendiculaire à la surface de la terre à l'endroit où nous sommes. Or, comme la terre n'est pas absolument sphérique, cette ligne perpendiculaire à la surface de la terre, ne passe pas le centre que lorsqu'on est sur l'équateur ou aux poles. Dans tous les autres endroits, elle n'y passe pas ; si on la prolonge jusqu'à ce qu'elle rencontre l'hémisphère opposé, le point où elle parviendra, ne sera pas diamétralement opposé au point de notre *zénit* ; & de plus elle ne rencontrera pas perpendiculairement l'hémisphère opposé. Il y a quelques minutes de différence.

La distance d'un astre au *zénit*, est le complément de sa hauteur sur l'horizon : car comme le *zénit* est éloigné de 90 degrés de l'horizon, si on retranche de 90 degrés la distance d'un astre à l'horizon, le reste sera la distance de l'astre au *zénit*.

On vérifie les instrumens d'astronomie au *zénit*. *Voyez* QUART-DE-CERCLE.

ZETHUS (*Astron.*) *Voyez* GEMEAUX.

ZOD

ZODIACALE ; *lumière zodiacale*, est une blancheur lumineuse pointue, que l'on voit après le coucher du soleil, ayant sa base vers le soleil & sa direction dans l'écliptique ou à-peu-près. *Voyez* les *planches d'Astronomie*, *fig.* 21 ; elle fut découverte & ainsi nommée par Dominique Cassini, en 1683.

La lumière *zodiacale* n'est autre chose que l'athmosphère du soleil ; c'est un fluide ou une matière rare & tenue, lumineuse par elle-même, ou seulement éclairée par les rayons du soleil, qui environnent le globe de cet astre, mais qui est seulement en plus grande abondance & plus étendue autour de son équateur que par-tout ailleurs. *Voyez* le Traité de Cassini, qui a pour titre : *Découverte de la lumière céleste qui paroît dans le zodiaque*. Ce traité fut publié en 1685 dans le volume des voyages de l'académie des Sciences, en 68 pag. *in-fol.* On trouve un traité complet de la *lumière zodiacale* dans le traité de M. de Mairan sur l'*aurore boréale*, dont la seconde édition a paru en 1754. J'ai oui dire à M. de la Caille que dans son voyage en Afrique, il avoit trouvé la lumière *zodiacale* très-visible dans la zone torride, où elle s'élève perpendiculairement ; que le phénomène lui avoit paru constant, régulier & extrémement apparent. En France on a plus de peine à la voir : le tems le plus commode pour bien voir cette lumière à Paris, est vers la fin de février & le commencement de mars à $7^h \frac{1}{4}$ du soir, le crépuscule finissant, & le point équinoxial étant dans l'horizon : si le ciel est beau, & que la lune ne soit pas sur l'horizon, on voit alors la lumière *zodiacale* dirigée le long de l'écliptique, jusques vers *aldebaran*, son axe faisant, avec l'horizon, un angle de 64 degrés : si on la regardoit le matin dans la même saison, son axe ne faisant plus qu'un angle de 26 degrés avec l'horizon, il seroit beaucoup plus difficile de l'appercevoir. Cette lumièce est rarement aussi belle qu'on l'a vue à Paris le 16 février 1769 depuis $7^h \frac{1}{2}$ jusqu'à $8^h \frac{3}{4}$, & le 3 mars 1774 depuis $7^h \frac{1}{4}$ jusqu'à 9^h. *Mém.* 1774, p. 310. Elle se terminoit aux pléïades.

Si l'équateur solaire est incliné de 7 degrés $\frac{1}{2}$ sur l'écliptique, & la coupe au 10e degré des gemeaux, comme le supposoit M. de Mairan, il doit être incliné sur l'équateur terrestre de 27 deg. 10 minutes, & le couper à 15 degrés 26 minutes du point équinoxial ; de-là il suit qu'au printems la lumière *zodiacale* doit être moins oblique sur l'horizon qu'en automne, & c'est aussi dans le printems que Cassini découvrit cette lumière, qui avoit été soupçonnée & apperçue par Childrey, un peu avant le printems. M. Euler, dans les *Mémoires de Berlin* pour 1746, admet, avec M. de Mairan, que l'atmosphère du soleil est la cause de la lumière *zodiacale*. (*D. L.*)

ZODIAQUE, s. m. (*Astron.*) bande ou zone sphérique d'environ 18 degrés de largeur, partagée en deux parties égales par l'écliptique, & terminée par deux cercles, que les planètes ne passent jamais dans leurs plus grandes latitudes. *Zodiaque* signifie aussi l'assemblage des douze signes & des douze constellations que le soleil parcourt chaque année.

Ce mot vient du grec ζώδιον, *animal*, à cause des figures d'animaux qu'il renferme. D'autres le font dériver de ζωή, *vie*, d'après l'opinion où l'on étoit que les planètes avoient influence sur la vie.

Le cercle de l'écliptique occupe le milieu du *zodiaque* ; c'est la route annuelle du soleil, qui ne s'écarte jamais du milieu du *zodiaque*, c'est-à-dire, de l'écliptique ; mais les planètes s'en écartent plus ou moins ; Vénus a jusqu'à 8 degrés & demi de latitude, & peut même s'en éloigner de 9 degrés.

Le *zodiaque* est divisé en douze parties, appellées *signes* ; & ces signes ont les noms de douze constellations qui y répondoient autrefois. Mais le mouvement des étoiles d'occident en orient fait que les étoiles ne répondent plus aux mêmes parties du *zodiaque*, c'est ce qu'on appelle la *précession des équinoxes*. Ainsi, il ne faut pas confondre les douze signes du *zodiaque* avec les douze constellations ou l'assemblage d'étoiles qui s'y sont trouvées il y a deux mille ans, & qui ont laissé aux signes les mêmes noms qu'on conserve encore aujourd'hui. Mais, pour distinguer les signes des constellations qui portent les mêmes noms, on appelle les douze portions égales du *zodiaque*, de

30 degrés chacune, à compter du point équinoxial, les douze signes du *zodiaque*, & en latin, *signa anastra*; & les douze figures qui comprennent les étoiles qui y étoient autrefois, mais qui se sont avancées d'un signe, se nomment les douze constellations du *zodiaque*, en latin, *signa stellata*. On a aussi distingué le *zodiaque visible* & sensible, celui des douze constellations & le *zodiaque rationel*, considéré dans le premier mobile comme divisé en douze points, en partant de l'équinoxe.

Ainsi, lorsqu'on dit qu'une étoile est dans tel ou tel signe du *zodiaque*, on n'entend pas par-là qu'elle est dans la constellation qui porte le même nom, mais dans la partie du *zodiaque* qui a gardé le nom de cette constellation.

Cassini a appellé *zodiaque des comètes* une grande bande céleste, que la plupart des comètes n'avoient pas passé jusqu'alors. Cette bande étoit beaucoup plus large que le *zodiaque* des planètes, & renfermoit les constellations d'Antinoüs, de Pégase, d'Andromède, du Taureau, d'Orion, du grand Chien, de l'Hydre, du Centaure, du Scorpion & du Sagittaire. Mais on a reconnu qu'il n'y a point de *zodiaque* des comètes, ces corps étant indifféremment placés dans la vaste étendue des cieux.

L'origine des noms que portent les douze signes, est de la plus haute antiquité; on peut voir les hypothèses ingénieuses de Pluche dans son histoire du ciel.

Macrobe, cherchant les raisons de la dénomination donnée aux signes du Cancer & du Capricorne, avoit dit que la première venoit de l'Ecrévisse qui marche à reculon, parce que le soleil, arrivé au Cancer, rétrograde & descend obliquement; & que la seconde venoit des Chevreaux, qui, en broutant gagnent les hauteurs, parce que le soleil, parvenu au Capricorne, commence à remonter vers nous. Sur ce plan d'analogie, Pluche forma des conjectures sur la dénomination des autres signes, & il prétendit que les instituteurs du *zodiaque* avoient réellement voulu marquer, la saison des agneaux, par le Bélier, à l'équinoxe du printems; l'égalité des jours & des nuits, par la Balance, à l'équinoxe d'automne; le tems de la moisson, par la Vierge tenant un épi; le tems des pluies d'hiver, par le Verseau, & ainsi du reste.

On peut voir M. Court de Gebelin, dans son *monde primitif*, & le mémoire de La Nauze, dans le tome XIV de l'Académie des Inscriptions & Belles-Lettres. Ce savant pensoit que notre *zodiaque* venoit des Grecs, & qu'il n'avoit aucun rapport avec celui des Orientaux, & c'est au dixième siècle, avant l'ère vulgaire, qu'il fixoit l'invention du *zodiaque*.

Mais M. Dupuis, dans son savant *mémoire sur l'origine des constellations*, prouve qu'il n'y a pas de différence entre le *zodiaque* Egyptien & celui des Grecs, il y rapporte même les douze animaux qui se trouvent dans l'histoire de l'astronomie chinoise, & qui semblent au premier coup-d'œil en différer beaucoup; les mêmes dénominations se retrouvent chez les Perses & chez les Indiens; enfin il explique fort au long comment ces dénominations ont pu être l'histoire du calendrier de l'Egypte.

Si l'on se permet de remonter jusqu'au tems où le Capricorne, par lequel on commençoit à compter les signes, désignoit le solstice d'été; cet animal cherche toujours les hauteurs; on donna son nom au signe le plus élevé.

Le Verseau & les Poissons indiquoient l'inondation, ainsi que la queue de poisson qu'on donnoit au Capricorne.

Le Bélier marquoit le tems où les eaux retirées faisoient place aux troupeaux qu'on lâchoit dans les pâturages.

Le Taureau annonçoit la saison du labourage & des semailles. Les Gémeaux ou les deux Chevreaux, désignoient les productions nouvelles, la fécondité & l'enfance de la nature. Le Cancer étoit au solstice d'hiver, d'où le soleil sembloit revenir vers l'Egypte.

Le Lion étoit à l'endroit où le soleil reprenoit sa force. La Vierge, avec son épi, au tems des moissons qui se font en Egypte un mois avant l'équinoxe du printems, qui étoit désigné par la Balance.

Le Scorpion étoit le symbole des vents dangereux & pestilentiels, qui soufflent de l'Ethiopie des vapeurs malfaisantes.

Enfin le Sagittaire ou la Fleche étoit l'emblême des vents étésiens qui précédoient le solstice d'été & le débordement du Nil, peut-être le tems des chasses & de la guerre, qu'il étoit naturel de commencer dans le tems où il falloit déserter les campagnes à cause de l'inondation.

Il faut voir, dans le 4.e vol. de mon *Astronomie*, le détail des preuves de M. Dupuis, & la manière dont il répond aux objections tirées de la plus grande ancienneté que cela supposeroit dans notre *zodiaque*.

M. Dupuis a fait voir aussi que les Grecs avoient transporté à leur histoire mythologique toutes les allégories orientales, & qu'ils avoient fait leurs divinités d'après les constellations anciennes; ainsi, les douze signes du *zodiaque* expliquent parfaitement les douze travaux d'Hercule, quand on y réunit les constellations extrazodiacales qui avoisinent les signes, ou qui leur correspondent.

1. La victoire d'Hercule sur le lion de Némée, est l'entrée du soleil dans le Lion, qui étoit le signe solstitial, 2500 ans avant l'ère vulgaire.
2. Le triomphe sur l'Hydre de Lerne, est le coucher héliaque des étoiles de la constellation de l'Hydre, qui arrive le mois suivant, quand le soleil est dans la vierge.

3. La défaite des Centaures & la priſe du ſanglier d'Erimanthe, eſt le coucher de la conſtellation du Centaure, ſuivi de celui du Sagittaire, qui eſt auſſi un Centaure, & le lever du ſoir de la grande Ourſe, appellée auſſi le Sanglier.

4. Le triomphe ſur la biche aux cornes d'or, ſe rapporte à Caſſiopée, appellée auſſi la Biche, qui ſe couche quand le Scorpion ſe lève ; voilà pourquoi l'on dit qu'elle couroit avec la plus grande viteſſe, mais qu'Hercule la fatigua à la courſe.

5. La fuite des oiſeaux du lac Stymphale, ſont le lever de l'Aigle, du Vautour ou de la Lyre & du Cygne, qui arrivent quand le ſoleil eſt dans le Sagittaire.

6. L'étable d'Augias nettoyée par un fleuve, eſt l'entrée du ſoleil dans le Capricorne, ou le Bouc, & le coucher des étoiles de l'eau du Verſeau.

7. La défaite du Taureau de Crète & du Vautour de Prométhée, eſt le coucher du Centaure, moitié homme, moitié taureau, & du Vautour ou de la Lyre, qui diſparoiſſoient le matin, quand le ſoleil entroit dans le Verſeau.

8. Hercule domptant les cavales de Diomède, eſt le lever héliaque de Pégaſe & du petit cheval.

9. La défaite des Amazones, eſt le coucher d'Andromède; c'étoit ſur le fleuve Termodon, qui ſignifie route de la lumière; le lieu s'appelloit Thémiſcure, la vierge Thémis, parce que la Balance ſe couchoit alors le matin.

10. La conquête des vaches de Geryon, eſt l'entrée du ſoleil au Taureau, ou le lever de la grande Ourſe, qu'on appelloit les bœufs d'Icare.

11. Le triomphe d'Hercule ſur le chien Cerbère, eſt le coucher héliaque de Procyon.

12. Enfin le 12.ᵉ travail d'Hercule qui répond au Cancer, eſt le ſecond voyage en Heſpérie, pour les pommes d'or, ou les brebis à toiſon d'or, c'eſt le lever de Céphée, où l'on peignoit un berger avec un troupeau; cette conſtellation eſt ſituée ſur le Dragon appellé *Cuſtos Heſperidum*.

Je n'ai fait qu'indiquer ici cette application curieuſe de l'aſtronomie à la fable, mais il en faut voir les détails & les preuves dans le ſavant mémoire de M. Dupuis; car, ſi l'on eſt réduit à de ſimples conjectures ſur l'origine des conſtellations, on peut, du moins, prouver clairement qu'elles ont ſervi de type à toute la mythologie, & que les religions anciennes étoient fondées ſur la nature, le ſoleil, & les étoiles; nous avons donné des exemples de ces allégories, en parlant de différentes conſtellations. (*D. L.*)

ZODIAQUE, carte des douze conſtellations zodiacales. *Voyez* CARTES.

ZONE. (*Aſtronom. Géograph.*) *Zona*, portion du globe terreſtre compriſe entre deux paralleles & l'équateur. Ce mot vient de ζώνη, ceinture.

La terre eſt partagée en cinq *zones*, par quatre cercles, appellés *paralleles*. Ces *zones* ſont la *zone* torride, les *zones* tempérées & les *zones* glaciales, ou *zones* froides; on en trouve la deſcription dans *Virgile*, Georg. I. 233.

La *zone* torride eſt une bande ou partie de la ſurface de la terre, terminée par les deux tropiques, & partagée en deux parties égales par l'équateur.

La largeur de cette bande eſt de $46^d\ 56'$, ſavoir $23^d\ 28'$ d'un côté de l'équateur, & $23^d\ 28'$ de l'autre, de ſorte qu'elle eſt diviſée en deux parties égales par l'équateur ou la ligne. Le ſoleil ne ſort jamais de la *zone* torride, & chaque jour de l'année, il y a des peuples ſous cette *zone*, pour leſquels le ſoleil eſt vertical.

Les anciens croyoient que la *zone* torride étoit inhabitée.

Les *zones* tempérées ſont deux bandes de la ſurface de la terre, terminées chacune par un tropique & par un cercle polaire. La largeur de l'un & de l'autre eſt de $43^d\ 4'$, complément de $46^d\ 56'$. Le ſoleil ne paſſe jamais par-deſſus ces *zones*; mais il s'en approche plus ou moins.

Les *zones* glaciales ſont les ſegmens de la ſurface de la terre, terminés, l'un par le cercle polaire arctique, l'autre par le cercle polaire antarctique; leur largeur eſt de $46^d\ 56'$, mais elles ſont beaucoup plus petites que les autres, parce qu'elles ſont terminées par de très-petits cercles : la ſurface ou l'étendue de terre ou de mer, que comprend chaque *zone* glaciale, eſt ſix fois moindre que celle de chaque *zone* tempérée & la *zone* torride, n'eſt que les trois quarts de la ſomme des deux *zones* tempérées; car la ſurface totale de la terre étant ſuppoſée, partagée en vingt-trois parties, celles des *zones* glaciales, tempérées & torride, ſont à-peu-près 1, 6 & 9 reſpectivement; les cinq enſemble font les 23 parties du total, mais chacune de ces unités vaut 1 124 372 lieues carrées, chacune de 2283 toiſes.

Ce calcul eſt aiſé à faire par la quadrature des ſegmens de la ſphère qui ſont égaux à ceux du cylindre circonſcrit, en ſorte qu'il ſuffit de multiplier, la circonférence d'un grand cercle de la ſphère, par la hauteur de la *zone*, pour en avoir la ſurface; la hauteur eſt la différence des ſinus des latitudes extrêmes. On verra au mot SAISON les variétés qui ont lieu dans les différentes *zones* de la terre. D. L.

ZUBENEL-CHEMALI, ou Zubenes-chemali, (*Aſtronom.*) nom arabe de l'étoile de la quatrième grandeur, marquée ν près de la claire β de la ſeconde grandeur, au bas de la ſerre boréale du ſcorpion.

ZUBENEL-*genubi*, (*Aſtronom.*) nom de l'étoile γ de troiſième grandeur, qui eſt ſur la ſerre auſtrale du ſcorpion.

ADDITIONS ET CORRECTIONS

Pour la partie ASTRONOMIQUE.

LES travaux des Astronomes ajoutent sans cesse quelque nouveau degré de perfection, quelques faits ou quelques remarques importantes pour l'astronomie. Nous allons insérer dans ce petit supplément les articles principaux qu'elle nous a fournis depuis le mois de mai 1783, que commença l'impression de ce Dictionnaire, nous y ajouterons les petites fautes que nous avons eu occasion d'y remarquer.

AMPHISICIENS. *Pag.* 40, *col.* 1, *lign.* 12, au lieu de Ἀμὶ *lisez* Ἀμφὶ.

ANABIBAZON. *Pag.* 43, & Catabibazon, *pag.* 313. Le premier est le nœud ascendant, c'est le participe de Ἀναβιβάζω, qui veut dire *je fais monter*; & Ptolemée le joint avec le mot σύνδεσμος, nœud; j'ignore si on l'a jamais employé sans le substantif. Catabibazon signifie le nœud descendant, c'est le participe d'un verbe qui signifie, *je fais descendre*.

APOLLONIEN. *Pag.* 89, *col.* 2. On peut voir sur les ouvrages d'Apollonius Pergæus, comme sur tous les Mathématiciens grecs, une immense érudition dans Fabricius. *Bibliot. gr. t.* 2.

ARTIFICIEL. *Pag.* 146, *col.* 2. Le jour de vingt-quatre heures est appellé, jour artificiel, & la durée de la lumière, jour naturel, par Macrobe, Riccioli & M. Bailly; mais il y a des Auteurs qui entendent tout le contraire, comme dans Clavius qu'on avoit suivi dans l'Encyclopédie.

BOUSSOLE. *Pag.* 227, & DECLINAISON de l'aimant, *pag.* 487. M. le comte de Cassini a observé la déclinaison de 21^d 36′ le 1.er Juin 1787.

A la page 487 on a mis 19″ pour 19^d, & 20″ pour 20^d.

M. de Buffon, que nous avons eu le malheur de perdre le 16 Avril 1788, a terminé sa brillante carrière par un ouvrage important sur l'aimant, c'est le 5.e volume de son Histoire Naturelle des Minéraux; il y a rassemblé une quantité d'observations sur la déclinaison de la boussole, faites dans tous les pays de la terre. On y trouve aussi une explication ingénieuse des phénomènes de l'aimant par le mouvement du feu électrique de l'équateur vers les pôles, & par la quantité de cette matière contenue dans le fer & dans l'aimant.

CALENDRIER. *Pag.* 259 vers la fin, au lieu de *commitavit*, lisez *comitiavit*.

COMETES. *Pag.* 369, *ajoutez* les sept Comètes suivantes, qui ont été observées depuis 1782.

ORDRE des Comètes.	Année de l'apparition.	Longitude du nœud ascendant.	Inclinaison de l'orbite.	Lieu du périhélie.	Distance périhélie, celle du soleil, &c. étant 1.	Passage au périhélie. Tems moyen à Paris.		Mouvement.	Noms des Auteurs qui ont calculé ces orbites.
LXVIII.	1783	1.24.13.50	53. 9. 9	1.15.24.46	1,5653	15 Nov.	5^h 53.23	Dir.	M. Méchain, à-peu-près.
LXIX.	1784	1.26.49.21	51. 9.12	2.29.44.24	0,70786	21 Janv.	4.57.	Retr.	M. Méchain.
LXX.	1784	2.26.52.9	47.55. 8	10.28.54.57	0,650531	9 Avril	21.16.46	Retr.	M. d'Angos, seul.
LXXI.	1785	8.24.12.15	70.14.12	2.19.51.56	1,143398	27 Janv.	7.58. 4	Dir.	M. Méchain.
LXXII.	1785	2.4. 44.	87. 7.	9.27.35.	0,42759	8 Avril	11.29.	Retr.	M. de Saron.
LXXIII.	1786	6.14.22.40	50.54.28	5. 9.25.36	0,41010	7 Juill.	22. 0.12	Dir.	M. Méch. *M.* 1786.
LXXIV.	1787	3.16.51.36	48.15.51	0. 7.44. 9	0,34891	10 Mai	19.58.	Retr.	M. le P. de Saron.

CONJONCTION. *Pag.* 397. Le 11 Février 1524, Vénus, Jupiter, Mars & Saturne devoient être fort près l'un de l'autre, & Mercure n'en étoit qu'à 16^d, suivant les éphémérides de Stoeffler.

Le 11 Novembre 1544, Vénus, Jupiter, Mercure & Saturne étoient renfermés dans une espace de 10^d.

Le 23 Décembre 1769, Vénus, Jupiter & Mars étoient à un degré l'un de l'autre; Mercure & la Lune, le 25, en étoient aussi fort près.

On trouve aussi de pareilles proximités entre les plus belles planètes, Vénus, Jupiter & Mars, en 1507, 1511, 1552, 1564, 1568, 1620, 1624, 1664, 1669, 1680, 1709 & 1765.

CONSTELLATION. *Pag.* 409. M. Bode, habile Astronome de Berlin, dans ses éphémérides pour 1790, a formé une nouvelle Constellation entre Cassiopée, Andromède, Pégase & Cephée, sous le nom de *Friedrichsehre*, la gloire de Frédéric, à l'honneur du feu roi de Prusse; on y voit son épée, sa couronne & ses lauriers.

EQUATION. *Pag.* 674. Les nouvelles recherches de M. de la Place & de M. de Lambre, ont fait reconnoître que l'équation de Jupiter est de 50^d 30′ 38″; celle de Saturne, 6^d

26′ 42″ ; j'ai trouvé celle de Mercure, 23ᵈ 40′ 0″ ; celle de Mars, 10ᵈ 40′ 39″ ; & M. de Lambre a trouvé celle du Soleil, 1ᵈ 55′ 30″ 5.

EQUATION SECULAIRE. *Pag.* 677. Après toutes les recherches infructueuſes des Géomètres pour trouver la cauſe de ces équations ſéculaires. M. de la Place annonça à l'Académie, le 10 Mai 1786, qu'il étoit venu à bout de repréſenter les inégalités, auſſi bien que l'équation ſéculaire de Saturne, par l'attraction de Jupiter, au moyen d'une équation de 48′, qui dépend de cinq fois la longitude de Saturne, moins deux fois celle de Jupiter, & dont la période eſt de 918 ans. Pour cet effet, il faut employer le mouvement annuel de 12ˢ 13′ 36″ 81, comme M. de Lambre l'a reconnu pour l'examen des obſervations. C'eſt d'après ce mouvement & ces inégalités qu'il a calculé les nouvelles tables de Saturne qu'on trouvera dans la 3.ᵉ édition de mon aſtronomie, & qui leveront pour toujours l'obſcurité qu'il y avoit dans cette théorie.

Pour Jupiter, l'inégalité eſt de 20′, & la période eſt la même, le mouvement ſéculaire eſt de 5ˢ 6ᵈ 17′ 33″. (*Mém. de l'Acad.* 1785 *&* 1786.)

Pour la Lune, M. de la Place a annoncé, le 19 Décembre 1787, que le changement d'excentricité du ſoleil produit dans le mouvement de la lune une inégalité qui reſſembloit juſqu'ici à une accélération, mais qui ne ſera qu'une inégalité d'une très-longue période, puiſque l'équation du ſoleil augmentera dans la ſuite. (*Journal des Savans, Février* 1788. *Mém. Acad.* 1786.) Cette diminution de l'équation du ſoleil, produite principalement par les attractions de Jupiter, de Vénus & de Mars eſt de 17″ $\frac{2}{3}$, ſuivant M. de la Grange, (*Mém. Berlin* 1782.) mais les maſſes de Vénus & de Mars n'étant pas encore bien connues, la théorie ne peut donner qu'à-peu-près la quantité abſolue de cette équation ſéculaire. M. de la Place a trouvé qu'en ſuppoſant 11″ d'accélération pour le 1.ᵉʳ ſiècle, on repréſente, avec des différences de peu de minutes, même l'obſervation faite 720 ans avant J. C., & celles de l'année 918 faites en Egypte. (*Conn. des tems* 1790, *pag.* 294.)

FIGURE DE LA TERRE. *Tom.* 2, *pag.* 19. En combinant les expériences du pendule, je trouve $\frac{1}{301}$; pour l'aplatiſſement de la terre, tandis que les degrés de France & du Pérou donnent $\frac{1}{304}$, & la combinaiſon de ſix degrés qui s'accordent le mieux, faite par Boſcovich, donne $\frac{1}{297}$. Il me ſemble donc que l'aplatiſſement ſuppoſé $\frac{1}{300}$, avec l'augmentation de denſité, en approchant du centre de la terre, eſt le réſultat le plus vraiſemblable qu'on puiſſe adopter. (*Mém.* 1785, *pag.* 1-8.) Il ſatisfait auſſi mieux à la préceſſion des équinoxes.

HYPOTENUSE. *Pag.* 194. Ce mot vient directement de ὑποτεινύσα, ſous-tendant.

LUNE. *Pag.* 353. Les nouvelles tables de la lune, publiées en Angleterre en 1787, & dont les erreurs ne paſſent preſque jamais 30″, contiennent huit équations de plus, dont voici les expreſſions & ſes valeurs.

— 17″,0 ſin. diſt. ☾ ☉ + anom. moy. ☾
— 3″,1 ſin. diſt. ☾ ☉ — anom. moy. ☉
— 3 ,7 ſin. 2 diſt. ☾ ☉ + 2 ano. moy. ☾
+ 12 ,4 ſin. 4 diſt. ☾ ☉ — anom. moy. ☾
— 6 ,3 ſin. 2 diſt. ☾ ☊ — 2 ano. moy. ☾
+ 8 ,3 ſin. 2 diſt. ☾ ☉ + anom. moy. ☾
— 5 ,3 ſin. 2 diſt. ☾ ☉ — an. m. ☾ — 2 diſt. ☾ ☊
+ 7 ,7 ſin. longit. ☊

METHODE. *Pag.* 390, *lign.* dernière, au lieu de géographique, *liſez* graphique.

OBSERVATOIRE. *Pag.* 479, *col.* 2, *lign.* 3. Cet obſervatoire de l'Ecole militaire, a été rebâti en 1787, de la manière la plus commode, la plus ſolide & la plus complette, avec autant d'intelligence que de ſoin, ſur les deſſins de M. Brongniard, Architecte du Roi, le quart de cercle mural a été acheté pour le compte du Roi, par ordre de M. le Maréchal de Ségur, Miniſtre de la Guerre, ſecondé par le zèle de M. Mélin, Intendant des ordres du Roi, chef du bureau des fonds du département de la Guerre. En 1788, après le changement de deſtination de l'Ecole militaire, M. le Baron de Breteuil a ordonné que l'obſervatoire ſeroit conſervé dans ſon intégrité, & M. le Comte de Brienne en a donné les inſtrumens à l'Académie des Sciences ; c'eſt ainſi que les trois Miniſtres à qui j'ai eu recours pour le bien de l'aſtronomie, ſe ſont fait une gloire d'y coopérer, & je me fais un devoir de leur en marquer ici publiquement ma reconnoiſſance.

(*Articles de M.* DE LA LANDE.)

Fin du Dictionnaire de Mathématiques.

SUPPLÉMENT

AU DICTIONNAIRE DE MATHÉMATIQUES.

ANALOGIES DIFFÉRENTIELLES. Si on fait varier infiniment peu les angles & les côtés d'un triangle ſphérique, les rapports qui résultent entre leurs différentielles, ſont appellées *analogies différentielles*, & ſont en uſage dans l'Aſtronomie.

Soient z, y & x les trois côtés d'un triangle ſphérique; φ, χ & ψ les angles opposés; on a, *Voyez* TRIGONOMÉTRIE SPHÉRIQUE, les trois équations ſuivantes:

$$\text{Coſ.}\, z = \text{coſ.}\, \varphi\, \text{ſin.}\, y\, .\, \text{ſin.}\, x + \text{coſ.}\, y\, .\, \text{coſ.}\, x$$

$$\text{Coſ.}\, y = \text{coſ.}\, \chi\, \text{ſin.}\, x\, .\, \text{ſin.}\, z + \text{coſ.}\, x\, .\, \text{coſ.}\, z$$

$$\text{Coſ.}\, x = \text{coſ.}\, \psi\, \text{ſin.}\, y\, .\, \text{ſin.}\, z + \text{coſ.}\, y\, .\, \text{coſ.}\, z;$$

différentiant ces équations, en faiſant x & y conſtans, on aura

$$d\varphi\, \text{ſin.}\, \varphi\, \text{ſin.}\, y\, \text{ſin.}\, x = dz\, .\, \text{ſin.}\, z$$

$$d\chi\, \text{ſin.}\, \chi\, \text{ſin.}\, x\, \text{ſin.}\, z = \ldots\ldots\ldots\ldots$$
$$dz\, (\text{coſ.}\, \chi\, \text{ſin.}\, x\, .\, \text{coſ.}\, z - \text{coſ.}\, x\, \text{ſin.}\, z)$$

$$d\psi\, \text{ſin.}\, \psi\, \text{ſin.}\, y\, .\, \text{ſin.}\, z = \ldots\ldots\ldots\ldots$$
$$dz\, (\text{coſ.}\, \psi\, \text{ſin.}\, y\, \text{coſ.}\, z - \text{coſ.}\, y\, .\, \text{ſin.}\, z)$$

Ces équations, combinées avec les équations finies, feront connoître les *analogies différentielles* entre $d\varphi$, $d\chi$, $d\psi$ & dz. Si on faiſoit tout varier dans le triangle, le problême n'auroit pas plus de difficulté.

ARBITRAIRE, *Analyſe*, (*fonction*). Soit $dz = p\,dx + q\,dy$, & l'équation en différences partielles $q = n + mp$, on aura $dz = n\,dy + p\,(dx + m\,dy)$. Pour que cette équation ſoit poſſible, ſans ſuppoſer de relations entre x & y, p doit être une fonction de $x + my$ afin que $p\,(dx + m\,dy)$ ſoit une différentielle exacte, alors on aura $z = ny + \varphi\,(x + my)$. C'eſt cette fonction φ qu'on appelle fonction *arbitraire* dans le calcul intégral des équations en différences partielles, parce que l'intégrale vérifie la propoſée, quelque ſoit la forme de la fonction. Toute équation du premier ordre admet une fonction de cette eſpèce dans ſon intégrale. Pour la déterminer, à une valeur donnée de y en x, doit correſpondre une valeur auſſi donnée de z en x.

EXEMPLE.

Soit $z = \frac{x^2}{a}$ quand $y = Kx$, on aura $\frac{x^2}{a} - Knx = \varphi\,(x\,(1 + mK))$. Soit $x\,(1 + Km) = u$, on aura $\varphi\,(u) = \frac{u^2}{a\,(1 + Km)^2} - \frac{Knu}{1 + Km}$; donc $\varphi\,(x + my) = \frac{(x + my)^2}{a\,(1 + Km)^2} - \frac{Kn\,(x + my)}{1 + Km}$.

Si l'équation en différences partielles étoit d'un ordre ſupérieur, on auroit pluſieurs fonctions arbitraires. *Voyez* le cinquième article INTÉGRAL & l'article PARTIELLES. Leur détermination dépendra alors d'équations en différences finies, & quelquefois même d'équations en différences infiniment petites & finies, comme M. le Marquis de Condorcet l'a remarqué le premier dans ſa lettre à M. d'Alembert, imprimée en 1768.

Exemple pour les équations en différences finies ſeulement.

Soit $dz = p\,dx + q\,dy$
$dp = r\,dx + s\,dy$
$dq = s\,dx + t\,dy$

& l'équation en différences partielles du ſecond ordre $xt - (x + y)\,s + yr = \frac{x + y}{x - y}\,(p - q)$.

L'intégrale complète de cette équation eſt $z = \varphi\,(y + x) + \psi\,(y^2 + x^2)$; ſoit $z = mx + a$, quand $y = E + \frac{4x}{3}$, & $z = nx + b$, quand $y = \frac{17E}{25} + \frac{8x}{15}$; on aura $mx + a = \varphi\left(E + \frac{7}{3}x\right) + \psi\left(\frac{25}{9}\left(x + \frac{12E}{25}\right)^2 + \frac{9}{25}E^2\right)$, & $nx + b = \varphi\left(\frac{17E}{25} + \frac{23}{15}x\right) + \psi\left(\left(\frac{17}{15}\right)^2\left(x + \frac{3.8E}{17.5}\right)^2 + \frac{9}{25}E^2\right)$.

Ces équations doivent ſe vérifier, quelque ſoit x: donc, dans l'une de ces équations, dans la ſeconde, par exemple, on peut changer x en $\frac{35x}{23} + \frac{24E}{5.23}$; alors elle deviendra ....
$\frac{35nx}{23} + \frac{24nE}{5.23} + b = \varphi\left(E + \frac{7}{3}x\right) + \psi\left(\left(\frac{17}{15}\right)^2\left(\frac{35x}{23} + \frac{24.8}{23.17}E\right)^2 + \frac{9E^2}{25}\right)$; & en retranchant de cette équation la première, on aura

$x\left(\frac{35n-m}{23}\right)+\frac{24.nE}{23.5}+b-a=$

$\psi\left(\left(\frac{17}{15}\right)^2\left(\frac{35x}{23}+\frac{24.8E}{23.17}\right)^2+\frac{9E^2}{25}\right)$

$-\psi\left(\frac{25}{9}\left(x+\frac{12E}{25}\right)^2\frac{9E^2}{25}\right)$.

Prenons deux indéterminées ϖ & φ, telles qu'on ait

$\left(\frac{17}{15}\right)^2\left(\frac{35x}{23}+\frac{24.8E}{23.17}\right)^2=\frac{25}{9}\left(x\varpi+\varphi+\frac{12E}{25}\right)^2$

ou $\left(\frac{17.7}{23}\right)^2\left(x+\frac{24.8}{35.17}E\right)^2=25\varpi^2$

$\left(x+\frac{\varphi+\frac{12E}{25}}{\varpi}\right)^2$.

Cela posé, si on fait $x+\Delta x=x\varpi+\varphi$ (Δ est la caractéristique des différences finies), on aura $\Delta\psi\left(\frac{25}{9}\left(x+\frac{12E}{25}\right)^2+\frac{9E^2}{25}\right)$ $=x\left(\frac{35n}{23}-m\right)+\frac{24nE}{5.23}+b-a=Rx+T$, pour abréger. On aura donc..............

$\psi\left(\frac{25}{9}\left(x+\frac{12E}{25}\right)^2+\frac{9E^2}{25}\right)=\Sigma(Rx+T)$.

Soit cette intégrale $=Ax+B\Sigma 1$, on aura $Rx+T=A(x\varpi+\varphi)-Ax+B$; ce qui donne $A=\frac{R}{\varpi-1}$ & $B=T-\frac{R\varphi}{\varpi-1}$.

On a $\Sigma 1=\frac{\log.\left(x+\frac{\varphi}{\varpi-1}\right)}{\log.\varpi}$; car........

$\Delta\log.\left(x+\frac{\varphi}{\varpi-1}\right)=\log.\left(x\varpi+\varphi+\frac{\varphi}{\varpi-1}\right)$

$-\log. x+\frac{\varphi}{\varpi-1}$

$-\log.\left(\frac{x\varpi+\frac{\varphi\varpi}{\varpi-1}}{x+\frac{\varphi}{\varpi-1}}\right)=\log.\varpi$; donc &c. je dis encore qu'on pourra prendre, pour la constante qui entre dans l'intégration, une fonction arbitraire de sinus. $2\varpi\frac{\log.\left(x+\frac{\varphi}{\varpi-1}\right)}{\log.\varpi}$. ($\varpi$ exprime la demi-circonférence dont le rayon est 1). Effectivement, la composante de cette fonction, correspondante à $x\varpi+\varphi$, sera sin. 2ϖ.......

$\left(1+\log.\frac{\left(x+\frac{\varphi}{\varpi-1}\right)}{\log.\varpi}\right)$ = évidemment à sin.

$2\varpi\frac{\log.\left(x+\frac{\varphi}{\varpi-1}\right)}{\log.\varpi}$.

Ces principes posés, qu'on trouvera d'ailleurs développés avec plus de détail dans les mémoires à l'Académie des Sciences de Paris pour les années 1773, 75, dans le tome X de la même collection, & au *mot* Intégral de ce Dictionnaire, article troisième, on aura...........

$\psi\left(\frac{25}{9}\left(x+\frac{12E}{25}\right)^2+\frac{9E^2}{25}\right)=\frac{Rx}{\varpi-1}$

$+\left(T-\frac{R\varphi}{\varpi-1}\right)\frac{\log.\left(x+\frac{\varphi}{\varpi-1}\right)}{\log.\varpi}$

$+\chi\left(\sin. 2\varpi\frac{\log.\left(x+\frac{\varphi}{\varpi-1}\right)}{\log.\varpi}\right)$ (χ est la fonction arbitraire).

Substituant cette valeur de la fonction ψ dans l'équation $mx+a=$, &c., on aura......

$\varphi\left(E+\frac{7}{3}x\right)=a+x\left(m-\frac{R}{\varpi-1}\right)$

$+\left(T-\frac{R\varphi}{\varpi-1}\right)\frac{\log.\left(x+\frac{\varphi}{\varpi-1}\right)}{\log.\varpi}$. Je néglige la fonction χ pour abréger. Maintenant soit $E+\frac{7}{3}x=u$; on aura...............

$\varphi(u)=a-\frac{3E}{7}\left(m-\frac{R}{\varpi-1}\right)+\frac{3u}{7}\left(m-\frac{R}{\varpi-1}\right)$

$-\left(T-\frac{R\varphi}{\varpi-1}\right)\frac{\log.\frac{3}{7}u-\frac{3}{7}E+\frac{\varphi}{\varpi-1}}{\log.\varpi}$.

Soit $\frac{25}{9}\left(x+\frac{12E}{25}\right)^2+\frac{9E^2}{25}=u$; on aura

$\psi(u)=\frac{3R}{5(\varpi-1)}\left(\frac{4E}{5}-\sqrt{u-\frac{9}{25}E^2}\right)$

$+\left(T-\frac{R\varphi}{\varpi-1}\right)\frac{\log.\left(\frac{\varphi}{\varpi-1}-\frac{12E}{25}+\frac{3}{5}\sqrt{u-\frac{9E^2}{25}}\right)}{\log.\varpi}$

Donc, finalement, on a $z=a-\frac{3Em}{7}$

$-\frac{9ER}{7.25\,\varpi-1}+\frac{3}{7}\left(m-\frac{R}{\varpi-1}\right)(y+x)\mp$

$\frac{3R}{5(\varpi-1)}\sqrt{\;^{2}+y^2-\frac{9E^2}{25}}+$ ....

$\frac{\left(T-\frac{R\varphi}{\varpi-1}\right)}{\log.\varpi}\log.\frac{\frac{\varphi}{\varpi-1}-\frac{12E}{25}+\frac{3}{5}\sqrt{y^2+^2-\frac{9}{25}E^2}}{\frac{\varphi}{\varpi-1}-\frac{3}{7}E+\frac{3}{7}(y+x)}$.

Expression dans laquelle il n'y a plus qu'à substituer pour ϖ & φ leur valeur.

OBSERVATION.

Les valeurs de ϖ & de φ sont doubles; ainsi, on aura deux intégrales complètes réellement distinctes, comme je l'ai démontré ailleurs. Seulement, ce que je remarquai aussi en même-tems, l'une de ces intégrales contiendra en général le logarithme d'un nombre négatif, & sa réalité sera tout au moins équivoque. Mais, si on suppose $T = \frac{R\varphi}{\varpi - 1}$, en employant la valeur négative de ϖ & la correspondante φ, & si on réduit la fonction arbitraire, sous-entendue dans l'exemple, à une constante absolue, cette intégrale sera réelle & résoudra le problême tout aussi-bien que l'autre; de manière que;

Si, pour fixer les idées, on regarde nos intégrales qui contiennent un radical, & qui viennent des doubles valeurs de ϖ, comme représentant deux surfaces dont les coordonnées seroient x, y, z, & qu'on auroit proposé de faire passer par des droites données de position, ces surfaces auront chacune deux feuilles, & résoudront le problême tellement, que nos droites seront dans la feuille supérieure de la surface qui correspond aux valeurs positives de ϖ, & seront, l'une dans la feuille supérieure, l'autre dans l'inférieure de la surface qui correspond aux valeurs négatives de ϖ. (r)

CAUSTIQUE, (*Analyse.*) Pour donner à nos lecteurs une idée de la manière dont on détermine les *caustiques*, nous transcrirons ici la méthode très-courte & très-élégante qu'on lit dans l'*Analyse des infinimens petits*, du Marquis de l'Hôpital, pour la *caustique* par réflexion.

Soit AMD une courbe capable de réfléchir la lumière; MC son rayon de courbure au point M; mC le rayon infiniment près, B le point lumineux, BM & Bm deux rayons incidens infiniment près, MFG & mFg les rayons réfléchis correspondans; il faut déterminer leur point d'intersection F, qui est un point de la *caustique* par réflexion.

Des points B & F, comme centre, avec ses rayons BM & FM, il faut décrire les arcs infiniment petits MR & MO; ces arcs seront égaux; car les angles MmR & MmO sont égaux, l'un à l'angle d'incidence, l'autre à l'angle de réflexion; donc ils sont égaux, *voy.* RÉFLEXION; donc les triangles rectangles MOm & MRm, qui ont de plus l'hypothénuse commune, sont égaux en tout; donc $MO = MR$.

Si du point C, extrémité du rayon de la développée, on mène les perpendiculaires CE & CG sur les rayons incidens & réfléchis, & les correspondantes infiniment près Ce & Cg, on aura $CE = CG$; donc $CE - Ce$, c'est-à-dire, $EQ = CG - Cg$, c'est-à-dire, GS.

Maintenant soit $BM = y$ & $EM = a$, on aura $y : y - a = MR : EQ = MO : GS \; MF : FG$; donc, *componendo*, en passant du premier rapport au dernier, on aura.................... $2y - a : y = MF + FG$ ou $a : MF$; donc enfin $MF = \frac{ay}{2y - a}$.

COMPAGNE *de la cycloïde.* *Voyez* TROCHOÏDE.

CRYSTAL *d'Islande.* Voyez *le Dictionnaire de Physique*, & celui *d'Histoire naturelle.*

EQUATION, (*Algèbre.*) Pour résoudre l'équation du second degré $x^2 + ax = b$, il faut ajouter, de part & d'autre, la quantité $\frac{a^2}{4}$, ce qui donnera $x^2 + ax + \frac{a^2}{4} = b + \frac{a^2}{4}$; ..... $(x = \frac{a}{2})^2 = b + \frac{a^2}{4}$, enfin $x + \frac{a}{2} =$ .... $\sqrt{+ b \frac{a^2}{4}}$, & tout aussi bien $x + \frac{a}{2} =$ .. $-\sqrt{b + \frac{a^2}{4}}$. L'équation du second degré a donc deux racines, qui deviennent égales quand $b + \frac{a^2}{4} = 0$, & absurdes quand $b + \frac{a^2}{4}$ est une quantité négative.

FLOTTER, (*Hydrodynamique.*) Un corps est dit *flotter* quand, plongé dans un fluide spécifiquement plus pesant, il n'y est pas en équilibre. Tel est un vaisseau à la mer, en course ou agité par les vents. *Voyez* STABILITÉ & SPÉCIFIQUE.

LINTÉAIRE, (*Analyse.*) Nom qu'on donne à la courbe que formeroit une corde attachée à deux points fixes, située dans un plan vertical, & chargée d'un fluide en équilibre, homogène & incompressible.

Soient Mm & mm' deux élémens consécutifs de la courbe. Le point m sera sollicité par deux forces, l'une représentée par mK, & divisant l'angle Mmm' en deux parties égales, qui sera la pression d'un fluide. La seconde, représentée par MV, sera le poids de l'élément de la courbe, & par conséquent verticale. Ces forces tendront les élémens Mm & mm', ainsi nous pouvons regarder le point m comme sollicité par quatre forces.

Maintenant, soit $Mm = ds$; $MR = dx$; la hauteur verticale du niveau sur le point $m = y + dy$, & par conséquent $Rm = dy$, T la tension de Mm, & $T + dT$ la tension consécutive de Mm; on aura $mK = myds$. (m est un constante.) Il faut décomposer T en deux forces, l'une horizontale, & l'autre verticale. La première sera $\frac{Tdx}{ds}$, la seconde $\frac{Tdy}{ds}$, & les consécutives seront $\frac{Tdx}{ds} + d\left(\frac{Tdx}{ds}\right)$ & $\frac{Tdy}{ds} + d\left(\frac{Tdy}{ds}\right)$, il faut décomposer de même la force mK ou $myds$; la force horizontale sera $mydy$, & la verticale sera $mydx$; nous supposerons la corde homogène, & par conséquent $mV = nds$, m étant constant.

Cela posé, il faut faire la somme des forces qui agissent dans un sens, égale à la somme de celles qui agiſſent dans le ſens oppoſé, ce qui nous donnera ces deux équations,

$$\text{(A)}\ d\left(\frac{T\,dx}{ds}\right) - my\,dy = 0$$

$$\text{(B)}\ d\left(\frac{T\,dy}{ds}\right) + my\,dx + n\,ds = 0,$$

il faut multiplier l'équation A par $\frac{T\,dx}{ds}$, & l'équation B par $\frac{T\,dy}{ds}$, & ſe rappeller qu'une variable, multipliée par ſa différentielle, donne la moitié de la différentielle du quarré; de cette manière on obtiendra l'équation

$d\,\frac{T^2\,dx^2 + T^2\,dy^2}{2\,ds^2} + nT\,dy = 0$, ou réduiſant, $dT + n\,dy = 0$; c'eſt-à-dire, $T = A - ny$, l'équation A donne ....

$\frac{T\,dx}{ds} = B - \frac{my^2}{2}$; donc mettant pour T ſa valeur, on aura $(A - ny)^2\,dx^2 = \left(B - \frac{my^2}{2}\right)(dx^2 + dy^2)$, ce qui donne, pour l'équation de la *lintéaire*, $dx = \frac{\left(B - \frac{my^2}{2}\right)dy}{\sqrt{(A - ny)^2 - \left(B - \frac{my^2}{2}\right)^2}}$

l'intégrale n'eſt point connue.

Quelques Auteurs ont entendu plus particulièrement par *lintéaire*, la courbe dans laquelle on n'a pas égard à la longueur de la corde, c'eſt-à-dire, où $n = 0$, & l'ont appellée chaînette, quand on la conſidère en général; mais on entend ſpécialement par chaînette, celle où on n'a égard qu'au poids de la corde, c'eſt-à-dire, où $m = 0$; dans ce cas l'équation différentielle devient

$dx = \frac{B\,dy}{\sqrt{(ny - A)^2 - B^2}}$ dont l'intégrale eſt $nx + C = B\log. ny - A + \sqrt{(ny - A^2) - B^2}$.

RACINES *égales* (*Algèbre*.) Si une équation contient m racines égales, chacune à b, elle peut être miſe ſous cette forme $B(x - b)^m = 0$, ou B ne contient pas le facteur $x - b$. Cela poſé, différentiant & diviſant par dx, on aura $(x-b)^{m-1}\left(mB + x - b\right)\frac{dB}{dx}) = 0$. Si cette équation, outre les racines égales à b, contenoit encore n racines égales à e, on pourroit auſſi lui donner la forme $E(x - e)^n = 0$, ou E ne contient pas le facteur $x - e$; donc on pourroit mettre la différentielle ſous la forme $(x - e)^{n-1}\left(nE + (x - e)\frac{dE}{dx}\right)$; donc ſi une équation contient des racines égales de différentes eſpèces; ſa différentielle les contient toutes, à une près, pour chaque eſpèce.

Donc la propoſée & ſa différentielle auront un commun diviſeur D, qui ſera le produit de toutes ces racines égales, à une près, & qu'on trouvera par les méthodes connues. Ainſi, on pourra donner à la propoſée la forme $R.D = 0$ R & D étant connus.

Il y a plus; R contiendra ces racines une fois chacune, qui ſont élevées à des puiſſances dans la propoſée; donc le produit de ces racines diviſera R & D. Soit T ce commun diviſeur, la propoſée deviendra $S.T.D = 0$, S eſt connu. Donc, quand une équation contient des racines égales, on peut déterminer chacune d'elles, en réſolvant une équation dont le degré eſt égal au nombre des différentes eſpèces de racines égales.

RACINES *commenſurables en partie* (*Algèbre*.)

Soit $\sqrt{A + \sqrt{B}} = p + \sqrt{q}$; cette racine ſera en partie commenſurable, ſi on peut obtenir pour p & q des nombres rationnels. B eſt ſuppoſé non-quarré, & par conſéquent q ne ſauroit l'être, p étant rationnel.

La ſuppoſition donne $A = p^2 + q$ & $\sqrt{B} = {}^2p2p\sqrt{q}$ ou $A^2 = (p^2 + q)^2$ & $B = 4p^2q$; donc $A^2 - B = (p^2 - q)^2$; donc $\sqrt{A + \sqrt{B}}$ ſera en partie commenſurable & en partie incommenſurable, quand $A^2 - B$ & $\frac{A + \sqrt{A^2 B}}{2}$ feront quarrées.

SURFACE, (*Géométrie*.) On a vu au *mot* AIRE, qu'une ſurface ſe déterminoit en quantité, en la comparant à une ſurface connue, qu'on prend alors pour terme de comparaiſon ou pour unité.

Cela poſé, ſoit le rectangle $ABCD$, (*fig.* 1, *ſuppl.*) qu'on propoſe de déterminer en meſures quarrées, par exemple, en pieds quarrés. Prenons $Ax = xy = yz =$ &c. $=$ un pied, juſqu'à ce qu'on ſoit parvenu au point B; diviſons de même AC; on ſuppoſe que AB & AC ſont multiples exacts du pied.

Cela fait, il eſt clair, 1.° qu'en menant les perpendiculaires xx', yy', &c. ſur CD, on partagera les rectangles en autant de rectangles égaux, chacun au rectangle $ACxx'$, que la baſe AB contient de pieds, qu'on appelle alors pieds linéaires; 2.° que le rectangle $ACxx'$ contient autant de quarrés d'un pied de côté, tels que $Apxq$, que la hauteur AC. Donc, pour avoir le nombre des pieds quarrés contenus dans le rectangle $ABCD$, il faut multiplier le nombre des pieds linéaires contenus dans AB, par le nombre des pieds linéaires contenus dans AC, c'eſt-à-dire, qu'on aura *ſurface* $ABCD =$ quarré $Apxq \times \frac{AB}{Ax} \times \frac{AC}{Ax}$. L'uſage eſt d'écrire plus ſimplement *ſurface* $ABCD = AB \times AC$; ce qu'on énonce ainſi, *ſurface* du rectangle = au produit de la baſe par la hauteur; mais il faut enviſager ce produit dans le ſens que nous venons d'expliquer, c'eſt-à-dire, dans la dernière formule regarder tacitement AB; AC comme des nombres abſtraits égaux aux lignes même, AB & AC, diviſées, chacune, par la ligne Ax.

Si le rectangle propoſé eſt $AbCd$, dont la baſe

Ab est supposée ne pas contenir un nombre exact de parties $= Ax$, il faut se rappeller qu'on a $AB : Ab = ABCD : AbCd$; donc $AbCd = \frac{AB \times AC \times Ab}{AB} = Ab \times AC$; donc la règle n'est point altérée par cette hypothèse; elle le seroit tout aussi peu si *AC* étoit aussi incommensurable; donc elle est générale; donc, dans tous les cas, il faudra toujours multiplier ensemble les nombres de mesures & fractions, de mesures linéaires de deux dimensions, & le produit exprimera le nombre des mesures quarrées & fractions de ces mesures contenues dans la *surface*.

Le parallélogramme *ABCD* (*fig.* 2, *suppl.*) est égal au rectangle *AMBN* de même base & de même hauteur, comme il est aisé de s'en assurer sans démonstration; donc *surface* $ABCD = CD \times AM$.

Le triangle *ABD* (*fig.* 3, *suppl.*) est la moitié du parallélogramme *AEDB* de même base & de même hauteur.

Donc *surface* $ABD = \frac{DB \times AM}{2}$; donc la *surface* du triangle = au produit de la base par la moitié de la hauteur.

Le trapèze *ABCD* (*fig.* 4, *suppl.*) est égal aux deux triangles *CDB* & *ABC*, de même hauteur chacune que le trapèze. L'un a pour base la base inférieure, l'autre la supérieure du trapèze; donc la surface du trapèze est égale au produit de sa hauteur par une moyenne arithmétique entre les deux bases.

Fin du Supplément des Mathématiques.

ERRATA pour le Dictionnaire des Mathématiques.

*L'étoile * mise à côté du numéro de la ligne, indique qu'il faut compter d'en bas. Les deux étoiles ** mises à côté du numéro de la page, indique la seconde colonne.*

Premier Volume.

Pages.	lignes.	fautes.	corrections.
8	1	bout	tout.
10	4	formalités	d'autres formalités.
15 **	17	$\frac{\varpi h}{e}$	$f = \frac{\varpi h}{e}$
21	11 *	sortes	sortes de nombre.
617	1 *	$\left(\frac{dx^2 + dy^2}{-dxddy}\right)^{\frac{3}{2}}$	$\frac{(dx^2 + dy^2)^{\frac{3}{2}}}{-dxddy}$
617 **	2	$\frac{x^2dx}{\sqrt{4 - x^3}}$	$\frac{x^2dx}{\sqrt{4 - x^4}}$

Second Volume.

Pages.	lignes	fautes.	corrections.
225 **	7	$ddy = 0$	$d\left(\frac{dy}{dx}\right) = 0$
228	23	Dans tout l'article Intégrale, il faut substituer au mot *particulière* le mot *incomplète*, excepté la première fois qu'on le rencontre, & observer que c'est la tangente commune dont il est question dans l'article, qui est appellée *Intégrale particulière* par les Géomètres.	
228 **	10	constante	tangente.
863 **	6	à la place du mot *or*, substituez la phrase suivante : *par le point G, menez GO perpendiculairement sur NK, & ensuite la ligne EO qui coupe NK en Q. Cela posé.*	

Troisième Volume.

Pages.	lignes	fautes.	corrections.
144	14	l'angle	un angle.
144	16	dessous	dehors.

TABLE DE LECTURE.

On peut & même on doit se proposer trois objets dans un Dictionnaire de Mathématiques;

1.° Un ouvrage de cette nature doit suppléer à la mémoire des personnes déjà savantes, & exercées dans les Mathématiques, mais qui néanmoins auroient pu oublier quelques termes, quelques définitions, ou même quelques théorêmes d'un usage peu fréquent.

3.° Il doit, autant que possible, satisfaire la curiosité de ceux qui, n'étant point versés dans les Mathématiques & ne voulant point se livrer à l'étude de cette science, sont cependant bien aises, dans certains cas, de connoître la valeur de quelques termes, ou de répondre à une question proposée.

3.° Et ce qui importe le plus, il doit servir d'élémens à ceux qui n'auroient sous la main que ce Dictionnaire pour toute bibliothèque Mathématique, & cela arrive souvent dans les petites villes de province.

Nous avons rempli le premier de ces objets, en rendant le vocabulaire autant complet qu'il nous étoit possible.

Nous avons rempli le second, en rendant nos articles indépendans autant que nous l'avons pu. On conçoit que souvent la chose a dû être impossible.

Nous allons remplir le troisième objet, en donnant une table des principaux articles rangés selon l'ordre dans lequel ils doivent être lus; par ce moyen, le Dictionnaire aura l'avantage d'un traité suivi.

Cependant nous prévenons le lecteur qu'il règne un enchaînement entre les articles qui, à une première lecture, lui interdira l'intelligence parfaite de quelques-uns, malgré le secours des précédens. Il y en a d'autres qu'il faudra couper pour intercaler un grand nombre d'autres, entre la première & la seconde division. J'indiquerai les principales. Au moyen de cela, le lecteur ne pourra, en général, se regarder comme maître de son sujet, qu'après la seconde lecture. Au reste, il ne pourroit guères se promettre plus d'un traité suivi.

Entrons en matière. Pour étudier les Mathématiques avec avantage, il faut en étudier les différentes parties dans un ordre tel que l'étude d'une partie quelconque suppose, seulement des connoissances qu'on ait pu acquérir dans l'étude des parties précédentes; ainsi, nous proposerons l'ordre suivant:

1. Arithmétique.
2. Algèbre.
3. Application de l'Algèbre à la Géométrie, On y comprendra les sections coniques, plusieurs autres courbes, & la trigonométrie sphérique.
5. Analyse.
6. Méchanique des corps solides, ou Méchanique proprement dite.
7. Méchanique des fluides ou hydrodinamique.
8. Optique.
9. Astronomie.
10. Perspective.

ARITHMETIQUE.

Arithmétique.
Numération.
Addition.
Soustraction, } les premiers articles.
Multiplication, }
Division.
Fraction.
Décimales.
Diviseur.
Extraction, (premier article.)
Proportion.
Règle, (Arithmétique.)
Logarithme, (sept colonnes à lire.)

GÉOMÉTRIE ELEMENTAIRE,

ET TRIGONOMÉTRIE RECTILIGNE.

Géométrie.
Dimension.
Perpendiculaire.
Parallèles.
Angle.
Triangle, (ce qui concerne les rectilignes seulement.)
Hypothénuse.
Surface, (dans le Dictionnaire & dans le Supplément.
Polygone.
Cercle, (l'article de Chambers seulement.)
Solide.
Solidité.
Prisme.
Cylindre.
Pyramide.
Cone, (trois colonnes.)
Sphère.
Régulier.
Sinus, (deux colonnes.)
Trigonométrie rectiligne.

ALGEBRE.

Algèbre.
Addition, }
Soustraction, }
Multiplication, } deuxièmes articles.
Division, }
Extraction, }
Fraction algébrique.
Exposant.
Progression.
Equation, (dans le Dictionnaire & dans le Supplément.)
Cas irréductible.
Racine.
Racines égales.
Racines commensurables en partie, (dans le Supplément.)
Approximation, (jusqu'à l'étoile; le reste doit se réserver pour l'analyse.)
Indéterminé, (l'article marqué *O* seulement.)

APPLICATION DE L'ALGEBRE A LA GÉOMÉTRIE.

Application de l'Algèbre à la Géométrie, & de la Géometrie à l'Algèbre.
Conique.
Conjugué.
Construction.
Courbes, (jusqu'aux courbes à doubles courbures, exclusivement.)
Parabole.
Ellipse.
Hyperbole.
Assymptote.
Lien géométrique.
Trigonométrie sphérique.

ANALYSE.

Analyse.
Analytique.
Synthèse.
Calcul aux différences finies. (Après le mot différences, Arithmétique.)
Différentiel.
Calcul différentiel. } à la suite du mot différentiel.
Equation différentielle, }
Logarithme, (le reste de l'article.)
Exponentiel.
Tangente.
Rayon osculateur.
Série.
Maximum.
Indéterminé, (les deux autres articles.)
Intégral, (les premier, troisième & quatrième articles.)
Rectification.
Quadrature, (le dernier article.)
Tangente, (méthode inverse des)
Quadrature, (l'avant dernier article.)
Substitution, (calcul intégral.)
Homogène.
Linéaire, (calcul intégral.)
Possible, (équations possibles, calcul intégral.)
Ricati.
Equations aux différences finies.
Maximum, (calcul intégral.)
Variation.
Intégral, (le cinquième article.)
Partielle.
Arbitraire, (dans le Supplément.)

MECHANIQUE.

Méchanique.
Statique.
Puissance, (Méchanique.)
Composition du mouvement.
Moment.
Equilibre.
Gravité.
Poids.
Centre de gravité.
Machine funiculaire, (au mot Funiculaire.)
Lévier.
Poulie.
Treuil.
Plan incliné.
Coin.
Vis.
Dynamique.
Elasticité.
Elastique.
Mouvement.
Percussion.
Pesanteur.
Pendule.
Oscillation.
Taurochrone.
Tractoire.
Gravitation.
Trajectoire, (Méchanique.)
Frottement.

HYDRODINAMIQUE.

Fluide.
Spécifique.
Hydrostatique.
Hydrodinamique.
Hydraulique; & de suite machines hydrauliques.
Contraction de la veine fluide.
Résistances des fluides.
Aubes.
Air.
Ecoulement.
Pompe.

OPTIQUE, DIOPTRIQUE, CATOPTRIQUE.

Optique.
Myope.
Presbyte.
Œil artificiel.
Ombre, (Optique.)
Catoptrique.
Cathète.
Miroir.
Rayon, (Optique.)
Réflexion, (Catoptrique.)
Dioptrique.
Réfraction.
Verre.
Lentille.
Caustique.
Arc-en-ciel.

ASTRONOMIE.

On trouve, au mot *Astronomie*, p. 173, la méthode la plus naturelle pour étudier l'Astronomie dans ce Dictionnaire.

PERSPECTIVE.

Perspective.
Ombre, (Perspective.)
Tableau.
Scénographie.
Stéréographie.
Ortographie.

Fin de la Table de Lecture.

M. DCC. LXXXIX.

www.ingramcontent.com/pod-product-compliance
Lightning Source LLC
Chambersburg PA
CBHW070759270326
41927CB00010B/2204
* 9 7 8 2 0 1 2 6 5 9 8 0 3 *